国家清史编纂委员会·文献丛刊

陈宝箴集

上

汪叔子　张求会　编

中华书局

国家清史编纂委员会出版委员会

（按姓氏笔画排序）

陳寶箴集

錢仲聯題

广州市社会科学界联合会资助出版项目

陈宝箴像(义宁陈小從提供)

謹奏兵事十六条　　陳寶箴

一曰固畿輔上年自平壤之後我軍節節潰退畿輔震驚倭人聲張勢厲所向莫當乃不謂乘我徵調未集之時以偏師疾驅深入重地迄今数月猶尚躑躅海隅惟規取旅順威海圖薊津沽枝葉機勢視前已鈍而我軍由各省入衛次第並至兵刃不可謂不厚所宜亟亟講求者調度耳沿海千里豈能處處設防備多則力分兵分則勢弱非厚集其力以扼衝要之地而徒令羅[星]散置防守陴者然一經敵人蹈瑕而入則緣邊皆成虛設目前奉天等處經諸軍扼守漸能得其[力]所最要者莫為畿輔畿輔既固則海邊少有得失尚非安危所繫竊謂宜選久單[經]戰陣智勇統將四人每人各統十營合兵二萬餘人擇畿輔適中之地共紮一處先令各營統將會同閱視海邊自津沽以致山海關所有沿海隘口及可登岸之處并畿輔遠近衝僻数百里之形勢俱令瞭然心目然後距海稍遠敵船不及接應之區而我軍可以東西策應者擇其形勝合兵駐守各軍相距各[不]出数十百里而附近一帶何處可以截剿何處可包抄以及設伏出奇之所務須平時會商審度成算在胸斯臨事得駕輕就熟之妙并許給以偵探之費飭令嚴密偵探預知敵軍所向一旦登岸則隨機奮擊或分或合無不如志主客之形既殊勞逸之勢又異勝負之数決矣且以能將合勁兵二萬人雄踞一方儼然有猛虎在山藜藿不採之勢縱全敵軍致從他道旁竄入內犯亦不敢越之以入自陷絕地軍志所謂

直抒管见以备采择摺(义宁陈继虞藏抄本)

其詞氣迫切陵厲若讎之惟恐不力者伏查湘省近
年官幕朋比声氣把持幾無復是非邪正之辨苟非
置得失毀譽於不顧務不能去一貪黷之夫進一氣
節之士吏治之壞蓋有由來臣到任數月稍事激揚即
私相指目以為怪異詆議横生動以声勢极復相喝
不謂謠喙紛紜而外竟至以忿競不平之鳴直斥其
非逢相林之制如王廉者假如任麟貲財奉
旨竟飾入官臣自當欽遵奉行不能泄如其意黨同之惡更
復何如臣與王廉僅止在鄂一面素無往來非可託於
友朋規諍之義況其事
朝廷自有權衡非臣所能自必臣渥叨
恩遇苟分所當為抑何敢隱情怛已上負

附陈王廉印电请托党私背公片

(中国第一历史档案馆藏军机处录副存档件)

易得户部候補員外郎毛慶蕃篤實閎毅綜覈
名實吏治兵事洋務皆極研究上年臣在天津
辦理湘軍糧臺曾奏調該員相助幸無貽誤悉
該員一人廉公奮勉不避勞怨之力刑部主事
喬樹枏志慮周通見事敏決留心經世無虛矯
模棱之習兵部候補郎中李本方志趣端純條
理精密尤究心中外商務殊有見地工部候補
主事喻兆蕃賦性剛果銳志有為近益專研兵
事忠奮堅卓不囿凡近以上各員或政績業經
彰著或才器確有據依懷及時自效之忱附舉
爾所知之義宜如何破格錄用因材器使之處
伏候

遵旨密荐人才摺(中国第一历史档案馆藏原件)

陈明捏造朱昌琳父子劣迹片

(川沙汪氏舒斋藏摄片，陈宝箴手稿)

拨盐厘加价款用于学堂备案片

(川沙汪氏舒斋藏摄片，陈宝箴手稿)

总 序

戴 逸

二〇〇二年八月，国家批准建议纂修清史之报告，十一月成立由十四部委组成之领导小组，十二月十二日成立清史编纂委员会，清史编纂工程于焉肇始。

清史之编纂酝酿已久，清亡以后，北洋政府曾聘专家编写《清史稿》，历时十四年成书。识者议其评判不公，记载多误，难成信史，久欲重撰新史，以世事多乱不果。中华人民共和国成立后，中央领导亦多次推动修清史之事，皆因故中辍。新世纪之始，国家安定，经济发展，建设成绩辉煌，而清史研究亦有重大进步，学界又倡修史之议，国家采纳众见，决定启动此新世纪标志性文化工程。

清代为我国最后之封建王朝，统治中国二百六十八年之久，距今未远。清代众多之历史和社会问题与今日息息相关。欲知今日中国国情，必当追溯清代之历史，故而编纂一部详细、可信、公允之清代历史实属切要之举。

编史要务，首在采集史料，广搜确证，以为依据。必藉此史料，乃能窥见历史陈迹。故史料为历史研究之基础，研究者必须积累大量史料，勤于梳理，善于分析，去粗取精，去伪存真，由此及彼，由表及里，进行科学之抽象，上升为理性之认识，才能洞察过去，认识历史规律。史料之于历史研究,犹如水之于鱼,空气之于鸟,水涸则鱼逝,气盈则鸟飞。历史科学之辉煌殿堂必须岿然耸立于丰富、确凿、可靠之史料基础上,不能构建于虚无飘渺之中。吾侪于编史之始,即整理、出版《文献丛刊》、《档案丛刊》,二者广收各种史料,均为清史编纂工程之重要组成部分,一以供修撰清史之用,提高著作质量;二为抢救、保护、开发清代之文化资源,继承和弘扬历史文化遗产。

清代之史料,具有自身之特点,可以概括为多、乱、散、新四字。

一曰多。我国素称诗书礼义之邦,存世典籍汗牛充栋,尤以清代为盛。盖清代统治较久,文化发达,学士才人,比肩相望,传世之经籍史乘、诸子百家、文字声韵、目录金石、书画艺术、诗文小说,远轶前朝,积贮文献之多,如恒河沙数,不可胜计。昔梁元帝聚书十四万卷于江陵,西魏军攻掠,悉燔于火,人谓丧失天下典籍之半数,是五世纪时中国书籍总数尚不甚多。宋代印刷术推广,载籍日众,至清代而浩如烟海,难窥其涯涘矣。《清史稿艺文志》著录清代书籍九六三三种,人议其疏漏太多。武作成作《清史稿补编》,增补书一〇四三八种,超过原志著录之数。彭国栋亦重修《清史稿艺文志》,著录书一八〇五九种。近年王绍曾更求详备,致力十余年,遍览群籍,手抄目验,成《清史稿艺文志拾遗》,增补书至五四八八〇种,超过原志五倍半,此尚非清代存留书之全豹。王绍曾先生言:“余等未见书目尚多,即已见之目,因工作粗疏,未尽钩稽而失之眉睫者,所在多有。”清代书籍总数若干,至今尚未能确知。

清代不仅书籍浩繁,尚有大量政府档案留存于世。中国历朝历代档案已丧失殆尽(除近代考古发掘所得甲骨、简牍外),而清朝中枢机关(内阁、军机处)档案,秘藏内廷,尚称完整。加上地方存留之档案,多达二千万件。档案为历史事件发生过程中形成之文件，出之于当事人亲身经历和直接记录，具有较高之真实性、可靠性。大量档案之留存极大地改善了研究条件，俾历史学家得以运用第一手资料追踪往事，了解历史真相。

二曰乱。清代以前之典籍，经历代学者整理、研究，对其数量、类别、版本、流传、收藏、真伪及价值已有大致了解。清代编纂《四库全书》，大规模清理、甄别存世之古籍。因政治原因，查禁、篡改、销毁所谓“悖逆”、“违碍”书籍，造成文化之浩劫。但此时经师大儒，联袂入馆，勤力校理，尽瘁编务。政府亦投入巨资以修明文治，故所获成果甚丰。对收录之三千多种书籍和未收之六千多种存目书撰写详明精切之提要，撮其内容要旨，述其体例篇章，论其学术是非，叙其版本源流，编成二百卷《四库全书总目》，洵为读书之典要、后学之津梁。乾隆以后，至于清末，文字之狱渐戢，印刷之术益精，故而人竞著述，家娴诗文，各握灵蛇之珠，众怀崑冈之璧，千舸齐发，万木争荣，学风大盛，典籍之积累远迈从前。惟晚清以来，外强侵凌，干戈四起，国家多难，人民离散，未能投入力量对大量新出之典籍再作整理，而政府档案，深藏中秘，更无由一见。故不仅不知存世清代文献档案之总数，即书籍分类如何变通、版本庋藏应否标明，加以部居舛误，界划难清，亥豕鲁鱼，订正未遑。大量稿本、抄本、孤本、珍本，土埋尘封，行将澌灭。殿刻本、局刊本、精校本与坊间劣本混淆杂陈。我国自有典籍以来，其繁杂混乱未有甚于清代典籍者矣！

三曰散。清代文献、档案，非常分散，分别庋藏于中央与地方各个图书馆、档案馆、博物馆、教学研究机构与私人手中。即以清代中央一级之档案言，除北京第一历史档案馆所藏一千万件以外，尚有一大部分档案在战争时期流离播迁，现存于台湾故宫博物院。此外，尚有藏于沈阳辽宁省档案馆之圣训、玉牒、满文老档、黑图档等,藏于大连市档案馆之内务府档案,藏于江苏泰州市博物馆之题本、奏折、录副奏折。至于清代各地方政府之档案文书,损毁极大,但尚有劫后残余,璞玉浑金,含章蕴秀,数量颇丰,价值亦高。如河北获鹿县档案、吉林省边务档案、黑龙江将军衙门档案、河南巡抚藩司衙门档案、湖南安化县永历帝与吴三桂档案、四川巴县与南部县档案、浙江安徽江西等省之鱼鳞册、徽州契约文书、内蒙古各盟旗蒙文档案、广东粤海关档案、云南省彝文傣文档案、西藏噶厦政府藏文档案等等分别藏于全国各省市自治区,甚至清代两广总督衙门档案(亦称《叶名琛档案》),英法联军时遭抢掠西运,今藏于英国伦敦。

清代流传下之稿本、抄本,数量丰富,因其从未刻印,弥足珍贵,如曾国藩、李鸿章、翁同龢、盛宣怀、张謇、赵凤昌之家藏资料。至于清代之诗文集、尺牍、家谱、日记、笔记、方志、碑刻等品类繁多,数量浩瀚,北京、上海、南京、广州、天津、武汉及各大学图书馆中,均有不少贮存。丰城之剑气腾霄,合浦之珠光射目,寻访必有所获。最近,余有江南之行,在苏州、常熟两地图书馆、博物馆中,得见所存稿本、抄本之目录,即有数百种之多。

某些书籍,在中国大陆已甚稀少,在海外各国反能见到,如太平天国之文书。当年在太平军区域内,为通行之书籍,太平天国失败后,悉遭清政府查禁焚毁,现在中国,已难见到,而在海外,由于各国外交官、传教士、商人竞相搜求,携赴海外,故今日在外国图书馆中保存之太平天国文书较多。二十世纪内,向达、萧一山、王重民、王庆成诸先生曾在世界各地寻觅太平天国文献,收获甚丰。

四曰新。清代为传统社会向近代社会之过渡阶段,处于中西文化冲突与交融之中,产生一大批内容新颖、形式多样之文化典籍。清朝初年,西方耶稣会传教士来华,携来自然科学、艺术和西方宗教知识。乾隆时编《四库全书》，曾收录欧几里得《几何原本》、利玛窦《乾坤体仪》、熊三拔《泰西水法》、《简平仪说》等书。迄至晚清，中国力图自强，学习西方，翻译各类西方著作，如上海墨海书馆、江南制造局译书馆所译声光化电之书，后严复所译《天演论》、《原富》、《法意》等名著，林纾所译《茶花女遗事》、《黑奴吁天录》等文艺小说。中学西学，摩荡激励，旧学新学，斗妍争胜，知识剧增，推陈出新，晚清典籍多别开生面、石破天惊之论，数千年来所未见，饱学宿儒所不知。突破中国传统之知识框架，书籍之内容、形式，超经史子集之范围，越子曰诗云之牢笼，发生前所未有之革命性变化，出现众多新类目、新体例、新内容。

清朝实现国家之大统一，组成中国之多民族大家庭，出现以满文、蒙古文、藏文、维吾尔文、傣文、彝文书写之文书，构成为清代文献之组成部分，使得清代文献、档案更加丰富，更加充实，更加绚丽多彩。

清代之文献、档案为我国珍贵之历史文化遗产，其数量之庞大、品类之多样、涵盖之宽广、内容之丰富在全世界之文献、档案宝库中实属罕见。正因其具有多、乱、散、新之特点，故必须投入巨大之人力、财力进行搜集、整理、出版。吾侪因编纂清史之需，贾其余力，整理出版其中一小部分；且欲安装网络，设数据库，运用现代科技手段，进行贮存、检索，以利研究工作。惟清代典籍浩瀚，吾侪汲深绠短，蚁衔蚊负，力薄难任，望洋兴叹，未能做更大规模之工作。观历代文献档案，频遭浩劫，水火兵虫，纷至沓来，古代典籍，百不存五，可为浩叹。切望后来之政府学人重视保护文献档案之工程，投入力量，持续努力，再接再厉，使卷帙常存，瑰宝永驻，中华民族数千年之文献档案得以流传永远，沾溉将来，是所愿也。

目　录

卷二 奏议二

卷三 奏议三

卷四 奏议四

卷五　奏议五

卷六 奏议六

卷七　奏议七

卷八　奏议八

卷九　奏议九

卷十　奏议十

卷十一　奏议十一

卷十二　奏议十二

卷十三　奏议十三

卷十四　奏议十四

卷十五　奏议十五

卷十六　奏议十六

卷十七　奏议十七

卷十八　奏议十八

卷十九　奏议十九

卷二十 奏议二十

卷二十一　奏议二十一

卷二十二　奏议二十二

序

叔子先生编辑的《陈宝箴集》即将由中华书局出版的消息，余于东京旅次获悉。闻讯之下，不胜欣慰感慨。

有志者，事竟成，诚叔子之谓也。余与叔子相识于二十多年前，他为编《文廷式集》，在故宫中国第一历史档案馆搜集史料，余则是档案馆之常客，大约是由王凡先生引见的。相识既久，交谈日多。紫禁城的重檐黄瓦，筒子河的潺潺流水，都曾是我们切磋史料流连忘返之地。我们一起探讨档案线索，评论历史人物，话匣子一打开，就没有收住的时候。后来，他调到江西省社会科学院历史研究所工作，余亦出国奔波，彼此很少通音讯，常常有"人生难相见，动如参与商"之叹。直到近年才在广州相逢，知道他在编成《文廷式集》之后，又开始搜罗整理陈宝箴的文集，断断续续从南昌一直干到了广州。翻阅那厚厚的文稿，余先是感到有些吃惊，尔后又有些困惑，在高楼林立经济发达的广州城里，居然还有人不图名利，埋首故纸，孜孜矻矻，乐此不疲，一干就是十多个年头。余由衷佩服叔子之毅力。

对于陈宝箴，余真是有许多话要说。因多年从事戊戌变法及晚清史研究，故对陈宝箴之奏摺、书信之类的未刊稿，颇有留意。而且，由于陈宝箴父子在戊戌维新、庚子义和团运动期间的不寻常的表现，对其思想发展之脉络亦颇有所思考。说实话，在同治、光绪年间的政坛上，要是多有几个像陈宝箴那样的封疆大吏，那么，晚清历史的画卷就会精彩纷呈得多。陈宝箴思想的发展脉络,大体经历了这样几个阶段:他是从具有强烈爱民爱国意识的读书人,逐步变为具有清流特色的官吏,后来又发展到成为意气风发、推行新政的湖南巡抚。甲午战败之后,湖南地区思想文化的深刻变革,社会经济的迅速发展,都是与陈宝箴的名字分不开的。

陈宝箴早年"以举人从席宝田治军,叙功保知府"。英法联军攻陷北京时,陈宝箴正在京师,遥望侵略者放火烧毁圆明园的浓浓烟雾,他泪湿青衫,痛不欲生,忧民爱国之念时萦于怀。后来,他又曾担任过浙江按察使、署湖北布政使、直隶布政使等职。职司刑狱,颇著正声。面对那些穷困无助、两手空空而又身触法网的民众,陈宝箴再三踌躇,思绪万千,他在给李鸿藻的信中写道:

宝箴司职刑狱,亦竞竞惟纵暴长奸是惧,冀回什一于千百而已。然持法不敢二三,而揆厥所由,大半以饥寒驱迫,忍而为此,则又惄然而罔知所以处此矣。

陈氏除暴安良、同情弱小之情怀,已跃然纸上矣。然而,此时陈宝箴的思想尚停留在清流派的阶段。他与当时的清流派魁首李鸿藻关系相当不错。后来甲申易枢,朝局更动,军机大臣李鸿藻因受牵连而离开枢垣,"持节督工河上,宝箴为擘画数事,大奇之。是年,鸿藻再入军机,以宝箴久屈司道,未竟其用,即擢湖南巡抚"。可见陈宝箴之擢任湘抚,与李鸿藻提携殊有关系。故而他赴任伊始,即致函李鸿藻称:

宝箴到任月余,考察湘中吏事、军事及民间生计风俗,皆觉迥逊往时,而本年旱荒,尤数十年来所未有。目前惟赈抚最为急务。取巧牧令,惟知给以户照,纵令逃荒,以邻为壑,醴陵一邑,给发至八百纸,每纸皆近百人,设有奸宄从中构煽,即此七八万人,为患已不可胜言,况他县之继起者,更将不可数计

> 耶！宝箴抵任，即将醴令撤差，别委贤员，筹给银米赈恤，止其逃徙，而严饬各属并委员绅，设法拊绥，断不可任令流亡，且酿隐患。第公私匮窘已久，亏累日积，藩司解款，支绌已甚，截留漕项三万金，散给旱罄，幸开办赈捐之情，昨已奉准，略可措手，然究未可深持，抑非一时所能集事，私衷懔懔，实与悬军远峤日忧馈军者同，一如朽索之驭悍骑。伏思每年例有查询接济谕旨，嘉惠蒸黎，无远弗届。湘民自军兴以来，出力输财，颇竭忠悃，倘蒙圣慈垂念，恺泽覃敷，士民感戴皇仁，益沦肌髓矣。民生利害，惟天时、吏治二者，最为切身，荒政而外，饬吏为要。宝箴行能窳薄，无能为役，惟有明是非，公好恶，树之准的，期渐知所趋向，恩怨毁誉，非所敢计而已。忝辱知眷，谨用附陈。手肃伸意，恭请崇安。宝箴再拜上。

这大概是陈宝箴在湘抚任内，一开始所面临困境的真实写照。穷则变，变则通。他正是在这样的困境中想到了更张旧法，另辟蹊径，引进维新俊才，改换湘省面貌，于是在维新运动中，湖南成为全国最有声色的省份。陈宝箴心向维新，庇护人才，在日本外务省档案中亦颇有些记载。据日本驻上海领事小田切万寿之助的报告：维新政变，全国恐怖，慈禧下令追捕严惩维新人士，文廷式即在其中。小田切与文廷式相交有年，曾多方派人到湖南等地寻找，均无着落。原来，文廷式已被革职回乡的陈宝箴所救。文廷式告诉小田切说：

> 北京政变的时候，他在湖南长沙府，突然巡抚陈宝箴劝他赶快逃遁，所以急忙躲到该府附近的偏僻地方避难。以后北京发生的事情弄清楚了，他越来越感到危险，进退维谷。恰好陈宝箴把巡抚的事务交卸完毕，在离湘回籍时，让文廷式坐他的官船，一直送他到汉口，幸而避免被捕获。（《日本外交文

书》,第31卷,竹元规人提供译件)

此事系文廷式口述,当属可信。不难想见陈宝箴在救助文廷式时,已将自己的生死置之度外了。余很钦佩陈宝箴深明大义、见义勇为的高尚情操,也深深同情他后来所遭遇的困境。本来,张之洞是他的顶头上司,许多新政建议都是他们俩联衔上奏的,有些方面张之洞比陈氏走得更远,如派人员赴日学习新法。可是,张之洞于戊戌政变后,却能逢凶化吉,直上青云;而陈宝箴则运交华盖,穷困潦倒,病没深山。究其原因,其实也很简单。陈宝箴在巡抚任上推行新政、革除陋习时,没有像张之洞那样瞻前顾后,留有余地,两面讨好,奉迎慈禧;而是一往无前,锐意整顿,不计得失,故而酿成后来之灾祸。呜呼,哀哉!

叔子嘱余作序,匆匆写此,海天远隔,不胜神驰之至。

孔祥吉　2003年盛夏,写于东京大学研究生院

叙　言

近代中国,百年痛史。仁人志士,纷起奋斗,前仆后继,救亡图强。陈宝箴,亦其中佼佼者之一。

宝箴生于清道光十一年(1831),江西义宁州(今修水县)人。字右铭,晚号四觉老人。咸丰元年(1851)中举人。历任浙江、湖北按察使,直隶布政使。光绪二十一年(1895)授湖南巡抚。戊戌政变时,遭罢官。二十六年(1900)逝世于南昌西山。其履历大致如此。

述论宝箴生平行迹,概略言之,大事有三。之一,参与镇压太平天国;之二,参加甲午抗日战争;之三,主持湖南戊戌新政。

镇压太平天国,宝箴参与情形:前段办义宁本地团练,抗拒太平军来伐;中段佐易佩绅果健营,抵御石达开部袭攻;后段入席宝田幕,剿灭太平军残部。虽以随军积功,累保知府,倘称戎马勋绩,则比较同时崛起之诸“中兴名臣”,逊色犹甚。

世说颇置宝箴以属湘军,又以为幸得曾国藩奖拔云云,实未尽然。宝箴确尝数度谒曾,然而文酒之会虽盛,军政之谋不预。烽火连天之日,而只以词章之学相许,曾氏岂真赏识耶?遑论信用重任。宝箴乃决然谢去,转入席宝田军,则赣军也。宝箴晚年,复取王鑫《练勇刍言》,命子三立为序而刊行之。盖独许王鑫以为湘军正宗、堂堂之师,而睥睨太息曾、李(鸿章)辈不啻竖子成名已。惟溯察文章源流,桐城剩脉,曾、郭(嵩焘)馀韵,宝箴或犹有所浸润乎?

宝箴因军功入仕,然于镇压太平军之战功,后来未甚矜夸。巡抚三湘时,黄遵宪来任盐法道、署按察使,与宝箴最相得。而遵宪之论曾氏,乃谓曾氏视洪、杨之辈犹僭窃盗贼,而忘其为赤子为吾民也;又谓曾氏事事不足师,而今而后,苟学其人,非特误国,且不得成名云云。宝箴是否与闻此等议论,赞同与否,今不得知矣。虽然,宝箴有家仆姓李,至宝箴孙寅恪幼时犹及见之。据史家简又文、盛巽昌等先后详细考证,则指谓此李姓之仆,即忠王李秀成之子,当太平天国覆亡之际,为宝箴解救于俘囚中,携归义宁,抚养成立者。又尝读太平天国干王洪仁玕供词,自述被俘之后,席宝田军中有红顶营官陈某特给礼遇。拙见亦颇疑此陈姓营官又是否宝箴?真相若何,未敢妄断。学者欲研究宝箴与太平天国关系,则无妨撷供参考。

及光绪二十年(1894),甲午战争爆发,宝箴方自鄂臬转升直藩。既而淮军溃败,朝命征调湘军,诏刘坤一督师。坤一请设湘军粮台,特荐宝箴兼任之。奉旨允准,并许宝箴专摺奏事。饷糈输供,繁难火急,皆董理井井,不仅止清廉也。及李鸿章马关签约归,宝箴痛责之,拒不往谒。又易顺鼎等筹款购械渡海往援台湾军民抗日事,宝箴亦阴助之。皆尽心竭力。

宝箴居官牧民,始于湘省。其后豫、浙、粤、鄂、直隶,久屈司道。督抚如张之洞、刘坤一、王文韶等,均器重之。中外荐疏,屡上于朝廷。而终获大用,契机亦在此甲午一役。以承办湘军粮台,正受命于此存亡危急之秋。盘根错节,而利器见焉。且也,陛见独对,恳恳谈《易》,帝心默识其忠。献畿防之谋,建游击之策,枢府叹为知兵。李鸿藻前在河工,久已激赏宝箴才干。翁同龢私邸长谈,并甚服宝箴学有根底。特擢湘抚,遂如水到渠成。

梁启超尝谓,经此甲午之役,而后国人梦醒。当是时,剧痛反思,上下皆发愤。言图强,众论佥同;而询以当如何图强之道,则诸说纷纭。宝箴之治湘也,独埋头苦干,三年不鸣。所毅行者,不虚、不慢(凡公事,签稿发文,钤印曰"真实不虚"、曰"不敢慢")。听言、用人、办事,不拘新、旧之争,惟讲实效。既三年矣,举世乃刮目相看。湘省新政,成效斐然。昔也素称保守落后,今也跃为天下维新首区。

"新政"亦非只湘省自倡,朝廷诏命迭下,各省无不有此等"新政"名目。而阳奉阴违有之,投机取巧有之,推诿拖拉有之,软拒硬抗有之……宦海百奇,形形色色。其实力施为,不计毁誉,生死以之者,督抚中惟独宝箴而已。

向来对于戊戌维新之为思想解放运动,学界论说不少;而于当时维新之社会改革实践,关注似犹无多。甲午战后短短数年,"维新"二字即升登"国是"地位。康有为一再上书,炎炎大言,暨梁启超笔下若带魔力之万千宣传文字,诚然功未可没。而欲掀动社会视听,变易朝野舆论,至于改定国是,其实谈何容易!终仍须依据维新改革之社会实践成效,而后为转移。中谚所谓"口说无凭,眼见为实"、"百闻不如一见",西谚亦云"一步实际行动,胜过一打纲领"。缘因伏阙上书、游说公卿、结社开讲、办报鼓吹等类,虽有用、有力,却有限。口舌是非,笔墨官司,信者信,疑者疑,莫可确定,争遂不已。殊不如三湘新政,成功榜样,真无可疑,确无可争。夫惟实事实功,不自是故彰彰,不自伐故有功,不自争故天下莫能与之争。维新之事,其号召力遂猛无挡;维新之理,其说服力遂强莫撄。而后明定维新国是,虽反对者亦无可置喙矣。然则湘省新政之历史意义,又岂仅囿限于湘省哉?

三湘新政,办事又实有次第。宝箴硕画宏猷,而老谋深算,措手慎重。下车伊始,赈灾为急,民得食;整肃吏治,民得安;设矿局、钱局,创辟利源;而后兴农工商诸实业;而后办学堂、报馆、学会,及保卫局、吏治馆等机关。百事俱举,而有条不紊。较之京师百日维新时,康有为等新政奏章如飞羽上,光绪帝新政诏书如飞絮下,扬扬纷纷,而落实者稀。经验教训,固弗同矣。

三湘新政,容人甚宽。除周汉顽固排外,且违法殴吏,不得已下之狱。其他虽若王先谦、叶德辉辈,亦尝尽量包笼,使参加新政诸事,而有所获其利。诸凡热心维新者,则官如江标、徐仁铸、黄遵宪,绅如谭嗣同、唐才常、熊希龄,外省如梁启超、李维格、吴樵等等,皆放手信用之。沅湘洞庭之域,寖成天下人材之所欣羡争趋。比较康党之同门圈限、权术手段(皆梁启超语),彼此之度量硕细、气象阔窄,又非可同日语也。

宝箴抚湘时期与康、梁之关系,亦极引人注目。梁启超及时务学堂师生,与王先谦及诸书院师生,大起哄争,宝箴尝试为调停,此公案一。宝箴上奏摺,请用康有为其才,而请毁其所著《孔子改制考》,此公案二。当时王先谦等,深怨宝箴隐然袒护康、梁;而近数十年来,坊间史书又颇指宝箴反对康、梁,仇新卫旧。牴牾如此,又何解之?拙见以谓,当以大是大非解之。宝箴所坚持者,以“维新”为“国是”,为“省是”,为团结各派之政治基础;而梁之将赴湘,康为预定方针,命以种族革命为本位,行急进法。梁莅长沙,上书宝箴,亟论亡后之图、自立之计。执教鞭于时务学堂,称引《扬州十日记》,呼斥清廷为“民贼”。王先谦、叶德辉等攻讦,亦针对梁等“专以无父无君之邪说教人”。是康、梁等谋行“革命”,王、叶等谋灭“革命”,皆偏离“维新”之国是、省是,而激争不休。宝箴苦心维持之“维新”共识、政治基础,遂遭破坏。三湘新政大好形势,因此一时陡陷“绝境”(谭嗣同语),又谁之咎欤?

再者，凡一政治运动，必有一理论旗帜，为之呼喝先驱。而要须该理论旗帜之为众所喜闻乐见，然后政治运动方能顺畅操作。康党欲推行变法，创为“新学伪经”、“孔子改制”等说。自历史观之，由后人视之，其中进步内涵，宜可郑重肯定。惜在当时，士大夫辈赞许者少。康党发挥其说，复倡孔子纪年、“传(孔)教”、“保(孔)教”。而究其实际，即康门高足梁启超亦腹诽“伪经”等说，不慊其师之武断，自悔狂热“传教”迹近无赖，又深知孔子纪年等类之颇多招忌也。实践既已显证，该理论旗帜渐转有碍于政治运作矣，则及时抛弃，改弦更张，洵属明智之举。宝箴之奏，请用康之才而毁其书，正所以保全之也。用心良苦，虽孙家鼐、王先谦流犹能识之。而坊版史籍，近数十年来乃复喋喋而贬责之，奈何、奈何！

学界之评论宝箴，又每执着于“民权”标准。察之戊戌政变前后，王先谦、叶德辉等攻击宝箴纵容“民权”邪说，而谭嗣同、唐才常等称许宝箴能公官权、兴民权，当时显豁明白，殊无疑义。而后来坊本史著乃谓梁启超等倡民权于时务学堂，王先谦等攻之，而宝箴阳为调和，阴实压制梁等云云，是又不知“民权”之不可无历史界限也。有“维新”界限内之“民权”，有“革命”界限内之“民权”，未容混淆。梁所倡论，“今变法必自天子降尊始”；“二十四朝，其足当孔子王号者无人焉，间有数霸者生于其间，其余皆民贼也”；“屠城屠邑，皆后世民贼之所为，读《扬州十日记》，尤令人发指眦裂”。范文澜氏亦已指出，此等“民权主义”，其界限已属排满革命思想，而“已超出改良主义范围”矣(范著《中国近代史》上册)。宝箴于梁等如此“民权”，内心深处是否为然，姑不具论，而犹为遮饰掩护，致自授人柄而遭言官弹劾，则事实也。第就施政方针而言，宝箴不取此等“革命”界限内之“民权”；宝箴所取，为“维新”界限内之“民权”，则推行不遗余力。夫巡抚者，阖省官权政位之最尊也。然如开南学会,宝箴之降尊自逊,听演说则杂厕台下,闻摇铃则随众起立,当时不恤骇俗惊世如此。而南学会,即梁、谭等拟以为省议院者也。至于湘省保卫局之设,欲转官辖警察之权为绅权,尤其关系“枪杆子”,重要不言而喻。及政变后,宝箴已褫职矣,犹力争以谋该局维持勿废。学者之倘评宝箴而论“民权”,不宜乎审慎思耶?

大成若缺,其用不弊。戊戌维新之社会改革实践,堪称“大成”者,舍三湘新政其又谁欤?然而诋毁不绝于耳,亦犹“若缺”焉。惟后来庚子(1900)勤王、辛亥(1911)革命、丙辰(1916)护国,迄于红军起义,其领袖若唐才常、林圭、黄兴、蔡锷、毛泽东、刘少奇等叠起辈出,海内瞩目,皆湖南俊才而天下士也,于百年神州、世运推移,关系诚非鲜浅。而或直接受知遇于宝箴,如唐、林、蔡等,无不感戴终身;其他沾惠矣,如毛泽东,戊戌之岁才总角幼童,晚年并自谓少时就读之校乃出于宝箴抚湘所创办云云,虽间接而亦饮水毋忘思源之意也。三湘新政,流远泽广,“其用不弊”,于是信然。

要之,愚意以为,宝箴实为忠诚、坚定之维新派,对于近代中国,贡献颇巨。而其诸多著作,向无结集行世,殁后复多散佚,研究者每叹资料匮乏,亦影响及学界对宝箴之评价,反复曲折,坎坷殊甚。兹予编为专集,则宝箴一生所言所行,梗概略备。内以奏议、公牍最多,居八九焉。但凡湘省新政之通盘筹划,暨具体设计,与夫人事部署、施行步骤等等,罔不包举,直可以近代社会改革之一袖珍百科书视之。而爱国心、报国情、强国志、维新梦,赤忱坦荡,尤其感人至深。皆寓精妙于平实,读者自可细细品阅矣。

宝箴之殁,其子三立所撰《行状》,与宝箴至交兼姻亲之范当世,应三立泣恳而撰《墓志》,均不言有异。曾任宝箴幕僚之邹代钧,其时在赣,书函中亦尝述及,并可确证。而十数年前,有哄传宝箴为慈禧太后赐死者,言赣抚赍密诏驰赴西山,监视自尽,且取喉骨以复命云云。煞有介事，而不值深辩。盖清廷取旨、述旨，廷寄、明发，自有体制，非如戏曲小说、电影电视之可“戏说”也。又，所谓天王圣明，臣罪当诛，君要臣死，犹是君恩也，封建观念如此。故其时传记，似犹毋庸深讳，至于必待百年之后细考“微疾”（见陈三立撰《行状》）二字，而后惊诧发现“赐死”沉冤也。附论及此，并俟质诸高明可矣。

兹书编务，始于上世纪八十年代之初，彼时“义宁陈氏”犹未甚“热门”也。乃孜孜搜采，勤勤校理，积廿余载，今幸竣编。所谓“补苴罅漏，张皇幽眇，寻坠绪之茫茫，独旁搜而远绍”。其间辛苦，盖如饮水，冷暖自知耳。而无悔无怨，随缘随喜，秀才生涯，亦久惯焉。所祈于晚清文史，尤其近代改革若戊戌变法之研究，或有裨益，则芹意区区，甚矣欣幸。

语曰以文会友。顾念此廿余年来，幸蒙学界师友关爱，若北京陈铮、吴杰、陈东林、王凡、庄建平、王晓秋、马忠文、朱邈、王德荣，秦皇岛王永恒，石家庄梁启中、刘桂兰，南京陆仰渊，苏州钱仲联、周海乐，上海盛巽昌、武曦，武汉刘美松，江西王咨臣、王河、许智范、漆身起、许锋、汪国权、欧阳国太、叶绍荣、许甫金、陈靖华、傅伯华，广东杨万秀、钟卓安、骆宝善、张磊、张难生、方志钦、赵立人、范海泉、王杰、刘路生、江中孝、陈剑安、倪俊明、李鸿生、郭秀文、朱春燕、蔡鸿生、李吉奎、林家友、桑兵、宋德华、杨向群、刘圣宜、赵春晨、何大进、刘晓明、左鹏军、肖自力、梁基永、朱万章、陈小威、胡文辉，暨海外孔祥吉诸先生，皆尝关心鼓励，启迪指教，至于诚挚相助，慷慨赐援，玉成之德，感怀良深。

拙编又曾蒙江西省社科院、省社联有关领导和友人多方关照。近数年间，更获得广州市社科院、市社联领导暨各兄弟所、处同志们热忱关怀与大力援助，特别得到广州市社科院历史所同仁们一贯支持。

拙编收集资料过程中,尝至中国第一历史档案馆、北京图书馆、首都图书馆、中国社科院近代史所资料室、北京大学图书馆、上海图书馆、上海社科院图书馆、湖南省图书馆、湖北省图书馆、江西省图书馆、江西省博物馆资料室、江西省社科院图书馆、江西省修水县图书馆、广东省立中山图书馆、广东省社科院图书馆、华南师范大学图书馆、广州市社科院图书馆等,皆承蒙热情接待协助。

拙编之部分出版经费,有幸接到广州市社会科学界联合会之及时资助。

拙编筹集出版经费期间,又尝蒙中山大学蔡鸿生教授、桑兵教授热心出具推荐信函,向某省基金申请资助,事虽未果,然蔡、桑两先生之厚情雅意,恒自铭记。

义宁陈氏后人陈小從、陈伯虞、陈封雄、陈美延诸先生,并给予拙编以积极帮助。

拙编承蒙钱仲联前辈先生赐墨题签,孔祥吉先生赐撰序言。又承中华书局编辑部冯宝志先生认真细致审阅全稿,并赐示宝贵改进建议。

于兹将付剞劂矣,而一一思忆弥殷。用是虔炷心香,谨肃申致谢忱!

至若限于学养,拙编疏漏难免,期盼方家,勿吝指教。以及陈氏遗文佚篇,并祈海内外学界同道续为赐助搜致。跷兮跂兮,尤所深祷!

岁次癸未,六月望日,汪叔子、张求会同叙于岭南羊城

凡　例

一、收　录

本集资料来源，承蒙义宁陈氏后裔陈小從、陈伯虞先生等赐赠者，凡复印件计文稿三十二篇（陈寅恪藏抄本）及郭嵩焘等氏附评（陈小從手录），又奏摺及文各二篇（义宁陈三达手录，陈继虞收藏，以下简称陈继虞藏抄本），诗十六题廿五首（陈寅恪藏抄本及陈小從抄本），摄影件计题扇手迹一片、陈宝箴遗像一幅。除此之外，相当部分系依据上海川沙汪氏舒斋所藏陈宝箴手迹与档案资料之缩微胶卷、陈宝箴已刊及未刊著述之复印件或抄录件等。另又广搜博采公私书藏中有关陈氏之直接或间接材料。

本集编收陈宝箴著作，以陈氏自撰者为主。另有若干如陈氏授意幕僚等起草而自为改定或审定并由陈氏以己名签发、发表者，间或奏议、公牍系与他人联名会衔者，又发表时托名他人然经稽核档案底稿确知系陈氏亲笔审改点定者，亦均予编入，作为正文。陈宝箴著作有若干仅知大意，并酌予兼收。

其与陈氏著作有关，如陈氏摺片所奉之谕旨、批牍缘起之禀呈、他人函电摺片之与陈氏所发件属同一事由者等类，亦酌择若干，缀于陈氏相应该篇之后，作为附文，用资参考。

又本集另收录传记、碑志、行状若干篇，作为全书之附录，俾助读者了解陈氏生平概况。至其毕生行迹详情，自非本集所能尽录，容当另撰《年谱》,别为专书。

凡属篇后附文,或卷尾、书末之附录者,虽仍以宋体排印,惟题首必作提示,用与正文区别。

二、纂　编

本集以文体分类纂编,总析七类:曰奏议,曰公牍,曰电函,曰书札,曰文录,曰诗钞,曰联语。按陈三立《皇授光禄大夫头品顶戴赏戴花翎原任兵部侍郎都察院右副都御史湖南巡抚先府君行状》谓"所著奏议若干卷、批牍若干卷、书牍若干卷、文集若干卷、诗集若干卷,待刊行世;《读易小记》未成书,《日记》若干册,藏于家"云云。今《读易小记》、《日记》存佚未详,暂弗论。《奏议》等五类,皆仍沿循陈宝箴原定规划,只或稍改其称,如《批牍》易为《公牍》。《文集》、《诗集》兹称《文录》、《诗钞》者,恐所收非全,且并未经陈氏自删定也。《书牍》剖分为二,即《书札》、《电函》,以后者从文体而论,实为晚近新兴,虽似介于书牍、公牍之两间,而清末诸集如张之洞、刘坤一等集,均予单出独立,颇有先例;且陈氏电函篇幅匪尠,亦足成类。如此量为变通,想陈氏生前务实维新,亦必不我咎耶?至陈氏《联语》,仅辑得十余则,则以其毕竟另自成体,未宜混并他类,虽篇幅无多,亦予析出。

每类篇幅多寡不均,酌情各作分卷。篇数甚夥者,或裁成若干卷;如《联语》仅十余首者,则接合于前一类之末卷内。全书卷次统计顺继,俾便检览,总得四十一卷。又附录一卷皆为陈氏传记资料,则缀于全书之末。

再各类之中诸篇次第,如《奏议》、《电函》、《文录》、《诗钞》、《联语》等,均以各篇撰时先后为序诠编,偶有撰时难以遽定者,亦予约略推测而插置其间。惟遇在原刊及原抄本中若干篇已定次第而于时序亦尚无大忤者，仍袭其旧，不复更动。《公牍》篇数繁多，合则所涉领域既极广泛，分则所及事务又极具体，倘全依时序，未免丝棼麻乱、事脉难寻，且部分简牍签发日期亦非一时可尽确知。乃据公文性质，大致划为《详》、《咨》、《札》、《示》、《批》五种。除《详》所跨年代较久，故统以时间为序外，后四种所收者十之八九形成于陈氏治湘期间，则按事分纂，首经济财政，次文化教育，次吏治兵刑，事内略寓时序。又控案批示，复以地分系，按其时府厅州县各为归并。如是以显陈氏治湘行政之实际，或可根干枝叶较为明晰。《书札》循通例以受信人分系，各系虽平行，而亦将抒亲朋私衷之诸系集聚于前，述湘政、新政之诸系汇列于后，稍寓区别。至各系之下有数通者，仍推时序次。

三、校　理

本集所录各篇，皆尽量选取其原始而可靠之版本，若档案原件、陈氏手迹及原刊原钞等作为底本，而参校以别本。

每篇底本出处，与撰时考证等，出为题注，标以 * 号。

篇内文字异同，凡有版本依据的校改一律出校注。其属于根据文义校改者，一般只用相应的括号校改，不另出注。

虑及陈氏治事属文皆亟认真，一摺一片一札亦往往易稿至三至四，其逐次修改墨稿，并予整理出注，俾便读者得细察陈氏思想进变之轨迹。

陈氏摺片、公牍等件，引录相关公文，文字每简省，盖当时官样文章通例如此。本集收编之际，凡其相关文书已被附录者，编者即于文字简并省略之处不再校补、出注；惟其相关文书并未附录，而引述时该简省之语又影响及文义理解甚至将造成歧义者，则酌为校补以理顺之，并予出注。

本集所录,均予标点分段。原刊陈氏著作及相关资料已作标点、分段者,一般从旧,确有需要时酌情稍作调整。

全书文字,一律使用规范简化汉字。但如若干人名、地名等使用繁体汉字的特定专称,又如遇有使用简化字易引起歧义之时,则保持繁体原状。通假字则不变。至于显属形近而误之字,以及旧用别体写法之字,旧时贬污少数民族等而加犬旁、水旁、巾旁等之恶劣字,除个别字难以遽断,维持原貌外,皆为径直改正,或改为现行通用写法,酌情出注。

补入字用〈〉表示,改正字用〔〕表示,缺文用【】表示,脱漏或模糊字用□表示(原文已有之□,另行加注说明),衍字用[]表示。原文旧有之○,如系自称,则在注释中予以说明,正文仍如其旧;如系作为他人代称,确知其人者,一律标明本名(以〈〉表示),一时难以考证者,则保留原样。间有原稿原刊行间抬空或留白之处,如系表示尊敬,则改为今例,如系代指他人姓名,则尽量予以补入,无从考证者,均以□代替。

卷一　奏议一

谢授湖南补用道摺*

（光绪五年七月初七日）

二品衔湖南补用道臣陈宝箴跪奏，为恭谢天恩，仰祈圣鉴事：

本月初五日，吏部以臣带赴内阁，经钦派王大臣验放，初六日复奏："堪以照例用"，奉旨："依议。钦此。"窃臣豫章下士，知识庸愚，由举人效力戎行，叠邀奖叙，洊保道员。涓埃未报，兢惕方深。兹复渥荷温纶，准予照例用，自天闻命，倍切悚惶。伏念湖南为繁要之区，道员有监司之责，如臣梼昧，惧弗克胜，惟有吁求宸训，敬谨遵循，俾回省后于一切事宜矢慎矢勤，以期仰答高厚鸿慈于万一。

所有微臣感激下忱，谨缮摺叩谢天恩，伏乞皇太后、皇上圣鉴。谨奏。

＊ 据中国第一历史档案馆编《光绪朝硃批奏摺》（中华书局1995年2月至1996年12月影印出版），第3辑，第62页。按：《光绪朝硃批奏摺》所录陈宝箴摺、片，原无题，今题均为编者拟加。原摺已具呈递日期者，据原摺录入，统一由篇末改置于标题下；原片未详日期者，一般据《光绪朝硃批奏摺》整理者推定时间录入，有疑义者则另作考证。

交卸浙江臬篆并沥陈愚悃摺*

(光绪九年七月下旬至八月初)

二品衔降调浙江按察使臣陈宝箴跪奏,为恭报微臣交卸臬篆日期,叩谢天恩,沥陈愚悃,仰祈圣鉴事:

窃臣七月廿二日奉浙江巡抚臣刘秉璋行知,准吏部咨:"六月廿二日奉上谕:'吏部奏《遵议会审王树汶一案内各员处分》一摺。河南按察使豫山、前任河北道升浙江按察使陈宝箴,均着照部议[详]降三级调用,不准抵销。馀依议。钦此。'钦遵"等因,并委员接署臬篆前来,当〈即〉恭设香案谢恩,交卸任事。伏念臣以庸愚,于河南王树汶一案,随同河臣梅启照会审一次,结案时又已随同画押,会同臬司,仍照府详转请拟罪。案经刑部提讯,在事各员均多获遣,臣蒙圣恩不加重咎,仅予镌级,渥被生成,感激涕零,衔结无地。惟恭阅抵〔邸〕抄,署左副都御史张佩纶奏会审〈臬〉司豫山及臣应与初次勘转之麟春〔椿〕议处摺①,内多臆度,不切事情,其他尚皆不足置辨,至所称臣"浙臬到京之日,正此案提审之时,该升道日营营于承审官之门,弥缝掩饰,不知远嫌,其时即于〔干〕物议。而陈宝箴果与豫山逍遥法外,同罪异罚"等语,以无为有,信口诋

---

* 据义宁陈继廙藏抄本,原抄本篇末录有尾批:"旨已录。"按:此摺上奏时间,据摺中"七月廿二日"云云,当在七月下旬之后。又据《翁同龢日记·军机处日记》光绪九年八月十二日记:"旨:陈宝箴奏'原参与承审各官往来一节,名节有关,请查办'等语,著派阎敬铭查奏。"十四日记:"陈启泰摺。劾陈宝箴哓辨。"二十日记:"〈刘恩溥〉片。劾陈宝箴,请嗣后有如此者置不理。存。"分见《翁同龢日记》第六册,第3593、3594、3596页。

① "椿",据朱寿朋编《光绪朝东华录》(中华书局1958年版)改正。按:《清实录·德宗景皇帝实录》(中华书局1987年影印版)亦作"麟椿"。详《清实录》卷一六四,第312页。

哄。其有关于臣一人之名节，为事甚微，夫〔关〕系于朝〈廷〉之是非，流弊甚大，有不忍隐怙恤已不据实沥陈于君父之前以资兼听者。

臣以湖南需次冗员，渥蒙皇上特达之知，迭邀简拔，宜如何被〔披〕沥肺肝、顶踵图报，况臣具有天良，粗知忠孝立身之义，纵涓埃无补，亦惟力矢勿欺，有耻之愚，自盟衾影，而祸福听之在人。去蜡入都，以王树汶一案正在提审，是以于刑部承审此案各员未有往报一次。向来各省臬司入都，皆与秋审处司员公同会晤，咨询本省公事，臣以此案故，纵〔从〕未与该处各员一面，亦无投刺之事。且以此案迹□嫌疑，立意节慎酬应，除徇向规参见军机大臣外，于各衙门素无交谊及非同乡京官，皆不肯卒然晋接。即如张佩纶之妻舅光禄寺署正朱缙，与张佩纶共宅同居，先来拜会，臣亦差人投刺答拜，于张佩纶处亦终不附投名纸。此事他人不知，张佩纶当自知之，营营者当不如是也。且案经提讯，全案卷稿尽送刑部，无不朗若列眉，既无庸为弥缝掩饰，而其时只有谓臣"交际疏简、远嫌大过"者，物议何自而干？若如张佩纶所奏"营〈营〉于承审各员之门，弥缝掩饰"，臣纵改行易辙、判若两人，亦不应寡廉鲜耻，行同市侩至此。

为此仰〈恳〉天恩简派亲信大臣查传承审此案各员，询明曾否与臣识面，并密先调各该员门薄〔簿〕，核查臣有无到门投刺。如果曾至承审各员之门弥缝掩饰，或各投过一刺，则张佩纶语不虚诬，专为整饰〔饬〕纪纲起见，理合请旨将臣严加治罪，以为昧良巧诈者戒，臣亦当清夜怀惭，无颜独立于天地间矣。否则，法司者天下之平也，是非者朝廷之公也，苟不考事实，凭势恣意变乱，黑白惟其所指，独立之士孰不寒心？仗〔伏〕惟圣鉴，遇言必察两用中，无可淆之是非，亦无不达之幽隐，于以上维国是、下系人心，匹夫匹妇之愚，罔不悉蒙矜鉴。用敢不避斧钺，披沥上陈，无任惶悚感激之至。至此案由刑部谳案，经李鹤年奏请将首从之例酌改，以昭画一，久奉谕旨饰〔饬〕议，非臣所敢置喙也。

所有微臣交卸臬篆，叩谢天恩，并沥陈愚悃缘由，谨缮摺具[上]奏，伏乞皇太后、皇上圣鉴训示。谨奏。

〖附一〗张佩纶：豫山、陈宝箴应请并与议处片*

（光绪九年六月十五日）

再，河北王树汶一案①，经刑部提审平反，将该省承审各官奏奉谕旨分别降革治罪。臣查此案初审招解，系署臬司麟春〔椿〕勘转②，〈嗣〉奉旨交梅启照、李鹤年会同审讯，李鹤年派现任臬司豫山，梅启照派升任河北道陈宝箴会讯，仍照原议详奏，经〈刑〉部驳提讯诘，是二次会审之司道，无异与〔于〕初次勘转之臬司。今麟春〔椿〕部议降调，而豫山、陈宝箴供职如故，殊不可解。臣闻李鹤年以豫山、陈宝箴随同画稿为辞，而梅启照则以该司道会印会详，商

---

* 据义宁陈继虞藏抄本。原抄件正文前有标题："光绪九年张佩纶片"；篇末录尾批："奉旨已录"；又附上谕，尾批曰："同日。"按：此片另见《光绪朝东华录》(第二册，总第1562页)光绪九年六月癸亥(十五日)条，后附该片所奉上谕："署左副都御史张佩纶奏'河南王树汶一案，二次会审之臬司豫山、前任河北道陈宝箴，应照初次勘转之署臬司麟椿议处'等语，豫山、陈宝箴应得处分，著吏部详查案情，照例定议具奏。"又按：《翁同龢日记·军机处日记》光绪九年六月十五日记："〈张佩纶〉片。王树汶一案覆勘之臬司豫山、河北道陈宝箴，应与麟春一体议处。【中略】旨：复勘王树汶案之臬司豫山、河北道陈宝箴应得处分，著吏部查明具奏。"廿二日记："旨：王树汶一案，臬司豫山、前河北道升浙江臬司陈宝箴照部议降三级调用，馀依议。"分见《翁同龢日记》第六册，第3569、3573页。

① "河北"，《光绪朝东华录》作"河南"。按：盖"河北道"属河南省，治武陟。

② "椿"，据《光绪朝东华录》校改。按：陈继虞藏抄本颇多错漏，现据《光绪朝东华录》所录张氏此片校补。

同主稿复部。吏部就询刑部，刑部第以前案咨复吏部[①]，于该司道主稿与否初未置词[②]，吏部凭何定议？不知李鹤年与梅启照所主者奏稿，豫山与陈宝箴所主者详稿，司道不详，督抚何由入奏？失官〔入〕之咨〔咎〕，例应与初审之麟春〔椿〕同科。梅启照既以豫山、陈宝箴会印会详〈声〉复，应将该司道即照审转官失入例议处。况陈宝箴浙臬到京之日，正此案提审之时，该升道日营营于承审各官〈之〉门，弥缝掩饰，不知远嫌绳惊，即于〔干〕物议[③]。今复〈审〉之知府〈已从〉重遣戍，督抚又特旨除名，而陈宝箴〈果〉与豫山逍遥法外，同罪异罚，不独无以服麟春〔椿〕诸人之心，亦且无以正天下之口也。法师〔司〕风宪，臣既摄官，理合直陈，请旨饬〈部〉将豫山、陈宝箴照麟春〔椿〕之例议处，以协刑章而息浮议，伏乞圣鉴施行。谨奏。

六月二十八日奉上谕："吏部奏《遵〈议〉会审王树汶一案内各员处分》一摺。河南按察使豫山、河北道升任浙江按察使陈宝箴[④]，均着照部议降三级调用，不准抵销。馀依议。钦此。"

〖附二〗阎敬铭：遵旨查明陈宝箴参款摺[*]

（光绪九年八月中下旬）

户部尚书臣阎敬铭奏，为遵旨查明，据实复奏，仰祈圣鉴事：

本月十二日御〔内〕阁奉上谕："降调浙江按察使陈宝箴奏《交

---

① 此处之"前案"，《光绪朝东华录》作"全案"。

② 此处之"置词"，《光绪朝东华录》作"置辞"。

③ 此句《光绪朝东华录》作"不知远嫌，其时即干物议"。

④ 原抄本"陈宝箴"旁，夹注"新任刘"三字。按："新任刘"应指新任浙江按察使刘盛藻，详《光绪朝东华录》，第二册，总第1565页。

* 据义宁陈继虞藏抄本。原抄本正文前有标题："九年九月初三日目录"，篇末录尾批："奉旨已录。"

卸臬篆〈并〉沥陈愚悃》一摺。据称,张佩纶所奏该员‘到京日[日]营营于承审各官之门,弥缝掩饰’一节,〈恳〉请饬查等语。降调人员,本不应哓哓渎辨〔辩〕,〈惟〉所称名节有关,若不查询〔讯〕明确,无以折服其心,著派阎敬铭查传承审各员有无与陈宝箴往来情事,据实具奏。钦此。”① 臣遵即咨刑部将承审王树汶一案各员衔名先行开送,旋据复:“王树汶一案原派承审引〔各〕员,除郎中吉顺、宗培、刘志沂、濮文暹、裕彬业经奉旨简放外任及杀虎口监督差外,现在只有员外郎廷杰、赵舒翘、陈惺训〔驯〕三员”等因,臣查降调按察司〔使〕陈宝箴于上年十二月初八日到京,原派承审官宗培已于十二月初四日简放浙江加〔嘉〕兴府知府。此外,承审官吉顺、刘志沂、濮文暹、裕彬,现或已经外任,或已出差,均无从查传。当将廷杰、赵舒翘、陈惺驯三员传到,该员等呈递亲供,据称“职等与陈宝箴素不认识,陈宝箴到京亦未到门投过一刺,从无与之往来”等语。再三究诘,矢口不移。臣复密加访察,亦查无往来确据。因思陈宝箴系文举人应试出身作官,熟游京师,京中同乡、同年、亲戚、故旧自不乏人,去腊陈宝箴来京拜客,所至或经过承审各官街巷门首,见者因此讹传,亦未可知。总之,陈宝箴是否到京营营,必以与承审官有无〈往〉来为断,今既查无确据,自系传闻之讹。至于风奏闻〔闻奏〕事,本为言官之责,所参各节,查明属实者固多,查无其事者亦所恒有。今既查无确据,则张佩纶所奏自系得自风闻。

所有遵旨查明、据实复奏缘由,恭摺具陈,伏乞皇太后、皇上圣鉴。谨奏。

---

① 此节上谕,据《光绪朝东华录》光绪九年八月己未(十二日)条补订,详见其第二册,总第1583页。

〖附三〗光绪九年八月廿一日上谕*

前据降调按察使陈宝箴奏，张佩纶所奏该员“到京日营营于承审各官之门，弥缝掩饰”一节，恳请饬查。当降旨派阎敬铭查明具奏。兹据奏称：“承审各官，除简放外任及税差外，传到员外郎廷杰、赵舒翘、陈惺驯各员，呈递亲供，并无〈与〉陈宝箴往来情事①。复加访察，亦无确据。”此事既无确据，即著毋庸置议。

请速援越都摺（大意）**

（光绪九年八月）

法越事。速援越都。兵则募土著，船则调内洋，饷则责粤海。

请将刘秉璋调广西片（大意）***

（光绪九年八月）

请将刘秉璋调广西，倪文蔚调浙。

---

* 据《光绪朝东华录》，第二册，总第1586页。按：可参阅《清实录·德宗景皇帝实录》光绪九年八月己未（十二日）条，详《清实录》，卷一六八，第353页。又按：《翁同龢日记·军机处日记》光绪九年八月廿二日记：“发下阎敬铭封奏一件。承审官并无与陈宝箴往来情事。旨：阎敬铭查明陈宝箴并无与承审官往来情事，著毋庸置议。”见《翁同龢日记》第六册，第3597页。

① “与”，据《清实录·德宗景皇帝实录》光绪九年八月己未条补入。

** 据翁同龢《军机处日记》光绪九年八月廿三日所记而录入。见陈义杰整理《翁同龢日记》第六册，中华书局1998年出版，第3597页。按：此摺原文未能觅见，今题为编者拟加，上奏时间亦系编者推定。

*** 据翁同龢《军机处日记》录入。见《翁同龢日记》第六册，第3597页。按：此为上摺之附片。

谢补授湖北按察使摺*

(光绪十六年十月十八日)

二品衔新授湖北按察使臣陈宝箴跪奏,为恭谢天恩,仰祈圣鉴事:

本月十七日,内阁奉上谕:“湖北按察使著陈宝箴补授。钦此。”窃臣豫章下士,智识庸愚,少习戎旃,从公湘省,洊膺简擢,陈臬之江,旋因旧案牵连,致罹吏议。幸沐新恩旷荡,准复原官,仰蒙训诲之周详,益戴圣慈之优渥。涓埃莫报,兢惕方深。兹复上荷恩纶,补授今职,自天闻命,伏地悚惶。伏念湖北为江汉要区,臬司乃刑名总汇,六条按事,首期吏治之澄清,五术观风,实系民情之向背。如臣梼昧,惧弗克胜,惟有吁求宸训,敬谨遵循。到任后,禀承督抚臣,于一切应办事宜殚竭愚诚、实心经理,以冀仰答高厚生成于万一。

所有微臣感激下忱,谨缮摺叩谢天恩,伏乞皇上圣鉴。谨奏。

〔附一〕王文韶:遵旨查明获咎各员缘由吁恳恩施摺(节录)**

(光绪十五年八月二十九日)

新授云贵总督湖南巡抚臣王文韶跪奏,为钦承恩诏,谨就所知获咎各员,据实胪陈,吁恳恩施,恭摺仰祈圣鉴事:

---

* 据《光绪朝硃批奏摺》,第7辑,第89页。

** 据《光绪朝硃批奏摺》,第6辑,第467～470页。按:王文韶此摺共举荐四人:姚觐元、陈宝箴、陈湜、徐淦。

光绪十五年三月十六日，恭逢崇上皇太后徽号礼成，特颁恩诏，内开："自同治元年以来，曾经任用、现已革职官员，除大计贪赃及居官不职以至失守城池各员外，若有事系冤枉被革、果有才力堪用者，在外听该督抚查明，详开缘由，奏明请旨等因。钦此。"仰见湛恩广被，湔雪幽淹，凡在臣民，同深钦感。

窃维人臣自效，期免愆尤；圣主用人，不存成见。有过而罚之，原情而录之，此朝廷操纵之大权，而群材所由奋起也。臣素性拘谨，自问无知人之明，是以历官中外，不敢轻有所称引。惟念图治之方，得人为要；取人之道，求备为难。或人本无他，而非议成于误听；或才有可用，而公罪蹈于不知；或劳绩可称，而不免人言之指摘；或慎勤自守，而忽来非意之吹求。淹抑人才，实多可惜。然苟非臣所真知灼见，亦不敢妄有论列，自负国恩。幸逢旷典宏开，幽隐可以毕达，臣若知而不言，亦非以人事君之义。谨酌举四人，胪列缘由，为皇上分别陈之：【中略】

降调前浙江按察使陈宝箴，该员由举人以知府分发湖南，其时臣正在巡抚任内，见其学问优长、识量超卓，深器重之。嗣以委办宁远县欧阳姓恃强恣横一案，经臣附片奏明，并加考保奏，奉旨存记。厥后外省督抚采访贤能、登诸荐牍者，不止一次，随蒙天恩简授河南河北道，升授浙江按察使。因在河北道任内随同会审王树汶一案，部议降三级调用。光绪九年七月卸任后，迭经彭玉麟、张树声、张之洞、庞际云等先后奏调，发往湖南暨广东差遣委用。十三年十月钦奉上谕，发往河南郑工，办理河工事宜。在工八月，因患目疾，请假调理，奏明回籍。该员才大而性刚，往往爱惜羽毛，有不轻寄人篱下之概，所如稍不合，辄置荣辱于度外，而其秉性忠直，感恩图报之心，固未尝一日忘也。今疆臣之留意人才者，每屈指数之，而臣知之尤稔。倘蒙圣恩量予录用，俾回翔两司之间，以备封

疆之选,当不至随俗浮沈、碌碌无所表见也。【后略】

硃批:"姚觐元等,均著交吏部带领引见。"

〖附二〗光绪十六年十月十六日上谕*

广东布政使蒯德标因病解职,以湖北按察使成孚为广东布政使,前浙江按察使陈宝箴为湖北按察使。

〖附三〗张之洞、谭继洵:藩司因病出缺请旨简放摺**

(光绪十六年十二月初八日)

湖广总督臣张之洞、头品顶戴湖北巡抚臣谭继洵跪奏,为藩司因病出缺,请旨简放,以重职守,恭摺仰祈圣鉴事:

窃据武昌府知府李有棻呈报:"湖北布政使黄彭年于光绪十六年十二月初四日辰刻陡患气脱病症,即于是刻身故,请具奏开缺"前来。臣等伏查该司从前历任各省,悉有政声,本年恭承恩命,调补湖北藩司。到任虽甫及两月,而励精图治,事必亲裁,昕夕从公,颇形劳瘁。且于署内开设学治馆,储备有益治道诸书,督率在省候补丞、倅、牧、令,随时讲习,实于吏治大有裨益。其病故前夕,尚集僚属互相讨论,手自批评,乃墨迹未干,遽尔溘逝。臣等闻信,即亲往看视,身后萧条,情形深堪悯恻,当饬府县将该司身后事宜督同亲属妥为办理。第藩司为钱谷总汇,理财用人,关系匪轻,亟应先

---

* 据《清实录·德宗景皇帝实录》,见《清实录》,卷二九〇,第865页。按:此谕另见《光绪朝东华录》光绪十六年十月壬子(十六日)、癸丑(十七日)条,详第三册,总第2801页。

** 据《光绪朝硃批奏摺》,第7辑,第145~146页。

行委员署理,俾免旷误。除由臣等遴员委署另行奏报外,所有藩司因病出缺缘由,谨合词恭摺,由驿驰陈,请旨迅赐简放,以重职守,伏祈皇上圣鉴。谨奏。

硃批:"另有旨。"

〖附四〗张之洞、谭继洵:附陈遴员署理司道篆务片*

(光绪十六年十二月初八日)

再,湖北布政使黄彭年因病出缺,所遗藩司篆务,应即委员接署,以重职守。查有新任湖北按察使陈宝箴,才猷练达,志趣端正,堪以署理。所遗臬司篆务,查有督粮道恽祖翼,老成谙练,吏治素优,堪以接署。递遗督粮道篆务,查有候补道恭钊,心地明白,勤谨趋公,堪以署理。除分檄饬遵外,谨合词附片陈明,伏祈圣鉴。谨奏。

硃批:"吏部知道。"

* 据《光绪朝硃批奏摺》,第7辑,第146页。按:此为上摺之附片。

奏报接署湖北藩篆日期并谢恩摺(稿)*

(光绪二十年七月)

奏为恭报微臣接署藩篆日期,叩谢天恩,仰祈圣鉴事:

窃臣接奉督臣张之洞、抚臣谭继洵会札行知,布政使王之春奉旨来京祝嘏[①],所遗印务,委臣接署。遵即交卸臬篆,于□月□日准王之春将藩司印信文件移交前来。当即恭设香案,望阙叩头谢恩,祗领任事。伏念臣江右下材、鄂州冗宦,甫陈臬事,遽摄藩条,往既无报称之方,今再代旬宣之职,自维迂拙,弥用惭惶。查藩司为庶事总汇之官,湖北是□省交冲之地[②],用人公则群才胥奋,贤否不致混淆,理财慎则大道可循,出入自然充裕。况今者江防孔亟,时事方艰,吏治最贵澄清,饷源尤当筹措。如臣陋质,虽惭弗胜,惟有殚竭血诚、破除情面,随事禀承督抚臣,尽心经理,不敢以暂时摄篆稍涉因循,以期仰答高厚鸿慈于万一。

---

* 据川沙汪氏舒斋所藏陈宝箴手迹与档案资料之缩微胶卷(以下简称"舒斋藏摄片")。此为陈宝箴手书底稿,稿笺版心镌署"广雅书院月官课斋课题目清册"。又该摺首页右上角有贴签,文曰:"宝箴光绪十六年授湖北按察使,视事三日,改署布政使。"另有眉批曰:"此文首尾皆官样,未知合否,请检前年摺底,查对合用否。"贴签及眉批均为陈宝箴手迹。按:据《郭嵩焘日记》(湖南人民出版社 1983 年版,第四卷),陈宝箴于光绪十六年十月十七日补授湖北按察使,十二月初四日接印。陈三立《皇授光禄大夫头品顶戴赏戴花翎原任兵部侍郎都察院右副都御史湖南巡抚先府君行状》(见《散原精舍文集》卷五,中华书局民国三十八年八月初版,以下简称《湖南巡抚先府君行状》)亦云:"视事三日,改署布政使。逾一年,还任,以协饷劳,诏加头品顶戴。"

① 此处有陈宝箴眉批:"'来京'四字再酌,'嘏'字不知可用白摺否?此处不在行。"按:王之春授湖北布政使,事在光绪十六年十二月十八日(见《光绪朝东华录》,第三册,总第 2823 页)。至光绪二十年七月,因王之春入京为慈禧祝寿,经张之洞、谭继洵会奏,以按察使陈宝箴接署臬司(详附文)。据此,又据陈宝箴此摺中"况今者江防孔亟,时事方艰,吏治最贵澄清,饷源尤当筹措"数语,可知此摺当奏于光绪二十年七月。

② 此"□"为原稿所有。

所有微臣接署藩篆日期并感激下忱，谨缮摺叩谢天恩，伏乞皇上圣鉴。谨奏。

〖附〗张之洞：奏陈遴员署理司道篆务摺*

（光绪二十年七月二十二日）

奏为遴员署理司道篆务，恭摺具陈，仰祈圣鉴事：

窃照湖北布政使王之春，钦奉懿旨赴京祝嘏，拟即起程北上，所遗篆务，亟应委员接署。查有湖北按察使陈宝箴，才优识敏，条理精详，堪以署理。所遗臬司篆务，查有盐法武昌道瞿廷韶，历练老成，措施悉协，堪以署理。递遗盐道篆务，查有安襄郧荆道朱其煊，精明干练，任事实心，堪以署理。除分檄饬遵外，谨合词恭摺具陈，伏祈皇上圣鉴。谨奏。

硃批："吏部知道。"

谢补授直隶藩司恩遵旨陛见摺**

（光绪二十年十一月十四日）

头品顶戴新授直隶布政使署湖北布政使臣陈宝箴跪奏，为微臣恭谢天恩，仰祈圣鉴事：

窃臣于十一月十二日在署湖北布政使任所，奉兼护湖广总督湖北巡抚臣谭继洵札开，准吏部咨，光绪二十年十月十五日奉上

---

* 据苑书义等主编《张之洞全集》（河北人民出版社 1998 年版），第二册，第 920 页。按：此题为该集原有。

** 据中国第一历史档案馆藏档。按：此为军机处录副抄件，原有军机处墨批当日归档编号、事由、遵办时间等项，篇末则附该摺呈递日期，并遵录所奉硃批。现统一将呈递日期置于标题下，所奉硃批置于文尾，奉到硃批日期则从略。以下同类摺、片，均同此处理，不再一一注明。又按：此摺另见《光绪朝硃批奏摺》，第 10 辑，第 249～250 页。

谕:“直隶布政使著陈宝箴补授。钦此。”先于本月初三日奉督抚臣行知,承准总理各国事务衙门电传,钦奉谕旨:“陈宝箴已简放直隶布政使,著将经手事件赶紧清理,即行来京陛见。钦此。”闻命自天,悚感无地,谨即恭设香案,望阙叩谢天恩。伏念臣豫章下士、荆楚备员,臬事忝陈,藩条再绾,惧涓埃之未报,荷雨露之频施,葑菲滋惭,藿葵增恋。念千里邦畿之地,任重旬宣;望九重阊阖之天,情殷报称。尧阶干羽,愿传露布于垓埏;舜陛星云,喜觐天颜于咫尺。五衷积感,寸抱惟虔。现将经手未完事宜赶紧清理,即行遵旨入都,泥首阙廷,跪聆圣训。

所有微臣感激下忱,谨缮摺恭谢天恩,伏乞皇上圣鉴。谨奏。

硃批:“知道了。钦此。”

直抒管见以备采择摺(节录)*

(光绪二十一年正月至二月)

一曰固畿辅。上年自平壤之后,我军节节溃退,畿辅震惊。倭人声张势厉,所面莫当,乃不谓乘我征调未集之时,以偏师疾驱深入重地,迄今数月,犹尚踯躅海隅,惟规取旅顺、威海,图翦津沽枝叶,机势视前已钝。而我军由各省入卫,次第并至,兵刀不可谓不

* 据义宁陈继虞藏抄本,原题为《谨奏兵事十六条》,下署“陈宝箴”。宜是摘要抄件,尚非全篇。按:陈三立《湖南巡抚先府君行状》有云:“十九年,复署布政使,寻以中东搆衅,大兴兵防海,京师戒严,朝廷乃授府君直隶布政使。是年冬,驰入觐,召询战守方略甚悉。府君见上宵旰焦劳,颜悴甚,请日读圣祖《御纂周易》数则,谓可开益圣学,得变而不失其常之道。上为微起,改容颔之。退,复条上畿防诸事宜。时府君已奉命督东征湘军转运,驻天津,及专摺奏事。于是往立局,而以毛员外庆蕃专局务。”据此,该摺上奏时间当在陈宝箴入觐后不久。又按:钦差大臣两江总督刘坤一曾“电请以陈宝箴办理湘军东征粮台,并准专摺奏事”,廿一年正月十六日奉上谕:“著照所请行。”(详《清实录》,卷三五九,第676页)由此亦可推知,陈宝箴此摺当上于“准专摺奏事”后。

厚，所宜亟亟讲求者，调度耳。沿海千里，岂能处处设防？备多则力分，兵分则势弱，非厚集其力以扼冲要之地，而徒令星散置防守障者，然一经敌人蹈踉〔瑕〕而入，则缘边皆成虚设。目前奉天等处经诸军扼守，渐能得力，所最要者莫为畿辅。畿辅既固，则海边少有得失，尚非安危所系。窃谓宜选久经战阵智勇统将四人，每人各统十营，合兵二万余人，择畿辅适中之地，共扎一处。先令各营统将会同阅视海边，自津沽〔沽〕以致山海关，所有沿海隘口及可登岸之处，并畿辅远近冲僻数百里之形势，俱令瞭然心目。然后距海稍远，敌船不及接应之，而我军可以东西策应者，择其形胜，合兵驻守，各军相距各不出数十百里。而附近一带，何处可以截剿，何处可〈以〉包抄，以及设伏出奇之所，务须平时会商审度，成算在胸，斯临事得驾轻就熟之妙。并许给以侦探之费，饬令严蜜〔密〕侦探，预知敌军所向，一旦登岸，则随机奋击，或分或合，无不如志。主客之形既殊，劳逸之势又异，胜负之数决矣。且以能将合劲兵二万人雄踞一方，俨然有猛虎在山藜藿不采之势，纵全敌军致从他道旁窜入内犯，亦不敢越之以入、自陷绝地，军志所谓“示敌以形胜，不战而屈人之兵者”，此也。

一曰择军将。各省留防之军，其初皆百战之余，迨光绪十年以后，为时已久，将屡易，其中曾经战阵之卒亦成努〔弩〕末，新募之田夫、市人更无论矣。现在战守惟淮军聂士成最为得力，此外皆不深知，不敢妄举。其所往来于耳目之前，而为人所共知者，惟甘军统领董福祥、虎字营统将余虎恩、铁字营统将熊铁生及其分统方友升、黔军统将丁槐等数人，皆久经战阵、功绩卓著而年力均未就衰，忠勇奋发，虽资秉各有不同，而或以勇猛持胜，或以谋略终称，联而合之，适以相济。似宜请旨谕调此四军合扎一处，如前所陈，和衷办理。又谕刘大臣等开诚布公，勉以忠义，并令通知兵事之员周旋其间,共相筹画,务使畛域胥忘,通力合作,如手足之捍头目。近闻皖军统将陈〔程〕文炳一军之械整齐,亦多旧部弁员,誓与董〈福〉祥生死不相负,第所统倍于四军,若令并扎,恐生轩轾,似可令扎稍近内地,与董福祥军相为犄角。此外各军,或三四营,或七八营,亦宜令自相要约,归并驻扎,约以万余人为一处,电禀统兵大臣迅速行之,不宜分守海边,自成孤立。大抵用兵局势贵活,最忌钝置,亦犹熊、余二军不必株守山海关,董、程二军不必株守南苑也。军必择将,将必择地,似为目前急务。

一曰严津防。海边不能偏防,而天津北塘为切近堂奥厄要之区,不可稍有疏虞。外国以水陆夹攻炮台是其长技,陆路策应之军与驻守炮台之军,均非精脱〔锐〕不可。近来淮军挫败,类由统将非人,平时既不能拊循士卒,使人服从,临事又不能效命致忠以为之倡,故至于此,非一军弁勇皆不可用也。似宜请旨谕令北洋帮办大臣精加考察、博访周咨,审其实不得力者,令商北洋大臣汰而易之。或择人而任,或就本军营官择其为士众信服者擢为统将,哨官擢为营官,均无不可。其炮手并宜精择多备,不惜重资以待能者。兵事最宜朝气,忘〔忌〕暮气,一经整饬,壁垒为之一斯〔新〕,应敌自有把握矣。

一曰简军实。各军所用精快枪炮,除陆续运解外,惟丁槐一军所缺尚巨,此外亦有不足者。似宜令帮办北洋大臣详加考察,尽数以给得力之军,其间散防军非处要地者,如有精枪,亦可腾挪换给,并悬赏构〔购〕买溃卒已弃枪械,兼消隐患而资协济。仍有不给,似可以抬枪、劈山炮参互用之。昔刘永福在安南恃此破敌,军中并无洋枪;苏元春镇南之捷,亦多以此得力,而其时丁槐又以“平炮”取胜——卒挖地沟蔽身,而置炮平地毙敌,故谓之“平炮”。此炮可装群子四十两,一人可以携挈,又人人可以施放,不似洋械之必待练习。虽不及快炮之速，而远过之里余，比其行近，则亦已数发矣。现在湖北业已仿造，似可令山东、天津各制造局同时赶办，以应急需。又熊铁生、余虎恩等军，均曾携带锄铲为挖沟之用，丁槐地营之法，用之越南，有大可效。似〔司〕直驾聘〔骋〕等人，不乏奇俊，破格求之，以类为招，或可得当以报。天下事有求之而不得，未有不求而得者，况得之而有邱山之益，不得并无秋毫之损乎？

一曰筹急款。近来捐、厘两款有减无增，即息借商款，较洋息有加，而抑勒尚鲜成效，更欲急求筹饷之法，徒失民心而于事仍无所济。目前防军数百营，加以外省江海之防，为费不可数计，非急图借款，何以图功？夫事苟可已，则诚不如已〔以〕已为得矣，万不可已而又无他术以处之，是不得以计较盈绌［绌］之心而处，必为之事矣。《语》曰："小不忍则乱大谋。"《传》曰："皮之不存，毛将安附？"一念及此，可为寒心。东隅已逝，尚可收之桑榆。圣君贤相亦惟坚忍以求干济而已，军事大定之后，上下一心，行节俭，屏除一切不急之费，以事当务之急。圣君在上，得人而理之，则富强可以驯致。存此岁偿息借之款，悬诸心目之间，亦无射钩在莒之意也。戋戋之费，以恐致福，较之宋人岁弊〔币〕之输，诚不可以道里计矣。

〖附〗翁同龢：光绪二十一年正月十六、二十日日记（节录）*

午正赴督办处，诸公皆集，请陈右铭宝箴商事。右铭尝从曾文正公军营，颇知兵机，其言以游击之师为主，津北、津南须分两大枝兵御之。薄暮归。

---

* 据《翁同龢日记》第五册，中华书局 1997 年出版，第 2777 ~ 2779 页。

晚访陈右铭未见,灯后右铭来辞行,长谈。……又讲《易》以中为主,今日召见时请读《周易》折中。其言恳切,廷臣中如此者希矣。甚服其学有根底。戌初别去。

开用粮台关防并请拨饷项摺*

(光绪二十一年二月初十日)

头品顶戴办理湘军东征粮台直隶布政使臣陈宝箴跪奏,为微臣办理湘军东征粮台,开用关防日期,并恳恩饬部拨给大批饷项,以济军需,恭摺具陈,仰祈圣鉴事:

窃臣仰蒙天恩简放直隶布政使,于本年正月十二日到京陛见,时值沿海军务未竣,猥荷圣明垂询周至,并及粮运事宜,宵旰勤劳,莫名钦悚。嗣于十六日奉督办军务处王大臣札开,光绪二十一年正月十六日准军机处交出,本日奉旨:"刘坤一电请'以陈宝箴办理湘军东征粮台,准专摺奏事'等语,著照所请行。钦此。"行令钦遵等因。遵于二十日请训出都,行抵天津,旋于二十六日驰往山海关行营,禀商一切,仍返天津。先后奉到署督臣兼办北洋大臣王文韶、钦差大臣刘坤一恭录前奉谕旨札行到臣,并刊发关防一颗,文曰"钦命办理湘军东征粮台直隶布政使之关防"。臣谨遵于二月初四日在天津县城设立粮台,即于是日开用关防,复由刘坤一将各军应领月饷,及奏准粮价、车骡津贴各项,并行营支应之款,开单札行到台。

臣查单开各军饷项,由江南各省供支者五十余营,由户部支给

* 据中国第一历史档案馆藏档。按:此摺另见《光绪朝硃批奏摺》,第60辑,第278~279页。

者二十余营，此外行营支应局每月需银八万两，亦系由部拨给。而各营驻扎远近不齐，势难按月赴台请领，每次约须发给三四个月之饷，方免缺乏之虑。其迭次调来江南等省诸军，由本省供支饷项，在各督抚臣，廑念畿疆，力维大局，自必源源解济，惟道远运艰，究难〈必〉按期而至[①]，自应由臣台随时酌核缓急，遵照议准奏案，于所领部款内通融垫给，庶免贻误。现在粮台甫经开办，必须请拨大批部款，分别备给，以后随时请领接济，方足以收饱腾之效而作将士之气。拟恳天恩饬部筹拨现银壹百万两，迅速支给，以期无误要需，不胜感激屏营之至。

所有微臣办理湘军东征粮台，开用关防日期，并请拨给大批饷项各缘由，谨恭摺具陈，伏乞皇上圣鉴。谨奏。

硃批："户部速议具奏。钦此。"

〖附一〗刘坤一：寄督办军务处请代奏电（节录）[*]

（光绪二十一年正月十四日）

谨启者：

各营湘勇陆续出关，愈进愈远，不可不预筹接济。原议所需月饷仍由原省拨解，有时缓不济急，先由户部垫发。至坤一行营支应局每月八万两，以及添招护军三营月饷，则归部拨，均由东征粮台就近给领。广西臬司胡燏棻畛域无分，莫不随时应付。现有记名提督黄本富、赣州镇总兵何明亮，各招湘勇五营北上，所需月饷亦是部拨之项，为款弥巨，其事益繁，恐胡燏棻一人难于兼顾，不若遴

① "必"，据《光绪朝硃批奏摺》补入。

* 据《刘忠诚公遗集》（宣统元年刊本），《电奏》卷一，页三。按：原题为《寄督办军务处》，题下注："光绪二十一年正月十四日。"

员分办,各任责成。查有新授直隶藩司陈宝箴,秉性公忠,才具稳练,前官湘省,懋著循声,士民爱之,又与坤一旧好,委以湘军饷事,必能措置合宜。相应请旨饬令陈宝箴接办湘军东征粮台,并准专摺奏事,以期顺手。嗣后湘军由部垫发各项,统由该藩司请领支给,别营偶有缺乏,亦当量行挹注,期共饱腾。其应如何就事变通,由该藩司奏明办理。坤一为湘营日众、理饷需人起见,请代奏。

〖附二〗刘坤一:致陈宝箴*

(光绪二十一年正月十七日)

目下各路湘军既已陆续出关,愈行愈远,饷项为行军命脉,亟宜预筹接济,庶免缺乏之虞。弟于条奏事宜摺内曾经声明:"以后月饷,除奏归部拨的款之外,其各营军饷有时缓不济急,亦由部先行垫发,统归东征粮台就近给领。"芸楣廉访畛域无分,自能随时应付。第现在又经奏调多营,需款益巨,事务愈繁,深恐芸楣一人或难兼顾。夙仰执事经猷远大,体国公忠,当此宵衣旰食之时,正臣子篝灯治书之日。兹事责重,非鼎力莫胜,因奏请执事督办湘军东征粮台,钦奉俞旨。查诸军前支饷银多有正、二月届满者,转眴春融,关外泥淖难行,运解尤非易易。鄙意荣任之后,似宜移驻天津,所有一切事宜,查照芸楣处办理,或率由旧章,或变通尽利,但求有济,一听主持。应须款项若干,尽可由台端专摺奏请。将来军事或有尺寸之效,皆出自大公祖之赐也。

* 据《刘忠诚公遗集》,《书牍》卷十一,页三十六至三十七。按:原题为《致陈右铭》,题下注:"光绪二十一年正月十七日。"

〖附三〗户部为速议湘军粮台请拨大批部款事知照总理衙门附户部奏摺*

（光绪二十一年二月十五日）

北档房案呈，本部速议陈宝箴奏《湘军东征粮台请拨款项》一摺，于光绪二十一年二月十五日具奏，本日奉旨："依议。钦此。"除飞咨办理湘军粮台直隶布政使陈遵照外，相应咨呈总理各国事务衙门查照可也。

附：户部奏摺

谨奏，为遵旨速议具奏事：

据办理湘军东征粮台直隶布政使陈宝箴奏《办理粮台恳拨批饷项》一摺，光绪二十一年二月十三日奉硃批："户部速议具奏。钦此。"钦遵由军机处抄交到部。查原奏内称："在天津县城设立粮台，由刘坤一将各军应领月饷，及奏准粮价、车骡津贴各项，并行营支应之款，开单札行到台。查单开各军饷，由江南各省供支者五十余营，由户部支给者二十余营，此外行营支应局每月需银八万两，亦系由部拨给。而各营驻扎远近不齐，势难按月赴台请领，每次约需发给三四个月之饷，方免缺乏之虑。其迭次调来江南等省诸军，由本省供支饷项，在各督抚，力维大局，自必源源解济，惟道远运艰，究难必按期而至，自应由粮台随时酌核缓急，遵照议准奏案，于

* 据"中国近代史资料丛刊续编"之《中日战争》第五册（戚其章主编，中华书局1993年出版），第304～305页。按：原题作《户部议奏陈宝箴湘军东征粮台请拨款项一摺已奉旨依议录旨抄摺知照》，题注原作"光绪二十一年二月十五日（1895年3月11日）"，今题系编者改拟。其所附抄之户部奏摺，则改以楷体排印，以示区别。

所领部款内通融垫给,庶免贻误。现在粮台甫经开办,必须请拨大批部款,分别备给,以后随时请领接济,方足以收饱腾之效。恳恩饬部筹拨现银一百万两,迅速支给,以期无误要需"等语。臣等伏查湘军奏调北上,或在江南各省支饷,或就近由部库支饷,皆系按月领解,供应急需。兹据直隶布政使陈宝箴奏称:"现在粮台甫经开办,必须请拨现银百万两"等因。查湘军既专设粮台,所有粮运事宜,自应筹款办理。惟湘军各营均有原饷可支,设或运解稍迟,不过暂由粮台垫给。是开办伊始,需款尚属无多,所请百万之数,不必一时全行拨给。臣等公同商酌,拟在江海关现存汇丰镑款内先行拨给银五十万两,以后再行陆续筹给,专备湘军粮台应用。恭候命下,即由臣部电知直隶布政使陈宝箴,电商江海关道设法运解,接济军糈。

所有速议缘由,理合恭摺具陈,伏乞皇上圣鉴。谨奏。

奏报直隶藩司到任受篆日期并谢恩摺*

(光绪二十一年三月十八日)

头品顶戴直隶布政使臣陈宝箴跪奏,为恭报微臣到任受篆日期,并沥陈感激愚忱,恭摺仰祈圣鉴事:

窃臣仰荷恩命,擢授直隶布政使,本年正月到京,迭蒙召见,渥聆训诲,并恭奉谕旨办理湘军粮台,钦感之忱,莫可言喻,业将抵津开办缘由恭摺驰陈在案。其时已奉署督臣王文韶接准部咨奏饬赴任,谨将粮台经始各事悉心筹画,复由钦差大臣刘坤一奏调户部候补员外郎毛庆蕃驻台襄办,俾臣得以一面赴任,往来兼顾。月余以

* 据中国第一历史档案馆藏档。按:此摺另见《光绪朝硃批奏摺》,第10辑,第511~512页。

来，粮台一应事宜颇已就绪，遵于三月十三日驰抵省城，准署藩司本任清河道潘骏德移交印信、文卷前来，当即恭设香案，望阙叩头谢恩，祗领任事。

伏念直隶为畿辅股肱之地，藩司实疆臣勷赞之资。励廉耻所以静人心，能廉必先有耻；别邪正所以澄治术，崇正尤贵黜邪。凡兹吏道之常经，实乃民生所托命。且是非定，斯众志坚；举措公，则群材奋。用人治赋，异事同归。况当积薪厝火之时，宜有振積式靡之效。侥幸之途不塞，忠正之士不前。覆辙宜惩，补牢非晚。如臣驽下，何益艰难，惟有随时随事秉承署督臣，勉竭庸愚，罔辞劳怨，冀推明耻教战之义，用崇实事求是之规，庶以仰体宵旰勤劬，少酬高厚生成于万一。

所有微臣到任受篆日期并沥陈感激愚忱，谨缮折叩谢天恩，伏乞圣鉴训示。谨奏。

朱批："知道了。钦此。"

〖附〗王文韶：饬委司道代勘本届秋审片*

（光绪二十一年三月）

再，近年秋审人犯，因督臣驻津，均委司道代勘。本届审录之期，臣已照案饬委藩司陈宝箴、署臬司朱臻祺代为提勘，由臣逐案复核具题。理合附片陈明，伏乞圣鉴。谨奏。

朱批："知道了。钦此。"

---

* 据中国第一历史档案馆藏档。按：上奏时间据篇末所录奉到朱批日期（"光绪二十一年四月初四日"）而推定。

谢补授湘抚恩并恳陛见摺*

(光绪二十一年八月初八日)

头品顶戴新授湖南巡抚直隶布政使臣陈宝箴跪奏,为恭谢天恩、吁恳陛见,谨专摺具陈,仰祈圣鉴事:

窃臣在直隶布政使任内,奉督臣王文韶行知,准部咨,光绪二十一年七月二十四日奉旨:“湖南巡抚著陈宝箴补授。钦此。”闻命自天,悚惶无地,当即恭设香案,叩头谢恩。伏念臣性本迂愚,才非干济,上年十月仰蒙圣慈擢授直藩,并在天津办理湘军东征粮台,本年三月抵任视事。秋豪未报,私衷无可逭之愆;中夜以兴,寤寐有难安之隐。讵意复膺简命,晋陟封圻,顾兹宠畀之逾常,奚胜愧感之交集?负荷愈重,报称愈难。矧湘中为勋贤辈出之区,目前为文武并用之会,其应如何导扬声教、劳来闾阎,尤缓急之所资,惧迂疏之罔效,惟有仰恳圣恩,俯准臣于交卸藩篆后趋诣阙廷,俾得重觐天颜、跪聆圣训,庶遵循之有自,实依恋之靡涯,不胜惶悚感激、恳切待命之至。

所有微臣恭谢天恩、吁恳陛见缘由,谨专摺具陈,伏乞圣鉴训示。谨奏。

硃批:“著来见。钦此。”

〖附〗光绪二十一年七月廿四日上谕**

调湖南巡抚德寿为江西巡抚,以直隶布政使陈宝箴为湖南巡

---

* 据中国第一历史档案馆藏档。按:此摺另见《光绪朝硃批奏摺》,第10辑,第850页。

** 据《清实录·德宗景皇帝实录》,见《清实录》,卷三七三,第885页。按:《光绪朝东华录》将此置于光绪二十一年七月壬子(十四日)条内,详第四册,总第3645页。

抚。

声明籍贯、姻亲请旨应否回避片*

（光绪二十一年八月初八日）

再，臣籍隶江西义宁州，界连湖南属县，臣母及臣胞兄等茔墓在紧接州境之平江县属境，有祭田数十亩、墓庐两所。又，臣向在江西军营时，与湖南在籍已故云南按察使席宝田联有儿女姻亲。今臣蒙恩简授湖南巡抚，因有以上各节，应否回避，理合据实声明，请旨遵行。为此附片具陈，伏乞圣鉴训示。谨奏。

朱批："毋庸回避。钦此。"

奏报交卸直隶藩篆起程入都日期摺**

（光绪二十一年九月初二日）

头品顶戴新授湖南巡抚臣陈宝箴跪奏，为恭报交卸藩篆并起程入都日期，专摺仰祈圣鉴事：

窃臣于直隶藩司任内，蒙恩补授湖南巡抚，谨专摺恭谢天恩、吁请陛见，八月十四日递回〈原〉摺①，钦奉硃批："著来见。钦此"。跪诵之余，莫名忻感。时臣方在天津清理湘军粮台事宜，迅即归结就绪，回省赶办任内经手交代。旋奉督臣王文韶札委按察使臣朱靖旬署理藩篆，臣于九月初二日将印信、文卷移交接受，即于是日卸任，克日起程入都。其湘军粮台一切收放各事，截至八月底止，

---

* 据中国第一历史档案馆藏档。此件为上摺之附片。按：此片另见《光绪朝硃批奏摺》，第10辑，第851页，惟上奏日期定为"光绪二十一年八月初十日"（见卷首目录）。

** 据中国第一历史档案馆藏档。按：此摺另见《光绪朝硃批奏摺》，第10辑，第890页。

① "原"，据《光绪朝硃批奏摺》补入。

业经清厘完竣,别无经手未完事件。自九月初一日以后,另由钦差大臣刘坤一奏委粮台襄办户部候补员外郎毛庆蕃接续办理,换给关防,以专责成。臣前所领关防,亦即缴销。均经刘坤一详悉具奏。

所有臣交卸藩篆并起程入都日期,理合恭摺具报[①],为此专摺驰陈,伏乞圣鉴。谨奏。

硃批:"已有旨,毋庸来见。钦此。"

〖附〗刘坤一:刊换粮台关防摺[*]

(光绪二十一年八月二十一日)

奏为刊换粮台关防,一面清理各军饷项,以资结束,恭摺仰祈圣鉴事:

窃自设立湘军粮台以来,部饷、南饷、正款、杂款,一切井井有条,办理实为得力。兹以总办该粮台直隶藩司陈宝箴升授湖南巡抚,应即刊换关防,不列本衔,文曰:"钦命办理湘军东征粮台关防"。所有粮台事务,即交襄办该粮台之户部候补员外郎毛庆蕃接办,以资熟手。将来报销,仍由陈宝箴复核具奏。

查湘军粮台经理各营,领部饷者一半,领南饷者一半。南饷各营内,有陈湜十营现驻津关,听候谕旨,如令添拨十营,共二十营,率令西征,相去日远,月饷应由何处接济,自应另筹。馀如刘光才、李占椿、万本华、张国林、申道发各五营,与护军两营,系江南防军,似可发给恩饷,遣令南旋。领部饷者以魏光焘二十五营为大,现令挑选凑足三十营,驻防山海关,局面迥异,自应由该抚自设粮台。

① "报",据《光绪朝硃批奏摺》补入,原档件此处涂污。

* 据《刘忠诚公遗集》,《奏疏》卷二十四,页四十九至五十。按:标题及日期均仍旧。

馀如张星元分统铁路〔字〕正五营，拟令归并魏光焘三十营内；方友升分统铁字副五营，归并陈湜二十营内；杨金龙添招之护军三营，亦令归并魏光焘，以补淘汰之缺。仅有余虎恩十营，移扎近畿，尽可自行赴部领饷。计九月内各军部署就绪，湘军粮台可以裁撤。维时陈宝箴计适出都，由津赴任，粮台出入款目亦正可截数清厘矣。臣商之该抚，意见相同。

所有刊换粮台关防及清理军饷各缘由，谨恭摺具陈，伏乞皇上圣鉴训示。谨奏。

卷二　奏议二

奏报湘抚到任日期并谢恩摺*

（光绪二十一年十月十六日）

头品顶戴湖南巡抚臣陈宝箴跪奏，为微臣到任接受关防日期，谨专摺具报，叩谢天恩，仰祈圣鉴事：

窃臣于光绪二十一年九月初二日交卸直隶藩篆，谨遵前旨，起程入都，行次安肃，钦奉谕旨："著即赴湖南巡抚新任，毋庸来京请训等因。钦此。"当将钦遵折回天津、航海赴湘缘由，电请总理各国事务衙门据情代奏在案。兹于十月十一日行抵湖南省城，十二日准前任抚臣吴大澂檄委署长沙府知府裕庆、抚标中军参将景元，恭赍王命、旗牌、书籍、文卷并湖南巡抚关防一颗，移交前来，当即恭设香案，望阙叩头谢恩，祗领任事。

伏念臣猥以凡下，洊被殊施，愧无尺寸之酬，遽荷封圻之任，私衷感激，弥切悚惶。窃湖南自咸、同以来为胜兵之地，勋哲之流徽未沫，贵赓续之有人，瘠土之民庶多材，在抚绥之得术。近日征军遣撤、旱暵频仍，时事方艰，图维匪易，非严饬吏治，无以奠民依，非捐除俗情，无以振士气。如臣驽钝，倍懔冰渊，惟有于察吏、恤民、

* 据中国第一历史档案馆藏档。按：此摺另见《光绪朝硃批奏摺》，第11辑，第38~39页。

劝学、练兵诸务渐次经营，慎持纲纪，勿以地形僻远，昧立自强之基，勿以事习因循，坐遗固有之利，以期仰答高厚生成于万一。

所有微臣到任接受关防日期，谨专摺具报，叩谢天恩，伏乞圣鉴训示。谨奏。

硃批："知道了。钦此。"

〖附一〗光绪二十一年八月十二日上谕*

命新授湖南巡抚陈宝箴来京陛见。

〖附二〗光绪二十一年九月初三日上谕**

陈宝箴著即赴湖南巡抚新任，毋庸来京请训。吴大澂著俟陈宝箴到任后即行回籍，毋庸来京候简。

〖附三〗王文韶：光绪二十一年九月初九日日记（节录）***

本拟午后偕右铭同访岘帅，商湘军援甘事，乃午膳未毕，岘帅适惠顾，复邀右铭来详细筹商，三人连名发电奏一件。客散将上灯矣。

---

* 据《清实录·德宗景皇帝实录》，见《清实录》，卷三七四，第897页。

** 据《清实录·德宗景皇帝实录》，见《清实录》，卷三七六，第911页。按：《光绪朝东华录》将该谕旨录入光绪二十一年九月己亥（初二日）条内，详第四册，总第3666页。

*** 据袁英光、胡逢祥整理《王文韶日记》（中华书局1989年出版），下册，第914页。按："岘帅"即刘坤一。

〖附四〗吴大澂:奏报交卸湘抚日期摺*

(光绪二十一年十月十二日)

头品顶戴开缺湖南巡抚臣吴大澂跪奏,为恭报微臣交卸湖南巡抚篆务日期,仰乞圣鉴事:

窃臣于光绪二十一年九月二十二日准吏部咨开,光绪二十一年九月初三日奉上谕:"陈宝箴著即赴湖南巡抚新任,毋庸来京请训。吴大澂著俟陈宝箴到任后即行回籍,毋庸来京候简。钦此。"当经缮摺叩谢天恩。兹新任抚臣陈宝箴行抵湘省,臣于光绪二十一年十月十二日,谨将关防、文卷等件饬委赍送抚臣陈宝箴接收任事,臣于是日交卸起程回籍。伏查湘省地瘠民贫,素多伏莽,本年各路散勇归来,经臣设法资遣,均甚安静。惟入夏以来,雨泽愆期,长、衡二府所属多有被旱成灾之处,醴陵一县受灾尤甚,前有灾民纷纷来省就食,臣筹款资遣回籍,饬交地方官妥为赈抚,其余各处亦经拨款购谷平粜,饬令查勘灾区,分别蠲缓,并于省会劝绅广储谷米,预备来春接济。湘中民情浮动,赈抚最关紧要,刻下虽幸安谧,屈计来年接新,为日方长,臣不敢以一经交卸,遂存膜视,所有赈抚未尽事宜,已面商抚臣陈宝箴妥为布置,以期仰副宸衷廑念民依之至意。理合恭摺具报,伏乞皇上圣鉴。谨奏。

硃批:"知道了。"

灾民待抚孔亟急须开办赈捐摺**

(光绪二十一年十月二十三日)

头品顶戴湖南巡抚臣陈宝箴跪奏,为沥陈湖南长沙等府被旱

* 据《光绪朝硃批奏摺》,第11辑,第19页。

** 据《光绪朝硃批奏摺》,第31辑,第594~595页。

歉收，灾民待抚孔亟，急须开办赈捐情形，恭摺仰祈圣鉴事：

窃照湖南为鱼稻之乡，谷米素称饶裕，惟以地方卑湿，粮食不耐存储，每值秋成，辄即运出售卖，民间向鲜盖藏。自军兴以来，佃耕农氓大半释耒荷戈，久从征戍，逮至凯撤回籍，则已无田可耕、无业可执，遂致生计日促、游手日多，在中稔之年即难免乏食之虞。顷来南、北洋征募湘军遣散过半，四境之内既骤增此不耕而食之民，又值长沙、衡州、宝庆等府所属州县雨泽愆期，收成极歉，灾民纷纷就食省城，并逐渐转徙邻境，情事极为可虑。业经前任抚臣吴大澂先后吁恳天恩，于粮道库储本年解部漕折项下截留银三万两，并请仿照直隶省现办赈捐章程，劝谕捐输，以资抚恤在案。臣到任后，咨询在省司道，接据各属守令禀报灾歉情形，均称长、衡等府稻谷而外向不宜麦，乡曲贫民惟藉莜、豆、红薯稍佐粒食，乃今岁九月中旬，天寒雨雪，继以严冰，莜麦、蚕豆、红薯尽皆萎败，贫苦小民群忧流莩，即小康之户亦将衣物典鬻渐罄，餬口无术，至来春牛具籽种之资，更不知所以为计。穷檐惨苦愁叹之声，殆不忍闻。此湘省目前民情困苦之实在情形也。臣现在督饬司道，责成地方官率同绅士就地酌盈剂虚，妥筹接济，并酌择廉干耐苦之员素为绅民信服者，调任灾区，俾资得力，务使远近就食灾黎各归乡里，不误春耕，毋任转徙流离，致令失所之民更滋隐患。惟库储支绌已极，筹款万分艰难，合无仰乞圣慈，俯赐饬部将前任抚臣吴大澂所请《仿照直隶章程劝捐助赈》一摺迅速议复，俾得早邀俞允，钦遵办理，以拯穷黎，感被皇仁，实无涯涘。

所有灾民待抚孔亟，急须开办赈捐情形，谨会同兼护湖广总督臣谭继洵恭摺沥陈，伏乞皇上圣鉴训示。谨奏。

硃批：“户部议奏。”

〖附一〗吴大澂:奏请截留漕折银三万两购谷备粜摺[*]

(光绪二十一年八月二十六日)

头品顶戴开缺湖南巡抚臣吴大澂跪奏,为湖南长沙、衡州二府所属州县被旱较广,中、晚二稻歉收,民食维艰,拟恳天恩拨款银三万两,购备仓谷,以资调济,恭摺仰祈圣鉴事:

窃臣奏报六月分雨水、粮价摺内陈明:“茶陵、浏阳、衡山、安仁等州县禀报:‘山乡田禾有枯槁之处’”,经臣批饬分别委员查勘在案。续据醴陵、攸县、湘潭、衡阳、清泉各县禀报:“入秋以来,亢旱日久,间有得雨之处,未能一律普沾。早禾本未丰收,中、晚二稻间有收成五六分之处,山乡高阜大半歉收,杂粮亦多枯槁”等情。臣查各州县所禀,访诸绅士,尚系实情。目前贫户已有乏食之虞,计至明年青黄不接之时,为日正长,不能不预筹调济。除饬藩司委员会同各该州县详细查勘,分别筹办外,湘省库储空虚,均系有关解支,司道各库每苦难以周转,并无闲款可拨,拟恳天恩,俯念民食维艰,准于粮道库储本年解部漕折项下截留银三万两,饬派妥员采购谷米,预备各属平粜之用。如有被灾较重之区,必需赈济,分别轻重,核实散放,随时奏明办理。俟谷米动用若干,详造清册,咨部报销。除咨明户部立案外,臣为民瘼攸关,预筹调济起见,是否有当,谨缮摺具奏,伏乞皇上圣鉴训示。谨奏。

硃批:“著照所请,户部知道。”

---

* 据《光绪朝硃批奏摺》,第91辑,第188~189页。

〚附二〛吴大澂:湖南灾区甚广拟照直隶章程劝捐助赈摺*

（光绪二十一年九月十一日）

头品顶戴开缺湖南巡抚臣吴大澂跪奏,为湖南各属被灾难民纷纷进省,亟应筹款抚恤,拟照直隶现办赈捐章程劝捐接济,以拯民命而广皇仁,恭摺仰祈圣鉴事:

窃臣前因长沙府属之浏阳、茶陵、醴陵、湘乡、湘潭、攸县,衡州府属之衡山、安仁、衡阳、清泉,及宝庆府属之邵阳、新化各州县,均有被旱之区,收成歉薄,诚恐贫民乏食,预筹储备仓谷,以资接济,奏恳天恩截留漕折银三万两,尚未奉到谕旨。兹据委员会同各该州县履勘灾区开摺呈报,每有一乡数十村庄颗粒无收之处,民情困苦,不能不量予抚恤,禀请筹款拨济前来。正在筹办间,即据长沙、善化两县报称:"醴陵等处灾民纷纷来省就食,扶老携幼,每起五六十人至八九十人不等,每日约有四五起,分住城外庙宇,颇形拥挤。"臣与司道筹商,省城内外人烟稠密,饥民愈禁愈多,难保无匪徒混迹其间,藉端滋事,不如资遣回籍,大口每名给钱一千二百文,小口给钱六百文,派员押回本县。在省先给大口二百文、小口一百文,俟其到籍后,再给大口一千文、小口五百文,仍饬各该州县妥为安插,免致流离道路,疾病冻馁。此次来省,已有在途病故之人,其情实属可悯。臣查旱灾较重之区有十二州县,访诸父老,今年旱荒为数十年来所未有,现在未交冬令,贫民已有乏食之忧,自冬至春,为日正长。即论极贫户口,每县约有数万人,每口给钱一千文,一

* 据《光绪朝硃批奏摺》,第31辑,第581~583页。

县需钱数万串,湘省库款万分支绌,断难筹此巨款,不能不设法劝捐,以备赈抚之需。拟请援照直隶现办赈捐章程,派员分劝各属绅富量力捐输,湘人之服官外省者,准其一体报捐请奖,请以一年为度,以示限制。如蒙俞允,由臣督率司道刊刻实收,广为劝谕,随时咨报户部、国子监换给执照。明知各省赈捐层见叠出,已成强弩之末,然目击灾民困苦情形,除劝捐赈济外,别无救荒之策。臣有抚绥之责,居官一日,当尽一日之心。新任抚臣陈宝箴尚无履任之期,目前即须筹款抚恤,民瘼攸关,臣不敢迁延贻误,致负朝廷委任之恩。

所有湖南各属灾区甚广,拟办赈捐缘由,谨会同兼护湖广督臣谭继洵恭折具奏,是否有当,伏乞皇上圣鉴训示。再,赈捐章程例得请奖封典,此次湘省请办赈捐,拟照户部现定推广捐输案内"加增银数,推广貤封"一条办理,合并陈明。谨奏。

硃批:"户部议奏。"

光绪廿一年九月粮价及雨水情形折*

(光绪二十一年十月二十三日)

头品顶戴湖南巡抚臣陈宝箴跪奏,为恭报九月分粮价及地方雨水情形,仰祈圣鉴事:

窃照湖南省本年八月分市粮价值并雨水情形,业经前抚臣吴大澂恭折奏报在案。兹据布政使何枢查明通省九月分各项粮价,开单汇报前来,适值前抚臣吴大澂卸事,未及核办,移交到臣。逐加查核,长沙等十七府州厅属米粮、豆、麦各价值均与上月相同,省城及各属地方三稻俱已登场,丰歉不一,其被旱伤之处现已竭力筹

* 据《光绪朝硃批奏折》,第95辑,第924~925页。

拨赈抚,地方尚称安静,堪以上慰宸廑。理合恭摺具奏,并缮粮价清单敬呈御览,伏乞皇上圣鉴。谨奏。

硃批:"知道了。"

光绪廿一年上忙钱粮解司银数摺*

(光绪二十一年十月二十三日)

头品顶戴湖南巡抚臣陈宝箴跪奏,为湖南省光绪二十一年分征收上忙钱粮截清解司银数,循例具陈,仰祈圣鉴事:

窃照定例:"州县每年应征上、下忙钱粮,除例准留支及实欠在民外,所有征收银两尽数提解司库[①],上忙应四月完半者限五月底,下忙限十二月底截清,解司银数专摺奏报。"又咸丰二年接准部咨:"嗣后各省应征上、下忙钱粮,均以二月开征,限五月底完半,下忙八月接征,限十二月底全完。按照八分计算,责成藩司督催。以上忙匀为三分征收,如能完至三分者,免其议处,完至三分以上者,即予议叙;下忙匀为五分征收,如能完至五分者,免其议处,完至五分以上者,即予议叙。其余二分果能于奏销前全完者,即将该藩司从优议叙。务于上、下两忙截止一二月内,专摺具奏,造册送部。"又于咸丰九年经户部奏定:"各省上忙限十一月底,下忙限次年五月底,分晰成数造报"各等因。历经遵办在案。

兹据布政使何枢详称:"光绪二十一年分湖南省额征地丁、起运、存留、驿站等项钱粮,除永顺、保靖、龙山、桑植四县均系秋粮,向于秋后起征,俟下忙截数造报外,其余各厅州县卫应征上忙钱

---

* 据中国第一历史档案馆藏档。按:此摺另见《光绪朝硃批奏摺》,第67辑,第462~463页。

① "银",原稿作"艮",当系手写体之简易字,现统作"银"。按:此摺下文以及他处遇有类似字样,均同此处理,不再一一注明。

粮,据各属陆续征解造册送司。查湖南省本年上、下两忙共额征正银一百一十三万六千一百三十六两一钱四分一厘,上忙已征完银三十四万七千七百九十七两六钱九分五厘,未完银七十八万八千三百三十八两四钱四分六厘。又额征耗羡银一十一万三千五百二十八两八钱五分五厘,上忙已征完银二万五千一百五十三两三钱二分,未完银八万八千三百七十五两五钱三分五厘。共计上忙已完三分考成正、耗银三十七万二千九百五十一两一分五厘,其余未完银两,现催令赶紧征解"等情,造册具详请奏前来。臣复加查核,湖南地方宜麦之区较少,民间素种秋收,完纳钱粮须至下忙始能踊跃,本年未完前项银两,确查均系实欠在民,并无以完作欠情弊。除督饬藩司严催各属将未完银两上紧征收,务于下忙扫数全完,不得稍有亏挪,并将清册送部外,所有光绪二十一年分上忙钱粮截清解司银数,谨循例恭折具奏,伏乞皇上圣鉴。谨奏。

硃批:"户部知道。钦此。"

新田令王鹤春历年催科得力请优奖片*

(光绪二十一年十月二十三日)

再,查定例:"州县经征分数钱粮,能每年于奏销前全完,应于照常议叙之外,量加优叙"等语。兹据藩司何枢详称:"查新田县每年额征起运、存留、驿站正耗共银一万一千五百二十二两三分八厘,该县知县王鹤春于光绪十六年闰二月十一日到任,除接征之年应照例扣除外,实经征光绪十七、十八、十九共三年钱粮,均于奏销前扫数全完,业经递年分别造册,于奏销案内题咨请叙在案,详请

* 据中国第一历史档案馆藏档。此为上折之附片。按:此片另见《光绪朝硃批奏折》,惟上奏日期推定为"光绪二十一年九月初二日",详第67辑,第427~428页。

奏明给予优奖"前来，适值前抚臣吴大澂卸篆，未及核办，移交到臣。伏查当此库款奇绌之际，全赖各属钱粮提前征解[①]，该员历年催科得力，能于奏销前扫数全完，于帑饷不无裨益，核与优叙之例相符。合无仰恳天恩，俯准敕部将新田县知县王鹤春于按年议叙外量加优奖，以昭激劝。谨会同兼护湖广总督臣谭继洵附片具陈，伏乞圣鉴。谨奏。

硃批："该部议奏。钦此。"

常璋等捐田育婴请饬部议奖片[*]

（光绪二十一年十月二十三日）

再，臣查接管卷内，据〈湖南〉长沙县知县沈赞飏详称[②]："案查光绪十四年奉前抚臣王文韶札准户部咨：奏复升任闽浙总督湖南巡抚卞宝第奏《长沙县候选通政司经历常璋等捐田育婴，请给职衔、顶戴》附片一件，光绪十四年七月十四日奉硃批：'户部核议具奏。钦此。'查原奏内称：'湖南向有溺女恶习，近年举办育婴，集资收养，各属绅民有倡捐巨款者，均经臣奏请分别旌奖在案。兹查有长沙县候选通政司经历常璋，将伊父遗之沅江县明朗垸田地、草场共三千五百二十五亩八分价值钱一万六千八百余串，监生常恩锡将伊父遗之中兴、走马两垸田地、草场共三千五百一十三亩三分价值钱一万六千七百余串，均捐归省城育婴堂收租纳课，以助经费。经臣札饬堂委员候补同知谢桢前往验收，田亩、价值均与契载相

① 原档"当此"以下十余字墨淡不清，勉强可认，惟"全赖"二字系据《光绪朝硃批奏摺》补入。

* 据中国第一历史档案馆藏档。此为上摺之附片。按：此片另见《光绪朝硃批奏摺》，惟上奏日期推定为"光绪二十一年九月初二日"，详第80辑，第457～459页。

② "湖南"二字，据《光绪朝硃批奏摺》补入。

符，除将印契存案外，臣查候选通政司经历常璋、监生常恩锡捐田育婴，契价合银均逾万两，洵属乐善可风，仰恳天恩饬部议叙，给奖职衔、顶戴，以昭激劝'等语。臣等复查，各省官绅捐输银两，向由臣部按照常例核奖虚衔封典，历经办理在案。今据卞宝第奏称'长沙县候选通政司经历常璋、监生常恩锡等捐田育婴，契价合银均逾万两，拟请奖给职衔、顶戴'前来，臣等查该员等所捐田地、草场，仅据声明价值钱文约计合银数目，究竟应合银两若干，并未详细声叙，臣部碍难照章核奖。应请饬下湖南巡抚转饬查明该员等捐田价值钱文合银细数、照常例十成银数，请奖虚衔封典抑或移奖子弟，造册咨部，俟请奖到日，再由臣部核办。于光绪十四年九月初一日具奏，本日奉旨：'依议。钦此。'咨行到湘行知在案。

兹据副贡龙吴杞等禀称：'同里常璋兄弟经年外出，当未禀复，现璋由粤西回南，言及始悉前情：璋已于前年遵海防新例，由通政司经历捐升不论双单月知府分发广西试用，引见到省；而恩锡近又云亡，幸有子国勋克继先志。佥称以'事属善施，何敢仰邀荣宠'。职等属在乡族[①]，因所施巨款近因〔于〕育婴大有裨益[②]，不忍听其湮没。且既奉饬查，自应遵谕各按契载价钱分别扣银，以期核实。查璋所捐明朗垸，契载制钱一万六千八百一十八串，照湘省市价每串合库平银七钱，共成足色实银一万一千七百七十二两六钱；已故恩锡所捐中兴、走马两垸，契载制钱一万六千七百一十八串，照湘省市价每串合库平银七钱，共成足色实银一万一千七百零二两六钱。理合出具甘结，禀恳加结造册，转详奏请将常璋以捐升知府请奖，恩锡现已身故，恳请移奖伊子国勋'等情。理合加具印结，造册

① 此处之"乡族"，《光绪朝硃批奏摺》作"邻族"。
② "于"，据《光绪朝硃批奏摺》校改。

详请具奏”等情前来。适值前抚臣吴大澂交卸,未及核办,移交到臣。复核无异,相应吁恳天恩,饬部将常璋以捐升知府议奖,恩锡身故,以伊子国勋移奖,分别给与职衔、顶戴,以昭激劝。除将册结送部外,理合附片具陈,伏乞圣鉴训示。谨奏。

硃批:“户部议奏。钦此。”

续解协黔饷银片*

(光绪二十一年十月二十三日)

再,湖南月协黔省饷银四千两,自光绪五年十一月奉准部文起,至十八年〈年〉底止①,先后妥〔委〕解、拨解、汇解,共解过库平银三十九万二千四百五十三两,均经迭次奏报在案。兹据善后报销局司道详称:“黔省需饷甚急,不得不于万难设法之中竭力续筹库平银一万两,〈于〉九月三十日发交百川通商号承领,限于光绪二十一年十一月三十日汇解赴黔交收”等情,详请奏咨前来。适值前抚臣吴大澂交卸,未及核办,移交到臣。复核无异,除分咨户部及云贵督抚臣查照外,理合附片具陈,伏乞圣鉴。谨奏。

硃批:“户部知道。钦此。”

本年大计及年终密考并请展限片**

(光绪二十一年十月二十三日)

再,查定例:“督抚遇有升调,于交卸时适当举行计典,如属员

---

* 据中国第一历史档案馆藏档。此为上摺之附片。按:此片另见《光绪朝硃批奏摺》,第60辑,第576页。

① “年”,据《光绪朝硃批奏摺》补入。下同。

** 据中国第一历史档案馆藏档。按:此片另见《光绪朝硃批奏摺》,上奏日期即据该书录入,详第11辑,第50页。

事实优劣前官未经核定者,准其奏明展限”等语。本年例届举行大计之期,臣奉命抚湘,甫经到任,距封篆前具题时不及三月,现在册报未齐,应举、应劾人员尚未核定,事关考绩巨典,自应遵例展限办理,相应奏明请旨,将湖南省本年大计展限至来年二月底具题。又,每届年终,应将学政及藩、臬、道、府现任各员出具考语,据实密陈,今臣到任未久,于僚属贤否、治行优绌未能周知,所有年终密考,应请一并展缓,以昭慎重。谨会同兼护湖广总督臣谭继洵附片具奏,伏乞圣鉴训示。谨奏。

硃批:“著照所请,该部知道。钦此。”

省内运粮请免厘金以恤灾民片*

(光绪二十一年十月二十三日)

再,查湖南省谷米杂粮厘金,前于光绪二年经升任抚臣王文韶因粮价昂贵请免完纳,嗣于上年十一月内前护抚臣王廉仍请照章征收,均经奏明在案。本年雨泽愆期,长沙等府所属州县收成极为歉薄,此项厘金收数无多,而饥民待哺孔殷,亟赖商运周转。臣现在督饬地方官吏劝谕绅商,分赴收成较稔之区采买接济,若仍照旧收厘,恐不足广招徕而裕民食。据总办厘金局司道会详前来,臣查核所议系为体恤灾民起见,拟请将本省境内装运谷米杂粮往来售卖,无论水、陆卡局,一概免收厘金,其贩运出省者仍令于出境首卡完纳一次,俟至年谷丰稔,仍复照旧章办理。是否有当,谨附片陈明,伏乞圣鉴。谨奏。

硃批:“著照所请,户部知道。钦此。”

---

* 据中国第一历史档案馆藏档。按:此片另见《光绪朝硃批奏摺》,上奏日期即据该书录入,详第77辑,第766页。

〖附〗光绪二十一年十一月十九日上谕*

湖南巡抚陈宝箴奏："长沙等府被旱，待抚孔亟，请开办赈捐。"下部议行。又奏："各属荒歉，请将谷米杂粮厘金一概免收。"从之。

光绪廿一年汇解顺天备荒经费片**

（光绪二十一年十月二十三日）

再，准户部咨："《议复顺天府兼尹等奏请拨江浙河运漕米为顺天府备荒之用，拟令将湖南采买米价、运费等银委解部库，以为备荒经费》一摺，光绪二十年六月二十日具奏，内阁奉上谕：'所有湖南每年应办京漕三万石，嗣后勿庸办运，即将米价、水脚等项共合银七万二千三百余两，按年解交部库，以备缓急。著自本年起如数报解，另款存储，专备顺天赈抚提用。馀依议。钦此。'"钦遵咨行到湘，当经前抚臣札行司道，钦遵查照遵解去后。

兹据湖南粮储道但湘良、布政使何枢会详："湖南省光绪二十一年新漕仍办折征，其应采买京米三万石，应遵前奉谕旨勿庸办运，所有米价、水脚等项银两，自应遵照分批解部，专备顺天府赈抚提用。查应解部库前项银两，前经两次筹解银五万两，交号商蔚泰厚承领汇解，业经前抚臣吴大澂奏报在案。兹复于光绪二十一年漕折银内动支银二万两，发交号商蔚泰厚如数承领汇兑，由京城银号以足色库平解赴户部交纳，拨充顺天府备荒经费之用。再，前项

---

* 据《清实录·德宗景皇帝实录》，见《清实录》，卷三八〇，第971页。按：该谕旨另见《光绪朝东华录》光绪二十一年十一月癸亥（廿七日）条，"请开办赈捐"未见，"厘金一概免收"则较《清实录》为详。详第四册，总第3703页。

** 据中国第一历史档案馆藏档。按：此片另见《光绪朝硃批奏摺》，上奏日期即据该书录入，详第70辑，第764页。

经费应于光绪二十一年漕折、随浅等款银内动支,现在解存无多,暂于库存节年漕项各银内借支,俟催各属解收二十一年漕折、随浅等银还款”等情,详请奏咨前来。臣复查无异,除给咨发交该号商蔚泰厚承领汇解并咨部外,理合会同兼护湖广总督臣谭继洵附片具奏,伏乞圣鉴。谨奏。

朱批:“户部知道。钦此。”

会奏拣员升补苗疆都司要缺摺*

(光绪二十一年十一月初三日)

头品顶戴兼护湖广总督湖北巡抚臣谭继洵跪奏,为拣员升补苗疆都司要缺,以重营伍,恭摺具陈,仰祈圣鉴事:

窃准兵部咨:“湖南河溪营都司黄星胜病故,遗缺系陆路题补第三轮第九缺,轮用应升人员,行令照章拣员请补”等因,移咨到臣。查斯缺驻劄乾州厅属,系属苗疆,非材技优长、熟习边情之员,难期胜任。当即在于湖南通省实任守备班内逐加遴选,除甫经补缺历俸未满暨距籍在五百里以内各员俱不合例外,查有湖南镇筸镇标左营中军守备杨开第,年五十岁,湖南湘潭县人,由武童投效军营,叠次随队打仗出力,历保以守备尽先补用。光绪十一年,经前署督臣卞宝第奏请补授湖南镇筸镇标左营中军守备员缺,十二年四月内引见给劄,是年十月初三日到营任事。该员人甚稳练,营务素娴,以之升补斯缺,洵堪胜任。且历俸已满,距籍在五百里以外,核与升补之例相符,饬查本年〔省〕及他省均无参革朦保情弊[①]。合无仰恳天恩,俯

* 据中国第一历史档案馆藏档。按:此摺由谭继洵、陈宝箴等会衔上奏。又按:此摺另见《光绪朝硃批奏摺》,第44辑,第826页。

① “省”,据《光绪朝硃批奏摺》校改。

念苗疆员缺紧要，准以杨开第升补河溪营都司，实与地方、营伍均有裨益。如蒙俞允，俟部复到日，给咨送部引见，以符定制。除饬取该员履历咨部外，谨会同湖南巡抚臣陈宝箴、湖南提督臣娄云庆恭摺具陈，伏乞皇上圣鉴①，敕部核复施行。再，所遗镇筸镇〈标〉左营中军守备员缺②，系陆路题补之缺，湖南省现有应补人员，容臣另行拣员请补，合并陈明。谨奏。

硃批："兵部议奏。钦此。"

会奏拣员请补守备要缺摺*

（光绪二十一年十一月初三日）

头品顶戴兼护湖广总督湖北巡抚臣谭继洵跪奏，为拣员请补守备要缺，以重营伍，恭摺仰祈圣鉴事：

窃准兵部咨："湖南河溪营中军守备诸腾燮革职，遗缺系陆路题补第七轮第八缺，应用尽先人员，行令照章拣员请补"等因，移咨到臣。查斯缺驻扎洗溪汛，系属苗疆，抚绥、缉捕均关紧要，非精明干练、熟悉情形之员，难期胜任。臣当即在湖南尽先守备班内逐加遴选，查有花翎都司衔尽先即补守备陈鹤鸣，年五十七岁，湖南长沙县人，由武童投效军营，叠次剿贼出力，历保今职，同治三年四月二十六日奉旨允准在案。凯撤回籍，饬发湖南抚标左营差遣，光绪二年三月初一日到标。该员稳练勤明，操防得力，现署桂阳营守备，办理营务均称裕如，以之拟补斯缺，洵堪胜任。且系隔府别营，与例相符，饬查前在本省及他省均无参革朦保情弊。查部行章程：

① "乞"，《光绪朝硃批奏摺》作"祈"。

② "标"，据《光绪朝硃批奏摺》补入。

* 据中国第一历史档案馆藏档。此摺亦系谭继洵、陈宝箴等会衔上奏。按：此摺另见《光绪朝硃批奏摺》，第44辑，第827页。

“请补尽先班次,如系声叙人地不宜,至多不得过二十员。”兹按部册及续经到标尽先守备名次,在陈鹤鸣之前者尚有彭在上一员,到标未久,于苗疆情形不熟,未便迁就拟补,致滋贻误。今陈鹤鸣名次稍后,而在营历练有年,熟悉苗疆情形,人地实在相需。合无仰恳天恩,俯念苗疆员缺紧要,准以陈鹤鸣补授湖南河溪营中军守备,实与营伍有裨。如蒙俞允,俟部复至日,给咨送部引见,以符定制。除饬取该员履历咨部外,谨会同湖南巡抚臣陈宝箴、湖南提督臣娄云庆恭摺具陈,伏祈皇上圣鉴,敕部核复施行。谨奏。

硃批:“兵部议奏。钦此。”

光绪廿一年中晚二稻收成分数摺*

(光绪二十一年十一月二十日)

头品顶戴湖南巡抚臣陈宝箴跪奏,为恭报中、晚二稻收成分数,仰祈圣鉴事:

窃照湖南各属本年早稻收成分数,业经前抚臣吴大澂恭摺奏报在案,兹值中、晚二稻刈获登场,据布政使何枢查明收成分数,造册具详前来。臣逐加查核,除湘阴、益阳、武陵、龙阳、沅江、巴陵、临湘、华容、澧州、安乡等州县内有被水田亩,又攸县、茶陵、醴陵、清泉、邵阳等州县内有被旱田亩,均俟查明另行具奏外,其未经被水、被旱地方及此外各厅州县中、晚二稻收成分数内,八分有余者五县,七分有余者二十九厅州县,七分者六县,六分有余者一十五厅县,六分者二县,五分有余者十州县,五分者四县,四分有余者一县,三分有余者二州县,二分者一县,合计通省七十五厅州县牵算,

* 据中国第一历史档案馆藏档。按:此摺另见《光绪朝硃批奏摺》,第93辑,第91~92页。

收成实六分有余。伏查本年除被水、被旱各州县外，其余二麦、早稻均获有收，中、晚二稻亦及中稔，民食尚可藉资挹注，堪以上慰宸廑。理合恭摺具奏，并缮清单敬呈御览，伏乞皇上圣鉴。谨奏。

硃批："知道了。钦此。"

中晚二稻收成分数清单*

（光绪二十一年十一月二十日）

谨将湖南省光绪二十一年分各属中、晚二稻收成分数开列清单，敬呈御览：

计开八分有余者五县：宁乡县、宁远县、龙山县、宜章县、蓝山县；

七分有余者二十九厅州县：益阳县、攸县、酃县、零陵县、东安县、道州、永明县、江华县、新田县、城步县、沅陵县、溆浦县、永顺县、保靖县、桑植县、麻阳县、郴州、永兴县、桂阳县、通道县、澧州、石门县、慈利县、桂阳州、临武县、嘉禾县、乾州厅、凤凰厅、永绥厅；

七分者六县：安化县、巴陵县、武陵县、桂东县、绥宁县、安福县；

六分有余者一十五厅县：长沙县、善化县、湘阴县、衡阳县、常宁县、邵阳县、新宁县、桃源县、龙阳县、泸溪县、芷江县、兴宁县、会同县、永定县、晃州厅；

六分者二县：湘乡县、辰溪县；

五分有余者十州县：浏阳县、湘潭县、安仁县、祁阳县、武冈州、临湘县、沅江县、黔阳县、靖州、安乡县；

五分者四县：衡山县、耒阳县、新化县、平江县；

---

* 据中国第一历史档案馆藏档。按：此为上摺所附清单，原题作《清单》。

四分有余者一县:华容县;

三分有余者二州县:茶陵州、清泉县;

二分者一县:醴陵县。

以上合计,通省七十五厅州县中、晚二稻收成实六分有余,理合登明。

硃批:"览。"

光绪廿一年十月粮价及雨雪情形摺*

(光绪二十一年十一月二十日)

头品顶戴湖南巡抚臣陈宝箴跪奏,为恭报十月分粮价及地方雨雪情形,仰祈圣鉴事:

窃照湖南省本年九月分市粮价值并雨水情形,业经臣恭摺奏报在案。兹据布政使何枢查明通省十月分各项粮价,开单汇报前来。臣逐加查核,长沙等十七府州厅属米、麦、豆各价值均与上月相同,省城及各属地方入冬以来晴霁日多。旋据各厅州县禀报,于十月二十二、二十三日普沾瑞雪,平地一二寸,高阜三四寸不等。祥霙应候,预兆丰登,四境欢胪,三农望慰,堪以上纾宸廑。理合恭摺具奏,并缮粮价清单敬呈御览,伏乞皇上圣鉴。谨奏。

硃批:"知道了。"

被灾各属请来春分别接济摺**

(光绪二十一年十一月二十二日)

头品顶戴湖南巡抚臣陈宝箴跪奏,为遵旨查明本年被旱、被水

* 据《光绪朝硃批奏摺》,第 95 辑,第 942 页。

** 据中国第一历史档案馆藏档。

各州县，分别来春应否接济情形，恭摺仰祈圣鉴事：

窃臣承准军机大臣字寄，光绪二十一年十月初三日奉上谕："本年湖南长沙、衡州二府所属州县被旱，业经准令吴大澂截留漕折银三万两，预备平粜。惟念来春青黄不接之时，民力未免拮据，著传谕该督抚体察情形，如有应行接济之处，即查明据实复奏。再，湖南茶陵、浏阳、澧州等州县被水、被旱，经该督抚委员查勘，即著迅速办理，并将来春应否接济之处一并查明，于封印前奏到，候旨施恩等因。钦此。"仰见朝廷轸念民依，时烦圣廑，莫名钦感，当即钦遵转行查复去后。

兹据布政使何枢详称："查明长沙府属之醴陵、攸县、茶陵，衡州府属之衡山、衡阳、清泉、安仁，宝庆府属之邵阳等州县，均经被旱成灾，在五六分以上，轻重不等，甚有颗粒无收之处。至浏阳、湘潭、湘乡、新化各县，虽被旱较轻，收成亦属歉薄，且该州县均非宜麦之区，所种薯豆杂粮，又因霜霰太早，损失过半，待至明岁秋收为日方长，体察情形，来春青黄不接之时，民力诚不免拮据。至澧州及所属之安乡县，并岳州、常德二府所属之巴陵、华容、龙阳、沅江等县，被水漫淹，业经该管道府督饬各牧令设法疏消，乘时补种。滨临湖河处所，多以刈草捕鱼为生，餬口有资，尚可毋庸接济"等情，具详前来。臣复加查核，均系实在情形。除查明民食告匮各县，督饬藩司先行筹拨银两谷石，遴委妥员，会同地方官绅，将赈抚事宜尽心办理，一面确查被水、被旱各处应完钱漕，分别成灾轻重，另行奏请蠲缓外，可否仰恳圣慈，将被旱之醴陵、攸县、茶陵、衡山、衡阳、清泉、安仁、邵阳及浏阳、湘潭、湘乡、新化各州县恩赏接济之处，出自高厚鸿仁。

谨会同兼护湖广总督臣谭继洵恭摺具陈，伏乞皇上圣鉴训示。谨奏。

硃批:"候旨行。钦此。"

〖附一〗光绪二十二年正月初四日上谕*

谕内阁:"上年湖南长沙、衡州二府所属州县被旱,业准截留漕折银三万两①,预备平粜。续据陈宝箴奏称:'长沙府属之醴陵、攸县、茶陵,衡州府属之衡山、衡阳、清泉、安仁②,宝庆府属之邵阳等州县,均经被旱成灾,在五六分以上③,轻重不等,甚有颗粒无收之处。其浏阳、湘潭、湘乡、新化各县,被旱较轻,收成亦属歉薄,所种薯豆杂粮,又因霜霰太早,损失过半。至澧州及安乡县,并岳州、常德二府所属之巴陵、华容、龙阳、沅江等县,被水浸淹。现已饬属分别查勘,并将被旱之醴陵等州县恳恩接济'等语。即著该抚饬属将赈抚事宜尽心经理,并查明被水、被旱成灾轻重,将应完钱漕分别奏请蠲缓。其被旱较重之醴陵、攸县等十二州县,除蠲缓钱漕外,应如何接济之处,著该抚再行设法筹款,妥为办理,毋任一夫失所,用副乘春布闿至意。"

〖附二〗光绪二十二年正月廿一日上谕**

蠲缓湖南安乡、益阳、武陵、龙阳、临湘、沅江、华容、澧、南洲、湘阴、零陵、衡山、醴陵、清泉、攸、茶陵十六厅州县暨岳州卫被灾地方钱漕芦课。

---

* 据《清实录·德宗景皇帝实录》,见《清实录》,卷三八三,第3页。按:该谕旨另见《光绪朝东华录》光绪二十二年正月癸卯(初八日)条,详第四册,总第3733~3734页。

① 此处之"三万两",《光绪朝东华录》误作"二万两"。

② 此处之"衡阳",《光绪朝东华录》误作"耒阳"。

③ 《光绪朝东华录》脱"五"。

** 据《清实录·德宗景皇帝实录》,见《清实录》,卷三八四,第15页。

岳常澧道桂中行饬赴新任片*

（光绪二十一年十一月二十二日）

再，新授岳常澧道桂中行现已到省，应即饬赴新任，以专责成。除檄饬遵照外，理合会同兼护湖广总督臣谭继洵附片具陈，伏乞圣鉴。谨奏。

硃批："知道了。钦此。"

〖附〗光绪二十一年十一月廿七日上谕**

以湖南岳常澧道桂中行为广西按察使。

汇解甘肃新饷银两片***

（光绪二十一年十一月二十二日）

再，据总理湖南善后报销局司道详称："案查奉准户部电开：'湖南川淮盐斤加价拨银三万两，速解陕省魏抚粮台交纳'等因，奉此。遵即在于淮盐加价款内动支湘平银三万两，于光绪二十一年十月二十日发交天成亨、协同庆、百川通各商号承领，分批汇解，限于十二月二十日汇解到陕，并责成各商号守候库收批照回销，以期迅速而济要需。查陕抚魏光焘粮台驻扎何处，未准咨明，无从查悉，饬将前项银两汇至西安省城，设立甘肃新饷转运局查收转交，

---

* 据中国第一历史档案馆藏档。此为上摺之附片。按：此片另见《光绪朝硃批奏摺》，第11辑，第155页。

** 据《清实录·德宗景皇帝实录》，见《清实录》，卷三八〇，第977页。按：该谕旨另见《光绪朝东华录》，第四册，总第3703页。

*** 据中国第一历史档案馆藏档。此为上摺之附片。按：此片另见《光绪朝硃批奏摺》，上奏时间指为"光绪二十一年十月"，详第88辑，第69页。

以昭慎重,并分咨魏抚粮台查照。相应将湘省奉拨淮盐加价银两,由商号汇解陕省转交缘由,详请具奏”等情前来。臣复核无异,除咨户部外,理合附片陈明,伏乞圣鉴。谨奏。

硃批:“户部知道。钦此。”

提督谭有胜积劳病故恳恩优恤片*

(光绪二十一年十一月二十二日)

再,据统领湖南抚标亲军副前中后营记名提督王紫田等联名禀称:“已故记名简放提督武勇巴图鲁谭有胜,系湖南长沙县人,由武童于咸丰六年投效统领霆军鲍超部下充当勇丁,剿办发逆,屡次获胜记功。七年,调赴湖北。八年,随大军击走黄安、麻城各贼,追至安徽省界。十年,攻克黟县城池,复连破洋栈岭、卢村贼垒,旋击退洋塘等处悍贼。是年冬,进攻赤冈岭坚垒,获胜,并肃清江西全省,该故提督均在事出力。积功保至花翎都司,遂以偏裨当前敌。同治元年,贼踞青阳县,与石埭、太平等处之贼互相联络,势极披猖,该故提督奉调进攻,督兵鏖战,贼疲溃遁,乘胜穷追一昼夜,连克太平县等三城,斩获无算。该故提督亦因用力过猛,沿途咯血,策马追呼,锐气不减。二年,攻克宁国府泾县西河各城隘,次第收复东坝、白容、金坛各城。三年,奉调援江,该故提督率一营为前锋,兼程迎击,深陷贼围,坚壁固守,与贼相持三十三日,势几不支。适运粮兵至,乃密遣健卒约期夹击,纵火为号,该故提督率所部单骑陷阵,连被枪子中伤左腿右臂,裹创力战,突出重围,会合援兵回击,弊〔毙〕贼甚多。奉调援江,于踏毁许湾贼巢,克复金溪、新城、南丰、瑞金等县,尤为出力,保至免补副将,交军机处记名,遇有总

---

* 据中国第一历史档案馆藏档。此为上摺之附片。

兵额出，请旨尽先简放，并赏给武勇巴图鲁名号。六年，进剿湖北永㶟河、杨家峰一带，其时发逆与捻匪合并三路进攻，各处民心恇惧，相率迁徙，该故提督激励将士转战五昼夜，目不交睫，屡获全胜，得保以提督记名，遇缺请旨先行简放。光绪三年，调赴陕西管带仁胜前营，防剿龙驹塞、商南县及河南荆紫关一带地方。四年，得保从优议叙，改为加一级记录二次。八年，调扎兴安府石泉县，并分防汉中府西乡县白马峡等处。在防数年，讲求缉捕，屡获土匪，闾阎安谧。旋以积劳既久，伤病复发，于光绪十四年请假回籍调理，列籍未久，呕血盈榻，犹以受国深恩、涓埃未报为念，于是年二月初八日在藉〔籍〕身故，年五十五岁。职等同在军营，目睹战绩，今以积劳病故，不忍听其湮没，禀请援案照军营立功后积劳病故例，奏请从优议叙”等情前来。

臣查已故提督谭有胜从戎数十年，身经百余战，亲冒矢石，迭克名城，乃以积劳创发，咯血身故，殊堪悼惜，相应据情吁恳，可否仰乞天恩，俯准饬部将已故提督谭有胜照军营立功后积劳病故例从优议恤，以慰忠魂，出自高厚洪慈。除履历咨送兵部外，理合附片陈明，伏乞圣鉴训示。谨奏。

朱批：“著照所请，兵部知道。钦此。”

查明道员钱康荣参款摺*

（光绪二十一年十一月二十二日）

头品顶戴湖南巡抚臣陈宝箴跪奏，为钦遵谕旨查明道员被参缘由，据实复陈，仰祈圣鉴事：

---

* 据中国第一历史档案馆藏档。按：此摺另见《光绪朝硃批奏摺》，第 11 辑，第 129 ~ 135 页。

窃臣承准军机大臣字寄,光绪二十一年九月二十七日奉上谕:“有人奏《司道大员骩法营私,请饬查办》一摺,据称:‘湖南署岳常澧道钱康荣,深结盐道李经羲等,狼狈为奸。南洲设厅伊始,钱康荣以查勘沙洲水利为名,亲临扦界,并遣差四出,查拿承业佃户,追缴藩司执照,需索勘费,拖累多人,且有烧毙幼孩情事,士民呈控不下数十起。臬幕任骥与前署臬司盐道李经羲,授意发审局员裕庆、吕汝钧刑逼勒供,敷衍完案。李经羲署臬司时,一听任骥播弄,提审匪徒张作宾一案,得受重贿。请饬确查究办’等语。著陈宝箴按照原参各节确切查明,据实复奏,毋稍徇隐。原摺著抄给阅看。将此谕令知之。钦此。”遵旨寄信前来等因,奉此。

窃臣由直隶赴湘,道出湖北省城,即闻道员钱康荣南洲一案,人言藉藉。抵任后,旋奉谕旨饬查,谨即捡察案牍,采访舆论,并派亲信妥人密往南洲地方查勘情形,明咨暗访,已得要领,复向现任两司详核案情。谨就原参各节实有事迹可征、瞭然于耳目之前者,为我皇上详悉陈之:

原参“钱康荣委署岳常澧道时,值南洲设厅伊始,探悉历年洲地丛争,希图罔利,遣差四出,搆启讼端,遂有土棍沅江邓炳生,益阳曾辅臣,龙阳蔡炳南、高维岳等,串同该道门丁高福,请该道亲临扦界。该道遂以查勘沙洲水利为名,由澧抵常,寓其同乡屠兰如家,旋偕游桃源,收受该县知县余良栋银五百两,名‘过山礼’。抵南洲,即查拿承佃业户,追缴藩司执照,揭示通衢:‘凡未经加盖道印藩照,概作为废纸。’稍可自给之家,无不株连受累。又藉口各户私筑堤垸有碍水道,率土痞邓姓等刨毁沙港、三溪湖等处堤塍,饬沅江拘押已故堤首廖纪元之幼子,勒索保费数百串”等语。查洞庭自藕池口溃决后,水挟泥沙,自北而南,积淤成洲,除原湖本有业主外,馀皆充作官荒招垦,给以藩司印照,俾昭信守。十余年来,各佃民耕凿相安,尚无他故,惟时有痞徒冒称业主指卖讹索,或纠约痞党,以清业逐佃为词,或伪造约据,控告拖累,屡经地方官随时查禁。沅江革生邓中梁强占上控,曾经前抚臣饬押回籍,严加管束,嗣其弟邓炳生系著名棍徒,复纠族众邓萼楼、邓芹香等,屡在南洲滋事,串差骚扰,均经驱逐弹压。此次邓炳生族党外,复有曾辅臣、蔡炳南等,耸禀钱道出示晓谕,略言:"沙港、灵官洲、三溪湖、胭脂浃,新开官河长形洲、永福垸等处,为川、沅、澧诸水入湖要道,不容私筑垸堤,久经严禁在案,现谕令邓姓及灾民等协力刨毁,并查明倡首筑堤之人,田亩及庄钱尽罚充公。"又出示:"沙港、灵官洲亦系私筑垸堤,阻塞沅、澧水道,现谕令邓姓及灾民人等协力刨毁,并将倡首之曾寿椿、聂朗斋田产一律充公。其余无知愚民,勒限三日,将藩照送辕批明盖印,结〔给〕还一半;逾限不缴,全行充公。所有未经批明盖印各执照,统作废纸"等语。其告示人所共见,又经其时委员候补知府裕庆查复有案。钱道复将断令充公田亩给予邓姓人等,以酬其自备资斧刨堤数处之劳,并将丈出杨姓之田百[馀]数十弓合五六百亩①,及黄公湖、胭脂浃官荒田亩,丈拨邓芹香等,均准免缴庄钱,有钱康荣原禀在卷可核。此查明原参钱康荣亲往南洲丈地刨堤、勒缴藩照、改给邓姓人等田亩之大略情形也。

又原参"洲民郭姓与杨姓争集贤垸洲地,贿勘费钱一千串,由屠兰如及道差舒元凯过付,嗣因杨姓纳贿较巨,乃为郭断追二年田租,而地仍归杨"等语。查院卷只有南洲监生杨受谦控郭维城占争淤出湖地一案,其地本属龙阳善堂,经该前道断准有案。此次钱康荣忽断给杨受谦八百弓,又在内提一百九十余弓给邓姓,后经杨姓不服控省,此外别无杨、郭控案,或即系杨受谦一案讹传所致,亦未

① 《光绪朝硃批奏摺》无"馀"。

可知。此查明原参所云杨姓、郭姓控案之大略情形也。

又原参"洲民沉〔沈〕姓与郑姓控争安仁垸外洲土[①],贿勘费钱四百串,由李振炳、舒元凯过付。该道至胭脂浃为沈丈地,过郑门首,适犬咬弓手,该道迁怒,责郑媳,数十差役等纵火焚屋,郑之孙生甫四月,竟被烧毙,观者哗噪。郑父子哀呼泣诉,均被酷刑责押,勒取'并无烧毙幼孩'切结"等语。查钱道在南洲时,沈致华与洲民郑万镒争地,赴道控告,钱道督饬弓手勘丈,过郑门首,适犬咬弓手,致弓堕折,与郑媳口角,遂诬郑毁折,激怒钱道,纵差焚屋。前抚臣委裕庆往查及臣派人密查,据称实有其事,曾经郑万镒以责媳焚孩控告有案。至其孙被焚,查无实据,人言不一,既无幼孩尸身可验,又无人目击作证。至郑父子哭诉勒取具结等情,比经郑万镒控告一次,此外自别无案据可考。惟称钱康荣在三溪湖焚毁陈道国等五家房屋,系因督率洲民刨堤,焚烧民房两处,为陈道国、周章蔚、王亦林、张光馀、李士安等住屋,该民等俱系安分良民,业由前抚臣饬厅抚恤有案。至原摺所称"探知已出局之堤首谭筱兰殷实,围宅捕拿,致其妇投水儿毙",查无谭筱兰其人,惟该处有堤首陈少南未经出迎,曾将该均和公局烧毁属实,"谭筱兰"想即陈少南之讹。此查明原参钱康荣焚屋毙孩之大略情形也。

又原参称"长沙富室杨怀庆强占官荒,经龙阳通禀严缉,该道派营密拿,有'如敢拒捕,格杀勿论'严札。及杨到案,由高福、李振炳手,纳贿八百八十串,遂以客礼接见。后又受杨千金,反为杨勘占中和障外留存官荒,将原佃易炳钧拘案刑责,勒索保费数百两,由李振炳、高福过付"等语。查杨怀庆又名杨幹,与鲁祖豫、刘继堂数人结伙,惯在南洲控争地亩,讼案极多,率皆渺茫无据,任意混

① "沈",据《光绪朝硃批奏摺》校改。下同。

淆，亦时纠人占筑堤垸，曾经龙阳县拨勇弹压驱逐。本年钱道移饬选锋各营严密捕拿，此次到南洲，即札营弁与其家人高福往拿，有“如敢纵逃，即以军法从事”之语。迨杨幹与高福等一路同往，行抵该道舟次，高福先入禀知，忽该道传语询其家世，谓有世谊，即传入，待以客礼。杨幹遂以图占未遂之中和障洲地，指称系已价买，大通湖原业为佃民郑豫林等侵占，嗾钱道丈量。先是该地为郑姓等承佃缴庄，除沟涂塘浃外，实有净地七千八百余亩，领有藩照，而以稍低之二千余亩欲待淤高，未经垦种，仍每年按藩照亩数纳租。至是杨幹禀请钱道丈量，将所除沟涂塘浃一并丈量在内，谓系多占杨业。同佃易炳钧辨论，比经责押属实。后经郑豫林等上控，经委员裕庆勘明，由司提讯，杨幹所执契据系属伪造，因只将中和障余地三百零亩作为官荒，仍归郑豫林等承佃。此查明原参钱康荣为杨怀庆勘占中和障之大略情形也。

又原参〈称〉“该地士民含冤莫伸，迭经曾寿坤、郑豫林、郑万镒、陈益正等先后赴督抚呈控有案”等语。查该道于本年二月初五日往南洲，至五月初五始行回署，当其禀报出署，即以查勘水利为言，所称刨毁堤垸，俱云有碍沅、澧水道。臣详加考察，荆江之水由藕池溃口分四支南趋洞庭，南洲之新冲河乃荆水四支之一，确非沅、澧各水经由之道。沅水入湖之口数处，其与新冲河最近者为南嘴，尚在百里以外；澧水入湖之口，与新冲河最近者，亦在四十里外。虽洞庭例禁筑堤，而既〈已〉淤成二百余里之洲，则筑堤洲中自与濒湖阻塞者不同。且岳常澧所属私筑堤垸，无虑千数百处，即该道告示所指胭脂浃各处，均系南洲官地，俱在禁筑堤垸之列，乃独于邓姓及曾辅臣等控争之灵官洲、沙港、三溪湖三处尽力刨毁，人情惶惑，实骇闻听。该洲佃民来省控告者，实不止曾寿坤等数人，后经前抚臣委候补知府裕庆查复，即饬将钱道所断各案一概注销，饬藩、臬两司会同提讯。臣细核原卷,参以访闻,邓炳生等实系地方痞徒,于南洲并无寸土,乃纠集无业痞党,图占灵官洲等处之地,冒称已〔己〕业,于堤旁筑屋居住频年,屡搆讼端,串差讹挟,卒不得逞。兹钱道乃专左袒此辈,听其矫伪之词,藉以有碍水道加罪佃民,勒令毁堤,缴照充公,而札行厅县转给邓姓痞徒以一千五百弓之地。又以所纠无业人等称为"灾民",给地三百弓,照南洲向章,以一弓准四亩核算,计田七千余亩之多,并准免缴庄钱。任意予夺,一至于此。虽所参该道受贿,一切骤难得其实据,而举动出于情理之外,启人疑义〔议〕,实亦难曲为该道解免。现在钱道所断各案尽已注销,所给邓炳生、杨幹田亩俱各退还,邓炳生并不准在南洲承佃,各佃缴道藩照业已另发,被焚舍宇俱经抚恤,含冤士民悉已安居乐业。惟钱道以监司大员甘受痞徒指使,假借名目,生事扰民,并有焚毁房屋之事,实属乖谬暴戾、任性妄为,相应请旨将湖南候补道署岳常澧道钱康荣即行革职,以儆官邪。

其原参所称"廖纪元之子保费数百串;郭姓贿勘费一千串;杨怀庆纳〈贿〉八百八十串,又贿占中和障千金;易炳钧保费数百两;及焚毁幼孩"一节,若必传集人证来省澈讯,转滋扰累,拟俟新授岳常澧道桂中行到任,饬令就近详查禀复,如得确据,再行据实具奏。

至裕庆奉文查复此案,原禀曲直了然,并无讳匿,前抚臣吴大澂即据以批提注销原断。该府系盐道李经羲署臬司时所委,及查复后,将人证提省,李经羲业已交卸,并未审讯。所有此次南洲各案,除发厅县外,均系现任臬司俞廉三督同审讯。良民受屈得直,已出望外,原参裕庆、吕汝钧、幕友任骣串同刑逼勒供,实无其事。其匪徒张作宾毁神一案,本发府审,众绅以署臬司李经羲精审任事,力请提司。李经羲极力熬审数昼夜,犯供坚执,迨提到所供同伙诸人,而俞廉三即以〔已〕到任,亲审多次,于谣传鼎沸之时悉心研究，得实拟详，旋复经兼护督臣谭继洵委员来湘查讯，豪无疑义[①]。李经羲于此两案均不能有所操纵，且臣察其人志趣识见颇殊流俗，似不甘背公义而徇私情，闻到湘以来，遇事用心研考，士民颇有颂声。此两案既无情弊，应与候补知府现署长沙府裕庆均请免其置议，容臣再行察看究竟是否可胜委任，据实直陈。

候补知县吕汝钧，与裕庆承审两案，是非既无倒置，其非迎合刑逼改供可以概见。惟吕汝钧平日取巧钻营，声名狼藉，已故督臣涂宗瀛任湘藩及抚湘时，该员均以请假回籍，幸逃白简。又桃源县知县余良栋，原参称其馈送钱道五百金，名“过山礼”，事涉暧昧，无可追询。惟查该员历任皆有贪酷之名，性情狡诈，物议沸腾。该二员居官行事，最为败坏风气，臣在湘、在鄂素所深知，当此整饬吏治之时，应请一并革职。

又原参“刑幕任骥盘踞臬司、长沙府两席二十余年，足迹未出湘省，保案到处列名，其三品衔道员系台湾清赋案内所得”等语。查任骥原籍江苏宜兴县，在湘游幕多年，广通声气，植利营私，湘省繁要州县刑幕，类出门下及为所推荐，否则多无敢延聘，以致奔竞之徒趋之若骛，即谨厚之吏，惧其吹求，亦不敢不曲意周旋。似此气焰薰灼，实为湖南官场之蠹。任骥又名任子龄，附名各省保案，有谓由报捐同知于福建附保知府者，有谓于广东、甘肃递保补缺后道员及三品衔，又闻上年曾以道员捐指湖北，第非候补人员，无官册履历可考，应请即行勒令回籍，不准逗遛，并请旨饬部存记，俟该员赴部呈请分发时，将保案查明撤销。

所有遵旨查明道员钱康荣等被参缘由，谨据实复陈，是否有

① 可参阅谭继洵光绪二十一年十一月初四日所奏《查明湖南盗匪情形暨毁坏神像一案办理并无宽纵摺》，见《光绪朝硃批奏摺》，第119辑，第319～323页。

当,伏乞圣鉴训示。谨奏。

硃批:"另有旨。钦此。"

〖附一〗光绪二十一年九月廿七日上谕*

谕军机大臣等:"有人奏《司道大员骩法营私,请饬查办》一摺。据称:'湖南署岳常澧道钱康荣,深结盐道李经羲等,狼狈为奸。南洲设厅伊始,钱康荣以查勘沙洲水利为名,亲临扦〔扞〕界①,并遣差四出,查拿承业佃户,追缴藩司执照,需索勘费,拖累多人,且有烧毙幼孩情事,土〔士〕民呈控不下数十起。臬幕任骙与前署臬司盐道李经羲,授意发审局员裕庆、吕汝钧刑逼勒供,敷衍完案。李经羲署臬司时,一听任骙播弄,提审匪徒张作宾一案,得受重贿。请饬确查究办'等语。著陈宝箴按照原参各节,确切查明,据实具奏,毋稍徇隐。原摺著钞给阅看。将此谕令知之。"

〖附二〗光绪二十一年十二月十八日上谕(节录)**

又谕:"有人奏《湖南莠民句结,隐患日深,请饬查办》一摺。据称:'本年三月,湖南善化、宁乡莠民毁灭城隍神像一案,署臬司李经羲刑逼案犯张作宾翻供,含混拟军,而曾同仁、周广顺等无干省释,安居如故。臬司俞廉三到任后,又为劣幕任骙胁制,惟命是听'等语。著陈宝箴按照原奏所参各节,确切查明,据实具奏,毋稍徇隐。"

---

* 据《清实录·德宗景皇帝实录》,见《清实录》,卷三七六,第926页。按:此谕另见《光绪朝东华录》光绪二十一年九月甲辰(初七日)条,详第四册,总第3670页。

① "扞",据《光绪朝东华录》改正。下同。

** 据《清实录·德宗景皇帝实录》,见《清实录》,卷三八二,第996页。

〖附三〗光绪二十一年十二月廿三日上谕*

谕内阁："前据给事中谢雋杭奏参道员钱康荣等骫法营私各款，当经谕令陈宝箴确查具奏。兹据查明奏称：'湖南候补道钱康荣，前署岳常澧道时，值南洲设厅伊始，轻信矫伪之词，亲临扞〔扦〕界，追缴藩司执照，勒毁堤垸多处，以致人言啧啧。虽无受贿、酿命重情，实属乖谬暴戾、任性妄为。'湖南候补道钱康荣，著即行革职。候补知县吕汝钧，取巧钻营，声名狼藉，桃源县知县余良栋，性情狡诈，物议沸腾，著一并革职。前署湖南按察使盐法道李经羲、候补知府裕庆，办理南洲淤地暨匪徒张作宾两案，既据陈宝箴查明尚无情弊，均著免其置议。臬幕任驎，在湘盘踞多年，广通声气，又附名各省保案，蒙捐指省，著即行勒令回籍，不准逗遛，并著陈宝箴查明该员保案，咨部撤销。"

〖附四〗光绪二十三年六月初四日上谕**

湖南巡抚陈宝箴奏："审明桃源县勒捐苛罚、妄拿军民案，请将已革知县余良栋从重发往军台效力赎罪，仍照例监候待质，俟缉获逃犯，另行办理。在籍州判张希渠，革职不准开复。"下部议。

请将署武陵令李智俦撤任留缉片***

（光绪二十一年十一月二十二日）

再，据布政使何枢、按察使俞廉三详称："本年七月内，据运商

* 据《清实录·德宗景皇帝实录》，见《清实录》，卷三八二，第1000页。按：该谕另见《光绪朝东华录》，第四册，总第3722页。

** 据《清实录·德宗景皇帝实录》，见《清实录》，卷四〇六，第299页。

*** 据中国第一历史档案馆藏档。此为上摺之附片。按：此片另见《光绪朝硃批奏摺》，第109辑，第1016～1017页。

集大成等具控'调署武陵县知县李智俦于闰五月十三日查讯盐船水手洒卖私盐一案,责释完结后,忽于七月初三日签拘盐店司事易润农责押,经县幕金润生手,讹诈票银五百两、钱一百串始释'等情,批饬常德府知府文杰转饬李智俦将金润生交出,由府提讯确情,据实通禀去后。旋据该府禀称,金润生家属已将原赃银、钱各票退缴,惟据李智俦禀复:'金润生先经辞馆,不知去向'等语,经前抚臣吴大澂批司查议。伏查金润生家属退出原赃,与集大成所控数目相符,赃款既极确凿,如果李令并不知情,自应速将金润生交案听审,以明心迹,乃竟任令远飏,难保非有心故纵,应请将调署武陵县知县李智俦先行撤任,留于该县地方,勒限三个月,将金润生交出,质讯明确,分别拟办,倘逾限不交,再由府司照例详参"等情前来,臣复查无异。案涉赃私重情,亟应澈讯究办,除饬司将调署武陵县知县李智俦先行撤任勒交外,谨会同兼护湖广总督臣谭继洵附片陈明,伏乞圣鉴。谨奏。

硃批:"该部知道。钦此。"

盛纶、李尚卿分别调署清泉、醴陵令片*

(光绪二十一年十一月二十二日)

再,署清泉县知县景天相请假回省遗缺,查有永明县知县盛纶堪以调署;醴陵县知县董耀焜调省遗缺,查有新宁县知县李尚卿堪以调署。据布政使何枢、按察使俞廉三会详前来,臣到任未及三月,例不出考,除批饬遵照外,谨会同兼护湖广总督臣谭继洵附片具陈,伏乞圣鉴。谨奏。

---

* 据中国第一历史档案馆藏档。此为上摺之附片。按:此片另见《光绪朝硃批奏摺》,第 11 辑,第 156 页。

硃批:"吏部知道。钦此。"

盘查司道各库摺*

(光绪二十一年十一月二十四日)

头品顶戴湖南巡抚臣陈宝箴跪奏,为循例盘查司道各库,恭摺仰祈圣鉴事:

窃照巡抚到任,例应将司道各库所存钱粮盘查具奏,臣仰蒙恩命补授湖南巡抚,到任后即饬藩司并粮、盐二道分别查造库项清册呈报去后。兹据湖南布政使何枢、粮储道但湘良、盐法道李经羲各将库存银两造册呈送前来,臣逐加查核,藩库地丁等款实存银六千三十二两三钱七分八厘,驿站项下实存银一万五千五百七十八两三钱一分五厘,粮道库南糟〔漕〕等款实存银四万四百九十一两七分三厘六毫八丝①,盐道库盐规等款实存银三千三百二十三两一钱二分四厘二毫。臣随于光绪二十一年十一月初十日亲诣司道各库,按款盘查,逐一弹兑,悉与册造银数相符。所有臣到任盘查司道各库缘由,理合循例恭摺具奏,伏乞皇上圣鉴。谨奏。

硃批:"户部知道。钦此。"

光绪廿一年营兵请借仓谷片**

(光绪二十一年十一月二十四日)

再,准户部咨:"凡遇青黄不接,营兵需借仓谷,务须专摺奏明"

---

* 据中国第一历史档案馆藏档。按:此摺另见《光绪朝硃批奏摺》,第82辑,第374页。

① "漕",据《光绪朝硃批奏摺》改正。

** 据中国第一历史档案馆藏档。按:此片另见《光绪朝硃批奏摺》,第60辑,第600页。

等因,历经遵照办理,按年汇奏在案。兹据布政使何枢详称:“光绪二十一年分,永定、临武二营,均因青黄不接,兵丁买食维艰,请照章借支仓谷接济。查永定、临武均系本折兼支营分,照章每名借谷一石。永定营弁兵二百九十三员名,〈共〉借谷二百九十三石[①],在于永定县仓内支给;临武营弁兵三百七十四员名,共借谷三百七十四石,在于桂阳州及临武、蓝山、嘉禾四州县常平仓内分支借给。”汇案详请具奏前来。臣复加查核,俱与历办成案相符。除饬令于秋后照例扣饷,买补还仓造报外,所有营兵请借仓谷缘由,理合会同兼护湖广总督臣谭继洵附片陈明,伏乞圣鉴。谨奏。

朱批:“户部知道。钦此。”

王恂亏短仓谷如数完缴请饬注销参案片[*]

(光绪二十一年十一月二十四日)

再,查病故已革坐补永绥厅同知前署乾州厅同知王恂亏短仓谷四百一十三石六斗三升五合,迭催未解,经前抚臣吴大澂会核,奏请先行勒限两个月,严催该故员家属迅将亏短仓谷如数完解在案。兹据布政使何枢、按察使俞廉三转据王恂家属遵将短交谷石如数完缴、交代清楚,会详请奏前来。适值前抚臣吴大澂交卸,未及核办,移交到臣,复加查核无异。除饬将交代册结赶紧造赍详咨外,相应奏恳天恩,俯准将已故前署乾州厅同知王恂亏短仓谷之案饬〔敕〕部注销[②]。谨会同兼护湖广总督臣谭继洵附片陈明,伏乞圣鉴。谨奏。

---

① “共”,据《光绪朝硃批奏摺》补入。

* 据中国第一历史档案馆藏档。按:此片另见《光绪朝硃批奏摺》,第91辑,第197页。

② “敕”,据《光绪朝硃批奏摺》校改。

硃批:"著照所请,该部知道。钦此。"

舆图告成出力人员请俟核奏奖摺*

(光绪二十一年十一月二十四日)

头品顶戴湖南巡抚臣陈宝箴跪奏,为湖南测绘全省舆图告成,动用经费银两吁恳作正开支,并在事出力人员请存俟会典馆核复奏奖,恭摺仰祈圣鉴事:

窃照光绪十[十]五年十一月初五日准会典馆咨:"恭颁《钦定舆图格式》,测绘省府厅州县各图,附说送馆",又于十七年五月续发章程五条、表格一纸,饬即遵办等因咨湘,当经前抚臣邵友濂札饬湖南布政使何枢等遵于湖南省城设立总局,遴委遇缺提奏道前长沙府知府赵环庆等延访熟习天文、精于测绘之绅士傅鸾翔等十余人,嗣又添派李光衡等二十余人,购办仪器,分赴各州县实测实绘,撰说拟表。沿革考其时代,疆域纪其纵横,天度步算必精,山水端委必委〔悉〕①,乡镇系以物产,职官叙其资阶。其有因地制宜者,遵照颁发章程变通办理,总期极目力之所到,尽心思之所及,委曲详明,归于至当。惟湘省山川奥阻,镇箄一带,则苗寨星罗;宝、永各郡,则瑶人牙错②,林深箐密,瘴雾弥濛;岳、澧、南洲,滨临洞庭,骇浪惊涛时所常有,自非天气清朗、波平景明,真形难以测绘。而由县而府而省汇合总图,一隅或有未符,全境必令复核,不敢因有需时日,致蹈简率之愆,节经各前抚臣奏咨展限在案。

---

* 据中国第一历史档案馆藏档。按:此摺另见《光绪朝硃批奏摺》,第104辑,第555~557页。

① "委"字上方,原有眉注曰:"当是'悉'字。"按:《光绪朝硃批奏摺》亦作"悉"。

② 此句之"瑶",原作"猺",系蓄意使用之恶劣字,现予还原。按:凡当时此等贬污少数民族或外国之恶劣字,均径改作现行正称。下同,不另出注。

兹据总办湖南测绘舆图局布政使何枢等详称:“严加课责,于本年八月告成,得全省图说一、府图表九、直隶厅图表五、直隶州图表四、州县图表六十有三,衡岳、九疑、洞庭附于郡县未易详尽,别为图说,以资考览,共二十册,装作一函。溯自开局至告成,所有总局经费、员绅薪水、夫马以及购办仪器,历时既久,积少为多,用银二万九千七百三十余两,由善后局设法筹垫,悉系撙节支用,并无丝毫浮滥。查鄂省舆图经费奏请动用厘金,钦奉硃批:‘著照所请。钦此。’湘省事同一律,请于二成加厘项下作正开支,以清垫款。再,查鄂省舆图告成,奏请援照陕西成案,俟会典馆核复后,将在事员绅择尤保奏,已蒙俞允。此次湘省各员绅测绘舆图,访今搜古,效奔走于深山大泽之间,竭思虑于车殆马烦之会,昕夕无间,寒暑不辞,业经四载有余,似较他省尤为劳勚,应请援案办理,以示奖励。”除将图表委湖南候补知县祝鸿泰解交会典馆查核外,详请具奏并给咨批前来。臣复核无异,相应吁恳天恩,俯准将动用经费银两在于二成加厘项下作正开支,并在事出力人员准存俟会典馆核复后,由臣奏请奖叙。除缮给咨批,并咨户部、礼部,暨将出力员名开单咨送吏部外,理合会同兼护湖广总督臣谭继洵恭折具奏,伏乞皇上圣鉴训示。谨奏。

硃批:“著照所请,该部知道。钦此。”

浏阳等处派员助赈并拨勇弹压片*

(光绪二十一年十一月二十四日)

再,湖南本年被旱,收成极歉,民俗向本强悍,良莠不齐,时虞伏莽窃发。当此民食维艰,难保无匪徒结党煽诱,藉逃荒为由,出

* 据中国第一历史档案馆藏档。此为上摺之附片。

境滋扰情事。前此醴陵灾民聚众要求县令给予逃荒护照八百纸，每纸皆近百人，其已出至省城者十之二三，经前抚臣吴大澂资遣押回。臣到任后，亟饬司局筹措银谷，委员驰往赈给，止其出逃，目前幸尚安帖。而邻县浏阳等处，又复有要求护照等事，其中恐有奸宄搆煽，不无可虑。臣一面拨款，遴委干员，会同该县及告假在籍内阁中书欧阳中鹄，联络正绅，妥筹助赈；一面拨勇驰往弹压。如有匪徒从中诱胁，希图藉众挟制，扰害地方，饬即确查拿究，禀请就地严惩。其余皆照此办理，以期安善良而销隐患，藉以仰慰宸廑。理合附片具陈，伏乞圣鉴。谨奏。

硃批："知道了。钦此。"

长沙被灾采买谷米请免征厘金片*

（光绪二十一年十一月二十四日）

再，本年湖南长沙府所属州县被旱情形，业经臣先后奏报在案。兹经督同藩司及善后局司道，会商绅士筹措款项，前赴安徽芜湖县等处地方采买谷米，装运来湘，以资接济，由臣缮写执照给该绅等祗领购运。合无仰恳天恩，俯准将所买谷米经过卡局宽免征收厘金，俾裕民食。除咨明两江、湖广、安徽、江西督抚臣外，是否有当，谨附片具陈，伏乞圣鉴。谨奏。

硃批："著照所请，户部知道。钦此。"

请以杜嵩龄接统庆字三营片**

（光绪二十一年十一月）

再，查各省防营如有更换统带、管带人员，前于光绪十五年十

* 据中国第一历史档案馆藏档。此为上摺之附片。

** 据《光绪朝硃批奏摺》，第44辑，第861页。

月间钦奉谕旨:“饬令随时奏明”等因,历经遵办在案。兹准湖南提督臣娄云庆咨报:“统带驻湘庆字正中、左、右三营提督衔留甘补用总兵朱超发,于光绪二十一年十一月初九日在防营病故,所遗营务亟应委员接统,以专责成。查有前带庆字左营记名总兵杜嵩龄,久经战阵,熟悉营务,堪以接统等因”前来。除由臣札委该总兵统带庆字正中、左、右三营,饬令各按防地认真操练巡缉,并咨部外,理合附片陈明,伏乞圣鉴。谨奏。

硃批:“兵部知道。”

解到江苏赈银片*

(光绪二十一年十一月)

再,前任湖南抚臣吴大澂因湘省被旱甚广,赈不易筹,电商署两江总督臣张之洞,将本年四月内拨还前在奉天省所借江苏赈银一万两借拨湖南,以应急需,俟奏准开办赈捐,劝筹归款在案。兹准江苏巡抚臣赵舒翘饬司筹拨银一万两,发交百川通号商,于十一月二十五日汇解前来。除将解到银两饬发善后局司道,转发被旱各属,核实赈给,事竣造册报销,仍俟劝有捐项,解赴江苏归款外,谨附片具陈,伏乞圣鉴。谨奏。

硃批:“户部知道。”

〖附一〗吴大澂:致张之洞**

(光绪二十一年九月二十二日)

此次回籍,当闭门读书,不便干谒当道,舟过白门,不再登岸,

---

* 据《光绪朝硃批奏摺》,第 31 辑,第 600 页。

** 据《张之洞全集》,第八册,第 6718 页。按:原电题为《吴抚台来电》,题下注:“光绪二十一年九月二十七日午刻到。”

乞谅之。湘省被旱甚广，赈不易筹，已奏请开捐。前在奉省曾借江苏赈银一万，四月已拨还，乞电商赵中丞，可否借拨湘中，以应急赈，由澂劝捐归款。仍祈电复。澂。养。

〖附二〗张之洞：致赵舒翘*

（光绪二十一年九月二十七日）

吴清卿中丞来电云："湘省被旱甚广，赈不易筹，已奏闻〔请〕开捐。前在奉省曾借江苏赈银一万，四月已拨还，乞电商赵中丞，可否借拨湘中，以应急赈，由澂劝捐归款。仍祈电复。澂。养"等语。即祈裁酌电复。感。

〖附三〗张之洞：致谭继洵转送陈宝箴等**

（光绪二十一年九月二十九日）

接苏州赵中丞复电云："感电悉。吴清帅电借苏省银一万，拨济湘赈，由湘劝捐归款，商之藩司，事属可行。除饬司赶紧汇解外，祈转电湘抚是荷。翘。勘"等语。谨照转。

再，清帅原电系由清帅劝捐，今复电作"由湘劝捐"，并闻。艳。

---

* 据《张之洞全集》，第八册，第6711页。按：原电题为《致苏州赵抚台》，题下注："光绪二十一年九月二十七日午刻发。"

** 据《张之洞全集》，第八册，第6718页。按：原电题为《致武昌谭制台排递转送湖南陈抚台、吴抚台》，题下注："光绪二十一年九月二十九日辰刻发。"

卷三　奏议三

光绪廿一年十一月粮价及雨雪情形摺*

（光绪二十一年十二月十六日）

头品顶戴湖南巡抚臣陈宝箴跪奏，为恭报十一月分粮价及地方雨雪情形，仰祈圣鉴事：

窃照湖南省本年十月分市粮价值并雨雪情形，业经臣恭摺奏报在案。兹据布政使何枢查明通省十一月分各项粮价，开单汇报前来。臣逐加查核，长沙、衡州、宝庆三府属米粮价值均较上月稍增，其余永州等十四府州厅属米粮及通省豆、麦各价，悉与上月相同。省城及各属地方晴霁日多，续据桃源、安乡两县禀报，于十一月十四、五、六等日续得瑞雪，平地积厚寸余，高阜二三寸不等。闾阎乐业，境宇绥安，堪以上慰宸廑。理合恭摺具奏，并缮粮价清单敬呈御览，伏乞皇上圣鉴。谨奏。

硃批："知道了。"

查阅省标各营冬操情形摺**

（光绪二十一年十二月十六日）

头品顶戴湖南巡抚臣陈宝箴跪奏，为查阅省标各营冬操完竣，

* 据《光绪朝硃批奏摺》，第95辑，第959页。

** 据《光绪朝硃批奏摺》，第52辑，第815页。

恭摺仰祈圣鉴事：

窃照湖南省城额设抚标左、右二营及长沙协营城守官兵共计一千五百二十八员名，平时由该管将备督率操练，每年春、冬由臣合操一次，以课勤惰。本年冬操届期，臣于十一月十七、十八等日，调集三营官兵、练军并驻防省城之抚标亲军前营、新后营及亲军卫队，齐至校场，逐一认真校阅。先令合演三才、八卦、夹牌等阵式，次阅马、步、弓箭及洋枪、鸟枪、抬炮、籐牌、刀矛、杂技，均尚步伐整齐、进止有节。合计官兵、勇丁枪炮中靶在七成以上，弓箭中的在八成以上，刀矛击刺及籐牌起伏均尚敏捷如法。查验军装、马匹，亦皆坚实、膘壮；兵勇足额，尚无老弱充数；各营将领训练尚属认真。臣阅看后，将材技出色官兵优加奖赏，用示鼓励，间有弓马稍弱、技艺较生者，分别勒限学习，俟限满再行定期复阅，并饬该将备等常川加意训练，务须精益求精，一兵得一兵之用。其余省外各营，臣于公牍往来暨接见各将领时严饬认真操防，毋许疏懈，以期仰副朝廷整饬戎行之至意。

所有臣阅看省标三营官兵及练军防卫各营冬操情形，谨恭摺具奏，伏乞皇上圣鉴。谨奏。

硃批："知道了。"

会奏署长江提督到省、起程日期片*

（光绪二十一年十二月）

再，长江水师定章："提督以半年驻上江，半年驻下江，周历巡阅。"历经奏报在案。兹准署长江提督臣彭楚汉咨报，于本年八月十二日自江南太平府起程，溯流而上，阅过提标各镇营，挨次接阅

---

* 据《光绪朝硃批奏摺》，第52辑，第816页。按：此片或系上摺之附片。

湖口、汉阳各镇标营,乘风至荆州营查阅,并得见荆州将军祥亨,商议一切。随于十月初十日回抵岳州府,阅看岳州镇标各营。所有查阅沿江上下水陆各操官兵勤惰,均经立予分别赏罚在案。兹于十二月初六日行抵长沙省城,与臣面商应办事宜,即于本月十五日由湘省起程,顺流下驶,依次校阅。所有到省、起程各日期,谨会同署长江提督臣彭楚汉循例附片具奏,伏乞圣鉴。谨奏。

硃批:"知道了。"

勘明各属受灾情形吁恳分别蠲缓、递缓钱漕摺*

(光绪二十一年十二月十八日)

头品顶戴湖南巡抚臣陈宝箴跪奏,为查明安乡等厅州县卫本年被水、受旱田亩芦洲已未成灾轻重情形,吁恳天恩分别蠲缓、递缓钱漕等项,以纾民力,恭摺仰祈圣鉴事:

窃照湖南省常德、澧州等属地滨洞庭,每年水势长发,围田、洲地多被溃决漫淹。本年夏间,据安乡、澧州、湘阴、益阳、武陵、龙阳、沅江、巴陵、临湘、华容、南洲厅等厅州县并岳州卫先后禀报:"入夏以来,湖河泛涨,低洼田亩、芦洲悉被淹没,滨湖堤垸间有冲溃";并据临湘县禀报:闰五月间山水陡发,该县松山等团田亩多被水冲沙压,房屋、桥梁亦有冲毁坍塌之处;又据浏阳、醴陵、湘潭、湘乡、攸县、茶陵、衡阳、清泉、衡山、安仁、邵阳、新化等州县禀报:"本年夏秋间雨水稀少,田亩多有旱干。"当经前抚臣吴大澂督饬该管道府督率各该牧令查明,被水者赶紧设法疏消挑复,受旱者淘井浚

* 据《光绪朝硃批奏摺》,第67辑,第550~556页。

泉、车戽灌救，及分别随时补种晚稻、杂粮，仍于秋后确勘是否成灾、应否蠲缓钱粮，据实禀办。一面奏请截留漕折银三万两，暨仿照直隶省章程劝办赈捐以资抚恤，均蒙恩允准。臣到任后，督饬藩司、粮道等将截留漕折银两遴委妥员解赴被灾各属妥为赈给，复劝谕绅富采买谷米平粜，并请免征谷米厘金，暨将来春应须接济情形奏明在案。兹据该管道府督饬各该州县逐一查勘，分别成灾分数、轻重情形，禀请蠲缓、递缓钱漕等项，由藩司何枢、粮储道但湘良会详请奏前来。

臣复加查核，除浏阳、湘潭、湘乡、衡阳、安仁、新化等县勘明不致成灾，均毋庸查办蠲缓外，所有勘明被水已成灾者，系安乡县围城官垸一处、茶窖至窑澥等民垸五处、蒋家冈等湖田三处成灾十分，又采家门楼等湖田五处成灾九分；又武陵县阳城等十二村障内之下眉溪各等处成灾十分，又承恩等十九村障内之柘树嘴各等处成灾八分；龙阳县北益等障成灾八分，又大围堤地号内附人号并下及黄、为二号成灾七分，又大围堤内宇、宙等六号并惠列庄及来、霜二号成灾六分；沅江县大成等二十六垸成灾十分，又义和等五垸成灾七分，又该县免毁禁修之上、下嘉兴、周家坪三垸官田全被淹没无收；益阳县西林垸成灾九分；华容县洪市岭等三十一圻成灾七分，又严萧等官民三垸成灾六分；澧州东围等各民垸、堤埂、湖田十五处成灾七分；新设南洲厅管辖华容划拨傅家等十五圻成灾七分；临湘县被水最重之松山、岩岭二团被水冲沙压尚堪垦复田地成灾八分，又该县鲁源等四团水冲沙压尚堪垦复田地成灾七分。

又勘不成灾、被淹情形较重者，系武陵县上淰等九村内之子房河各等处，龙阳县小塘等总区号，沅江县株木、实竹巴等处垸内岭田、升地、低田，巴陵县穆湖村属之濠沟等秋地五处及柳林洲等芦洲六处，临湘县塘湾等二十四团及望城等十六团，华容县南乡夏家等团山脚、湖汊、湖田并芦洲地亩,澧州太所等各民垸、堤埂、湖田八处,安乡县大溶湖芦地一处,湘阴县聚贤等二十三围及北乡二十三都汤家河近湖低田。

又勘不成灾、被淹情形较轻者,系武陵县上淴等十二村,龙阳县大围堤内地、洪等号障总,华容县护城等官民五十垸并东、南二乡山冈高阜,澧州孟姜等官民垸、堤埂、湖田五十四处,均因水退节候已迟,只能补种杂粮,虽勘不成灾,收成究属歉薄。

又被旱日久、勘明已成灾者,系醴陵县南乡五、六、七、十、十六七八、二十三、下坊等都内之横岭、失鲤、荣湾、拖田、东林、铜锡、里都、上半、梅小等境,并上北乡一、二、四、十二、上坊等都内之黄梁、罗坪、枫林、石子、姜桥等境,及上西乡三都、二十一、新二十二、二十四等都内之汤坪、黄田、廖叶、东岸、下半等境,成灾七分;又下北乡八、九、十三、十四、十九并下西乡老二十二等都及屯都内之南田、苏刘、官寮、吴田、大乡、午马、军境等境,成灾六分;又东乡十一、老十五、新十五、二十、承恩等都内之泉水、枧头、上半、王仙、河东等境,成灾五分。攸县河清等都板陂陇等处,成灾六分;又景国等都桥头屋等处,成灾五分。茶陵州西乡一都,睦乡上十一都,衷乡二十三、四两都各等都内之各等处,成灾九分;又西乡二、五两都,睦乡七、八、九等都并下十一都,又茶乡十五都,及屯都各等都内之各等处,成灾七分。清泉县东、南二乡之二十三、四、五、六、七、八、九、三十及三十一、二、三、四、五、六、七、八、九等十七都,成灾五分。邵阳县满竹村等处,成灾七分;又震中分团及新下一都,成灾六分;又三溪六都维风等处,成灾五分。

又被旱勘不成灾、情形较重者,系茶陵州西乡三、四、六、十等都,衷乡十九、二十两都各等都内之各等处;清泉县东、南二乡之二十三、四、五、六、七、八、九、三十及三十一、二、三、四、五、六、七、

八、九等都；衡山县江、孔、殷、沱、潜、既、道、云、土、梦、作、乂十二字各区，及九字，十，十一、二、三、四、五、六、七、八、九、二十等区；武陵县仁丰等五村内之龙湾头各等处。均因雨泽愆期，无水灌荫，收成亦薄。又岳州卫屯田坐落湘阴、华容、巴陵、临湘、南洲等厅县境内，被水轻重情形均与民田一律相同。

以上各州县被水、受旱成灾分数及勘不成灾轻重情形，均由该管道府督同核实复勘，委系实情，并无捏冒讳饰情弊。所有本年应征钱漕、芦课等项及应行带征光绪十四、十五、十六、十七、十八、十九、二十等年灾缓银米，若仍照常征收，民力实有未逮，相应奏恳天恩，俯准将成灾十分之安乡县围城官垸一处、茶窖至窑澥等民垸五处、蒋家冈等湖田三处、武陵县阳城等十二村障内之下眉溪各等处、沅江县大成等二十六垸，各应完光绪二十一年正耗钱粮，请照例蠲免十分之七。成灾九分之安乡县采家门楼等湖田五处、益阳县西林垸，各应完光绪二十一年正耗钱粮，请照例蠲免十分之六。成灾八分之武陵县承恩等十九村障内之柘树嘴各等处，龙阳县北益等障，临湘县松山、岩岭二团尚堪垦复田地，各应完光绪二十一年正耗钱粮，请照例蠲免十分之四。成灾七分之龙阳县大围堤地号内附人号并下及黄、为二号，沅江县义和等五垸，华容县洪市岭等三十一圻，澧州东围等各民垸、堤埂、湖田十五处，临湘县鲁源等四团尚堪垦复田地，南洲厅管辖华容划拨傅家等十五圻，所各应完光绪二十一年正耗钱粮，请照例蠲免十分之二。成灾六分之龙阳县大围堤内宇、宙等六号并惠列庄及来、霜二号，华容县严萧等官民三垸，各应完光绪二十一年正耗钱粮，请照例蠲免十分之一。又华容县有应征光绪二十一年南驴、漕折银米、芦课等项，并请缓至次年秋后带征。所有各州县蠲剩银两，成灾十分、九分、八分者，照例分作三年带征；七分、六分者，照例分作两年带征；本年应行带征各项,均请递年以次展缓。又沅江县免毁禁修之上、下嘉兴、周家坪三垸官田全被淹没,应完光绪二十一年田租银两,请查照历年成案全行蠲免。

又勘不成灾而收成歉薄情形较重之武陵县上淴等九村障内之子房河各等处,龙阳县小塘等总区号,沅江县株木、实竹巴等处垸内岭田、升地、低田,巴陵县穆湖村属之濠沟等秋地五处及柳林洲等芦洲六处,临湘县塘湾等二十四团及望城等十六团,华容县南乡夏家等团山脚、湖汊、湖田并芦洲地亩,澧州太所等各民垸、堤埂、湖田八处,安乡县大溶湖芦地一处,湘阴县聚贤等二十三围及北乡二十三都汤家河近湖低田,各应完光绪二十一年正耗钱粮、芦课等项,均请缓至光绪二十二年秋后分年次第带征,各该县有应完光绪二十一年漕粮、南驴等项银米,均请一律缓征。又各州县所有应行带征光绪十四、十五、十六、十七、十八、十九、二十等年灾缓钱粮各项及原借堤工银两,均请递缓至光绪二十二年秋后,各照原限,分年次第带征。其本年蠲剩缓征银米,请俟各年灾缓银米征完后,再行按限启征。

又勘不成灾、情形较轻之武陵县上淴等十二村,龙阳县大围堤内地、洪等号障总,华容县护城等官民五十垸并东、南二乡山冈高阜,澧州孟姜等官民堤垸、湖田五十四处,各应完光绪二十一年正耗钱粮、南漕、芦课等项银米照常征收外,所有光绪二十一年应行带征光绪十四、十五、十六、十七、十八、十九、二十等年灾缓钱粮并南漕、芦课银米各项,均请缓至光绪二十二年秋后,查照原缓年限,分年次第带征。又醴陵县被旱成灾七分之南乡五、六、七、十及十六七八、二十三、下坊等都内之横岭、失鲤、荣湾、掩田、东林、铜锡、里都、上半、梅小等境,并上北乡一、二、四、十二、上坊等都内之黄梁、罗坪、枫林、石子、姜桥等境,及上西乡三都、二十一、新二十二、二十四等都内之汤坪、黄田、廖叶、东岸、下半等境，应完光绪二十一年正耗钱粮，请照例蠲免十分之二，蠲剩银两同本年应完南驴、漕折等项银米，分作两年带征。又成灾六分之下北乡八、九、十三、十四、十九并下西乡老二十二等都及屯都内之南田、苏刘、官寮、吴田、大乡、午马、军境等境，及成灾五分之东乡十一、老十五、新十五、二十、承恩都等都内之泉水、枧头、上半、王仙、河东等境，应完光绪二十一年正耗钱粮，请照例蠲免十分之一，蠲剩银两同本年应完南驴、漕折等项银米，分作两年带征。攸县被旱成灾六分之河清等都板陂陇等处，又该县成灾五分之景国等都桥头屋等处，应完光绪二十一年正耗钱粮，请照例蠲免十分之一，蠲剩银两同本年应完南驴、漕折银米，分作两年带征。茶陵州被旱成灾九分之西乡一都，睦乡上十一都，衷乡二十三、四两都各等都内之各等处，应完光绪二十一年正耗钱粮，请照例蠲免十分之六，蠲剩银两同本年应完南驴、漕折等项银米，分作三年带征；又该州成灾七分之西乡二、五两都，睦乡七、八、九等都并下十一都，又茶乡十五都及屯都各等都内之各等处，应完光绪二十一年正耗钱粮，请照例蠲免十分之二，蠲剩银两同本年应完南驴、漕折等项银米，分作二年带征。清泉县被旱成灾五分之东、南二乡二十三、四、五、六、七、八、九、三十及三十一、二、三、四、五、六、七、八、九等十七都，应完光绪二十一年正耗钱粮，请照例蠲免十分之一，蠲剩银两同本年应完南驴、漕折等项银米，分作两年带征。邵阳县被旱成灾七分之满竹村等处，应完光绪二十一年正耗钱粮，请照例蠲免十分之二，又成灾六分之震中分团并新下一都及成灾五分之三溪六都维风等处，应完光绪二十一年正耗钱粮，请照例蠲免十分之一，蠲剩银两分作两年带征。

又勘不成灾、被旱情形较重之茶陵州西乡三、四、六、十等都，衷乡十九、二十两都各等都内之各等处，清泉县东、南二乡之二

[二]十三、四、五、六、七、八、九、三十及三十一、二、三、四、五、六、七、八、九等都,衡山县江、孔、殷、沱、潜、既、道、云、土、梦、作、乂十二字各区,及九字,十,十一、二、三、字〔四〕、五、六、七、八、九、二十等区,各应完光绪二十一年正耗钱粮、南驴、漕折等项银米,均请缓至光绪二十二年秋后带征。又武陵县仁丰等五村内之龙湾头各等处,应完光绪二十一年正耗钱粮,请缓至光绪二十二年秋后起,查明有无积欠,尽先征完后,限一年带征。

又岳州卫坐落湘阴、巴陵、临湘、华容、南洲厅等厅县境内被水屯田,应完光绪二十一年屯饷、军安正耗钱粮及应征运费,并未完光绪十四、十五、十六、十七、十八、十九、二十等年灾缓银两,均请查照屯坐各县地方分别蠲缓、递缓,以广皇仁而纾民力。

综计各厅州县卫,光绪二十一年共蠲缓司库钱粮正耗银八万六千三百八十三两零八分七厘,缓征芦课正耗银四百一十八两七钱五分一厘,又缓征粮道库漕粮正耗银一万七千一百五十七两六分二厘五毫、漕米一万九千九百七石二升九合一勺。除饬该管道府督属出示晓谕先行照例停征,并饬取被灾地名、田亩及应蠲、应缓细数,另行详咨外,所有勘明安乡等厅州县〈卫〉光绪二十一年被水、受旱已未成灾轻重情形,分别蠲缓、递缓钱漕等项缘由,理合会同兼护湖广总督臣谭继洵恭摺具奏,伏乞皇上圣鉴训示。

再,各属淹溃民垸现饬赶紧兴修,未被水、受旱地方本年秋成尚属中稔,其被旱各属现经筹拨赈抚,来春青黄不接之时尚须量予接济,业已奏恳恩施,容俟届时察看情形,另行办理。又,定例:“秋灾不出九月”,本年被旱之处较宽,且旱灾均系由渐而成,各该县又俱久庆丰登,不谙灾蠲办法,往复查勘,力求核实,是以详办稍迟,合并陈明。谨奏。

硃批:“另有旨。”

复讯泸溪县闹粮滋事案审明议拟摺*

（光绪二十一年十二月十八日）

头品顶戴湖南巡抚臣陈宝箴跪奏，为部驳湖南泸溪县附生唐金锡等闹粮滋事各节，逐一复查提讯，审明议拟，恭摺仰祈圣鉴事：

窃查光绪二十一年五月二十六日准刑部咨："议复前护湖南抚臣王廉奏《查明泸溪县附生唐金锡等闹粮滋事、夺犯伤人审拟》一摺。此案唐祖汉因伊父唐金锡与陈大秀私立公所，包揽钱粮，被获收押，该犯辄敢起意纠众闯入衙署，夺获犯人。唐祖先、唐显恒等听纠同往，因寻家丁王升殴打，致将幕友俞若仙拒伤，并喝令唐显珠等殴毙其命。如果案情属实，在该犯等藐法逞凶，自属罪有应得，该护抚按照律例分别究办，诚足以惩凶恶而儆刁风。第详核此案衅由，该县田继昌改定粮章，以致民间聚众夺犯、杀伤人命，是改章一节实为酿事之由。究竟其中有无加派，必须详切推寻，方昭信谳。查前奉谕旨：'此案因改章起衅，并将幕友杀毙，其中有无别情，著吴大澂详细查明，据实复奏，不得稍涉徇隐等因。钦此。'仰见圣训周详，无微不照。案关聚众闹粮，情节重大，地方官果无加派浮收情事，必不致酿成巨案。刁风固宜惩治，民隐尤贵体察。该护抚率凭属员原详，将就结案，而于起事根由及杀毙幕友真情并不仔细根究，殊不足以昭核实。驳令再行提讯，遵照前奉谕旨及此次指驳各节，据实登复到日再行核议"等因，当经前抚臣吴大澂转饬遵照去后。

---

* 据《光绪朝硃批奏摺》，第119辑，第323～332页。按：可参阅俞廉三光绪二十五年八月初二日《查明知县被参款迹并征粮章程命盗案件各缘由摺》，见《光绪朝硃批奏摺》，第14辑，第354～360页。

兹据布政使何枢、按察使俞廉三详称:“缘唐金锡、陈大秀、唐祖汉(即唐楚汉)、唐祖先(即唐老万)、唐显恒、唐显珠、张廷兴、张亡狗、田清均籍隶该县,唐金锡于同治二年岁考取进县学文生,陈大秀捐纳贡生。该县地瘠民贫,花户完纳钱粮,向系以钱折银,所有随征加一耗羡及倾泻火耗,随同正银征收,阖县额征地丁银四千八百一十两七钱五分四厘一毫五丝,每两收钱三千三百文,另收票费大户钱八十文、中户钱六十四文、小户钱四十八文,以作粮书、里差辛工、饭食、纸张,及运钱至下游常德一带换银往来水脚等项之用,历系粮书经管,里差催收,不知始自何时,行之既久,不无流弊。光绪十八年二月,该县田继昌到任,改为官征官解,设柜大堂,听花户自行投纳,并于浦市地方设立乡柜,就近征收,禀定章程,每两收钱二千八百文,较前大为轻减,其票费一项照旧收取,并将麦粮、垦粮名目划出分征,俾免淆混。唐金锡因钱粮改章,起意设立公所,包揽渔利,并因麦粮、垦粮向归地丁项下统征,田继昌划出分征,疑为重复,商同陈大秀赴县禀请各归各团征收呈缴,经田继昌批驳未准。唐金锡等即按粮派费,勒令花户每粮一石出钱三百文及六百文不等,愚民被其蛊惑,有照派交出者,亦有不肯照派者,收得钱文不记确数。十九年十月内,唐金锡与陈大秀在于浦市地方买得房屋一栋,作为钱粮公所,张贴告白,定于十月二十四日开征,不准有粮之家赴官柜完纳,违者议罚。十月二十三日,经田继昌访闻,驰往弹压,唐金锡等不由理谕,田继昌遂将唐金锡、陈大秀均带回县署讯供责押,并禀请斥革究办。此唐金锡等私设公所,包揽钱粮,经县令田继昌访闻带案收管之实在情形也。

讵唐金锡之子唐祖汉(即唐楚汉)因唐金锡与陈大秀在县收押,起意纠众赴县挟制释放,随商同胞兄唐祖烈、胞弟唐祖让在乡鸣锣,声称唐金锡、陈大秀均因阖都钱粮设立公所,被县收押,邀恳村众同往县署挟制释放，如不允准，即行劫回。当有已获之张廷兴、张亡狗、唐祖先(即唐老万)、唐显恒、唐显珠、田清，及未获之张必群、唐祖武、唐祖连、唐祖升、唐祖训、唐祖盛、唐祖尚、唐显禄、唐显荣、唐显礼、唐显双、唐显桃、杨秉盈、杨明甲、杨长儿、印长发、贺才喜，随同唐祖烈、唐祖让一同起行，留唐祖汉在浦市等候。张廷兴、张必群各持鸟枪，唐显珠、唐祖让各执铁矛，唐显恒执持铁斧，唐祖先、张亡狗、田清各持木棍，馀俱徒手，一共二十五人，于十月二十四日黎明行抵县署。田清畏惧，站立头门外，未敢进署，唐祖烈等拥入署内，同声呼号，求将唐金锡等释放。其时街市居民闻声趋视，拥挤喧哗，不可分辨。田继昌闻闹走出弹压，唐祖烈等打毁大堂板壁、二堂公案、印架、签筒，寻至唐金锡、陈大秀收押之处，将房门打开，劫出同逃。田继昌会督汛弁、典史，带同兵役、壮勇、家丁上前捕拿，唐祖烈等均各拒捕，张廷兴、张必群各施放鸟枪，唐祖烈、唐祖武、唐祖连、唐祖升、唐显禄、唐显荣、唐显礼均各拾石乱掷。营兵黄正星被唐祖让用矛划伤项颈右，壮勇朱茂林被枪子中伤左胳膊、左手脚脉、左手大拇指、小腹、左腿、左膝，壮勇王荆山被枪子中伤项颈，营兵宋福生被枪子中伤左腿、右膝，壮勇刘照清被石块掷伤右手腕、右膝、右臀，壮勇李为正被石块掷伤左臁肕、左脚踝，家丁林绪功被石块掷伤右额角，家丁王升被石块掷伤脑后，一时人多手杂，不能辨认何人致伤何处部位，经田清在头门外目击，唐祖烈等当各逃散。此唐祖汉起意纠众劫出唐金锡等并拒伤兵役之实在情形也。

先是唐祖烈等与唐祖先、唐显恒、唐显珠，在途谈及田继昌带同家丁王升亲至浦市，将唐金锡等带回收押，欲寻王升殴打泄忿，唐祖先等均各允从。当唐祖烈等走进二堂哄闹之时，唐祖先即打毁二堂右边房门，走进襄办刑钱幕友俞若仙书房。俞若仙瞥见喝问,并上前捉拿,唐祖先用木棍拒伤其右额角,由便门跑出。俞若仙追至署后校场坪,扭住唐祖先不放。适唐显珠、唐显恒踵至,唐祖先喝令帮殴,唐显珠走至俞若仙身后,用铁矛戳伤其右腿穿透,仰面松手倒地,唐显恒用铁斧砍伤其偏左,当即殒命。俞若仙之妻俞陆氏赶至喊救,唐祖先等均各逃逸。此幕友俞若仙被唐祖先等拒杀致死之实在情形也。

当经田继昌据实通禀,由府委员前往查勘,并验明俞若仙伤痕,填格通详,批府提审,并驰往泸溪县查明滋事缘由,详晰禀复具奏,钦奉谕旨,随经该府督县查明。该县钱粮,田继昌改为官征官解,设柜大堂,听花户自行投纳,并于浦市地方设立乡柜,就近征收,每银一两收钱二千八百文,较前大为轻减,民间均皆称便,应即循照办理。票费原为粮书、里差辛工、饭食、笔墨、纸张、运钱水脚等项之用,请照旧章酌量议减,分为两等:上户收钱六十文,下户收钱三十文。四乡花户均踊跃完纳,禀经批准立案。旋据唐金锡、陈大秀闻拿,赴府投首,并先后拿获唐祖汉(即唐楚汉)、唐祖先(即唐老万)、唐显恒、唐显珠、田清、张廷兴、张亡狗七名,审拟解司提讯,各供前情不讳,诘无起衅别情。将唐祖先依律拟斩监候,唐祖汉依例拟绞监候,唐金锡、陈大秀、张廷兴、张亡狗、田清、唐显恒、唐显珠分别拟以军流徒。奏奉部议,逐层指驳,咨行到司。

查案犯唐金锡先在省监病故,业经验讯详咨在案。该司等均非原审之员,无所用其回护,案经部驳,自应澈底清查,核实办理,以昭明允。遵即札饬现署泸溪县知县费道纯就地详细确查,并饬本任泸溪县知县田继昌明白禀复。该司等诚恐尚有不实不尽,又委候补知县严鸣琦驰往泸溪县确切访查,并调取田继昌任内经征钱粮印册、串根赍司确核,摘传花户龚采林、汤正相讯供取结申赍,一面行提人犯来省复审。旋据辰州府知府夏玉瑚委员将案内人犯押解起程，唐显恒在途患病，行至桃源县寄监病故，验讯禁卒并无凌虐，详奉批饬归案附报。该司等提案悉心推鞫，各供均与前审相同，遵照部驳之处，逐层澈究。

如奉驳：'该县额征地丁，每两收钱三千三百文，另收票费，以作书差等工食各项之用，历系粮书经管，日久不无流弊。田继昌改为官征官解，听民自行投柜征收，果系似此办理，既可以除弊，又可以便民，何至于人不乐从？况田继昌所改章程每两止收钱二千八百文，是较前每两省钱五百文，未尝非大为轻减，在小民方欣喜之不遑，又何肯藉端滋事？纵令唐金锡等起意渔利，众人亦断不至为其蛊惑'一节。查泸溪县钱粮先前每银一两折收钱三千三百文，差征书解，每两止缴平馀银一钱五分归官，为办公之费，其旧欠钱粮扣算利息，则视悬欠之久暂为等差，有每两收钱八九千、十千者，利归中饱，弊窦丛生，以致官民交困。光绪十八年二月，田继昌到任，禀定章程，改为官征官解，年清年款，每两折收钱二千八百文，较前虽少收钱五百文，而滴滴归公，足敷批解，花户则大为轻减，踊跃输将，是以是年上、下两忙及次年上忙钱粮均扫数完纳，毫无蒂欠。直至十九年十月，唐金锡等始设立公所，希冀包揽。在唐金锡虽以改定征收章程藉为口实，其实事隔年余，衅端各别，有时日可考。且自十九年下忙至今，均系按照新章征解，合邑花户无不乐从，并未被唐金锡等蛊惑，事属信而有征。

又如奉驳：'麦粮、垦粮向归地丁项下统征，因田继昌划出分征，众人不免疑为重复。自必麦粮、垦粮向章皆并入正粮，每两收数亦在三千三百文之内，今正粮既减去五百文，划出之麦粮、垦粮征数若干，何以并不叙明？若统计仍系三千三百文，何必又多立此项名目？何至疑为重复，得以藉口？观唐金锡等按粮派费，每石出钱三百文及六百文不等，而即有甘心照派之人，诚难保无巧立名色、明减暗增情弊。该护抚于此案紧要关键并未声叙明晰,遽谓田继昌办理并无不善,其中显有不实不尽'一节。查泸溪县地丁额征银四千八百一十两七钱五分四厘一毫五丝,向分四种升科:一曰正粮,系熟田所出,每石科银一两五钱四分九厘一毫,定额二千七百七十三石七斗八升六合九勺八抄六撮,得银四千二百九十六两八钱七分三厘四毫二丝;一曰军粮,系辰州卫屯田,每石科银一两四钱七分一厘三毫,定额二百八十一石九斗一升七合八勺三抄三撮,得银四百一十四两七钱八分五厘七毫一丝;一曰麦粮,系山地可种麦者,即夏税小麦,每石科银五钱三分九厘,定额四十七石五升九合五勺六撮,得银二十五两三钱六分五厘八丝;一曰垦粮,系新垦未熟之田,每石科银六钱六分九厘,定额六石八斗九升六合七勺四抄一撮,得银四两六钱一分三厘九毫二丝。四〈项〉共征银四千七百四十一两六钱三分八厘一毫三丝,缺额银六十九两一钱一分六厘,由经征官赔解,由来已久。除军粮(即屯饷)另有专征都分,名曰'归都',向不散见各册外,麦粮、垦粮历系分隶正粮之内统征,花户随田完纳,有止完正粮者,有完正、麦而无垦粮者,有完正、垦而无麦粮者,每年查造征册,某户应完某粮若干,俱载在花户粮柱之下,民间买卖田产,按年查照粮色,推出收入。乃旧有之田赋,并非新立之名目,田继昌因闻往年里差掣串下乡征收,有将麦粮、垦粮照正粮科算浮收之弊,遂于改章之初,将册载正粮、麦粮、垦粮、军粮名色及科则等差出示晓谕,声明划出,分别科征,欲使合邑花户咸知共晓,免被欺朦。只缘麦粮、垦粮虽有册可稽,而未登粮串,乡民完粮止掣串票,未见档册,有至老不知麦粮、垦粮名目者,一旦表而出之,遂疑为重复。委员调到田继昌任内实征册并截存串根核算,每年正、军、麦、垦四项共征银四千七百四十一两六钱三分八厘一毫三丝,与定额相符。且麦粮定额止四十余石,垦粮定额止六石有奇，为数不多，其非巧立名色兼无明减暗增之弊，均有册籍可稽，并经委员摘传有正粮又有麦粮、垦粮之花户龚采林、汤正相诘讯，折完钱数，以今较昔，有减无增，取有切结。至唐金锡等按粮派费，本止浦市一隅，多有不肯照派者，前据昔存今故之唐金锡供明在卷，兹提为从之陈大秀诘讯，据供：'听派出钱者，大率皆唐金锡之里邻、宗族，陆续仅止收得钱数千文，不记确数。'

又如奉驳：'唐祖先等因寻殴王升未获，致将俞若仙殴毙。查唐祖烈等在署哄闹时，家丁王升与林绪功一同被石掷伤，是唐祖先等已与王升觌面相遇，果系意存泄忿，岂肯任令走脱？该护抚既称用石掷伤，何以又称因寻殴王升，走至幕友书房，反将俞若仙殴打？且唐祖先既由便门跑出，俞若仙何以一人追至署外，致被殴毙？其为挟嫌商谋强拉出署杀害情形，尤为显然'一节。讯据唐祖先供，是日该犯与唐显恒、唐显珠均听从唐祖烈等纠邀进城，欲挟制县官将唐金锡等释放。唐祖烈在途谈及田继昌带同家丁王升亲至浦市，将唐金锡带回收押，令寻王升殴打泄忿，该犯与唐显恒、唐显珠均各允从。及至县署，唐祖烈率众一直闯进二堂，该犯打毁右边房门，走进书房，系分路行走，不在一起，并未与王升觌面，其时唐祖烈等如何拾石掷伤王升，并不知情。因至书房被俞若仙瞥见喝问，并上前捉拿，该犯用木棍拒伤其右额角，即由便门跑至署后，其地即系校场坪。俞若仙追来扭住该犯不放，适唐显珠、唐显恒踵至，该犯喝令帮殴。唐显珠走至俞若仙身后，用铁矛戳伤其右腿穿透，仰面松手倒地，唐显恒用铁斧砍伤其偏左，当即殒命，并无商谋杀害强拉出署情事。唐显恒业已病故，提唐祖先、唐显珠隔别推鞫，供情吻合，实无遁饰，应即拟结。

查例载：'直省刁民假地方公事强行出头，约会抗粮，聚众联谋，敛钱搆讼者，照光棍例，为首拟斩立决，为从拟绞监候'，又律载:‘官司差人捕获罪人,聚众打夺,因而伤差者,绞监候,为从减一等’,又例载:‘官司差人捕获罪人,聚众打夺,伤差未致死者,首犯仍照律拟绞监候,为从之犯仍照律坐罪’,又例载:‘因争斗擅将鸟枪施放伤人者,发云贵、两广烟瘴少轻地方充军’,又律载:‘犯罪拒捕,杀所捕人者,斩监候,为从减一等’,又:‘断罪无正条,援引他律比附,加减定拟’各等语。此案附生唐金锡等私设公所,包揽钱粮,并唐祖汉纠众夺犯,致伤兵役,及唐祖先等拒伤幕友俞若仙身死,虽系一衅相因,而各自起意,各不相谋,自应各科各罪。

查附生唐金锡起意商同陈大秀按粮派费,私设公所,张贴告白,不准花户赴官柜完纳,希冀包揽渔利,实属藐玩,惟并未聚众联谋,自应照例量减问拟。唐金锡、陈大秀均经该县拿获收押,被其子唐祖汉纠众劫出同逃,既据自首,自应免其逃罪。唐金锡应革去附生,于‘直省刁民假地方公事强行出头,约会抗粮,聚众联谋,敛钱搆讼者,照光棍例,为首拟斩立决’例上量减一等,罪应满流。第系由斩决例上减等,未便与寻常斩犯一体拟流,应请照向办成案减发新疆,酌拨种地当差,仍遵名例,改发极边足四千里充军。业已在监病故,专案详咨,应毋庸议。

贡生陈大秀听从唐金锡按粮派费,私设公所,实属为从,应革去贡生,于‘为从绞监候’例上减一等,杖一百,流三千里。恭逢光绪二十年八月十六日恩诏,事犯在正月初一日以前,核其情罪,不在部议不准援免之列,应准援免,后再有犯,加一等治罪。

唐祖汉因其父唐金锡与陈大秀被县收押,辄敢鸣锣纠众,赴县劫回,该犯虽未同行,实属造意首祸之人。遍查律例,并无劫夺在官人犯作何治罪专条,自应比例问拟。唐祖汉(即唐楚汉)应比依‘官司差人捕获罪人,聚众打夺,拒捕伤差未致死者,首犯照律拟绞监候’例,拟绞监候,秋后处决。恭逢光绪二十年八月十六日恩诏,事犯在正月初一日以前，核其情罪，在部议不准援免之列，应不准其援免。

张廷兴听纠同往夺犯，放枪拒伤兵勇平复，除听纠夺犯罪止拟流轻罪不议外，合依‘因争斗擅将鸟枪施放伤人者，发云贵、两广烟瘴少轻地方充军’例，发云贵、两广烟瘴少轻地方充军，仍遵名例，以极边足四千里为限，照例刺字。张亡狗听从唐祖汉纠邀同往夺犯，入署打闹，未经拒捕伤人，应照‘为从减一等’律，拟杖一百，流三千里，与张廷兴均解配折责安置。以上二犯，恭逢光绪二十年八月十六日恩诏，事犯在正月初一日以前，核其情罪，在部议不准援免之列，俱不准援免。

田清听纠同往，未敢进署，应于‘夺犯伤差，为从满流’罪上再减一等，杖一百，徒三年。恭逢光绪二十年八月十六日恩诏，事犯在正月初一日以前，核其情罪，不在部议不准援免之列，应准援免，后再有犯，加一等治罪。

唐祖先与唐显恒等因寻家丁王升殴打泄忿，走入县署书房，幕友俞若仙上前捉拿，唐祖先辄敢用棍将其拒伤，并喝令唐显珠等帮殴致死，实属凶恶。查唐祖先等聚众入署夺犯，本属有罪之人，俞若仙经该县邀请在署办公，即有应捕之责，自应照例问拟。唐祖先（即唐老万）除听从夺犯罪止拟流轻罪不议外，合依‘犯罪拒捕，杀所捕人者，斩’律，拟斩监候。唐显恒、唐显珠听从唐祖汉纠邀夺犯，复听从唐祖先拒伤俞若仙身死，按‘为从减等’，均罪止满流，自应从一科断。唐显恒、唐显珠均应于唐祖先斩罪上减一等，杖一百，流三千里。以上三犯，恭逢光绪二十年八月十六日恩诏，事犯在正月初一日以前，核其情罪，在部议不准援免之列，俱不准援免。唐祖先（即唐老万）秋后处决；唐显珠解配折责安置；唐显恒业已在监病故，应与讯无凌虐之禁卒均毋庸议。

逸犯唐祖烈等饬缉获日另结。唐金锡等所敛钱文,讯无确数,并免著追。俞若仙尸棺饬属领埋。凶器矛、斧均供丢弃,免其查起。陈大秀原捐贡照追缴咨销。

该县钱粮历系差征书解,该前县田继昌到任,改为官征官解办理,并无不善,应免置议。所有新定征收章程,饬令立碑,以资遵守。此次刁徒聚众滋事,同城文武立即弹压解散,旋复获犯审办,例得免议。该县地属苗疆,鸟枪例不查禁,失察职名邀免开报"等情,招解到臣。随亲提人犯详细研审,与司招相同。

臣查此案业经该司等按照部驳各节逐一查讯明确,经臣亲讯无异,应即如详拟结。除将全案供招咨部外,理合会同兼护湖广总督臣谭继洵恭摺具陈,伏乞皇上圣鉴训示。谨奏。

硃批:"刑部议奏。"

汇解光绪廿二年甘肃新饷头批银两片*

(光绪二十一年十二月)

再,据总理善后局司道详称:"光绪二十一年分部拨甘肃新饷银十六万两,业经分批扫数解清在案,今奉拨光绪二十二年甘肃新饷银十六万两,应于年内赶解三成。伏查湘省筹解各省协饷,实已搜罗殆尽,加以本年长、衡等府被旱歉收,厘税因而减少,筹措倍形支绌。惟西陲大局攸关,现在回匪未平,征调营勇需饷甚巨,不得不设法腾挪,提前筹解,以应急需。兹于提存裁并局务薪粮节省项下动支银三万八千两,缉私经费项下动支银一万两,共库平银四万八千两,仍交天成亨、协同庆、蔚丰厚等商号各承领银一万六千两,均于十二月初十日赴局承领,限于二十二年三月二十五日汇至甘

---

* 据《光绪朝硃批奏摺》,第88辑,第122页。

肃藩司衙门交收，守候库收批照回销，以期迅速而应要需”等情，详请奏咨前来。臣复核无异，除分咨户部暨陕甘督臣、新疆抚臣查照，并饬将其余未解银两按限接续筹解外，谨会同兼护湖广总督臣谭继洵附片具陈，伏乞圣鉴。谨奏。

硃批：“户部知道。”

续解光绪二十年滇省铜本银两片*

（光绪二十一年十二月）

再，据湖南善后报销总局司道详称：“光绪二十年四月间奉准户部咨：本部具奏《速拨滇省铜本》一摺，奉上谕：‘湖南省于二十、二十一两年应解部旗兵加饷项下，每年划拨银五万两，迅速筹拨，不准稍有蒂欠等因。钦此。’遵查湘省解部旗兵加饷一款，系裁减水陆各军节省银两，按月提存，每年解部银十二万两，按四季批解，每季解银三万两，如春季提存之银即于夏季批解，夏、秋、冬各季亦系递推办理。业已解至十九年冬季止，从无延欠。所有二十年春、夏两季提存银两，应于秋季划解奉拨云南铜本，维时适值前新疆布政使魏光焘并前抚臣吴大澂奉旨带勇北上，所需粮饷、军装等项节经奏明动用节省银两，所余无多，当于光绪二十年十月先凑解湘平银二万两，交天顺祥商号承领，汇赴云南省城交收，其余银三万两应按请展至二十一年提存有银，分批汇解。其二十一年奉拨之款，亦即按年递推，详请奏咨在案。兹经续筹应解光绪二十年滇省铜本湘平银三万两，于光绪二十一年十二月十五日发交天顺祥商号承领，定限于光绪二十二年二月十五日汇赴云南省城交收。其应解二十一年银五万两，仍请按年递推。似此通融办理，于奉拨铜本

* 据《光绪朝硃批奏摺》，第92辑，第29页。

仍无亏短”等情,详请奏咨前来。臣复核无异,除分咨查照外,谨会同兼护湖广总督臣谭继洵附片具陈,伏乞圣鉴。谨奏。

硃批:“户部知道。”

援案筹解光绪廿一年苗疆经费片*

(光绪二十一年)

再,湖南苗疆屯防佃租,每届不敷经费,除由司库动支银一千两外,其余银两历经奏明在于粮道库节省项下筹款支给在案。兹据粮储道但湘良详称:“本届光绪二十一年系有闰年分,应拨银七千八百九十四两四钱。查应解前项银两,现因节省项下无款动支,照案在于库存光绪二十年驴脚银内先后开支银七千八百九十四两四钱,解由藩库弹收,随时给领”,详请查核具奏前来。臣查前项动拨苗疆经费银两系奏明援案筹解之项,除如详批准动支解交藩库,连司库应发银一千两,分别给领,并咨户部查照外,理合附片陈明,伏乞圣鉴。谨奏。

硃批:“户部知道。”

光绪廿一年春夏词讼月报片**

(光绪二十一年)

再,湖南省向设词讼月报,令各府厅州县将每月审理上控、自理案件摘叙案由,造册通赍,由臬司考核勤惰,分记功过,用昭劝惩,按半年具奏一次,业经开报至光绪二十年冬季在案。兹据按察

---

* 据《光绪朝硃批奏摺》,第88辑,第123页。按:此片由陈宝箴抑或吴大澂所奏,似犹两可,暂置卷尾,仍俟详考。

** 据《光绪朝硃批奏摺》,第106辑,第163页。按:据片中“按半年具奏一次”云云,则此片作者,亦不排除为吴大澂之可能。暂置卷尾,仍俟详考。

使俞廉三查明，光绪二十一年正月起至六月底止，各府厅州县审结上控及自理词讼四千四百七十七起，查核判断均尚平允，已逐月分别功过，照章注册存记，详请奏报前来。臣复核无异，相应附片具陈，伏乞圣鉴。谨奏。

朱批："刑部知道。"

卷四　奏议四

会奏拣员请补苗疆守备要缺摺*

（光绪二十二年正月十七日）

头品顶戴兼护湖广总督湖北巡抚臣谭继洵跪奏，为拣员请补守备要缺，以重营伍，恭摺仰祈圣鉴事：

窃准兵部咨："湖南永州镇标右营守备萧绍胜病故，遗缺系题补第八轮第四缺，应用尽先人员，行令迅即照章拣员请补"等因，移咨到臣。查斯缺驻扎宁远县城，系属苗疆，非精明干练、熟悉情形之员，难期胜任。臣当即在于湖南尽先守备班内逐加遴选，查有蓝翎尽先守备彭在上，年五十四岁，湖南长沙县人，由武童投效军营，叠次剿贼出力，历保今职，同治二年八月初二日奉旨允准在案。嗣因军务肃清，凯撤回籍，饬发湖南抚标右营差遣，光绪十五年十一月二十九日到标。该员明干有为，营务熟习，以之拟补斯缺，洵堪胜任。且系隔府别营，与例亦属相符，饬查前在本省及他省均无参革朦保情弊。合无仰恳天恩，俯念苗疆员缺紧要，准以彭在上补授湖南永州镇标右营中军守备，实与营伍有裨。如蒙俞允，俟部复至日，给咨送部引见，以符定制。除饬取该员履历咨部外，谨会同湖南巡抚臣陈宝箴、湖南提督臣娄云庆恭摺具陈，伏祈皇上圣鉴，敕

* 据《光绪朝硃批奏摺》，第 45 辑，第 130～131 页。

部核复施行。谨奏。

硃批:“兵部议奏。”

请以钟英调补长沙府摺*

(光绪二十二年正月二十二日)

头品顶戴湖南巡抚臣陈宝箴跪奏,为遵旨拣员调补省会要缺知府,恭摺仰祈圣鉴事:

窃照光绪二十一年八月十五日接准部咨:七月二十日奉上谕:“湖南长沙府知府员缺紧要,著该抚于通省知府内拣员调补,所遗员缺著英文补授。钦此。”伏查定例:“省会知府缺出,例应请旨简放,如奉旨于通省知府内拣员调补,应择其人地相宜者,无论缺项是否相同及历俸已、未满年限,俱准调补;又首府、首县缺出,于通省正途人员拣选调补,如实无合例堪以调补,或人地不宜,始准于摺内详细声明,以各项出身内遴员调补”各等因。

今长沙府为省会首郡,系冲、繁、难兼三要缺,管辖十二州县,地方辽阔,政务殷繁,且时有发审案件,现值会匪、游勇伏莽未净,筹办保甲团防尤关紧要,必需精明干达之员,方足以资治理。臣与布政使何枢、按察使俞廉三于通省正途知府内逐加遴选,查有岳州府知府钟英,年四十五岁,福州驻防京城正黄旗满洲瑞兴佐领下人,由廪生中式光绪丙子科举人,丁丑科会试进士,奉旨以主事分部学习,签分户部行走。七年五月,期满奏留。九年题补贵州司主事,升授河南司员外郎,派掌浙江司印钥,派充北档房领办,调掌云南司印钥,派充送选秀女差事。十三年,调掌陕西司印钥。十四

---

* 据中国第一历史档案馆藏档。按:此摺另见《光绪朝硃批奏摺》,第11辑,第323~324页。

年,京察一等,引见,奉旨记名以道员〔府〕用[①]。十五年,大婚典礼告成,奉旨赏戴花翎,俟升道府后加盐运使衔,派充会典馆协修。十六年五月初九日,奉上谕:"湖南岳州府员缺,著钟英补授。钦此。"领凭来湘,是年九月二十八日到省,十月二十二日到任,因擒获临湘县会匪汪溵臣著名头目出力,保以道员升用。

该员操履端严,才识敏练,以之调补长沙府知府,洵属人地相宜。据藩、臬两司会详前来,相应奏恳天恩,俯念省会首郡要缺需员,准以岳州府知府钟英调补长沙府,俾资治理。如蒙俞允,该员系现任知府,请调知府,衔缺相当,毋庸送部引见。所遗岳州府知府缺,遵奉谕旨以英文补授。再,该员钟英系初次请补〔调〕,照例毋庸核计参罚,合并陈明。理合会同兼护湖广总督臣谭继洵恭摺具奏,伏乞皇上圣鉴训示。谨奏。

硃批:"吏部议奏。钦此。"

周麟图委署岳常澧道片*

(光绪二十二年正月二十二日)

再,查湖南岳常澧道桂中行钦奉谕旨升授广西按察使,应即交卸起程,新授岳常澧道陈璚到湘尚[须]需时日,所遗该道篆务,自应委员署理,以重职守。查有特用候补道周麟图,才识开敏,办事勤能,堪以署理。除檄饬遵照外,谨会同兼护湖广督臣谭继洵附片具陈,伏乞圣鉴。谨奏。

硃批:"吏部知道。钦此。"

---

① "府",据《光绪朝硃批奏摺》校改。下同。

* 据中国第一历史档案馆藏档。此为上摺之附片。按:此片另见《光绪朝硃批奏摺》,第11辑,第667页。

田继昌调署耒阳县片*

（光绪二十二年正月二十二日）

再，湖南耒阳县知县於学琴请假回省，所遗员缺应行拣员接署，查有泸溪县知县田继昌，志识坚定，为守兼优，堪以调署。据藩司何枢、臬司俞廉三会详前来，除批饬遵照外，谨会同兼护湖广总督臣谭继洵附片具奏①，伏乞圣鉴。谨奏。

硃批："吏部知道。钦此。"

谢赏福字恩摺**

（光绪二十二年正月二十二日）

头品顶戴湖南巡抚臣陈宝箴跪奏，为恭报〔谢〕天恩②，仰祈圣鉴事：

窃臣于光绪二十二年正月十八日奉到御赏"福"字一方，当即恭设香案，叩谢天恩祗领。伏念臣承乏熊湘，倏更凤籥。丹忱北向，欣王会之宏开；紫气南来，荷宸章之宠赉。钦惟皇上治光玉镜，化协珠杓。布惠施仁，顺行生于大造；绥猷建极，裕敷锡于洪畴。爰乘夏朔之颁，用普春祺之锡。焕宝书于天上，云汉分章；颁奎翰于人间，湘衡耀采。诂详《尔雅》，赅禄禧褫祜以俱全；画灿羲文，并岣嵝〔嵝〕〈琅〉环而永宝。龙章仰对，鳌戴弥殷。臣惟有益矢微诚，

---

* 据中国第一历史档案馆藏档。此为上摺之附片。按：此片另见《光绪朝硃批奏摺》，第11辑，第274页。

① 《光绪朝硃批奏摺》无"总"。

** 据中国第一历史档案馆藏档。按：此摺另见《光绪朝硃批奏摺》，第11辑，第325页。

② "谢"，据《光绪朝硃批奏摺》校改。下同。

奉扬圣化。恩推蔀屋,长偕万姓以迎和;忱效华封,还祝一人之多福。

所有感激下忱,谨恭摺叩谢天恩,伏乞皇上圣鉴。谨奏。

硃批:"知道了。钦此。"

饶熙均调署会同县片*

(光绪二十二年正月二十二日)

再,湖南会同县知县柳思诚丁忧遗缺,应行委员接署。查有益阳县知县饶熙均,才具稳练,办事精勤,堪以调署。据布政使何枢、按察使俞廉三会详前来,除批饬遵照外,谨会同兼护湖广督臣谭继洵附片具奏,伏乞圣鉴。谨奏。

硃批:"吏部知道。钦此。"

光绪廿一年十二月粮价及雨雪情形摺**

(光绪二十二年正月二十二日)

头品顶戴湖南巡抚臣陈宝箴跪奏,为恭报上年十二月分粮价并地方雨雪情形,仰祈圣鉴事:

窃照湖南省上年十一月分市粮价值及地方雨雪情形,业经臣恭摺奏报在案。兹据藩司何枢查明通省上年十二月分各项粮价,开单汇报前来。臣逐加查核,长沙等十七府州厅属米、麦、豆各价值均与上月相同,省城及各属地方入冬以来雨泽稀少,晴霁日多。续据各厅州县禀报,于十二月初六、初七暨十五、十六、十九、二十

---

* 据中国第一历史档案馆藏档。此为上摺之附片。按:此片另见《光绪朝硃批奏摺》,第11辑,第156页。

** 据《光绪朝硃批奏摺》,第95辑,第976~977页。

等日一律得雪,平地二三寸,高阜五六寸不等。瑞雪重霏,欢腾四境,可卜收成丰稔,咸欣闾里乂安,洵堪上慰宸廑。理合恭摺具奏,并缮粮价清单敬呈御览,伏乞皇上圣鉴。谨奏。

朱批:"知道了。"

开办湘省矿务疏*

（光绪二十二年正月二十八日）

〈头品顶戴湖南巡抚臣陈宝箴跪〉奏[①],为拟办湘省矿务,设局试行开采,冀苏民困而浚利源,恭摺仰祈圣鉴事:

窃维湖南山多田少、物产不丰,而山势层叠奥衍,多砂石之质,类不宜于树艺,惟五金之矿多出其中,煤、铁所在多有,小民之无田可耕者每赖此以谋〈衣〉食。近年洋铁盛行,利源渐涸,惟煤尚可通行,然纯用土法开采,工巨利微,未几即畏难中止。其矿产素盛、久经封禁之区,遂时有人潜往盗采,获利稍厚则群起相争,斗讼纷起,地方牧令封禁因之愈严,贫民恐自塞其衣食之途,常有斗杀致毙多命而隐忍不敢举报者,重利轻生,其情极为可悯。光绪二年,臣宝箴卸署辰永沅靖道事回省,曾备言其状,谓"宜及时经理,不可使天地自然之利所以养人者转以害人",前抚臣王文韶正拟试办,旋奉命内用,事遂中辍。上年五月,兼护督臣谭继洵遴委通晓矿事员弁

---

* 据湖南矿务局光绪己亥年刻本《湘省矿务局章程》。原题为《陈中丞宝箴开办湘省矿务疏》,题下署"光绪二十二年正月二十四日",篇末有批:"三月十二日接回原摺,奉硃批:'所奏甚是。该抚其悉心妥办,以观厥成。钦此。'"按:此摺另见《光绪朝硃批奏摺》,所奉硃批同,惟上奏日期署"光绪二十二年正月二十八日",详第101辑,第1081~1082页。又按:刘锦藻编纂《皇朝续文献通考》卷四十五《征榷考》十七《坑冶》曾节录陈氏此疏,见《十通·清朝续文献通考》,浙江古籍出版社2000年第2版,总第7995~7996页。

① 篇首十余字据《光绪朝硃批奏摺》补入。下同。

查勘湖南诸矿，周历衡、永各府，所得铅、铜、煤矿已十余处，于民田、庐墓一无妨碍。

臣到任后，适值农民〔田〕歉收，每县乏食饥民，多者至四五十万口，近省浏阳、醴陵两属，私掘矿砂者日常数千人，地方官赈抚弹压，岌岌可虞，由省迭派营勇分途〔投〕防范。因思荒政通山泽之利，古称“禹汤有水旱之灾，于是铸金为币，以救民困”，是开矿之举行之歉岁，尤为急务。而近年内外臣工疏陈开矿事宜，俱蒙圣恩俯准〔允〕，立见施行，如开平煤矿、大冶铁矿，尤有成效可睹，诚以今日公私匮竭，非广开利源、渐塞漏卮，无以为自强之本计。

谨查康熙五十二年大学士九卿议奏云南等省开矿事宜，奉上谕：“天地自然之利，当与民共之，不当以无用弃之，要在地方官吏处置得宜，毋致生事耳等因。”又乾隆三年奉上谕：“两广总督鄂弥达议复提督张天骏‘矿山开采，恐滋聚众’之奏，据称：‘铜矿鼓铸所需，且招募附近居民，聚则为工，散则耕作，并无易聚难散之患。’地方大吏原以整顿地方，岂可图便偷安，置国计于不问？张天骏藉安靖之名，为卸责自全之地，著交部议处等因。钦此。”圣训昭垂，炳如星日。

臣仰蒙圣恩，俾守兹土，当此时局艰难、度支日绌，凡有可以稍裨国计民生者，分应殚竭愚忱，尽其力之所能及。况值湘省旱灾，截漕备赈，仰烦圣廑，矿产为自然之利，正宜设法经理，少佐赈需。且行之目前，既可以工代赈，如渐办有成效，尤可次第推广，以为练兵、制械之资，冀补库藏之所不逮。拟于省城设立矿务总局，委候补道吴锦章总理其事，仿前湖北巡抚臣胡林翼创办厘金取刘晏采用士人之法，择湘士之有志节识度、不为利疚者，量才委用，南、北洋及各处熟谙矿务机器之人，亦即随时商调，以资指臂。先择铜、煤、铅、磺等矿较有把握之处试行开采，目前需费无多，可无〔毋〕庸预为筹备,应用机器,如湖北铁政等局有可借用者,暂为通融,俟稍有成效,再行酌议集资〔赀〕抽税章程,奏明请旨。总期行之以渐、持之以恒,先程尺寸之功,徐图扩充之效,庶期〔几〕杜争竞而息觊觎,尽其分之所当为而已。

所有拟办湘省矿务,设局试行开采,冀苏民困而浚利源缘由,理合会同兼护湖广总督臣谭继洵恭摺具陈,伏乞皇上圣鉴训示。谨奏。

硃批:"所奏甚是。该抚其悉心妥办,以观厥成。钦此。"

〖附一〗光绪二十二年二月廿二日上谕*

湖南巡抚陈宝箴奏:"拟办湘省矿务,设局试行开采。"得旨:"所奏甚是。该抚其悉心妥办,以观厥成。"

〖附二〗湖南矿务章程摘要**

为出示晓谕事:照得本总局奉抚部院奏委办理矿务,现经刊订章程,慎选矿地,次第开采。惟办法有一定不易之规,亦有随时变通之处,除俟体察情形再行酌妥外,合行摘录大要,晓谕通属各府州县商民人等,俾得周知,以期疏利源而裕国课。切切特谕。

计开:

总局章程摘要五条

一、办法。由官督办,不招商股者曰"官办";招商入股者曰"官商合办";由商请办,官不入股者曰"官督商办"。官办、官商合办

---

* 据《清实录·德宗景皇帝实录》,见《清实录》,卷三八六,第39页。

** 据《时务报》第二十册(光绪二十三年二月十一日出版),原题作《奏办湖南矿务总局章程》,题下注:"光绪二十二年□月□日。"

者,由总局委员经理;官督商办者,由商人自行经理,惟分别给收砂护照,或派员抽收砂税、炉税。

一、矿质。无论何种矿质,拟请开采者,均须先行呈报总局察验,有非民间所能开采者,如硝、磺、安的摩尼、别斯末斯、臬客尔、金砂等类归官办外,其余或应归官办,应归官商合办,应归官督商办,均由总局随时相地斟酌,批示照行。

一、转运、销售、缉私。所有官办、官商合办及官收各种矿砂,须运出销售者,由该矿局员分别运解各转运局或省城,堆栈收存,仍由总局督理销售。凡各局中办公人及商民人等,均不得私运私销。由抚宪通札各厘局委员严行缉访,一经查出,将运卖之砂概行折价给赏。若局中办公人等有串通知情等弊,必再行分别严办。

一、抽税、免厘。官办、官商合办、官督商办各矿,均应抽税。惟创办之初,未能畅旺,应暂免其抽收;一俟稍有成效,即行酌定税则,由抚宪汇案咨部。将来各矿,业经抽税者,所有厘金概行豁免。

一、提红。所开各矿,凡属官办、官商合办者,每年除提税、提息、提经费外,所有赢余,应俟试办一年后,由总局于年终汇数核算,酌提红成若干,分别摊匀,以为各该地方善举,及各转运局、各分局厂绅员、司巡人等,与该地方出卖、出租,开窿依脉指定十里、三里内业主奖资。至各矿地方官、营汛各员,亦由总局于此项内酌派津贴,禀请抚宪裁夺施行。官督商办者,由商人自行经理,不在此例。

官办章程摘要三条

一、矿地。由总局派员,与矿师登山查勘,如矿质果旺,坟墓在禁步外,田地、庐舍又皆无妨碍,所有妨碍之坟墓、田庐,民人自愿迁改、拆毁、卖出者,除田地照时价优给外,坟则量予迁费,庐舍则量予修造之费,临时酌办。再行开办。该山除官地不论外,若系民人私业,照原契价，从优契买入官。矿地之外，或有占据之处，或有妨碍地方，亦量予优价，酌买入官。抑或业主自愿出租，亦可分别酌给租价，按年计算，再由矿师体量。遇有大矿用机器开采者，仿开平例，依脉十里内，无论何人之业，均不得另开窿口；其小矿用人力开采者，依脉三里内，无论何人之业，均不得另开窿口。均要指定一窿起算计里，不得游移，以图多占地段。

一、矿炉。现拟于省会择地设立洋炉，专炼所采所收之银、铜、安的摩尼、别斯末斯、臬客尔等砂。其煤矿、石硝之类，可以就各处提炼者，于该矿扼要地方另立炉局。所有一切应办事件，即责成该矿委员经理。

一、严束丁勇。援照滇南、开平矿务例，凡局厂准设枷、笞两项刑具，炉局、转运局、收砂局不在此例。遇矿丁、局勇有不法之事，或在外滋扰，由委员督查审讯，量予枷笞。如所犯过重，及地方痞棍入厂滋扰者，仍移送地方官究惩。其有须调防营分驻弹压者，随时酌量禀请。

官商合办章程摘要十一条

一、矿地。

一、矿炉。

一、严束丁勇。以上三条，与官办章程同。

一、经费。由该矿委员于所集官商股本内尽数支用，不得另行领款。

一、股分。由矿师查勘矿之大小，须集股本若干，以定股分多少，每股定收省平足纹银五十两，有由官指某矿招股者，有由商集股请开某矿者，均分作十成，官三商七，官四商六，或官商各半，临时再行酌定。如本矿日后或以扩充工程，或因一时亏折，须加增股本，尽先有之股，按股酌派，如均不愿增加，或有增加而仍不足，再行另招别人。

一、招股。凡指矿招股之处,由总局酌定股数后,或就近准各商民赴局入股,发给实收,或由总局择该矿地方公正富绅,发交实收,令其招集,并饬该地方官出示晓谕商民,以杜假冒。其未经出示晓谕之处,遇有不法之徒招摇撞骗,准商民拿获禀究。

一、填给实收。凡入股者,将银缴足后,即发给局印实收一纸,注明本人姓名、籍贯暨某县某矿股数若干、缴银若干、经收某所、经手某人。一俟招足后,由总局调查实收存根,一律按开办年月填写股票起息,准各商民随时向经收股银处换票。

一、股票。每股给票一纸,票内注明某山某矿暨本人姓名、籍贯,与实收同。其股银不论多少、有无伙伴凑集,总局只认票上一人,若本人身故,或将股票转售别人,准赴局呈明更换,惟不得抽回所入股银并以别国人顶替。

一、股息。每年年终,将本矿出入总结一次,官商股本均按数提息八厘,商股由总局发给印摺,以凭向某处摺内再行注明支取。

一、派股商入局办事。凡由官指某矿招股,由商集股请办某矿,一俟股银全数汇齐后,应尽股分多者出名保荐一家资殷实、品行端方之人,出具切结,听候总局酌量札委办事,并准荐用司事数人,以昭公允。

一、赢亏均摊。该矿除提经费及提税、提息、提红外,所有赢余若干,官商照股匀摊;若有亏折,亦一律派认。

官督商办章程摘要四条

一、矿地。商民采得可开之矿,由本人觅保,径禀总局,或由本人禀明地方官转详总局,由局访察其人,果系殷实老成,乃派员前往,登山查勘,果于附近坟墓在禁步外,田地、庐舍又无妨碍,方准开采。该山系民人私业,任本人与业主租买;若系官地,或归官商合办，或另抽地税，临时酌办。

一、局帖。商民禀请开办，经总局核准之后，即由该商赴局，呈请发给局帖，以为信据，无论何矿惟寻常煤矿不在此例及矿之大小，每帖一张，缴费银一百两整。

一、领帖请委员之矿。凡银、铜、铅矿，商本充足，能自开炉提炼者，自领帖后，准其设立土炉。惟开办之初，暂停抽税；一俟砂旺开炉后，由总局派员驻厂，锡、铁等矿不在此例。遵抚宪酌定税则，抽收砂税、炉税。其委员、司事人等薪水，及巡勇工食、局用杂费，每月至多以银百两为度，均由该矿按月提发，此外毫无浪费。

一、领帖不请委员之矿。凡银、铜、铅矿，商力仅能开采矿砂者，先由该商携带矿质来总局化验，再行呈请开采，缴费领帖，自领帖后，即由总局更番发给收砂护照，仰该商矿将所采之砂分起运解省城，照时价、运脚，公平收买，并于价内扣收砂税。其砂该商不得搀和坏质，自塞销路，并不得私行运卖，致干查究。或以运解省城为不便，请于附近官办、官商合办各委员照时价收买者，临时再行核夺。

商民已开各矿分别办理章程三条

一、银、铜、铅等矿，于未奏办矿务以前，已经商民领帖开采，由州县抽收砂税、炉税者，自此次刊定章程之后，均须将帖赴总局验明，无庸缴费。以便札饬地方官，改由总局收税，方准照常开办。其未经领帖之矿，应即前赴总局，呈请局帖，缴领费银一百两。其砂不能自行提炼，准照前“领帖不请委员”条内办理。其已设炉提炼者，仍应令备委员经费，呈请总局派员抽收砂税、炉税，违者查出重究。

一、锡、铁、硃砂、水银、雄黄各矿，已经商民领帖开采，由州县抽收砂税、炉税者，办法如前。其未经领帖者，应即赴总局报明，呈请局帖,缴费银一百两,并由总局相地立法抽税,方准照常办理。至所采之砂,由该商自行运销,官不收买。

一、寻常煤矿,向经商民开采,于坟墓实无妨碍,准其照常办理,无庸报官领帖;惟用机器开挖及设洋炉,指炼焦炭而言。则须呈明总局,核准给帖,派员收税,方能兴办。

〖附三〗《知新报》:湘矿起色*

湖南矿产向盛,陈右铭中丞莅抚后,锐意兴利,于去年二月间设局开采,在长沙设总局,益阳、永定、龙王山、水口山、宁乡、辰溪、泸溪各处皆设分局,用土法开采。计旧产原有金、银、煤、铁、铜、铅、水银、硝、磺等矿,新开者有锑、镍、铝等矿,中以锑为最盛,在长沙设洋炉化炼,闻汉口亨达利洋行善价求沽,已将与议定合同,售价约有百万之间。即此一矿,其利已如此,他日源源开采,所益更多,湘省维新各事,皆可因此次第具举矣。总局中所用多本省绅士,故能与各分局联络一气,商民更以相安,其中尤为实心任事、明通练达者,以邹沅帆大令代钧为最云。其硝、磺各矿亦甚盛,闻江浙各省有大商已集巨股立公司,将往购运。中国自台湾既沦,内地产磺甚少,湘省此次开采,实可以操利权矣。

〖附四〗俞廉三:清理矿务详陈现办情形摺**

(光绪二十五年正月二十二日)

头品顶戴湖南巡抚臣俞廉三跪奏,为清理矿务、详陈现办情

---

* 据《知新报》第六册(光绪二十三年二月十六日出版),此题为《知新报》旧有。

** 据《光绪朝硃批奏摺》,第102辑,第36~38页。按:原摺另有附片奏请“定立严禁私贩锑砂条规,分行各省一体查禁”,此略。

形，恭摺仰祈圣鉴事：

窃查近年叠次钦奉谕旨饬令各省开办矿务，经前抚臣陈宝箴查明湖南矿产，奏请开办，于光绪二十一年冬间在省设立总局，选用士绅分投设局，勘线采砂，开有煤、铁、铅、锑、金、银各矿。惟宝藏所蕴必在崇山，采之不深则出之不旺，工程既大，需费不赀，且试办伊始，多未历练，或遇阻而废，或久无成功。前抚臣博访广营，不惜物力，诸绅士凿山涉险，倍极艰辛，两年以来，不无所获，规模虽具，得失未偿。臣到任接收，以工费繁巨，库藏空虚，罗掘既穷，债累亦重，停罢则前功尽弃、欠款莫归，因仍则后继为难、涸辙立见，自非通盘筹画、大加清厘不可。因责成藩司等，并拣委明干提调，会督局绅，将各矿确加查核，分别衰旺，以定去留。其有愿承认者，酌改商办，已勘未开各工且从缓议，裁汰冗员，撙节浮费，将积年款目及所存银物截清数目，据实开报。兹据将自开局起，截至光绪二十四年九月底止出入各款，开摺详送前来。

计借垫官局、商号及出售砂煤价值、各局缴回经费，共收银六十三万四千八百余两；建局购器、薪工、盘费，共支银六十三万四千八百余两；实存已支未用银二万七千二百余两；收回货价银一十二万五百余两；存货估抵银一十七万九百余两；房屋、田山、器用、船只、物料，按原价应抵银一十一万六百余两。实亏银十九万八千四百余两。其房屋、器物等系属成本，虽非实亏，不能收回现银，亦在应行弥补之列；其估存货价款虽可指，然陆续出售，所得仅可供垫发本年薪工之用。计仍挪垫官项及无息借款银三十万三千八十六两零，息借商号银二十万五千两，均尚无款筹还。

经此次清理后，除将无益之矿停罢外，现归官办者为常宁县水口山之铅矿；湘潭县小花石，宁乡县清溪及苦竹寺，醴陵县仙石及枫树山，芷江、黔阳两县界黄版坡各煤矿；益阳县西村及板溪，安化县滑板溪及木里坪,新化县沫矿村,沅陵县银矿坨,芷江县沙罗田各锑矿。商采官收者为芷、黔之铁砂,益阳、新化之锑砂。其初经勘明归商试办者为常宁县对臼冲、兴宁县唐金仑各铜矿,衡山县东湖、常宁县泉峰观、郴州柿竹园、祁阳县源头冲、黔阳县轿子岩各铅矿,宁远县癞子山银矿。此外,平江县黄金洞之金矿,前经延请矿师购置机器,开凿经年,未获利益,上年八九月间始见苗线,含金甚微,然所费已多,弃之未免可惜,现经另派熟悉之绅顾觅凿工之曰"青手"者,改用已验之土法开采,工资较省,易于持久,庶期渐获成效。

官办、官收各矿,虽有上等、次等之分,以现定办法计之,出入约可相抵。商办各矿甫经开手,议明按成纳课,所派监收弹压员役、勇丁薪粮,皆由商备,如能畅旺,即可收无本之利。总、分各局裁节之余,计通年少支银三万二千余两,较前已省其半。至工资、运费,则视矿产之盛衰、工程之难易为多寡,未能预定确数,大抵力加节省,既可不至续亏,认真整顿,并可渐望起色。如矿价所获除开支常年经费尚有余存,应先归还公私借款,再有所盈,即拟择优推广。果能坚持定力,上下一心,不至虚糜废弛,数年之后,宿逋既清,自堪上资国用。

查湖南山川奥衍,矿产实不为稀,风气既开,招徕必易,频年兴办,虽时绌举赢,然赡无业之民、运自有之货,已于民间不无沾润。惟望仰赖圣明福庇,地不爱宝,各献菁华,则利用厚生,其益终归于国。

臣以铨材承敝,财匮用繁,虽筹画万难,然必恪遵八月二十四日寄谕,不招外股,不借洋款,以防搀越而维利权,冀以上副朝廷兴利除弊之至意。除咨矿务、铁路总局,并填列表册,随时咨送外,理合恭摺具奏,伏乞皇太后、皇上圣鉴。谨奏。

硃批："知道了。著即认真查核，妥为经理，以收实效。"

道员朱昌琳捐助赈银请为其故母建坊片（稿）*

再，上年湘省长、衡等府被旱歉收，灾区甚广，筹赈维艰，经前抚臣吴大〈澂〉及臣到任，先后奏请照直隶章程劝办赈捐，经部议复，奉旨允准，行知遵照在案。兹据筹赈总局司道详称，在籍按察使衔江西候补道朱昌琳呈称："职家素寒微，世以教读为业。父采鹄生平以学行自励，年近八十犹复教授生徒，虽岁入馆谷无多，而心存利济。母胡氏事姑至孝，勤俭操作，以纺绩所入之赀，奉甘旨无缺，家人聚食或不足，每忍饥退避，恐堂上知。晚岁家稍丰，积有余资，除分赡宗族、亲戚外，于职祖母墓道捐修石路一千三百丈，以便行人。道光己酉岁大饥，流民饿莩枕藉，职母于居宅旁设棚栖之，日给钱米，病则施以药饵，并出所蓄畜蔬姜蒜之属分给之，多所存活。时方苦寒，为制絮衣襦千数百袭，躬督家人缝纫，至夜深不辍。时年六十有七，以寒疾终，饥民相聚而泣，涂为之塞。迄今四十余年，复逢岁歉，职仰承先志，用特筹凑银一千两，聊供赈恤之需"等情，由局具详前来。

臣查湘省灾区待赈孔殷，该职会合诸绅筹办采买平粜，不遗余力，平日赒恤乡邻待以举火者甚众①，省城义举倚办尤多，兹复承其故母一品命妇朱胡氏救灾恤邻先志，捐助银一千两，首倡义声，

---

* 据舒斋藏摄片。按：原稿共三纸（版心镌署"祥云制"字样），间有修改字迹，篇末署"正月十一日"，日期上钤"真实不虚"阳文篆印一枚，下有批注曰"十二对"，当系陈宝箴修改签发之定稿。又按：此稿另见录于柳岳梅、许全胜整理之《陈宝箴遗文（续）》，载《近代中国》第十三辑，上海社会科学院出版社2003年8月出版，第332页。

① 自"平日"至"尤多"，系由陈宝箴补入者。

于赈务实有裨益[①]。相应仿照顺直赈捐章程,奏恳天恩,俯准该职为其故母一品命妇朱胡氏自行建坊[②],给与"乐善好施"字样,以昭激劝。理合附片具陈,伏乞圣鉴训示。谨奏。

道员朱昌琳捐助赈银请为其故母建坊片[*]

(光绪二十二年正月)

再,上年湘省长、衡等府被旱歉收,灾区甚广,筹赈维艰,经前抚臣吴大澂及臣到任,先后奏请照直隶章程劝办赈捐,经部议复,奉旨允准,行知遵照在案。兹据筹赈总局司道详称,在籍按察使衔江西候补道朱昌琳呈称:"职家素寒微,世以教读为业。父采鹄生平以学行自励,年近八十犹复教授生徒,虽岁入馆谷无多,而心存利济。母胡氏事姑至孝,勤俭操作,以纺绩所入之赀,奉甘旨无缺,家人聚食或不足,每忍饥退避,恐堂上知。晚岁家稍丰,积有余资,除分赡宗族、亲戚外,于职祖母墓道捐修石路一千三百丈,以便行人。道光己酉岁大饥,流民饿莩枕藉,职母于居宅旁设棚栖之,日给钱米,病则施以药饵,并出所蓄薤蔬姜蒜之属分给之,多所存活。时方苦寒,为制絮衣襦千数百袭,躬督家人缝纫,至夜深不辍。时年六十有七,以寒疾终,饥民相聚而泣,涂为之塞。迄今四十余年,复逢歉岁,职仰承先志,用特筹凑银一千两,聊供赈恤之需"等情,由局具详前来。

---

① 此下原有"除饬弹收散赈外"一语,继自删去。

② 此句及下句,初作"俯准将该职故母一品命妇朱胡氏给与'乐善好施'字样,准予建坊"。

* 据《光绪朝硃批奏折》,第31辑,第669~670页。按:此片上奏时间,《光绪朝硃批奏折》推定为"光绪二十二年",现由编者重新拟加。又按:据后附光绪二十二年二月廿二日上谕,此片似为上折之附片,上奏时间亦为光绪二十二年正月二十八日。

臣查湘省灾区待赈孔殷，该职会合诸绅筹办采买平粜，不遗余力，平日赒恤乡邻待以举火者甚众，省城义举倚办尤多，兹复承其故母一品命妇朱胡氏救灾恤邻先志，捐助银一千两，首倡义声，于赈务实有裨益。相应仿照顺直赈捐章程，奏恳天恩，俯准该职为其故母一品命妇朱胡氏自行建坊，给与"乐善好施"字样，以昭激劝。理合附片具陈，伏乞圣鉴训示。谨奏。

硃批："著照所请，礼部知道。"

〖附〗光绪二十二年二月廿二日上谕*

以捐助赈款，予在籍候选道朱昌琳为其故母建坊。

奏报光绪廿一年春夏两季厘金收支数目摺**

（光绪二十二年正月二十八日）

头品顶戴湖南巡抚臣陈宝箴跪奏，为开报光绪二十一年春夏两季分抽收厘金解支各款，恭摺仰祈圣鉴事：

窃照前准户部咨："以各省抽收厘金未能按限报部，奏请饬照两淮盐厘格式，自同治十二年正月起，按半年开报一次。钦奉谕旨允准，咨行遵照办理。"业将同治十二年正月起至光绪二十年十二月底止收支厘金银钱各数，按次开单奏报在案。兹据总理湖南厘金局务布政使何枢、补用道周麟图等，将厘金项下自光绪二十一年正月起至六月底止，查明各局卡经收银钱并解拨支用各款银钱数目，分晰开具四柱清册，详请奏咨前来。臣复核无异，除清册咨送户部外，理合缮单恭摺具奏，伏乞皇上圣鉴。谨奏。

---

* 据《清实录·德宗景皇帝实录》，见《清实录》，卷三八六，第39～40页。

** 据《光绪朝硃批奏摺》，第77辑，第802～803页。

硃批:“户部知道,单并发。”

光绪廿一年上下两忙钱漕等项银数摺*

(光绪二十二年二月二十一日)

头品顶戴湖南巡抚臣陈宝箴跪奏,为查明各属征收光绪二十一年分上、下两忙钱漕等项银数,开具比较清单,恭摺仰祈圣鉴事:

同治八年二月初五日奉上谕:“户部奏‘请饬各省整顿丁漕,按限奏报’等语,著各直省督抚自同治八年为始,督饬藩司将全省一年上、下两忙征收丁漕各实数及上届征收总数开具比较清单,详明专案奏报,统限各该年年底出奏,以备稽考等因。钦此。”钦遵在案。同治十年经前升抚臣王文韶奏明:“年终出奏,自须先期截算,究非通年征收总数,请展限至次年开印后办理,庶归核实”,经户部议准咨行照办。兹据藩司何枢查明,光绪二十一年分征收各属上、下两忙地丁、起运、存留、驿站正耗钱粮,截至年底止,共完银七十六万一千三百七十九两七钱九分九厘,比较上届光绪二十年分各属完解银八十五万二千六百六十一两三钱五分三厘,计少完银九万一千二百八十一两五钱五分四厘;又据粮储道查明,光绪二十一年分征收各属漕南米折等项正耗钱粮,截至年底止,共完银一十五万三千五百三十一两六钱四分七厘一毫,比较上届光绪二十年分收解银二十二万六千五百一十九两六钱二分三毫,计少完银七万二千九百八十七两九钱七分三厘二毫。分别开具比较清单,详请奏报前来。臣复核无异,除将未完各款钱粮严饬司道督饬上紧催征,务于奏销前全完造报,并咨户部查照外,理合照缮清单,恭摺具奏,伏乞皇上圣鉴。谨奏。

---

* 据《光绪朝硃批奏摺》,第67辑,第583~584页。

朱批："户部知道，单并发。"

光绪廿一年新旧钱粮完欠数目摺*

（光绪二十二年二月二十一日）

头品顶戴湖南巡抚臣陈宝箴跪奏，为湖南省光绪二十一年分征收新、旧钱粮，截至年底止完、欠数目，循例奏祈圣鉴事：

窃照各省征收钱粮，例应于年底截清完、欠银数，专摺具奏，历经遵办在案。兹据布政使何枢详称："湖南省光绪二十一年分司道库额征地丁、起运、存留、驿站及随漕浅船、南折、驴脚并芦课各税等项钱粮正耗，共银一百三十八万三千五百七十六两五钱九分三厘八毫，截至是年年底止，已完银九十万九千六百四十六两一钱二厘八毫，未完银四十七万三千九百三十两四钱九分一厘；又上届奏销案内应征旧欠光绪十四、五、六、七、八、九、二十等年地丁正耗，共银一十九万五千五百十八两五分九厘，已完银四万九千三百一十二两三钱九厘，未完银一十四万六千二百五两七钱五分；又澧州、安乡、湘阴、益阳、武陵、龙阳、沅江、巴陵、华容、临湘、新化等州县并岳州卫，应带征光绪十四、五、六、七、八、九、二十等年灾缓地丁正耗，共银二万八千四百二十四两九钱四分五厘全未完，饬据各该管道府州确查，俱系实欠在民"等情，详请具奏前来。臣复查光绪二十一年分应征新、旧钱粮，截至年底止，所有未完银两均系实欠在民，并无以完作欠情弊，现在督饬司道严切催征，务令于奏销前一律扫数完解，以重帑项。理合循例恭摺具奏，并将完、欠数目分晰缮具清单，恭呈御览，伏乞皇上圣鉴。谨奏。

朱批："户部知道，单并发。"

---

* 据《光绪朝朱批奏摺》，第 67 辑，第 584～585 页。

光绪廿二年正月粮价及雨水情形摺*

(光绪二十二年二月二十一日)

头品顶戴湖南巡抚臣陈宝箴跪奏,为恭报正月分粮价及地方雨水情形,仰祈圣鉴事:

窃照湖南省上年十二月分市粮价值及雨雪情形,业经臣恭摺奏报在案。兹据藩司何枢查明通省本年正月分各项粮价,开单汇报前来。臣逐加查核,长沙等十八府州厅属米、麦、豆各价值均与上年十二月相同,省城及各属地方入春以来晴雨得宜,麦苗长发青葱,杂粮、蔬菜一律繁茂,闾阎乐业,境宇敉平,堪以上慰宸廑。理合恭摺具奏,并缮粮价清单敬呈御览,伏乞皇上圣鉴。谨奏。

硃批:"知道了。"

请以顾玉成调补善化令摺**

(光绪二十二年二月二十三日)

头品顶戴湖南巡抚臣陈宝箴跪奏,为拣员调补省会首邑要缺知县,以资治理,恭摺仰祈圣鉴事:

窃〈照〉湖南善化县知县赵宜琛请开缺以知府用①,于光绪二十一年十一月十七日奉旨,遗缺按第五日行文之例,照湖南省程限七十日减半计算,扣至十二月二十七日接到作为开缺日期,归十二月分截缺,咨部在案。查善化县知县系冲、繁、难〈兼〉三项要缺,例应在外拣选题补。定例:"应题缺出,先尽候补正途人员题补,无

---

* 据《光绪朝硃批奏摺》,第95辑,第994页。

** 据中国第一历史档案馆藏档。按:此摺另见《光绪朝硃批奏摺》,第11辑,第400~401页。

① "照",据《光绪朝硃批奏摺》补入。下同。

人，准以应升人员题升，如实无合例堪以题升之员，始准于现任人员内拣选调补；又有必须〈更调者，查系由三项要缺更调四项要缺及最〉要之缺[①]，或由四项要缺及最要之缺更调附省首邑，该员委非另有不合例事故，即行议准；又首府、首县缺出，应令于通省正途人员内拣选调补，如实无合例堪调或人地不宜，始准于摺内详细声明，以各项出身人员内遴员调补；又调补州县以上官员，必于本任内历俸已满三年，方准拣选调补"各等因。今善化县知县为省会首邑，政务殷繁，且时有发审案件，必须精明干练之员，方能经理妥协。查应行题补人员内虽有正途人员，非现不合例，即于是缺不甚相宜，亦无合例堪以题升之员，自应于各项出身现任人员内拣选调补。

臣与布政使何枢、按察使俞廉三于现任人员〈内〉逐加遴选，查有安化县知县顾玉成，年五十三岁，四川华阳县人，由监生报捐从九品，递捐县丞选用，奉调入黔，克复麻哈州城出力，同治拾〔十〕年九月初十〈日〉奉旨："著免选本班，以知县不论双单月遇缺尽先选用，并赏戴蓝翎。钦此。"又因下游一律肃清案内保奏，十一年七月十三日奉旨："著仍以知县分省，归候补班前先补用，并赏加同知衔。钦此。"又因疏通上游驿路案内，十二年保换花翎，遵例报捐，指省湖南，仍归候补班前先补用。全黔肃清案内保奏，光绪元年正月十六日奉旨："著俟补缺后以直隶州知州补用。钦此。"是年五月初十日，蒙钦派大臣验放，领照起程，七月十九日到省。六年，加捐本班尽先补用。复遵郑工例，加捐分缺先补用免试用并免保举。十六年准补安化县知县，十七年三月二十四日到任，试俸期满，业

① 原件似脱漏一行，凡一十八字，此处据《光绪朝硃批奏摺》补入。按：本集卷六《请仍以顾玉成调补善化令摺》所存此段文字，与《光绪朝硃批奏摺》同。

经销去试俸,奉准部复在案。该员才识明练,器局深稳,以之调补善化县知县,洵堪胜任。惟系各项出身现任人员调补附省首邑,理合专摺奏恳天恩,俯念员缺紧要,准以安化县知县顾玉成调补善化县知县,实于治理有裨。如蒙俞允,该员系现任知县,请调知县,〈衔〉缺相当,毋用〔庸〕送部引见。再,该员系初次请调,照例毋庸核计参罚。所遗安化县知县系简缺,南省现有应补人员,应请扣留外补,容俟奉准部复,照例截缺,拣员请补。

谨会同湖广总督臣张之洞恭摺具陈,伏乞皇上圣鉴,敕部核复施行。谨奏。

硃批:"吏部议奏。钦此。"

徐培元委署辰州府片*

(光绪二十二年二月二十三日)

再,湖南辰州府知府夏玉瑚升道,所遗员缺自应委员接署。查有候补知府徐培元,守正才明,器度深厚,堪以署理。据藩司何枢、臬司俞廉三会详前来,除批饬遵照外,谨会同湖广总督臣张之洞附片具陈,伏乞圣鉴。谨奏。

硃批:"吏部知道。钦此。"

---

* 据中国第一历史档案馆藏档。此为上摺之附片。按:此片另见《光绪朝硃批奏摺》,第12辑,第187页。

变通鼓铸章程以便商民折(稿一)*

奏为湖南省停铸多年,制钱缺乏,商民生计维艰,亟应开炉试铸,酌拟变通办法,以利民用而裕饷源,恭折仰祈圣鉴事:

窃查湖南省原设宝南局,将郴、桂二州所产铜、铅,并采买滇铜,鼓铸制钱,除搭放提标等营兵饷外,馀钱随时出易,以平市价,历经办理在案。至道光十八年,因银贵钱贱,兵情不愿搭放,奏明暂行停铸。咸丰、光绪初年,屡奉部文行催,均因郴、桂二州峒老山空,产铜极少,库款支绌,势难采买滇铜,且银价日高、钱价日落,铸获钱文,不能搭放,未能复行开铸,迄今五十九年。近岁制钱日见短绌,市面不敷周转,以致私钱充斥,莫可究诘,物价腾贵,商民交困,奸商乘间多出□□[①],展期射利,倒闭拖骗,百弊丛生,厘金、捐金、捐输,亦皆因之减色,不得已而兼用洋银,利权渐归外域,有去无归,已不可不亟思变计。上年长沙等府,因旱成灾,收成极薄,目下钱、谷两乏,小民欲食则无粟,欲买则无钱,岌岌若有不可终日之势。

臣忝膺疆寄,目击时艰,补救无方,焦灼万状,日夜与寮属士绅咨询体察,求所以苏民困、静地方,莫急于采买谷米、鼓铸钱文二事。采买谷米,前经奏明。兹复访查宝南房屋,虽经朽坏,尚堪补苴,局内存有滇低铜八万三千数百斤、郴桂正耗铜九千八百余斤、

---

* 据舒斋藏摄片。此为陈宝箴手稿,首页右侧署“廿四”,上钤“真实不虚”阳文篆印一枚。按:此稿与后三稿相比,区别较大,且篇末尚云“会同兼护湖广总督臣谭恭折具陈”,故推定应系初稿。首页所署“廿四”应指光绪二十二年正月廿四日,盖是年正月廿八日张之洞已回湖广总督本任(详张之洞《回湖广任谢恩折》,见《张之洞全集》,第二册,第1162~1163页)。

① 据下录诸稿,此处残污二字应为“钱票”。

白铅一百万斤有奇。拟请先将宝南房屋核实查勘,撙节估计,略加修葺,召募工匠,制造炉座,就局中现存铜、铅暂行试铸。一面劝谕绅商,措集资本,采买商铜,以资接济。惟是停铸有年,今兹试办,虽云复旧,实同创始,事务繁难,应请委令善后局司道悉心经理,仍仿前湖北抚臣胡林翼创办厘金参用士人之意,遴委正绅,入局襄助,期收实效而杜弊端。

所铸钱文,请以每文足重八分八厘为准。盖钱重则用铜费而资本巨,价不加贵,耗折甚多,事必难成,若于旧例每文一钱二分之内,酌减三分二厘,分观所减殊尠,合计节省殊多,方不至于亏折。即不必搭放兵饷,强兵丁以所不愿,然后经久可行。伏查宝南局成案,虽已残阙不全,而《湖南通志》内载:"康熙二十三年部议鼓铸制钱,每文足重一钱;四十一年部复:'照顺治十四年钱,一文重一钱四分';雍正十一年部议照顺治二年鼓铸,每文改铸一钱二分,在国帑既多节省,而销毁、私铸之弊又可尽除"等语,尚属详明。是钱文轻重,固尝因时增损,并非一定不移。又查光绪十二年,前闽浙总督臣杨昌濬试铸制钱,亦以每文重八分五厘为准。今拟铸重八分八厘,比定例虽觉稍轻,较闽省所铸尚增二厘[①],视市用小钱,不啻加倍而又过之。

其铜、铅配铸数目,须视铜色之高低,定配铅之多寡,现在局存系云南金钗厂低铜,自毋庸加配黑铅。将来采买商铜,成色未能预定,或按户部则例,以净铜五十四斤、白铅四十六斤,配足百斤;抑照《湖南通志》所载嘉庆元年成案,每百斤用铜六十斤,配白铅四十斤,临时酌量办理。其铸出钱文,于成本既无亏折,即可径发店户易银,归还原本。毋庸搭放兵饷,缘定例每钱一千文作银一两,搭

---

① 据文意,"二厘"应系"三厘"之误。

放兵饷，原就时价酌定，于兵丁无所损益。道光十八年，市价每钱千文易银七钱，是以兵情不愿兼搭，因是暂行停铸。现在市价，每制钱一千文易银八钱内外，若新钱流通，银价尚应增涨，兵丁领钱一千文，较之领银一两，约短钱二百数十文，自应免其搭放，以示体恤。又购铜试铸，系拟劝募绅商集资试办，并不开支正款钱粮，并请邀免造册报销。如蒙俞允，不特商民日用有资，于厘金、军饷，均不无裨益。

由布政司与善后局司道公同酌议，具详前来。除修造房屋炉座、筹集资本、采买商铜、开局鼓铸，以及查禁私销、私铸，一切事宜，容再详悉筹商，另行具奏外，合将拟请开局试铸大概情形，谨会同兼护湖广总督臣谭〈继洵〉恭折具陈，伏祈皇上圣鉴，敕部核议施行。谨奏。

变通鼓铸章程以便商民摺（稿二）*

奏为湖南制钱停铸多年，民用缺乏，生计弥艰，拟亟援案变通鼓铸①，核实办理，以维圜法而便商民，恭摺仰祈圣鉴事：

窃查湖南省城，向设宝南局，将郴、桂二州所产铜、铅，并采买滇铜，鼓铸制钱，除搭放兵饷外，随时发出易银②，以平市价，历经办理在案。至道光十八年，因银贵钱贱，兵情不愿搭放，奏明停铸③，屡奉部文行催，均因郴、桂产铜渐少，库款支绌，势难买运滇

---

* 据舒斋藏摄片。此为陈宝箴手稿。按：据篇末“会同湖广总督臣张专摺具陈”推定，自此以下诸稿当作于光绪二十二年二月。

① 此句及下句，初作“拟亟开炉鼓铸，援案变通，撙节核实办理”。

② 此句初作“随时出易银两”。

③ 此句初作“奏明暂行停铸”。

铜,且银价日高[①],出钱易银,不敷成本,是以未能复铸,迄今已五十有九年。近岁制钱日绌,市肆大半搀用小钱,莫可究诘,反恃此以资周转,物价腾贵,商民交困,奸商乘间多出钱票,无本射利,倒闭卷逃[②],尝一岁多至三十余起,倾家酿命,贻害无穷。上年各属被旱歉收,谷价既昂,又多由出境运买[③],小民抱布负薪,所得搀和小钱,势难易粟,谋食计穷,变故因之迭出[④],殆岌岌有不可终日之势。臣睹此艰难,不胜焦灼,日与寮属士绅力图补救,始由鄂局附铸大、小银元数万枚,冀补制钱之不足,然本银既未能多筹,流通亦骤难周遍,计惟有鼓铸制钱[⑤],不失以常驭变之道。

第近来各省鼓铸[⑥],多以铜艰费巨不敷成本议停,光绪十九年,湘绅徐棻等禀请开办,经前抚臣饬议,亦皆因此不果。兹臣细核原卷,所议按照从前工料资本及鼓铸章程[⑦],诚属亏折过巨,无可弥补。惟查现在郴、桂产铜虽少,尚可采集凑用,不专恃买运滇、洋等铜[⑧],铅、炭为湘中土产,核实采买,计值亦与他省差殊,若开局鼓铸,裁减冗员,力除浮费,援照前福建总督杨昌濬奏准每文八分五厘成案,核实办理,约计尚无亏折。但从来在官吏役,习气素深,"核实"仅为口语[⑨],拟仿采用士人法[⑩],择身家殷实绅士廉正而

---

① 此下原有数句:"钱价日低,所铸之钱,既难□□",继经删去。

② 自"倒闭"至"无穷",初作"倒闭拖骗,为害闾阎,受害无穷"。

③ "运买",初作"采买"。

④ 此句之前,原有"弱者饮泣而归,强者因之滋衅"二语,后经删去。

⑤ 此句及下句,初作"再四筹商,惟有鼓铸制钱,庶济目前之急"。

⑥ 此句初作"第查各省铸钱"。

⑦ 自此以下三句,初作"所议按照从前工料资本,诚有亏折过巨之虞"。

⑧ 此句初作"较之专恃买运滇、洋等铜,稍有差别"。

⑨ 此句初作"撙节徒成口语"。

⑩ 此句及下句,初作"拟择绅士身家殷实廉正而精于会计者一人"。

精于会计者一人，常时来局经理，所有司事及需用一切杂工，均由该绅遴选朴实可靠者为之，不使衙门吏役干预其事，仅委廉明勤朴候补正、佐二员[①]，更番监督[②]，以杜炉工弊混。如此核实撙节，合工用与目前湘省料值，通盘核计，尚可较闽铸略为增重，每文以八分八厘为率。

其配搭铜、铅[③]，视临时铜色高低酌量，总应遵照部定铜斤之数，有增无减，以期坚实经久。每铜、铅合计百斤，加耗九斤，可铸成钱一十八串一百八十文，每串五斤八两，据呈钱样，虽较旧制钱差小[④]，而体质坚好，轮廓分明[⑤]，其适用豪无疑义。卷查光绪十三年通行铸钱部文[⑥]，以闽铸钱质略轻，定以每文一钱，寻亦停办。我朝钱法[⑦]，屡有变更，康熙年间制钱，重一钱四分，亦有兼铸八分、九分者[⑧]，损益因时[⑨]，期于变通尽利。大抵钱质稍轻，则私毁无利可图，不禁自止，而官局成本不亏，可以源源鼓铸，不至以钱乏重困商民[⑩]，为益甚大。或虑钱轻易启盗铸，不知湘省市肆，现用私铸小钱[⑪]，十居六七，每串不及四斤，初不待有所依托[⑫]，始得缘

---

① 此句初作“已委廉明朴实候补州县二员”。

② “更番”，初作“轮流”。

③ 此句及下句，初作“仍照户部则例，以净铜五十四斤、白铅四十六斤，配足百斤；或照《湖南通志》所载嘉庆元年湖南成案——铜六铝四，视临时铜色高低，酌量办理”。

④ “旧制钱”，初作“乾隆制钱”。

⑤ 此下原有“较闽铸稍厚，视市用小钱，不啻加倍而又过之”数句，后删。

⑥ 自此以下三句，初作“惟查光绪十三年铸钱部文，以每文一钱为率”。

⑦ 此句句首，原有“伏考”二字，后经删去。

⑧ 此下原有句云：“乾隆时制钱，亦有一钱二分及八分、九分不等”，后删。

⑨ 此句初作“可见因时损益”。

⑩ 此句初作“不至有乏钱之患，重困商民”。

⑪ 此句及下句，初作“现行用之钱，小钱十居六七”。

⑫ 此句初作“初非有所假借”。

以为奸,盖其病由于钱少,非由钱轻使然。若必泥于旧章[①],铸固无款可赔,销亦无法可弭,停铸愈久,且将尽用私钱,徒使宵小操常胜之权[②],穷檐受无涯之害,似非计之得也[③]。

现在宝南局房屋具存,但须稍加修葺,暂可设炉十座[④],局中旧存滇低铜八万余斤、郴桂正耗铜九千八百余斤、铅一百万余斤,计见有之铜,约可供十炉三月之用[⑤]。铸成之钱,免其搭放兵饷,只发铺商兑换,即可作为买铜成本,循环购办,各绅商亟思开铸之益,亦愿采集铜、铅,以备临时购用,可无须另筹本赀[⑥]。修葺房屋,极力撙节,不过二千余缗,较之向估一万缗有奇,大相悬远。业经设法筹措[⑦],均不动用公款[⑧],科本铸钱,并无赔贴。所有铜、铅、耗三项,应许免其核计,惟变通钱法轻重,必当请旨遵行[⑨]。

据布政司会同善后局司道详请具奏前来。臣窃维铸币所以便民[⑩],立法期于杜弊,必制钱充牣,不致销毁,方始不行用小钱[⑪];必钱质稍轻,斯销毁可杜[⑫],鼓铸无亏[⑬],制钱始免缺乏,而小钱之禁

---

① 自此以下三句,初作"若必限于成例,久令停铸,必至销毁亦无法可弭"。
② "权",初作"势权"。
③ 此句初作"非圣世所宜有也"。
④ "暂可",初作"即可"。
⑤ 此句之"三月",初作"三四月",继而易为"两三月",复改为"三月"。
⑥ "本赀",初作"成本"。
⑦ "业经",初作"俱可"。
⑧ "均不",初作"无用",继作"不须"。
⑨ 此句初作"必应请旨遵行,乃敢开办"。
⑩ "臣窃维",初作"臣查"。
⑪ "方始",初作"自"。
⑫ 此句初改为"斯销毁无利",继而回复原状。
⑬ 此句及下句,初作"鼓铸可开,制钱可免缺乏"。

易行。既便民生,亦裨国计[①]。今闽铸八分五厘之钱[②],与旧钱参错行使,并无区别,兹复略增至八分八厘,当此私钱充斥之时,尤为可贵。合无吁恳天恩,垂念湘省民生困敝、饥馑相乘,推禹汤水旱铸币之义,俯准变通办理,以维圜法而拯穷黎[③],感被皇仁[④],实无涯涘。如蒙特旨俞允,容试铸一卯,即谨将钱样赍送军机处进呈[⑤]。除俟铸钱稍多,再将严禁行用小钱及私铸销毁章程拟议具奏外,所有援案拟亟变通鼓铸制钱、核实办理缘由,谨会同湖广总督臣张〈之洞〉专摺具陈[⑥],伏乞皇上圣鉴训示。谨奏。

变通鼓铸章程以便商民摺(稿三)[*]

奏为湖南制钱停铸多年,民用缺乏,生计弥艰,拟即援案变通鼓铸,核实办理,以维圜法而便商民,恭摺仰祈圣鉴事:

窃查湖南省城,向设宝南局,将郴、桂二州所产铜、铅,并采买滇铜,鼓铸制钱,除搭放兵饷外,随时发出易银,以平市价,历经办理在案。至道光十八年,因银贵钱贱,兵情不愿搭放,奏明停铸,屡奉部文行催,均因郴、桂产铜渐少,库款支绌,势难买运滇铜,且银价日高,出钱易银,不敷成本,是以未能复铸,迄今已五十有九年。近岁制钱日绌,市肆大半搀用小钱,莫可究诘,反恃此以资周转,物

---

① "国计",初作"国用"。

② 此句及下句,初作"且福建八分五厘之钱,行使甚便,与旧钱参错并用"。

③ 此句初作"以维圜法,以顺舆情"。

④ 此句及下句,初作"感戴实无涯涘"。

⑤ 此句初作"谨将钱样进呈"。

⑥ 此句初作"谨专摺具陈"。

* 据舒斋藏摄片。此为陈宝箴手稿。按:此稿另见录入上海图书馆许全胜、柳岳梅整理之《陈宝箴遗文·奏摺》(载《近代中国》第十一辑,上海社会科学院出版社 2001 年版,第 214～216 页),惟文字小有错漏。

价腾贵,商民交困,奸商乘间多出钱票,无本射利,倒闭卷逃,尝一岁多至三十余起,倾家酿命,贻害无穷。上年各属被旱歉收,谷价既昂,又多由出境运买,小民抱布负薪,所得搀和小钱,势难易粟,谋食计穷,变故因之迭出,殆岌岌有不可终日之势。臣睹此艰难,不胜焦灼,日与寮属士绅力图补救,始由鄂局附铸大、小银元数万枚,冀补制钱之不足,然本银既未能多筹,流通亦骤难周遍,计惟有鼓铸制钱,不失以常驭变之道。

第近来各省鼓铸,多以铜艰费巨不敷成本议停,光绪十九年,湘绅徐棻等禀请开办,经前抚臣饬议,亦皆因此不果。兹臣细核原卷,所议按照从前工料资本鼓铸章程,诚属亏折过巨,无从弥补①。惟查现在郴、桂产铜虽少,尚可采集凑用,不专恃买运滇、洋等铜,铅、炭为湘中土产,核实采买,计值亦与他省差殊,若开局鼓铸,裁减冗员,力除浮费,援照前福建总督杨昌濬奏准每文八分五厘成案,核实办理,约计尚无亏折。但从来在官吏役,习气素深,"核实"徒为口语②,拟仿采用士人法,择身家殷实绅士廉正而精于会计者一人,常时来局经理,所有司事及需用一切杂工,均由该绅遴选朴实可靠者为之,不使衙门吏役干预其事,仅委廉明勤朴候补正、佐二员,更番监督,以杜炉工弊混。如此核实撙节,合工用与目前湘省料值,通盘核计,尚可较闽铸略为增重,每文以八分八厘为率。

其配搭铜、铅,视临时铜色高低酌量,总应遵照部定铜斤之数,有增无减,以期坚实经久。每铜、铅合计百斤,加耗九斤,可铸成钱一十八串一百八十文,每串五斤八两,据呈钱样,虽较旧制钱差小,而体质坚好,轮廓分明,其适用豪无疑议。卷查光绪十三年通行铸

① 此句初作"无可弥补"。

② "徒",初作"仅"。

钱部文,以闽铸钱质略轻,定以每文一钱,寻亦停办。我朝钱法,屡有变更,康熙间制钱,重一钱四分,亦即有兼铸八分、九分者①,损益因时,期于变通尽利。大抵钱质稍轻,则私毁无利可图,不禁自止,而官局成本不亏,可以源源鼓铸,不至以钱乏重困商民,为益甚大。或虑钱轻易启盗铸,不知湘省市肆,见用私铸小钱②,十居六七,每串不及四斤,初不待有所依托,始得缘以为奸,盖其病由于钱少,非由钱轻使然。若必泥于旧章,铸固无款可赔,销亦无法可弭,停铸愈久,且将尽用私钱,徒使宵小操常胜之权,穷檐受无涯之害,似非计之得也。

见在宝南局房屋具存③,但须稍加修葺,暂可设炉十座,局中旧存滇低铜八万余斤、郴桂正耗铜九千八百余斤、铅一百万余斤,计见有之铜④,约可供十炉三月之用。铸成之钱,免其搭放兵饷,只发铺商兑换,即可作为买铜成本,循环购办,各绅商亟思开铸之益,亦愿采集铜、铅,以备临时购用,可无须另筹本赀。修葺房屋,极力撙节,不过二千余缗,较之向估一万缗有奇,大相悬远。业经设法筹措,均不动用公款⑤,惟变通钱法轻重,必当请旨遵行。

据布政司并善后局司道公同酌议⑥,详请具奏前来。臣窃维铸币所以便民,立法期于杜弊,必制钱充牣⑦,不致销毁、缺乏,小

① 此下原有"至今乾隆时制钱,亦有一钱二分及八分、九分不等"数语,继经删去。

② "见",初作"现"。

③ "见",初作"现"。

④ "见",初作"现"。

⑤ 此下原有"科本铸钱,并无赔贴,所有铜、铅、耗三项,应许免其核计"数语,继经删去。

⑥ 此句及下句,初作"据布政司会同善后局司道详请具奏前来"。

⑦ 此句及下句,初作"必制钱充牣,不致销毁,始不行用小钱;必钱质稍轻,斯销毁无利,鼓铸无亏,制钱始免缺乏"。

钱之禁易行,既便民生,自裨国计。今闽铸八分五厘之钱,与旧钱参错行使,并无区别,兹复略增至八分八厘,当此私钱充斥之时,尤为可贵。合无吁恳天恩,垂念湘省民生困敝、饥馑相乘,推禹汤水旱铸币之义,俯准变通办理,以维圜法而拯穷黎,感被皇仁,实无涯涘。如蒙俞旨饬行[①],拟亟试铸一卯[②],即谨将钱样赍送军机处进呈。除一面督率属寮[③],将严缉私铸、私销及禁止行使小钱各事宜妥筹办理外,所有援案拟亟变通鼓铸制钱、核实办理缘由,谨会同湖广总督臣张〈之洞〉专摺驰陈[④],伏乞皇上圣鉴训示。谨奏。

变通鼓铸章程以便商民摺(稿四)*

【前缺】随时发出易银,以平市价,历经办理在案。至道光十八年,因银贵钱贱,兵情不愿搭放,奏明停铸,屡奉部文行催,均因郴、桂产铜渐少,库款支绌,势难买运滇铜,且银价日高,出钱易银,不敷成本,是以未能复铸,迄今已五十有九年。近岁制钱日绌,市肆大半搀用小钱,莫可究诘,反恃此以资周转,物价腾贵,商民交困,奸商乘间多出钱票,无本射利,倒闭卷逃,尝一岁多至三十余起,倾家酿命,贻害无穷。上年各属被旱歉收,谷价既昂,又多由出境运买,小民抱布负薪,所得搀和小钱,势难易粟,谋食计穷,变故因之迭出,殆岌岌有不可终日之势。臣睹此艰难,不胜焦灼,日与寮属士绅力图补救,始由鄂局附铸大、小银元数万枚,冀补制钱之不足,

---

① 此句初作"如蒙特旨俞允"。

② "拟亟",初作"容"。

③ 此句及下句,系另行补入。

④ "驰陈",初作"具陈"。

* 据舒斋藏摄片。此亦陈宝箴手稿。按:此稿字体工整,几无点窜,且与《光绪朝硃批奏摺》所录最为接近。

然本银未能多筹，流通亦骤难周遍，计惟有鼓铸制钱，不失以常驭变之道。

第近来各省鼓铸，多以铜艰费巨不敷成本议停，光绪十九年，湘绅徐棻等禀请开办，经前抚臣饬议，亦因此不果。兹臣细核原卷，所议按照从前工料资本鼓铸章程，诚属亏折过巨，无从弥补。惟查见在郴、桂产铜虽少，尚可采集凑用，不专恃买运滇、洋等铜，铅、炭为湘中土产，核实采买，计值亦与他省差殊，若开局鼓铸，裁减冗员，力除浮费，援照前闽浙总督杨昌濬奏准每文八分五厘成案，核实办理，约计尚无亏折。但从来在官吏役，习气素深，"核实"徒为口语，拟仿采用士人法，择身家殷实绅士廉正而精于会计者一人，常时来局经理，所有司事及需用一切杂工，均由该绅遴选朴实可靠者为之，不使衙门吏役干预其事，仅委勤朴候补正、佐二员，更番监督，以杜炉工弊混。如此核实撙节，合工用与目前湘省料值，通盘核计，尚可较闽铸略为增重，每文以八分八厘为率。

其配搭铜、铅，视临时铜色高低酌量，总应遵照部定铜斤之数，有增无减，以期坚实经久。每铜、铅合计百斤，加耗九斤，可铸成钱一十八串一百八十文，每串五斤八两，据呈钱样，虽较旧制钱差小，而体质坚好，轮廓分明，其适用毫无疑义[①]。卷查光绪十三年通行铸钱部文，以闽铸钱质略轻，定以每文一钱，寻亦停办。我朝钱法，屡有变更，康熙间制钱，重一钱四分，亦即有兼铸八分、九分者，损益因时，期于变通尽利。大抵钱质稍轻，则私毁无利可图，不禁自止，而官局成本不亏，可以源源鼓铸，不至以钱乏重困商民，为益甚大。或虑钱轻易启盗铸，不知湘省肆市，见用缗钱，小钱十居六七，每串不及四斤，初不待有所依托，始得缘以为奸，盖其病由于钱少，

① "疑义"，初作"疑议"。

非由钱轻使然。若必泥于旧章,铸固无款可赔,销亦无法可弭,停铸愈久,且将尽用私钱,徒使宵小操常胜之权,穷檐受无涯之害,似非计之得也。

见在宝南局房屋具存①,但须稍加修葺,暂可设炉十座,局中旧存滇低铜八万余斤、郴桂正耗铜九千八百余斤、铅一百万余斤,计见有之铜,约可供十炉三月之用。铸成之钱,免其搭放兵饷,只发铺商兑换,即可作为买铜成本,循环购办,各绅商亟思开铸之益,亦愿采集铜、铅,以备临时购用,可无须另筹本赀。修葺房屋,极力撙节,不过二千余缗,较之向估一万缗有奇,大相悬远。业经设法筹措,均不动用公款,惟变通钱法轻重,必当请旨遵行。

据布政司并善后局司道公同酌议,详请具奏前来。臣窃维铸币所以便民,立法期于杜弊,必制钱充牣,不致销毁缺乏,则小钱之禁易行,既便民生,自裨国计。今闽铸八分五厘之钱,与旧钱参错行使,并无区别,兹复略增至八分八厘,当此私钱充斥之时,尤为可贵。合无吁恳天恩,垂念湘省民生困敝、饥馑相乘,推禹汤水旱铸币之义,俯准变通办理,以维圜法而拯穷黎,感被皇仁,实无涯涘。如蒙俞旨饬行,拟亟试铸一卯,即谨将钱样赍送军机处进呈。除一面督率属寮,将严缉私铸、私销及禁止行使小钱各事宜妥筹办理外,所有援案拟亟变通鼓铸制钱、核实办理缘由,谨会同湖广总督臣张之〈洞〉专摺驰陈,伏乞皇上圣鉴训示。谨奏。

变通鼓铸章程以便商民摺*

(光绪二十二年二月二十三日)

头品顶戴湖南巡抚臣陈宝箴跪奏,为湖南制钱停铸多年,民用

① "具存",初作"俱存"。

* 据《光绪朝硃批奏摺》,第92辑,第35~37页。

缺乏，生计愈艰，拟亟援案变通鼓铸，核实办理，以维圜法而便商民，恭摺仰祈圣鉴事：

窃查湖南省城，向设宝南局，将郴、桂二州所产铜、铅，并采买滇铜，鼓铸制钱，除搭放兵饷外，随时发出易银，以平市价，历经办理在案。道光十八年，因银贵钱贱，兵情不愿搭放，奏明停铸，屡奉部文行催，均因郴、桂产铜渐少，库款支绌，势难买运滇铜，且银价日高，出钱易银，不敷成本，是以未能复铸，迄今已五十有九年。近岁制钱日绌，市肆大半搀用小钱，莫可究诘，反恃此以资周转，物价腾贵，商民交困，奸商乘间多出钱票，无本射利，倒闭卷逃，尝一岁多至三十余起，戕生破产，贻害无穷。上年各属被旱歉收，谷价既昂，又多由出境运买，小民抱布负薪，所得搀和小钱，势难易粟，谋食计穷，变故因之迭出，殆岌岌有不可终日之势。臣睹此艰难，不胜焦灼，日与寮属士绅力图补救，始由鄂局附铸大、小银元数万枚，冀补制钱之不足，然本银未能多筹，流通亦骤难周遍，计惟有鼓铸制钱，不失以常驭变之道。

第近来各省鼓铸，多以铜艰费巨不敷成本议停，光绪十九年，湘绅徐棻等禀请开办，经前抚臣饬议，亦因此不果。兹臣细核原卷，所议按照从前工料资本鼓铸章程，诚属亏折过巨，无从弥补。惟查见在郴、桂产铜虽少，尚可采集凑用，不专恃买运滇、洋等铜，铅、炭为湘中土产，核实采买，计值亦与他省差殊，若开局鼓铸，裁减冗员，力除浮费，援照前闽浙总督杨昌濬奏准每文八分五厘成案，核实办理，约计尚无亏折。但从来在官吏役，习气素深，“核实”徒为口语，拟仿采用士人法，择身家殷实绅士廉正而精于会计者一人，常时来局经理，所有司事及需用一切杂工，均由该绅遴选朴实可靠者为之，不使衙门吏役干预其事，仅委勤朴候补正、佐二员，更番监督，以杜炉工弊混。如此核实撙节，合工用与目前湘省料值，通盘核计,尚可较闽铸略为增重,每文以八分八厘为率。

其配搭铜、铅,视临时铜色高低酌量,总应遵照部定铜斤之数,有增无减,以期坚实经久。每铜、铅合计百斤,加耗九斤,可铸成钱一十八串一百八十文,每串五斤八两,据呈钱样,虽较旧制钱差小,而体质坚好,轮廓分明,其适用豪无疑义。卷查光绪十三年通行铸钱部文,以闽铸钱质略轻,定以每文一钱,寻亦停办。我朝钱法,屡有变更,康熙间制钱,重一钱四分,亦即有兼铸八分、九分者,损益因时,期于变通尽利。大抵钱质稍轻,则私毁无利可图,不禁自止,而官局成本不亏,可以源源鼓铸,不至以钱乏重困商民,为益甚大。或虑钱轻易启盗铸,不知湘省市肆,见用缗钱,小钱十居六七,每串不及四斤,初不待有所依托,始得缘以为奸,盖其病由于钱少,非由钱轻使然。若必泥于旧章,铸固无款可赔,销亦无法可弭,停铸愈久,且将尽用私钱,徒使宵小操常胜之权,穷檐受无涯之害,似非计之得也。

见在宝南局房屋具存,但须稍加修葺,暂可设炉十座,局中旧存滇低铜八万余斤、郴桂正耗铜九千八百余斤、铅一百万余斤,计见有之铜,约可供十炉三月之用。铸成之钱,免其搭放兵饷,只发铺商兑换,即可作为买铜成本,循环购办,各绅商亟思开铸之益,亦愿采集铜、铅,以备临时购用,可无须另筹本赀。修葺房屋,极力撙节,不过二千余缗,较之向估一万缗有奇,大相悬远。业经设法筹措,均不动用公款,惟变通钱法轻重,必当请旨遵行。

据布政司并善后局司道公同酌议,详请具奏前来。臣窃维铸币所以便民,立法期于杜弊,必制钱充牣,不致销毁缺乏,则小钱之禁易行,既便民生,自裨国计。今闽铸八分五厘之钱,与旧钱参错行使,并无区别,兹复略增至八分八厘,当此私钱充斥之时,尤为可贵。合无吁恳天恩,垂念湘省民生困敝、饥馑相乘,推禹汤水旱铸币之义,俯准变通办理,以维圜法而拯穷黎,感被皇仁,实无涯涘。如蒙俞旨饬行,拟亟试铸一卯,即谨将钱样赍送军机处进呈。除一面督率属寮,将严缉私铸、私销及禁止行使小钱各事宜妥筹办理外,所有援案拟亟变通鼓铸制钱、核实办理缘由,谨会同湖广总督臣张之洞专摺驰陈,伏乞皇上圣鉴训示。谨奏。

硃批:"著照所请,户部知道。"

湖南省城开设阜南官钱局片*

(光绪二十二年二月二十三日)

再,湘省制钱缺少已阅多年,惟当饥馑之时,小民生计因兹益窘,臣于上年冬由鄂附铸银圆来湘,冀可稍弥其缺,而钱商利用钱票,终非所愿。臣于该各钱店甫领银圆一万两之次日,阴使人持银及钱向换鄂铸银圆,遍历十余家,均称无有,并辄昌言于市:"银圆无人行用,下次决不能领"等语。奸商抑勒把持,利权操之自下,此自各省向来通病,又不特湖南为然。臣诚不胜愤懑,因与各司道并省城绅士前国子监祭酒王先谦等往复熟商,皆以为欲持其敝,非开设官钱店不可。而公私闲款罗掘久空,实更无可奏拨,乃就各局现存待用诸项通盘筹画,权衡缓急先后之序,稍一转移,实可应之无匮。业于本年二月十六日在省开设阜南钱号官局,遴选身家殷实廉正而久孚乡望绅士在籍江西候补道朱昌琳一手总办,以专责成,所有宝南局鼓铸制钱一事,亦即令该绅来局经理,实事求是,且于市肆情形不稍隔阂,小民生计隐有裨益。

---

* 据《光绪朝硃批奏摺》,第92辑,第38~39页。按:据"业于本年二月十六日在省开设阜南钱号官局"云云,又据该片所奉上谕(附后),此片当系上摺之附片。上奏时间即由此推定而来。

所有湖南省城开设阜南官钱局缘由,理合会同湖广总督臣张之洞附片陈明,伏乞圣鉴。谨奏。

硃批:“知道了。”

〖附〗光绪二十二年三月廿四日上谕*

湖南巡抚陈宝箴奏:“湘省制钱停铸多年,民用缺乏,请变通鼓铸,每文以八分八厘为准,核实办理,以维圜法而便商民。”如所请行①。

又奏:“省城开设阜南官钱局,以在籍道员朱昌琳充总办。”报闻。

又奏:“湘省上年被旱歉收,民情困苦,至于茹草饿毙,赖各省拨款协济,前后三十余万,灾黎始有生机。拨协之项,请由各省劝捐弥补;散放款目,由臣核实报销。”下部知之。

报解光绪廿二年头批京饷摺**

(光绪二十二年二月二十三日)

头品顶戴湖南巡抚臣陈宝箴跪奏,为报解本年头批京饷及漕折、固本、边防经费等银,恭摺仰祈圣鉴事:

窃准户部咨:“奏拨湖南省本年京饷地丁银二十万两、厘金银五万两、盐厘银五万两,钦奉上谕:‘五月以前解到一半,十二月初间全数解清。’”又准部咨:“照案预拨本年东北边防经费,指拨湖南

---

* 据《清实录·德宗景皇帝实录》,见《清实录》,卷三八七,第56~57页。

① 该谕另见《光绪朝东华录》光绪二十二年四月壬申(初七日)条,文云:“陈宝箴奏:‘湖南制钱停铸多年,民用缺乏,生计愈艰,拟援案变通鼓铸,核实办理,以维圜法。’允之。”见第四册,总第3783页。

** 据《光绪朝硃批奏摺》,第88辑,第146页。

厘金银八万两”各等因。均经转行遵办去后。兹据藩司何枢详称：“筹备地丁银六万两，又会同总理厘金局务补用道周麟图等筹备厘金银一万两、盐厘银一万两，并筹备边防经费厘金银二万两，又由司筹备光绪二十二年正、二、三月固本军饷银一万五千两，以上共银一十一万五千两，作为本年头批京饷，派委候补同知柏盛、候补知县盛弼领解赴部交纳。”又据粮储道但湘良详：“动支光绪二十一年漕折银三万两、贰米折银一万两，共银四万两，均交委员柏盛等搭解赴部。”分款具详，呈请奏咨前来。臣复核无异，除照缮咨批、护牌，发交该委员等承领管解趱程前进，从速抵京交纳，饬取起程日期另行咨报，一面分咨经过沿途省分饬属妥为拨护，仍饬司局等将未解银两接续委解，不得稍有迟误外，所有报解本年头批京饷缘由，谨会同湖广总督臣张之洞恭折具奏，伏乞皇上圣鉴。谨奏。

朱批：“户部知道。”

搭解光绪廿二年加复俸饷头批银两片*

（光绪二十二年二月二十三日）

再，湖南每年应解另款加复俸饷银八千两，经前抚臣吴大澂奏请，自光绪十九年起，于节省长夫尾存项下照数动支，作正开销，业经解过十九年起至二十一年止，先后奏咨在案。兹据善后报销总局司道详称：“光绪二十二年分应解加复俸饷银八千两，现又在于节省长夫尾存项下先行筹备头批库平银二千两，合湘平银二千零七十八两四钱，交头批京饷委员候补同知柏盛、候补知县盛弼搭解

* 据《光绪朝朱批奏折》，第88辑，第171页。按：据片中“交头批京饷委员候补同知柏盛、候补知县盛弼搭解赴部交纳”云云，此片当系上折之附片，上奏时间亦由此而推定。

赴部交纳"等情,详请奏咨前来。臣复核无异,除咨户部查照外,所有搭解光绪二十二年分另款加复俸饷头批银两缘由,谨附片陈明,伏乞圣鉴。谨奏。

硃批:"户部知道。"

请以陈吴萃更补石门令摺*

(光绪二十二年二月二十五日)

头品顶戴湖南巡抚臣陈宝箴跪奏,为遵照部驳,更补知县,恭摺仰祈圣鉴事:

窃照湖南石门县知县渠纶阁于光绪二十一年正月十九日病故,遗缺扣留外补,应以病故本日作为开缺日期,归正月分截缺,咨部在案。前以即用知县杨学敏请补,兹于光绪二十二年正月初五日奉准部咨:"查该省前出有临武县知县缺,以新海防即用先知县李柏龄补授,该员到省后,核与出缺月分未满一年,例不准补,应以即用正班人员更补。今石门县知县缺例应按班以次递推更补,所请以杨学敏补授之处,应毋庸议,饬令按限、按班拣员更补,即专摺具奏"等因,自应遵照拣员更补。

查定例:"知县告病、病故、休致缺出,以一缺题补各项候补并即用之员,以一缺题补本班〈前〉先用大挑举人①,以一缺题补本班大挑举人。"又奉到〈郑工〉新章:"道府以至未入流,无论何项到班,先用郑工新班遇缺先二人、海防新班先一人,无人,用郑工遇缺人员抵补至第四缺,海防即、海防先分班轮用一人,第一轮用海防即,

* 据中国第一历史档案馆藏档。按:此摺另见《光绪朝硃批奏摺》,第11辑,第408~410页。

① "前",据《光绪朝硃批奏摺》补入。下同。

第二轮用海防先，海防先无人，仍用海防即，海防即无人，用旧例银捐遇缺先人员，如无人，用旧例银捐遇缺之人，再无人，过班即接用各项班次轮用一人，以五缺为一周。”又：“轮用各项试用时，先将郑工分缺先、分缺间人员用一次，再到班，再将海防分缺先、分缺间人员用一次，郑工无人，用海防，海防无人，用郑工，均无人，用旧例银捐分缺先前、分缺间前之人。”又郑工新例：“分缺先、分缺间遇轮补升调遗及病故休之缺，到班时，于各本班中先用正途出身及曾任知县曾任实缺应升知县者二人，再用各本班中各项出身一人，如正途出身及曾任知县曾任实缺应升知县无人，即用各项出身之人。”又新海防章程内开：“报捐新海防遇缺先、分缺先、分缺间各项本班尽先人员，应仍照郑工事例跟接，分别按班铨补”各等因。

湖南省病、故、休知县一项，前出有龙山县知县病故遗缺，补过郑工候补本班尽先杨永芬；临武县知县病故遗缺，补过候补正班包希庞；嘉禾县知县病故遗缺，补过正途出身分缺先王兆涵；桑植县知县病故遗缺，补过大挑正班王馀庆；临武县知县病故遗缺，补过即用正班彭献寿各在案。

今石门县知县病故遗缺，郑工新海防遇缺先、海防新班先、海防新班即、旧例银捐遇缺先、银捐遇缺均无人，系补过即用正班之后，本班前先用大挑举人及郑工分缺先亦均无人，应接用新海防分缺先、正途出身及曾任知县曾任实缺应升知县之人。兹查有正途出身、新海防分缺先、补用知县陈吴萃，现年四十岁，系安徽怀宁县人，由优廪生考选光绪十一年乙酉科拔贡，十二年丙戌科恭应朝考，一等第二名，七月初三日引见，奉旨：“以知县分发试用。钦此。”签分湖南，八月初一日领照起程，十月二十六日到省，试用期满，甄别留省补用。十七年，在顺直赈捐局捐加同知衔，嗣遵新海防例，加捐分缺先补用免试用，于光绪十九年十月初三日奉准部咨。该员悃愊无华,办事勤恳,以之更补石门县知县病故遗缺,与例相符。据布政使何枢、按察使俞廉三会详前来,相应奏明请旨,准以分缺先补用知县陈吴萃更补石门县知县。如蒙俞允,该员系分缺先用知县,请补知县,衔缺相当,毋庸送部引见,亦毋庸列叙参罚,合并陈明。

谨会同湖广总督臣张之洞恭摺具陈,伏乞皇上圣鉴,敕部核复施行。谨奏。

硃批:"吏部议奏。钦此。"

请以彭献寿更补临武令摺*

(光绪二十二年二月二十五日)

头品顶戴湖南巡抚臣陈宝箴跪奏,为遵照部驳,更补知县,恭摺仰祈圣鉴事:

窃照湖南临武县知县包希庞于光绪二十年十二月初九日病故,遗缺扣留外补,应以病故本日作为开缺日期,归十二月分截缺,咨部在案。前以即用本班尽先补用知县李柏龄请补,兹于光绪二十二年正月初五日奉准吏部咨复:"该员到省尚未一年限满,按照新章,不准请补,应令按限、按班拣员更补,即专摺具奏"等因,自应遵照拣员更补。

查定例:"知县告病、病故、休致〈缺〉出①,以一缺题补各项候补并即用之员,以一缺题补本班前先用大挑举人,以一缺题补本班大挑举人。"又奉〈到〉郑工新章:"道府以至未入流,无论何项到班,

---

* 据中国第一历史档案馆藏档。按:此摺另见《光绪朝硃批奏摺》,第11辑,第406~408页。

① "缺",据《光绪朝硃批奏摺》补入。下同。

先用郑工新班遇缺先二人、海防新班先一人，无人，用郑工遇缺先人员抵补至第四缺，海防即、海防先分班轮用一人，第一轮用海防即，第二轮用海防先，海防先无人，仍用海防即，海防即无人，用旧例银捐遇缺先人员，如无人，用旧例银捐遇缺之人，再无人，过班即接用各项班次轮用一人，以五缺为一周。”又定例：“进士即用，应按科分甲第名次先后补用”各等因。

湖南省病、故、休知县一项，前出有龙山县知县病故遗缺，补过郑工候补本班尽先杨永芬；临武县知县病故遗缺，补过候补正班包希庞；嘉禾县知县病故遗缺，补过正途出身分缺先王兆涵；桑植县知县病故遗缺，补过大挑正班王馀庆题补各在案。

今临武县知县病故遗缺，郑工新海防遇缺先、海防新班先、海防新班即、旧例银捐遇缺先、银捐遇缺均无人，系补过大挑正班之后，应用郑工新海防分缺间人员；不合例，轮用即用到班先用、即用本班尽先之人，亦不合例，应用即用正班人员。是班内名次在前之彭献寿，业经题补后出之绥宁县知县要缺，临武县知县缺出缺在先，自应以该员更补。查即用知县彭献寿，年四十三岁，广西宜山县人，由廪生中式光绪八年壬午科本省乡试第五名举人，十五年己丑科会试中式贡士，殿试三甲第九十八名进士，引见，奉旨：“以知县即用。钦此。”签分湖南，光绪十五年十月二十三日到省。据布政使何枢、按察使俞廉三会详前来，臣查该员才具深稳，治事精详，以之更补临武县知县病故遗缺，与例相符，相应专摺具奏，请旨以即用知县彭献寿更补临武县知县。如蒙俞允，该员系即用知县，请补知县，衔缺相当，毋庸送部引见，亦毋庸列叙参罚，合并陈明。

谨会同湖广总督臣张之洞恭摺具陈，伏乞皇上圣鉴，敕部核复施行。谨奏。

硃批：“吏部议奏。钦此。”

请以黄济川更补绥宁令摺*

（光绪二十二年二月二十五日）

头品顶戴湖南巡抚臣陈宝箴〈跪〉奏①，为苗疆要缺知县需员，拣员更补，以资治理，恭摺仰祈圣鉴事：

窃照湖南绥宁县知县林焕曦于光绪二十一年八月初一日丁忧遗缺，应以丁忧本日作为开缺日期，归八月分截缺，咨部在案。前以即用知县彭献寿请补，尚未奉准部复，兹查该员现已更补在前所出之临武县知县病故遗缺，所有绥宁县一缺，例应另行拣员更补。查绥宁县知县系苗疆繁、难最要缺，例应在外拣选题补。定例："应题缺出，先尽曾任实缺候补并进士即用人员题补；又苗疆知县缺出，先尽附近苗疆人员内[选]拣补，如无人，始于内地人员内拣选升用"各等因。今绥宁县知县为苗疆要地，弹压抚绥最关紧要，必须精明〈干〉练之员，方足以资治理，南省附近苗疆及内地应升人员，均与是缺人地不甚相宜，自应照例于曾任实缺候补并进士即用人员内拣选题补。

臣与布政使何枢、按察使俞廉三于曾任实缺候补正途人员内逐加遴选，查有候补知县黄济川，年四十九岁，浙江金华县人，由廪生中式光绪二年丙子科本省乡试举人，庚辰考取宗室教习，丙戌科会试中式贡生〔士〕，殿试三甲第一百五十四名进士，朝考三等，引见，奉旨："以知县即用。钦此。"签掣湖南，领照起程，光绪十三年二月十六日到省。十九年题补衡阳县知县，奉准部复。前署武冈

---

* 据中国第一历史档案馆藏档。按：此摺另见《光绪朝硃批奏摺》，第11辑，第405～406页。

① "跪"，据《光绪朝硃批奏摺》补入。下同。

州知州任内，因武冈州属山门会匪聚众起事，禀报迟延，奏参革职，嗣因仍在武冈剿匪案内拿获要匪多名，奏请开复原官原衔，仍留原省补用，于光绪二十年八月初四日奉硃批："著照所请，吏部知道。钦此。"该员心地慈祥，才具稳练，系曾任实缺候补人员，照例毋庸甄别，以之更补绥宁县知县，洵堪胜任，与例亦属相符。理合专摺奏恳天恩，俯念员缺紧要，准以候补知县黄济川更补绥宁县知县。如蒙俞允，该员系候补知县，请补知县，衔缺相当，毋庸送部引见，亦毋庸列叙参罚，合并声明。

谨会同湖广总督臣张之洞专摺具陈，伏乞皇上圣鉴，敕部核复施行。谨奏。

硃批："吏部议奏。钦此。"

李朝斌请准于湖南省城建祠摺*

（光绪二十二年二月二十五日）

头品顶戴湖南巡抚臣陈宝箴跪奏，为已故大员功绩卓著，谨据情胪陈，吁恳逾格加恩，以资观感而顺舆情，恭摺仰祈圣鉴事：

窃原任江南提督李朝斌在籍病故，经前任抚臣吴大澂恭摺代递遗疏，光绪二十年六月十一日钦奉上谕："吴大澂奏《代递遗疏并胪陈战功》一摺。前任江南提督李朝斌于道光年间从征广西，转战湖北、安徽、江南等省，叠克名城，战功卓著，擢授江南提督。整顿水师，训练操防，均能称职。前因触发旧伤，赏假回籍，兹闻溘逝，悼惜殊深。李朝斌著照提督例赐恤，生平战绩宣付国史馆立传，准

---

* 据《光绪朝硃批奏摺》，第45辑，第181～183页。按：吴大澂光绪二十年五月初十日曾奏《代递李朝斌遗疏并胪陈战功摺》，见《光绪朝硃批奏摺》，第43辑，第844～847页。

其于立功省分建立专祠。伊子广东候补通判李达璋,著以同知补用。该衙门知道。钦此。”钦遵转饬遵照在案。

兹据在籍前国子监祭酒江苏学政王先谦、四品卿衔前湖北候补道周乐、翰林院编修汪槩等联名呈称:“已故提督李朝斌仰沐圣恩至优极渥,凡在血气之伦,无不同深感激。惟查该故提督忠勇性成,为曾国藩麾下宿将,身经千数百战,叠复名城要隘。其初保卫桑梓,立功最早,尚有吴大澂前奏所未及者,谨再缕晰陈明。缘该故提督自道光年间以行伍隶长沙协标,奉调出师新宁,剿灭土匪雷再浩、李沅发,旋复从征广西。咸丰二年,发逆窜扑湖南省城,跟剿回省,缒城入守,拚拒八十一昼夜,保全省城。其间出奇杀贼,屡犯危险,双目尽肿,一时名将如江忠源、邓绍良咸相推重。曾国藩尤奇其才,委带水师战船,率赴前敌,破贼君山,大胜于南津港,进逼岳州,三战皆捷,遂复岳州府城。嗣是从杨岳斌击贼于城陵矶,深入其巢,毁贼船殆尽,又败贼于擂鼓台,穷搜港汊,追剿六溪口,伏贼悉数歼除。杨岳斌以三日肃清湖面二百余里,为水军初出第一战功,实该提督为之先锋,所当无不披靡。湖南既平,转战湖北、江西、安徽、江南各省,几于无役不从,无战不捷。同治二年攻夺九洑洲,江面一律肃清,奉旨:‘赏穿黄马褂。’旋统太湖水师进援苏浙,节节与李鸿章陆军相辅,荡平渠魁,功绩尤伟,均经先后统兵大臣陈奏在案,积功擢至江南提督。克复苏州省城,奉旨:‘赏给云骑尉世职。’苏浙肃清,奉旨:‘以谋勇兼优、所向无前,赏白玉搬指、玉柄小刀、火镰、荷包等珍件。’履任以后,剿扑盐枭、枪匪不遗余力,详定水师章程,分布严缉,地方安谧,吴人至今赖之。迨统领兵轮,督率操练,时历外海,风涛震撼,触发胸臂旧伤,遂成半身麻木之证。光绪十二年蒙恩赏假回籍开缺养伤,十五年钦奉皇太后懿旨,以久历戎旃,贤劳尤著,蒙恩交部议叙。该提督感激涕零,总以受恩深重未报涓埃为憾，不意竟以积劳伤病遽至不起。伏念该故提督始终兵事，削平巨患，实为湘军统将中勋名卓著之员。其发轫之初，有功原籍，似宜建祠报飨，以式乡闾。再，查军兴以来统兵文武大员曾效力疆场积劳及受伤在籍病故者，迭蒙圣恩逾格予谥建祠，如近年福建陆路提督萧孚泗、唐定奎先后开缺在籍病故，均经各督臣奏蒙恩准予谥，并于原籍及立功各省建立专祠在案。今李朝斌因伤在籍病故，事同一律，而生平战功、政绩较尤过之，洵足以当易名之典而无愧。职等目击时艰，追思良将，不忍听其湮没，为此联名呈请代奏"等情前来。

臣伏查已故提督李朝斌，始以固守湖南省城出奇制胜，为曾国藩所赏拔，调带水师战船，初破贼君山，克复岳州。其时，杨岳斌、彭玉麟以三日肃清湖面二百余里，实以该提督为前锋，所向无不披靡。自是克复武汉，转战湖北、安徽、江南诸省，功绩尤著。其捣鹦鹉洲贼巢，扫荡田家镇横江铁锁，破湖口梅家洲，夺获九洑洲积垒，肃清江面，皆创设水师以来最为著称数大战。该提督忠勇之名，亦最为诸军所称仰，曾国藩尤倚以破贼。梅家洲之役，胸膈重创，犹屹立大呼督战，内湖水师始得与外江合，遂乘胜下驶，旬日之间转战千数百里，无不克捷，实于大局有转圜之功。嗣以江南提督统领太湖水师，肃清苏浙。旋为外海兵轮统领，伤疾举发，蒙恩赏假回籍就医，遂以不起。臣维该提督江鄂战功彪炳一时，允为湘中统将勋绩卓著之员，而岳州、君山、城陵矶等处之捷，焚贼舟千数百艘，为水师初出第一大功，该提督亦于是始为众所推异，其有功桑梓，实与固守省城同称。前蒙圣恩优恤，准于立功省分建立专祠，而故里耆英溯其发轫之初，为功于本籍甚大，目击时艰，追思良将，谓宜报飨，以式乡闾。既据联名呈请，不敢壅于上闻，合无仰恳天恩，俯如该职等所请，准将已故江南提督李朝斌于湖南省城建立专祠，列入祀典,岁时致祭,以昭激劝。至所称“因伤在籍病故,核与萧孚泗、唐定奎事同一律,可否与于易名之典”,出自逾格鸿施,非臣下所敢擅请。

除将呈到清摺咨送军机处并咨兵部外,谨会同湖广总督臣张之洞恭摺具陈,伏乞皇上圣鉴训示。谨奏。

硃批:“李朝斌著准其在湖南省城建立专祠,该部知道。”

〖附〗光绪二十二年三月廿五日上谕*

以勋绩卓著、有功桑梓,予故江南提督李朝斌在湖南本籍建立专祠。从湖南巡抚陈宝箴请也。

密陈司道府考语摺**

(光绪二十二年二月二十八日)

头品顶戴湖南巡抚臣陈宝箴跪奏,为密陈司道知府考语,仰祈圣鉴事:

窃照两司道府每届年终,应由督抚出具密考,开单陈奏。臣仰蒙恩命,巡抚湖南,于上年十月到任,维时因距年终不远,所有司道知府各员,尚须详加体访,方能悉其底蕴,当于《计典奏请展限摺》内附片陈明,俟查办大计之后,再将各员出具切实考语具奏,以昭核实,钦奉硃批:“著照所请,该部知道。钦此。”

---

* 据《清实录·德宗景皇帝实录》,见《清实录》,卷三八七,第58页。按:《光绪朝东华录》光绪二十二年四月己丑(廿四日)条亦云:“予故前任江南提督李朝斌于湖南省城建祠。”见第四册,总第3790页。又按:可参阅俞廉三光绪二十八年三月十三日《请将李朝斌专祠列入祀典片》,见《光绪朝硃批奏摺》,第29辑,第827页。

** 据中国第一历史档案馆藏档。按:此摺另见《光绪朝硃批奏摺》,第11辑,第413～414页。

伏思民生休戚,系乎牧令,牧令表率,系乎长官。司道知府,皆居表率之任,有察吏之责,参举劾之权,苟有守有为、克举其职,则牧令有所秉承,贤者乐于自效,不肖者亦不敢不勉为中人。数月以来,臣将各该员居心行事、操守声名,随时随事留心体察。除长沙府知府赵环庆升道遗缺,拟以岳州府知府钟英调补,尚未奉部复准,永州府知府范正声奉准部复,尚未到任,新选岳常澧道陈璚、辰州府知府斌儒均未到省,沅州府知〈府〉松增调省①,尚未回任,例不出考外,其余在省司道各员,详加体察,其志识才行,颇已周知。即省外各道府,或因公接见,或于公牍考其才识,或于公论访其政事,亦皆已得梗概。现在补行上年大计,已照展限查办完竣,恭疏具题,所有司道知府各官,谨就臣见闻所及,出具切实考语,另缮清单,密呈御览。臣仍当不时认真查察,倘有前后异辙及衰庸不职之员,即当立予参劾,断不敢稍事姑容,以期仰副圣主澄叙官方之至意。理合恭摺密陈,伏乞皇上圣鉴。谨奏。

硃批:"知道了,单、片留中。钦此。"

① "府",据《光绪朝硃批奏摺》补入。

卷五　奏议五

请添设南洲厅学额摺*

（光绪二十二年三月二十三日）

头品顶戴湖南巡抚臣陈宝箴跪奏，为新设南洲直隶厅人文蔚起，恳求加添学额，以作士气而淑民风，恭摺仰祈圣鉴事：

窃湖南省设立南洲直隶厅，前经部议，“照划拨华容、安乡两县丁粮核计，分拨华容县文、武学额各二名，安乡县文、武学额各一名，作为南洲厅文、武学额，归该厅径行录送，就近赴澧州随棚考试。其武陵、龙阳二县所拨田亩，均系新充官荒及新淤洲地，未经升科完粮，其人亦非皆二县土著，未便议分二县学额，应照客籍考试例，由地方官查明寄居已满年限者，一体归入该厅考试，俟考试一两届后，酌量文风高下及应试人数多寡，再行奏请添设学额，并添拨廪、增各额，及酌定出贡年分”等因具奏。奉旨：“依议。钦此。”钦遵在案。

光绪二十一年举行岁考，由该厅录送文童六百余名、武童二百余名，经学政臣拨借华容、安乡二县廪生各一名，认识结保，认真考试，文理、技艺均有可观，随均照额取进。尚有力学敦行之士，多因

---

* 据中国第一历史档案馆藏档。按：此摺另见《光绪朝硃批奏摺》，第 104 辑，第 1061 ~ 1062 页。

额满见遗。盖厅治虽系新设，洲地原由积日淤成，民人之寄居该洲、以耕读为业者，多历年所，有籍难回，久抱怀才欲试之念，幸遇立学开考，莫不欣喜奋发，志切观光，棫朴菁我〔莪〕[①]，郁然称盛，只缘人多额少，未免向隅。据代理南洲直隶厅通判陈国仲及该厅职员张得志等禀求加添学额，由湖南布政使何枢、按察司〔使〕俞廉三详加察核[②]，会详请奏前来。臣查南洲设厅之初，部议原俟考试一两届后，酌量文风高下及应试人数多寡，再行请添学额，今已考试一届，人数既众，文风亦优，自应即请增添学额，以广多士登进之阶。且南洲设厅，本因风气庞杂、斗讼滋多，是以划疆建治，弹压整理，诚能使文学振兴，习俗自渐崇礼让，于学校、吏治均大有裨益。合无仰恳天恩，俯准将南洲直隶厅查照凤凰、晃州各厅学额成案，添设文学五名，连前拨分学额三名，共八名，作为南洲直隶厅文学定额，即以本届科考为始，照额取进；并设廪额六名、增额六名，应支廪膳银两，亦照凤凰等厅例，于藩库地丁项下开支，按年汇入奏销案内造报，庶以作育人材，并资观感。其出贡年分〈及〉拔贡名数[③]，仍俟廪、增补足之后，再行查明办理。至武童人数，现尚无多，应暂照拨分三名取进，如果将来人数加增，另行酌议具奏。

除咨部查照外，是否有当，理合会同湖广督臣张之洞、湖南学政臣江标恭折具陈，伏乞皇上圣鉴，敕部核议施行。谨奏。

硃批："该部议奏。钦此。"

---

① "莪"，据《光绪朝硃批奏折》校改。

② "使"，系编者代改。按：此句之"使"，《光绪朝硃批奏折》统作"司"。

③ "及"，据《光绪朝硃批奏折》补入。

〖附〗光绪二十二年四月十八日上谕 *

湖南巡抚陈宝箴奏:"新设南洲直隶厅,请查照凤凰、晃州各厅学额成案,添设文学五名,连前拨分华容、安乡两县学额三名,共八名,作为定额。"下部议行。

周至德、彭飞熊分别调署醴陵、龙阳片**

(光绪二十二年三月二十三日)

再,湖南醴陵县知县缺,查有准调巴陵县知县现任永兴县知县周至德,才识开敏,为守兼优,堪以调署;又署龙阳县知县彭献寿回省,所遗员缺应行拣员署理,查有湘潭县知县彭飞熊,操履精纯,器识闳达,堪以调署。据藩司何枢、臬司俞廉三会详前来,除批饬遵照外,谨会同湖广督臣张之洞附片具陈,伏乞圣鉴。谨奏。

硃批:"吏部知道。钦此。"

酃县令缺请展限题补片***

(光绪二十二年三月二十三日)

再,据湖南布政使何枢呈详:"案查吏部定章:'各省正印佐杂官员补缺定限,远省限九十日,次远省限七十日,按照定限拣选升调题补。如实因拣员未定,不能依限题咨调补者,准于定限内先行咨部,加展两个月,统不得过正展限期之外。其更正请补,有逾定

---

* 据《清实录·德宗景皇帝实录》,见《清实录》,卷三八九,第72页。

** 据中国第一历史档案馆藏档。此为上摺之附片。按:此片另见《光绪朝硃批奏摺》,第12辑,第186页。

*** 据中国第一历史档案馆藏档。此为上摺之附片。按:此片另见《光绪朝硃批奏摺》,第12辑,第183页。

限或请展限在正限以外,查其咨文,在应归选月分二十〈日〉截缺期内到部者①,仍归外补,毋庸归选'等因,遵奉在案。今查酃县知县缺于光绪二十二年正月十四日奉准吏部咨复:湖南分缺先补用知县陈吴萃请补酃县知县,应毋庸议,其酃县知县员缺,应令另拣合例人员请补等因,于光绪二十一年〈十〉二月十七日奉旨:'依议。钦此。'坐十二月二十二日行文,应以光绪二十二年正月二十七日接到部文之日起限,查照定限七十日并会衔三十日,扣至五月初七日限满。惟查酃县知县缺,现因拟补人员有无事故,应俟查明核办,是以未能依限请补,应请查照遴员未定之例,于正限内先行展限两月,以免迟逾。再以后所出之缺,应请一并展限"等情,详请奏咨展限前来。臣复查无异,除咨移吏部科查照外,理合附片具陈,伏乞圣鉴训示。谨奏。

朱批:"吏部知道。钦此。"

光绪廿一年下忙钱粮解司银数摺*

(光绪二十二年三月二十三日)

头品顶戴湖南巡抚臣陈宝箴跪奏,为查明湖南省光绪二十一年分下忙钱粮解司银数,循例恭摺具陈,仰祈圣鉴事:

窃照前准户部咨:"各直省督抚督饬藩司,自嘉庆二十一年为始,于州县每年应征上、下忙钱粮,除例准留支及实欠在民外,所有征存银两尽数提解司库,上忙应四月完半者限五月底,下忙限十二月底截清,解司银数专摺奏报。"又咸丰二年六月内准户部咨:"嗣后各省应征上忙钱粮,以二月开征,限五月底完半,下忙八月接征,

① "日",据《光绪朝硃批奏摺》补入。下同。

* 据《光绪朝硃批奏摺》,第82辑,第416~417页。

限十二月底全完。按照八分计算,责成藩司督催。以上忙匀为三分征收,如能完至三分者,免其议处,完至三分以上者,即予议叙;下忙匀为五分征收,如能完至五分者,免其议处,完至五分以上者,即予议叙。其余二分果能于奏销前全完者,即将该司请旨从优议叙。”又咸丰九年户部奏定:“上忙限十一月底,下忙限次年五月底,分别成数造报”各等因。历经遵办在案。

兹据藩司何枢查明光绪二十一年分通省下忙钱粮完、欠数目,造册详请具奏前来。臣复加查核,册造湖南省光绪二十一年分应征地丁、起运、存留、驿站等项钱粮正银一百一十三万六千一百三十六两一钱四分一厘,上忙已完过银三十四万七千七百九十七两六钱九分五厘,今下忙又征完银五十五万六千八百五十三两二钱八分六厘,除水旱灾案内应行蠲缓银七万八千五百三十两七分九厘,实未完银一十五万二千九百五十五两八分一厘。又应征耗羡银一十一万三千五百二十八两八钱五分五厘,上忙已完过银二万五千一百五十三两三钱二分,今下忙又征完银五万六百七十一两七钱四分九厘,除水旱灾案内蠲缓银七千八百五十三两八厘,实未完银二万九千八百五十两七钱七分八厘。通计下忙正、耗钱粮已完五分考成银六十万七千五百二十五两三分五厘,其余未完并带征光绪十四、五、六、七、八、九、二十等年灾缓银两,现据查明均系实欠在民,并无以完作欠情事。

除饬藩司严催各属将未完银两上紧征收,务于奏销以前一律扫数完解,并将总册咨部外,所有查明光绪二十一年分下忙钱粮截清解司银数,理合恭摺具陈,伏乞皇上圣鉴。谨奏。

硃批:“户部知道。”

光绪廿二年二月粮价及雨水情形摺*

（光绪二十二年三月二十三日）

头品顶戴湖南巡抚臣陈宝箴跪奏，为恭报二月分市粮价值及所属地方雨水情形，仰祈圣鉴事：

窃照湖南省本年正月分粮价及雨水情形，业经臣恭摺奏报在案。兹据藩司何枢查明通省本年二月分各项粮价，开单汇报前来。臣逐加查核，长沙等十八府州厅属米粮价值均较上月稍增，豆、麦价值悉与上月相同，省城及各属地方春雨幸获沾足，田亩一律翻犁，秧苗次第播种，大、小二麦及杂粮、蔬菜均已长发繁茂，农民及时耕作，境宇尚属敉平，堪以上慰宸廑。理合恭摺具奏，并缮粮价清单敬呈御览，伏乞皇上圣鉴。谨奏。

硃批："知道了。"

陶茂林请准援案赐恤并附祀摺**

（光绪二十二年三月二十三日）

头品顶戴湖南巡抚臣陈宝箴跪奏，为提督大员立功后积劳病故，恳恩赐恤，以彰忠荩，恭摺仰祈圣鉴事：

窃臣据四品卿衔湖北候补道周乐等联名禀称："已故提督前署贵州古州镇总兵爱星阿巴图鲁陶茂林，殁年六十二岁，湖南长沙县人。由武童于咸丰四年投效曾国荃部下，随同攻剿岳州、湖北等处发逆。旋调援江西，收复弋阳、广信、义宁州等城。六年，追贼至鄂省，叠获大胜，跟踪尾追，转至江西，克复万安县。八年，收复吉安

* 据《光绪朝硃批奏摺》，第 95 辑，第 1009～1010 页。

** 据《光绪朝硃批奏摺》，第 45 辑，第 216～218 页。

府城,首先陷阵,被炮子洞伤左臂。九年调鄂,委带茂字营,防堵黄州一带,赴皖攻剿,击退霍山县乐儿岭股匪。十年,御舒城援贼,克复建德县城。十一年四月,进剿桐城,截住安庆援贼。八月,克复桐城、宿松及湖北之黄梅、蕲州等县城池。同治元年,将庐州府城克复,并搜剿各县伏贼。惟时发逆稍靖,回焰倏张,移军入陕,荡平同州府属之羌白镇等处各回巢。是年凤翔吃紧,贼垒密布数百里,诸军未敢轻进,该故提督亲率五营奋勇直攻,歼毙贼党无算,拔出男妇数万,身受炮子数伤,城围遂解。二年二月内,迭克花花庙、灵台、神峪河、张家川各处回巢百余座,被矛伤左股。五月,克复平凉府。以累功洊保至简放总兵,补陕西汉中镇总兵员缺,署理甘肃提督。九月,克莲花城老巢,十一月解安定、会宁围,并复金县。四年正月,解靖边城围,克复大、小白草原等处,救出汉民数百,蒙补授甘肃提督。四月,丁父艰。是时甘省吃紧,经护陕甘督臣恩麟请旨开缺,五月初二日奉上谕:'甘肃军务吃紧,陶茂林仍留军营,改为署理甘州提督。钦此。'旋因所部勇丁闹饷案内革职,交卸回籍。十年,奉调赴黔,收复新城,搜除扁担山等处伏莽,悉数殄灭。光绪元年,克复下江、永从各城并六硐贼巢,奏请开复原职。三年,署威宁镇篆务,抚绥滇、蜀交界苗民,捕缉抢劫匪犯,不遗余力。十年,署古州镇。十二年,复署威宁镇篆务。十四年,统带松铜、思石各营练军。十六年,署古州镇总兵,于是年九月二十日因旧伤举发在任病故。禀请援案照军营立功后病故例,奏请从优议恤,并附祀曾国荃专祠"等情前来。

臣查已故提督前署贵州古州镇总兵陶茂林,从戎数十年,转战六七省,躬冒矢石,叠克名城,乃以积劳创发身故,殊堪悼惜。相应据情吁恳天恩,准将已故提督前署贵州古州镇总兵陶茂林照军营立功后积劳病故例从优议恤,并附祀曾国荃专祠,以彰忠荩。除履历事实咨送兵部外，理合恭摺陈明，伏乞皇上圣鉴训示。谨奏。

硃批："著照所请，该部知道。"

朱超发请准援案赐恤并附祀片*

（光绪二十二年三月二十三日）

再，准湖南提督臣娄云庆咨，据接统庆字等营记名总兵杜嵩龄等联名禀称："已故前统庆字等营提督衔留甘补用总兵烈勇巴图鲁朱超发，自咸丰五年由武童投入湖南星胜营，克复攸县城池，越境剿贼，叠克江西袁州、吉安各府城。星胜营凯撤，改投霆字副中营，进攻安徽之黟县羊栈岭、卢村、洋塘等处，叠获大胜。十一年七月，回攻江西丰城，群贼如毛，前队将溃，是时该故镇已保千总，督队猛扑，转败为胜，身受弹伤，验列头等。伤平，调充湖南抚标安字营后哨哨长。同治元年，截剿石逆巨股，越境克复湖北来凤县城。未几，是营改隶两江督标，合为钧字一军。二年，奉委管带钧字左营，进克湖口、彭泽县城，立解青阳重围。三年，凯撤。四年，仍投留豫霆军大营，充当亲兵哨长，扼守江防，截杀广东镇平大股窜贼，进军截剿嘉应州，窜贼馀孽悉数荡平。六年，叠奉署直隶提督臣娄云庆札调，委带直隶古北口练军右营。旋委带驻鄂霆峻正后营①，严办防堵，地方赖以安全。九年，陕甘军务吃紧，回氛正炽，叠经前陕甘爵阁督臣左宗棠札调，管带恪靖大营亲军及律勇后营，攻克金积堡贼巢，宁灵、关陇次第肃清。光绪五年，委署循化营参将。七年，借补是缺。九年，任内办结蒙番搆衅积案，纪功三次，议叙升衔。十

---

* 据《光绪朝硃批奏摺》，第45辑，第624～625页。按：据后附光绪二十二年四月十八日上谕，此片当属上摺之附片，上奏时间由此推定。

① "霆峻"，似为"霆军"之误。

四年,禀请开缺,回籍修墓。十五年,复投广东潮州镇总兵娄云庆营中效用,经两广督臣张之洞委办湘军庆字各营营务,兼带中营,旋统庆字全军,驻防沙角,海滨安堵。十七年,随同湖南提督臣娄云庆率队回湘,蒙咨请奏留湘防,分驻常、澧。二十年冬,奉委添募庆字右营,驻岳巡缉,悉归统带,办防以来,均无贻误。二十一年二月,海防吃紧,奉檄添成庆字正五营并新中一营,驻扎岳州,听候调遣。旋值和议告成,于四月内奉文遣撤,各勇丁甫聚复散,领饷无多,环求恩饷。该故镇自知饷项支绌,未便再四干求,乃以历年所积薪资垫赔银三千五百余两,匀给遣散,经前任抚臣吴大澂以办理未善奏奉硃批:'降二级,公罪不准抵销。钦此。'钦遵转行在案。因遣散事竣,感冒风寒,即患目疾未愈,寻发旧伤,加以带病途行,未能调摄。十月,由省差竣返常,更觉困惫已甚,遍身筋骨作痛,十一月初九日奄奄一息之际,犹以受恩深重未能报称为念,即于辰刻身故,殁年六十。囊无余资,世居长沙县临湘都,祖遗薄田数亩,抚其兄子鸣禄为嗣。窃维朱故镇束发从戎,由江西转战而东,清鄂、皖,平粤贼,防北口,击西回,所在有功,近数年复由粤防调办湘防,戎马四十年,奔驰未尝稍憩,卒以积劳成疾,触发旧伤,殁于军事。虽遣撤新勇办理稍疏,而捐资济公,揆诸古人毁家纾难之义,心迹不谋而合,且其生平战绩历历可指。该故镇部下相随有年,未忍听其湮没,禀恳转咨照军营立功后病故例奏请议恤,将生平战绩宣付史馆,并附祀湘省昭忠祠"等情前来。

臣查已故总兵朱超发,从戎四十余年,身经百余战,亲冒矢石,不避艰险,兹因积劳成疾,在防病故,殊堪悼惜。相应据情吁恳天恩,可否准将已故留甘总兵朱超发援照军营立功后病故例从优议恤,并将生平事迹宣付史馆,及附祀湘省昭忠祠,以彰忠荩之处,出自逾格鸿施。除履历咨部外,理合附片陈明,伏乞圣鉴训示。谨奏。

朱批："著照所请，该部知道。"

龚继昌专祠落成奏恳立案片*

（光绪二十二年三月二十三日）

再，据署湖南城步县知县上官廉禀称，据记名提督已故湖北郧阳镇总兵龚继昌之子补用道兼袭云骑尉世职龚盛阶呈称："故父系城步县人，咸丰七年由武童投效楚军，随同前贵州按察使席宝田先后攻克江西临江府城、广西柳州府城，力解安徽青阳县城围，克复江西金溪、崇仁、东乡、宜黄、南丰、雩都等县城池，并生擒幼逆洪福填〔瑱〕，积功保至提督衔记名总兵，赏给果勇巴图鲁名号，赏戴花翎。同治六年，前贵州按察使席宝田总统援黔各军剿办苗匪，故父分统左军，攻克颇洞、寨头苗巢，援剿黎平，收复天柱、胜秉、台拱、丹江、凯里各城，迭克江口坉、施洞口、开怀、乌鸦坡等处各巢，生擒苗首张臭述〔迷〕、杨大六、江老拉、潘老冒等，全黔一律肃清，节次洊保记名提督，赏换额腾依巴图〈鲁〉名号，赏给白玉翎管、搬指、大小荷包，赏穿黄马褂，赏给云骑尉世职头品顶戴。光绪二年，前湖南抚臣王文韶遵旨保举堪胜专阃人员，蒙恩交军机处存记。七年正月，奉上谕：'湖北郧阳镇总兵著龚继昌补授。钦此。'前抚臣李明墀奏留统领湖南西路防营，兼带长胜水师。十三年七月，奉旨饬赴本任。十四年四月，晋京陛见后，请假回籍修墓，十月到郧阳镇总兵任。十五年冬月，会哨陕边，偶患感冒，触发旧伤，于十二月十

* 据《光绪朝朱批奏摺》，第45辑，第627~628页。按：此片应同为上摺之附片。又按：云贵总督王文韶曾于光绪十六年六月二十四日奏请从优议恤龚继昌并准于本籍建祠，详《光绪朝朱批奏摺》，第41辑，第556~558页。

九日在任病故。经前云贵总督臣王文韶开呈履历事实,奉上谕:‘著照军营立功后积劳病故例从优议恤,生平战绩宣付国史馆立传,并准附祀江西、贵州等处席宝田专祠,其城步县本籍准由该家属自行建立专祠等因。钦此。’遵于城步县城内购买基址建立专祠,业经告竣,呈报转请奏恳敕部立案,列入祀典,由地方官春秋致祭,以彰皇恩”等情,由县禀请奏咨前来。

臣查已故湖北郧阳镇总兵龚继昌,生前勇敢悫诚,兼谙韬略,转战江、皖等省,平定黔苗,忠勤卓著,久邀圣明洞鉴,仰蒙恩旨准建专祠,兹值落成,相应据情奏恳天恩,俯准饬部立案,以隆报飨而励忠勤。除咨部查照外,谨附片具陈,伏乞圣鉴。谨奏。

硃批:“该部知道。”

〖附〗光绪二十二年四月十八日上谕*

予故郧阳镇总兵龚继昌城步县本籍专祠列入祀典;予故记名提督陶茂林、留甘补用总兵朱超发,照军营立功后积劳病故例优恤,陶茂林附祀曾国荃专祠,朱超发附祀湖南昭忠祠。从湖南巡抚陈宝箴请也。

查明幕友任骥等参款摺**

(光绪二十二年三月二十五日)

头品顶戴湖南巡抚臣陈宝箴跪奏,为遵旨查明、据实陈复事:

---

* 据《清实录·德宗景皇帝实录》,见《清实录》,卷三八九,第73页。按:陶、朱优恤及附祀之谕,另见《光绪朝东华录》光绪二十二年五月戊午(二十四日)条,惟文字与此不同。详第四册,总第3802~3803页。

** 据中国第一历史档案馆藏档,篇末附录该摺上奏日期:“三月二十□日”。按:此摺另收入《光绪朝硃批奏摺》,上奏日期为“光绪二十二年三月二十五日”,见第11辑,第455~458页。

窃臣承准军机大臣字寄,光绪二十一年十一月初四日奉上谕:“有人奏《特参湖南劣幕,请旨查办》各摺、片。据称:‘湖南劣幕任辚,即任小棠,又名任子龄,入长沙府幕,兼管臬幕,遇事把持,擅作威福,门徒布满通省。候补通判蒋联庚、知县吕汝钧、从九邬同寿,皆谄事任辚,或滥厕局差,或荐司刑幕。候补通判刘钺,以四百金拜门,得署凤凰厅要缺同知,词讼案件,两造必各缴官钱,方为审讯。任辚又与已革同知徐渤伙开钱铺、典当多处,家资〔赀〕至数十万金[①]。另立一任子龄之名,报捐通判职衔,于台湾清赋案内递保道员。又巡抚衙门幕友吴立达,势焰愈高,声气愈广,请一并查办’等语。著陈宝箴按照原参所指各员逐款查明,据实具奏,毋稍徇隐。另片奏:‘署清泉县知县景天相匿灾不报,遇有命案,勒令以重报轻,前任衡山时,抢案累累,从未申报’等语,著陈宝箴一并确查具奏。原摺一件、片二件,均著抄给阅看。将此谕令知之。钦此。”遵旨寄信前来等因,承准此。

遵查原参“任辚占踞臬幕、府幕,擅作威福,广收门徒”等事,经臣于前次奉旨饬查钱康荣等摺内一并查明具复,钦奉谕旨:“将任辚勒令回籍,不准逗遛”在案。惟摺内所称“任辚又在省城与已革广西同知徐勃〔渤〕伙开阜隆钱铺、隆庆典当,在益阳伙开宝聚典当,在巴陵伙开人和、公济等典当,计赀本不下二十余万金。又购盐票二张,直〔值〕二万余金。任辚一介游民,在湘处馆,若非剥削官民,何以至此”一节,臣详悉访查,任辚所开钱铺及各典当,皆系通济典铺华光庭经手,而乾和、庆隆〔隆庆〕管事汤小东、李厚钧等,亦皆深知底蕴,遂札饬布、按两司转饬长沙、善化二县,将华光庭、汤小东、李厚钧及阜隆钱铺舒寿祺等传集赴司查讯。据华光庭等

① “赀”,据《光绪朝硃批奏摺》校改。下同。

佥称:"任骣伙开典当,省城只隆庆典,入本钱一万串,又先后存银五千两,存钱二千串;乾升、德福、瑞和等典,共存银一万两,存钱一千五百串;鼎裕、鼎隆、五福、同仁等典,共〈存〉银五千两;大有豫盐号,存银六千四百两。均系八厘行息。实无盐票。又益阳县城通裕质当,入本钱三千串;岳州府城公济典,入本钱八千串,存银一千两;人和典入本钱二千串,存银二千两;华容县城公和典,入本钱六千串;至阜隆钱铺,系徐勃〔渤〕独开,并未与任骣合伙,仅来往数内尚存银七十八两八钱二分,此外并无余款。"均各出具"并无隐瞒,如虚查出,自甘究治,并将自己家产充公"切结。比将簿据呈验,尚属相符。综计各典共入任骣本钱二万九千串,又存钱三千五百串,共钱三万二千五百串,各典号共存银二万九千四百七十八两零,通共银、钱并计,约合银五万六千余两。据华光庭等又称:"闻任骣存项内尚有代人存放之款,益阳通裕典去冬有汪姓持任骣名片来取息银属实。"据藩、臬两司据情具详并檄查益阳、岳州禀复前来,复查各供,委无遁饰,尚无"二十余万金"之多。此查明任骣伙开钱铺、典当之实在情形也。

原参又称"任骣另立一'任子龄'之名,报捐通判职衔,四处钻营,递保至三品衔分省补用道。计其初出就馆,在江华幕七年,光绪元年入长沙府幕,旋兼臬幕,二十余年足未出湘,闻其道员乃系台湾清赋案内所得"一节。臣于前次查复摺内,曾以任骣非本省候补人员,无官册履历可考,请俟其赴部引见时查明撤销。兹复先后奉旨饬查,遍加询访,仅闻其曾于光绪二十年六月在湖南新海防捐局报捐,因饬局将任骣报捐履历查出呈核。据开,任子龄由监生于同治四年在湖南黔捐局报捐通判;光绪五年复在滇捐局加捐同知分发试用,是年以办理豫赈出力,由河南奏保俟补缺后以知府用,奉部核准;二十年五月在山东省新海防捐局捐知府分省补用,又加捐道员双月选用，并补交捐免保举银两。今遵新海防例，在湖南报捐三班、指发湖北等情，是否与部案相符，无从臆度。此外别无可查之处。有谓其曾以“任骥”之名附入台湾清赋保案，后经吏部将全案撤销者，细查亦无实据。此遵查原参任骥钻营保举之实在情形也。

原参又称“任骥经前抚臣王文韶勒令辞去一席，专司臬幕，长沙府幕则荐候补从九邬同寿充之。邬同寿曾以二百金拜门求缺，既经委署临湘〈县〉巡检，复嫌缺苦，求任骥荐司辰州府幕，旋司长沙府幕。又候补通判刘钺，以四百金拜门，得谳局差，遇事招摇，揽权纳贿；复得署凤凰厅要缺同知，讼案无论大小，原、被必各缴官钱二十串、十五串不等，方为升堂审讯，家赀稍裕者尚不在此论，每讯一堂，数日不结，藉以婪索”等语。查邬同寿官册无名，札司查复，始悉其初本以从九品到省候补，加捐主簿，以曾习刑名，遂注销原官，就辰州府幕，嗣后就长沙府幕，相沿已历数任，其初是否任骥所荐，不可得知。所称“以二百金拜门”，亦无实据。惟现查邬同寿〈已〉辞出长沙府幕，亦未在湘省他处就馆。至刘钺向在谳局，现在署凤凰厅任内，尚无劣迹，听断颇有能名。臣到任后，查阅辰沅永靖道廷杰冬季密考及密询所属各员优劣，于刘钺讫无贬词。又诘以原参各语，托为风闻，廷杰复力为剖白，且称其操守严谨、听讼勤明，于缉捕盗贼、惩创痞匪、清理监押等事极为认真，禀请久予留署。廷杰性情爽直，尚少粉饰习气，又近在同城，其所言与臣采访情形尚属符合。适臣因事检查旧卷，见有刘钺奉委查事一禀，详明切实，议论持平，其居心行事可以概见。参以近所见闻，实无屡讯不结、藉案婪索等事，或系传闻之讹。至候补知县吕汝钧，已经臣前摺参革，通判蒋联庚现于遵查被参另案附片陈复，均不更赘。此查明任骥被参各款及邬同寿、刘钺等之实在情形也。

窃维任骥在湘多年,以一人而兼府幕、臬幕,握通省刑名要枢,又复广收门徒,荐往州县,既自使人畏威,又欲使人怀惠,气焰薰灼,不问可知。乃犹以数万金合股,并分存省城内外典当植利,不止毫无捡束,实为幕友中所罕见。但既经勒令回藉,不敢逗遛,似可邀免置议。所荐门徒,贤否自不一律,如有浮薄不谨之人,自当随时察核,分别留汰。其查出合伙本赀及分存取息各项,共合银五万数千两,除汪姓曾经取息之通裕存钱三千串,去留听其自便外,馀仍照旧分存,恭候谕旨遵行。至邬同寿现既辞出府署,又未在湘省作幕,候补通判现署凤凰厅同知刘钺既经查无劣迹,又属尚堪造就之员,拟合仰乞恩施,一并免其置议。

所有查明特参湖南劣幕各缘由,谨恭摺具陈,伏乞圣鉴训示。谨奏。

硃批:"著照所请,该部知道。馀依议。钦此。"

查明幕友吴立达参款片*

(光绪二十二年三月二十五日)

再,另片参称"巡抚衙门幕友吴立达,胡〔湖〕北举人①,自前任巡抚臣吴大澂延请入幕,肆意把持,以及恣意游行、关通钻刺"等语。查吴立达业于上年去湘,已往各事,查询均无实据。所称"以其戚蔡姓荐于藩署,方姓荐于粮道署,及某姓荐于辰沅道署",现查诸人均未办理署中要务,外人亦多不相识,尚属安静无他,应请免议。

---

* 据中国第一历史档案馆藏档。此为上摺之附片。按:此片另见《光绪朝硃批奏摺》,第26辑,第46页。

① "湖",据《光绪朝硃批奏摺》改正。

又,另片奏参“署清泉县知县景天相匿灾讳盗”各节,虽“匿灾”尚无其事,“讳盗”实出有因,已经臣另摺奏参革职,永不叙用。合并附片陈明,伏乞圣鉴。谨奏。

硃批:“知道了。钦此。”

〖附〗光绪二十一年十一月初四日上谕*

谕军机大臣等:“有人奏《特参湖南劣幕,请旨查办》各摺、片,据称:‘湖南劣幕任骣,即任小棠,又名任子龄,入长沙府幕,兼管臬幕,遇事把持,擅作威福,门徒布满通省。候补通判蒋联庚、知县吕海〔汝〕钧、从九邬同寿①,皆谄事任骣,或滥厕局差,或荐司刑幕。候补通判刘钺,以四百金拜门,得署凤凰厅要缺同知,词讼案件,两造必各缴官钱,方为审讯。任骣又与已革同知徐渤伙开钱铺、典当多处,家赀至数十万金。另立一任子龄之名,报捐通判职衔,于台湾清赋案内递保道员②。又巡抚衙门幕友吴立达,势焰愈高,声气愈广,请一并查办’等语。著陈宝箴按照原参所指各员,逐款查明,据实具奏,勿稍徇隐。另片奏‘署清泉县知县景天相,匿灾不报,遇有命案,勒令以重报轻,前任衡山时,抢案累累,从未申报’等语,著陈宝箴一并确查具奏。原摺一件、单二件,均著钞给阅看。将此谕令知之。”

寻奏:“遵查劣幕任骣已经勒令回籍,似可邀免置议;邬同寿未在湘省作幕,通判刘钺查无劣迹,拟请一并免其置议。”允之。

---

* 据《清实录·德宗景皇帝实录》,见《清实录》,卷三七九,第957~958页。按:该谕旨另见《光绪朝东华录》,惟“寻奏”以下未录,详第四册,总第3692页。

① 此处之“吕汝钧”,《清实录》误作“吕海钧”;《光绪朝东华录》则将“邬同寿”误作“邬同春”。

② 《光绪朝东华录》缺“于台湾清赋案内”七字。

又奏:"幕友吴立达业已去湘,已往各事,查询均无实据,应请免议;署清泉县知县景天相,'匿灾'尚无其事,'讳盗'实出有因,已经另摺参劾。"报闻。

岳常澧道陈璚饬赴新任片*

(光绪二十二年三月二十五日)

再,新授湖南岳常澧道陈璚现已到省,应即饬赴新任,以专责成。除檄饬遵照外,理合会同湖广督臣张之洞附片具陈,伏乞圣鉴。谨奏。

硃批:"知道了。钦此。"

藩司何枢综理赈务请暂缓陛见片**

(光绪二十二年三月二十五日)

再,湖南布政使何枢二次任满,例应陛见,该藩司恋阙情殷,业已自行具奏请旨陛见。惟查湖南上年雨泽愆期,灾区甚广,所有劝筹捐款、采买米粮、抚绥安集一切事宜,至为繁重,经臣于到任后奏明设立筹赈〈总〉局[①],由藩司综理,会同各司道妥为筹办,俱臻妥协。现在新秧甫长,秋获尚遥,饥民待哺甚多,正当赈务吃紧之际,未便更易生手。合无仰恳天恩,俯念赈务紧要,准予暂缓入都陛见,俾得悉心办理,臣亦藉资臂助,于地方不无裨益。是否有当,理合附片具陈,伏祈圣鉴训示。谨奏。

---

* 据中国第一历史档案馆藏档。此为上摺之附片。按:此片另见《光绪朝硃批奏摺》,第12辑,第185页。

** 据中国第一历史档案馆藏档。此为上摺之附片。按:此片另见《光绪朝硃批奏摺》,第12辑,第182页。

① "总",据《光绪朝硃批奏摺》补入。

硃批:"何枢已有旨,令其毋庸来见矣。钦此。"

外省赴湘采办硝磺悉由矿务总局办理片*

(光绪二十二年三月二十五日)

再,臣曾于正月二十八日谨将湖南省城设立矿务总局缘由奏蒙圣鉴,自当恪遵谕旨,悉心妥办,并分别先后难易,次第兴举。缘湘省公款奇绌,无从筹拨资本,遽集商股,弊窦殊多,不得不先其易者,藉资周转,然后因事以就功,由易以及难。本年二月初旬,经派员绅前往永定、常宁二县,先办铜、铅等矿,仍一面于宁乡县属暂用土法试办煤矿。俟开采畅旺,粗有成效,再当购买机器,酌集商股,以图扩充,容当妥定章程,随时具奏。惟查各属出产硝、磺甚多,开采甚易,经理得法,所有余利即可作为矿务成本。地方官因系例禁之物,非奉本省院司公文,不许擅自采取;然奸商、小民句通吏役,私采私售,势所不免。兼以各省委员及承办官商,持验该省咨文、护照,每多径往出产硝、磺之处,就地收买,奸民藉以影射渔利,远售更难究诘,不特偷漏厘税,且恐转售匪人,关系綦重。今既开办矿务,所有硝、磺等矿,自应悉由总局经理,以归画一。可否吁恳天恩,饬下江苏、安徽、江西、浙江、广东、广西、湖北等省,自后如应派委员商在湖南境内采办硝、磺,悉饬赴湖南省城矿务总局呈验照文,采买领运,毋庸各赴出产地方自行收买,以防流弊。至各省给发价值并应完沿途厘税,仍照向章办理。是否有当,理合会同湖广总督臣张之洞附片具陈,伏乞圣鉴训示。

又,辰州金矿亦已委员详勘,合并陈明。谨奏。

---

* 据《光绪朝硃批奏摺》,第101辑,第1101~1102页。按:据光绪二十二年四月十九日上谕(附后),此片当同属上摺之附片。

硃批:"著即咨明各省办理。"

〖附〗光绪二十二年四月十九日上谕*

湖南巡抚陈宝箴奏:"藩司何枢综理赈务,请暂缓陛见。"得旨:"何枢已有旨,令其毋庸来见矣。"又奏:"湘省设立矿务总局,请饬江、浙、鄂、粤等省,嗣后派员来湘采办硝、磺,皆赴总局验照,毋庸赴出产地方自行收买,以防流弊。"得旨:"著即咨明各省办理。"

胡瑞龙捐田赡族请准建坊片**

(光绪二十二年三月二十五日)

再,据湖南湘潭县知县彭飞熊详称,据生员胡熙运等呈称"族人同知衔胡瑞龙捐田三百二十一亩,照时价每亩值银二十两,折合银六千四百三十八两,择董事四人经理,赒恤族中孤寡、废疾、贫穷之人,洵属谊笃宗支。恳请援例旌表,以彰善举"等情,造具册结,具详请旌前来。查定例:"士民人等捐赀赡族,其田粟准值银千两以上者,请旨建坊,给与'乐善好施'字样"等语。今湘潭县绅士同知衔胡瑞龙捐田赡族,值银六千四百三十八两,洵属谊笃宗支,殊堪嘉尚,核与旌表之例相符,理合据情吁恳天恩,俯准建坊旌表,给予"乐善好施"字样,以资观感而励风俗。除将册结送部查核外,理合附片具陈,伏乞圣鉴训示。谨奏。

硃批:"著照所请,礼部知道。"

---

* 据《清实录·德宗景皇帝实录》,见《清实录》,卷三八九,第74页。

** 据《光绪朝硃批奏摺》,第29辑,第190页。按:上奏时间据光绪二十二年四月十九日上谕(附后)推定。

〖附〗光绪二十二年四月十九日上谕(节录)*

以捐田赡族，予湖南湘潭县同知职衔胡瑞龙建坊。

特参贪劣各员摺**

(光绪二十二年三月二十五日)

头品顶戴湖南巡抚臣陈宝箴跪奏，为特参贪劣不职各员，恭摺仰祈圣鉴事：

窃查湖南自近年以来，民生困敝，盗贼滋多，闾阎愁怨之气，上干天和，下酿患害。臣到任以来，栗栗祗惧，默维补救之方莫要于整饬吏治，吏治不饬，刑政不修，则良懦无所凭依，奸宄无所忌惮，不逞之徒转得藉为口实。湖南俗习刚强，伏莽潜煽，可忧弥大。臣忝膺疆寄，有整饬吏治之责，当此沈痼之时，苟非痛予针砭、严加惩儆，终无以挽积习而肃官常。谨择其劣迹尤著及不堪民牧者，分别纠参，以昭炯戒。

兹查衡阳县知县前调署清泉县景天相，酿盗殃民，怨声盈路；撤任黔阳县知县候补知府徐泽淮，办事颟顸，玩视民瘼；撤任署麻阳县知县试用通判洪成章，声名平常，居心近利；撤任署安化县知县优贡知县沈祖宪，性情乖谬，不洽舆情；沅州府知府松增，人尚安详，才欠开展；分缺间用知县祝廷琛，迹近招摇，不知捡束；大挑知县陈徕松，不谙事体，难膺民社；湘潭县典史汪廷灿，贪鄙嗜利，任性妄为；代理龙阳县龙潭巡检候补巡检余国屏，贪黩扰民，行同无

---

* 据《清实录·德宗景皇帝实录》，见《清实录》，卷三八九，第 74 页。

** 据中国第一历史档案馆藏档。按：此摺另见《光绪朝硃批奏摺》，第 11 辑，第 453 ~ 454 页。

赖。以上各员,均难稍事姑容,相应请旨将衡阳县知县景天相、代理龙阳县龙潭巡检候补巡检佘国屏一并革职,永不叙用;黔阳县知县候补知府徐泽淮、署安化县事优贡知县沈祖宪、署麻阳县事试用通判洪成章、湘潭县典史汪廷灿,均请一并革职;其沅州府知府松增,人地不宜,经前抚臣吴大澂撤任在省,拟请开缺另补;大挑知县陈徕松,文理尚优,拟请改以教职选用;分缺间用知县祝廷琛,拟请以县丞降补。据藩、臬两司会详前来,谨会同湖广督臣张之洞恭摺具陈,伏乞圣鉴训示。

再,所遗沅州府知府缺系冲简缺,湖南省现〈有〉应补人员①,应请扣留外补,合并陈明。谨奏。

硃批:"另有旨。钦此。"

〖附〗光绪二十二年四月十九日上谕*

谕内阁:"陈宝箴奏《特参贪劣不职各员》一摺。湖南衡阳县知县前署清泉县知县景天相,酿盗殃民,怨声盈路;代理龙阳县龙潭巡检余〔佘〕国屏②,贪黩扰民,行同无赖。均著革职,永不叙用。撤任黔阳县知县候补知府徐泽淮,办事颟顸,玩视民瘼;撤任署麻阳县知县试用通判洪成章,声名平常,居心近利;撤任署安化县知县沈祖宪,性情乖谬,不洽舆情;湘潭县典史汪廷灿,贪鄙嗜利,任性妄为。均著一并革职。沅州府知府松增,人尚安详,才欠开展,著开缺另补。候补知县祝廷琛,迹近招摇,不知检束,著以县丞降补。大挑知县陈徕松,不谙事体,难膺民社,惟文理尚优,著以教职

---

① "有",据《光绪朝硃批奏摺》补入。

* 据《清实录·德宗景皇帝实录》,见《清实录》,卷三八九,第73页。

② "佘",据陈宝箴原摺改正。

选用。”

文杰因案被控请革职审办片*

（光绪二十二年三月二十五日）

再，臣访闻湖南常德府知府文杰，信任劣绅吴爱亭招摇讹诈，声名甚劣，正饬查间，据武陵县职员戴翼诚及生员唐兆兰各以文杰“藉端科罚”、“因案索贿”等情来省具控，经臣批司查讯，所控各节均非无因，旋据岳常澧道揭报，由布政使何枢、按察使俞廉三会详前来。除委员前往摘印署理外，相应请旨将常德府知府文杰先行革职，由臣督同藩、臬两司提齐人证澈底审明，照例拟办，以儆官邪而肃吏治。是否有当，谨会同湖广总督臣张之洞附片具陈，伏乞圣鉴训示。谨奏。

硃批：“另有旨。”

〖附〗光绪二十二年四月十九日上谕（节录）**

又谕：“陈宝箴奏‘知府因案被控，请革职审办’等语。湖南常德府知府文杰，信任劣绅招摇讹诈，声名甚劣，并有藉端科罚、因案索贿情事。文杰著先行革职，交陈宝箴督同藩、臬两司提集人证，审明拟办。”

---

* 据《光绪朝硃批奏摺》，第12辑，第187页。按：据文意及四月十九日上谕，此片当系上摺之附片。

** 据《清实录·德宗景皇帝实录》，见《清实录》，卷三八九，第73页。按：此谕又见《光绪朝东华录》，惟“文杰”误刊为“文束”，详第四册，总第3787页。

杨作霖营务废弛利心太重请即行革职片*

(光绪二十二年三月二十五日)

再,另片奏参湘潭水师营官收受水盗例规一节,查原奏内称:“湖南水师选锋澄湘、长胜等营,原以缉捕盗贼,乃近年统带各官宴饮游嬉,缺额冒饷,恣意侵剥,每船勇丁不敷驾驶,火药径行私卖,操防视为具文。湘潭著名盗伙名‘六祁帮’,风闻去岁湘潭六祁帮盗犯供称,该处管带水师营官每月收受水盗例规制钱九十千,以故任其抢劫。水师恶习如此,恐尚不独湘潭为然”等语。臣查湖南水陆各营,近来沾染习气实不乏人,臣到任后,迭次严加诫饬,择其不能胜任者,立予屏斥更换。湘潭选锋水师营官杨作霖,声名本劣,初亦风闻有收受六祁帮盗规等情,前饬长沙府札提湘潭县永远监禁之六祁帮盗首蒋玉亭(即蒋胡子)来省,研讯有无馈送例规情事,仅据供认曾送已故捕役曾鸿钱文,此外坚称并无馈送。惟查杨作霖虽无收受盗规情弊,而营务废弛,利心太重,所参不为无因。除撤去营官差使,另行遴委得力员弁管带外,相应请旨将选锋水师后营营官记名提督杨作霖即行革职,永不叙用,以示惩儆而肃营规。此外水陆各营,容臣随时察核,如有贪劣克扣及不知振作者,立即专摺严参,分别惩办。

又,另片附参试用通判蒋联庚劣迹昭著等情,因一时骤无实据,应俟查确再行陈复,理合附片具陈,伏乞圣鉴训示。谨奏。

硃批:“另有旨。”

---

* 据《光绪朝硃批奏摺》,第45辑,第620~621页。按:据篇末“另片附参试用通判蒋联庚劣迹昭著等情,因一时骤无实据,应俟查确再行陈复”云云,此片呈奏时间当早于《遵查蒋联庚参款请即行革职片》(光绪二十二年四月二十八日)。又按:据文意及四月十九日上谕,此片似为上摺之附片。

〖附一〗光绪二十一年十二月十八日上谕(节录)*

另片奏:“湖南试用通判前代理湘潭县知县蒋联庚劣迹昭著,并湘潭县管带水师营官收受水盗例规”各等语,著陈宝箴一并确查具奏。原摺一件、片二件,均著钞给阅看。将此谕令知之。”

〖附二〗光绪二十二年四月十九日上谕(节录)**

又谕:“前据御史黄均隆奏参湖南水师统带各官收受盗规,当经谕令陈宝箴确查具奏。兹据查明水师营官记名提督杨作霖,声名本劣,虽无收受盗规情弊,惟营务废弛,利心太重。著即行革职,永不叙用,以示惩儆。”

查阅营伍恳请展期片***

(光绪二十二年二月春)

再,臣接准部咨:“光绪二十二年二月初九日奉上谕:‘本年轮应查阅湖南营伍之期,即派陈宝箴逐一简校,毋得稍涉赡〔瞻〕徇等因。钦此。’”自应钦遵即日按临各营,次第查阅。惟是湖南长沙、衡州等府上年被旱成灾,现值青黄不接之时,所有筹款、散赈、采买、平粜一切事宜,纷杂繁多,均关紧要,急切难以分身,拟请展至交秋以后,新谷登场,赈务完竣,再行定期出省,庶得专意稽查,认真校核,以仰副朝廷整饬戎行至意。理合附片具陈,伏乞圣鉴。谨

---

* 据《清实录·德宗景皇帝实录》,见《清实录》,卷三八二,第996页。

** 据《清实录·德宗景皇帝实录》,见《清实录》,卷三八九,第73页。

*** 据《光绪朝硃批奏摺》,第52辑,第819页。按:以“接准部咨”为由,计算部咨自京排递到湘所需天数,则此片上奏时间似应在三月末,且与“现值青黄不接之时”一语相合。

奏。

硃批:“著照所请。”

请以刘榆生调补永顺令摺*

(光绪二十二年四月二十六日)

头品顶戴湖南巡抚臣陈宝箴跪奏,为苗疆要缺知县需员,拣选调补,恭摺仰祈圣鉴事:

窃照湖南永顺府属永顺县知县朱益濬开缺以知府用遗缺,于光绪二十一年十一月十七日奉旨,按第五日行文之例,照湖南省程限七十日减半计算,扣至十二月二十七日接到部文作为开缺日期,归十二月[归]分截缺,咨部在案。

查永顺县知县系苗疆难要缺,例应在〈外〉拣选题补[①]。定例:“应题缺出,先尽候补正途人员题补,无人,准以应升人员题升,如实无合例堪以题升之员,始准于现任人员内拣选调补;又调补州县以上官员,必于本任内历俸三年以上,方准拣选调补;又苗疆缺出,先尽附近苗疆人员内拣补,如无人,始于内地人员内拣选升用[用]”各等因。今该县为附府首邑,民苗杂处,政务殷繁,弹压抚绥,均关紧要,必须精明干练之员,方足以资治理。湖南省现在虽有进士即用知县及曾任实缺候补与附近苗疆应升各员,均与是缺人地不甚相宜,自应照例于内地现任人员内拣选调补。

臣与藩司何枢、臬司俞廉三于通省现任人员内逐加遴选,查有清泉县知县刘榆生,年五十岁,江西安福县人,由廪生中式光绪丙

---

* 据中国第一历史档案馆藏档。按:此摺另见《光绪朝硃批奏摺》,第11辑,第522~523页。

① “外”,据《光绪朝硃批奏摺》补入。下同。

子科本省乡试第八十八名举人，十二年丙戌科会试中式进士，引见，奉旨："以知县即用。钦此。"签掣湖南，领照起程，十二年十月二十二日到省，十七年准补清泉县知县，十八年二月二十二日到任，随在山东赈捐案内奖叙同知衔。该员操守严谨，勤事恤民，历俸已满三年，以之调补永顺县知县，洵堪胜任，实于苗疆要缺有裨，惟系题缺请调，与例稍有未符，第人地实在相需，例准专摺奏恳天恩，俯念苗疆员缺紧要，准以清泉县知县刘榆生调补。如蒙俞允，该员系现任知县，请调知县，衔缺相当，毋庸送部引见。再，该员系初次请调，照例毋庸核计参罚。所遗清泉县知〈县〉系简缺，应归部选，南省现有应补人员，应请扣留，容俟奉准部复，照例截缺，拟员请补。

谨会同湖广总督臣张之洞恭摺具奏，伏乞皇上圣鉴，敕部议复施行。谨奏。

硃批："吏部议奏。钦此。"

〖附〗吏部知会*

（光绪二十二年七月初三日）

吏部为知会事：

所有《湖南清泉县知县刘榆生调永顺县知县，遵旨复奏》一摺，于六月二十三日具奏，奉旨："依议。钦此。"相应抄录原奏，知会贵处查照可也。须至知会者。

右知会军机处。

---

* 据中国第一历史档案馆藏档。此为吏部知会军机处之原件，原题为《知会》，首尾钤有吏部大印，署时作"光绪贰拾贰年柒月初叁日"，并有吏部衙门经办主事朴某之签名押字。另有军机处收档之墨批。

计粘原奏壹纸、一件:

内阁抄出湖南巡抚陈〈宝箴〉等奏称:"永顺县知县朱益濬开缺以知府用遗缺,查该县为附府首邑,民番〔苗〕杂处,政务殷烦〔繁〕,必须精明干练之员,方足以资治理。湖南省现在虽有进士即用知县及候补,与附近苗疆应升各员[内],均与是缺人地不甚相宜,自应于现任人员〈内〉拣选调补。查有清泉县知县刘榆生,操守严谨,勤事恤民,人地实在相需,奏恳天恩,准以清泉县知县刘榆生调补。所遗清泉县知县〈系〉简缺,应请扣留请补"等因,光绪二十二年五月二十三日奉硃批:"吏部议奏。钦此。"钦遵抄出到部。

查定例:"州县应题缺出,知县应以例准请补之候补并进士即用人员酌补,无人,方准以应升人员题升,如实无合例堪以题升之员,始准于现任人员内拣选调补;又调补官员任内如有承缉案件已超参限者,概不准其请调各缺,如因缺系烦〔繁〕要、人地实在相需、为地择人者,应令该督抚据实陈明,吏部仍查其余并无别项不合例事故,亦即议准"各等语;又臣部奏准:"嗣后以简调烦〔繁〕人员,任内承缉案件尚在三参以前者,仍准照例办理,其三参已满、四参业已起限,虽经声明人地相需,准其调补,仍应核其已起四参之案,照例查级抵销"等因在案。

今永顺县知县朱益濬开缺以知府用,于光绪二十一年十一月十七日奉旨,遗缺按奉旨后第五日行文,湖南省照限七十日减半计算,应扣至二十二年正月初一日接到部文之日作为开缺日期,归正月分截〈缺〉。系久任苗疆题难要缺,例应在外拣选。兹据该抚等奏称:"进士知县及候补与附近苗疆应升各员,均与是缺人地不甚相宜,请以清泉县知县刘榆生调补。"钦奉硃批,交臣部议奏。臣等查:刘榆生,江西进士,由湖南进士即用知县题补清泉县知县,光绪十八年二月二十二日到任,历俸已满三年。查该员任内有承缉事主李东来被劫一案，二参到部，又李杜生被抢一案，疏防到部，展参均关降调，按照臣部官册内以各事主失事之日起核计，均已四参限满，而四参尚未据该抚展参到部。准前据咨报李东来被劫二参文内、李杜生被抢疏防文内，均经声明："于各限卸事，应俟回任接扣，限满另参。"今请调摺内并未声叙调署别缺，亦无卸事、回任各日期。查该抚等摺内已将人地实在相需之处详细声叙，查无别项不合例事故，核与调补之例相符，相应奏明请旨，准将湖南省清泉县知县刘榆生调补永顺县知县。衔缺相当，毋庸送部引见。所遗清泉县知县员缺，准其留于该省，另行请补。至该员承缉李东来、李杜生二案，现在是否回任接扣、三参限满曾经调署何缺并有无获犯查销之处，应令该抚一并详细声复到部，再行核办等因。

光绪二十二年六月二十三日具奏，奉旨："依议。钦此。"

施又涛交代未清请摘顶勒交片*

（光绪二十二年四月二十六日）

再，州县交代，例限綦严，钱粮尤应随征随解，不容稍有亏挪。兹查同知衔候补班前补用知县前署桂东县知县施又涛任内交代，前经核明，尚亏短钱粮银二千九百九十三两三钱九分五厘，迭次札催，延不解缴，现在二参已逾，未便稍事姑容。据湖南布政使何枢、按察使俞廉三会详前来，相应请旨将前署桂东县事之同知衔候补班前补用知县施又涛先行摘去顶戴，勒限三个月，严催该员迅将亏短钱粮银两如数完解。限内全完，即请开复；倘逾限不完或完不足数，再行从严参办。谨会同湖广总督臣张之洞附片具陈，伏乞圣鉴

---

* 据中国第一历史档案馆藏档。此为上摺之附片。按：此片另见《光绪朝硃批奏摺》，第 82 辑，第 458 页。

训示。谨奏。

硃批:"著照所请,该部知道。钦此。"

李智俦交部议处片(稿一)*

再,前据运商集大成等具控"调署武陵县知县李智俦查讯盐船水手洒卖私盐,于责释完结后,复拘盐店司事责押,经县幕金润生手,讹诈银钱等情"一案,据李智俦禀称:"金润生先经辞馆,不知去向",经臣会同兼护湖广总督臣谭〈继洵〉附片具奏,将李智俦先行撤任,留于该县地方,勒限三个月,将金润生交出讯办,倘逾限不交,再由府司详参。光绪二十二年正月十八日接回原片,奉硃批:"该部知道。钦此。"钦遵转饬在案。兹查限期已满①,仍未据将金润生交出。据湖南布政使何枢、按察使俞廉三详称:"运商集大成等原控'李智俦凭空将司事易润农拘案责押,得贿即行开释'各情,若非商明本官,断非幕友力所能为,且所控李智俦索得银五百两、金润生索得钱一百千,数目极为确凿。迨经批府提讯,初则抗不将金润生交出,继则纵令远飏,实欲以退赃和息了案,弥缝掩饰,情弊显然。勒限之期届满,仍未将金润生交案,非串同诈索②,亦属有心纵放"等情,详请奏参前来。相应奏明请旨,将前署武陵县知县龙山县知县李智俦先行交部议处,仍勒令迅速交出,一面通缉金润生,务获审办。

---

* 据舒斋藏摄片。此为湘抚衙门幕僚起草初稿,而经陈宝箴亲笔点窜者。原件篇末有附禀语:"此稿系照司详声叙。窃思案未审明,应得何项处分,部中亦难悬议,似不若声明'请旨将李智俦先行革职,以便提问,仍严缉金润生务获,质审明确,照例拟办'较为合拍。是否,谨请大人钧示遵行。"应系该幕僚向陈宝箴所作建议。

① "已满",初作"久逾"。

② 此句句首,初有一"即"字,后经删去。

除咨吏、刑二部查照外，是否有当，谨会同湖广总督臣张〈之洞〉附片具陈，伏祈圣鉴，敕部核议施行。谨奏。

李智俦交部议处片（稿二）*

【上缺】仍未将金润生交案，即非串同诈索，亦属有意纵容、有心纵放等情，详请奏参前来。臣查李智俦于被控诈赃经府传讯后，既可向金润生家属退出票银六百两、钱一百串，自无难就此查究踪迹[①]，何得仅以“不知去向”一语希图含混了事[②]？似此诈赃巨案[③]，苟非串同婪索，自应亟将金润生交出，以图自明，乃始既饰词搪抵[④]，迨至勒交限满，仍复任意迁延，实属有心故纵。相应奏明请旨，将前署武陵县知县龙山县知县李智俦先行交部议处，仍勒令将金润生迅速交出，归案审办[⑤]。

除咨吏、刑二部查照外，是否有当，谨会同湖广总督臣张之洞附片具陈，伏乞圣鉴，敕部核议施行。谨奏。

李智俦交部议处片（稿三）**

再，前据运商集大成等具控“调署武陵县知县李智俦查讯盐船

---

* 据舒斋藏摄片。此为陈宝箴手稿。

① 此句初作“自无难究出金润生踪迹，立即交案，乃纵令远飏”。

② 此句初作“仅以‘不知去向’一语抵塞，希图含混了事”。

③ 自此以下四句，初作“近来吏治之坏，类由于玩视法度，无所忌惮，政偷民敝，视为固然，若不亟图挽回，岂复知有纲纪？李智俦以诈赃巨案，苟非与幕友金润生串同婪索，何以不将金润生交出，自明心迹无他？”

④ 此句初作“乃始既任意支吾”。

⑤ 此句初作“一面通缉务获审办”。

** 据舒斋藏摄片。此为湘抚衙门幕僚再次缮稿，而由陈宝箴又加亲笔改定者。按：此稿另见录于《陈宝箴遗文（续）》，载《近代中国》第十三辑，第309～310页。

水手洒卖私盐,于责释完结后,复拘盐店司事责押,经县幕金润生手讹诈银钱等情”一案,据李智俦禀称:“金润生先经辞馆,不知去向”,经臣会同兼护湖广总督臣谭继洵附片具奏,将李智俦先行撤任,留于该县地方,勒限三个月,将金润生交出讯办,倘逾限不交,再由府司详参。光绪二十二年正月十八日接回原片,奉硃批:“该部知道。钦此。”钦遵转饬在案。兹查限期已满,仍未据将金润生交出。据湖南布政使何枢、按察使俞廉三详称:“运商集大成等原控‘李智俦凭空将司事易润农拘案责押,得贿即行开释’各情,若非商明本官,断非幕友力所能为,且所控李智俦索得银五百两、金润生索得钱一百串,数目俱极确凿[①]。迨经批府提讯,初则抗不将金润生交出,继则纵令远飏,实欲以金润生家属退赃和息了案[②],弥缝掩饰,情弊显然。勒限之期已满[③],仍未将金润生交案,即非串同诈索,亦属有意纵容、有心纵放”等情,详请奏参前来。臣查李智俦于被控诈赃经府传讯后,既可向金润生家属追缴银钱等票[④],尤无难就此查究踪迹,何得仅以“不知去向”一语希图含混了事?似此诈赃巨案,苟非串同婪索,自应亟将金润生交出,以图自明,乃始既饰词搪抵,迨至勒交限满,仍复任意迁延,实属有心故纵。相应据情奏明[⑤],请旨将前署武陵县知县龙山县知县李智俦先行交部议处,仍勒令将金润生迅速交出,归案审办,以儆贪污[⑥]。

除咨吏、刑二部查照外,是否有当,谨会同湖广总督臣张之洞

① 此句初作“数目极为确凿”。
② “金润生家属”五字,系由陈宝箴补入。
③ “已满”,初作“届满”。
④ 此句初作“既可向金润生家属退出票银五百两、钱一百串”。
⑤ “据情”二字,系由陈宝箴补入。
⑥ 此四字系由陈宝箴补入。

附片具陈，伏乞圣鉴，敕部核议施行。谨奏。

李智俦交部议处片*

（光绪二十二年四月二十六日）

再，前据运商集大成等具控"调署武陵县知县李智俦查讯盐船水手洒卖私盐，于责释完结后，复据〔拘〕盐店司事责押[①]，经县幕金润生手讹诈银钱等情"一案，据李智俦禀称："金润生先经辞馆，不知去向"，经臣会同兼护湖广总督臣谭继洵附片具奏，将李智俦先行撤任，留于该县地方，勒限三个月，将金润生交出讯办，倘逾限不交，再由府司详参。光绪二十二年正月十八日接回原片，奉硃批："该部知道。钦此。"钦遵转饬在案。兹查限期已满，仍未据将金润生交出。据湖南布政使何枢、按察使俞廉三详称："运商集大成等原控'李智俦凭空将司事易润农拘案责押，得贿即行释放〔开释〕'各情[②]，若非商明本官，断非幕友〈力所〉能为，且所控李智俦索得银五百两、金润生索得钱一百串，数目俱极确凿。迨经批府提讯，初则抗不将金润生交出，继则纵令远飏，实欲以金润生家属退赃和息了案，弥缝掩饰，情弊显然。勒限之期已满，仍未将金润生交案，即非串同诈索，亦属有意纵容、有心纵放"等情，详请奏参前来。臣查李智俦于被控诈赃经府传讯后，既可向金润生家属追缴银钱等票，尤无难就此查究踪迹，何得仅以"不知去向"一语希图含混了事？似此诈赃巨案，苟非串同婪索，自应亟将金润生交出，以图自明，乃始既饰词搪抵，迨至勒交限满，仍复任意迁延，实属有心

---

* 据中国第一历史档案馆藏档。此为上摺之附片。按：此片另见《光绪朝硃批奏摺》，第109辑，第1018页。

① 据《光绪朝硃批奏摺》校改。下同。

② "释放"，《光绪朝硃批奏摺》作"开释"。按：此片稿一、稿三均作"开释"。

故纵。相应据情奏明,请旨将前署武陵县知县龙山县〈知县〉李智俦先行交部议处,仍勒令将金润生迅速交出,归案审办,以儆贪污。

除咨吏、刑二部查照外,是否有当,谨会同湖广总督臣张之洞附片具陈,伏乞圣鉴,敕部核议施行。谨奏。

硃批:"著照所请,该部知道。钦此。"

报解光绪廿二年二批京饷摺*

(光绪二十二年四月二十六日)

头品顶戴湖南巡抚臣陈宝箴跪奏,为报解本年二批京饷银两,恭摺仰祈圣鉴事:

窃照湖南省应解奉拨本年京饷,业经解过头批地丁银六万两,厘金、盐厘银各一万两,东北边防经费银二万两,固本军饷银一万五千两,又搭解漕折、二米等银四万两,恭摺奏报在案。兹据藩司何枢详称:"筹备地丁银七万两,又会同总理厘金局务补用道陈家述筹备厘金银一万五千两、盐厘银一万五千两,并筹备边防经费银二万两,又由司筹备光绪二十二年四、五、六月固本军饷银一万五千两,以上共银一十三万五千两,作为本年二批京饷,派委候补知县於以仁、孙毯生领解赴部交纳。"又据粮储道但湘良详:"开支光绪二十一年漕折、二米并二十年漕折、二米等,共银一万一千九十七两四钱二分,均交委员於以仁等搭解赴部。"分款具详,呈请奏咨前来。臣复核无异,除照缮咨批、护牌,饬发该委员等领解起程,另取起程日期咨报,一面分咨沿途各省饬属妥为拨护,仍饬该司道等将未解银两接续委解,以济要需外,所有报解本年二批京饷缘由,谨会同湖广总督臣张之洞恭摺具奏,伏乞皇上圣鉴。谨奏。

---

* 据《光绪朝硃批奏摺》,第 88 辑,第 180 页。

硃批:"户部知道。"

提解光绪廿一年冬季节省银两片*

(光绪二十二年四月二十六日)

再,据总理湖南善后局务布政使何枢等详称:"光绪十一年九〔八〕月钦奉懿旨裁勇节饷①,当经遵议裁撤湖南陆勇三营、水师一营,并将留存陆营长夫、水师船价、油烛均裁减五成支发,综计每年可节省银一十二万余两,声明自光绪十二年起专款存储,分批提解,赴部交纳,已解至十九年冬季分止,历经详请奏报在案。所有光绪二十年及二十一年分共节省银二十四万两,除陕西抚臣魏光焘带勇北上拨解银四万两,又总兵刘树元续募营勇拨银一万二千两,又添募庆字各营拨银六万两,又先后拨解云南铜本银十万两,均经详请奏咨亦在案。尚余湘平银二万八千两,作为二十一年冬季分节省项下找解,合部砝库平银二万六千九百六十九两七钱五分五厘六毫,交给二十二年二批京饷委员候补知县於以仁、孙檖生搭解赴部",详请奏咨前来。臣复查无异,除咨户部外,理合附片具陈,伏乞圣鉴。谨奏。

硃批:"户部知道。"

---

* 据《光绪朝硃批奏摺》,第61辑,第50~51页。按:据片中"交给二十二年二批京饷委员候补知县於以仁、孙檖生搭解赴部"推断,此片当系上摺之附片,上奏时间亦由此推定。

① 陈宝箴《提解光绪廿二年夏季节省银两片》(详本集卷八)、《提解光绪廿二年秋季节省银两片》(详本集卷十一)等摺均作"光绪十一年八月钦奉懿旨裁勇节饷",据此改正。按:可参阅光绪十一年八月癸巳(廿七日)上谕,见《光绪朝东华录》,第二册,总第2007页。

搭解光绪廿二年加复俸饷二批银两片*

(光绪二十二年四月二十六日)

再,湖南每年应解另款加复俸饷银八千两,前经前抚臣吴大澂奏请,自光绪十九年起,于节省长夫尾存项下照数动支,作正开销,业经先后解过十九、二十及二十一等年分并二十二年头批库平银二千两,奏咨在案。兹据善后报销总局司道详称:"光绪二十二年分应解加复俸饷银两,现又在于节省长夫尾存项下复行筹备二批库平银二千两,合湘平银二千零七十八两四钱,交二批京饷委员候补知县於以仁、孙毯生搭解赴部交纳"等情前来。臣复核无异,除咨户部、都察院查照外,所有搭解光绪二十二年分另款加复俸饷二批银两缘由,谨附片陈明,伏乞圣鉴。谨奏。

硃批:"户部知道。"

分限汇解光绪廿二年甘肃新饷银两片**

(光绪二十二年四月二十六日)

再,据湖南善后报销总局司道详称:"奉拨光绪二十二年甘肃新饷银十六万两,于二十一年年底赶解三成,二十二年四月底止再解三成,其余四成统限九月底扫数解清等因。已遵于光绪二十一年十二月初十日,将年前应解三成银四万八千两,发交天成亨、协同庆、蔚丰厚各商号汇解赴甘,详请奏咨在案。兹届四月限期,自应筹解。惟湘省协济各省饷项,搜罗殆尽,加之各处灾区亟筹赈抚,万分支绌,惟念西陲大局攸关,需饷甚巨,不得不于无可设法之

* 据《光绪朝硃批奏摺》,第88辑,第205页。按:此片似同属上摺之附片。

** 据《光绪朝硃批奏摺》,第60辑,第779~780页。按:上奏时间系编者推定。

中勉力筹济。现在提存裁并薪粮项下动支银二万两，又盐道库动拨盐厘银二万八千两，于四月二十日仍交天成亨、协同庆、蔚丰厚等商号，各承领银一万六千两，分批汇解，限于七月二十日赴甘肃藩司衙门交纳，守候库收批照回销，以期迅速而济要需”等情，详请奏咨前来。臣复核无异，除咨户部暨陕甘督臣、新疆抚臣查照，并饬将其余未解银两按期接续筹解外，谨会同湖广总督臣张之洞附片具陈，伏乞圣鉴。谨奏。

朱批：“户部知道。”

光绪廿二年三月粮价及雨水情形摺*

（光绪二十二年四月二十六日）

头品顶戴湖南巡抚臣陈宝箴跪奏，为恭报三月分粮价及地方雨水情形，仰祈圣鉴事：

窃照湖南省本年二月分市粮价值并雨水情形，业经臣恭摺奏报在案。兹据藩司何枢查明通省本年三月分各项粮价，开单汇报前来。臣逐加查核，长沙等十八府州厅属米粮、豆、麦价值均与上月相同，省城及各属地方上、中两旬阴雨较多，至下旬幸获畅晴，二麦次第成熟，秧苗渐次栽插，杂粮、蔬菜生发繁茂，境宇敉平，堪以上慰宸廑。理合恭摺具奏，并缮粮价清单敬呈御览，伏乞皇上圣鉴。谨奏。

朱批：“知道了。”

---

* 据《光绪朝朱批奏摺》，第95辑，第1026～1027页。

湘省农事正常闾阎安谧片*

(光绪二十二年四月)

再,湘省自前年秋冬以来,雨泽稀少,直至本年正、二月间,始获大雨优渥,厥后阴雨连绵,正当播种、采茶之候,仍深焦虑。幸三月二十日放晴以后,气候和暖,茶芽甫长,生计尚无妨碍,惟新秧伤损颇多,灾区耔种不免倍增竭蹶。见在风物清和,农田渐次分秧,闾阎安谧,堪以仰慰宸廑。理合附片陈明,伏乞圣鉴。谨奏。

硃批:"知道了。"

请以赖承裕补南洲厅抚民通判摺**

(光绪二十二年四月二十八日)

头品顶戴湖南巡抚臣陈宝箴跪奏,为新设直隶通判要缺需员,拣员请补,以资治理,恭摺仰祈圣鉴事:

窃照岳州府通判裁汰,前经奏明,改为新设南洲直隶厅抚民通判,驻扎九都地方,管理命盗词讼暨钱粮、保甲、水利等事,定为繁、疲、难要缺,例应在外拣选题补,归岳常澧道管辖,俟查明现任岳州府通判能否胜任新改之缺,另详请补,均经奉部议准在案。查定例:"各省裁缺即用、回避即用并凡因本任之员续经查明留任将新选新补人员留省另补者,准其不入班次,先尽补用,均不积各项班次之缺;如均无人,方准以各项班次请补"等因。今南洲直隶厅通

* 据《光绪朝硃批奏摺》,第93辑,第113页。按:此片或系上摺之附片,故编次于此。

** 据中国第一历史档案馆藏档。按:此摺另见《光绪朝硃批奏摺》,第11辑,第536~538页。

判系属新设，一切事宜均属创始，且僻处湖西，地[面]隶数县[①]，控制抚绥最关紧要，责任綦重，治理匪易，非精明干练之员弗克胜任，且系新设，应择人地相宜之员请补。

臣与布政使何枢、按察使俞廉三于通省实缺通判及各候补通判内详加遴选，均于新改要缺不甚相宜，未便迁就请补。惟查有裁缺即用通判赖承裕，年五十二岁，福建侯官县人，由监生遵筹饷例报捐通判，指发湖南试用，随同官军克复贵州施洞口等处城寨案内保奏，同治十年四月初七日奉旨："著以本班归候补班遇缺前先补用。钦此。"十一年七月初十日，经钦派王大臣验放，奉旨："著照例发往。钦此。"八月到省。光绪元年准补辰州府通判，二年三月到任；七年丁父忧开缺，回籍守制；九年服满起复，赴部呈请分发原省，归候补班补用；十一年四月初十日，经钦派王大臣验放，领照起程，六月初二日到省；十三年七月，委署岳州府通判并委办南洲招佃事宜，八月二十四日到任，旋经题补岳州府通判；十四年四月初八日奉旨："依议。钦此。"十五年六月，请假交卸奉委海运京米差；十七年六月回任，仍委办南洲地方事宜，因海运案内保以直隶州知州，在任候补；十八年九月二十三日，经部议奏，奉旨："依议。钦此。"是年举行大计，保荐卓异。二十年三月，奉部调取，因有南洲经手事件，奏请展缓，奉硃批："著照所请，吏部知道。钦此。"二十一年二月十七日，奉文裁缺卸事，例应归于裁缺即用班内补用。

查赖承裕前经委办南洲事务有年，于清查地亩、召佃垦荒、稽查匪类一切事宜，料理均臻妥协，地方情形极为熟悉。该员智识闳通，才堪应变，以之请补新设南洲直隶厅抚民通判缺，洵堪胜任，实为人地相宜。相应查照人地相需之例，专折奏恳天恩，俯念新设员

---

① 《光绪朝硃批奏摺》无"面"，据文意亦可确定为衍字。

缺紧要,准以裁缺即用通判赖承裕补授南洲直隶厅通判,实于要缺有裨。如蒙俞允,该员系裁缺即用通判,请补通判,衔缺相当,毋庸送部引见,亦毋庸列叙参罚,合并陈明。

谨会同湖广总督臣张之洞恭摺具奏,伏乞皇上圣鉴,敕部议复施行。谨奏。

硃批:"吏部议奏。钦此。"

〖附〗吏部知会*

(光绪二十二年七月初二日)

吏部为知会事:

所有《湖南裁缺岳州府通判赖承裕改设南洲直隶厅通判,仍留本任,遵旨复奏》一摺,于六月二十三日具奏,奉旨:"依议。钦此。"相应抄录原奏,知会贵处查照可也。须至知会者。

右知会军机处。

计粘原奏壹纸、一件:

内阁抄出湖南巡抚陈〈宝箴〉等奏称:"新设南洲直隶厅抚民通判,定为烦〔繁〕、疲、难要缺,例应在外拣选题补,归岳常澧道管辖,俟查明现任岳州府通判能否胜任新设之缺,另详请补,均经奉部议准在案。在于通省实缺通判及候补通判内详加遴选,均与新改要缺不甚相宜,未便迁就请补。查有裁缺即用通判赖承裕,智识闳通,才堪应变,以之请补新设南洲直隶厅抚民通判缺,洵堪胜任,奏恳天恩,俯念新设员缺〈紧要〉,准其〔以〕裁缺即用通判赖承裕补授

* 据中国第一历史档案馆藏档。此为吏部知会军机处之原件,原题为《知会》,首尾钤有吏部大印,署时作"光绪贰拾贰年柒月初贰日",并有吏部衙门经办主事朴某之签名押字。另有军机处收档之墨批。

南洲直隶厅通判,实于要缺有裨”等因,光绪二十二年五月二十四日奉硃批:“吏部议奏。钦此。”钦遵抄出到部。

查湖南新设南洲直隶厅通判,系前据该抚奏请,由岳州府通判裁改,定为烦〔繁〕、疲、难要缺,并据摺内声称:“俟查明现任岳州府通判能否胜任新改各缺,另详拟补”,当经臣部议复:“准其改设。其岳州府通判赖承裕,应令该抚查明声复到部,再行核办”等因。光绪二十年七月二十三日具奏,奉旨:“依议。钦此。”钦遵行文知照在案。兹据该抚请以裁缺岳州府通判赖承裕补授南洲直隶厅抚民通判,钦奉硃批,交臣部议奏。臣等查:赖承裕,福建监生,由湖南岳州府通判员缺业经改设,今据该抚奏称:“赖承裕前往〔经〕委办南洲事务有年,于清查地亩、招佃垦荒、稽察匪类一切事宜,料理均臻妥协,该员智识闳通,才堪应变,以之请补新设南洲直隶厅抚民通判,洵堪胜任”等语。既据该抚查明胜任,自应准如所请,相应奏明请旨,准将裁缺岳州府通判赖承裕补授南洲直隶厅抚民通判。衔缺相当,毋庸送部引见等因。

光绪二十二年六月二十三日具奏,奉旨:“依议。钦此。”

任之驹委署常德府片*

(光绪二十二年四月二十八日)

再,湖南常德府知府文杰撤任,所遗员缺自应委员接署。查有候补知府任之驹,操守谨严,才具开展,堪以署理。据藩司何枢、臬司俞廉三会详前来,除批饬遵照外,谨会同湖广总督臣张之洞附片具陈,伏乞圣鉴。谨奏。

---

* 据中国第一历史档案馆藏档。此为上摺之附片。按:此片另见《光绪朝硃批奏摺》,第12辑,第185页。

硃批:“吏部知道。钦此。”

附陈王廉印电请托党私背公片*

(光绪二十二年四月二十八日)

再,臣于上年初抵湘任,钦奉谕旨饬查湖南官幕劣迹,当即悉心确查,并将“查明臬幕任骥在湘游幕多年,广通声气,植利营私,实为官场之蠹”等情,于十一月二十一日据实陈复,奉旨:“将任骥勒令回籍,不准逗遛”在案。嗣又奉到光绪二十一年十一月初四日上谕:“有人奏《特参湖南劣幕,请旨查办》各摺、片,据称:‘湖南劣幕任骥遇事把持,擅作威福,门徒布满通省,又与已革同知徐渤伙开钱铺、典当多处,家赀至数十万金’等语,著陈宝箴一并确查具奏等因。钦此。”臣谨于本年三月具将查明任骥在湘伙开典铺赀本及寄存银钱共五万数千金各情据实具奏,恭候谕旨遵行,计已仰蒙圣鉴。

任骥党与众多,自勒令回籍后,谣谤繁兴,有谓已有人函约任骥与被臣参劾各员联名京控者,有谓与任骥互相集赀赴京托人代奏者。臣但知当官而行、无恶于志,窃以为任骥党与搆煽之言何足计较。乃日前忽准湖北抚臣谭继洵转寄直隶布政使王廉致臣印电,内称:“请飞递湖南抚台:‘臬幕任骥无甚劣迹,所病者骄蹇耳,逐之足矣。若藉〔籍〕其家①,未免太甚,千万不可’”云云,阅之殊堪诧异。窃任骥盘踞湘省,〈虽〉隐托幕席而劣迹昭著②,湘中守正

---

* 据中国第一历史档案馆藏档。此为上摺之附片,篇末录该片所奉硃批曰:“光绪二十二年正〔五〕月二十四日奉硃批:‘另有旨。钦此。’”按:此片另见《光绪朝硃批奏摺》,第12辑,第181~182页。

① “籍”,据《光绪朝硃批奏摺》校改。

② “虽”,据《光绪朝硃批奏摺》补入。

官绅，无不深知而痛嫉之，王廉任湘臬数年，又护理巡抚数月，乃独称其“无甚劣迹”，已不解其何心。又查王廉电信系四月十六日发，计其时臣查复任骥之奏尚未到京，所有查出赀财，其为入官与否，尚不可知，且未必即为任骥全家赀产，而来电辄称“若籍其家，未免太甚，千万不可”，其词气迫切陵厉，若护之惟恐不力者。

伏查湘省近年，官幕朋比，声气把持，几无复是非邪正之辨，苟非置得失毁誉于不顾，将不能去一贪黩之夫、进一气节之士，吏治之坏，盖有由来。臣到任数月，稍事激扬，即私相指目，以为怪异，诟议横生，动以声势报复相〈恫〉喝[①]，不谓谣喙纷纭而外，竟至以忿竞不平之鸣，直斥其非，遥相禁制如王廉者。假如任骥赀财奉旨竟饬入官，臣自当钦遵奉行，不能曲如其意，党同之患，更复何如？

臣与王廉仅止在鄂一面，素无往来，非可托于友朋规诤之义，况此事朝廷自有权衡，非臣所能自必。臣渥叨恩遇，苟分所当为，抑何敢隐情恤己，上负圣明？第以近来习气与湘省积重难返情形，且〔其〕敢于党私背公、悍然颠倒是非之处[②]，亦不敢不据实上陈。为此附片具奏，伏乞圣鉴。谨奏。

朱批：“另有旨。钦此。”

〖附一〗王文韶：藩司王廉呈请据情代奏摺[*]

（光绪二十二年五月二十八日）

直隶总督臣王文韶跪奏，为据情代奏，仰祈圣鉴事：

窃臣据直隶布政使王廉电称：“湖南巡抚陈宝箴查办臬幕任骥

① “恫”，据《光绪朝硃批奏摺》补入。

② “其”，据《光绪朝硃批奏摺》校改。

* 据中国第一历史档案馆藏档。按：此摺另见《光绪朝硃批奏摺》，第11辑，第590～591页。

一案,嫉恶已甚,未免失中,廉与陈宝箴昔年同官两楚,故发电规劝之,初不知陈宝箴业已复奏也,乃陈宝箴竟以印电请托入奏,殊非意料所及。廉生平不事请托,而遽以此加之,部议之轻重不必计,一时之心迹不可不白,抄录原电,请据实代奏”等情前来。臣复加查核,事关藩司大员自明心迹,不敢壅于上闻,谨将原电照录,恭呈御览,伏乞皇上圣鉴。谨奏。

硃批:“另有旨。钦此。”

〖附二〗王文韶:照录王廉原电呈览单*

(光绪二十二年五月二十八日)

谨将直隶藩司王廉前致湖南巡抚陈宝箴原电照录,恭呈御览:

湖南抚宪鉴:臬幕任骅无甚劣迹,所病者骄蹇耳,一逐足矣。若籍其家,未免过甚,千万不可。王廉。谏。

〖附三〗光绪二十二年五月廿四日上谕**

谕内阁:“陈宝箴奏:查办劣幕任骅参款,业经据实具奏,现接直隶布政使王廉印电,内称‘任骅无甚劣迹,查办不宜太甚’等语。王廉于并不干己之事,辄用印电请托,殊属不合,著交部议处。”

〖附四〗光绪二十二年六月初二日上谕***

谕内阁:“前据陈宝箴奏:‘查办劣幕任骅一案,近接直隶布政

* 据中国第一历史档案馆藏档,此为上摺之附件。

** 据《清实录·德宗景皇帝实录》,见《清实录》,卷三九一,第97页。按:此谕另见《光绪朝东华录》,第四册,总第3803页。

*** 据《清实录·德宗景皇帝实录》,见《清实录》,卷三九二,第104页。按:此谕另见《光绪朝东华录》,惟“寻吏部议上”云云未录,详第四册,总第3804页。又按:可参阅王文韶光绪二十二年六月十八日降留谢恩摺,见《光绪朝硃批奏摺》,第11辑,第633页。

使王廉印电，据实上陈’，当经降旨将王廉交部议处。兹据王文韶奏《藩司王廉以前次印电并非请托，呈恳代奏剖明心迹，并钞录原电呈览》一摺，王廉以不干己之事，辄发印电，即非请托，已有应得之咎；阅电内‘籍其家产，千万不可’等语，非请托而何？乃不听候部议，哓哓置辩，殊属冒昧。王廉著即行革职。王文韶率行据情代奏，亦属不合，著交部察议。”

寻吏部议上，得旨：“王文韶著降三级留任，不准抵销。”

〖附五〗王文韶：光绪二十二年五月廿八、六月初二日日记（节录）*

专差拜发正摺四件、夹片三件：藩司王廉呈请据情代奏摺【后略】

延甫到津，介挺以湘臬幕任骈事被右铭以请托入奏，有旨“交部议处”，介挺急欲自明，呈请据情代奏，以其情词迫切，当时未能阻止，于前月二十八日代陈，本日奉严旨：“王廉即行革职”，韶亦以不合“察议”。事后追思，固由一时识力未到，亦因为避怨起见，恐不为代奏，而部议降革，将以为不肯援手也，致成此祸，在我得此薄责，正可借以自警，而介挺已矣。甚矣，处事之不可不慎也！介挺原稿尚有“出乎情理之外”及“失之过刻，有伤国家元气”等语，初未经意，及封发后，时已四鼓，桢儿谓余“此事总不放心，之数语尤为不妥”，余思之良是，因令将摺匣追回。时方黎明，差弁未发，因为删节重缮，上午乃发。及今思之，若非去此数语，更不知若何责备也！吁，亦险矣哉！又，此事丹庭、孟翔均以为不便代陈，谓宜电知枢廷，以备酌核，余以为枢廷不宜通私电，故仍为代奏而不加一语，

* 据《王文韶日记》，下册，第951～952页。按：“介挺”为王廉字。

似此情形,使当时果发枢电,则祸更有不可测者矣！附志之以资鉴戒。

遵查武冈州保案分别酌拟撤销摺*

(光绪二十二年四月二十八日)

头品顶戴湖南巡抚臣陈宝箴跪奏,为遵旨查明武冈州前年土匪滋事保案,据实复陈,并分别酌拟撤销缘由,恭摺仰祈圣鉴事:

窃臣承准军机大臣字寄,光绪二十二年正月二十四日奉上谕:"有人奏《疆臣徇私滥保,请饬查撤销》一摺。据称:'前年湖南武冈州土匪滋事一案,前抚臣吴大澂铺张入告,滥保多员,经部指驳,复以并未与事之候补知府裕庆等捏叙战功,均属凭空结撰。且于汇保案内,复将其戚曾炳章姓名窜入。查曾炳章在该抚署内遇事招摇,声名甚劣。其余所保各员,亦多不实'等语。著陈宝箴按照所参各节确切查明,据实复奏。原摺著钞给阅看。将此谕令知之。钦此。"遵旨寄信前来等因,承准此。

臣查武冈州前年土匪滋事,至今事隔两年,传闻异词,莫衷一是。臣谨勾稽案牍,采访人言,取其曾经禀报有案与人言大指相符合者,按之原参各节,谨为我皇上缕悉陈之:

查原奏内称"武冈州土匪滋事,本系地痞勾结游勇,希图抢劫财物,始事甚微,该署州黄济川捕务废弛,以致酿成事端。及防营驰至剿办,匪党早已远飏,亲军营饶恭寿等搜杀数人,遂报凯还,前抚臣吴大澂捏叙战功,铺张入告"等语。臣查武冈界连邵阳、溆浦等县,山深林密,会匪往来其中,时有劫杀之案。光绪二十年正月,

* 据中国第一历史档案馆藏档。按:此摺另见《光绪朝硃批奏摺》,第54辑,第678~681页。

团总曾繁田家夜被匪劫，杀毙十数人，署武冈州知州黄济川旋往相验，捕获匪伙一名，尚未禀办，匪首谌北海、张桂仔等旋已纠合数百人蹂躏附近村庄，并扰近邵阳县境，势甚猖獗。宝庆府庄予桢、署邵阳县孙儒卿禀请拨勇剿办，前抚臣吴大澂即派统带亲军营饶恭寿驰往。维时黄济川之禀始至，吴大澂以该州禀报迟延、因循贻误，比经奏参革职，委员接署州事，尚未到任，黄济川旋经捐赀募勇，督率团汛防堵，先后获匪十一名，复经吴大澂奏请开复，均经奉旨俞允在案。当饶恭寿率勇行抵宝庆时，匪党啸聚愈多，分合无定，传闻共三四千人，惟山门洞口一带为匪徒屯集之区。亲军营哨官陈占元由峡江口率队进剿，遇该匪大股于洪庙地方，该匪开炮轰击，陈占元先令各勇蹲伏田畔，突起列队，开放排枪，毙匪数十名并匪首王仰一名，匪众旋即奔溃。次日直抵山门洞口，会合团勇进击，并擒获匪目张玉庭，馀匪四散奔〔溃〕走①。于是吴大澂续派刘高照、余虎恩各营亦至，该匪或数十百人，或十数人，分股散窜邻近县境，均经各营团分股〔投〕搜捕，匪首谌北海、张堃堂、张桂仔、王贞元并一干要首〔首要〕，次第就获。而乡湘〔湘乡〕之由罗〔油箩〕寨朱聪八等一股，亦经官军、团勇迭将匪首擒斩。鄙县〈窜〉匪邓桂兰等，亦由该县团汛捕诛。合之各营、县禀报，拿获要匪批饬正法者不下六七十名，实不止"饶恭寿搜杀数人"。详查吴大澂当日奏报，亦只于陈占元洪庙之役叙称"拒敌匪众二千余人，毙匪数十名，夺获旗帜、器械多件"，此外多叙各员弁捕获匪目之劳，尚未铺张战事。且实系陈占元等率队与团勇进击始散，原参所称"早已远飏"等语，自是传闻之误。此查明武冈州土匪滋事始末之实在情形也。

原参又称"在事文武员弁均得随摺优保，该抚单开请奖之员候

① "溃"，据《光绪朝硃批奏摺》校改。下同。

补知府裕庆,向充善后局提调,汪沛及试用同知薛鸿年、试用府经历王中兴,亦各派充善后、诸军〔军装〕、保甲等局委员,未出省城一步,试用同知文炜,亦仅事后委赴武冈州提案一次,合省周知。该抚原奏谓某人派赴某处购缉某匪,实属平空结撰。汇保出力案内,曾将其戚曾炳章姓名窜入,朦保免补县丞以知县补用。查曾炳章本以候选盐大使,前随该抚到湘,派管内署稿案,迨列名附保,始赶捐县丞,捏称曾在郴州获犯,得邀奖叙,以为保升地步",又称"其余所保,亦多不实"等语。臣查此次武冈州土匪滋事所有出力员弁,若在咸丰、同治年间,诚不[不]足仰邀保奖。闻其时该前抚臣以为军务久平,各防营习于晏安,尚能迅速从事,仅及两月,首要次第捕诛,即无冲锋陷阵之劳,尚与吏部奏准"拿获大股首要会匪,定为异常劳绩"章程相合,是以从宽列保,以资鼓舞。虽难保无过宽近滥之失,亦多为激励人心起见。且随摺所保十员,除宝庆府庄予桢、署邵阳县孙儒卿系因办团获匪不为冒奖外,其余皆系带勇员弁,身在行间,不辞劳瘁,揆之公论,尚无异辞。至原参单开之裕庆、薛鸿年、王中兴、文炜、曾炳章及所称其余"亦多不实"各员,原单类称为"购线访知及带同眼线会同拿获匪目之员",亦似与"其次出力,照寻常劳绩保奖"新章不甚相悖。第检查各营、县获匪,原禀于该员等并未叙及,虽间谍事关机密,然既已无案可稽,又经奉旨饬查,自未敢含糊迁就,致负朝廷慎重名器、实事求是〈之〉至意。因就此案原保单内除带勇武职员弁及现任地方各员督办团防获匪有案可查外,谨择其官阶较大、保奖较优之员,酌拟分别撤销,缮具清单,请旨遵行。

所有遵查前抚臣具奏武冈州土匪滋事保案,据实复陈,并分别酌拟撤销缘由,是否有当,谨恭摺具奏,伏乞皇上圣鉴训示。谨奏。

硃批:"该部议奏,单并发。钦此。"

遵查武冈州保案分别酌拟撤销清单*

（光绪二十二年四月二十八日）

谨将分别酌拟撤销保案各员汇缮清单，恭呈御览。计开：

三品衔湖南候补知府裕庆，原保单开："该府系购线访得匪目刘彪、会营拿办出力之员，请俟补缺后以道员用。"查匪目刘彪系刘高照等营在峡口山门一带拿获，移邵阳县讯明惩办，禀报有案。裕庆系在省办理善后局务，原单称"系购线访获匪目刘彪出力之员"，无案可稽，应请将该员"补缺后以道员用"保案敕部撤销。

补用知府湖南试用同知薛鸿年，原保初次单开："系访知匪目曾春荣、会团拿获得力之员，请免补同知，以知府尽先补用。"查武冈逃匪曾春荣与匪首朱聪八等，均由亲军营营官颜武林在湘乡大坝桥带勇会团拿获，交湘乡县赵宜琛讯明正法，禀报有案。薛鸿年系在省办理军装局务，原单称"系访知匪目曾春荣、会团拿获出力之员"，无案可稽，应请将该员"免补本班，以知府尽先补用"保案敕部撤销。

湖南试用同知文炜，原保单开："系访获匪目贺起凤出力之员，请免补同知，以知府尽先补用。"查匪党贺起凤系饶恭寿、刘高照会饬营弁拿交武冈州李宗莲讯办，禀报有案。文炜只曾解匪首张堃堂一名到省，原单称"系访获贺起凤出力之员"，无案可稽，应请将该员"免补同知，以知府尽先补用"保案敕部撤销。

署武冈州高沙州同补用知县试用州判赵桐封，原保单开："系会同亲军副右营拿获向竹林等各犯出力之员，请免补州判，以知县补用。"查向竹林、向发论、唐福发各犯，系饶恭寿、刘高照等营拿

---

* 据中国第一历史档案馆藏档。此为上摺所附清单，原题作《清单》。

获,解邵阳县讯明正法,禀报有案。原单称系赵桐封“会同拿获”,无案可稽,应请将该员“免补州判,以知县补用”保案敕部撤销。

浙江补用同知直隶州知州黎玉屏,原保单开:“系购线密拿匪目周穆南、王高升二犯出力之员,请免补同知直隶州知州,以知府仍留原省补用。”查周穆南、王高升二匪,系饶恭寿、刘高照所带亲军营勇拿获,送交邵阳县孙儒卿讯明正法,均经营、县禀报有案,并无他营会拿。黎玉屏系余虎恩所带振字营文案,原单称“系购线密拿匪目周穆南、王高升二犯出力之员”,无案可稽,应请将该员“免补同知直隶州知州,以知府仍留原省补用”保案敕部撤销。

分发湖南试用县丞曾炳章,于迭次惩办会匪汇案保奖摺内“请免补本班,以知县仍留原省补用”。查曾炳章系于前抚臣吴大澂汇保叠次拿获会匪出力案内请奖,此案原摺汇叙获匪出力府州县十员,择尤酌保朱益濬、孙儒卿、景天相、赵宜琛等四员,皆系现任知县及有所获匪犯姓名可指,此外仅有曾炳章一员列名保奖,并未叙明获匪事实,亦无奉委会捕案据可稽,应请将该员曾炳章“免补县丞,以知县仍留原省补用”保案敕部撤销。原参曾炳章经该抚“派管内署稿案”,系有其事;所称“遇事招摇”等语,查无实据,应请免其置议。

升用知县湖南候补府经历王中兴,原保单开:“系带同眼线访获匪目张堃堂出力之员,请俟离任归知县后赏加五品衔。”查张堃堂系饶恭寿、刘高照等营差弁会团在绥宁县境拿获,王中兴系在省局当差,原单称“系带同眼线访获匪目张堃堂出力之员”,无案可稽,虽系佐杂虚衔,既经奉查,应请将该员“五品衔”保案一并敕部撤销。

以上所拟撤销保案,共计七员。查武冈州一案原保文职单内共三十员,原参汪沛一员,查保案内并无其人,应毋庸议,合并声明。

朱批:"览。"

遵查蒋联庚参款请即行革职片*

（光绪二十二年四月二十八日）

再,臣前奉谕旨饬查"湖南莠民毁灭神像"一案,另片奏参"丁忧试用通判蒋联庚办理厘局、代理湘潭县事,贪婪索贿"各节,曾于查复湘潭水师附片内声明:"一时骤无实据,应俟查确再行陈复"在案。臣查蒋联庚办事颇有才能,臣昔在湖南即与熟识,亦尝加之奖励,冀堪器使。逮臣任湖北臬司时,闻其代理湘潭,怨声腾播,亦颇有与所参相近似者。〈前〉奉谕旨饬查①,屡派妥员明查暗访,所云"遇事诈索,及收系勒赎,百计诛求,倾家荡产者不可胜数"等语,自不免传闻过当之词。惟臣叠次访查,士民同声,类皆称其听断之才,即兼〈及〉其巧取之术,虽无诛求勒赎确据,而舆情不洽②,声名平常,所参未为无因。相应请旨将前代理湘潭县事试用通判蒋联庚即行革职,以肃官方。至其丁忧回籍后办理湘潭督销淮盐局〈务〉,查无干预词讼等事,现已因病销差。

所有遵查缘由,谨附片具陈,伏乞圣鉴训示。谨奏。

朱批:"蒋联庚著即行革职,吏部知道。钦此。"

---

* 据中国第一历史档案馆藏档。按:此片另见《光绪朝朱批奏折》,第12辑,第179~180页。

① "前",据《光绪朝朱批奏折》补入。下同。

② "舆情",《光绪朝朱批奏折》作"舆论"。

〖附一〗光绪二十一年十二月十八日上谕(节录)*

"另片奏:'湖南试用通判前代理湘潭县知县蒋联庚劣迹昭著,并湘潭县管带水师营官收受水盗例规'各等语,著陈宝箴一并确查具奏。原摺一件、片二件,均著钞给阅看。将此谕令知之。"

寻奏:"遵查知县蒋联庚虽无诛求勒赎确据,惟舆情不洽,声名平常,应请革职,以肃官方。"得旨:"蒋联庚著即行革职。"

〖附二〗光绪二十二年五月廿四日上谕(节录)**

以不洽舆情,革湖南试用通判蒋联庚职。

* 据《清实录·德宗景皇帝实录》,见《清实录》,卷三八二,第996~997页。

** 据《清实录·德宗景皇帝实录》,见《清实录》,卷三九一,第98页。

卷六　奏议六

孙杜氏捐助赈银请准建坊摺*

（光绪二十二年五月二十日）

头品顶戴湖南巡抚臣陈宝箴跪奏，为京员遵奉母命捐资助赈，援例奏明，仰祈圣鉴事：

窃臣接准顺天府咨：据大理寺寺丞孙锡三呈称："锡三浙江会稽县人，母三品命妇孙杜氏性好施予，存有养赡余资，现闻湘省待赈仍殷，命锡三凑集余资，设法变产，悉以助赈，计足银一千两，呈请咨解，不敢仰邀议叙"等情，将银饬日升昌商号电解等因，准此。臣查湘省上年被旱成灾，经臣劝捐筹赈，迭次奏报在案。幸本年入夏以来，雨旸时若，禾稻蔚兴，第盖藏早已告罄，新谷成熟需时，饥民待哺正殷，赈给尤关紧要。兹据大理寺寺丞孙锡三遵伊母孙杜氏之命，捐助赈银一千两，虽据称"不敢仰邀议叙"，似未便没其乐善之忱。查定例："士民捐助赈银至一千两以上者，请旨建坊"等语，今大理寺寺丞孙锡三之母孙杜氏捐助赈银一千两，与建坊之例相符，合无仰恳天恩，俯准建坊旌表，给与"乐善好施"字样，以彰善行而资观感。

除将所捐银两饬发筹赈总局核实散放并咨部外，谨会同湖广

---

* 据《光绪朝硃批奏摺》，第 31 辑，第 622 ~ 623 页。

总督臣张之洞恭摺具陈,伏乞皇上圣鉴训示。谨奏。

硃批:“著照所请,礼部知道。”

光绪廿二年四月粮价及雨水情形摺*

(光绪二十二年五月二十日)

头品顶戴湖南巡抚臣陈宝箴跪奏,为恭报四月分粮价及地方雨水情形,仰祈圣鉴事:

窃照湖南省本年三月分市粮价值并雨水情形,业经臣恭摺奏报在案。兹据布政使何枢查明四月分通省各项粮价,开单汇报前来。臣逐加查核,长沙等十八府州厅属米粮、麦、豆价值均与上月相同,省城及各属地方入夏以后,晴雨得宜,刻下二麦刈获登场,蔬菜、杂粮一律芃茂,境宇绥平,堪以上慰宸廑。理合恭摺具奏,并缮粮价清单敬呈御览,伏乞皇上圣鉴。谨奏。

硃批:“知道了。”

副将谭尚贵保案名字讹误请饬更正片**

(光绪二十二年五月二十日)

再,前准兵部咨:“查尽先副将谭尚贵,前于克复天柱及清江厅城池案内保以守备尽先补用。检查此案,原保系‘谭相贵’于克复丹江、凯理各城出力,保以参将尽先补用;于攻克黄茅岭并荡除黄飘白堡一带苗巢、疏通驿道案内,保以参将,留于广西尽先补用,并换花翎。此二案原保均系‘谭上贵’,因何名字不符,是否其人,应

---

* 据《光绪朝硃批奏摺》,第 95 辑,第 1042 页。

** 据中国第一历史档案馆藏档,上奏时间则据篇末所录奉到硃批日期(“光绪二十二年六月十一日”)而推定。按:此片另见《光绪朝硃批奏摺》,第 45 辑,第 621 页。

令查明报部”等因。当经前护理湖南巡抚臣王廉查明,实因军务倥偬,不无讹误,咨请更正在案。旋准兵部咨复:“该员系五品以上官阶,应令奏明办理”等因,咨行到臣,又经饬查去后。兹据湖南善后总局司道详称:“该员前在精毅营充当差弁,册名‘谭尚贵’,其保守备参将等案,实因字音相近,军务倥偬,不无讹误,委系本身,并非另有其人”等情。据此,理合附片陈明,伏祈圣鉴,敕部查明更正核复施行。谨奏。

硃批:“兵部知道。钦此。”

丁兰徵调署武冈州片*

（光绪二十二年五月二十日）

再,署湖南武冈州知州冯毓麟回省遗缺,应行委员接署。查有乾州厅同知丁兰徵,才识敏练,办〈事〉精能①,堪以调署。据布政使何枢、按察使俞廉三会详前来,除批〈饬〉遵照外,谨会同湖广总督臣张之洞附片具陈,伏乞圣鉴。谨奏。

硃批:“吏部知道。钦此。”

光绪廿一年秋冬词讼月报片**

（光绪二十二年五月二十日）

再,湖南省向设词讼月报,令各府厅州县将每月审理上控、自

---

* 据中国第一历史档案馆藏档,上奏时间亦据篇末所录奉到硃批日期(“光绪二十二年六月十一日”)而推定。按:此片另见《光绪朝硃批奏摺》,第12辑,第186页。

① “事”,据《光绪朝硃批奏摺》补入。下同。

** 据中国第一历史档案馆藏档,上奏时间据篇末所录奉到硃批日期(“光绪二十二年六月十一日”)而推定。按:此片另见《光绪朝硃批奏摺》,上奏日期指为“光绪二十二年正月至六月”,详第106辑,第166页。

理案件摘叙案由,造册通赍,由臬司考核勤惰,分记功过,用昭劝惩,按半年具奏一次,业经开报至光绪二十一年春夏两季在案。兹据按察使俞廉三查明,光绪二十一年七月起至十二月底止,各府厅州县审结上控及自理词讼四千二百一十一起,查核判断均尚平允,〈已〉逐月分别功过[①],照章注册存记,详请奏报前来。臣复核无异,相应附片具陈,伏乞圣鉴。谨奏。

硃批:"知道了。钦此。"

为陈三立蒙旨送部引见谢恩片(稿)[*]

(光绪二十二年五月二十日)

再,臣准吏部咨,光绪二十二年三月二十三日奉上谕:"光禄寺卿曾广汉奏遵保人才一摺。江苏候补道凌荫廷、直隶试用道林志道、江苏候补道杜俞、吏部候补主事陈三立、候选知县邹代钧、拣选知县黄彝觊,著直隶、两江、江西、湖南各督抚给咨送部引见。钦此。"伏查吏部钞发曾广汉原摺,内有"吏部候补主事陈三立,为湖南巡抚陈宝箴之子"等语。窃思臣子陈三立以光绪八年壬午科举人,会试中光绪十二年丙戌科贡士,于十五年己丑科恭应殿试[②],以主事用,签分吏部考功司[③],即于是年请假回籍。兹乃仰蒙谕旨,送部引见,猥以凡愚,仰邀恩命,下怀感悚,莫可名言。

---

① "已",据《光绪朝硃批奏摺》补入。

* 据舒斋藏摄片。此为陈宝箴手稿,上奏时间则系编者推定。按:此片另见录入《陈宝箴遗文·奏摺》(载《近代中国》第十一辑,第223~224页),惟将"杜俞"误为"林俞"。

② 此句初作"补应十五年己丑科殿试"。

③ 此句初作"签分吏部考功司学习行走,□因母病"。

筹解广西月协军饷片*

（光绪二十二年五月下旬）

再，湖南自光绪十年九月起，奉户部指拨每月协济广西军饷银一万两，业经陆续筹解，统计先后共解过库平银四十六万两，作为湖南加拨广西月协军饷，均经奏咨在案。兹据善后局司道详称："现又奉准广西咨委候补知县但祖范来湘守催，并据但祖范禀称：'现在尚需赴鄂坐催鄂省协饷，往返需时，查有广西候补通判谭鹍奉委押赈谷来湘，刻下交楚，所有湘省协饷，恳饬谭鹍具领，便解回粤，以资接济。'查湘省近年厘税极形减色，加之去秋长沙、衡州等府属筹款济赈为数甚巨，司道各库搜罗殆尽，惟念粤、湘辅车相依，待饷孔急，不得不于无可设法之中勉为凑解。今筹备纹银一万两、洋银一万两，合共库平银二万两，于光绪二十二年五月二十一日札委广西补用知县但祖范查收，转交押解赈谷委员广西补用通判谭鹍管解回粤交收"等情，详请奏咨前来。臣复核无异，除分咨查照外，谨会同湖广总督臣张之洞附片具陈，伏乞圣鉴。谨奏。

硃批："户部知道。"

请以汤汝和补桃源令折**

（光绪二十二年六月二十二日）

头品顶戴湖南巡抚臣陈宝箴跪奏，为拣员请补要缺知县，以资治理，恭折仰祈圣鉴事：

---

* 据《光绪朝硃批奏折》，第 60 辑，第 807～808 页。按：上奏时间系编者推定。

** 据中国第一历史档案馆藏档。按：此折另见《光绪朝硃批奏折》，第 11 辑，第 640～641 页。

窃照湖南常德府属桃源县知县余良栋革职，于光绪二十一年十二月二十三日奉旨，遗缺照第五日行文之例，按湖南省程限七十日减半计算，扣至二十二年二月初三日接到作为开缺日期，归二月分截缺。详咨在案。所遗桃源县知县系冲、繁、难兼三要缺，例应在外拣选调补。定例："应调缺出，俱令于现任人员内拣选调补；如无合例堪调之员，准以候补正途人员内题补；又曾任实缺人员，无论应题、应调、〈应〉选缺出[①]，准其酌量补用；又各省截缺即用、回避即用并凡因本任之员续经查明留任将新选新补人员留省另补者，准其不入班次，先尽补用，均不积各项班次之缺，如均无人，方准以各项班次请补"各等因，臣与藩司何枢、臬司俞廉三于通省现任知县内逐加遴选，非现居要缺，即人地未宜，并无合例堪调之员，应请于曾任实缺候补并回避即用人员内拣员请补。

兹查有回避即用知县汤汝和，年三十七岁，广西灵川县人，由附生中式光绪戊子科本省乡试举人，己丑科会试中式进士，引见，奉旨："以知县即用。钦此。"签掣湖南，领照起程，光绪十五年八月十八日到省，题补江华县知县要缺，奉准部复："饬知赴任。"二十年十一月十八日到任。查明原籍距〈任〉所在五百里以内，呈请回避，因无字项相当要缺回避对调，咨部请示，于光绪二十一年十二月初八日奉准吏部咨复："将该员开缺，归于回避即用班内补用"等因在案。该员才识兼优，廉能卓著，系要缺知县回避即用人员，以之请补桃源县知县，洵堪胜任。惟系调缺请补，与例稍有未符，第人地实在相需，例得专摺奏请，合无仰恳天恩，俯念桃源县知县员缺紧要，准以回避即用知县汤汝和补授，实于要缺有裨。如蒙俞允，该员系回避即用知县，请补知县，衔缺相当，毋庸送部引见，亦无庸列

---

① "应"，据《光绪朝硃批奏摺》补人。下同。

叙参罚案件，合并陈明。理合会同湖广总督臣张之洞恭摺具陈，伏乞皇上圣鉴训示。谨奏。

硃批："吏部议奏。钦此。"

〖附〗吏部知会*

（光绪二十二年八月二十日）

吏部为知会事：

所有《湖南回避即用知县汤汝和补桃源县知县，遵旨复奏》一摺，于八月初八日具〈奏，奉〉旨："依议。钦此。"相应抄录原奏，知会贵处查照可也。须至知会者。

右知会军机处。

计粘原奏壹纸、一件：

内阁抄出湖南巡抚陈〈宝箴〉等奏称："桃源县知县余良栋革职开缺，查有回避即用知县汤汝和，才识兼优，廉能卓著，以之请补桃源县知县，洵堪胜任，仰恳天恩，俯念桃源县知县员缺紧要，准以汤汝和补授，实于要缺有裨"等因，光绪二十二年七月二十二日奉硃批："吏部议奏。钦此。"钦遵抄出到部。

查定例："各省裁缺即用、回避即用、新选新补留省另补人员，如坐补原缺无人，应将以上三项人员不入班次，先尽补用；其原系要缺之员，如遇有要缺出时，坐补原缺无人，亦准先尽酌量题咨补用"等语。今桃源县知县余良栋革职，于光绪二十一年十二月二十三日奉旨，遗缺按奉旨后第五日行文，湖南省照限七十日减半计

---

* 据中国第一历史档案馆藏档。此为吏部知会军机处之原件，原题为《知会》，钤有吏部印信，署时作"光绪贰拾贰年捌月贰拾日"，并有吏部衙门经办主事刘某之签名押字。另有军机处收档之墨批。

算,应以二十二年二月初二日接到部文之日作为开缺日期,归二月分截缺。系冲、繁、难调要缺,例应在外拣选。兹据该抚等请以回避即用知县汤汝和补授,钦奉硃批,交臣部议奏。臣等查:汤汝和,广西进士,由湖南进士即用知县题补江华县要缺知县,因回避原籍与任所在五百里以内,开缺留省另补。臣部坐于光绪二十一年十一月十八日行文,湖南省照限七十日减半计算,应以十二月二十二日接到部文之日作为该员回避即用到省日期,核与请补之例相符,相应奏明请旨,准将湖南回避即用知县汤汝和补授桃源县知县。衔缺相当,毋庸送部引见等因。

光绪二十二年八月初八日具奏,奉旨:"依议。钦此。"

龚盛际捐修文庙请饬部议奖片*

(光绪二十二年六月二十二日)

再,据湖南布政使何枢详,据署城步县知县上官廉详,据县绅萧振拔等禀称:"城步县文庙年久失修,殿庑、墙垣渐次倾圮,屡筹修葺,因工程浩大,集款维艰。光绪十六年,经邑绅分省补用知府龚盛际愿捐巨赀,独力兴工,十八年六月修竣。自大成殿、两庑、尊经阁,崇圣、名宦、乡贤祠,周围宫墙、殿柱,一律拆造重修,共计用过工料银一万二千一百余两"等情,禀由该县亲诣逐细查勘,均系工坚料实,规模宏敞,轮奂一新,所捐银数由县造具工用数目清册,加具印结,申司转详奏请奖叙前来。

臣查定例:"士民因修城垣、衙署、公所等项,捐银至千两以上者,请旨建坊,给与'急公好义'字样,如有应行旌表而情愿议叙者,

* 据中国第一历史档案馆藏档。此为上摺之附片。按:此片另见《光绪朝硃批奏摺》,第104辑,第44~45页。

由吏部核议，给与顶戴，礼部毋庸题请"等语，今城步县绅士分省补用知府龚盛际独力兴修文庙，捐银一万二千余两，洵属好义急公，深堪嘉尚。惟该绅系分省补用知府已有顶戴人员，应行给予何项奖叙之处，理合据情奏恳天恩，饬部核议给奖，以昭激劝。

除册〈结〉咨送吏、工两部外①，谨附片具陈，伏乞圣鉴训示。谨奏。

硃批："该部核议具奏。钦此。"

道员李光久在籍患病呈请开缺摺*

（光绪二十二年六月二十二日）

头品顶戴湖南巡抚臣陈宝箴跪奏，为道员在籍患病，呈请开缺，恭摺仰祈圣鉴事：

窃臣据二品顶戴甘肃巩秦阶道三等男李光久禀称："光久现年五十二岁，湖南湘乡〈县〉人②，于光绪二十年九月自江宁奉旨率军出关剿倭③。二十一年八月，因军务告竣，旋奉旨送部引见。比即请咨赴都，正赴吏部验到，适于九月初十日钦奉上谕：'甘肃巩秦阶道员缺，著李光久补授。钦此。'十二日具摺谢恩，比蒙召见，训诲周详，跪聆之余，莫名钦感。嗣经吏部奏明应否仍行引见，十四日奉旨：'著无庸带领。钦此。'旋即赴部领到文凭，并请假回籍修墓，蒙给假一月，并给执照。十月，自山海关带队回宁，奉檄将所部挑

① "结"，据《光绪朝硃批奏摺》补入；又，《光绪朝硃批奏摺》无"两"。

* 据中国第一历史档案馆藏档。按：此摺另见《光绪朝硃批奏摺》，第 11 辑，第 638 ~639 页。

② "县"，据《光绪朝硃批奏摺》补入。

③ "剿倭"，据《光绪朝硃批奏摺》补正。

留两营,馀均裁撤。十二月初间,遣留就〈绪〉[①],禀辞回籍。本年正月,行抵湖南省城,因军中阵亡弁勇恤银有上年漏而未发者,即在省城设局散放。原拟办妥后即回湘乡本籍,赶速修墓,假满赴甘任事,无如赋质孱弱,向患头痛之证,前以冒雪临阵者数月,叠受风湿,旋复巷战伤腿,又因马匹概被轰毙,竭蹶步趋频日[②],日夜枵腹行百余里,劳困过甚,积痼益深。比经随时医治,数月间幸未发作,尚可勉强支持。客冬舟次鄂渚,忽遍身骨节疼痛,呻楚异常,延医随船诊视,见效綦迟。开春后,头风迭作,加以心血损亏,精神瞀乱,动作疲惫,拜跪艰难,非息心静养,实难就痊。查巩秦阶道地方辽阔,民番杂处,茶马屯田,在在俱关紧要,现值回氛未靖,亟须保境御侮,尤为责重任繁,断非伤病馀生所能胜任,呈恳奏请开去巩秦阶道员缺,俾得还归故里,摄养宿疴。一俟调理复元,自当勉效驰驱,以尽区区犬马之忱,断不敢自耽安逸。并将文凭及给假执照呈缴"等情到臣。当经就近饬委善化县知县顾玉成验明属实,加结详送,奏请开缺前来。

臣伏查该员性质沈毅,坚忍耐劳,常怀报效之志,将来病痊,自堪起用,目前患病,猝难就痊属实。除将缴到文凭、执照及委验供结,分别咨送部科及陕甘总督查照外,所有在藉〔籍〕甘肃巩秦阶道李光久患病呈请开缺缘由[③],谨恭摺具陈,伏乞皇上圣鉴训示。谨奏。

硃批:"另有旨。钦此。"

① "绪",据《光绪朝硃批奏摺》补入。
② "频日",《光绪朝硃批奏摺》作"两日"。
③ "籍",据《光绪朝硃批奏摺》改正。

光绪廿二年二麦收成分数摺 *

（光绪二十二年六月二十二日）

头品顶戴湖南巡抚臣陈宝箴跪奏，为恭报二麦收成分数，仰祈圣鉴事：

窃照湖南省各属地方土性不齐，宜麦之区较少，本年二麦业已成熟，次第刈获登场，兹据藩司何枢查明收成分数，造册汇报前来。臣查通省七十六厅州县，除素不种麦之醴陵等二十三厅州县并种麦无多之长沙等二十厅州县均不计算外，其宜麦之湘阴等三十三州县内，七分有余者十州县，六分有余者一十三州县，六分者三州县，五分有余者五州县，三分有余者二县，合计通省二麦收成实六分有余。现值青黄不接之时，民食藉资接济。

所有湖南省光绪二十二年分二麦收成分数，理合恭摺具奏，并缮清单敬呈御览，伏乞皇上圣鉴。谨奏。

硃批："知道了。"

光绪廿二年五月粮价及雨水情形摺 **

（光绪二十二年六月二十二日）

头品顶戴湖南巡抚臣陈宝箴跪奏，为恭报五月分粮价及地方雨水情形，仰祈圣鉴事：

窃照湖南省本年四月分市粮价值并雨水情形，业经臣恭摺奏报在案。兹据布政使何枢查明五月分通省各项粮价，开单汇报前来。臣逐加查核，长沙等十八府州厅属米、麦、豆各价值均与上月

---

* 据《光绪朝硃批奏摺》，第 93 辑，第 123 页。

** 据《光绪朝硃批奏摺》，第 96 辑，第 6 页。

相同,省城及各属地方入夏以来,雨旸应候。惟据湘乡县禀报,五月十五、六等日,该县十五、十七两都之褒忠、羚羊两大山间蛟水陡发,沿河百余里间,田庐多被冲毁,受灾甚重。幸事在白昼,居民当各迁避,人口尚无损伤。经臣批饬司局筹拨制钱五千串,由该县妥实赈给灾黎,并饬劝谕本县绅富量力设法抚恤,毋令失所,仍督率业佃人等将冲压田亩设法挑复,乘时补种,俟秋后照例勘办。又据溆浦县禀报,该县北乡底庄等处山水陡发,冲损田亩,情形尚轻。并据滨湖之澧州、安乡等州县先后禀报,河水涨发,低洼田地均被淹没,幸天已晴霁,水势渐退。均经臣分别批饬赶紧设法挑复,疏消积水,乘时补种,以冀有收,统俟秋后确切查勘情形,再行分别核办。此外未淹各处,刻下早稻将近成熟,中、晚二稻次第吐穗,杂粮、蔬菜繁茂,境宇尚属敉平,堪以上慰宸廑。

理合恭摺具奏,并缮粮价清单敬呈御览,伏乞皇上圣鉴。谨奏。

硃批:"知道了。湘乡被水地方著酌量抚恤,以慰穷黎。馀依议。"

〖附〗光绪二十二年七月廿二日上谕*

湖南巡抚陈宝箴奏:"湘乡县蛟水陡发,受灾甚重,已筹款妥实赈给。"得旨:"湘乡被水地方著酌量抚恤,以慰穷黎。"

东安令吴鼎荣、临湘令刘凤纶请互调摺**

(光绪二十二年六月二十四日)

头品顶戴湖南巡抚臣陈宝箴跪奏,为选缺知县人地未宜,互相

---

* 据《清实录·德宗景皇帝实录》,见《清实录》,卷三九三,第130页。

** 据中国第一历史档案馆藏档。按:此摺另见《光绪朝硃批奏摺》,第11辑,第649~650页。

对调，以资治理，恭摺仰祈圣鉴事：

窃照知县身膺民社，经理地方庶务，责任綦重，臣与两司于所属州县中随时留心考察，务求人地相宜，于民生有所裨益。兹查临湘县虽属选缺，为湘省入境要道，界连湖北、江西，地居冲要，政务殷繁，近年并有外国教堂交涉事件，非精明干练之员，未易胜任。查有东安县知县吴鼎荣，年四十一岁，安徽合肥县人，由附监生遵郑工例在部库报捐知县遇缺先选用，光绪十六年九月，签掣湖南东安县知县，十月十五日引见，奉旨："准其补授。钦此。"旋在直隶赈捐案内请奖同知衔，领凭起程，十七年二月二十七日到省，八月二十六日到任，试俸三年期满，详请销去试俸在案。该员吴鼎荣，才具通敏，办事勤能，以之调补临湘县知县缺，洵堪胜任。所遗东安县知县为部选简缺，民情简朴，较为易治。查有临湘县知县刘凤纶，年五十六岁，湖北兴国州人，由廪生中式同治三年甲子科本省乡试举人，考充景山官学教习，十三年甲戌科会试中式进士，引见，奉旨："改为翰林院庶吉士。钦此。"光绪二年散馆，以知县即用，签选山东蒙阴县知县，亲老告近，改选江西铅山县知县，遵例报捐同知衔，十月到江，三年正月到任。七年呈请终养，开缺回籍，九年丁忧，十四年服阕起复，十六年请咨赴部引见，奉旨："著不必坐补原缺。钦此。"十七年正月，签选湖南临湘县知县，领凭起程，五月十一日到省，十月十二日到任。该员刘凤纶，操守不苟，勤慎恤民，以之调补东安县知县，亦堪胜任。

据布政使何枢、按察使俞廉三会详前来，相应请旨准以东安县知县吴鼎荣调补临湘县知县，即以临湘县知县刘凤纶调补东安县知县，如此互相对调，一转移间，人地各得其宜，于地方实有裨益。该员等均系现任知县选缺，互相对调，缺分相当，任内均无承追督催展参处分，俱毋庸送部引见。理合会同湖广总督臣张之洞恭摺具奏,伏乞皇上圣鉴,敕部核复施行。谨奏。

硃批:“吏部议奏。钦此。”

杨汝荣请兼袭爵片*

(光绪二十二年六月二十四日)

再,查定例:“公、侯、伯、子、男爵,如应袭之人系六品以上文职请兼袭者,兵部带领引见时,或照例承袭,或令以原官兼袭,恭候钦定”等语。兹据湖南善化县知县顾玉成详,据道员职衔请兼袭二等男爵杨汝荣禀称,伊故父杨玉科于咸丰初年由云南督兵剿贼,洊保花翎头品顶戴瑚松额巴图鲁,历补云南开化、广西右江等镇,曾署云南提督、广西陆路提督。同治十一年规复云南大理府等处案内奉上谕:“赏穿黄马褂,并赏给一品封典。”十二年擒获伪大元帅杜文秀案内奉上谕:“赏给骑都尉世职。”旋克复腾越厅城案内奉上谕:“著赏加一云骑尉世职。”于全滇肃清案内奉上谕:“云南开化镇总兵杨玉科,前赏骑都尉,加恩改为一等轻车都尉世职。”又因堂叔把总杨大奇攻云龙州阵亡,千总杨福顺、千总衔把总杨郁文均在永平县阵亡,各给云骑尉,均无嗣承袭,例以杨玉科一人兼之,当经呈明并袭二等男爵,蒙颁发荫袭九代敕书在案。光绪六年被议开缺,经两江总督臣刘坤一奏请,改留两江差委。九年报捐银二万两,奖叙幼子杨汝荣道员职衔。十年经前湖南抚臣潘鼎新咨调,带兵驰赴越南,十一年在文渊府中炮阵亡,奉上谕:“加赠太子少保衔,给骑都尉兼一云骑尉,袭次完时给予恩骑尉世职罔替等因[①]。钦

---

* 据中国第一历史档案馆藏档。此为上摺之附片。按:此片另见《光绪朝硃批奏摺》,第12辑,第184页。

① “世职罔替”,《光绪朝硃批奏摺》作“世袭罔替”。

此。"钦遵在案。缘伊长子杨汝能兼袭,已故;次子杨汝康二品荫生,由盐运同职衔兼袭骑都尉兼一云骑尉;今伊三子杨汝荣以道员职衔请兼袭二等男爵,请给咨赴部引见,详请具奏前来。臣复查无异,除缮给咨批饬该员赴部引见,并将册结咨部外,理合附片陈明,伏乞圣鉴。谨奏。

硃批:"该部知道。钦此。"

唐瑞廷请准援案赐恤并建专祠摺*

(光绪二十二年六月二十四日)

头品顶戴湖南巡抚臣陈宝箴跪奏,为已故总兵战功卓著,遗泽在人,据情吁恳天恩,俯准赐恤,并准建立专祠,以彰忠荩而顺舆情,恭摺仰祈圣鉴事:

窃据湖南辰永沅靖道廷杰详称:"据凤凰厅绅士三品衔在籍贵州候补道张胜严、在籍贵州候补知府田宗超等,以'原任镇筸镇总兵唐瑞廷,昔在军营力战受伤,到镇后整顿营伍,惠恤兵民,政绩昭著,嗣因微疾触发旧伤,在途身故,地方绅民追维遗泽,感慕难忘,联名呈请详奏议恤并建专祠,以隆报飨'等情,并据镇筸镇标官兵亦以前情公同具禀。查已故镇筸镇总兵唐瑞廷,广西临桂县人,由武童于咸丰元年投效李孟群军营,管带良勇剿击发逆,获胜四十余次,经钦差大臣前大学士赛尚阿赏给六品军功。嗣随李孟群赴楚,克复武汉、兴国、大冶各城池,并堵剿金口窜匪,获保把总,赏戴蓝翎。又由襄河攻剿蔡甸等处,保以千总,加守备衔。六年正月,告请奋勇进攻汉阳府城外西门桥贼卡,炮伤右胁,验列头等。十一月,克复汉阳府城,奏保都司,赏换花翎。七年,赴援安徽庐州,攻

---

* 据《光绪朝硃批奏摺》,第29辑,第134~137页。

破霍山县城外贼卡,克复城池。八月,进剿六安州苏家埠捻匪,擒斩甚众。十二月,迎击上窜麻埠捻匪,大获全胜,保升游击。八年,因炮伤复发,请假就医。九年四月医痊,经前湖广总督臣官文留楚差遣,旋委署汉阳营游击。十年,补襄阳营游击。十一年,发逆上窜,奉派督率炮船堵剿,克复黄州府城。同治元年,堵剿黔匪,力保施南府城。二年,派防德安府河口、长江埠一带,堵剿亳捻,昼夜环攻,歼毙马、步贼一千余名,夺获器械无算。节次洊保副将,加总兵衔,并赏给勖勇巴图鲁名号。三年,奏补湖北竹山协副将。五年,发捻窜楚,奉调驻扎沙洋,并分布安陆、石牌、旧口一带,力遏冲要,战守五十余昼夜,保以总兵,请旨简放,并加提督衔。历署湖北郧阳、宜昌二镇,调补湖南衡州协副将。十三年十月二十二日奉上谕:'湖南镇筸镇总兵,著唐瑞廷补授。钦此。'光绪元年三月到任,即屏绝陋规,剔除一切浮费,查出从前官弁亏挪营中积存公款数万两,苦心经画,逐渐归补如初,边疆要地,缓急藉有可恃,弁兵由是感服。镇筸标兵素称勇健善战,勇健之过,辄至骄悍难驯,该故总兵悉令讲读《圣谕广训》并《行军纪律》,考拔粮缺必使背诵,兵丁咸知遵守营规,一洗向来积习。镇筸总兵驻扎凤凰厅城,厅学向有宾兴银两,津贴士子乡、会试路费,岁久多被侵挪,该故总兵首先倡捐,得复旧款。厅境地瘠民贫,多倚入伍食粮为生计,该故总兵于兵丁有屡经出征而年老伤疾者,令择其精壮子弟充补额缺,既饬营伍,又恤前劳,人服其恩义兼尽。身故粮除,家属往往冻馁,复为筹款生息,恤其老稚。又查得隙地,劝兵民种植茶、桑,以收地利。讲求营务,久暂一致,厅事悬'敬畏'二字,时自警省。体察营汛情形,布置均极周密。六年,有匪苗潜匿董倒寨煽诱滋事,该故总兵立派弁兵擒获匪首石老华等惩办,馀党解散,民苗安堵如常。由其备御有素,故能捕治迅速,地方得免扰害,愈深感悦。十一年,厅城后山蛟水骤发，漫城而入，人畜漂殁颇多，该故总兵急备船筏，亲督官兵冲波拯救，复倡捐廉银，设厂赈济灾民，全活无算。溯其从戎、服官四十余年，除应得廉俸外，于营中公项未尝丝毫侵染，原籍仅有墓庐数椽置人守冢，此外更无寸土，其清洁自守，人所共知。十三年八月，奉命祭告炎陵、虞陵，在途感受暑热，触发旧伤，卒于道州旅次。镇筸兵民相率为位而哭，经前任抚臣卞宝第胪陈战功事迹具奏请恤，奉硃批：'唐瑞廷著照军营立功后积劳病故例从优议恤，该部知道。钦此。'嗣经兵部以'唐瑞廷在总兵任内奉差途次病故，并非军营病故之员，应请毋庸给予恤典等因'议驳，咨行在案。该故总兵在任有年，兵民追慕之忱久而弥笃，合词呈请详奏请恤、建祠"等情，由厅、道开造事实清册转详前来。

臣查镇筸一镇控扼苗疆，在湖南各镇、协中为最要，兵亦最多。嘉庆、道光中，总兵官富志那、杨芳等曲体兵艰，筹积经费，以资周转，悉心训练，聿成劲旅。东南各省有事，率先征调，所向有功。继事者不能恪遵成法，渐就废弛，兵情日趋骄惰，驾驭良难。该故总兵先体其不得已之情，而后怵以不可犯之法，竭力整饬，顿复前观，屹为楚西屏蔽。当其措置之初，经营惨澹，巨细毕赅，时臣方署辰沅道事，诸经目击，深服其任事之勇、规画之精。兹核所呈，实无溢美，伏见圣明眷念勋劳，湛恩汪濊。近年如补用提督喻胜荣、总兵衔前任荆州协副将王裕春、前福建陆路提督王明山，均于军营立功后回籍病故，经前任抚臣吴大澂奏蒙天恩优恤，奉部议准在案。今唐瑞廷系在总兵任内奉差感疾，触发旧伤，殁于旅次，似较回籍病故者尤属可矜。合无仰恳圣慈，准将已故提督衔前湖南镇筸镇总兵唐瑞廷仍照军营立功后积劳病故例，敕部从优议恤，并准于凤凰厅城建立专祠，由地方官春秋致祭，以遂军民爱戴之情，出自逾格鸿施。

除将赍到清册咨部查核外,理合会同湖广总督臣张之洞恭摺具陈,伏乞皇上圣鉴训示。谨奏。

硃批:"著照所请,该部知道。"

〖附〗廷杰:上陈宝箴*

敬再禀者:

窃职道前奉面谕:"以原任镇筸镇唐故镇勤劳懋著,功德在民,即应奏建专祠,以彰荩绩。"职道回署后,遵即卷查光绪十四年何前升道任内,禀奉前升宪卞奏请将唐故镇照军营立功后积劳病故例从优议恤,奉旨俞允在案。嗣兼护镇筸镇唐游击请将唐故镇附祀名宦,奉前升宪卞批:"必俟其人身殁三十年,方准具题"等。因该营弁兵旋择地于南关外为唐故镇私建一祠,名曰"报恩",享祀虽崇,体制未备,自应合词吁恳入奏,以隆报享。且因军民爱戴请建专祠,似与入祀名宦者不同。现经会商周镇,饬知该营将弁及本地士绅会同具禀,再行由道据详。至该故镇战功,则非服官省分军民人等所得胪叙。合先附禀,恭请钧安,伏乞垂鉴。

职道廷杰谨禀。

刘培元请准援案赐恤摺**

(光绪二十二年六月二十四日)

头品顶戴湖南巡抚臣陈宝箴跪奏,为总兵因病触发旧伤身故,恳恩优恤,以彰忠荩而励戎行,恭摺仰祈圣鉴事:

---

* 原件藏上海图书馆,此据柳岳梅整理之《陈宝箴友朋书札》(三)录入,载《历史文献》,第五辑,上海科学技术文献出版社 2001 年 8 月出版,第 183 ~ 184 页。

** 据《光绪朝硃批奏摺》,第 45 辑,第 339 ~ 340 页。

窃据前国子监祭酒王先谦等联名禀称："已故提督衔浙江处州镇总兵锐勇巴图鲁刘培元，系湖南长沙府学武生，于咸丰三年投效前大学士臣曾国藩营中充当练军。四年，随同克复湘潭县城。七月，领师船从大军进克岳州、嘉鱼、蒲圻等处府县城池，逼攻武汉，奋勇陷阵，身受火器重伤。旋会剿田家镇，转战至湖口，连破劲贼，攻克内河。五年，回援武汉，扼守长江，大小数十战，贼由是不敢上窜，前湖北抚臣胡林翼甚相倚赖。六年，经前湖南抚臣骆秉章调带长字营陆勇，进援江西，由浏阳进攻，出御大股援贼，一日数战，擒斩累千。六月，进攻袁州，再破贼于夏浦，袭夺分宜县城。十一月，克复袁州府城，擒逆渠黄毓生。七年，调攻吉安，长围甫合，逆首石达开率悍贼来争，号称三十万，已至新淦，该故总兵急率所部疾驰堵御，连日大战三曲滩等处，贼遂溃走。八年八月，贼乘江涨冲逸，该故总兵率船进剿，胁受炮伤，裹创力战，克复吉安府城。九年五月，石逆大股窜湖南宝庆，围攻府城，众数十万，该故总兵率所部弁勇进泊城北酿溪，暗造浮桥，潜渡诸军袭贼，亲督师船夹击，所杀过当，复薄诸资水，轰溺四五千人，水陆猛攻，遂解城围。经前湖南抚臣骆秉章调回，统带永清水师，驻扎省河。七月，补授浙江处州镇总兵。十二月，奏调赴衢会剿。同治元年六月，进逼东、南两路，悉铲贼垒，由是添造船炮，选将练勇，屹然成军。七月，署理衢州镇总兵，旋与浙抚分路进剿龙游，击溃悍贼六万，阵斩逆酋胡明顺等。二年正月，克复龙游县城，斩逆首陈廷香、李国群，旋攻克桐庐，会剿杭州。十二月，亲往杭州督战。是时，水陆各军进剿，已成破竹之势，该故总兵独念前军进攻杭州，实以衢州为根本，关系全军胜败，而于全省大局尤关紧要，乃饬所部水师进攻，而身回本任。三年二月，杭州克复，旋于八月二十九日丁父忧，九月十八日在任闻讣，随即交卸营务，回籍终制。五年十二月十八日服阕，在县呈报起服。而楚军水师之留浙者,遂以次戡定嘉、湖各府,浙江全省肃清,实该故总兵水师之功为多。

溯查该故总兵以武生投效,分带水师,兼帅陆勇,转战湖南、湖北、江西、浙江各省,十余年间身经百战,迭复名城,历年劳绩经曾国藩、骆秉章、胡林翼、左宗棠奏报在案。其在衢州镇任内,每助有司招抚流亡,捐俸赈济,三衢之民思咏不忘。先是剿贼受伤,创疾时作,而右胁炮伤尤甚,家居抑郁,以受国厚恩未能再出以图报称为憾。光绪十七年正月,偶感微疾,触发旧伤,元气亏损,胁创溃裂,旋即身故。先谦等里闬非遥,见闻较确,未忍听其湮没,谨胪陈战功事绩,公恳援照军营立功后积劳病故例,奏请从优议恤"等情前来。

臣查该故总兵刘培元,身经百战,迭克名城,虽受重伤,进战愈力,其所规画,动关全局,洵属谋勇兼优,旋以丁忧服阕,满拟复出,不意伤重病剧,在籍身故,殊堪悯恻。相应据情吁恳天恩,俯准将已故浙江处州镇总兵刘培元,照军营立功后积劳病故例从优议恤,以彰忠荩而励戎行之处,出自逾格恩施。

除咨兵部外,理合恭摺具陈,伏乞皇上圣鉴训示。谨奏。

硃批:"著照所请,该部知道。"

〖附〗光绪二十二年七月廿三日上谕(节录)*

以战功卓著,予故湖南镇筸镇总兵唐瑞廷优恤,于凤凰厅城建立专祠;予积劳病故浙江处州镇总兵刘培元、记名提督易玉林照军营立功后病故例优恤。

* 据《清实录·德宗景皇帝实录》,见《清实录》,卷三九三,第130页。

奉派认还英德借款光绪廿二年六月汇解一半银两片*

（光绪二十二年六月二十四日）

再，准户部咨："奏《每年应还俄法、英德两款本息，数巨期促，拟由部库及各省关分别认还》各摺、片，光绪二十二年五月初八日奏，本日均奉旨：'依议。钦此。'"刷印原奏清单，咨行来南，当经转饬遵照，赶紧设法筹解去后。兹据湖南布政使何枢会同善后、厘金各局司道详称："遵查原奏清单内开：'英德一款，应还本息每年约银六百九十万两内，由各省地丁、盐课、盐厘、货厘、杂税等款项下指拨，计湖南银十四万两，应令各省关照指拨摊派之数，先分一半，务于六月间解交江海关道。其余一半银两再匀分两次，八月间解到一半，十月间一律解清。嗣后每年匀分四次，于二、五、八、冬四个月解赴江海关道交纳，不得稍有延欠等因。'伏查湖南地丁、盐课、盐厘、货厘、杂税等款均奉指拨有数，并无余款存储，今奉派认还英德一款，其期甚迫，自应竭力措解，以免贻误。现拟请在茶厘、百货加抽厘金项下动支规元银七万两，于光绪二十二年六月十四日发交协同庆、蔚泰厚两商号各承领银贰万叁千两，乾盛亨商号承领银贰万肆千两，均限于六月二十九日汇到江海关道查收，守候库收批照回销，以期迅速而济要需"等情，详请奏咨前来。臣复核无异，除咨户部查照外，所有湖南奉派认还英德一款，本年六月间先分一半银两汇解缘由，理合会同湖广总督臣张之洞附片陈明，伏乞圣鉴。谨奏。

---

* 据《光绪朝硃批奏摺》，第82辑，第460页。按：上奏时间系编者推定。

硃批:“户部知道。”

谷米准予贩运出省照旧流通片*

(光绪二十二年六月二十四日)

再,臣前因湖南上年荒旱,收成歉薄,曾经援例奏请暂禁谷米贩运出省在案。兹于六月中旬早稻业已登场,中稻亦将收获,民食不致缺乏,已饬将贩运出省谷米照旧流通,不准稍有阻遏。理合附片具奏,伏乞圣鉴。谨奏。

硃批:“知道了。”

益阳县匪徒搜抢矿局委员查办情形片(稿)**

再,臣钦遵谕旨开办矿务,本年二三月间,业于常宁、泸溪、宁乡、益阳等处次第试办。益阳产有锑矿,为近年各省制造局所必需,购自上海洋行,异常昂贵①,委绅候选通判曾昭吉,勘得益阳锑矿颇旺,禀经矿务局,详委廪生朱启旭会同办理。曾昭吉以山主地邻亟愿开采,先行试办一月,采运矿砂千余石,相安无事。忽有相距四十里外积案匪徒尹左溪(又名尹顾汤)等捏造谣言,有“杀人祭山,将成洋海”等不经之语。值曾昭吉往他处寻勘矿苗,突有无赖人等围绕指詈,将随带衣物抢去。次日,乘曾昭吉尚未回局,即有尹左溪之兄尹玉阶与其党符成立,煽惑三十余人,将该局钱物搜抢殆尽。

六月初十日,署益阳县知县赵润生闻信赶至,尹左溪即纠众绕

---

* 据《光绪朝硃批奏摺》,第91辑,第212页。按:上奏时间系编者推定。

** 据舒斋藏摄片。此为陈宝箴手稿。按:此稿另见录入《陈宝箴遗文·奏摺》,载《近代中国》第十一辑,第224~225页。

① 此句初作“价值昂贵”。

塞该令寓所哄闹[①]，肆行挟制，赵润生隐忍拊循，尹左溪始乘轿出门，麾众径去。赵润生移调县属防勇四十名前来弹压，臣亦派亲军管带参将刘高照带勇二十名驰往查办。该匪徒尹左溪、符成立复率众执持枪械来局，四面围绕，赵润生等饬勇拦阻，竟敢放枪轰击，幸俱系乡间鸟枪，各勇伏地闪避。相持既久，勇丁蔡祥彬、刘玉崑各受枪子伤，又锚伤勇丁唐凤林一名，该勇等惟放空枪吓抵。突有匪党李屠夫，执旗麾众，径抵局门，始饬勇指放一枪，立即格杀，枭首示众，各勇冲前直拿匪首[②]，乃始纷纷散走。尹左溪知必往捕，仍聚众力图抵拒，赵润生等饬差勇往拿，又为尹玉阶拒捕，枪伤勇丁潘桂林，经差勇奋格倒地，尹左溪乃从僻径逃遁，未经缉获。赵润生传饬远近团总分投开导，告以"尹左溪、符成立造谣煽胁[③]，抢劫官物，必须拿办，其余胁从，一概免究，勿为所惑"，众各悔悟解散。尹左溪无可如何，逃匿无踪，民情照常安静。

迭据赵润生、刘高照等禀报前来。臣查益阳板溪等处地方，处万山之中，距县城百六十里，与安化、茶山连界，时有会匪、游勇溷迹其间，屡犯劫杀重案及挟制地方官长等事。此次匪徒尹左溪等，距矿局相去甚远，纵有办理不善，与该匪等豪不相涉，乃敢造谣胁众，肆行抢毁，又虑该县拿究，纠众哄闹，希图挟制免罪，尤敢擅持枪械，击伤官兵，实与土匪无异。若不严拿究办，以儆效尤，不独矿务不能兴办，终为人所觊觎，即地方风气，更将无所底止[④]。除委候补知县前往会同查办，饬拿尹左溪、符成立二犯务获讯办，并调

① 自此以下三句，初作"尹左溪即率众数十人将该县寓所围绕哄闹，多端挟制，赵润生勉强拊循"。

② 此句初作"令各勇直前往拿匪首"。

③ "煽胁"，初作"煽惑"。

④ 此句初作"更将无能挽回"。

曾昭吉回省确查办理情形,将该处矿务概交委绅朱启旭,会县联合正绅照常妥办外,理合会同湖广总督张〇〇附片具陈,伏乞圣鉴。谨奏。

益阳县匪徒搜抢矿局委员查办情形片*

(光绪二十二年六月二十四日)

再,臣钦奉谕旨开办矿务,业于常宁、泸溪、宁乡、益阳等处次第试办。益阳产有锑矿,为近年各省制造局所必需,购自洋行,异常昂贵,委绅候补通判曾昭吉,勘得益阳三里之板溪地方锑矿颇旺,禀经矿务局,详委廪生朱启旭会同办理。曾昭吉以山主地邻亟愿开采,先行试办一月,采运矿砂千余石,相安无事。忽有相距四十里外、曾经户族驱逐之积案匪徒尹左溪(又名尹顾汤)等捏造谣言,有"杀人祭山,将成洋海"等不经之语。值曾昭吉往他处寻勘矿苗,突有无赖人等围绕指詈,将随带衣物抢去。次日,乘曾昭吉尚未回局,即有尹左溪之兄尹玉阶与其党符成立,煽惑三十余人,将该局钱物搜抢殆尽。

六月初十日,署益阳县知县赵润生闻信赶至,尹左溪即纠众将该令寓所绕塞哄闹,肆行挟制,赵润生隐忍拊循,尹左溪始乘轿出门,麾众径去。赵润生移调县属防勇四十名前来弹压,臣亦派亲军管带参将刘高照带勇二十名驰往查办。该匪徒尹左溪、符成立复率众执持枪械来局,四面围绕,赵润生在局饬勇拦阻,竟敢放枪轰击,幸俱系乡间鸟枪,各勇伏地闪避。相持既久,勇丁蔡祥彬、刘玉崑各受枪子伤,又锚伤勇丁唐凤林一名,该勇等惟放空枪吓抵。突有匪党李屠夫,执旗麾众,径抵局门,始饬勇指放一枪,立即格杀,

* 据《光绪朝硃批奏摺》,第119辑,第339~340页。按:上奏时间系编者推定。

枭首示众,各勇冲前直拿匪首,乃始纷纷散走。尹左溪知必往捕,仍聚众力图抵拒,赵润生等饬差勇往拿,又为尹玉阶拒捕,枪伤勇丁潘桂林,经差勇奋格倒地,尹左溪乃从僻径潜遁,未经缉获。赵润生传饬远近团总分投开导,告以"尹左溪、符成立造谣煽胁,抢劫官物,必须拿办,其余胁从,概免深究,勿再为其所惑",众各悔悟解散。尹左溪无可如何,逃匿无踪,民情照常安静。

迭据赵润生、刘高照等禀报前来。臣查益阳三里板溪等处地方,介万山之中,距县城百六十里,与安化、茶山连界,时有会匪、游勇溷迹其间,屡犯劫杀重案及挟制地方官长等事。此次匪徒尹左溪等,距矿局相去甚远,豪不相涉,乃敢凭空造谣胁众,肆行抢毁,又虑该县拿究,纠众哄闹,希图挟制免罪,尤敢擅持枪械,击伤官兵,实与土匪无异。若不严拿究办,以儆效尤,不独矿务不能兴办,即地方风气,更将无可挽回。除委候补知县耿湘前往会同查办,饬拿尹左溪、符成立二犯,务获严惩,并调曾昭吉回省确查办理情形,将该处矿务概交委绅朱启旭,会县联合正绅照常妥办外,理合会同湖广总督臣张之洞附片具陈,伏乞圣鉴。谨奏。

朱批:"知道了。"

湘省造报第二起善后报销摺*

(光绪二十二年七月二十日)

头品顶戴湖南巡抚臣陈宝箴跪奏,为查明湖南省自光绪二年正月起截至五年年底止一应收支各款,作为善后第二起,照例造册请销,恭摺奏祈圣鉴事:

窃照前准部咨:"凡同治三年七月以后军需用款,一律专摺奏

---

* 据《光绪朝硃批奏摺》,第60辑,第846~848页。

请核销,摺内声明应归户部、兵部、工部核销钱粮各若干,统共请销钱粮若干,其报销细册分别开造咨送,并经户、兵二部将分造军需条款开单通行。旋准兵、工二部具奏:'仍照向例,将用款统造细册三分,分咨各部核销,工部销款仍与户部会核具奏。'又户部片奏:'外省造送销册,仍照向章,册造兵勇花名,随同送部,以备查考。'又户部奏定新章:'饬将光绪八年以前未经报销各案,向开单者仍开单,向造册者仍造册,并将兵勇花名数目、支发章程造册送部,以为报销案据'各等因。先后具奏,奉旨:'依议。钦此。'"当即钦遵行局,遵照办理。已将同治十二年七月起截至光绪元年年底止军需改为善后收支各款截清界限,作为善后第一起,报销造册奏销,先后接准部复准销在案。又光绪十八年十一月内准户部咨,饬将南省局用经费向来如何开支,并将裁减局款若干、仍留某局某款若干造册详咨备核。缘湖南各局支用款目向系仿照军兴粮台支给,自同治十二年以后,将军需局改为善后局,各项力从节减,已于光绪六年、十年并十六年迭次裁减缘由及留存各款,分造清册详咨,经部核算,较湖北省不相悬殊,照准支销各在案。

查光绪二年以后,湘省防军扼要驻扎,攻克南江水口,荡平四脚牛贼巢,歼除六洞窜匪,又粤西匪徒窜扰,亦经随时击退,本省各属间有匪徒蠢动,随起随灭,一切剿办情形均经奏明有案。其口粮、器械支发繁多,兹经该司道等督饬局员,将湖南善后局自光绪二年正月起截至五年年底止一切善后收支款项划清界限,分门别类,各归各款,造具销册,作为第二起报销。"查明光绪元年以前善后第一起报销案内,实存银九万四千九百七十九两二钱六分一厘一毫四丝五忽,今自光绪二年正月起截至五年年底止,陆续共收地丁、漕折、捐输、厘金、协饷等款共银五百二十一万八千三十六两九钱八分一厘四毫,连前实存项下,合共银五百三十一万三千一十六两二钱四分二厘五毫四丝五忽。造销各款统共应支银五百四十三万五千二百三十二两一钱五分三厘三丝四忽,内因饷项支绌递欠,光绪五年冬季三个月勇粮银一十二万五千九百六十四两五钱八分六厘二毫系光绪六年春夏两季陆续补发,应归六年销册内造报请销,统共实支银五百三十万九千二百六十七两五钱六分六厘八毫三丝四忽。内应归户部核销银四百八十三万七百七十七两九钱五分一厘九毫三丝四忽,除协济各省军饷银一百一十二万五千五十八两五钱三分三厘六毫应归各该省作收造销外,实归湖南造销银三百七十万五千七百一十九两四钱一分八厘三毫三丝四忽。又应归兵部核销银九万七千四百六十六两七钱八分九厘六毫,又应归工部核销银三十八万一千二十二两八钱二分五厘三毫。实应存善后银三千七百四十八两六钱七分五厘七毫一丝一忽,应归于光绪六年正月以后旧管项下接收造报。此起造销各款,均系按照咸丰二年前湖广总督徐广缙及同治二年前湖南巡抚毛鸿宾先后奏准各部核准报销事宜,并前两江总督曾国藩奏定章程,核实开报。凡有例可循者遵例支食,例所未及者照案开销,所援成案亦于同治三年钞录,详经咨部查核。其同治十一年三月以后各营防勇口粮,遵照奏案核减三成支发,悉于各册内声明减成造报。又文武跟役驮折,亦遵兵部原奏核删,武职提督、总兵跟役名数,亦均照案核减"等情,造册详请具奏咨送前来。

臣复加查核,请销各款均属实用实销,并无浮冒。除将各册遵照章程分送户、兵、工各部查核,并饬将光绪六年正月以后收支各款赶紧查明接续造报外,所有湖南省造报第二起善后报销缘由,理合恭摺具奏,并缮清单敬呈御览,伏乞皇上圣鉴,饬部核销施行。

再,各属募勇防堵及应付过境军饷、军火、水脚销册,现尚未据造报齐全,容俟饬催造齐,另行汇案请销,合并陈明。谨奏。

硃批:"该部知道,单并发。"

光绪廿一年各项钱粮奏销已未完分数摺*

(光绪二十二年七月二十日)

头品顶戴湖南巡抚臣陈宝箴跪奏,为查明奏销案内经征已、未完各员名,遵照新章,先行开单奏报,恭摺仰祈圣鉴事:

窃照前准户部咨:"所有钱粮奏销,令各该督抚一面具题,一面先将未完一分以上各员名开具简明清单,专摺奏报,由部核定处分,先行复奏,仍于题本内将业经具奏各员声明备核等因",钦奉谕旨允准,恭录咨行到湘,历经遵照办理在案。兹据布政使何枢详称:"现届光绪二十一年奏销之期,查湖南省额征地丁、存留、驿站等款钱粮,除是年被水、被旱蠲缓外,实应征正耗银一百一十六万三千余两,现在截至奏销止,通计已完解银一百七万二千余两,未完银九万六百余两。内除全完并非一官经征及有事故参劾各员毋庸开列,又未完不及一分遵照部议仍归奏销本案开报外,查明经征地丁全完三万两以上者二员,全完二万两以上者五员,全完一万两以上者八员,全完不及一万两者九员,未完一分以上者一员,未完二分以上者六员,未完三分以上者二员,未完四分以上者一员,未完六分以上者二员,开列职名清单,详请奏报,由部核明,分别议叙、议处,以示劝惩。"并据代理粮储道刘镇查明:"道库钱粮除漕折、随浅等款,例应隔年奏销造册,详由漕运督臣核题外,所有经征光绪二十一年全完南秋米五千石又全完驴脚银自六百两至九百两以上者四员,全完南秋米一千石又全完驴脚银四百两以上者一员,全完南秋米一千石以上者三员,未完南米、驴脚各十分者一员,未

* 据《光绪朝硃批奏摺》,第67辑,第628~629页。

完南米、驴脚各九分者一员，未完南米、驴脚各六分六厘者一员，未完南米、驴脚各一分二厘者一员，未完南米三分五厘、驴脚十分者一员，未完南米二分、驴脚二分八厘者一员；经征津贴全完一千两以上者二员，全完八百两以上者一员，全完七百两以上者一员，全完四百两以上者一员，全完三百两以上者二员，未完十分者二员，未完九分九厘者一员，未完十分者一员[①]。”一并开单，详请汇办前来。

臣复核无异，除饬催该司道将应造各项奏销册籍按款造齐，照例详送具题，并将此次开报各员仍于本内声明备核外，理合恭折具奏，并缮清单敬呈御览，伏乞皇上圣鉴，敕部核议施行。谨奏。

朱批："该部议奏，单并发。"

光绪廿二年六月粮价及雨水情形折[*]

（光绪二十二年七月二十日）

头品顶戴湖南巡抚臣陈宝箴跪奏，为恭报六月分粮价及地方雨水情形，仰祈圣鉴事：

窃照湖南省本年五月分市粮价值并雨水情形，业经臣恭折奏报在案。兹据布政使何枢查明六月分通省各项粮价，开单汇报前来。臣逐加查核，长沙等十八府州厅属米、麦、豆各价值均与上月相同，省城及各属地方雨旸时若。惟据醴陵县禀报，山水暴发，沿河、沿溪田禾受伤，幸不致成灾，收成亦不致歉薄。其东、北两乡之庄埠、港内、泉水湾等处受灾较重，有冲倒房屋、淹毙人口情事，已据该县就赈荒款内分拨钱文，择受灾极苦、现难度活之人酌予抚

① 未完分数应逐一递减，故此处之“十分”似有误。

* 据《光绪朝朱批奏折》，第96辑，第19页。

恤,经臣批饬查勘明确,妥协办理,勿任流离失所,仍督率农民将沙壅石压之处赶紧挑复补种,并将勘明详细情形据实具报。又据滨湖之巴陵、南洲、湘阴、华容、安乡、武陵、龙阳等厅县先后禀报,河水增涨,低洼田地概被淹没,均经臣分别批饬赶紧设法疏消,乘时补种,以冀有收,统俟秋后确切查勘是否成灾,再行分别核办。其余各属,早稻次第登场,中、晚二稻将近成熟,杂粮、蔬菜均尚繁茂,闾阎乐业,境宇乂安,堪以上慰宸廑。

理合恭摺具奏,并缮粮价清单敬呈御览,伏乞皇上圣鉴。谨奏。

硃批:"知道了。所有被水等处即著详查,分别办理。"

请仍以顾玉成调补善化令摺*

(光绪二十二年七月二十四日)

头品顶戴湖南巡抚臣陈宝箴跪奏,为省会首邑知县要缺需员,请仍以原拣之员调补,以资治理,恭摺仰祈圣鉴事:

窃照长沙府属善化县知县赵宜琛请开缺以知府用,于光绪二十一年十一月十七日奉旨,遗缺按第五日行文之例,照湖南省程限七〈十〉日减半计算[①],扣至十二月二十七日接到作为开缺日期,归十二月分截缺,咨部在案。前经臣请以安化县知县顾玉成调补,兹于光绪二十二年五月二十二日奉准吏部咨:"以'该员请调补省会首邑善化县知县,该抚等摺内声称,题补人员内虽有正途人员,非现不合例,即于是缺不甚相宜,亦非〔无〕正途出身合例堪调之员,

---

* 据中国第一历史档案馆藏档。按:此摺另见《光绪朝硃批奏摺》,第 11 辑,第 692 ~694 页。

① "十",据《光绪朝硃批奏摺》补入。按:下文所作校补,凡未经另外说明者,均同此。

〈未经〉详细声叙[①]，遽请以安化县知县顾玉成调补善化县知县之处，应毋庸议'等因，光绪二十二年四月二十六日具奏，奉旨：'依议。钦此'"等因，咨行到湘。

臣查善化县知县系冲、繁、难兼三项要缺，例应在外拣选题补。定例："应题缺出，先尽候补正途人员题补，无人，准以应升人员题升，如实无合例堪以题升之员，始准于现任人员内拣选调补；又有必须更调者，查系由三项要缺更调四项要缺及最要之缺，或由四项要缺及最要之缺更调附省首邑，该员委非另有不合例事故，即行议准；又首府、首县缺出，应令于通省正途人员内拣选调补，如实无合例堪调或人地不宜，始准〈于〉摺〈内〉详细声明，以各项出身人员〈内〉遴员调补；〈又调补〉州县以上官员，必于本任内历俸已满三年，方准拣选调补"各等因。今善化县知县为省会首邑，政务殷繁，且时有发审案件，必须精明干练之员，方能经理妥协。查应行题补人员内虽有正途人员，非现不合例，即与是缺不甚相宜，亦无合例堪以题升之员，即通省正途实缺人员内，实无合例堪调，且均与是缺人地不宜，自应于各项出身人员内逐加遴选。

臣与藩、臬两司复加查核，查有安化县知县顾玉成，年五十三岁，四川华阳县人，由监生报捐从九品，递捐县丞选用，奉调入黔，克复麻哈州城出力，同治十年九月初十日奉旨："著免选本班，以知县不论双单月遇缺尽先选用，并赏戴蓝翎。钦此。"又因下游一律肃清案内保奏，十一年七月十三日奉旨："著仍以知县分省，归候补班前先补用，并赏加同知衔。钦此。"又因疏通上游驿路案内，十二年保换花翎，遵例报捐，指省湖南，仍归候补班前先补用。全黔肃清案内保奏，光绪元年正月十六日奉旨："著俟补缺后以直隶州知

① 下文有云："奉部议驳：'未经详细声叙'。"此处"未经"二字即据此补入。

州补用。钦此。”是年五月初十日,〈蒙〉钦派大臣验放,领照起程,七月十九日到省。六年加捐本班尽先补用,复遵郑工例,加捐分缺先补用免试用并免保举。十六年准补安化县知县,十七年三月二十四日到任,试俸期满,业经销去试俸,奉准部复在案。

该员才识明通,办事深稳,前经臣奏请调补善化县知县缺,奉部议驳:“未经详细声叙”,兹遵例详细声叙。查该员此外别无不合例事故,人地实在相需。据布政使何枢、按察使俞廉三会详前来,相应吁恳天恩,俯念省会首邑员缺紧要,人地实在相需,仍〈准〉以安化县知县顾玉成调补善化县知县,实于治理有裨。如蒙俞允,该员系现任知县,请调知县,衔缺相当,毋庸送部引见。再,该员系初次请调,照例毋庸核计参罚。所遗安化县知县系简缺,南省现有应补人员,应请扣留外补,俟奉准部复,照例截缺,拣员请补,合并陈明。

谨会同湖广总督臣张之洞恭摺具奏,伏乞皇上圣鉴训示。谨奏。

硃批:“吏部议奏。钦此。”

苑熙春年满甄别片*

(光绪二十二年七月二十四日)

再,查定例:“道府州县保归候补班人员,予限一年,察看甄别”等因,历经遵办在案。兹查有同知衔候补知县苑熙春,年三十二岁,系直隶沧州人,于光绪二十一年闰五月初二日到省,逢闰扣至二十二年五月初二日,一年期满,例应甄别。据藩司何枢、臬司俞

---

* 据中国第一历史档案馆藏档。此为上摺之附片。按:此片另见《光绪朝硃批奏摺》,第11辑,第600页。

廉三会详前来，臣详加察看，该员苑熙春才具开敏，办事勤慎，堪以留省，照例补用。除将详细履历咨送吏部查照外，谨会同湖广总督臣张之洞附片具陈，伏乞圣鉴。谨奏。

硃批："吏部知道。钦此。"

臬司桂中行先行饬赴新任片*

（光绪二十二年七月二十四日）

再，准吏部咨：光绪二十二年六月初三日奉上谕："直隶布政使著员风〔凤〕林调补①，山西布政使著俞廉三补授，桂中行著调补湖南按察使，广西按察使著蔡希邠补授。钦此。"当即恭录转行在案。兹查升授山西布政使俞廉三业经具摺请觐，适调补湖南按察使桂中行因驰赴广西任所，行抵湖南省城，自应先行饬赴新任，以便俞廉三交卸，迎摺北上。如桂中行奉到谕旨，准其陛见，再行交卸起程，另自委员署理。除分别檄饬遵照外，谨会同湖广总督臣张之洞附片具奏，伏乞圣鉴。谨奏。

硃批："知道了。钦此。"

黄余氏捐银助赈请准建坊片**

（光绪二十二年七月二十四日）

再，上年湖南省长、衡等府被旱歉收，灾区甚广，赈恤运粜，需

---

* 据中国第一历史档案馆藏档。此为上摺之附片。按：此片另见《光绪朝硃批奏摺》，第12辑，第188页。

① "风"，据《光绪朝硃批奏摺》改正。按：《清实录·德宗景皇帝实录》光绪二十二年六月丁卯（初三日）条："调山西布政使员凤林为直隶布政使，以湖南按察使俞廉三为山西布政使，调广西按察使桂中行为湖南按察使，以广西太平归顺道蔡希邠为广西按察使。"见《清实录》，卷三九二，第106页。

** 据中国第一历史档案馆藏档。此为上摺之附片。

款浩繁,前经奏设筹赈局募捐赈抚,饬令广为劝导在案。兹据筹赈总局司道详称:"准盐法道李经羲咨,劝据已故前长江水师提督黄翼升之子即选道黄宗炎,遵伊母命妇余氏之命,捐缴银壹千两,请解局助赈,并据称不敢仰邀奖叙"等语。查黄余氏乐捐巨款,以助赈需,虽据称不敢邀奖,而其好善之忱究未便湮没,相应将缴到捐款银两咨解该局,由局核收,具详前来。臣查顺直赈捐章程:"凡捐银壹千两,准其随时奏请建坊。"今黄余氏捐助赈款,核与例章相符,相应奏恳天恩,俯准给与"乐善好施"字样,令其自行建坊,以昭激劝。理合附片具陈,伏乞圣鉴训示。谨奏。

硃批:"著照所请,礼部知道。钦此。"

湖南承造剥船拟先行筹款垫办摺*

(光绪二十二年七月二十四日)

头品顶戴湖南巡抚臣陈宝箴跪奏,为湖南奉文制造剥船,拟先行筹款垫办,恭摺仰祈圣鉴事:

窃准户部咨:"会同工部议复直隶督臣奏'直隶原额续增剥船,现有满料应行裁除,请饬湖南等省照例承造,限于今秋造竣运津,并令先将办理情形报部查核',湖南应造剥船一百五十只,共需银四万一千一百九两七钱五分,请旨饬下山东巡抚严饬运司,即在东纲解部积欠新旧息银款内酌提,按数解交,勿任迟延等因。奉旨:'依议。钦此。'"咨行到湘,当经转行筹办,并委候补道庄赓良、候补知府沈莹庆会同赶办去后。兹据代理粮储道刘镇会同布政使何枢详称:"遵查上届湖南承办直隶剥船,所需工料、运费,即奉部指拨东纲息银,嗣因山东无款筹解,又经议由道库于漕项津贴、运义

* 据《光绪朝硃批奏摺》,第88辑,第212~213页。

漕费等款内筹垫应用在案。此次奉文造剥，虽亦奉部议指拨东纲息款，究竟山东能否如数筹解，既莫能定，而隔省拨运需时，尤恐缓不济急，且现奉委员赶办，举凡购料、运木、鸠工、设厂，在在需款甚急，部限迫促，更难停工待费，势不能不援照上届成案暂行筹款挪垫，以应急需。惟此次派造剥船为数较少，用费亦减，只须于漕项内专指一款垫支，俾免繁难。查道库现存津贴银五万三千七百余两，拟即在于此款按照例价借支银四万一千一百九两七钱五分，转发委员具领，即时兴工，以免贻误。一俟东纲息银解到，拨还原款。如此一转移间，庶几急工有恃，款亦不致无著。第未奉部文议及先行筹垫"等情，详请奏咨并请咨催山东巡抚转饬运司迅速筹解归款前来。

臣查湖南承造剥船，所需经费若专待东纲息款，诚属缓不济急，该司道详请援案借动津贴银两先行垫造，俟东纲息款解到仍归原款，除咨户、工两部查核暨咨山东抚臣外，理合恭折具奏，伏乞皇上圣鉴，敕部核复施行。谨奏。

硃批："该部知道。"

〖附〗光绪二十二年八月初十日上谕*

湖南巡抚陈宝箴奏："湖南制造剥船，拟先行筹款垫办。"报闻。

汇解光绪廿二年备荒经费片**

（光绪二十二年七月二十四日）

再，据湖南布政使何枢会同总理厘金局务盐法道李经羲等详

---

* 据《清实录·德宗景皇帝实录》，见《清实录》，卷三九四，第139页。

** 据《光绪朝硃批奏折》，第88辑，第222页。按：此片或系上折之附片，上奏时间即据此推定。

称:“前奉部咨:‘指拨湖南备荒经费每月厘金银壹千两,行令随同京饷搭解赴部交收’等因,遵办在案。兹承准顺天府尹电催速解,遵即将光绪二十二年备荒经费厘金库平银壹万贰千两,于七月二十三日发交蔚丰厚商号承领,限于八月二十三日汇解户部交纳”,详请奏咨前来。除照缮咨批饬发领解外,所有汇解备荒经费缘由,理合附片具陈,伏乞圣鉴。谨奏。

朱批:“户部知道。”

卷七　奏议七

遵旨密荐人才摺*

（光绪二十二年八月初九日）

头品顶戴湖南巡抚臣陈宝箴跪奏，为遵旨荐举人才，密摺胪陈，仰祈圣鉴事：

窃维人才者国家之元气，世变愈急，需才愈殷，才之短长大小不一，其用要必以天资忠孝、立身行己皎然不欺者为之根柢，庶不至矫伪以乱真、虚夸而无实。臣伏读上年诏旨，兼命直省督抚臣保举人才，仰见我皇上立贤无方、实事求是至意，兹谨就平日见闻考验所知较审之员，恭摺密陈：

查有署安徽布政使于荫霖，器识沈毅，办事精实，殚竭血诚，任劳任怨，故莅官所至，皆能为地方整饬纲纪、培养元气。湖北按察使恽祖翼，明敏谙练，通达治体，于民间兴利除弊诸务孳孳考求，而才力实足以济之。安徽按察使赵尔巽，清操绝俗，勤求民隐，遇事奋勉，无所瞻顾。陕西按察使李有棻，器干精能，操履严介，前在武昌府高廉道任内，百废具兴，有实心实政之效。前福建汀漳龙道刘倬云，朴毅勤奋，尽心职事，政声最为时所称诵。奏调江南补用道黄遵宪，识量闳远，学有本原，尤能究习洋务，洞中机宜，精思大力，

* 据中国第一历史档案馆藏档。

足任艰巨,洵为今日救时之伟才。江苏候补道志钧,才识通敏,存心忠挚,经理烦剧,恢张而能缜密,尤不易得。户部候补员外郎毛庆蕃,笃实闳毅,综核名实,吏治、兵事、洋务皆极研究,上年臣在天津办理湘军粮台,曾奏调该员相助,幸无贻误,悉该员一人廉公奋勉、不避劳怨之力。刑部主事乔树枏,志虑周通,见事敏决,留心经世,无虚矫模棱之习。兵部候补郎中李本方,志趣端纯,条理精密,尤究心中外商务,殊有见地。工部候补主事喻兆蕃,赋性刚果,锐志有为,近益专研兵事,忠奋坚卓,不囿凡近。

以上各员,或政绩业经彰著,或才器确有据依,怀及时自效之忱,附举尔所知之义,宜如何破格录用、因材器使之处,伏候圣裁。

又,查有降调御史屠仁守,制行端严,倡明正学;降调翰林院编修梁鼎芬,才气有为,性情笃挚。该二员罢黜以来,闭门思过,类能遗外声利,无所希冀。惟念其获咎之由,虽属冒昧陈言,究系为发于忠爱,其心无他。况今该二员德业益励,意气渐平,废弃终身,良可矜悯。合无并恳天恩,量予开复原官,雷霆雨露,悉朝廷陶铸群伦之妙用,固可并行不悖矣。

是否有当,谨恭摺密陈,伏乞皇上圣鉴施行。谨奏。

附荐关棠等请发湘委用片*

(光绪二十二年八月初九日)

再,臣维亲民之官无过于州县,州县得人,则民无不安,事无不举,政治之原、风俗之本,皆出于此。故今日人才实能胜任州县称职无愧者,洵为难能而可贵。兹查有指发浙江补用知县关棠,湖北

---

* 据中国第一历史档案馆藏档。此为上摺之附片。按:此片另见《光绪朝硃批奏摺》,第26辑,第44~45页。

举人,植品清端,学识坚卓;由内阁中书改就知县李见荃,河南人,朴诚果毅,究习时务;拣选知县王士杰,河南举人,性情笃实,操行不苟;拣选知县谢钟英,江苏举人,强毅耐劳,讲求有用之学;拣选知县贺国昌,江西举人,素履端洁,才识精详。以上五员,才具有高下,学术有同异,要皆志趋〔趣〕向上、不安流俗①,加以阅历扩充,或目前堪备循能之选,异日冀成远大之才。合无仰祈〔乞〕天恩,饬下各该省督抚臣给咨送部引见,量予录用,伏候圣裁。

抑臣更有请者,湖南近年吏治渐形废弛,需才甚急,又兼厘务、矿务在在均须整理,实不免时有乏才之虑。关棠等五员,皆系知县本班,如蒙圣恩,准其以知县用,发往各省,可否俯念湖南正在兴办各务之时,一并发交微臣量才委用,出自逾格鸿施。倘该员等到省后名实不符、初终异辙,臣自当随时惩儆,断不敢稍存回护,上负圣慈。

臣为治理得人起见,谨冒昧上陈,伏乞圣鉴训示。谨奏。

硃批:"关棠等均著发往湖南,交陈宝箴差遣委用,吏部知道。钦此。"

〖附〗光绪二十二年九月十三日上谕*

湖南巡抚陈宝箴奏:"浙江补用知县关棠,植品清端,学识坚卓;内阁中书改就知县李见荃,朴诚果毅,究习时务;拣选知县王士杰,性情笃实,操行不苟;谢钟英,强毅耐劳,讲求有用之学;贺国昌,素履端洁,才识精详。以上五员,恳恩量予录用。"得旨:"关棠等五员,均著发往湖南,交陈宝箴差遣委用。"

---

① "趣",据《光绪朝硃批奏摺》校改。下同。

* 据《清实录·德宗景皇帝实录》,见《清实录》,卷三九五,第155页。

府县各员治行卓著请旨嘉奖摺*

(光绪二十二年八月初九日)

头品顶戴湖南巡抚臣陈宝箴跪奏,为府县各员治行卓著,恭摺据实上陈,仰祈圣鉴事:

窃湖南为山川奥阻之区,民俗强悍,伏莽潜滋,号称难治。所有玩视民瘼不职各员,业经臣迭次奏参;其实能整顿地方、勤求抚字、不同俗吏者,亦自当就耳目之所已及,敬为我皇上陈之:

兹查有岳州府知府调补长沙府知府钟英,朴实廉明,整躬率属;署永州府知府朱其懿,敏果有为,不避劳怨;候补知府前善化县知县赵宜琛,学道爱人,忠实恳挚,历任各县,士民爱戴;邵阳县知县毛隆章,尽心职事,慈惠精密,为民兴利捍灾,功效甚著;丁忧前新宁县知县调署安化县事李尚卿,廉勤艰卓,实惠及民;清泉县知县调署临湘县事刘榆生,悃愊无华,舆情推服;永明县知县调署清泉县事盛纶,办事勤能,抚绥尽善;江华县开缺回避知县署湘阴县事汤汝和,志操坚卓,果敢有为,捕务最称得力;署巴陵县知县陈吴萃,听断公明,周知民隐。

以上各员,均能勉自树立,克著循声,实为守令中不可多得之员,用特据实胪陈,仰恳天恩嘉奖,以昭激劝而厉风化。此外尚有振奋向上诸员,或初膺民社,或到任未久,容臣详加考察,观厥成效,再行奏明请旨。是否有当,伏乞圣鉴训示。谨奏。

硃批:"另有旨。钦此。"

---

* 据中国第一历史档案馆藏档。按:此摺另见《光绪朝硃批奏摺》,第11辑,第741页。

〖附〗光绪二十二年九月十三日上谕*

谕内阁:"陈宝箴奏《属员治行卓著,请旨奖励》一摺。'湖南岳州府知府调补长沙府知府钟英,朴实廉明,整躬率属;署永州府知府朱其懿,敏果有为,不避劳怨;候补知府前善化县知县赵宜琛,学道爱人,忠实恳挚;邵阳县知县毛隆章,尽心职事,慈惠精密;前新宁县知县署安化县事李尚卿,廉勤坚卓,实惠及民;清泉县知县调署临湘县事刘榆生,悃愊无华,舆情推服;永明县知县调署清泉县事盛纶,办事勤能,抚绥尽善;江华县开缺回避知县署湘阴县事汤汝和,志操坚卓,果敢有为;署巴陵县知县陈吴萃,听断公明,周知民隐。'以上各员,据该抚奏称,'均能勉自树立,克著循声,为守令中不可多得之员',即著传旨嘉奖。饬令该员等益加奋勉,毋得始勤终怠,用副朝廷勤求吏治至意。"

裕庆给咨送部引见片(稿)**

再,军机处存记湖南候补知府裕庆,由正黄旗汉军监生以军功递保分省补用知府,签掣湖南,光绪七年十月到省①,历署常德、永顺等府知府,澧州直隶州知州兼护理岳常澧道,前抚臣卞宝第以该员勤明精细、有守有为,附片奏保②,恭奉硃批:"着交军机处存记。"二十一年六月,前抚臣吴大澂委署长沙府事,以该员才识明通,堪备循良之选,随案明保,请俟交卸长沙府篆务送部引见,八月

* 据《清实录·德宗景皇帝实录》,见《清实录》,卷三九五,第154~155页。

** 据舒斋藏摄片。按:此为陈宝箴手稿,间有修改。又按:此稿另见录于《陈宝箴遗文(续)》,载《近代中国》第十三辑,第314页。

① 此句初作"光绪七年十月十二日到省"。

② 此句初作"奏附片奏保"。

初五日奉硃批:“裕庆着交部带领引见。钦此。”本年七月交卸署长沙府篆务,据布政使何枢详请给咨送部引见前来。臣查该员才识练达,肆应多能,办事不辞劳瘁,历署各缺,措置裕如,除给咨送部带领引见外①,为此附片具陈,伏乞圣鉴。谨奏。

裕庆给咨送部引见片*

(光绪二十二年八月初九日)

再,军机处存记湖南候补知府裕庆,由正黄旗汉军监生以军功递保分省补用知府,签掣湖南,光绪七年十月到省,历署常德、永顺等府知府,澧州直隶州知州兼护理岳常澧道,前抚臣卞宝第以该员勤明精细、有守有为,附片奏保,恭奉硃批:“著交军机处存记。”二十一年六月,前抚臣吴大澂委署长沙府事,以该员才识明通,堪备循良之选,随案明保,请俟交卸长沙府篆务送部引见,八月初五日奉硃批:“裕庆著交部带领引见。钦此。”本年七月交卸署长沙府篆务,据布政使何枢详请给咨送部引见前来。臣查该员才识练达,肆应多能,办事不辞劳瘁,历署各缺,措置裕如,除给咨送部带领引见外,为此附片具陈,伏乞圣鉴。谨奏。

硃批:“吏部知道。钦此。”

查明文杰信任劣绅举动乖谬请旨惩处摺**

(光绪二十二年八月初九日)

头品顶戴湖南巡抚臣陈宝箴跪奏,为查明知府信任劣绅,举动

① 此句初作“相应给咨,送部带领引见”。

* 据中国第一历史档案馆藏档。按:该片奉到硃批日期为“光绪二十二年九月十三日”,据此,篇末附录之上奏日期“九月八日”,似应为“八月初九日”之误。

** 据《光绪朝硃批奏摺》,第11辑,第739~740页。

乖谬，请旨革职永不叙用，以肃吏治，恭摺仰祈圣鉴事：

窃臣前因访闻湖南常德府知府文杰，信任劣绅吴爱亭招摇讹诈，声名甚劣，正饬查间，据武陵县职员戴翼诚及生员唐兆兰各以文杰“藉端科罚”、“因案索贿”等情具控，旋据岳常澧道揭报，由藩、臬两司转详请参，当经臣附片奏请革审。旋准吏部咨：“光绪二十二年四月十九日奉上谕：‘陈宝箴奏知府因案被控请革职审办等语。湖南常德府知府文杰，信任劣绅招摇讹诈，声名甚劣，并〈有〉藉端苛〔科〕罚、因案索贿情事[①]。文杰著先行革职，交陈宝箴督同藩、臬两司提集人证，审明拟办。该部知道。钦此。’”咨行到臣。当即钦遵，行司提审。

兹据湖南布政使何枢、按察使桂中行委提人卷查讯，缘文杰在常德府知府任内，与武陵县油行经纪报捐同知职衔之吴爱亭（即吴金棠）交好，派令充当育婴堂首事，吴爱亭遂在外夸耀，倚势凌人，以致物议沸腾，人皆侧目。先是戴翼诚等之祖父与士商集资设立公所，购木制棺，平价出售，以便贫民买用，名曰“筹备堂”，其堂基与府署后隙地毗连，向用木篱间隔。光绪二十一年五月内，该堂首事因欲预防贼盗，将木篱拆卸，改建砖墙，先未赴府禀知。文杰称其侵占官基，亲往诘问，勒令拆毁砖墙，仍竖木篱。尚未完工，复因瞥见该堂雇工邓华廷、倪心友由篱缺走出，立即拘案笞责。又有武陵县生员报捐训导之唐兆兰，因挟妓饮酒，被人控告，文杰提案讯究，适土娼梁庆姑之夫王遇楼赴武陵县具控，文杰随将唐兆兰发县审办。维时郡城育婴堂房屋朽坏，德山书院膏火亦有不敷，文杰筹措捐款修理扩充，即谕令筹备堂首事裴守元等捐钱五百串，作修理

---

① “有”、“科”二字，据《清实录·德宗景皇帝实录》光绪二十二年四月甲申（十九日）条补正。详《清实录》，卷三八九，第73页。

育婴堂大厅等项之用,由吴爱亭经收支用;并谕令唐兆兰捐钱一千串,作德山书院膏火经费。戴翼诚、唐兆兰各以"文杰勒毁砖墙、笞责雇工",及"一经控告,立即亲提讯究,疑系借事立威,以便胁制书捐",并因"吴爱亭素行不端,疑有怂恿情弊",各自具词控告。兹经提省查讯,文杰坚供:"实因筹备堂首事建造砖墙先未禀明,勒令拆毁",并"因唐兆兰被控提讯,复另因育婴堂、书院需费,饬令捐助,并非因案科罚、婪赃入己"等情,会详前来。

臣查文杰筹捐育婴堂暨德山书院经费,并不谕委正绅妥为劝募,辄于勒毁砖墙及提讯控案之际饬捐巨款,虽据坚供"委无藉案科罚及婪赃入己情事",究属迹涉嫌疑,情近抑勒;且文杰在任有年,昵比匪人,声名甚劣。相应请旨将湖南常德府知府文杰革职,永不叙用。吴爱亭(即吴金棠)以市侩报捐职衔,交结官长,多招物议,应请斥革,追缴执照咨销,仍交地方官严加管束。戴翼诚、唐兆兰等怀疑控告,尚属有因,均请免其置议。唐兆兰被控挟妓饮酒,与现被王遇楼控告之案查系一衅相因,由司讯明,另行详办。是否有当,理合会同湖广总督臣张之洞恭折具陈,伏乞皇上圣鉴训示。谨奏。

砞批:"另有旨。"

〖附〗光绪二十二年九月十三日上谕(节录)*

又谕:"陈宝箴奏《查明知府信用劣绅,举动乖谬,请旨惩处》一摺。已革湖南常德府知府文杰,在任多年,昵比匪人,声名甚劣,著即行革职,永不叙用;同知职衔吴爱亭(即吴金棠),交结官长,多招

* 据《清实录·德宗景皇帝实录》,见《清实录》,卷三九五,第155页。按:此谕又见《光绪朝东华录》,第四册,总第3869页。

物议，著革去职衔，交地方官严加管束。"

请以盛纶调补衡阳令摺*

（光绪二十二年八月初十日）

头品顶戴湖南巡抚臣陈宝箴跪奏，为拣员调补知县要缺，以资治理，恭摺仰祈圣鉴事：

窃照湖南衡阳县知县景天相革职，于光绪二十二年四月[二]十九日奉旨①，遗缺照第五日行文之例，按湖南省程限七十日减半计算，扣至五月二十九日接到作为开缺日期，归五月分截缺，咨部在案。查衡阳县知县系冲、繁、疲、难要缺，例应在外拣选题补。查定例："应题缺出，先尽候补正途人员题补，无人，准以应升人员题升，如实无合例堪以题升之员，始准于现任人员内拣选调补；又调补州县以上官员，必于本任内历俸已满三年，方准拣选调补；又题缺请调、〈调〉缺请升②，俱令于摺内详细声明，方准升调"各等因。令〔今〕衡阳县知县为兼四要缺，政务殷繁，非精明干练之员弗克胜任，南省虽有候补正途人员，均与是缺人地不甚相宜，即应升人员内，以〔亦〕无堪以题升之员，应请于现任人员内拣选调补。

臣与布政使何枢、按察使桂中行于通省现任知县内逐加遴选，查有永明县知县盛纶，年四十七岁，江西永新县人，由监生报捐县丞，指发湖南试用，投效黔军，攻克贵州施洞口苗寨老巢出力保奏，同治十年四月初七日奉旨："著免补县丞本班，以知县仍留南，归候

---

* 据中国第一历史档案馆藏档。按：此摺另见《光绪朝硃批奏摺》，第 11 辑，第 744～745 页。

① 此句之"二"应为衍字，详《清实录·德宗景皇帝实录》光绪二十二年四月甲申（十九日）条，见《清实录》，卷三八九，第 73 页。按：《光绪朝硃批奏摺》无"二"字。

② "调"，据《光绪朝硃批奏摺》校补。下同。

补班前补用。钦此。”十三年十月十八日引见,奉旨:“著照例发往。钦此。”领照起程,光绪元年四月初九日到省,年满甄别,堪以留省,照例补用。五年在湖北滇捐局报捐同知衔,十一年二月在湖南筹办海防损〔捐〕输局加损〔捐〕本班尽先补用,是年九月奉部核准。十三年题署永明县知县,奉准部复:“饬知赴任。”闰四月十三日到任,试署年满,业经详请实授,十五年七月二十二日奉准部复在案。该员开敏干练,勤事爱民,历俸已满三年,以之调补衡阳县知县,洵堪胜任。惟系题缺请调,与例稍有未符,第人地实在相需,例得专摺奏恳。据藩、臬两司会详前来,理合专摺奏恳天恩,俯念员缺紧要,准以永明县知县盛纶调补衡阳县知县,实于吏治有裨。如蒙俞允,该员系现任知县,请调知县,衔缺相当,毋庸送部引见。再,该员系初次请调,照例毋庸核计参罚。所遗永明县知县缺,应归部选,南省现有应补人员,应请扣留外补,俟奉准部复,照例截缺请补。

谨会同湖广总督臣张之洞恭摺具奏,伏乞皇上圣鉴,敕部核复施行。谨奏。

硃批:“吏部议奏。钦此。”

请以周辂补沅州府摺*

(光绪二十二年八月初十日)

头品顶戴湖南巡抚臣陈宝箴跪奏,为知府员缺遴员请补,恭摺仰祈圣鉴事:

---

* 据中国第一历史档案馆藏档。按:此摺另见《光绪朝硃批奏摺》,第11辑,第742~743页。

窃照〈湖〉南沅州府知府松增开缺另补[1]，光绪二十二年四月十九日奉旨，遗缺按第五日行文之例，照湖南省程限七十日减半计算，扣至五月二十九日接到部文之日作为开缺日期，归五月分截缺，咨部在案。查定例："各省道府，如系奉旨命往或督抚题明留于该省候补者，无论应题、应调、应选之缺，准先〈尽〉酌量补用；又道府、同知、直隶州通判、知州，遇终养、回避、撤回、改教、降补、丁忧、参劾等项所遗〈选〉缺，应先尽记名分发人员请补，不准于摺内声叙'人地未宜'，如记名分发无人，始准以各项候补班前及候补正班人员内酌补；又道府、直隶州知州遇应用候补时，先尽科甲出身人员，如人地不宜，应令详细声明，方准以别项出身候补人员请补"各等因。

今沅州府知府缺，现在并无记名分发人员，虽有正途出身人员，均与是缺不甚相宜，自应于各项候补班前、候补正班人员内酌补。臣与藩司何枢、臬司俞廉三逐加遴选，查有候补班前补用知府周醉，年六十二岁，贵州毕节县人，由监生因亲父周起滨前在广东藩司任内捐助军饷，蒙奏请移奖以知府选用，旋遵筹饷例，指省分发湖南试用，于咸丰十一年十二月初六日引见，奉旨："照例发往。钦此。"领照起程，同治元年九月初一日到省，试用期满，甄别出考详奏，留省照例补用。办理防剿出力保奏，请归候补班前补用，于同治十二年五月十九日奉旨："依议。钦此。"十三年丁父忧，光绪三年五月初六日起复回省。因援黔苗疆肃清案内保奏，光绪三年七月十八日奉上谕："著俟补缺后以道员用。钦此。"六年办理晋赈出力，保加盐运使衔。十七年丁继母忧，回籍守制，服满，在京就近呈请起复，于光绪二十年五月十八日奉准〈吏部行文，准〉其〈起〉复

① "湖"，据《光绪朝硃批奏摺》校补。下同。

回省在案。该员才具干练,办事勤敏,以之请补沅州府知府,洵堪胜任,与例亦属相符。据藩、臬两司会详前来,相应吁恳天恩,俯准以候补班前补用知府周簳补授沅州府知府。如蒙俞允,该员系候补班前补用知府,请补知府,衔缺相当,毋庸送部引见,亦毋庸列叙参罚,合并陈明。

谨会同湖广总督臣张之洞恭折具奏,伏乞皇上圣鉴训示。谨奏。

硃批:"吏部议奏。钦此。"

恭报出省查阅西路营伍起程日期摺*

(光绪二十二年八月初十日)

头品顶戴湖南巡抚臣陈宝箴跪奏,为恭报微臣出省查阅西路营伍起程日期,仰祈圣鉴事:

窃臣于本年接准兵部咨:"光绪二十二年二月初九日内阁奉上谕:'本年轮应查阅湖北、湖南、云南、贵州四省营伍之期,湖南即派陈宝箴认真查阅。各省营伍,关系紧要,国家养兵,岁糜巨帑,不知凡几,原以备御侮折冲之用,近来各督抚往往视为具文,并不认真校阅,以致武备日形废弛,殊属有负委任。兹特再行申谕,各该督抚务当逐一简校,如有技艺生疏、老弱充数及军实不齐等弊,即将该管将弁据实严参,毋得稍涉瞻徇。钦此。'"咨行到臣。当因赈务殷繁,附片奏明请展至秋后再行举办,奉硃批:"著照所请。钦此。"钦遵在案。兹查各属早稻次第成熟,赈抚事宜业将告竣,随定期于二十二年八月十三日,轻骑减从,带印出省,驰赴省西常德、辰州、沅州、镇筸一带,将各标镇协营官兵依次认真校阅,并顺道查看苗

* 据《光绪朝硃批奏摺》,第52辑,第840~841页。

疆边备及各地方情形。所有各营官兵,容俟查阅竣事,再行详细奏报。至省署紧要公事暨防营禀牍,仍随时递送行次核办。此外一切日行公事及寻常题咨案件,仍照例委藩司代印代行,例应勘审者即由该司代为提勘,其中有应行陈奏之件,仍封送行次,由臣察核具奏。

合将出省查阅西路营伍起程日期恭摺具陈,伏乞皇上圣鉴。谨奏。

硃批:"知道了。"

光绪廿一年新赋钱粮数目摺*

(光绪二十二年八月初十日)

头品顶戴湖南巡抚臣陈宝箴跪奏,为恭报光绪二十一年新赋钱粮数目,仰祈圣鉴事:

窃照奏销钱粮,例应将征完数目专摺奏明,历经遵办在案。兹据藩司何枢、代理粮储道刘镇查明湖南省光绪二十一年分奏销应征地丁、漕项等银完欠数目,分别开单具详前来,臣逐加查核,湖南省光绪二十一年分额征民屯、地丁、起运、存留、驿站、芦课正耗等项钱粮,共银一百二十五万一千九百六十三两五钱八分四厘。内除鄗县、益阳等厅州县并岳州卫被水、被旱案内蠲免银一万二千三百九十二两一厘,又除湘阴等厅州县并岳州卫被水、被旱案内缓征银七万四千七百三十四两五钱二分四厘,实应征银一百一十六万四千八百三十七两五分九厘,内已完银一百七万四千一百五十七两一分九厘,未完银九万六百八十两四分。又漕粮项下额征米折、驴脚、随漕浅船、军安闲丁等项正耗,共银一十四万九千四百八两

* 据《光绪朝硃批奏摺》,第67辑,第642~643页。

二钱六分三厘三毫七丝三忽六微八纤。内除湘阴等厅州县并岳州等卫被水、被旱案内缓征银一万四千八百四十一两一钱五分一厘,又坐支孤贫口粮厉祭并留供兵粮本色米折银一万九百五两三钱九分二厘七毫七丝三忽六微八纤,及未完随漕浅船、军安闲丁等银九千四百四十七两八分七厘七毫,例应隔年奏销不计外,实应征银一十一万四千二百一十四两六钱三分一厘九毫,已完银一十万三千六百七十七两八钱四分八厘八毫,未完银一万五百三十六两七钱八分三厘一毫。除饬藩司、粮道严饬所属将未完银两勒限催征,务期扫数全完,不准稍有蒂欠,并将各项奏销册及经征未完各官职名照例另疏题报外,理合恭摺具陈,伏乞皇上圣鉴。

再,光绪二十年奏销案内,原报未完起运南驴等银九万七千四百八十九两二钱三分二厘三毫,已据各属于奏销后完解银五万一百二十四两六钱一分六厘八毫,未完四万七千三百六十四两六钱一分五厘五毫。又原报光绪十九年未完起运南驴等银三万九千六百四十二两八钱一分二厘八毫,已据完解银二千八百五十四两三钱四分四厘八毫,未完三万六千七百八十八两四钱六分八厘。又原报十八年未完起运南驴等银四万五千三百七两八钱二毫,已据完解银六百二十一两九钱六分七厘,未完四万四千六百八十五两八钱三分三厘二毫,另行照例办理,合并陈明。谨奏。

硃批:"户部知道。"

光绪廿一年带征节年旧赋钱粮数目摺*

(光绪二十二年八月初十日)

头品顶戴湖南巡抚臣陈宝箴跪奏,为查明光绪二十一年分带

* 据《光绪朝硃批奏摺》,第67辑,第643~644页。

征十四、十五、十六、十七、十八、十九、二十等年旧赋钱粮完欠数目，开列三年比较清单，恭摺仰祈圣鉴事：

窃查各省每年征收钱粮已、未完数目，应列三年比较，于奏销截数后开单奏报。湖南省向将带征节年旧欠开具原欠分数，汇同征收新赋，分开比较清单，并案具奏。光绪九年十二月内接准部咨，行令"于奏报九年分旧赋比较，务将带征节年欠赋全数开列，统以十分计算，其比较上三年已、未完分数，亦统将历年旧赋核计，不得仅以原欠分数计算"，又准部咨："嗣后奏报旧赋，毋庸将新赋重复开列，以归画一"各等因，先后行司遵办在案。兹据湖南布政使何枢详称："查自光绪六年起至十三年止，民欠未完银两遵奉恩旨豁免。今将光绪二十一年分应行带征光绪十四、十五、十六、十七、十八、十九、二十等年民欠未完银一十九万一千三百六十七两九钱九分七厘，内督催已完银五万二千七百五十九两五钱六厘，尚有未完银一十三万八千六百八两四钱九分一厘，比较光绪十八年，计多完银八厘；比较光绪十九年，计多完银一分五厘；比较光绪二十年，计多完银一分四厘。除于奏销案内分晰造册，另行详请题报外，呈请核奏"等情前来。臣逐加查核无异，理合遵照部颁程式，开具光绪二十一年带征十四、十五、十六、十七、十八、十九、二十等年旧赋钱粮三年比较清单，专案恭摺具奏，伏乞皇上圣鉴。谨奏。

硃批："户部知道，单并发。"

光绪廿二年漕粮仍请照旧折征解部摺*

（光绪二十二年八月初十日）

头品顶戴湖南巡抚臣陈宝箴跪奏，为湖南本届新漕仍难起运

---

* 据《光绪朝硃批奏摺》，第 70 辑，第 837 ~ 838 页。

本色,照案折征,分批解京,并开支采买京米、价脚,解充顺天备荒经费银两,恭摺仰祈圣鉴事:

窃照湘省漕粮自咸丰初年改征折色,迄今已阅多年,循行既久,小民视为常规,且各属漕仓早已朽坏,运漕船只亦变卖无存,骤难规复旧制,历经奏明在案。兹届开办新漕,臣督同司道等悉心体察,仍难起运本色,所有光绪二十二年漕粮应请照旧折征解部,并将应办京漕三万石,遵照光绪二十年钦奉上谕勿庸办运,即将米价、水脚等项共合银七万二千三百余两,仍于漕折、漕项内照旧按数开支解部,拨充顺天备荒经费,不得稍有蒂欠。据代理湖南粮储道刘镇会同布政使何枢详请奏咨前来,除咨户部及仓场总督查照外,所有湘省本届新漕仍难起运本色,拟请照案折征,并开支采买京米、价脚,解充顺天备荒经费缘由,理合会同湖广总督臣张之洞恭摺具陈,伏乞皇上圣鉴。谨奏。

硃批:"户部知道。"

报解光绪廿二年三批京饷摺*

(光绪二十二年八月初十日)

头品顶戴湖南巡抚臣陈宝箴跪奏,为报解本年三批京饷银两,恭摺仰祈圣鉴事:

窃照湖南省应解奉拨本年京饷,业经解过头、二两批地丁银十三万两,厘金、盐厘银各二万五千两,东北边防经费银四万两,又解过固本军饷银三万两,又搭解漕折、二米等银五万一千九十七两四钱二分,恭摺奏报在案。兹据藩司何枢详称:"筹备地丁银六万两,又会同总理厘金局务盐法道李经羲等筹备盐厘银一万五千两、厘

---

* 据《光绪朝硃批奏摺》,第88辑,第225页。

金银一万五千两，并筹备边防经费银二万两，又由司筹备光绪二十二年七、八、九三个月固本军饷银一万五千两，以上共银十二万五千两，作为本年三批京饷，派委候补同知方葆庸、知县韦业恒领解赴部交纳。”又据代理粮储道刘镇详：“起解光绪二十一年漕折、二米漕费，共银八千四十九两六钱四分二厘六毫，均交委员方葆庸等搭解赴部。”分款具详，呈请奏咨前来。臣复核无异，除照缮咨批、护牌，饬发该委员等领解，另取起程日期咨报，一面分咨沿途各省饬属妥为拨护，仍饬该司道等将未解银两按数续解，不得迟误外，所有报解本年三批京饷并搭解漕折等项银两缘由，理合会同湖广总督臣张之洞恭折具奏，伏乞皇上圣鉴。谨奏。

硃批：“户部知道。”

提解光绪廿二年春季节省银两片*

（光绪二十二年八月初十日）

再，据总理湖南善后局务布政使何枢等详称：“光绪十一年九〔八〕月钦奉懿旨裁勇节饷，当经遵议裁撤湖南陆勇三营、水师一营，并将留存陆营长夫、水师船价、油烛均裁减五成支发，综计每年可节省银一十二万余两，声明自光绪十二年起专款存储，分批提解，赴部交纳，已解至上年冬季分止，历经详请奏报在案。所有光绪二十二年春季分节省银两，自应如数提解，以济要需。现筹备湘平银三万两，折合部砝库平银二万八千八百九十六两一钱六分六厘四毫，交给二十二年三批京饷委员候补同知方葆庸、知县韦业恒

---

* 据《光绪朝硃批奏折》，第 88 辑，第 172 页。按：据片中“交给二十二年三批京饷委员候补同知方葆庸、知县韦业恒搭解赴部”云云，此片当系上折之附片，上奏时间即据此而推定。

搭解赴部",详请奏咨前来。臣复查无异,除咨户部外,理合附片具陈,伏乞圣鉴。谨奏。

硃批:"户部知道。"

搭解光绪廿二年加复俸饷三批银两片*

(光绪二十二年八月初十日)

再,湖南省每年应解另款加复俸饷银八千两,前经前抚臣吴大澂奏请,自光绪十九年起,于节省长夫尾存项下照数动支,作正开销,业经先后解过十九、二十及二十一等年分并二十二年头、二两批库平银四千两,奏咨在案。兹据善后报销总局司道详称:"光绪二十二年分应解加复俸饷银两,现又在于节省长夫尾存项下复行筹备三批库平银二千两,合湘平银二千零七十八两四钱,交三批京饷委员候补同知方葆庸、候补知县韦业恒搭解赴部交纳"等情前来。臣复核无异,除咨户部、都察院查照外,所有搭解光绪二十二年分另款加复俸饷三批银两缘由,谨附片陈明,伏乞圣鉴。谨奏。

硃批:"户部知道。"

光绪廿二年七月粮价及雨水情形摺**

(光绪二十二年八月初十日)

头品顶戴湖南巡抚臣陈宝箴跪奏,为恭报七月分粮价及地方雨水情形,仰祈圣鉴事:

窃照湖南省本年六月分市粮价值并雨水情形,业经臣恭摺奏报在案。兹据布政使何枢查明通省七月分各项粮价,开单汇报前

* 据《光绪朝硃批奏摺》,第88辑,第256页。按:此片似同属上摺之附片。

** 据《光绪朝硃批奏摺》,第96辑,第32页。

来。臣逐加查核，长沙等十八府州厅属米粮价值均较上月稍减，豆、麦价值悉与上月相同，省城及各属地方暄润得宜。惟续据临湘、安乡、沅江、南洲等县厅先后禀报，滨湖低洼堤垸、芦洲多被冲溃淹没，均经臣批饬赶紧设法疏消积水，能否补种，是否成灾，统俟确切勘明，总核汇办。刻下湖河水势渐见消退，各属早稻业已刈获登场，中、晚二稻亦多成熟，杂粮、蔬菜一律芃茂，闾阎乐业，境宇绥安，堪以上慰宸廑。理合恭折具奏，并缮粮价清单敬呈御览，伏乞皇上圣鉴。谨奏。

朱批："知道了。"

请以应运生更补鄠县令折*

（光绪二十二年八月十二日）

头品顶戴湖南巡抚臣陈宝箴跪奏，为遵照部驳，更补知县，恭折仰祈圣鉴事：

窃照湖南鄠县知县张祖良调补长沙县知县，遗缺扣留外补，于光绪二十一年四月十九日奉旨，坐四月二十四日行文，照湖南省程限七十日减半计算，扣至五月二十九日接到作为开缺日期，归五[五]月分截缺。是月分并无同项之缺，毋庸掣签，咨部在案。前以新海防分缺先补用知县陈吴萃请补，于光绪二十二年正月十四日奉准吏部咨复："应以该员更补在前之石门县知县病故所遗之缺，其鄠县知县员缺，应令按限另拣合例人员更补，即专折具奏"等因。当查原班其次之分缺先用知县沈齐献，因有事故交部议处，是以未

* 据中国第一历史档案馆藏档。按：此折另见《光绪朝朱批奏折》，第11辑，第749～751页。又按：自此以下五折（片），上奏时间均为"光绪二十二年八月十二日"，奉到朱批日期同为"九月十五日"，军机处录副档件上原有当日归档序号，收入本集时，则据各折内容重新编排顺序。

能依限更补,业经臣奏请展限办理在案。兹于光绪二十二年六月二十日奉准吏部咨:"前署新化县事分缺先用知县沈齐献,议以革职"等因,自应遵照,另行拣员更补。

查定例:"知县升调所遗之选缺,用各项候补前先进士即用前先一人,各项候补进士即用相间轮补一人,委用前先一人,委用一人,本班前先大挑一人,本班大挑一人;各项候补前先进士即用前先一人,各项候补进士即用相间轮补一人,委用前先一人,委用一人,本班前先议叙一人,本班议叙一人;各项候补前先进士即用前先一人,各项候补进士即用相间轮补一人,委用前先一人,委用一人,本班前先捐纳一人,本班捐纳一人。其捐纳补用两班之后,接用捐输一人,本班前先截取进士一人,本班截取进士一人,本班前先拔贡一人,本班拔贡一人,本班前先孝廉方正一人,本班孝廉方正一人。拔贡及孝廉方正用过两班之后,用本班前先教习一人,本班教习一人,本班前先优贡一人,本班优贡一人,本班前先教职一人,本班教职一人,本班前先截取举人一人,本班截取举人一人,本班前先荫生一人,本班荫生一人,本班前先八旗截取举人一人,本班八旗截取举人一人。"又郑工章程内开:"道府以至未入流,无论何项到班,先用郑工遇缺先二人、海防新班先一人,无人,用郑工遇缺先人员抵补至第四缺,海防即、海防先分班轮用一人,第一轮用海防即,第二轮用海防先,海防先无人,仍用海防即,海防〈即〉无人[①],用旧例银捐遇缺先人员,如无人,用旧例遇缺之人,再无人,过班即接用各项班次轮用一人,以五缺为一周。"又"大挑举人到省后,试用一年,期满即行甄别,以该员期满之日作为甄别日期。以后出有升调遗病故休,应归月选缺分,均按科分先后为补缺之次

① "即",据《光绪朝硃批奏摺》校补。下同。

序;科分相同者,则论名次之高下;名次又复相同者,则按省纲之先后。又在后之员到省试用,而在前之员续经到省者,轮补之时,如俱试用期满,仍按科分名次补用”各等因。

湖南省升调遗知县一项,前出有龙阳县缺,系另起一轮补过郑工候补本班尽先上官廉,安乡县缺补过候补正班汪文焕在案。今酃县知县调补遗缺,郑工遇缺先、新海防遇缺先,旧〈海防先、〉海防即,旧例银捐遇缺先、遇缺,及委用先、委用大挑先,新、旧分缺先均无人,轮用本班大挑举人。查大挑班内科分名次在前之陈徕松,现经臣奏参改教。查有其次到班之大挑知县应运生,年五十五岁,江西南昌县人,由增生应光绪元年乙亥恩科本省乡试,中式第十五名举人。十五年己丑科会试后,大挑一等,引见,奉旨:“以知县分省,归大挑班补用。钦此。”签掣湖南,领照起程,光绪十五年九月初七日到省。十六年丁忧,回籍守制,服满起复,领咨来湘,于光绪十八年九月十七日回省,业经〈期满,甄别出考,咨部〉留省补用在案。该员才具明练,朴实〔质〕耐劳,以之更补酃县知县调补遗缺,与例相符。仍俟试署期满,如果称职,另请实授。据布政使何枢、按察使桂中行会详前来,相应奏明请旨,准以大挑知县应运生更补酃县知县。如蒙俞允,该员系大挑知县,请补知县,衔缺相当,毋庸送部引见,亦毋庸列叙参罚,合并陈明。

谨会同湖广总督臣张之洞恭摺具陈,伏乞皇上圣鉴,敕部核复施行。谨奏。

朱批:“吏部议奏。钦此。”

〖附〗光绪二十一年十月初三日上谕(节录)*

又谕:"有人奏《知县加赋滥刑,请饬查办》一摺。据称:'前任湖南新化县知县周至德,因召勇防堵邻匪,信任劣绅刘品峻、黄宗确,违例加赋;新任知县沈齐献,饰词蒙禀,事平后不复裁撤,又复滥设班馆,拷掠良民,并有押毙事主、纵容家丁情事。'所奏如果属实,必应从严惩办。著陈宝箴按照所参各节,确切查明,据实具奏,毋稍徇隐。原摺著钞给阅看。将此谕令知之。"

寻奏:"遵查新化县知县周至德,募勇收捐,事属因公,应请免其置议;前署知县沈齐献,办事乖谬,任性妄为,应请交部议处。"得旨:"沈齐献著交部议处。"

请以周尚镛更补安仁令摺**

(光绪二十二年八月十二日)

头品顶戴湖南巡抚臣陈宝箴跪奏,为遵照部驳,更补知县,恭摺仰祈圣鉴事:

窃照湖南安仁县知县江渤调补宜章县知县,遗缺扣留外补,于光绪二十一年五月十七日奉旨,坐五月二十一日行文,照湖南省程限七十日减半计算,扣至闰五月二十七日接到作为开缺日期,归闰五月分截缺。是月分并无同项之缺,毋庸掣签,咨部在案。前以大挑知县陈徕松请补,兹于光绪二十二年六月二十日奉准吏部咨:"陈徕松业已奏参改教,应用其次到班之大挑知县应运生",现经臣

---

* 据《清实录·德宗景皇帝实录》,见《清实录》,卷三七七,第932页。按:该谕旨另见《光绪朝东华录》,惟"寻奏"以下未见,详第四册,总第3684页。

** 据中国第一历史档案馆藏档。按:此摺另见《光绪朝硃批奏摺》,第11辑,第752~754页。

请以该员更补在前之鄜县知县升调所遗之缺,其安仁县知县缺自应按班以次递推,拣员更补。

查定例:“知县升调所遗之选缺,用各项候补前先进士即用前先一人,各项候补进士即用相间轮补一人,委用前先一人,委用一人,本班前先大挑一人,本班大挑一人;各项候补前先进士即用前先一人,各项候补进士即用相间轮补一人,委用前先一人,委用一人,本班前先议叙一人,本班议叙一人;各项候补前先进士即用前先一人,各项候补进士即用相间轮补一人,委用前先一人,委用一人,本班前先捐纳一人,本班捐纳一人。其捐纳补用两班之后,接用捐输一人,本班前先截取进士一人,本班截取进士一人,本班前先拔贡一人,本班拔贡一人,本班前先孝廉方正一人,本班孝廉方正一人。拔贡及孝廉方正用过两班之后,〈用〉本班前先教习一人,本班教习一人,本班前先优贡一人,本班优贡一人,本班前先教职一人,本班教职一人,本班前先截取举人一人,本班截取举人一人,本班前先荫生一人,本班荫生一人,本班前先八旗截取举人一人,本班八旗截取举人一人。”又郑工章程内开:“道府以至未入流,无论何项到班,先用郑工遇缺先二人、海防新班先一人,无人,用郑工遇缺先人员抵补至第四缺,海防即、海防先分班轮用一人,第一轮用海防即,第二轮用海防先,海防先无人,仍用海防即,海防即无人,用旧例银捐遇缺先人员,如无人,用旧例银捐遇缺之人,再无人,过班即接用各项班次轮用一人,以五缺为一周。”又“轮用各项试用时,先将郑工分缺先、分缺间人员用一次,再到班,再将海防分缺先、分缺间人员用一次,郑工无人用海防,海防无人用郑工,均无人,用旧例银捐分缺先前、分缺间前之人。”又郑工新例:“分缺先、分缺间遇轮补升调遗病故休之缺,到班时,于各本班中〈先用〉正途出身及曾任知县曾任实缺应升知县者二人,再用各本班中各项出身者一人,如正途出身及曾任知县曾任实缺应升知县者无人,即用各项出身之人。"又新海防章程内开:"报销〔捐〕新海防遇缺先、分缺先、分缺间各项本班尽先人员[①],应仍照郑工事例跟接,分别按班铨补;又分缺间用人员到省,必须用过正班一人,方准按班序补"各等因。

湖南省升调遗知县一项,前出有龙阳县缺,系另起一轮补过郑工候补本班尽先上官廉,安乡县缺补过候补正班汪文焕,酃县缺现拟以大挑知县应运生更补各在案。今安仁县知县调补遗缺,郑工遇缺先无人,接用新海防遇缺先不合例,旧海防先、海防即、旧例银捐遇缺先、遇缺均无人,系补过大挑正班之后,应掐〔插〕用分缺间人员[②]。郑工新例:"分缺间无人,应接用新海防分缺间正途出身人员。"查有正途出身新海防分缺间补用知县周尚镛,年三十九岁,四川庆符县人,由增生应光绪十四年戊子科本省乡试,中式举人。十八年在京遵新海防例报捐知县,指分湖南试用,是年二月二十八日蒙钦派王大臣验看,四月十二日引见,奉旨:"著照例发往。钦此。"领照起程,光绪十八年七月二十九日到省,嗣遵新海防例加捐分缺间补用免试用,光绪二十年五月十八日奉准吏部行文知照在案。查该员年壮才明,办事稳练,系业经见缺用过正班一人,以之更补安仁县知县调补遗缺,与例相符。据布政使何枢、按察使桂中行会详前来,相应奏明请旨,准以分缺间补用知县周尚镛更补安仁县知县。如蒙俞允,该员系分缺间补用知县,请补知县,衔缺相当,毋庸送部引见,亦毋庸列叙参罚,合并陈明。

谨会同湖广总督臣张之洞恭摺具奏,伏乞皇上圣鉴,敕部核复

① "捐",据《光绪朝硃批奏摺》校改。
② "插",据《光绪朝硃批奏摺》校改。

施行。谨奏。

朱批："吏部议奏。钦此。"

请以李柏龄更补永兴令摺*

（光绪二十二年八月十二日）

头品顶戴湖南巡抚臣陈宝箴跪奏，为遵照部驳，更补知县，恭摺仰祈圣鉴事：

窃照湖南永兴县知县周至德调补巴陵县知县，遗缺扣留外补，于光绪二十一年五月二十二日奉旨，坐五月二十七日行文，照湖南省程〈限〉七十日减半计算①，连闰扣至六月初二日接到作为开缺日期，归六月分截缺。是月分并无同项之缺，毋庸掣签，咨部在案。前以新海防分缺间用知县周尚镛请补，现以该员更补在前之安仁县知县升调所遗之缺，其永兴县知县员缺自应按班以次递推，拣员更补。

查定例："知县升调所遗之选缺，用各项候补前先进士即用前先一人，各项候补进士即用相间轮补一人，委用前先一人，委用一人，本班前先大挑一人，本班大挑一人；各项候补前先进士即用前先一人，各项候补进士即用相间轮补一人，委用前先一人，委用一人，本班前先议叙一人，本班议叙一人；各项候补前先进士即用前先一人，各项候补进士即用相间轮补一人，委用前先一人，委用一人，本班前先捐纳一人，本班损〔捐〕纳一人②。其损〔捐〕纳补用两

---

* 据中国第一历史档案馆藏档。按：此摺另见《光绪朝硃批奏摺》，第11辑，第755～757页。

① "限"据《光绪朝硃批奏摺》校补。

② "捐"，据《光绪朝硃批奏摺》改正。

班之后[1],接用捐输一人,本班前先截取进士一人,本班截取进士一人,本班前先拔贡一人,本班拔贡一人,本班前先孝廉方正一人,本班孝廉方正一人。拔贡及孝廉方正用过两班之后,〈用〉本班前先教习一人,本班教习一人,本班前先优贡一人,本班优贡一人,本班前先教职一人,本班教职一人,本班前先截取举人一人,本班截取举人一人,本班前先荫生一人,本班荫生一人,本班前先八旗〈截〉取举人一人[2],本班八旗截取举人一人。"又郑工章程内开:"道府以至未入流,无论何项到班,先用郑工遇缺先二人、海防新班先一人,无人,用郑工遇缺先人员抵补至第四缺,海防即、海防先分班轮用一人,第一轮用海防即,第二轮用海防先,海防先无人,仍用海防即,海防即无人,用旧例银捐遇缺先人员,如无人,用旧例银捐遇缺之人,再无人,过班即接用各项班次轮用一人,以五缺为一周。"又光绪十九年奉到新章:"道府以至未入流,报捐分缺先、分缺间、本班先花样,酌照遇缺先章程加扣限期,以一年为限。在省加捐者,接到过班部文一年以外之缺,方准请补;领照赴省者,到省后一年以外之缺,方准请补"各等因。

湖南省升调遗知县一项,前出有龙阳县缺,系另起一轮补过郑工候补本班尽先上官廉,安乡县缺补过候补正班汪文焕,酃县缺现拟〈以〉大挑正班应运生更补,安仁县缺现拟以新海防分缺间周尚镛更补各在案。今永兴县知县调补遗缺,郑工遇缺先无人,接用新海防遇缺先不合例,海防先、海防即、旧例银捐遇缺先、遇缺均无人,轮用即用到班,应先用即用本班尽先人员。查有即用本班尽先

① "捐",据《光绪朝硃批奏摺》改正。
② "截",据《光绪朝硃批奏摺》补入。

补用知县李伯〔柏〕龄[①]，年四十三岁，江西萍乡县人，由增生中式光绪二年丙子科本省乡试举人，十五年己丑科大挑一等，引见，奉旨："以知县用。钦此。"签分湖北，于本科会试中式贡士，殿试三甲一百三名进士，朝考〈三〉等[②]，奉旨："以知县即用。钦此。"签分陕西，亲老告近，改分湖南。光绪十六年六月十九日到省，十二月在苏浙赈捐案内报捐同知衔，在京遵新海防例捐银请归即用班本班尽先补用，十七年五月初六日奉吏部核准行知在案。嗣经丁忧，回籍守制，在福建遵新海防例捐离陕西原省，仍改指湖南补用。十九年四月服满，遵例在京呈请起复，领照来南，光绪二十年二月初十日到省。该员才识练达，办事精勤，以之更补永兴县知县调补遗缺，与例相符。据布政使何枢、按察使桂中行会详前来，相应奏明请旨，准以即用本班尽先补用知县李伯〔柏〕龄更补永兴县知县[③]。如蒙俞允，该员系即用尽先补用知县请补知县，衔缺相当，毋庸送部引见，亦毋庸列叙参罚，合并陈明。

谨会同湖广总督臣张之洞恭折具奏，伏乞皇上圣鉴，敕部核复施行。谨奏。

朱批："吏部议奏。钦此。"

请以冯镜泉更补兴宁令折[*]

（光绪二十二年八月十二日）

头品顶戴湖南巡抚臣陈宝箴跪奏，为遵照部驳，更补知县，恭

---

① "柏"，据《光绪朝朱批奏折》改正。

② "三"，据《光绪朝朱批奏折》补入。

③ "柏"，据《光绪朝朱批奏折》改正。

* 据中国第一历史档案馆藏档。按：此折另见《光绪朝朱批奏折》，第 11 辑，第 757～759 页。

摺仰祈圣鉴事:

窃照湖南兴宁县知县高联璧调补湘乡县知县,遗缺扣留外补,于光绪二十一年八月二十七日奉旨,坐九月初三日行文,照湖南省程限七十日减半计算,扣至十月初八日接到作为开缺日期,归十月分截缺。是月分并无同项之缺,毋庸掣签,咨部在案。前以即用本班先补用知县李柏龄请补,现以该员更补在前之永兴县知县升调所遗之缺,其兴宁县知县员缺自应按班以次递推,拣员更补。

查定例:"知县升调所遗选缺,用各项候补前先进士即用前先一人,各项候补进士即用相间轮补一人,委用前先一人,委用一人,本班前先大挑一人,本班大挑一人;各项候补前先进士即用前先一人,各项候补进士即用相间轮补一人,委用前先一人,委用一人,本班前先议叙一人,本班议叙一人;各项候补前先进士即用前先一人,各项候补进士即用相间轮补一人,委用前先一人,委用一人,本班前先捐纳一人,本班捐纳一人。其捐纳补用两班之后,接用捐输一人,本班前先截取进士一人,本班截取进士一人,本班前先拔贡一人,本班拔贡一人,本班前先孝廉方正一人,本班孝廉方正一人。拔贡及孝廉方正用过两班之后,用本班前先教习一人,本班教习一人,本班前先优贡一人,本班优贡一人,本班前先教职一人,本〈班〉教职一人[①],本班前先截取举人一人,本班截取举人一人,本班前先荫生一人,本班荫生一人,本班前先八旗截取举人一人,本班八旗截取举人一人。"又郑工章程内开:"道府以至未入流,无论何项到班,先用郑工遇缺先二人、海防新班先一人,无人,用郑工遇缺先人员抵补至第四缺,海防即、海防先分班轮用一人,第一轮用海防即,第二轮用海防先,海防先无人,仍用海防即,海防即无人,用旧

① "班",据《光绪朝硃批奏摺》补人。

例银捐遇缺先人员，如无人，用旧例遇缺之人，再无人，过班即接用各项班次轮用一人，以五缺为一周”各等因。

湖南省升调遗知县一项，前出有龙阳县缺，系另起一轮补过郑工候补本班尽先上官廉，安乡县缺补过候补正班汪文焕，酃县缺现拟以大挑正班应运生更补，安仁县缺现拟以分缺间周尚镛更补，永兴县缺现拟以即用本班先李柏龄更补各在案。今兴宁县知县调补遗缺，郑工新海防遇缺先、海防新班先、新班即、旧例银捐遇缺先、遇缺均无人，系补过即用本班先之后轮用即用正班人员。查有即用知县冯镜泉，年四十九岁，广东顺德县人，由附生中式光绪二年丙子科本省乡试举人，十五年己丑科大挑一等，以知县用，签分陕西。十八年壬辰科会试中式第三百一名贡士，殿试三甲十九名，朝考二等第三十四名，五月十四日引见，奉旨：“著以知县即用。钦此。”签分安徽，亲老告近，改分湖南。光绪二十年四月初六日蒙吏部给发执照，祗领起程，八月二十七日到省。该员才具开明，办事勤慎，以之更补兴宁县知县调补遗缺，与例相符。据布政使何枢、按察使桂中行会详前来，相应奏明请旨，准以即用知县冯镜泉更补兴宁县知县。如蒙俞允，该员系即用知县，请补知县，衔缺相当，毋庸送部引见，亦毋庸列叙参罚，合并陈明。

谨会同湖广总督臣张之洞恭摺具陈，伏乞皇上圣鉴，敕部核复施行。谨奏。

硃批：“吏部议奏。钦此。”

王国珍年满甄别片*

(光绪二十二年八月十二日)

再,查定例:“道府州县保归候补班人员,予限一年,察看甄别”等因,历经遵办在案。兹查有候补知县王国珍,年三十八岁,系安徽桐城县人,于光绪二十一年七月初九日到省,扣至二十二年七月初九日,一年期满,例应甄别。据藩司何枢、臬司桂中行会详前来,臣详加察看,该员王国珍年力强壮,才具明稳,堪以留省,照例补用。除将详细履历咨送吏部外,谨会同湖广督臣张之洞附片具陈,伏乞圣鉴。谨奏。

硃批:“吏部知道。钦此。”

商情疲困请免加收厘金及盐斤加价摺(稿)**

奏为沥陈湖南商情疲困,恳免军需项下加收二成厘金及川、粤盐斤加价二文,以保利原而全大信,恭摺仰祈圣鉴事:

窃光绪二十年八月初三日,前护抚臣王廉承准军机大臣字寄:光绪二十年七月十四日钦奉上谕:“户部奏‘饷需紧要,请饬各省就地筹款’等语。各该督抚均有理财之责,即著各就地方情形通盘筹画,务须分筹的饷,凑支海上用兵之需,一面先行奏咨立案等因。钦此。”当经王廉督同司道查议,以“既无储存之款提济急需,惟有于厘金暂行酌加。现经部议,盐斤加价二文,糖、茶加厘二成,勿庸

* 据中国第一历史档案馆藏档。按:此片另见《光绪朝硃批奏摺》,第12辑,第188页。

** 据舒斋藏摄片。此为陈宝箴手稿。篇末原附陈宝箴所书批语,后经删除,文曰:“此摺于十三日拜发,该房即缮稿行知司局。”可参阅本集下册《书札》卷《示陈三立》一函。按:此稿另见录入《陈宝箴遗文·奏摺》,载《近代中国》第十一辑,第221~223页。

再议。糖斤一项，即在百货之内，拟请仿照办理。所有百货厘金，概于常额外一律加收二成，自二十年十二月初一日为始，名曰‘军需项下’，一俟军务平定，即行停止”等情具奏，并准户部咨：“茶、糖加厘二成，盐斤加价二文，军务一平，即行停止”各在案。查当开办之初，各商民多怀观望，经厘局各员剀切晓示，谕以“目前军饷浩繁，实朝廷万不得已之举，且已声明‘军务一平，即行停止’，自与漫无限制者不同。湘人好义急公，宜有同仇之悃”，遂即遵章完纳。一年以来，亦尚收有成数。本年即渐多疑议，并经各商向卡局委员请援前示减收及沥陈艰苦情形，臣督同厘金总局司道详加考察，所陈盖非无因。

缘湖南本系奥僻之区，贸易不繁，商利微薄。自咸丰初年军务方起，保境援邻，征兵四出，所向有功，仰沐列圣恩施优渥，勋名之盛，震烁一时，地方亦遂若繁富。曾不数年，即形枵竭，及今财力已殚，肆市亦因之寥落。通商以前，两广往来商货，由宜章、湘潭以达汉口，故湖南商务最盛。今则悉从广东航海，自上海溯江上行。商运减，则小民之生计日蹙；民力敝，则商贾之获利愈微。湘产茶为大宗，而衰旺之由，人事、天时各居其半，且悉听洋商操纵，补救之术亦非徒事枝节所能有功。近年茶商赀本亏耗过巨，称贷无偿，各商并相因被累。至于川、粤盐厘，向以图畅淮销，及光绪十年军务，于定额外迭次加抽，商贩已形重困。川盐行澧州一隅，慈、永等属，多舟车所不能至。粤盐逾岭行销，郴、桂地形峻险，小民徒行负贩崎岖山谷之间，以求微利，迥非淮盐巨商所可同论。是湖南商情疲困，均系实在情形。商、民本属一体，恤商即所以保民。上年各属荒歉，民困愈甚，商困即难期骤纾。若将加抽茶、糖百货二成及川、粤盐加价二文，仍复常远抽收，诚恐商力难支，趋避愈纷，法令所难遍及。非特加抽所得无几，并于正项厘金转有妨碍，得不偿失，且与“军务一平,即行停止”之谕不相符合。惟有请将加抽茶、糖百货二成厘金及川、粤盐加价二文,遵照通行原议,一律停止抽收,以恤商示信等情,据藩司暨厘金总局司道详请具奏前来。

臣维咸丰军兴以后,常税之外,复有厘金,原为不得已之政。前两江督臣曾国藩所称“病商之钱可取,病民之钱不可取”者,盖权目前之轻重,则商之利较丰于民,若为时既久,无论商病,必及于民。即就商言商,利丰则可兼输于国,利歉则难自赡其身。假令牵车之贾不如力穑之氓,则且将捐弃故业,甘以其利让之他人,而专属子口半税之巨商,吾民未有不胥即于贫困者。臣愚以为,今日之商,纵不能独予优厚,兼筹所以保全之方,岂复宜加之摧抑?况前年湖南茶、糖百货加厘,川、粤盐斤加价,业经明白晓示:“军务一平,即行停止。”信者,立政之大本,亦理财之善经。湘人素称强直,今不克行所令,后将令之不从。是使民日趋于诡遇之途,而启其玩易之念,其所系尤不仅于正额厘金转有妨碍,而厘政实将愈敝矣。再四筹思,惟有仰恳天恩,俯念湖南本非商务繁盛之区,又甫经灾歉,准将光绪二十年加收茶、糖百货二成厘金及川、粤盐斤加价二文,一律停止,以保利原而全大信,出自逾格鸿施。惟省属各局分布远近不一,如蒙俞允,一时宣布难周,商民亦难遍晓,易滋淆混,应请以本年十二月底为限,概行停止加抽,以期画一。

所有请免湖南茶、糖百货加收二成厘金及川、粤盐加价二文缘由,理合会同湖广总督臣张之洞专摺具陈,伏乞皇上圣鉴训示。谨奏。

商情疲困请免加收厘金及盐斤加价摺*

（光绪二十二年八月十三日）

头品顶戴湖南巡抚臣陈宝箴跪奏，为沥陈湖南商情疲困，恳免军需项下加收二成厘金及川、粤盐斤加价二文，以保利原而全大信，恭摺仰祈圣鉴事：

窃光绪二十年八月初三日，前护抚臣王廉承准军机大臣字寄：光绪二十年七月十四日钦奉上谕："户部奏'饷需紧要，请饬各省就地筹款'等语。各该督抚均有理财之责，即著各就地方情形通盘筹画，务须分筹的饷，凑支海上用兵之需，一面先行奏咨立案等因。钦此。"当经王廉督同司道查议，以"既无储存之款提济急需，惟有于厘金暂行酌加。现经部议，盐斤加价二成〔文〕，糖、茶加厘二成，勿庸再议。糖斤一项，即在百货之内，拟请仿照办理。所有百货厘金，概于常额外一律加收二成，自二十年十二月初一日为始，名曰'军需项下'，一俟军务平定，即行停止"等情具奏，并准户部咨："茶、糖加厘二成，盐斤加价二文，军务一平，即行停止"各在案。查当开办之初，各商民多怀观望，经厘局各员剀切晓示，谕以"目前军饷浩繁，实朝廷万不得已之举，且已声明'军务一平，即行停止'，自与漫无限制者不同。湘人好义急公，宜有同仇之悃"，遂即遵章完纳。一年以来，亦尚收有成数。本年即渐多疑议，并经各商向卡局委员请援前示减收及沥陈艰苦情形，臣督同厘金总局司道详加考察，所陈盖非无因。

缘湖南本系奥僻之区，贸易不繁，商利微薄。自咸丰初年军务方起，保境援邻，征兵四出，所向有功，仰沐列圣恩施优渥，勋名之

* 据《光绪朝硃批奏摺》，第102辑，第521～524页。

盛,震烁一时,地方亦遂若繁富。曾不数年,即形枵竭,及今财力已殚,肆市亦因之寥落。通商以前,两广往来商货,由宜章、湘潭以达汉口,故湖南商务最盛。今则悉从广东航海,自上海溯江上行。商运减,则小民之生计日蹙;民力敝,则商贾之获利愈微。湘产茶为大宗,而衰旺之由,人事、天时各居其半,且悉听洋商操纵,补救之术亦非徒事枝节所能有功。近年茶商赀本亏耗过巨,称贷无偿,各商并相因被累。至于川、粤盐厘,向以图畅淮销,及光绪十年军务,于定额外迭次加抽,商贩已形重困。川盐行澧州一隅,慈、永等属,多舟车所不能至。粤盐逾岭行销,郴、桂地形峻险,小民徒行负贩崎岖山谷之间,以求微利,迥非淮盐巨商所可同论。是湖南商情疲困,均系实在情形。商、民本属一体,恤商即所以保民。上年各属荒歉,民困愈甚,商困即难期骤纾。若将加抽茶、糖百货二成及川、粤盐加价二文,仍复常远抽收,诚恐商力难支,趋避愈纷,法令所难遍及。非特加抽所得无几,并于正项厘金转有妨碍,得不偿失,且与"军务一平,即行停止"之谕不相符合。惟有请将加抽茶、糖百货二成厘金及川、粤盐加价二文,遵照通行原议,一律停止抽收,以恤商示信等情,据藩司暨厘金总局司道详请具奏前来。

臣维自咸丰军兴以后,常税之外,复有厘金,原为不得已之政。前两江总督臣曾国藩所称"病商之钱可取,病民之钱不可取"者,盖权目前之轻重,则商之利较丰于民,若为时既久,无论商病,必及于民。即就商言商,利丰则可兼输于国,利歉则难自赡其身。假令牵车之贾不如力穑之氓,则且将捐弃故业,甘以其利让之他人,而专属子口半税之巨商,吾民未有不胥即于贫困者。臣愚以为,今日之商,纵不能独予优厚,兼筹所以保全之方,岂复宜加之摧抑?况前年湖南茶、糖百货加厘,川、粤盐斤加价,业经明白晓示:"军务一平,即行停止。"信者,立政之大本,亦理财之善经。湘人素称强直,今不克行所令，后将令之不从。是使民日趋于诡遇之途，而启其玩易之念，其所系尤不仅于正额厘金转有妨碍，而厘政实将愈敝矣。再四筹思，惟有仰恳天恩，俯念湖南本非商务繁盛之区，又甫经灾歉，准将光绪二十年加收茶、糖百货二成厘金及川、粤盐斤加价二文，一律停止，以保利原而全大信，出自逾格鸿施。惟省属各局分布远近不一，如蒙俞允，一时宣布难周，商民亦难遍晓，易滋淆混，应请以本年十二月底为限，概行停止加抽，以期画一。

所有请免湖南茶、糖百货加收二成厘金及川、粤盐加价二文缘由，理合会同湖广总督臣张之洞专摺具陈，伏乞皇上圣鉴训示。谨奏。

硃批："户部议奏。"

为筹款艰难敬陈管见摺(稿)*

（光绪二十二年八月十三日）

奏为筹款万分艰难，不揣冒昧，谨就所闻敬陈管见，恭摺仰祈圣鉴事：

窃臣因湖南商民困敝，请停止茶、糖百货加收厘金及川、粤盐斤加价等情，已另摺具陈圣鉴。伏思本年户部议派湖南解偿洋款二十四万两，臣前与司局筹拨，即有加收二成厘金一项，一经停止，则偿款势难取盈。现在督率司道通盘筹画，力图支应，苟实无[无]可再筹，亦当据实直陈，免致临时贻误。第思一省如此，他省岂无同情？臣具有天良，乃更念朝廷万不得已之苦衷与部臣拮据之本

---

* 据舒斋藏摄片。此为陈宝箴手稿。其缮稿时间系编者推定，或在光绪二十二年八月十三日。此摺是否正式上奏及何时上奏，仍俟续细考。按：此稿与请免二成加厘及盐斤加价摺稿用纸相同，笔迹亦极接近，似当作于同一时间。又按：此稿另见录于《陈宝箴遗文(续)》，载《近代中国》第十三辑，第306～308页。

意,而顾存见好商民之心,为此一偏之论,虽至不肖,何敢出此?惟臣区区之愚,私忧过计,实以为今日民穷财匮,各省莫不皆然,苟欲以二万万本息之偿为竭泽而渔之计,奉行迫切,其事将不止于加厘病商,而旷日稽时,意外之所需,息银之日益,尤难逆料数计。所望于民者愈奢,所施于民者不能不俭,诚恐款不能偿,而民力已竭、民志已离,无穷之虑,自此始矣。一念及此,诚可寒心。臣于上年烟台之约,痛愤填膺,若发狂疾,盖亦以此。

然则此必偿之款将若之何而可也?臣闻圣人与时推移而不滞于物,今之时为千古以来未有之变局,即宜与之推移,而不使囿于习见以自封。假如人有异疾,不得不疗以异方,但求对证,不可因向所未尝而拒之,既明知其对证,更不可因人所不习而疑之。现闻有候选道员容闳,居美国最久,与其大臣、巨商相习,近上督办军务处与总理各国事务衙门铁路条议,自请随使臣往约美商包办中国铁路,先以二百兆借偿日本之款,更借二百兆为我兴作之资,而以铁路所得余利岁提三成拨还借款,其七成则彼此均分,五十年后铁路全归中国,美商不复分利等情。窃意容闳既经条陈,自系与美商先有约言,必非漫无把握。此议如果得行,在部臣无悉索之艰,疆吏免诛求之扰,不过少损五十年三成五分之铁路余利,而二百兆之大累一旦豁然,铁路已自无而有矣。况可更得巨款,以资兴作、阶富强,而即取之五十年铁路之内。此举若成,是天之所以佑启圣朝、福我黎庶也。

目前之计,不特无便于此,且舍此似更无以为计。第包办分利之说为中国所创闻,在泰西则为习见,非强于属国自建铁路之比,中国行商赁地为肆通融构造,即有与此暗合者。彼以商为国,故通方以营利;我以儒为国,故守一以徇名。然无实之名,儒者弗尚,公家之利,谋国者之所宜图;不此之图,而惟多方以取之民,此则桑孔之谋，儒者所不道也。穷则变，变则通，值千古未有之变而守一成不易之说，徒以耳目所未及者为可怪可疑，不更深思博考以求其故，揆诸与世推移之义，窃未见其可也。今中国不兴造铁路则已，苟不能然，既无见储之款，势必借资商力，华商无此大力，仍必暗集洋股，而此目前数百兆之利，窃恐需之百年未可必得，是虚取自办之名，实弃不赀之利，而攘其利者仍属暗股之洋商，甚无谓矣。若以美国专利，虑有不嗛之邻，似可令容闳劝美商兼入英、俄、法、德诸股。在美本为意外之事，分利睦邻，无损有益，度亦无所不可；而我于此五十年中，藉以维系各国，外讲应付之宜，内修富强之政，求复三代政教之实，兼通万国艺术之长，尊贤任能，信赏必罚，综核名实，屏黜浮伪，武备修而慎于用，信使通而开以诚，将见舟车所至，莫不尊亲，而我圣清亿万年有道之基、大同之治，将在是矣。伏恳皇上谕令督办军务处与总理各国事务王大臣，将容闳所上条陈悉心议奏，断自宸衷，察夺施行，天下幸甚。

臣以凡愚忝蒙恩遇，疆寄初膺，何敢妄言国家大政？然当此宵旰勤劳、时局艰难之会，思虑所及，微诚所积，诚不敢不一贡其区区之愚。所有筹款万分艰难，谨就所闻敬陈管见缘由，谨专折冒昧上陈，是否有当，伏乞皇上圣鉴训示。谨奏。

〖附一〗邹代钧：光绪二十二年七月廿五日、九月初七日《致汪康年书》（节录）*

闻龙州铁路归法包修，东三省铁路归俄包修，均永不归还中

---

* 据《汪康年师友书札》（三），上海古籍出版社 1987 年出版，分见第 2660 ~ 2661、2671 ~ 2672 页。按：此二札中所云“容纯甫”、“容成甫”均指江苏候补道容闳，“荣相”指荣禄，“次亮”指陈炽。又按：可参阅本集下册《书札》卷《示陈三立》一函。

国,信否?若果尔,俄、法管理铁路,即管理其地,无形之中,割东三省与俄,割龙州与法,不仅弃地,并自弃其自主之权,求英人所以待暹罗之道,尚不可得。国不亡于炮火,而亡于铁路,是又一古今创格矣!容纯甫之策最有识,右帅已电告荣相,恳行容说。久不报,未知偕否。时局如此,奈何!

京信或不确,幸甚,否则国亡于铁路矣,伤哉!次亮致右丈书亦如是言。右丈力保容成甫之说,于枢府竟不用,奈何!容成甫条陈,公何不录入报中?

〖附二〗容闳:铁路条陈*

一、变通招股。查津芦早已兴工,芦汉亦经集议分招华股,严屏洋商,杜渐防微,诚非无见,职道亦何敢冒昧建言,显违成议?惟当今时势,万难守常,各处所招华股,有无洋款,姑不必论,窃恐缓不济急,芦汉尚未办竣,而畿东要地、滇南边境均有越俎代谋之患。职道所以踌躇四顾,而窃欲变通办理,借力于美也,盖美与我素无嫌隙,今借其商人之财力,而权自我操,无庸照会政府,他国断不过问。从前美国筑路,亦听欧商集股,并无域外之分、嫌疑之见,通力合作,实为权变办法。如蒙俯准,职道当与美商纠集公司,订定章程,所有畿东、滇南、川广、芦汉、苏杭、淞沪等处,同时并筑,且建双轨,阔以四尺八寸半为度。如有华商愿出资本,并归公司合办,边境之瘠、内地之肥、获利多寡,通盘合计,不出五年,万一勘路需时,多

* 据《时务报》第十册(光绪二十二年十月初一日出版),原题为《容观察闳铁路条陈》。按:《时务报》于容闳条陈后另附编者按,现一并收录,惟改以仿宋体排印,以示区别。又按:《时务报》第九册(光绪二十二年九月二十一日出版)刊有《容观察闳请创办银行章程》,第十册另刊《容观察闳续拟银行条陈》,可参阅。

延一二年,应由公司尽力筹办,再行定准。一律筑成。似此光明简易,较之他项办法,利弊迟速,相去远矣。

一、定印借券。银行章程,职道已请印借券,惟俟银行屋宇落成,购买机器,在京自印,又非年余不可,今欲迅速开筑,不费丝毫官帑,自宜先印铁路借券,写定华文,载明本利,绘就图式,派员至美国,定印若干纸,呈交户部,编号盖印,随时请发,酌定筑路用款若干,请先发借券若干,以后陆续再发,各处工竣,方行截止。以纸币代现银,无论数千万,皆可陆续集成。该券定限三十年,与公司定约年限,愈少愈妙,而利息须通盘筹划,倘不敷匀摊,或再宽限十年,俟订约时再行酌定。周息五厘,每年付息,及到期还本,均在铁路获利项内开销。当初办时,尚未获利,由公司垫付息银,统俟铁路获利后提还,不必另筹官款,亦无庸以别项作抵。借券限满收回之后,铁路全行归官。此为筑路第一善策。

一、议分利息。铁路之利,全在办理得人,经营尽善,获利最厚,难以数计。如定议设立公司承办,自必算无遗策,一切收支帐目,请派大员,随时稽查,毫无隐蔽。所获之利,拟先提毛利几成,足以付息,并积存若干,备赎借券,再除公司开销并修路之费,其余净利,则官与公司平分,各得五成。似此议定章程,由彼出资,为我筑路,我安坐而收其利,彼尽力以效其劳,以借款筑路,即以铁路之利还款。该公司之所以肯承办者,不过券息可保,馀利可分,限满归官,于愿已足,此外无他希冀也。

一、给与事权。铁路既立公司,凡开筑以及路成行车,统归公司经理,并准分派巡捕照料,一切搭客、装货,妥议定章,务在便民。遇有兵事,先尽官军,装运兵饷,只收半价,如有多车,再装客货。所有轨路,并设立车站,起造货栈之地,无论官地、民地房产,由地方官妥议价值,向公司支付,务期平允。凡附近铁路之煤、铁各矿并木、石等类,应准择要开采,归公司应用,以便就近制造铜〔钢〕轨、物料,无须购自外洋。由轨路至矿产各处,应分筑小铁路,以期利便。所有铁路料件,经过口岸,内地一律免税免厘。惟事属创始,务须由督抚严饬地方官妥为保护,以免滋事。

一、严定章程。铁路既设公司,除芦津已经开办外,其余芦汉以及各处,应请统归公司开筑,以免纷歧。所用管事洋人,均须选择熟手,恪遵规例,如有酗酒滋事、不受约束或苛待华工等事,查明确实,立时撤换,不稍徇庇。

一、造就人才。查铁路初兴,需才甚众,不得不聘用洋人,惟将来路须归官,生手如何接办,必须预先造就。应由公司于通商大埠另设铁路学堂,专选聪颖子弟,教以筑路、行车并镕炼钢铁等法,日后人才辈出,即可自行管理。此项费用,均在铁路开销款内支付,不必另筹官款。

再,铁路既立公司,责任重大,呼应较灵,职道体察情形,如果筑路至一万余里之多,尚可另领借券,代筹一万万两,定期三十年,年息四厘九四折,借券之折数略减,则辗转分售更易流通,倘公司不允九四,或减为九一二,当再细商。较之年息五厘九四五折者,以三十年通盘合计,可省二千九百五十万两。此项借券,不必以关税作抵,即将铁路所得净利归官五成之款,以备付息还本。

职道久寄美洲,相孚以信,凡可为国家效力之处,窃愿勉图报称,断不敢空言徒托、迹涉夸张,伏祈俯鉴愚忱,不胜幸甚。谨此附陈。

按:容纯甫观察前年由张香帅奏调来华,今年译署檄入都,令商办银行、铁路,均拟定章程进呈。本馆托人在都录得,特登报端,以公同好。观察久于美洲,于西人办事之法最得要领,香帅原奏有"才识博通,忠悃诚笃"之语,所定银行章程,妥密精当,最无流弊。

至办铁路，但借西人之资，即以铁路馀利为息，并按年除本，逮廿年后，即可本利清还，尤为权自我操。又欧洲各国相忌，若托彼国，则此国必求一事以相抵，托此国亦然，彼此相争，实为中国之患。惟美国为自保之国，可无此弊，想阅者必以为然也。

提前汇解光绪廿二年甘肃新饷片*

（光绪二十二年八月上旬）

再，据湖南善后报销等总局司道会详称："奉拨光绪二十二年甘肃新饷银十六万两，于二十一年年底赶解三成，二十二年四月底止再解三成，其余四成统限九月底扫数解清等因。当于光绪二十一年十二月初十日将年前应解三成银四万八千两，又于二十二年四月二十日再解三成银四万八千两，先后发交天成亨、协同庆、蔚丰厚等商号承领，汇解赴甘，均经随时详请奏咨在案。兹奉准电称：'甘肃需饷甚急，湖南欠解协饷银六万四千两速即解交无误等因。'查湘省筹解各省协饷，实已搜罗殆尽，第念边疆紧要，需饷甚殷，不能不于无可设法之中竭力筹措协济。现在藩库地丁、驿站项下动支银三万两，盐道库盐厘项下动支银二万四千两，又缉私经费项下动支银一万两，共库平银六万四千两，于八月初一日仍交协同庆商号承领银二万二千两，天成亨、蔚丰厚商号各承领银二万一千两，均限于十月底汇解，赴甘肃藩司衙门交纳，守候库收批照回销，以期迅速而应急需。但前项协饷历年依限于九月底解清，道路较远，该商号均于十一月底解到，现因奉电提催，自不得不遵照赶急筹措，统限各该商号提前一月，于十月底解到，免误军需。以后常

* 据《光绪朝硃批奏摺》，第60辑，第871～872页。按：上奏时间系编者推定。又按：自此以下三片，当呈奏于同一时间。

年协饷仍照定限汇解,未能援照此次提前之例”等情,详请奏咨前来。臣复核无异,除咨户部及陕甘督臣、新疆抚臣查照外,所有光绪二十二年甘肃新饷扫数解清缘由,谨会同湖广总督臣张之洞附片具陈,伏乞圣鉴。谨奏。

硃批:“户部知道。”

光绪廿二年筹解头批顺天备荒经费片*

(光绪二十二年八月)

再,臣接准顺天府兼尹电开:“入伏后雨水虽多,随时晴霁,尚无灾象,无如前月杪永定河北中决口近三百六十丈,淹及大、宛两县三十余村,东、武两县几乎全境皆灾,平地水深四五尺,倾倒房屋,淹毙人口,所在皆有,小民荡析离居,苦难言状。奏请催提备荒经费拨用,已蒙恩准。请将本年应解之款扫数电汇,以应急抚等因”到湘。臣查前准户部咨:“本部《议复顺天府兼尹等奏请拨江浙河运漕米为顺天备荒之用,拟令将湖南采买米价、运费等银委解部库,以为备荒经费》一摺,光绪二十年六月二十日具奏,内阁奉上谕:‘所有湖南每年应办京漕三万石,嗣后勿庸办运,即将米价、水脚等项共合银七万二千三百余两,按年解交部库,以备缓急。著自本年起如数报解,另款存储,专备顺天赈抚提用。馀依议。钦此。’钦遵到部咨行”,钦遵查照历年分批遵解清楚在案。兹准前因,当经札行司道筹款详解去后。

今据代理湖南粮储道刘镇、布政使何枢会详:“湖南省光绪二十二年新漕仍办折征,其应采买京米三万石,自应钦遵前奉谕旨勿庸办运,将米价、水脚等项银两,照案分批解部,专备顺天赈抚提

* 据《光绪朝硃批奏摺》,第70辑,第841~842页。

用。惟前项经费应于光绪二十二年漕折、二米、随浅等款内动支，现在新漕甫经开征，尚未解收有银。惟近畿各县被灾甚重，既奉催提，自不能不先其所急，设法挪解，暂应要需。兹拟于库存节年南秋银内借支银二万两，作为本年筹解头批备荒经费，一俟催收各属二十二年漕折有银，即行拨还原款。随将银两发交号商蔚泰厚如数承领汇兑，定限于八月内由京城银号以足色库平解赴户部交纳，拨充顺天备荒经费之用”等情，详请奏咨前来。臣复查无异，除给咨发交该号商蔚泰厚承领汇解并咨部外，理合会同湖广总督臣张之洞附片具奏，伏乞圣鉴。谨奏。

朱批：“户部知道。”

奉派认还英德借款光绪廿二年八月汇解四成银两片*

（光绪二十二年八月）

再，准户部咨：“奏《每年应还俄法、英德两款本息，数巨期促，拟由部库及各省关分别认还》各摺、片，光绪二十二年五月初八日具奏，本日均奉旨：‘依议。钦此。’”刷印原奏清单，咨行来南。查原奏清单内开：“英德一款，应还本息每年约银六百九十万两内，由各省地丁、盐课、盐厘、货厘、杂税等款项下指拨，计湖南银十四万两，应令各省关照指拨摊派之数，先分一半，务于六月间解交江海关道。其余一半银两再匀分两次，八月间解到一半，十月间一律解清。嗣后每年匀分四次，于二、五、八、冬四个月解赴江海关道交纳，不得稍有延欠等因。”业

* 据《光绪朝硃批奏摺》，第 82 辑，第 492 ~ 493 页。

于光绪二十二年六月十四日照依派拨先解一半之数，在于茶厘、百货加抽厘金项下动支银七万两，分交协同庆、蔚泰厚、乾盛亨各商号承领，解赴江海关道查收，奏咨在案。兹据湖南布政使何枢会同总理厘金局务盐法道李经羲等详称："查八月限期已届，自应竭力措解，以免贻误。现复于茶糖百货加抽厘金项下动支库平银三万五千两，又汇费银五百二十五两，于二十二年八月十五日发交乾盛亨商号承领银一万二千两，协同庆商号承领银一万二千两，蔚泰厚商号承领银一万一千两，均限于八月三十日汇到江海关，并责成该商号守候库收批照回销，以期迅速而济要需"等情，详请奏咨前来。臣复核无异，除咨户部外，理合会同湖广总督臣张之洞附片具陈，伏乞圣鉴。谨奏。

硃批："户部知道。"

余虎恩奏请续假片*

(光绪二十二年八月)

再，据尽先简放提督广东高州镇总兵余虎恩咨呈："职镇前以军务交卸，因祖墓倾颓，急须修理，禀经湖广督臣张之洞奏请准假两月，回籍修墓。六月初由鄂雇舟旋里，适值南风天气，重湖浩渺，阻隔难行，延至七月中旬，始行到籍。正在料理修墓，据地理家言，祖茔山向不就，必待来春方能卜吉修妥。现在假期已满，恳代奏明再请续假三月，俾得修理祖墓。俟祖墓修竣，再恳请旨饬赴本任，以重职守而图报称，决不敢稍耽安逸，任意迟留，致负天恩高厚"等

* 据《光绪朝硃批奏摺》，第45辑，第386页。按：据陈宝箴光绪二十三年《余虎恩请准兼袭合并片》(本集卷十六)引述："二十一年，奉旨驻扎河西务。二十二年遣撤，叠蒙奏请赏假回籍修墓。"由此推测，此片上奏时间约在光绪二十二年八月前后。

情前来。理合附片陈明,伏乞圣鉴训示。谨奏。

硃批:“余虎恩著赏假三个月。”

卷八　奏议八

报解光绪廿二年末批京饷摺*

（光绪二十二年九月二十八日）

头品顶戴湖南巡抚臣陈宝箴跪奏，为报解本年末批地丁、厘金、盐厘京饷及漕折、固本等银，恭摺仰祈圣鉴事：

窃照湖南省本年奉部原拨、续拨京饷，共地丁银二十五万两，厘金、盐厘银共十万两，业经委员解过头、二、三批地丁银一十九万两，盐厘、厘金银共八万两，又三次解过奉拨本年东北边防经费厘金银六万两，固本军饷银四万五千两，漕折、二米等银五万九千一百四十七两六分二厘六毫，均经会核奏报在案。兹据藩司何枢详称："筹备地丁银六万两、本年冬季三个月固本军饷银一万五千两，又会同厘金总局盐法道李经羲等筹备盐厘银一万两、厘金银一万两、边防经费厘金银二万两，以上共银一十一万五千两，作为本年末批京饷。"又据代理粮储道刘镇详："在于光绪二十二年新漕折价项下动支银二万两，一并派委候补知县於以仁、赵廷光管解赴部交纳。"分案详请奏咨前来。臣复核无异，除分别缮具咨批、护牌，饬发该委员小心领解，另取起程日期咨报，一面分咨沿途各省饬属妥为拨护外，所有报解本年末批京饷缘由，谨会同湖广总督臣张之洞

---

* 据《光绪朝硃批奏摺》，第 88 辑，第 255 页。

恭摺具奏,伏乞皇上圣鉴。

再,本年应解地丁、厘金、盐厘京饷及边防经费、固本饷银均已扫数解清,合并声明。谨奏。

硃批:"户部知道。"

搭解光绪廿二年加复俸饷末批银两片*

(光绪二十二年九月二十八日)

再,湖南每年应解另款加复俸饷银八千两,前经前抚臣吴大瀓奏请,自光绪十九年起,于节省长夫尾存项下照数动支,作正开销,业经先后解过十九、二十及二十一等年分并二十二年头、二、三三批库平银六千两,随时奏咨在案。兹据善后报销总局司道详称:"光绪二十二年分应解加复俸饷银两,现又于节省长夫尾存项下筹备末批库平银二千两,合湘平银二千七十八两四钱,交末批京饷委员候补知县於以仁、赵廷光搭解赴部交纳"等情,详请奏咨前来。臣复核无异,除咨户部、都察院查照外,所有扫数搭解光绪二十二年分另款加复俸饷四批银两缘由,谨附片陈明,伏乞圣鉴。谨奏。

硃批:"户部知道。"

提解光绪廿二年夏季节省银两片**

(光绪二十二年九月二十八日)

再,据总理湖南善后局务布政使何枢等详称:"光绪十一年八月钦奉懿旨裁勇节饷,当经遵议裁撤湖南陆勇三营、水师一营,并

* 据《光绪朝硃批奏摺》,第 88 辑,第 305 页。按:据片中"交末批京饷委员候补知县於以仁、赵廷光搭解赴部交纳"一语,此片或系上摺之附片,上奏时间即据此推定。

** 据《光绪朝硃批奏摺》,第 61 辑,第 50 页。按:此片似同属上摺之附片。

将留存陆营长夫、水师船价、油烛均裁减五成支发,综计每年可节省银一十二万余两,声明自光绪十二年起专款存储,分批提解,赴部交纳,已解至本年春季止,历经详请奏报在案。所有光绪二十二年夏季分节省银两,自应如数提解,以济要需。现筹备湘平银三万两,折合部码库平银二万八千八百九十六两一钱六分六厘四毫,交给二十二年四批京饷委员候补知县於以仁、赵廷光搭解赴部",详请奏咨前来。臣复查无异,除咨户部外,理合附片具陈,伏乞圣鉴。谨奏。

硃批:"户部知道。"

光绪廿二年早稻收成分数摺*

(光绪二十二年九月二十八日)

头品顶戴湖南巡抚臣陈宝箴跪奏,为恭报早稻收成分数,仰祈圣鉴事:

窃照湖南省种植稻谷有早、中、晚之分,随田土之高下,分收成之先后,本年各属早稻现已刈获登场,据布政使何枢查明收成分数,造册具详前来。臣复加查核,湖南省七十六厅州县,除永绥、桂东二厅县向不种植早稻外,其余各属早稻收成分数内,九分有余者一县,八分有余者九州县,八分者三县,七分有余者四十一厅州县,七分者四县,六分有余者十州县,六分者二县,五分有余者二县,五分者一县,四分有余者一县,合计通省收成实共七分有余。现在中、晚二稻亦已次第成熟,容俟各属查明收成分数禀报到日,另行汇奏外,所有湖南省光绪二十二年分早稻收成分数,循例恭摺具奏,并缮清单敬呈御览,伏乞皇上圣鉴。谨奏。

* 据《光绪朝硃批奏摺》,第 93 辑,第 142 ~ 143 页。

硃批:“知道了。”

光绪廿二年八月粮价及雨水情形摺*

(光绪二十二年九月二十八日)

头品顶戴湖南巡抚臣陈宝箴跪奏,为恭报八月分粮价及地方雨水情形,仰祈圣鉴事:

窃照湖南省本年七月分市粮价值并雨水情形,业经臣恭摺奏报在案。兹据布政使何枢查明通省八月分各项粮价,开单汇报前来。臣逐加查核,长沙等十八府州厅属米粮价值均较上月稍减,豆、麦价值悉与上月相同,省城及各属地方八月以来雨多晴少。复据安乡、南洲等县厅先后禀报,因川江泛滥,水势大涨,于八月初二、三至初五、六等日冲溃垸堤不少,均经臣批饬查明诣勘禀办。此外各属,中、晚二稻俱已刈获登场,杂粮、蔬菜一律繁茂,闾阎乐业,境宇敉安,堪以上慰宸廑。

理合恭摺具奏,并缮粮价清单敬呈御览,伏乞皇上圣鉴。谨奏。

硃批:“知道了。”

审明奸夫商同奸妇谋杀本夫身死按律定拟摺**

(光绪二十二年九月二十八日)

头品顶戴湖南巡抚臣陈宝箴跪奏,为审明奸夫商同奸妇谋杀本夫身死,按律定拟,恭摺仰祈圣鉴事:

窃据湖南澧州属石门县知县郑襄详报,该县客民丁学甲商同

* 据《光绪朝硃批奏摺》,第96辑,第59页。

** 据《光绪朝硃批奏摺》,第107辑,第143~145页。

奸妇丁张氏,谋杀缌麻服兄丁学立身死,弃尸不失一案,当经臣批饬臬司督饬该州县详细研审去后。兹据澧州直隶州知州郑立诚督同该县审明议拟,解由臬司桂中行复审解勘前来。该臣亲提研讯,缘丁学甲、丁张氏均籍隶澧州,寄居该县,丁学甲与已死缌麻服兄丁学立时相往来,丁学立之妻丁张氏与丁学甲习见不避。光绪十九年不记月日,丁学甲至丁学立家探望,适丁张氏独处,遂与调戏成奸,后非一次,丁学立并不知情。丁学甲因恋奸情密起意,商同丁张氏将丁学立致死,以便长久奸好。二十一年闰五月初十日,丁学甲探知丁学立出外工作,往向丁张氏告知谋害情由,丁张氏应允,约定夜间下手,丁学甲当即走回。是夜,丁学立回家,进房安宿。三更时分,丁学甲走至,丁张氏告知丁学立独卧碓屋床上。丁学甲随拾木棍,与丁张氏一同推门进内,丁学立惊醒坐起,丁学甲赶拢,用棍殴伤其左手腕。丁学立下床,扑向丁学甲揪扭,丁学甲弃棍,顺拾地上镰刀连砍,伤其左右两腿。丁学立用手抓扭丁学甲发辫,丁学甲又用刀砍伤其右臁肕,丁学立仍不放手。丁张氏赶上,将丁学立右手解开,并扭其发辫拖系碓柱上,丁学甲复用刀砍伤丁学立咽喉,当即殒命。丁学立之幼子丁成昭闻声惊起,赶往看见,丁学甲吓禁不许声张。丁学甲畏惧,复商同丁张氏移尸灭迹,当将丁学立衣裤脱落,用棕绳捆缚,扛至屋后山上岩壁缝内倒插各散。嗣丁成昭向丁恒富告知其父被杀情由,丁恒富随向丁张氏盘问,丁张氏不能隐瞒,吐露实情,丁恒富即将丁张氏与丁学甲一并捆获,投保送县具报,当经该前县郑襄亲诣相验,讯详饬审。嗣丁张氏在监生子,又经验明详报。郑襄未及审解卸事,兹据署石门县知县王以宣审拟,由州司复审解勘。臣提犯亲讯,据供前情不讳,诘无另有同谋加功之人,应即拟结。

查律载:“妻因奸同谋杀死亲夫者,凌迟处死”,又例载:“亲属相奸，罪止杖徒，如奸夫与奸妇将本夫商同谋死者，奸妇依律问拟，奸夫拟斩立决”各等语。此案丁学甲因与缌麻服兄丁学立之妻丁张氏通奸，情密起意，商同奸妇丁张氏将本夫丁学立谋杀致死，自应按律问拟。丁张氏除与丁学甲通奸及弃尸不失轻罪不议外，合依“妻因奸同谋杀死亲夫者，凌迟处死”律，凌迟处死。丁学甲除奸缌麻〈服〉兄之妻及弃尸不失轻罪不议外，合依“亲属相奸，罪止杖徒，如奸夫与奸妇将本夫商同谋死者，奸夫拟斩立决”例，拟斩立决，照例先行刺字。丁成昭于伊父被杀之时，当被丁学甲吓禁不许声张，迨与丁恒富会遇，即向告知，尚无不合，应毋庸议。

除将全案供招咨部查核外，理合恭折具奏，伏乞皇上圣鉴，敕部核复施行。谨奏。

硃批：“刑部速议具奏。”

奉派认还俄法借款光绪廿二年九月解交四成银两片*

（光绪二十二年九月二十八日）

再，准户部咨：“奏《每年应还俄法、英德两款本息，数巨期促，拟由部库及各省关分别认还》各折、片，于光绪二十二年五月初八日奏，本日均奉旨：‘依议。钦此。’”刷印原奏清单、附片，飞咨来南，当经转饬司局遵照，赶紧设法竭力筹解去后。兹据湖南善后、厘金各局及藩司、粮、盐二道等会详称：“遵查原奏清单内开：‘俄法一款，应还本息每年约银五百一十万两内，由各省地丁、盐课、盐厘、货厘、杂税等款项下指拨，计湖南银十万两。查本年应还俄法

* 据《光绪朝硃批奏折》，第82辑，第513～514页。按：上奏时间系编者推定。

息款,十月间系第三期,应令各省关照指拨摊派之数,各按四成,于九月内解交,不得稍有延欠等因。'伏查湘省地丁、盐课、盐厘、货厘、杂税等款均奉指拨有数,毫无余积,今奉派认还俄法一款,自应竭力筹措起解,以免贻误。现拟请在于茶糖百货加抽厘金项下动支库平足银四万两,又汇费银六百两,均已于光绪二十二年九月十四日发交蔚泰厚、协同庆两商号各承领银一万三千两,又乾盛亨商号承领银一万四千两,限于九月二十九日汇到江海关道交收,守候库收批照回销,以期迅速而济要需"等情,详请奏咨前来。臣复核无异,除咨户部外,所有湖南省奉派认还俄法一款,限本年九月内解交四成银两,汇解江海关查收缘由,理合会同湖广总督臣张之洞附片具陈,伏乞圣鉴。谨奏。

朱批:"户部知道。"

杨让梨改留湖南补用片*

(光绪二十二年九月二十八日)

再,臣准总统甘军甘肃提督董福祥咨:"据花翎副将衔留闽尽先补用游击云骑尉世职杨让梨禀称:'湖南湘乡县人,年四十三岁。缘故父主簿杨儁在湖南桂阳县延寿墟打仗阵亡,经部议给云骑尉世职,咸丰十一年呈请承袭,同治元年十二月二十日奉旨准食半俸。光绪十年呈蒙饬发长沙协学习,旋奉大学士左宗棠调入援台恪靖军营,于基沪肃清案内保以守备留闽尽先补用。二十一年经甘肃提督董福祥调入大营,于河州解围案内随摺保以游击,仍留原省补用,并加副将衔,赏戴花翎。现在军务肃清,并无经手未完事件'等情,咨请饬发原标差遣等因",准此。当经臣将杨让梨饬发长

* 据《光绪朝硃批奏摺》,第45辑,第441~442页。按:上奏时间系编者推定。

沙协原标去后。兹据署长沙协副将景元呈报："该游击于本年九月二十四日回标，并造具履历，请核办"前来，臣查杨让梨原系长沙协营云骑尉世职，嗣保游击留闽补用，兹准咨送回标。臣查该游击沈毅有为，究心军事，合无仰恳天恩，俯准将花翎副将衔留闽尽先补用游击杨让梨改留湖南尽先补用，以备器使，出自鸿慈。除将该员履历咨部外，谨合同湖广总督臣张之洞附片具陈，伏乞圣鉴训示。谨奏。

硃批："著照所请，兵部知道。"

汪迎顺请准援案赐恤摺*

（光绪二十二年十月初二日）

头品顶戴湖南巡抚臣陈宝箴跪奏，为总兵立功后积劳病故，恳恩赐恤，以彰忠荩，恭摺仰乞圣鉴事：

窃臣据提督衔绥靖镇总兵陈海鹏、在籍翰林院编修汪槩等联名呈称："已故提督衔遇缺尽先题奏总兵克勇巴图鲁前永顺协副将汪迎顺，系安徽休宁县人。咸丰十年，由武童投效统领霆军鲍超营中，随同援剿徽州，攻克黟县，迭复羊栈岭。十一年，踏毁羊塘贼垒十余座，救援皖省，克复赤冈岭，踏毁集关贼垒，被贼枪伤右腿。随调援江西，在丰城西北大获全胜，追贼至抚州，立解城围，剿平弋阳双港湖贼巢，攻克铅山县城，江西一律肃清。九月，调援江南，克复青阳县城。同治元年，攻破南城，收复青阳。贼复围攻青阳，该故总兵纵横荡击，贼分两路来攻，我军亦分兵拒敌，贼众大溃，跟踪追击，遂克太平、泾县两城。旋率兵至宁国府，该故总兵首先登城，砍倒大旗，连杀贼目，拔出男妇万余名，宁郡肃清，进剿黄墓渡、小淮

---

* 据《光绪朝硃批奏摺》，第45辑，第443～444页。

窑一带。二年，复解泾县城围，扫平麒麟山贼巢，进剿皖北，迭克巢县、含山、和州等贼巢。五月，调赴金陵解围，踏平新河庄贼垒，进攻东坝，我军日夜环攻，贼坚守不出，该故总兵率众暗挖地道，大破群贼，乘胜剿洗下坝、漆镇一带，悉皆荡平。三年，克复句容、金坛两城。是年五月，调援江西，攻剿抚州之浒湾。维时贼众，筑土城四十余座，我军轮流攻打，该故总兵被贼矛伤左手虎口，督师前进，舍死争先，群贼大败，收复金溪、新城等县。嗣值湖州败贼上窜宁都州，我军随后继进，立解城围，攻克吴口渡、李沅村等贼巢，收复瑞金等县。四年，迭复金溪、新城、南丰等县城。四月，肃清泸溪县，并解宁都州城围。十一月，进援广东，围攻嘉应州，贼率其党数万，分四路蜂拥出战，该故总兵奋勇迎敌，血战七昼夜，右手、左腿肚均受枪子重伤，犹忍痛冲阵，群贼奔溃，追杀二千余名，夺获军械、马匹无数，立复州城，馀党逃散。五年，调援河南省，剿办捻逆，进克潼关。十二月，回援湖北。六年，击退永滏河捻逆，积功递保尽先副将补缺后以总兵升用。七年，投效湖南抚标左营。十年四月，委带抚标巡防前营。十一年，署宜章营参将，十二月交卸，仍带巡防前营。十二年，剿办药姑山土匪馀党，殄灭无遗。是年六月，借补湖南岳州营参将。十三年，奉调回省，管带巡防左营。光绪三年，署理长沙协副将。是年援剿黔省丹古乱苗，该故总兵督队争先，荡平四脚牛贼巢，全股肃清。三案并保，以总兵遇缺题奏，并加提督衔。四年，署湖南抚标参将。五年六月，奏免骑射。六年，升补永顺协副将，调署湖北督中协副将，随调署常德协副将。十三年，署永州镇总兵。十四年交卸，署衡州协副将。是年七月交卸，旋即署理镇筸镇总兵，于十五年四月十九日因旧伤举发，在任咯血身故。恳请援案照军营立功后病故例，奏请从优议恤"等情前来。

臣查已故提督衔遇缺尽先题奏总兵前永顺协副将汪迎顺，从戎二十余年，转战六七省，躬冒矢石，叠克名城，乃以积劳身故，殊堪悼惜。相应据情吁恳天恩，准将已故提督衔遇缺尽先题奏总兵前永顺协副将汪迎顺，照军营立功后积劳病故例从优议恤，以彰忠荩。除履历事实咨送兵部外，理合恭摺具陈，伏乞皇上圣鉴训示。谨奏。

硃批："兵部议奏。"

恭报查阅西路营伍完竣并回省日期摺*

（光绪二十二年十月初二日）

头品顶戴湖南巡抚臣陈宝箴跪奏，为恭报微臣查阅湖南省西路营伍完竣并回省日期，仰祈圣鉴事：

窃臣前经奏明于八月十三日带印出省，查阅西路营伍，拜摺后随即轻装就道。先至常德府，将提标中、前、右三营暨常德协营，并调附近之龙阳、澧州、九溪、永定各营官兵，逐一校阅；次至辰州府，阅看提标左、后两营及辰州城守营，并调阅绥靖、乾州、永绥、河溪、永顺、保靖、镇溪、古丈坪各镇协营官兵；次至沅州府，阅看沅州、靖州、绥宁、长安各协营官兵；次至凤凰厅，阅看镇筸镇标五营及辰沅道标练勇。阅毕即由凤凰厅折回，于九月二十六日抵省。以上所阅各营马、步、箭，大约常德所阅八营弁兵，中的均在七成以上；辰州所阅十二营及沅州四营，均在八成以上；镇标五营暨道标六屯，均在九成内外。各标营鸟枪、洋枪中靶亦皆能及八成，惟庆字营弁勇洋枪中靶将近十成，毅安营亦皆在八成以上。各营刀矛、杂技均尚轻捷，合演阵式亦皆整齐。镇筸镇标兵丁与辰沅道标练勇素称矫健，兼习登山、跳架等项，超距踊跃，犹有可观。查验各营军装、

* 据《光绪朝硃批奏摺》，第52辑，第845～846页。

马匹,尚属坚利、膘壮。其操防认真、才艺出色之将弁兵丁,均经酌给犒赏,用资鼓励;至庸劣备弁,自应分别示惩。查有常德协候补都司李万友、候补守备钟为美,操练疏懈,不守营规,均请革退随营。钟为美更有控案,应请即行斥革。澧州营移驻南洲右哨千总刘德榜,身体软弱,步箭全空,应请以把总降补。九溪营署中营左哨千总左哨二司把总杜文杰,临期告病,应撤去千总署任,以示薄惩。镇筸镇中营候补守备曾志荣,箭射全空,应请以千总降补。又调署九溪营游击抚标右营游击熊得寿,被控案件多端,比商提臣,就近委员访查,不为无因,已咨商督臣即予撤任,听候查办。以上员弁所遗各缺,均咨商督臣、提臣,分别拣员署补。其常、辰等处驻扎巡防之庆字、毅安等营勇丁,亦经就近调阅,训练尚皆得法。镇筸一带边防,布置素称周密,苗民仰沐列圣覆育鸿恩,久安耕凿,似不致有意外之虑。惟该处多与贵州边境犬牙相错,奸宄潜匿其中,往往此拿彼窜,其汛防要隘今昔情形不同,间有应须移改之处,俟与督臣妥商,另行办理。自上年以来,银价骤减,兵情殊形窘迫,欲使兵丁尽力,必先恤其艰难,臣已谆饬各营将备将营中陋习力予革除,以期士马饱腾,渐可训成劲旅。若驻防营勇自以练习洋枪、整齐步伐为第一要义,湘军向来成法本极精严,惟器械必因时变通,已饬加意讲求,并练习行阵、掘沟等法,兼采洋操之长。

臣现将署内公事次第清理,一面札调岳州营官兵来省,与长沙协暨臣标左、右两营合操校阅,除俟阅毕再行具奏外,所有阅看西路营伍分别劝惩并回省日期,理合恭摺具陈,伏乞皇上圣鉴。谨奏。

硃批:"知道了。"

檄饬辰沅道亲驻沅州会同查办匪徒片*

（光绪二十二年十月初二日）

再，近年辰沅各属地方，常有匪徒纠党百十为群，携带洋枪各械，伪充官军、团勇，出没靡常。初尚伏伺山僻小径，拦劫瞒税烟土客商，嗣乃肆行剽掠，数百里过客、居民多罹其害。所有层出盗案，每多戕伤人命，差役畏不敢捕，或且句结为患，小民控告无益，常不报官，地方官亦遂置之不问。近经责成州县饬令遇案上紧缉拿，迭有破获，而匪徒积玩已久，未经大创，仍不少戢。若不及今力图整顿，不特商民受害靡涯，且恐酿成燎原之势。臣密加访察，并核阅各属获案盗供，大抵沅州芷江县属之人十居七八，该县怀化驿榆树湾等处素多盗匪潜伏，并有土豪豢盗销赃，及句通蠹役为之护庇，计非设法密拿首要、穷治窝户，纵能随案破获一二，终难拔本塞原。现任辰沅道廷杰果毅精能，办事切实，七月间赈务就竣，乃密檄该道亲往沅州府，会同统带毅安防营总兵刘福兴，认真查办。该道轻骑赴沅，查得匪徒姓名二百有奇，与各县案盗供多相吻合。遂单开首要各匪，商派毅安前营管带关成茂，并饬署沅州府知府连培基、前署芷江县事朱士黻、新任知县温锡纯，分率弁勇、练丁，扼要屯伏，拿获匪徒二十余名，查有著名要匪及积惯窝户在内。臣巡阅至沅，业经该道率同府县讯明新近有案之稔恶积匪王肥子（即王斌）等九名，录供禀办，复核无异，批饬就地正法。又据获漏网匪犯尹包子一名，一并惩办，以昭炯戒。仍饬廷杰、刘福兴暂行同驻沅州，将在逃首要各匪悬赏购线，严拿务获，一面刊发《团族清查章程》，

---

* 据《光绪朝硃批奏摺》，第119辑，第340～341页。按：据该片所奉上谕（详附文），其上奏时间当在光绪廿二年十月，又据“臣巡阅至沅”云云，此片或系上摺之附片。

督饬各该县实力举行,务使匪徒无复涸迹之地,以期痛断根株、潜销隐患,仰副朝廷绥靖边隅至意。容俟应拿各匪就获查办事竣,再行详悉奏报。

所有檄饬辰沅道亲驻沅州,会同防营查办地方匪徒缘由,理合会同湖广总督臣张之洞附片具陈,伏乞圣鉴。谨奏。

硃批:"知道了。即著饬令该道等严缉馀匪,以靖地方。"

〖附〗光绪二十二年十一月十五日上谕*

湖南巡抚陈宝箴奏:"檄派辰沅永靖道廷杰会同防营查办匪徒。"得旨:"即著饬令该道等严缉馀匪,以靖地方。"

奏报光绪廿一年川粤盐厘收支数目摺**

(光绪二十二年十月初二日)

头品顶戴湖南巡抚臣陈宝箴跪奏,为开报光绪二十一年分湖南川、粤盐厘收支数目,仰祈圣鉴事:

窃照湖南省自咸丰六七年间先后奏准借销川、粤邻盐抽厘助饷,川盐则于岳、澧入境之处设卡抽收,粤盐则于郴、宜、衡、永等处分设卡局抽收。嗣因川、淮分界,岳、常等府属专销淮引,岳州遂无川盐入境,惟澧州仍准借销川引,照常抽厘。所有历年收获厘税数目,截至光绪元年止,均经附片陈奏,并将支用细数汇入百货厘金款内开报。二年四月准户部咨:"以湖南设局抽收川、粤盐税,应将收支数目另造细册报部查核,不得列入厘金项下,笼统奏报"等因,当经行局遵照。嗣后均系另款开单,按年具奏,至光绪二十年止在

* 据《清实录·德宗景皇帝实录》,见《清实录》,卷三九七,第192页。

** 据《光绪朝硃批奏摺》,第75辑,第848~849页。

案。兹据总理湖南厘金局务布政使何枢、盐法道李经羲等查明，自光绪二十一年正月起至十二月底止，各局卡经收川、粤盐厘税钱，并先后两次加抽及拨解支用各款截清数目，造具简明四柱清册，详请奏咨前来。臣复核无异，除清册咨送户部外，理合缮具清单，恭折具陈，伏乞皇上圣鉴，敕部查核施行。谨奏。

硃批："户部知道，单并发。"

奏报光绪廿一年秋冬两季及加抽厘金收支数目折*

（光绪二十二年十月初二日）

头品顶戴湖南巡抚臣陈宝箴跪奏，为开报光绪二十一年秋冬两季分抽收厘金及二十一年分加抽二成厘税解支各款，恭折仰祈圣鉴事：

窃照前准户部咨："各省抽收厘金未能按限报部，奏请饬照两淮盐厘格式，自同治十二年正月起，按半年开报一次。钦奉谕旨允准，咨行遵照办理。"业将同治十二年正月起至光绪二十一年六月底止收支厘金银钱各数，按次开单奏报；又光绪二十年十二月因倭氛不靖，需饷浩繁，钦奉谕旨饬加茶糖厘金，经前护抚臣王廉奏请将百货厘金一律加抽二成，以充军饷各在案。兹据总理湖南厘金局务布政使何枢、盐法道李经羲等，将厘金项下自光绪二十一年七月起至十二月底止，并光绪二十一年分加抽百货二成厘金，查明各局卡经收银钱及解拨支用各款银钱数目，分晰开具四柱清册，详请奏咨并声明"上年湘省长沙、衡州等府所属各州县天时亢旱，收成

---

* 据《光绪朝硃批奏折》，第 77 辑，第 863 ~ 864 页。

歉薄,民力拮据,百货滞销,商情因之困惫,是以抽收各项税厘较前稍为短绌"等情前来。臣复核无异,除清册咨送户部外,理合缮单恭摺具奏,伏乞皇上圣鉴。谨奏。

硃批:"户部知道,单并发。"

罗、俞二员系属姻亲请改发鄂片*

(光绪二十二年十月初二日)

再,臣恭阅邸钞,见近有分发湖南试用知县罗运崃、俞明鼎二员。查该二员俱系臣子妇之亲兄弟①,循例虽属毋庸回避,惟臣正当整饬吏治之际,察吏用人,贵秉大公,该员等系属州县亲民之官,苟有可用之才,自不能废置不用,然究为干涉姻亲,动贻口实嫌疑,形迹之间,终有未便。查例载:"应行回避出省人员,即由该督抚以总督兼辖省分相当之缺对调。"今该二员于微臣既涉姻娅,可否援照此例,仰恳天恩,准将分发湖南试用知县罗运崃、俞明鼎二员改发湖北试用,出自逾格鸿慈。谨附片冒昧上陈,伏乞圣鉴训示。谨奏。

硃批:"著照所请,吏部知道。钦此。"

周廷相续完津贴银两请扣除免议片**

(光绪二十二年十月初二日)

再,据代理湖南粮储道刘镇详称:"湖南长沙府属之茶陵州应

---

* 据中国第一历史档案馆藏档。按:此片另见《光绪朝硃批奏摺》,第12辑,第180页。

① 罗运崃系江西武宁人,其女弟即陈宝箴长子三立之妻,卒于光绪六年。光绪八年,陈三立续娶俞明诗,即俞明鼎(又名俞明观)之妹。

** 据中国第一历史档案馆藏档。按:此片另见《光绪朝硃批奏摺》,第88辑,第305页。

完光绪二十一年分道库津贴银两，前因奏销前未据全完，业经查明该州未完分数及应议职名开单，详经臣奏报在案。兹催据茶陵州知州周廷相将光绪二十一年分未完津贴银三百八十五两二分七厘，于光绪二十〈二〉年七月二十八日如数完解[①]。除将解到银两弹收存库，归入光绪二十三年漕项春拨册内造报外，查茶陵州未完光绪二十一年津贴银两既于参后续行全完，所有原参经征未完十分之茶陵州知州周廷相，应行照案奏请扣除免议"等情，具详前来。臣复核无异，除咨户部外，理合附片具陈，伏乞圣鉴，敕部免议施行。谨奏。

朱批："户部议奏。钦此。"

张祖良、周廷相续完钱粮分别奏请免议、减议片*

（光绪二十二年十月初二日）

再，臣于本年七月二十日先行开单奏报光绪二十一年经征钱粮未完一分以上各员案内，有署衡山县知县张祖良未完南米、驴脚各十分，本任茶陵州知州周廷相未完驴脚十分考成银两，均经请旨交部议处在案。兹据代理湖南粮储道刘镇详称："署衡山县知县张祖良已将前项未完南米、驴脚等银，均于光绪二十二年八月二十八日全数完解道库，入册造报；本任茶陵州知州周廷相于二十二年八月二十八日续完解驴脚银一百四十两，计算已完七分，例得核减为未完驴脚三分，仍由道严催扫数全完，另案详办"等情，详请奏咨分别免议、减议前来。臣复核无异，相应奏恳天恩，俯准饬部将署衡山县知县张祖良未完南米、驴脚处分扣除免议，本任茶陵州知州周

① "二"，据《光绪朝硃批奏摺》补入。

* 据《光绪朝硃批奏摺》，第70辑，第845页。按：上奏时间系编者推定。

廷相减照实欠驴脚三分议结。除咨户部外,理合附片具陈,伏乞圣鉴。谨奏。

硃批:“户部议奏。”

湘省出运各种矿砂及行销各省硝磺恳请一律免税厘摺*

(光绪二十二年十月二十八日)

〈头品顶戴湖南巡抚臣陈宝箴跪〉奏①,为湘省出运各种矿砂及行销各省硝、磺,恳请一律免〈收〉税厘,恭摺仰祈圣鉴事:

窃臣前将设立矿务局开办各矿缘由,奏奉谕旨饬办在案。随经先后饬属查报矿苗,次第委勘,逐渐开采。创办之初,一时未能畅旺,数月以来,除陆续收采硝、磺外,惟益阳之锑矿、常宁之铅砂,采获较多,宁乡煤矿亦已获煤数百吨,然皆本省需用无几,非装运出境,别无销路。查《通商口岸税则》及各省厘金局卡章程,无论何项矿砂,均须一律报收。今值试办未久,开采、转运已费巨资,若更于所经关卡抽收税厘,必致亏折资本,碍难售销,恐无以保利源而资周转②。据总理矿务局司道据情详请奏免税厘前来。

臣惟湘省办理矿务,风气初开,首在维持官商资本,徐图扩充。当兹试办伊始,拟暂量加体恤,免其抽税完厘,一俟成效渐著、行销

---

* 据《张之洞全集》,第五册,第3434页。按:据张之洞光绪二十三年五月十九日《札北藩司等会议南抚会奏〈湘省出运各种矿砂及硝磺恳请一律免收税厘摺〉》(详附一),陈宝箴此摺上奏日期为光绪二十二年十月二十八日,此题为原摺旧有。又按:此摺另见《光绪朝硃批奏摺》,上奏时间同,所奉硃批即据此书录入,详第77辑,第869~870页。

① 此处文字据《光绪朝硃批奏摺》补入。下同。

② 《光绪朝硃批奏摺》无“恐”字。

渐广，即行咨商户部酌定税则，由湘省坐地并作一次抽收，汇款解部，以归简易而免流弊。所有湖南目前及将来运出各种矿砂，无论已炼、未炼，并臣前次奏定“官办销行内地各省硝、磺，经过各关卡应完税厘”，拟合仰恳天恩，俯准一律免其抽收，由臣分别发给护照，持验放行。如蒙俞允，应候敕下户部并总理各国事务衙门，分别知照各省关，再由臣咨明各省督抚臣，转饬所属关卡一体遵照办理。

臣为维持矿务起见，是否有当，理合会同湖广总督臣张〈之洞〉恭摺具陈，伏乞圣鉴训示。谨奏。

硃批：“该衙门知道。”

〖附一〗张之洞：札北藩司等会议南抚会奏《湘省出运各种矿砂及硝磺恳请一律免收税厘摺》附单*

（光绪二十三年五月十九日）

为札行事：

案准湖南抚部院陈咨开：“光绪二十二年十月二十八日会同贵部堂具奏《湘省出运各种矿砂及行销各省硝磺，恳请一律免税厘》一摺，除俟奉到硃批恭录另咨外，咨送会、回稿”等因。兹于光绪二十三年二月初七日准湖南抚部院陈咨：“光绪二十三年正月初九日接回原摺，奉硃批：‘该衙门知道。钦此。’恭录咨请钦遵查照”等因到本部堂，准此。

查此案系由湖南抚部院会列本部堂后衔出奏，此次所办矿务

* 据《张之洞全集》，第五册，第 3433 ~ 3434 页。按：此题为原札旧有。札后之“附单”即上录陈宝箴所拟奏摺。

是否官本,抑系商本,未经分晰声明。惟湖南开采各矿,皆系新经创办所出,当此风气初开,各种矿砂运来下游行销,暂时免完税厘,以轻成本而开风气。其物若非向来所有,事尚可行;若向来运销历完厘税之铁料等物,似宜量加区别。至湘煤为湖北厘金大宗,抽收多年,若一旦免抽,似与厘收大有妨碍。硝本各省共产之物,磺亦湖北施南等处所产,若专免湘省硝、磺之厘,与本省官硝、官磺有无妨碍?以上各节,应如何分别办理?湖北现值京饷浩繁、洋款紧急、万分为难之际,若将向有厘税多行除免,以后应解各款应如何筹措支持?亟应札饬北布政司、江汉关道、善后局、牙厘局会同体察情形,悉心妥议,刻日详复,以凭核办。除分行外,合亟札饬,札到该司、关、局道,即便遵照上项指饬各节,迅速会议,详复核夺。勿稍违延。

〖附二〗张之洞:咨南抚院湘省矿局官煤并铁料、硝磺仍请分别完厘*

(光绪二十五年十二月初三日)

为咨商事:

案据湖北布政司、江汉关道、善后、牙厘各总局司道会详称:"窃照前奉宪台札开:'准前湖南抚部院陈咨送具奏《湘省出运各种矿砂及行销各省硝磺,恳请一律免收税厘》一摺,行令将煤斤、铁料、硝、磺四项体察情形,悉心会议,详复核办等因,奉此。经司局等议,请除矿砂等为新出之物,由湘省发给运照,验明放行外,其硝、磺、铁料均系向来所有,运来鄂省,应仍照完税厘。惟煤斤一

* 据《张之洞全集》,第五册,第3927~3929页。按:此题为原文旧有。

项，似应分别官开、商开：官办者，关系官本，自应免厘；商办者，完厘已久，未便一律概免，致损鄂省向有饷需。至官办与商办，自应区别，拟请将矿名、局名先行分别开示后，于运照上填明，庶便稽察而免影射。至焦炭一项，虽属煤类，然已炼成，专供铸铁之用，与广销民间者不同，亦可免完'等因，详奉前抚部院谭会咨。旋奉准前湖南抚部院陈咨复：'以湘省开办矿务免收税厘，业经奏准钦遵办理，摺内即以益阳锑矿、常宁铅矿、宁乡煤矿三项并列，声明以后各矿，无论已炼、未炼，概免税厘，迭经咨行有案，应请严饬经过厘局，不得稍有留难'等因，奉此。窃维湖南开采各种矿砂，皆系新经创办所出，期开风气而裕利源；若铁料、硝、磺，俱系向来运销之物，已与创办之各种矿砂不同；至湘煤，尤为货物大宗，商民贩运甚多，似不待官为提倡，已臻畅旺。伏读前湖南抚部院陈原奏摺内，虽带叙有'宁乡煤矿，亦已获数百吨'之语，而摺首、摺尾均云'湘省出运各种矿砂及行销各省硝、磺，一律免收税厘'等因，并未载有'应免煤厘'字样。如谓煤斤一项已包括在各种矿砂之中，不知既称矿砂，即系专指五金之砂而言，煤斤虽系矿产，并非砂质，似难勉强牵合。且硝、磺亦系矿产，俱已逐一指明，何致独漏煤斤一项？其为不在原奏声请免厘之列，已可想见。即就原奏而言，'宁乡煤矿，亦不过数百吨'，今查湘省官煤运销来鄂，不止百倍此数，是近日煤斤已属极旺。查免厘一事，原为出产有限，行销无多，恐致官本亏折起见，今湘省矿局官煤，既已如是之旺，即系奏定之案，亦应体察情形，变通办理，照常完厘。如谓出产仍止'数百吨'，何以运鄂之煤几有百倍之多？其中即难保无商煤混充官煤请照情事，鄂省但凭护照验明放行，殊无以杜商煤影射之弊，实于厘金大有关碍。况乎免厘原奏，并无'煤斤'字样在内。其余各矿，有官办，有商办，有商采官收，亦非尽属官本，更难一概免厘，此司局等所以不得不续请咨商也。虽前年宪台复电,曾已准其官煤免厘,而事隔两载有余,先后情形迥异。查江西萍乡之煤,从前湘省岳州局本不完厘,近年亦已每煤一百斤抽厘钱一十文,鄂省事同一律,应请仿照办理。至硝、磺、铁料,他省出产甚多,来往行销,无论官本、商本,概应照完税厘,即鄂省官办之硝、磺,运往他省售销,亦均完厘有案。今若独免湘省矿局之厘,不惟事出两歧,且恐各处纷纷援案以请,办理尤多棘手。因思湘省创办矿务局,固所以开浚利源,而有无成效尚系将来之事;鄂省各局抽收厘金,专供京协各饷、抵补盐厘洋款之需,关系綦重。每年湘煤厘收,为数甚巨,即铁料、硝、磺,亦系向应完厘之物,今若因湘省有矿局之设,即将煤、铁、硝、磺等项大宗厘金概免完纳,是湘利源未必因之遽开,而鄂省饷源必至立形奇绌,有损于鄂,无益于湘。再四筹维,应请咨商湖南抚宪,除矿砂、焦炭由湘省发给运照,验明放行外,所有硝、磺、铁料,均请照完税厘。其煤斤一项,分别官本、商本,商办之煤,悉数照完;官办之煤,酌减为完厘一半,以示区别。庶于湘、鄂两省均有裨益”等情,到本部堂。

据此,查该司局等所称“湘煤一项,为鄂省厘金大宗,今将矿局之煤概免完厘,是湘省利源未必遽开,鄂省饷源立致见绌”,自系实在情形。且请将商煤全完厘金、官煤完厘一半,亦于整顿鄂省厘务之中,尚寓维持湘局官本之意。至硝、磺、铁料,各省出产甚多,所请照旧完厘,亦为预杜他处借口起见。本部堂于湘、鄂两省,均有统辖之责,未便畸轻畸重,但期各有利益,从无歧视之心,相应据情咨商。为此合咨贵部院,请烦酌核办理,见复施行。

奏陈鼓铸制钱开卯日期及现办情形摺*

（光绪二十二年十月二十八日）

头品顶戴湖南巡抚臣陈宝箴跪奏，为遵旨鼓铸制钱，陈明开卯日期及现办情形，恭摺仰祈圣鉴事：

窃臣于光绪二十二年二月二十三日，备将“湖南制钱缺乏，拟请变通鼓铸，以维圜法，并派委在籍绅士江西补用道朱昌琳经理”等情详悉具奏，本年四月十八日接回原摺，奉硃批：“著照所请，户部知道。钦此。”钦遵转行布政司，并檄委朱昌琳遵即开办。时因湖南宝南钱局停办日久，屋宇、炉座及一切器具均须修葺制备，事同创始，又值夏月，向章停炉，未能开办，至八月初七日始行开卯鼓铸，先将旧存毛铜剔出提炼。开办之初，炉工多系生手，每日不过三卯，只能铸出钱一百七八十串，近自九月以后，始照旧章每日四卯，计钱二百四十余串，将来工匠渐臻谙熟，为数当可稍增。惟旧存铜斤不多，洋铜价值太昂，恐致耗折本赀，难以弥补，现饬矿务局派员分投开采铜矿，如能畅旺，当于原设十炉外酌量增添。现在所铸制钱，遵照奏案，每文库平八分八厘，局用一切加意撙节，出入相衡，尚可不亏成本。钱质一律坚实，肉好字画尚属分明，商民行使，与向用制钱无少区别，均颇称便。

除谨将钱样送呈军机处转进外，所有湖南省鼓铸制钱开卯日期并现办情形，理合会同湖广总督臣张之洞恭摺具陈，是否有当，伏乞皇上圣鉴训示。谨奏。

硃批：“户部知道。”

---

* 据《光绪朝硃批奏摺》，第92辑，第51～52页。

光绪廿二年九月粮价及雨水情形摺*

(光绪二十二年十月二十八日)

头品顶戴湖南巡抚臣陈宝箴跪奏,为恭报九月分粮价及地方雨水情形,仰祈圣鉴事:

窃照湖南省本年八月分市粮价值并雨水情形,业经臣恭摺奏报在案。兹据布政使何枢查明通省九月分各项粮价,开单汇报前来。臣逐加查核,长沙等十八府州厅属米、麦、豆各价值均与上月相同,省城及各属地方暄润得宜,三稻俱已登场,新谷源源入市。除被水州县外,其余各处岁收尚得中稔,地方一律敉平,堪以上慰宸廑。

理合恭摺具奏,并缮粮价清单敬呈御览,伏乞皇上圣鉴。谨奏。

硃批:"知道了。"

李济川等请暂留省委用片**

(光绪二十二年十月二十八日)

再,新选黔阳县知县李济川于光绪二十二年五月十九日到省,新选嘉禾县知县蔡宗梅于光绪二十二年六月初十日到省,均应饬赴新任。惟查黔阳县地近黔省,人情强悍,嘉禾县界连粤地,民瑶杂处,均非明习熟练之员未易治理。该二员俱系甫经到省,于地方情形未能详悉,应请暂行留省,委赴发审局帮审案件,以资习练。

---

* 据《光绪朝硃批奏摺》,第96辑,第68~69页。

** 据中国第一历史档案馆藏档。按:此片另见《光绪朝硃批奏摺》,第11辑,第880页。

据藩司何枢、臬司桂中行会详前来，除批饬遵照，俟察看渐臻熟悉再行各饬赴任，并将各文凭咨部查销外，谨会同湖广总督臣张之洞附片陈明，伏乞圣鉴。谨奏。

朱批："吏部知道。钦此。"

刘国斌请准援案赐恤并附祀片*

（光绪二十二年十月二十八日）

再，据二品衔福建即补道秦炳直、分省候补知府张祖同等联名禀称："已故留南提镇前统带湖南选锋水师四川督标中军副将蕴勇巴图鲁刘国斌，系湖南长沙县人。道光三十年，由湖南抚标右营兵丁奉调出师，随军剿克永州黄沙河等处。咸丰四年，前大学士曾国藩以礼部右侍郎奉命办理团练，委令管带水师右营炮船，随同克复湘潭县城，追贼出境，乘胜东征，破贼于南津港。五月，克复岳州府城，尽平沿江两岸贼垒，遂率所部随同大军转战湖北，克复京口，焚毁贼舟甚多。八月，先后克复武昌、汉阳、兴国、大冶等城。十月，进兵田家镇，贼横铁链锁江，护以炮台、炮船，逆阻舟师。我军会议，分战船为四队，次第进攻。刘国斌自请为第一队，径赴半壁山铁链前，贼出炮船往来救护，我军环攻，焚贼快蟹船二只，岸贼复燃巨炮轰击江心，刘国斌身受重伤，诸军势几不敌，逡巡欲退。刘国斌奋臂大呼，立誓以身报国，遂抢险直入，手攀铁链，曳船从链下出，各队乘势继进，举火铄链，并焚贼船四千余①，夺获五百余只②。十二月，进兵江西湖口县，贼酋以大木簰横亘江心，簰中设立望楼，

* 据《光绪朝硃批奏摺》，第45辑，第478～480页。

① "四千余"似有误。按：《任星元请准援例赐恤摺》述及此役则作"四十余"，详本集卷十八《奏议》。

② 《任星元请准援例赐恤摺》作："获船二百余艘。"

密排大炮、小枪,刘国斌侦知贼艔收藏火药之处,手燃巨炮,轰中药箱,奋力急攻,贼艔立烬。五年,奉派管带江西内湖水师前营,会攻广信。刘国斌故缓行期,众军皆以为怯,忽贼从后猝至,刘国斌出军迎击,悉毁附城各贼卡,随率师会集城下,遂克复广信府城。历功洊保花翎尽先选用游击。是年,派守瑞州之姑塘数月,贼不敢近。六年正月,贼纠大股,图窜瑞州,犯姑塘,刘国斌迎击,小挫,奉旨:'拔去花翎,以观后效。钦此。'随调扎市汊,以规瑞州。时前大学士曾国藩驻军南昌,贼由生米地方渡河,进围省城,刘国斌在市汊侦知贼情,星夜由间道驰赴,与贼相持十一昼夜。贼虽不敢渡河,而来者日众,刘国斌急诣前大学士曾国藩,密请令军士百余人各带更香,潜从别路渡河,绕至贼后林中,遍插香火为疑兵,同声呼噪,贼疑大兵猝至,群起逃窜,毁灭贼垒十余座,杀贼二百余名,馀贼溃走。是年十二月,补四川顺庆营游击。七年,攻克瑞州府城。九月,克复湖口县城,并攻破梅家洲伪城。经前湖北巡抚胡林翼保奏,奉旨:'赏还花翎,以副将用。钦此。'八年,奏免考弓马,驻防芜湖。九年,升补四川督标中军副将。十一年,咨调回南,创立选锋水师,驻防省河及岳、常、澧、衡等府州。时当兵燹之后,盗贼横行,刘国斌严密缉捕,盗贼潜踪。同治二年,经前湖南巡抚恽世临奏保,奉旨:'交军机处存记,遇有湖南提镇缺出录用。钦此。'三年,复奉旨:'赏给蕴勇巴图鲁名号。钦此。'八年,因积劳过甚,伤疾举发,禀请开缺交卸。光绪十三年九月十九日,在籍病故。

职等或同里共居,或相随转战各省,于刘国斌生前战功事实目击深知,念其忠勇性成,同深感涕。伏查湖北荆州协副将王裕春、福建陆路提督王明山在籍病故,均经前抚臣吴大澂奏请议恤,奉旨允准钦遵在案,刘国斌与王裕春等同带水师,功绩相等,不忍听其湮没,禀请援案照军营立功后积劳病故例奏请议恤,并请附祀曾国藩专祠”等情前来。

臣查刘国斌由行伍投营效力，管带炮船，转战湖南、湖北、江西等省，身经百战，叠克名城，乃以积劳伤发身故，殊堪悼惜。相应据情具奏，合无仰恳天恩，俯准敕部将已故留南提镇四川督标中军副将刘国斌，照军营立功后病故例议恤，并附祀曾国藩专祠，以彰忠荩而励戎行，出自逾格鸿施。除履历咨部外，理合附片具陈，伏乞圣鉴训示。谨奏。

硃批：“著照所请，该部知道。”

胡世贵虚糜浮冒请即行革职片*

（光绪二十二年十月二十八日）

再，湖南抚标亲军新右、副右两营弁勇，分防宝庆、益阳等府县，臣前访闻该营统带留南尽先补用游击胡世贵有虚悬勇额冒支口粮情事，当即将其撤换，饬令迅速来省听候查办。迨臣出省查阅营伍，胡世贵遣人至署投递禀帖，报明到省日期。及臣回署查传，胡世贵并未亲身来省。似此情虚逃匿，弊窦显然，当兹整饬营务、撙节饷糈之时，岂容此等劣员虚糜浮冒？相应奏明请旨，将留南尽先补用游击胡世贵即行革职，严拿审办，以肃军纪而儆效尤。除通饬各属并咨明湖北巡抚臣转饬胡世贵原籍江夏县一体查缉外，是否有当，理合会同湖广总督臣张之洞附片具陈，伏乞圣鉴。谨奏。

硃批：“著照所请，该部知道。”

---

* 据《光绪朝硃批奏摺》，第 45 辑，第 480 页。

奏陈更换防营统带各员片*

(光绪二十二年十月二十八日)

再,查各省防营如有更换统带、管带人员,前于光绪十五年十月间钦奉谕旨:"饬令随时奏明等因",历经遵办在案。兹查统带亲军新右、副右两营游击胡世贵操守难信,应行撤换,查有记名提督贺长发勇敢朴实,屡著战功,堪以接带。又,统带毅安长胜水师营总兵刘永清因患目疾给假调理,当委该营帮带补用副将卢迪秀暂行统带,现在刘永清假期已满,目疾尚未痊愈,应即另委接带,查该帮带卢迪秀部署有方,巡防得力,又尚能不避劳怨,堪以委令接统。又,管带亲军新左营记名提督胡定坤病故,所遗防务,查有补用游击熊兆祥操守清严,缉捕勤奋,前在署衡州协副将任内功效甚著,堪以接带。又,臣标亲军卫队向有帮带一员,本年因督带卫队中军参将景元辞差,委该营帮办游击刘俊堂管带,兹查卫队差遣事繁,应仍添委帮带,以资得力,查有记名提督赵有名久历戎行,才识练达,堪以帮带。除由臣分札饬遵各按防地认真操练巡缉外,理合附片陈明,伏乞圣鉴。谨奏。

硃批:"兵部知道。"

光绪廿二年营兵请借仓谷片**

(光绪二十二年十月二十八日)

再,前准户部咨:"凡遇青黄不接,营兵需借仓谷,务须专摺奏明"等因,历经遵照办理、按年汇奏在案。兹据布政使何枢详称:

---

* 据《光绪朝硃批奏摺》,第45辑,第481页。按:上奏时间系编者推定。

** 据《光绪朝硃批奏摺》,第60辑,第917～918页。

"光绪二十二年分,永定、临武、九溪三营,以时值青黄不接,兵丁买食维艰,请照章借支仓谷接济。查永定、临武、九溪均系本折兼支营分,照章每名借谷一石。永定营弁兵二百九十二员名,共借谷二百九十二石,在于永定县仓内支给。临武营弁兵三百七十四员名,共借谷三百七十四石,在于桂阳州及临武、蓝山、嘉禾四州县常平仓内分支借给。九溪营弁兵三百七十一员名,共借谷三百七十一石,在于慈利县仓内支给;又该营分防桑植汛弁兵六十七员名,向系全支折色,照章每名借谷二石,共借谷一百三十四石,在于桑植县仓内支给。"汇案详请具奏前来。臣复加查核,俱与历办成案相符。除饬令于秋后照例扣饷,买补还仓造报外,所有营兵请借仓谷缘由,理合会同湖广总督臣张之洞附片陈明,伏乞圣鉴。谨奏。

硃批:"知道了。"

林寿奎亏欠厘税为数甚巨请即行革职片*

（光绪二十二年十月二十八日）

再,查前办湖南雷湾、邵武两局厘务委员候补知县林寿奎,亏欠该两局厘税共银四千余两,经厘金总局撤调来省,按数查追。兹据办理厘金总局司道等详称,林寿奎亏短厘税为数甚巨,先经交保严追,现在仍未缴解,当此整顿厘务之时,若不从严究办,无以挽锢习而儆效尤。除饬保人克日将林寿奎交出,发长沙府看管外,详请奏参前来。相应请旨将亏短雷湾、邵武两局厘税之委员湖南候补知县林寿奎即行革职,勒限三个月严追完缴,倘逾限不完,再行严参审办,以重公款。除咨部外,理合会同湖广总督臣张之洞附片具陈,伏乞圣鉴训示。谨奏。

---

* 据《光绪朝硃批奏摺》,第77辑,第870页。

硃批:“著照所请,该部知道。”

奉派认还英德借款光绪廿二年十月汇解四成银两片*

(光绪二十二年十月二十八日)

再,准户部咨:“奏《每年应还俄法、英德两款本息,数巨期促,拟由部库及各省关分别认还》各摺、片,于光绪二十二年五月初八日奏,本日均奉旨:‘依议。钦此。’”刷印原奏清单,咨行来南。查“英德一款,应还本息每年约银六百九十万两内,由各省地丁、盐课、盐厘、货厘、杂税等款项下指拨,计湖南银十四万两,其期甚迫,应令各省关照指拨摊派之数,先分一半,务于六月间解交江海关道。其余一半银两再匀分两次,八月间解到一半,十月间一律解清。嗣后每年匀分四次,于二、五、八、冬四个月解赴江海关道交纳,不得稍有延欠”等因,当经转饬遵照,赶紧设法竭力筹解。随据将奉派指拨本年六月先分一半银七万两、八月限期银三万五千两,均经在于茶糖百货加抽厘金项下动支,依限分交协同庆、蔚泰厚、乾盛亨各商号承领,解赴江海关道查收,先后分别奏咨各在案。兹据善后、厘金各总局并藩司及粮、盐二道等会详称:“十月限期已届,不得不于万难设法之中竭力筹解,以免贻误。现拟请在于洋药厘税项下动支库平银三万五千两又汇费银五百二十五两,于光绪二十二年十月十四日发交乾盛亨、协同庆两商号各承领银一万二千两,蔚泰厚商号承领银一万一千两,均限于光绪二十二年十月三十日汇解江海关交纳,守候库收批照回销,以期迅速而济要需”等

---

* 据《光绪朝硃批奏摺》,第82辑,第530~531页。

情，详请奏咨前来。臣复核无异，除咨户部外，所有湖南省奉派认还英德一款，本年十月限期应解银两汇解江海关道查收缘由，理合会同湖广督臣张之洞附片具陈，伏乞圣鉴。谨奏。

硃批："户部知道。"

余良栋亏短钱粮勒限追解片*

（光绪二十二年十月二十八日）

再，已革桃源县知县余良栋任内交代，前经由司核明，实亏短钱粮银八千三百九十九两七钱一分一厘，屡经饬催，仅据解缴银五千两，尚欠解银三千三百九十九两七钱一分一厘，库杂项下亏短银五十六两一钱二分六厘。迭札严催，迄今仍未解缴，实属任意玩延。现值整顿交代之际，未便稍事姑容。据布政使何枢、按察使桂中行会详请奏前来，相应请旨，先行勒限两个月，严追该革员余良栋迅将亏短钱粮、库杂银两如数完解，再请销案，倘逾限不完或完不足数，再行照例严参，以示惩儆。理合会同湖广总督臣张之洞附片具陈，伏乞圣鉴训示。谨奏。

硃批："著照所请，该部知道。"

会奏湖南安设电线摺**

（光绪二十二年十月二十九日）

窃惟电线之设，将数千万里联为一气，若一省之内，则更无异户庭。于地方戢匪备荒、商务盈绌、民生利病诸事，信息灵通，得以

* 据《光绪朝硃批奏摺》，第 82 辑，第 531 页。

** 据《张之洞全集》，原题为《湖南安设电线摺》，见第二册，第 1198 ~ 1199 页。按：张之洞次年正月廿八日《安设蒲圻至江夏电线片》（详附一）有云："当经臣会同湖南抚臣陈宝箴具奏"，并可补证此摺系张、陈二人合奏。

早为筹备;至于吏治考核、军务指挥,可免壅蔽稽延之弊,洵为有益无损之要政。各省奉旨设立,通行已久。前因湖南、湖北两省中隔重湖,文报往来,遇有风阻,动淹旬日,设遇地方紧要事件,尤虞迟误,于光绪十六年经臣之洞奏明将荆州商局电线由沙市过江,接造至湖南澧州,经长沙省城直抵湘潭。维时地方风气未开,澧州愚民轻信地痞摇惑,以致群疑电线为洋人所设,遂有毁折电杆情事,且时值夏令,雨多水涨,电杆经过地方多被水淹,本难工作,当即饬令停工,暂缓安设,俟以后从容开导,一律晓悟,再为妥酌办理,奏明在案。兹查湘省上年长、衡等属旱灾,开办赈抚,专人由湖北汉口转电各省,请款协助,旬日内外皆即回电,协济款项仅能汇银至汉,而中间湘、汉专人往返半月,比及银到,已迟月余。现在湘省绅民咸知电线之便,为事势所必需。臣宝箴与臣之洞往返函商,意见相同,随饬善后总局司道集绅筹议,拟改由自湘通鄂之驿路安设,不占民地,尤为简便易行。兹定议由长沙省城起,历湘阴、临湘、岳州一带驿路安设,至湖北蒲圻县境,计程四百五十余里,饬由各县选择正绅,于本年秋冬间先将驿路勘明,修补完好,断不碍民田庐基,沿途士民均知为公私便利之事,无不乐从。此路工竣,再由长沙省城接设湘潭,省城绅民既经乐从,省外州县自无扞格。据总局暨在事诸绅禀报,当经臣宝箴咨请总理电报事宜候补四品京堂盛宣怀派委妥员,率领熟谙工匠,随带应用线碗,克日至湘,会同员绅从省城外迤逦前往安设,以达鄂境。其由蒲圻县接续安设至湖北武昌省城,再由臣之洞会同湖北抚臣谭继洵派员勘办,俟勘定后续行具奏。

硃批:“该衙门知道。钦此。”

〖附一〗张之洞:安设蒲圻至江夏电线片*

（光绪二十三年正月二十八日）

再,查电线为方今要政,最为有益于地方民生、商务之举,湖北沿江二千余里,久已兴办多年,于堤工、赈务、商业及察吏整军、缉匪捕盗诸事皆臻便利,确有裨益。惟湖南一省未能接通,不免尚有阻碍。近日湘省绅民咸知电线之便,经湖南司局与诸绅筹议妥协,请由长沙省城起,历湘阴、临湘、岳州一带驿路安设,至湖北蒲圻县境,当经臣会同湖南抚臣陈宝箴具奏,并声明蒲圻县接造至武昌省城,再由湖北派员勘办在案。兹据湖南安设电线委员候补同知直隶州曾庆溥等禀称:“长沙电线正月初四日开工,将至鄂境,应即由蒲圻、咸宁、江夏等县地方驿路接造,以通武汉正线,联为一气,俾竟全功。”南、北两省此起电线,均饬由电报商局承造,现已由太常寺卿盛宣怀派委员司起运杆料,沿途查勘安设,并经臣会札湖北藩臬两司、善后总局,转饬蒲圻等县出示晓谕绅民,并委员帮同弹压照料,以期周妥。

硃批:“该衙门知道。钦此。”

〖附二〗张之洞:札北藩司等迅饬蒲圻等县出示晓谕安设电线情形并委员帮同照料**

（光绪二十三年二月初五日）

为札饬事:

---

* 据《张之洞全集》,第二册,第 1232 ~ 1233 页。按:此题为《张之洞全集》旧有。

** 据《张之洞全集》,第五册,第 3348 ~ 3349 页。按:此题为《张之洞全集》旧有。

据委办电线工程湖南候补同知直隶州曾庆溥禀称:“窃卑职去腊回湘后,年内已将附郭十五里试办,缘其时乡民来省者,多俾其先行瞻视,以释疑议,旋即停止。嗣于新正初四日开办大工,自离城十五里涝刀河起,二十三日工抵湘阴界,闻蒲圻、咸宁等处尚未丈量,伏求札饬两县迅速赶办。卑职至临湘境止,应即回省销差,并求谕委贤员接办。”又据委办长沙、武昌电线工程补用游击沈廷栋、候选县丞吴焕荣会禀称:“窃游击等自去腊叩辞后,即雇用民船载运应用料物,随同湘省委员曾直牧庆溥,至十二月十三日抵湖南省城,禀见抚宪,谕以‘湘省风气未开,此次创设电线一切办法,均经与诸绅筹商妥洽,择日兴工,当无疑议’等因。遵于二十一日先将近城十五里试办,二十四日做至涝刀河,旋即停止。嗣于新正初四日兴工,时值雨雪连绵,停工数日。又雇用乡夫分段接换,兼沿路插标竖杆颇费周章,甚至道路曲窄,无地可以设杆,田中又不容插立,有一杆而改立数次者,有设线而复迁移者,节节停滞,日有纷扰。幸曾委员及团董等相与开导,卑工无不曲意就成,亦即相安无事。惟工程不能迅速,仅日做数里,兹于二十三日抵湘阴境,嗣后倘天气晴朗,工无阻滞,约二月中当可抵鄂境。自武昌至蒲圻杆木,前经盛京堂委派铁政局提调张令赞宸早为办就,鄂境需用料物亦寄存武昌电局,均候长沙兴工,即行分运。伏求宪台饬沿途地方官,俟此项杆木、线碗运到,分屯沿路各驿,妥为照理,免致损失。并求饬蒲、咸两县早先出示,庶使周知”各等情,到本部堂。

据此,查湖北接设电线,前准盛大臣文电,当经本部堂会同北抚部院札行北布按二司、善后总局,会同转饬蒲圻、咸宁、江夏三县,遵照出示晓谕,派委妥员帮同弹压照料。并据报委张丞价藩前赴蒲圻,梁倅承润前赴咸宁,吴令明前赴江夏在案。据禀前情,合再札催,札到该司,即便会同迅即严饬蒲圻、咸宁、江夏等县及三委员张丞等遵照，刻日出示晓谕，务使周知，俾释疑虑，并俟此项杆木、线碗运到，分别安屯，勿得损失。该印委等务须妥为晓谕弹压照料，如稍滋事端，以致工程阻滞，惟该印委等是问。切切。

〖附三〗光绪二十三年二月二十日上谕*

〈湖广总督张之洞〉又奏："湖南省城安设电线，将至鄂境，应由蒲圻、咸宁、江夏等县地方驿路接造，以通武昌，联为一气。"下所司知之。

〖附四〗《知新报》：湖南新政三则**

湖南制造局，由黄堇臾太守首名具禀抚帅，淅〔渐〕图兴举，其中有二事：一、兼设艺学学堂一所，教成备用；一、另集专本，蒸取煤油。又，禀中请酌拨库款襄助，仍作局中借用，偿还利息云云。抚帅未允，但准奏咨立案，许专利也。至小轮船，亦有人议造，然公司之屋未闻在何处。

火柴公司，度地于北城外之文昌阁侧，厂屋宏敞，闻既有办事条规，然未之见也。

电报总局，设于北门城隅之西园，电杆沿途皆守驿路，不强越民基，未事之始，县官遴委乡绅劝谕农民，婉商杆路之曲直，分段办理，人情相信。又，凡竖杆、运料之劳工，即用本段附近之民人，人日给制钱二百文，食宿皆听自择，仍不许藉端滋闹。此段工竟，则彼段乡绅又集，民夫以族，官和而吏役不威。是以从前之劫于讹言

* 据《清实录·德宗景皇帝实录》，见《清实录》，卷四〇一，第244页。

** 据《知新报》第十三册（光绪二十三年三月二十一日出版），此题为《知新报》旧有。

而民抗者,皆官之自偾事也。竖杆总办为庄观察,盖司其成而已。闻约暮春可以通电,唯尚未广及。若一切事皆能如此,无不成也。夫电报之有成,亦由于有学堂严课工程,而材能出耳。

直隶剥船工价银两发交号商汇解片*

(光绪二十二年十月)

再,臣接准户部咨:"直隶总督臣王文韶奏漕运剥船不敷,请将上年海啸击沈船只照案由直代造,所需剥船工价共银三万九千八百六十一两九分三厘,行令由直隶总督转饬在于司道各库无论何款先行筹垫,仍由江西、湖南、湖北各巡抚速饬各该粮道于道库征收各年漕项等款内,各筹拨银一万三千二百八十七两三分一厘,限于本年十月内,派员径解直隶兑收,以归垫款,并将起解银数、日期报部查核"等因,当经札行粮道筹解去后。兹据代理湖南粮储道刘镇会同布政使何枢详称:"遵查此项派解银两,部文指定于各年漕项等款内筹拨,限本年十月派员解归垫款,自应照数筹解。第为数无多,若专委员起解,殊费周折,惟有发交号商汇解兑收,较为便捷。除于道库收存节年运义项下,照数动支银一万三千二百八十七两三分一厘,起具文批,发交在南开设之百川通商号承领汇解,赴天津直隶督臣行署投收"等情,详请奏咨前来。臣复核无异,除咨户部及直隶督臣外,理合附片陈明,伏乞圣鉴。谨奏。

硃批:"户部知道。"

* 据《光绪朝硃批奏折》,第70辑,第856页。

余虎恩再恳奏请续假片*

（光绪二十二年十月）

再，据尽先简放提督广东高州镇总兵余虎恩咨呈："职镇以军务交卸，乞假回籍修墓，旋因祖墓未能修妥，呈恳奏请续假三月，奉旨允准在案。现因祖墓山向不合，一时实难就绪，窃思展假，又经限满，祖茔悬而未修，瞻望松楸，殊属难安寤寐，再恳奏请续假三月，俾得妥修祖墓。俟祖墓修竣，即恳请旨饬赴本任，以重职守而图报称。非敢稍耽安逸，任意迟留，实系祖墓山向不合，迟延未妥，仰恳天恩，再准赏假三月"等情前来。理合附片陈明，伏乞圣鉴训示。谨奏。

硃批："余虎恩著再赏假三个月。"

〖附〗俞廉三：代奏余虎恩修墓展假呈请开缺片**

（光绪二十四年十二月十三日）

再，臣据简放提督广东高州镇总兵余虎恩咨呈："职镇自军务交卸，乞假回籍修理祖父坟墓，嗣因山向不合，迟延未妥，呈恳前抚臣陈宝箴奏请再展假期，奉旨允准在案。正修理祖墓间，据地理家言，三代祖茔均欠安妥，椎胸自责，负疚实深。现将祖父母坟茔次第修妥，父坟于十月内迁葬，惟曾祖父母坟茔必俟来春方能就吉安葬。兹值假期已满，先茔尚未安妥，身膺重寄，未便久离，只得沥陈下情，请为代奏，吁恳天恩，俯准开去高州镇总兵实缺，另简贤能，以重职守，俾得妥修先墓，稍展孝思。一俟修墓事竣，即当泥首宫

---

* 据《光绪朝硃批奏摺》，第 45 辑，第 218 页。按：上奏时间系编者推定。

** 据《光绪朝硃批奏摺》，第 46 辑，第 485 ~ 486 页。

门,求赏差使,决不敢稍耽安逸,自外生成”等情前来。理合据情附片具奏,伏乞圣鉴训示。谨奏。

朱批:“另有旨。”

卷九　奏议九

校阅省标暨岳州各营完竣并请展期接阅南路营伍摺*

（光绪二十二年十一月二十日）

头品顶戴湖南巡抚臣陈宝箴跪奏，为校阅省标各营并调阅岳州营官兵完竣，现在时近年底，庶务殷繁，请展至来春再行接阅南路各营，恭摺仰祈圣鉴事：

窃臣前将"查阅西路营伍完竣，于九月二十六日回省，调阅岳州营暨省标各营官兵"等情奏明在案，拜摺后随即札调岳州营官兵来省。兹于十月二十四、五、六等日调齐，合同臣标左、右两营暨长沙协官兵，逐一认真校阅。合演阵式尚属严肃整齐；施放连环枪炮、声势联络、刀矛击刺、籐牌起伏，亦能便捷如法；马、步中箭均在八成以上；鸟枪、抬炮中靶将及九成。其奏免骑射各员改习洋枪，命中亦与抬炮、鸟枪相等。臣标卫队及亲军前营、亲军新后营，洋枪中靶皆在九成以上。查验军装、马匹，俱尚坚利、膘壮；兵勇粮数亦皆足额，并无老弱雇替情弊。各营将备勤奋供职，类多弓马优娴，除将材技出色官兵当场酌给奖赏外，其归标候补官弁及各项世

* 据《光绪朝硃批奏摺》，第52辑，第852～853页。

职间有技艺生疏者,勒限学习,归入年例操期复看。仍饬该将领等随时认真训练,务期有勇知方,可成劲旅,如有废弛不职情事,即当据实纠参。臣于校阅完竣后,本应随即起程接阅南路营伍,惟现在时近年底,署中应办事务繁多,一时难以分身,合无吁恳天恩,赏准展至明春再行出省接阅南路营伍。

所有阅看省标各营暨岳州营完竣,并请展至明春接阅南路各营缘由,理合恭摺具陈,伏乞皇上圣鉴训示。谨奏。

硃批:"著照所请。"

光绪廿二年上忙钱粮解司银数摺*

(光绪二十二年十一月二十日)

头品顶戴湖南巡抚臣陈宝箴跪奏,为湖南省光绪二十二年分征收上忙钱粮截清解司银数,循例具陈,仰祈圣鉴事:

窃照定例:"州县每年应征上、下忙钱粮,除例准留支及实欠在民外,所有征收银两尽数提解司库,上忙应四月完半者限五月底,下忙限十二月底截清,解司银数专摺奏报。"又咸丰二年接准部咨:"嗣后各省应征上、下忙钱粮,均以二月开征,限五月底完半,下忙八月接征,限十二月底全完。按照八分计算,责成藩司督催。以上忙匀为三分征收,如能完至三分者,免其议处,完至三分以上者,即予议叙;下忙匀为五分征收,如能完至五分者,免其议处,完至五分以上者,即予议叙。其余二分果能于奏销前全完者,即将该藩司从优议叙。务于上、下两忙截止一二月内,专摺具奏,造册送部。"又于咸丰九年经户部奏定:"各省上忙限十一月底,下忙限次年五月底,分晰成数造报"各等因。历经遵办在案。

---

* 据《光绪朝硃批奏摺》,第67辑,第700~701页。

兹据布政使何枢详称:"光绪二十二年分湖南省额征地丁、起运、存留、驿站等项钱粮,除永顺、保靖、龙山、桑植四县均系秋粮,向于秋后起征,俟下忙截数造报外,其余各厅州县卫应征上忙钱粮,据各属陆续征解造册送司。查湖南省本年上、下两忙共额征正银一百一十三万五千九百九十两三钱六分七厘,上忙已征完银三十三万九千二百三十九两三钱五分六厘,未完银七十九万六千七百五十一两一分一厘。又额征耗羡银一十一万三千五百一十四两二钱七分六厘,上忙已征完银二万三千五百五十七两七钱八分三厘,未完银八万九千九百五十六两四钱九分三厘。共计上忙已完三分考成正、耗银三十六万二千七百九十七两一钱三分九厘,其余未完银两,现催令赶紧征解"等情,造册具详请奏前来。臣复加查核,湖南地方宜麦之区较少,民间素种秋收,完纳钱粮须至下忙始能踊跃,本年未完前项银两,确查均系实欠在民,并无以完作欠情弊。除督饬藩司严催各属将未完银两上紧征收,务于下忙扫数全完,不得稍有亏挪,并将清册送部外,所有光绪二十二年分上忙钱粮截清解司银数,循例恭摺具奏,伏乞皇上圣鉴。谨奏。

硃批:"户部知道。"

光绪廿二年中晚二稻收成分数摺*

(光绪二十二年十一月二十日)

头品顶戴湖南巡抚臣陈宝箴跪奏,为恭报中、晚二稻收成分数,仰祈圣鉴事:

窃照湖南各属本年早稻收成分数,业经臣恭摺奏报在案,兹值中、晚二稻刈获登场,据布政使何枢查明收成分数,造册具详前来。

---

* 据《光绪朝硃批奏摺》,第 93 辑,第 149 ~ 150 页。

臣逐加查核,除湘阴、益阳、武陵、龙阳、沅江、巴陵、临湘、华容、澧州、安乡、南洲等厅州县内有被水田亩,均俟查明另行具奏外,其未经被水田亩及各属收成九分者一县,八分有余者五县,八分者二州县,七分有余者三十九厅州县,七分者八县,六分有余者十二厅州县,六分者三县,五分有余者六州县,合计通省七十六厅州县牵算,收成实七分有余。伏查本年二麦、早稻均获有收,中、晚二稻亦称中稔,民食尚可藉资挹注,堪以上慰宸廑。理合恭摺具奏,并缮清单敬呈御览,伏乞皇上圣鉴。谨奏。

硃批:"知道了。"

光绪廿二年十月粮价及雨水情形摺*

(光绪二十二年十一月二十日)

头品顶戴湖南巡抚臣陈宝箴跪奏,为恭报十月分粮价及地方雨水情形,仰祈圣鉴事:

窃照湖南省本年九月分市粮价值并雨水情形,业经臣恭摺奏报在案。兹据布政使何枢查明通省十月分各项粮价,开单汇报前来。臣逐加查核,长沙等十八府州厅属米、麦、豆各价值均与上月相同,省城及各属地方入冬以来暄润得宜,地方敉平,民情静谧,堪以上慰宸廑。理合恭摺具奏,并缮粮价清单敬呈御览,伏乞皇上圣鉴。谨奏。

硃批:"知道了。"

---

* 据《光绪朝硃批奏摺》,第96辑,第79页。

请以应运生更补安仁令摺*

（光绪二十二年十一月二十二日）

头品顶戴湖南巡抚臣陈宝箴跪奏，为更补知县员缺，恭摺仰祈圣鉴事：

窃照湖南安仁县知县江渤调补宜章县知县，遗缺扣留外补，于光绪二十一年五月十七日奉旨，坐五月二十一日行文，照湖南省程限七十日减半计算，扣至闰五月二十七日接到作为开缺日期，归闰五月分截缺。是月分并无同项之缺，毋庸掣签，咨部在案。前以大挑知县陈徕松请补，因奏参改教，应用其次到班之大挑知县应运生，又因更补在前之酃县知县缺，所有安仁县〈知县〉缺以分缺间周尚镛奏请更补①，亦在案。兹于光绪二十二年九月二十六日奉准吏部咨："'酃县知县限满，尚未更补到部，按照定例，将限满未据更补之湖南酃县知县员缺归于八月分铨选，今〔令〕该省虚积过班，以符定例而免稽延'等因，光绪二十二年八月二十一日具奏，奉旨：'依议。钦此'"等因，奉此。查酃县既归部选虚积过班，自应遵照，将续出之安仁县缺按班应行更补。

查定例："知县升调所遗之选缺，用各项候补前先进士即用前先一人，各项候补进士即用相间轮补一人，委用前先一人，委用一人，本班前先大挑一人，本班大挑一人；各项候补前先进士即用前先一人，各项候补进士即用相间轮补一人，委用前先一人，委用一

---

* 据中国第一历史档案馆藏档。按：此摺另见《光绪朝硃批奏摺》，第12辑，第37～39页。又按：自此以下四摺（片），上奏时间均为"光绪二十二年十一月二十二日"，奉到硃批日期同为"十二月二十六日"，军机处录副档件上原有当日归档序号，收入本集时，则据各摺内容重新编排顺序。

① "知县"，据《光绪朝硃批奏摺》校补。下同。

人,本班前先议叙一人,本班议叙一人;各项候补前先进士即用前先一人,各项候补进士即用相间轮补一人,委用前先一人,委用一人,本班前先捐纳一人,本班捐纳一人。其捐纳补用两班之后,接用捐输一人,本班前先截取进士一人,本班截取进士一人,本班前先拔贡一人,本班拔贡一人,本班前先孝廉方正一人,本班孝廉方正一人。拔贡及孝廉方正用过两班之后,用本班前先教习一人,本班教习一人,本班前先优贡一人,本班优贡一人,本班前先教职一人,本班教职一人,本班前先截取举人一人,本班截取举人一人,本班前先荫生一人,本班荫生一人,本班前先八旗截取举人一人,本班八旗截取举人一人。"又郑工章程内开:"道府以至未入流,无论何项到班,先用郑工遇缺先二人、海防新班先一人,无人,用郑工遇缺先人员抵补至第四缺,海防即、海防先分班轮用一人,第一轮用海防即,第二轮用海防先,海〈防〉先无人,仍用海防即,海防即无人,用旧例银捐遇缺先人员,如无人,用旧例银捐遇缺之人,再无人,过班即接用各项班次轮用一人,以五缺为一周。"又"大挑举人到省后,试用一年,期满即行甄别,以该员期满之日作为甄别日期。以后出有升调遗病故休,应归月选缺,均按科分先后为补缺之次序;科分相同者,则论名次之高下;名次又复相同者,则按省纲之先后。又在后之员到省试用,而在前之员续经到省者,轮补之时,如俱试用期满,仍按科分名次补用"各等因。

湖南省升调遗知县一项,前出有龙阳县知县调补遗缺,俟〔系〕另起一轮补过郑工候补本班尽先补用知县上官廉,安乡县知县调补遗缺补过候补正班汪文焕各在案,酃县缺归选虚积过班。今安仁县知县调补遗缺,郑工遇缺先无人,新海防遇缺先尚未扣满六个月之限,例不准补,旧海防先、海防即、旧例银捐遇缺先、遇缺及本班前先用大挑举人均无人,轮用本班大挑举人。

查有科分名次在前之大挑知县应运生，年五十五岁，江西南昌县人，由增生应光绪元年乙亥恩科本省乡试，中式第十五名举人，十五年己丑科会试后大挑一等，引见，奉旨："以知县分省，归大挑班补用。钦此。"签掣湖南，领照起程，光绪十五年九月初七日到省。十六年丁忧，回籍守制，服满起复，领咨来湘，于光绪十八年九月十七日回省，业经期满甄别出考，详咨留省补用在案。据布政使何枢、按察使桂中行会详前来，臣查该员稳练精详，办事勤奋，以之更补安仁县知县调补遗缺，与例相符。仍候试署期满，如果称职，另请实授。系大挑知县请补知县，衔缺相当，毋庸送部引见，亦毋庸列叙参罚。此案拣补限期，应以光绪二十二年九月二十六日奉部驳酃县归选文到之日起限，扣至十二月初六日，拣补七十日限满，合并陈明。

谨会同湖广总督臣张之洞恭折具陈，伏乞皇上圣鉴，敕部核复施行。谨奏。

硃批："吏部议奏。钦此。"

请以周尚镛更补永兴令折*

（光绪二十二年十一月二十二日）

头品顶戴湖南巡抚臣陈宝箴跪奏，为更补知县员缺，恭折仰祈圣鉴事：

窃照湖南永兴县知县周至德调补巴陵县知县，遗缺扣留外补，光绪二十一年五月二十二日奉旨，坐五月二十七日行文，照湖南省程限七十日减半计算，连闰扣至六月初三〔二〕日接到作为开缺日

---

* 据中国第一历史档案馆藏档。按：此折另见《光绪朝硃批奏折》，第12辑，第39～42页。

期[满]①,归六月分截缺。是月分并无同项之缺,毋庸掣签。业经咨部,并以即用本班尽先补用知县李柏龄奏请更补在案。兹于光绪二十二年九月二十六日奉准吏部咨开:“因在前所出之酃县知县缺限满,尚未更补到部,按照定例,将限满未据更补之湖南酃县知县员缺归于八月分铨选,令该省虚积过班”等因,自应遵照,将续出之永兴县缺按班均应一并更补。

查定例:“知县升调所遗之选缺,用各项候补前先进士即用前先一人,各项候补进士即用相间轮补一人,委用前先一人,委用一人,本班前先大挑一人,本班大挑一人;各项候补前先进士即用前先一人,各项候补进士即用相间轮补一人,委用前先一人,委用一人,本班前先议叙一人,本班议叙一人;各项候补前先进士即用前先一人,各项候补进士即用相间轮补一人,委用前先一人,委用一人,本班前先捐纳一人,本班捐纳一人。其捐纳补用两班之后,接用捐输一人,本班前先截取进士一人,本班截取进士一人,本班前先拔贡一人,本班拔贡一人,本班前先孝廉方正一人,本班孝廉方正一人。拔贡及孝廉方正用过两班之后,〈用〉本班前先教习一人,本班教习一人,本班前先优贡一人,本班优贡一人,本班前先教职一人,本班教职一人,本班前先截取举人一人,本班截取举人一人,本班前先荫生一人,本班荫生一人,本班前先八旗截取举人一人,本班八旗截取举人一人。”又郑工章程内开:“道府以至未入流,无论何项到班,先用郑工遇缺先二人、海防新班先一人,无人,用郑工遇缺先人员抵补至第四缺,海防即、海防先分班轮用一人,第一轮用海防即,第二轮用海防先,海防〈先〉无人②,仍用海防即,海防即

① “二”,据《光绪朝硃批奏摺》校改。

② “先”,据《光绪朝硃批奏摺》补入。

无人，用旧例银捐遇缺先人员，如无人，用旧例银捐遇缺之人，再无人，过班即接用各项班次轮用一人，以五缺为一周。”又“轮用各项试用时，先将郑工分缺先、分缺间人员〈用〉一次[①]，再到班，再将海防分缺先、分缺间人员用一次，郑工无人用海防，海防无人用郑工，均无人，用旧例银捐分缺先前、分缺间前之人。”又郑工新例：“分缺先、分缺间遇轮补升调遗病故休之缺，到班时，于各本班中〈先〉用正途出身及曾任知县曾任实缺应升知县者二人，再用各本班中各项出身者一人，如正途出身及曾任知县曾任实缺应升知县者无人，即用各项出身之人。”又新海防章程内开：“报捐新海防遇缺先、分缺先、分缺间各项本班尽先人员，应仍照郑工事例跟接，分别按班铨补；又分缺间用人员到省，必须用过正班一人，方准按班序补”各等因。

湖南省升调遗知县一项，前出有龙阳县缺，系另起一轮〈补〉过郑工候补本班尽先上官廉[②]，安乡县缺补过候补正途汪文焕，安仁县缺现拟以大挑正班应运生更补各在案。今永兴县知县调补遗缺，郑工遇缺先无人，接用新海防遇缺先不合例，海防先、海防即、旧例银捐遇缺先、遇缺均无人，系补过大挑正班之后，应插用分缺间人员。郑工新例：“分缺间无人，应接用新海防分缺间正途出身人员。”是班内名次在前之周继昌，起复回省日期与出缺同月，应以其次人员请补。

查有正途出身新海防分缺间补用知县周尚镛，年三十九岁，四川庆符县人，由增生应光绪十四年戊子科本省乡试，中式举人。十

---

① “用”，据《光绪朝硃批奏摺》补入。
② “补”，据《光绪朝硃批奏摺》补入。

八年在京遵新〈海〉防例报捐知县①,指分湖南试用,是年二月二十八日蒙钦派王大臣验看,四月十二日由吏部带领引见,奉旨:“著照例发往。钦此。”领照起程,光绪十八年七月二十九日到省,嗣遵新海防例加捐分缺间补用免试用,于光绪二十年五月十八日奉准吏部行文知照在案。据布政使何枢、按察使桂中行会详前来,臣查该员质朴无华,办事笃谨,到省后系业经见缺用过正班一人,以之〈更补〉永兴县知县调补遗缺②,核与新章相符。系分缺间用知县请补知县,衔缺相当,毋庸送部引见,亦毋庸列叙参罚。此案拣补〈限期〉③,应以光绪二十二年九月二十六日奉部驳鄙县归选文到之日起限,扣至十二月初六日,拣补七十日限满,合并声明。

谨会同湖广总督臣张之洞恭摺具陈,伏乞皇上圣鉴,敕部核复施行。谨奏。

硃批:“吏部议奏。钦此。”

请以李柏龄更补兴宁令摺*

(光绪二十二年十一月二十二日)

头品顶戴湖南巡抚臣陈宝箴跪奏,为更补知县员缺,恭摺仰祈圣鉴事:

窃照湖南兴宁县知县高联璧调补湘乡县知县,遗缺扣留外补,于光绪二十一年八月二十七日奉旨,坐九月初三日行文,照湖南省程限七十日减半计算,扣至十月初八日接到作为开缺日期,归十月

---

① “海”,据《光绪朝硃批奏摺》补入。

② “更补”,据《光绪朝硃批奏摺》补入。

③ “限期”,据《光绪朝硃批奏摺》补入。

* 据中国第一历史档案馆藏档。按:此摺另见《光绪朝硃批奏摺》,第12辑,第42~44页。

分截缺。是月分并无同项之缺，毋庸掣签。业经咨部，并以即用知县冯镜泉奏请更补在案。兹于光绪二十二年九月二十六日奉吏部咨："因在前所出之酃县知县缺限满，尚未更补到部，按照定例，将限满未据更补之湖南酃县知县员缺归于八月分铨选，令该省虚积过班"等因，自应遵照，将续出之兴宁县缺按班亦应一并更补。

查定例："知县升调所遗之选缺，前〔用〕各项候补[班]前先进士即用前先一人[①]，各项候补进士即用相间轮补一人，委用前先一人，委用一人，本班前先大挑一人，本班大挑一人；各项候补前先进士即用前先一人，各项候补进士即用相间轮补一人，委用前先一人，委用一人，本班前先议叙一人，本班议叙一人；各项候补前先进士即用前先一人，各项候补进士即用相间轮补一人，委用前先一人，委用〈一人〉[②]，本班前〈先〉捐纳一人[③]，本班捐纳一人。其捐纳补用两班之后，接用捐输一人，本班前先截取进士一人，本班截取进士一人，本班前先拔贡一人，本班拔贡一人，本班前先孝廉方正一人，本班孝廉方正一人。拔贡及孝廉方正用过两班之后，〈用〉本班前先教习一人，本班教习一人，本班前先优贡一人，本班优贡一人，本班前先教职一人，本班教职一人，本班前先截取举人一人，本班截取举人一人，本班前先荫生一人，本班荫生一人，本班前先八旗截取举人一人，本班八旗截取举人一人。"又郑工章程内开："道府以至未入流，无论何项到班，先用郑工遇缺先二人、海防新班先一人，无人，用郑工遇缺先人员抵补至第四缺，海防即、海防先分班轮用一人，第一轮用海防即，第二轮用海防先，海防先无人，仍用海

---

① "用"，据《光绪朝硃批奏摺》校改。

② "一人"，据《光绪朝硃批奏摺》补入。

③ "先"，据《光绪朝硃批奏摺》补入。

防即,海防即无人,用旧例银捐遇缺先人员,如无人,用旧例银捐遇缺之人,再无人,过班即接用各项班次轮用一人,以五缺为一周。"又光绪十九年奉到新章:"道府以至未入流,报捐分缺先、分缺间、本班先花样,酌照遇缺先章程加扣限期,以一年为限。在省加捐者,接到过班部文一年以外之缺①,方准请补;领照到省者,到省〈后〉一年以外之缺,方准请补"各等因。

湖南省升调遗知县一项,前出有龙阳县缺,系另起一轮补过郑工候补本班尽先上官廉,安乡县缺补过候补正班汪文焕,安仁县缺现拟以大挑正班应运生更补,永兴县缺现拟以分缺间周尚镛更补各在案。今兴宁县知县调补遗缺,郑工遇缺先无人,接用新海防遇缺先不合例,海防先、海防即、旧例银捐遇缺先、遇缺均无人,轮用即用到班,应先用即用本班尽先人员。

查有即用本班尽先补用知县李柏龄,年四十三岁,江西萍乡县人,由增生中式光绪二年丙子科本省乡试举人,十五年己丑科大挑一等,引见,奉旨:"以知县用。钦此。"签分湖北,本科会试中式贡士,殿试三甲一百三名进士,朝考三等,奉旨:"以知县即用。钦此。"签分陕西,亲老告近,改分湖南,光绪十六年六月十九日到省,十二月在苏浙赈捐案内报捐同知衔,在京遵新海防例捐银请归即用班本班尽先补用,十七年五月初六日奉吏部核准行知在案。嗣经丁忧,回籍守制,在福建遵〈新〉海防例捐离陕西原省②,仍改指湖南补用。十九年四月服满,遵例在京呈请起复,领照来南,光绪二十年二月初十日到省。据布政使何枢、按察使桂中行会详前来,臣查该员守正才明,办事稳练,核计到省已满一年之限,以之更补

① "后",据《光绪朝硃批奏摺》补入。

② "新",据《光绪朝硃批奏摺》补入。

兴宁县知县调补遗缺，与例相符。系即用尽先补用知县请补知县，衔缺相当，毋庸送部引见，亦毋庸列叙参罚。此案拣补限期，应以光绪二十二年九月二十六日奉部驳酃县归选文到之日起限，扣至十二月初六日，拣补七十日限满，合并声明。

谨会同湖广总督臣张之洞恭折具陈，伏乞皇上圣鉴，敕部核复施行。谨奏。

硃批："吏部议奏。钦此。"

皮尔梅年满甄别片*

（光绪二十二年十一月二十二日）

再，查定例："道府州县保归候补班人员，予限一年，察看甄别"等因，历经遵办在案。兹查有补用直隶州知州皮尔梅，年四十九岁，系江西清江县人，于光绪二十一年十月初八日到省，扣至二十二年十月初八日，一年期满，例应甄别。据藩司何枢、臬司桂中行会详前来，臣详加察看，该员皮尔梅讲求吏治，谙练老成，堪以留省，照例补用。除将详细履历咨送吏部查照外，谨会同湖广总督臣张之洞附片具陈，伏乞圣鉴。谨奏。

硃批："吏部知道。钦此。"

整理防营渐图裁减折**

（光绪二十二年十一月二十二日）

头品顶戴湖南巡抚臣陈宝箴跪奏，为近日整理防营并拟随时

---

* 据中国第一历史档案馆藏档。按：此片另见《光绪朝硃批奏折》，第12辑，第45页。

** 据《光绪朝硃批奏折》，第34辑，第494～496页。

渐图裁减情形,恭摺仰祈圣鉴事:

窃上年准户部咨通行各省裁减勇营,其时正值海防遣撤湘勇回籍之时,方资镇摄,未能遽议。臣到任之初即办赈务,饥民、遣勇所在堪虞,浏阳、醴陵等处几酿变故,而临湘、澧州、武陵复有创设教堂之案,人情浮动,各州县请勇弹压,时苦不敷调遣,势难更议裁撤。兼以积年伏莽未除,游勇、盗匪乘机扰害,近因辰沅一带匪徒百十为群,肆出剽掠,经臣檄饬辰永沅靖道廷杰亲驻沅州,会同统带毅安营总兵刘福兴,督率弁勇分投拿办,业经奏报在案。臣与司道再三筹议,当此库储之窘、司道筹措之艰,自应以裁减勇营为急务,惟湖南情形与他处不无区别,势不能仅因目前之急而忘未形之忧,但当随时察度情势,权其轻重,应裁则裁,可撤即撤,断不使养可有可无之勇以縻有限之财,此固本省切要之图,不再计而决者。臣又维湖南勇营向称劲旅,自咸丰初年以来,征调频仍,仓卒间类以防营先出应敌,旋即博求将领,募补训练,后有征发,亦复如之,故其时凡有征召,克期而至,至即可以任战。初特自卫桑梓,后乃几遍天下,原其肆应不穷,实赖防营为之根本。迨军事既平,营务渐就废弛,习气日深,弊端百出,又以分布零散,常经年不一操练,犹是昔日湘军之名,而全无其实,以此而当强敌,岂能幸全?盖不待交绥,论者已〔已〕忧其不竞矣。

然湘人强直剽疾,果于赴义而乐趋行阵,究为可用。今外患内忧相寻未已,而胜兵之处,两淮而外,必推湘中,设有事变,征发仍所必及。本年山海关陈湜一军撤遣后,臣与北洋大臣王文韶函牍往还,曾拟请精择将领,就湖南本省教练数营,以为根柢,并设武备学堂,俾营弁更番学习,预储将佐之材,备临事扩充之用,稍符上年天津湘、淮并练本谋,因无饷可筹,遂亦不敢妄请。惟于本省现在防营力求整顿,痛除酬应馈送积习,严查嗜利缺额,劣员杨作霖、胡世贵等分别参革拿审，并饬各营于分防哨队徐图归并，第就所驻之处勤出巡哨，不轻分拨。而尤以将领得人为第一要义，数月以来，易寘将弁务严别择，所委如庆字营统带杜嵩龄、亲军新右副右营统带贺长发、挺字左营管带贺长宾、亲军新左营熊兆祥、毅安长胜水师营统带卢迪秀、选锋水师后营颜武林等，率皆屡经战阵，朴实耐劳，尚无委靡不振之习。而贺长发与其弟贺长宾，上年随前甘肃巩秦阶道李光久转战海城一带，最为出力。现将挺字右营五百人悉行裁撤，饬贺长宾挑补一百四十名，足成五百人一营，改归贺长发统带，合为千人，同扎益阳、宝庆一路，循老湘营旧制，参以洋操，冀成劲军。仍拟调回宝庆之亲军副右营回扎省防，以资调遣。其毅安营统带刘福兴、庆字营统带杜嵩龄，各统三营，分驻辰、沅、常、澧等处。该统带均夙著战功，营哨亦多经行阵，加以淬励，合之贺长发两营，共为八营，设有征发，计可共当一路。经此次整理后，时加申儆，开诚布公，激以忠愤，似皆志意奋发，军气颇为一新。拟于冬防后体察情形，通盘筹画，分别留汰，务于整饬之中力图撙节，断不敢稍有虚糜，以期仰副我皇上慎重军储与整军经武至意。

除将挺字营裁撤挑补日期咨部立案外，所有近日整理防营并拟随时渐图裁减缘由，谨会同湖广总督臣张之洞恭摺具陈，伏乞皇上圣鉴。谨奏。

朱批："该部知道。"

朱益濬续完津贴银两请扣除免议片*

（光绪二十二年十一月）

再，据代理湖南粮储道刘镇详称，湖南衡州府属之衡阳县应完

---

* 据《光绪朝硃批奏摺》，第70辑，第868页。

光绪二十一年分道库津贴银两,前因奏销前未据全完,业经查明该县未完分数及应议职名开单,详经臣奏报在案。兹据卸署衡阳县知县朱益濬,将光绪二十一年分未完津贴银一千一百九十二两二钱七分九厘,于二十二年十月二十八日如数完解。除将解到银两弹收存库,归入光绪二十三年漕项春拨册内造报外,查衡阳县未完光绪二十一年津贴银两既于参后续行全完,所有原参经征未完十分之署衡阳县知县朱益濬,应行照案奏请扣除免议等情,具详前来。臣复核无异,除咨户部外,理合附片具陈,伏乞圣鉴,敕部免议施行。谨奏。

朱批:"户部议奏。"

奏陈本年例木延解暨历年欠解缘由片*

(光绪二十二年十二月十三日)

再,光绪二十二年十二月初二日准工部咨:"奏催湖南等省欠解例木,务须设法如数采办,限于来年春融运解到厂,并请旨饬下湖南巡抚查明应办木植因何延不报解,迅即奏明等因,奉旨:'依议。钦此。'"咨行前来。臣查湖南省应解例木,臣先于本年三月内接准部咨,当经委员采办,业将光绪二十二年分应解例木如数办齐。惟因时值冬深,湖水消落,碍难前进,一俟来年春水长发,即便扎簰开行。至历年欠解木植,皆由湘省深山老林所产材木,久已砍伐罄尽,新栽树株短小,不中程式,现办木植均须前往贵州省黎平等府所属苗峒购买,道远价昂,较之往年增至数倍,库款奇绌,筹措维艰,是以各前任抚臣未能督催赶解。据布政使何枢具详前来,除饬俟春水涨发即将本年例木迅速起解,及再行设法筹款将节年欠

* 据《光绪朝硃批奏摺》,第104辑,第40~41页。

解木植陆续办运，暨咨工部外，理合附片陈明，伏乞圣鉴。谨奏。

朱批："工部知道。"

查明光绪廿二年各属水灾情形吁恳蠲缓、递缓钱漕摺*

（光绪二十二年十二月十九日）

头品顶戴湖南巡抚臣陈宝箴跪奏，为查明安乡等厅州县卫本年被水田亩、芦洲已未成灾轻重情形，吁恳天恩，分别蠲缓、递缓钱漕、芦课等项，以纾民力，恭摺仰祈圣鉴事：

窃照湖南省常德、澧州等属地滨洞庭，每年水势长发，围田、洲地多致溃缺漫淹。本年夏间，据安乡、澧州、湘阴、益阳、武陵、龙阳、沅江、巴陵、临湘、华容、南洲等厅州县并岳州卫先后禀报："入夏以来，湖河泛涨，致将低洼田亩、芦洲悉被淹没，滨湖堤垸间有冲溃"；并据溆浦县"因四月内北乡底庄等处被水冲溃田亩"；又据湘乡县"因五月间大雨连宵，九都等处被水冲毁田庐"；又据醴陵县"因六月间东、北两乡山水暴发，田庐被淹"各等情。禀经臣批司移会厘金、筹赈两局筹拨银两，发交湘乡、醴陵二县分别赈抚，并移行该管道府督饬查勘，设法疏消挑复，乘时补种，仍饬于秋后复勘是否成灾、应否蠲缓钱粮，据实禀办。业将被水情形于月报雨水摺内随时陈奏各在案。兹据该管道府州督饬各该厅州县逐一勘明，分别成灾分数、轻重情形，禀请蠲缓、递缓钱漕等项，由藩司何枢、代理粮储道刘镇会详请奏前来。

臣复加查核，除醴陵、湘乡、溆浦等县勘明不致成灾，均毋庸查

* 据《光绪朝硃批奏摺》，第 67 辑，第 762～766 页。

办蠲缓外,所有被水勘明已成灾者,系安乡县围城官垸一处、茶窖至窑澥等民垸五处、蒋家冈等湖田三处成灾十分,又屈家垱民垸一处、采家门楼等湖田十一处成灾九分;又武陵县阳城等十二村障内之下眉溪各等处成灾十分,又承恩等十八村障内之柘树咀各等处成灾八分;龙阳县北益、官清等障,大围堤寒号并惠列庄成灾九分,又大围堤黄、宇、宙三号及日、月、盈、洪、仓、列六号成灾八分,又大围堤地号内附人号并下及宿、张、为、霜四号成灾七分,又大围堤晨、昃、来、暑、往、秋、云、结八号成灾六分;沅江县大成等二十六垸成灾十分,又义和等六垸成灾七分,又该县免毁禁修之上、下嘉兴、周家坪三垸官田全被淹没无收;益阳县西林垸成灾九分;巴陵县穆湖村秋地芦洲及一都等六处成灾七分,又二都等四处成灾六分;华容县严萧、兔湖等官民四垸成灾七分,又洪市岭等三十一圻成灾六分;澧州裴黄等各民垸、堤埂、湖田二十八处成灾八分,又东来等民垸、湖田二十处成灾七分;南洲厅管辖华容划拨傅家等十五圻成灾七分。

又勘不成灾、被淹情形较重者,系武陵县进阳等五村障内之流溪湖各等处;龙阳县大围堤调、阳二号及小塘等总区;沅江县株木、实竹巴、东北城、蓼机等处垸内岭田、升地、低田;巴陵县三十二都等三处;临湘县塘湾等二十四团,及望城等十六团,又新生等四洲;华容县南乡夏家等团山脚、湖汊、湖田并芦洲地亩;澧州下夕阳等官垸、堤埂、湖田九处;安乡县大溶湖芦地一处;湘阴县聚贤等二十三围及北乡汤家河,十六都萧家汊、戴家河,十七都枫树汊近湖低田。

又勘不成灾、被淹情形较轻者,系武陵县进溪等十二村障,龙阳县大围堤地、吕、腾、露四号,沅江县郎保、之德、兴巴等六垸,华容县护城等官民四十九垸并东、南二乡山冈高阜各处,澧州阳由等官民垸区二十七处，均因水退节候已迟，只能补种杂粮，虽勘不成灾，究属收成歉薄。

又岳州卫屯田坐落湘阴、华容、巴陵、临湘、南洲等厅县境内，被水轻重情形均与民田一律相同。

以上各厅州县被水成灾分数及勘不成灾轻重情形，均由该管道府督同核实复勘，委系实情，并无捏冒讳饰情弊。所有本年应征钱漕、芦课等项及应行带征十四、十五、十六、十七、十八、十九、二十、二十一等年灾缓银米，若仍照常征收，民力实有未逮，相应奏恳天恩，俯准将成灾十分之安乡县围城官垸一处、茶窖至窑澥等民垸五处、蒋家冈等湖田三处，武陵县阳城等十二村障内之下眉溪各等处，沅江县大成等二十六垸，各应完光绪二十二年正耗钱粮，请照例蠲免十分之七。成灾九分之安乡县屈家垱民垸一处、采家门楼等湖田十一处，龙阳县北益、官清等障，大围堤寒号并惠列庄，益阳县西林垸，各应完光绪二十二年正耗钱粮，请照例蠲免十分之六。成灾八分之武陵县承恩等十八村障内之柘树咀各等处，龙阳县大围堤黄、宇、宙三号及日、月、盈、洪、仓、列六号，澧州裴黄等各民垸、堤埂、湖田二十八处，各应完光绪二十二年正耗钱粮，请照例蠲免十分之四。成灾七分之龙阳县大围堤地号内附人号并下及宿、张、为、霜四号，沅江县义和等六垸，巴陵县穆湖村秋地芦洲及一都等六处，华容县严萧、兔湖等官民四垸，澧州东来等民垸、湖田二十处，南洲厅管辖华容划拨傅家等十五圻，各应完光绪二十二年正耗钱粮，请照例蠲免十分之二。成灾六分之龙阳县大围堤晨、昃、来、暑、往、秋、云、结八号，巴陵县二都等四处，华容县洪市岭等三十一圻，各应完光绪二十二年正耗钱粮，请照例蠲免十分之一。又华容等厅州县有应征光绪二十二年南驴、漕折银米、芦课等项，并请缓至次年秋后带征。所有各厅州县蠲剩银两，成灾十分、九分、八分者,照例分作三年带征;七分、六分者,照例分作两年带征;本年应行带征各项,均请递年以次展缓。又沅江县免毁禁修之上、下嘉兴、周家坪三垸官田全被淹没,应完光绪二十二年田租银两,请查照历年成案全行蠲免。

又勘不成灾而收成歉薄情形较重之武陵县进阳等五村障内之流溪湖各等处,龙阳县大围堤调、阳二号及小塘等总区,沅江县株木、实竹巴、东北城、蓼机等处垸内岭田、升地、低田,巴陵县三十二都等三处,临湘县塘湾等二十四团及望城等十六团又新生等四洲,华容县南乡夏家等团山脚、湖汊、湖田并芦洲地亩,澧州下夕阳等官垸、堤埂、湖田九处,安乡县大溶湖芦地一处,湘阴县聚贤等二十三围及北乡汤家河,十六都萧家汉、戴家河,十七都枫树汉近湖低田,各应完光绪二十二年正耗钱粮、芦课等项,均请缓至光绪二十三年秋后分年次第带征,各该县应完光绪二十二年漕粮、南驴等项银米,均请一律缓征。又各州县有应行带征光绪十四、十五、十六、十七、十八、十九、二十、二十一等年灾缓钱粮各项及原借堤工银两,均请递缓至光绪二十三年秋后,各照原限,分年次第带征。其本年蠲剩缓征银米,请俟各年灾缓银米征完后,再行按限启征。

又勘不成灾、情形较轻之武陵县进溪等十二村障,龙阳县大围堤地、吕、腾、露四号,沅江县郎保、之德、兴巴等六垸,华容县护城等官民四十九垸并东、南二乡山冈高阜各处,澧州阳由等官民垸区二十七处,各应完光绪二十二年正耗钱粮、南漕、芦课等项银米照常征收外,所有光绪二十二年应行带征光绪十四、十五、十六、十七、十八、十九、二十、二十一等年灾缓钱粮并南漕、芦课等项银米,均请缓至光绪二十三年秋后,查照原缓年限,分年次第带征。

至岳州卫坐落巴陵、临湘、华容、湘阴等县屯田,应完光绪二十二年屯饷、军安正耗钱粮,及应征运费,并未完光绪十四、十五、十

六、十七、十八、十九、二十、二十一等年灾缓银两，均请查照屯坐各县地方分别蠲缓、递缓，以广皇仁而纾民力。

总计各厅州县卫光绪二十二年共蠲缓司库钱粮正耗银三万四百三十二两六钱八分七厘，缓征芦课正耗银一千零六十三两五钱八分，又缓征粮道库漕粮正耗银五千七百二十两九钱五分二厘九毫、漕米二千三百八十一石八斗二升九合四勺。除饬该管道府督属出示晓谕先行照例停征，并饬取被灾地名、田亩及应蠲、应缓细数，另行详咨外，所有勘明安乡等厅州县光绪二十二年被水已、未成灾轻重情形，请分别蠲缓、递缓钱漕等项缘由，理合会同湖广总督臣张之洞恭摺具奏，伏乞皇上圣鉴训示。再，定例："秋灾不出九月"，本年因往复查勘，力求核实，是以详办稍迟，合并声明。谨奏。

硃批："另有旨。"

光绪廿二年被水各属来春毋庸接济摺*

（光绪二十二年十二月十九日）

头品顶戴湖南巡抚臣陈宝箴跪奏，为遵旨查明本年被水各属农民来春毋庸接济，恭摺复陈，仰祈圣鉴事：

窃臣承准军机大臣字寄，光绪二十二年十月初三日奉上谕："本年湖南湘乡、醴陵、巴陵等县被水，民力未免拮据，著该督抚体察情形，来春应否接济之处，查明于封印前奏到，候旨施恩等因。钦此。"仰见朝廷轸念民依，时烦圣廑。当经钦遵转行查复去后。

兹据藩司何枢详称："本年入夏以来，湖河泛涨，所有滨湖之澧州、安乡、湘阴、益阳、武陵、龙阳、沅江、巴陵、临湘、华容等州县低洼田亩洲地，被水漫淹，又五六月间湘乡、醴陵二县先后被水，冲毁

---

* 据《光绪朝硃批奏摺》，第67辑，第766～767页。

田庐,移行该管道府督饬查勘,设法疏消挑复,乘时补种,并饬在于厘金、筹赈两局筹拨银两,发交湘乡、醴陵二县散放赈济。随于秋后据该管道府督饬各州县逐细履勘,除将被水田亩洲地应征新旧钱漕、芦课、田租等项银米由司汇核,另行详请分别蠲缓、递缓,奏请恩施,以纾民力外,饬据各州县查复,本年被水地方均系一隅中之一隅,滨临湖河处所,多以刈草捕鱼为生,均皆餬口有资,且未被水各属收成尚属丰稔,粮价平减。体察情形,来春似可毋庸接济。如值春间青黄不接之时,或遇粮价腾贵,自应酌借籽种及办理平粜赈抚,容俟届时由外酌核筹办"等情,详请具奏前来。臣复加查核,均属实在情形。除澧州等州县蠲缓钱漕核明另奏外,理合会同湖广督臣张之洞恭摺复陈,伏乞皇上圣鉴。谨奏。

硃批:"知道了。"

〖附〗光绪二十三年正月十八日上谕*

缓征湖南安乡、醴陵、武陵、沅江、龙阳、澧、华容、巴陵、临湘、湘阴十州县被水地方钱粮有差。

奏报光绪廿二年春夏两季厘金收支数目摺**

(光绪二十二年十二月十九日)

头品顶戴湖南巡抚臣陈宝箴跪奏,为开报光绪二十二年春夏两季分抽收厘金解支各款,恭摺仰祈圣鉴事:

窃照前准户部咨:"以各省抽收厘金未能按限报部,奏请饬照两淮盐厘格式,自同治十二年正月起,按半年开报一次。钦奉谕旨

* 据《清实录·德宗景皇帝实录》,见《清实录》,卷四〇〇,第228页。

** 据《光绪朝硃批奏摺》,第77辑,第892~893页。

允准,咨行遵照办理。"业将同治十二年正月起至光绪二十一年十二月底止收支厘金银钱各数,按次开单奏报在案。兹据总理湖南厘金局务布政使何枢、盐法道李经羲等,将厘金项下自光绪二十二年正月起至六月底止,查明各局卡经收银钱并解拨支用各款银钱数目,分晰开具四柱清册,详请奏咨,并声明"二十一年湘省旱灾,二十二年春夏正值青黄不接之时,民力异常拮据,商贾裹足,是以厘收少形减色"等情前来。臣复核无异,除清册咨送户部外,理合缮单恭折具奏,伏乞皇上圣鉴。谨奏。

硃批:"户部知道,单并发。"

光绪廿二年十一月粮价及雨雪情形折*

(光绪二十二年十二月十九日)

头品顶戴湖南巡抚臣陈宝箴跪奏,为恭报十一月分粮价及地方雨雪情形,仰祈圣鉴事:

窃照湖南省本年十月分市粮价值并雨水情形,业经臣恭折奏报在案。兹据布政使何枢查明通省十一月分各项粮价,开单汇报前来。臣逐加查核,长沙等十八府州厅属米、麦、豆各价值均与上月相同,省城及各属地方晴雨得宜。旋据各该州县禀报,于十一月十六、七等日普沾瑞雪,平地一二寸,高阜四五寸不等。祥霙应候,预兆丰登,四境欢胪,三农望慰,堪以上纾宸廑。理合恭折具奏,并缮粮价清单敬呈御览,伏乞皇上圣鉴。谨奏。

硃批:"知道了。"

* 据《光绪朝硃批奏折》,第96辑,第102页。

筹解光绪廿一年滇省铜本银两片*

(光绪二十二年十二月十九日)

再,据湖南善后报销总局司道详称:"光绪二十年四月内奉准户部咨:本部具奏《速拨滇省铜本》一摺,奉上谕:'湖南省于二十、二十一两年应解部旗兵加饷项下,每年划拨银五万两,迅速筹拨,不准稍有蒂欠等因。钦此。'遵查湘省解部旗兵加饷一款,系裁减水陆各军节省银两,按月提存,每年解部银十二万两,按四季批解,每季解银三万两,如春季提存之银即于夏季批解,夏、秋、冬各季亦系递推办理。业将奉拨光绪二十年分云南铜本湘平银五万两,已于二十年十月及二十一年十二月,两次如数汇解赴滇交收。其奉拨二十一年分银五万两,应请展缓,按年递推,详请奏咨在案。兹查湖南省本年奉拨应还洋款及协甘新饷并防军口粮,左支右绌,实属无款可筹,现经竭力续筹应解光绪二十一年奉拨滇省铜本湘平银一万两,于光绪二十二年十二月十五日发交天顺祥商号承领,定限于二十三年二月十五日汇赴云南省城交收。其尚有应解二十一年银四万两,仍请按年递推。似此通融办理,于奉拨铜本仍无亏短"等情,详请奏咨前来。臣复核无异,除分咨查照外,谨会同湖广总督臣张之洞附片具陈,伏乞圣鉴。谨奏。

硃批:"户部知道。"

筹解云南月协军饷片**

(光绪二十二年十二月十九日)

再,湖南奉文:"自光绪十二年正月起,月协滇饷银二万两。"至

---

* 据《光绪朝硃批奏摺》,第61辑,第19页。

** 据《光绪朝硃批奏摺》,第61辑,第20页。

二十年止，陆续共解过银一百二十四万六千五百余两。二十年三月内接准部咨："核复云贵总督王文韶等奏《请于湖南应解滇饷数内酌量改拨》一片，仍令湖南按照从前每年实解银十六万两之数，按年依限提前解清等因。"又于二十一年八月筹解银四万两，总共解过银一百二十八万六千五百余两，均经奏咨在案。兹据善后总局司道详称："滇省需饷甚急，迭次奉准咨催，不得不设法措解。再四会商，查有盐务缉私经费一款，前于光绪十年七月署抚臣庞际云奏准全数充饷解存司库，万不得已，仍拟于此款内提拨银一万两，又于江防经费内动支银一万两，共库平银二万两，发交驻湘委员湖南补用府经历周凤群承领，管解赴黔转解"，详请奏咨前来。臣复核无异，除分咨查照外，谨会同湖广总督臣张之洞附片具陈，伏乞圣鉴。谨奏。

硃批："户部知道。"

光绪廿二年筹解二批顺天备荒经费片*

（光绪二十二年十二月十九日）

再，准户部咨："《议复顺天府兼尹等奏请拨江浙河运漕米为顺天备荒之用，拟令将湖南采买米价、运费等银委解部库，以为备荒经费》一摺，光绪二十年六月二十日具奏，内阁奉上谕：'所有湖南每年应办京漕三万石，嗣后勿庸办运，即将米价、水脚等项共合银七万二千三百余两，按年解交部库，以备缓急。著自本年起如数报解，另款存储，专备顺天赈抚提用。馀依议。钦此。'"钦遵咨行到湘，当经札行司道，钦遵查照遵解去后。

兹据代理湖南粮储道刘镇、布政使何枢会详，湖南省光绪二十

* 据《光绪朝硃批奏摺》，第70辑，第872～873页。

二年新漕仍办折征,其应采买京米三万石,既经奉旨勿庸办运,所有米价、水脚等项银两,自应遵照分批解部,专备顺天赈抚提用。查应解前项银两,前奉顺天府兼尹电催,当经在于库存节年南秋银内借支银二万两,作为本年筹解头批备荒经费,交号商蔚泰厚承领汇解,业经臣奏报在案。兹复于光绪二十二年漕折银内动支银二万两,发交号商乾盛亨、协同庆各承领银一万两汇兑,由京城银号以足色库平解赴户部交纳,拨充顺天备荒经费之用等情,详请奏咨前来。臣复查无异,除给咨发交该号商乾盛亨、协同庆各承领汇解并咨部外,理合会同湖广总督臣张之洞附片具奏,伏乞圣鉴。谨奏。

硃批:"户部知道。"

汇解光绪廿三年甘肃新饷头批银两片*

(光绪二十二年十二月十九日)

再,据总理善后局司道详称:"光绪二十二年分部拨甘肃新饷银十六万两,业经分批扫数解清在案,今奉拨光绪二十三年甘肃新饷银十六万两,应于年内赶解三成。伏查湘省本年奉拨认还洋款以及筹解二十二年甘肃新饷,实已搜罗殆尽,加以司道各库时形支绌。惟念西陲大局攸关,需饷甚巨,不得不设法腾挪,以应急需。现在于藩库筹银二万八千两,淮盐湘厘项下筹银二万两,共库平银四万八千两,仍交天成亨、协同庆、蔚丰厚各商号,均于十二月初五日赴局,各承领银一万六千两,限于二十三年三月初五日汇至甘肃藩司衙门交收,守候库收批照回销,以期迅速而应急需"等情,详请奏咨前来。臣复核无异,除分咨户部暨陕甘督臣、新疆抚臣查照,

* 据《光绪朝硃批奏摺》,第88辑,第293~294页。

并饬将其余未解银两按限接续筹解外，谨会同湖广总督臣张之洞附片具陈，伏乞圣鉴。谨奏。

硃批："户部知道。"

循例密陈两司道府考语摺*

（光绪二十二年十二月二十日）

头品顶戴湖南巡抚臣陈宝箴跪奏，为藩臬道府现届年终，循例出具切实考语，恭摺密陈，仰祈圣鉴事：

查定例："各省藩臬两司及道府各员，每届年终，应由督抚出具切实考语，开单密奏一次。"历经遵办在案。窃维道府于州县为地较近，苟得其人，则稽查督率，牧令有所严惮，实政易以及民；而关系重要，尤以两司为最。两司得人，巡抚虽中材可以寡过；否则虽欲有为，而瞻徇因循，群情因之退沮，率以敷衍从事。湖南民俗强悍，伏莽滋多，整饬吏治，隐杜祸萌，要非一手足之力，故于两司之相助为理属望尤殷。一年以来，悉心体察，均不敢一字欺饰。除永州府知府范正声暂未到任，沅州府知府周斡甫经奉准部复，新选常德府知府汤似瑄甫经到省，均尚未到任，例不出考外，其余在任司道、知府各员，谨就臣体察所及，分别出具切实考语，另缮清单，密陈御览。臣仍当随时考察，如有初终易辙之员，即当据实纠参，断不敢稍存回护，以期仰副朝廷澄叙官方之至意。理合恭摺密陈，伏乞皇上圣鉴。谨奏。

硃批："知道了，单留中。"

---

* 据《光绪朝硃批奏摺》，第12辑，第128～129页。

请以唐步瀛升补凤凰厅同知摺*

(光绪二十二年十二月二十一日)

头品顶戴湖南巡抚臣陈宝箴跪奏,为苗疆要缺需员,拣员升补,以资治理,仰祈圣鉴事:

窃照湖南凤凰直隶厅同知翟秉枢保升,于光绪二十二年九月十三日奉旨,遗缺按奉旨后第五日行文之例,照湖南省程限七十日减半计算,扣至十月二十三日接到作为开缺日期,归十月分截缺,咨部在案。查凤凰厅直隶厅同知系苗疆繁、难最要缺,例应在外拣选题补。定例:"应题缺出,先尽候补人员题补;又苗疆同知缺出,先尽苗疆俸满人员题升,无人,始于内地人员内拣选升用;又州县以上应题、应调缺出,如系题缺请升、调缺请补或题缺请调、调缺请升,俱令于摺内详细声明,方准升补;又题升以上州县官员〔州县以上官员〕,俱令送部引见,其奉旨指明以何项官员升用人员,均令该督抚以本项之缺题补;又州县以上应升缺出,应令该督抚先尽各项著有劳绩应升人员拣选升用;又州县以上应升缺出,先将卓异引见回任候升人员先尽升用;又应行引见之升任官员,有曾经卓异引见未满三年者,停其调来引见,已满三年者,仍令赴部引见"各等因。今凤凰直隶厅同知缺,境环苗寨,近接黔疆,抚驭巡防,最关紧要,非老成干练之员弗克胜任。现在苗疆俸满应升以及循例应升并各项候补人员,均与是缺人地不甚相宜,未便迁就请补,自应照例于内地应升人员内拣选升用。

臣与藩司何枢、臬司桂中行于通省应升人员内详加遴选,查有升用同知直隶州浏阳县知县唐步瀛,年五十七岁,四川乐山县人,

* 据《光绪朝硃批奏摺》,第12辑,第133~135页。

由附生中式咸丰己未科举人，同治四年在京铜局遵例报捐主事，签发刑部行走，期满奏留，以本部主事补用。旋在安徽捐局改捐知县，指发湖南试用，八年正月到省。前在本籍办团出力保补缺，复以同知直隶州升用，奉旨："依议。钦此。"光绪二年二月在京铜局加捐分缺先前补用免试用，准补益阳县知县，五年三月到任。劝办晋赈出力，保补直隶州后以知府用，奉旨："依议。钦此。"九年大计，保荐卓异，调补衡阳县知县，十一年二月到任。嗣经丁忧回籍，服满起复，呈请仍归原省补用。光绪十四年四月初七日引见，奉旨："著照例发往。钦此。"又因卓异引见，奉旨："准其卓异加一级，仍注册候升。钦此。"五月二十六日到省，准补浏阳县，先署接事，十五年十二月二十五日奉文实任。十八年大计，保荐卓异，二十年九月十七日引见，奉旨："准其卓异加一级，仍注册回任候升。钦此。"十月十八日回任。该员才识开敏，有守有为，系保举以同知直隶州升用，又系卓异候升之员，以之升补凤凰直隶厅同知，洵堪胜任。惟题缺请升，与例稍有未符，第人地实在相需，例得专摺奏请。合无仰恳天恩，俯念苗疆要缺需员，准以升用同知直隶州浏阳县知县唐步瀛升补凤凰直隶厅同知，实于苗疆要缺有裨。如蒙俞允，该员系曾经卓异引见，核计未满三年，照例毋庸送部引见。再，该员由知县升补同知，系属初升人员，照例毋庸核计参罚。所遗浏阳县知县系冲、繁、难要缺，例应在外拣选调补，容俟奉准部复，照例截缺，拣员请补。此案系光绪二十二年十月分之缺，应于十一月初一日起限，扣至二十三年正月初十日，拣补七十日限满，司中于十二月十八日出详，合并陈明。

谨会同湖广总督臣张之洞恭摺具奏，伏乞皇上圣鉴，敕部议复施行。谨奏。

硃批："吏部议奏。"

请以毛隆章升补武冈州知州摺*

(光绪二十二年十二月二十一日)

头品顶戴湖南巡抚臣陈宝箴跪奏,为要缺知州需员,拣员升补,恭摺仰祈圣鉴事:

窃照湖南宝庆府属武冈州知州沈金润修墓遗缺,于光绪二十二年八月初四日奉旨,按第五日行文之例,照湖南省程限七十日减半计算,扣至九月十四日接到作为开缺日期,归九月分截缺,咨部在案。查定例:"州县应题缺出,先尽候补正途人员题补,无人,准以应升人员题升;又州县以上应题、应调缺出,如系题缺请升、调缺请补,俱令于摺内详细声明,方准升补;又题升州县以上官员,俱令送部引见,其奉旨指明以何项官员升用人员,均令该督抚以本项之缺题补,若一时并无本项缺出,遇有别项应升之缺,亦准该督抚保题升用;又州县应升缺出,该督抚将卓异引见回任候升人员先尽升用;又应行引见之升任官员,有曾经卓异引见未满三年者,停其调来引见,已满三年者,仍令赴部引见"各等因。今武冈州知州系繁、疲、难兼三要缺,民瑶杂处,讼狱繁多,非精明干练之员,不足以资治理。南省虽有曾任实缺候补知州人员,均与是缺人地不甚相宜,未便请补,自应照例于应升人员内拣选题升,应将卓异引见回任候升人员先尽升用。

臣督同布政使何枢、按察使桂中行逐加遴选,查有邵阳县知县毛隆章,年五十一岁,江西丰城县人,由监生遵例报捐知县,指分湖南试用,并加同知升衔,光绪元年十二月初十日蒙钦派王大臣验放,奉旨:"著照例发往。钦此。"是月二十七日闻讣,丁亲父忧,回

---

* 据《光绪朝硃批奏摺》,第12辑,第135~137页。

籍守制，光绪二年九月接丁生母忧，四年十二月服满，并案起复。六年五月到省，十三年遵例报捐分缺先补用免试用，十四年补授龙阳县知县，十五年六月到任。十八年大计，保荐卓异，二十年三月准调邵阳县知县，请咨赴部，九月十七日引见，奉旨："著准其卓异加一级，仍注册回任候升。钦此。"遵即领照起程，二十年十月二十五日回省，奉饬赴邵阳县调任，光绪二十一年正月初一日到任。该员勤事爱民，廉能素著，为牧令中不可多得之员，以之升补武冈州知州，洵堪胜任。惟系题缺请升，与例稍有未符，第人地实在相需，例得专摺奏请。合无仰恳天恩，俯念员缺紧要，准以邵阳县知县毛隆章升补武冈州知州，实于治理有裨。如蒙俞允，该员系曾经卓异引见未满三年，照例停其调来引见。再，查该员由知县升补武冈州知州，系属初升人员，任内参罚案件毋庸核计。所遗邵阳县知县系繁、难要缺，例应在外拣选题补，容俟奉准部复，另行截缺，拣员请补。此案系光绪二十二年九月分之缺，应于十月初一日起限，扣至十二月初十日，拣补七十日限满，合并陈明。

谨会同湖广总督臣张之洞恭摺具陈，伏乞皇上圣鉴，敕部议复施行。谨奏。

硃批："吏部议奏。"

特参疲玩不职各员拟请分别惩儆摺[*]

（光绪二十二年十二月二十一日）

头品顶戴湖南巡抚臣陈宝箴跪奏，为特参疲玩不职各员，拟请分别惩儆，谨专摺具陈，仰祈圣鉴事：

窃臣于上年到任后，曾将贪劣及溺职贻误各员先后奏参，钦奉

---

* 据《光绪朝硃批奏摺》，第12辑，第137～138页。

谕旨:“分别降革。”数月以来,虽群吏才品不齐,似尚不敢显为民害,惟敷衍因循久成风气,或性情素耽安逸,或才具本属昏庸,既已无意于民,又岂可使司民牧?且疲玩之习不惩,治具皆为虚设,优游粉饰,贻害无形,断难稍从宽假。查有永定县知县秦尔坦,心地糊涂,举动荒谬,并有纵庇差役情事;湘潭县丞代理黄茅巡检谢发荣,不知检束,物议沸腾;郴州良田巡检戴树滋,任性轻率,声名平常。以上三员,拟请旨即行一并革职。通道县知县单家荣,才质衰庸,难期振作,拟请勒令休致。沅江县知县郭鹏荣,才具庸懦,不洽舆情,惟系正途出身,文理尚优,拟请改以教职归部选用。善化县知县顾玉成,操守虽尚无他,而懈怠疏率,不胜繁要,不敢以调补在前稍涉回护,除先行撤任外,拟请将该员开缺另补,以示惩儆。此外如有溺职之员,容再确加考察,随时分别纠参,以期仰副圣主整饬吏治至意。

再,此次参劾各员,如蒙俞允,所遗各缺除善化应归拣补不计外,其永定、通道、沅江三缺俱系简缺,湖南省现有应补人员,应请扣留外补。

所有特参疲玩不职各员,拟请分别惩儆缘由,据藩、臬两司并该管道府揭详前来,谨会同督臣张之洞专折具陈,伏乞皇上圣鉴训示。谨奏。

硃批:“另有旨。”

〖附〗光绪二十三年正月十九日上谕*

谕内阁:“陈宝箴奏《特参不职各员》一摺。湖南永定县知县秦

* 据《清实录·德宗景皇帝实录》,见《清实录》,卷四〇〇,第229页。按:此谕另见《知新报》第三册(光绪二十三年二月初一日出版),文字略有讹误,篇末另有语云:“馀着照所议办理,该部知道。钦此。”

尔坦，心地糊涂，举动荒谬；湘潭县丞代理黄茅巡检谢发荣，不知检束，物议沸腾；郴州良田巡检戴树滋，任性轻率，声名平常。均著即行革职。通道县知县单家荣，才质衰庸，难期振作，著勒令休致。沅江县知县郭鹏荣，才具庸懦，不洽舆情，惟系正途出身，文理尚优，著以教职归部选用。善化县知县顾玉成，懈怠疏率，不胜繁要，著开缺另补，以示惩儆。”

但湘良饬回粮储道本任片*

（光绪二十二年十二月二十一日）

再，湖南粮储道但湘良，前因已革候补知县张铭京控一案，经兼护湖广总督臣谭继洵请旨，饬将该道暂行解任，调鄂备质在案，现准湖广总督臣张之洞亲提讯明，核拟具奏，所有本任湖南粮储道但湘良，应即饬回本任。该道现已回省，除檄饬遵照回任外，理合会同湖广总督臣张之洞附片具陈，伏乞圣鉴。谨奏。

硃批：“知道了。”

姜钟琇调署衡山县片**

（光绪二十二年十二月二十一日）

再，湖南衡山县知县缺，查有现署长沙县事零陵县知县姜钟琇，才具开展，治事敏慎，堪以调署。据藩司何枢、臬司桂中行会详前来，除批饬遵照外，谨会同湖广总督臣张之洞附片具陈，伏乞圣鉴。谨奏。

---

* 据《光绪朝硃批奏摺》，第 12 辑，第 139 页。按：此片及下一片，应同属上摺之附片。又按：谭继洵请旨饬将张铭京控一案涉案各员暂行解任来鄂听候查讯一片，见《光绪朝硃批奏摺》，第 11 辑，第 75 ~ 76 页。

** 据《光绪朝硃批奏摺》，第 12 辑，第 139 页。

朱批:“吏部知道。”

韩受卿亏短钱粮逾限玩延请旨勒追摺*

(光绪二十二年十二月二十一日)

头品顶戴湖南巡抚臣陈宝箴跪奏,为故员交代亏短钱漕正杂银两,参后逾限延不完解,请旨饬令原籍勒追,恭摺仰祈圣鉴事:

窃查已故前任湘阴县知县韩受卿系顺天通州人,前因交代亏短湘阴县任内应解司库钱粮银五千二百九十四两八钱八厘、杂款银一千一百二十四两九钱一分五厘,又粮库南漕除解外,尚欠光绪二十年正四二耗、漕折、漕费等银五千三百一十六两一分八毫,并节年办公银五百一十七两七钱三分六厘。屡催未据解缴,经前抚臣吴大澂具摺奏参革职,勒限两个月严追,旋据解缴粮库银七百两,计尚欠漕折、漕费等银四千六百一十六两一分八毫及原欠粮库、办公银并司库正杂银两仍未完解。屡饬长沙府及长沙、善化、湘阴等县查传该家属严追,随据该县等先后申称:“差查韩受卿家属并未在境居住,无从查追”等情,由布政使何枢、按察使桂中行、代理粮储道刘镇会详请奏前来。臣查钱粮正杂各项,国帑攸关,现值整饬交代,亟应从严追缴,以重库款,相应请旨饬下顺天府府尹转饬该原籍通州,查明该故员韩受卿家属如已回籍,即日赶紧勒追完解,倘再玩延,即行严密查封家产备抵。理合会同湖广总督臣张之洞恭摺具奏,伏乞皇上圣鉴训示。谨奏。

朱批:“另有旨。”

---

* 据《光绪朝硃批奏摺》,第82辑,第558~559页。

〖附〗光绪二十三年正月十九日上谕*

以舞弊勒索，革湖南厘局委员试用通判王庆章职，永不叙用。

以亏款延缴，革已故前任湖南湘阴县知县韩受卿职，提属勒追，籍产备抵。

安仁县续完津贴银两请开复知县江渤处分片**

（光绪二十二年十二月二十一日）

再，湖南衡州府属之安仁县应完光绪十九年分津贴银两，奏前未据全完，经前抚臣吴大澂开单具题，经部议复，嗣催据续完银六十七两八钱八分四厘；又经臣奏明减议，接准部复："将原议经征未完津贴银两四分以上之安仁县知县江渤降职四级、戴罪征收之案查销，仍照未完三分以上改议降职三级、戴罪征收等因，光绪二十二年十一月十一日奏，本日奉旨：'依议。钦此。'"钦遵转行遵照各在案。兹据代理粮储道刘镇详："据代理安仁县郑炳将未完光绪十九年分津贴银一百四十五两六钱八分二厘扫数解道，于光绪二十二年十一月二十八日弹收存库，俟造入二十三年漕项春拨册内报部。查安仁县知县江渤未完前项银两，既据全数续完，所有原议降职处分，自应照例开复"等情，详请奏咨前来。臣复查无异，除咨吏、户部外，理合附片具陈，伏乞圣鉴。谨奏。

硃批："著照所请，该部知道。"

---

* 据《清实录·德宗景皇帝实录》，见《清实录》，卷四〇〇，第229页。按：王庆章革职事不详，或者陈宝箴同时另有专摺（片）？俟续考；"韩受卿"一谕则另见《知新报》第三册（光绪二十三年二月初一日出版），文字远较《清实录》繁复，篇末云："该部知道。钦此。"

** 据《光绪朝硃批奏摺》，第82辑，第559～560页。按：此为上摺之附片。

周廷相续完南米二分请核减考成片*

(光绪二十二年十二月二十一日)

再,湖南省应征光绪二十一年南秋米折、驴脚银两奏销案内,未完一分以上各员名,业经臣开单汇案具奏在案。兹据代理粮储道刘镇详称:“原参经征未完南米三分五厘之茶陵州知州周廷相,现催据续完南米四百一十六石四斗五升,折银二百七十四两三钱五分七厘三毫,于光绪二十二年十一月十三日弹收入库,俟造入二十三年春拨册报。该员于开单奏报后,随催据续完南米,计算已完二分,例得核减,应请将原参未完南米三分五厘之茶陵州知州周廷相考成核减为未完南米一分五厘,其未完南米仍由道严催扫数全完,循例造入奏册详题”等情,详请奏咨前来。臣复核无异,相应奏恳天恩,俯准饬部将原参经征未完南米三分五厘之茶陵州知州周廷相考成核减为未完南米一分五厘。除咨部外,理合附片陈明,伏乞圣鉴。谨奏。

硃批:“该部知道。”

请以喻兆蕃会办湘省矿务总局片**

(光绪二十二年十二月二十二日)

再,湖南开办矿务,在省城设立矿务总局,曾经奏明委候补道吴锦章总办。嗣以吴锦章因病尚未销假,除先后劄委候补道刘镇、蔡乃煌充当总办,在籍福建候补道朱彝充当会办,分省补用知县邹代钧、候选训导黄笃恭充当提调外,兹查有江西在籍工部候补主事

* 据《光绪朝硃批奏摺》,第67辑,第780~781页。

** 据《光绪朝硃批奏摺》,第101辑,第1100页。

喻兆蕃，志意坚卓，为守兼优，当此矿务推行渐广，事务日繁，合无仰恳天恩，俯准该主事暂留湖南矿务总局会同办理，以资得力，出自鸿施逾格。除咨部查照外，理合附片具陈，伏乞圣鉴。谨奏。

硃批："著照所请，该部知道。"

汇解光绪廿二年内务府经费片*

（光绪二十二年十二月）

再，前于光绪十九年十一月内准户部咨："奏拨内务府经费，每年筹银一万两，解交内务府应用"，并准内务府咨："各省嗣后应交广储司银库银两，每千两应随平馀银二十五两，又抬费、布袋、劈鞘用项等银八两，行令查照筹解"各等因，当即转行遵照，将光绪二十及二十一年分应解银两，均经按年照数汇解内务府投收，随时分别奏咨在案。兹据布政使何枢会同代理粮储道刘镇暨善后、厘金各局详称："所有光绪二十二年分应解银一万两，应随平馀银二百五十两、台〔抬〕费等银八十两，共银一万零三百三十两，业经如数凑齐，于光绪二十二年十一月二十三日发交商号协同庆承领，定限本年十二月二十三日汇解内务府衙门投收，以期迅速而济要需"等情，详请奏咨前来。臣复核无异，除分咨查照外，理合附片陈明，伏乞圣鉴。谨奏。

硃批："该衙门知道。"

* 据《光绪朝硃批奏摺》，第 88 辑，第 313 页。

卷十　奏议十

设立湖南筹赈总局片*

（光绪二十二年）

再，上年湖南长沙、衡州等府所属各州县被旱成灾，经前抚臣吴大澂及臣先后奏请仿照直隶省章程开办赈捐，抚恤灾民，仰沐天恩俯允，随即钦遵举办在案。伏查劝谕捐输、收发银两以及采买谷米、稽核赈务关系重大，且与布政司衙门及善后局多有交涉之件，关会查询动稽时日。臣与在省司道商酌，就于藩司衙门原设善后局内设立湖南筹赈总局，将捐输赈抚事宜归并办理，即以善后局委员公同经管，不再另行设局，以专责成而免延误，并以节省浮费，俾赈款不稍虚糜。是否有当，合将设局办理缘由，谨会同兼护湖广督臣谭继洵附片具陈，伏乞圣鉴。谨奏。

硃批："知道了。"

---

* 据《光绪朝硃批奏摺》，第31辑，第669页。按：据"上年湖南长沙、衡州等府所属各州县被旱成灾"、"会同兼护湖广督臣谭继洵附片具陈"诸语，此片上奏时间宜在光绪二十二年正月。盖张之洞自两江回任湖广总督，接篆任事在光绪二十二年正月二十八日。

文武微员末弁应支光绪廿二年养廉请准免扣三成片*

（光绪二十二年）

再，臣准户部咨："上年七月间，因筹饷紧要，奏请将光绪二十一年分在京王公以下满汉文武大小官员俸银按应支之数核扣三成，外省文武大小官员养廉按实支之数核扣三成，扣存俸廉均归军需动用。现在关外虽已撤防，甘肃尚有军务，一切调兵裁勇，在在均需巨款，自应竭力设筹，以供支拨。拟将光绪二十二年分在京各官应得俸银、在外各官应得养廉，仍照前案核扣成数，再行接扣一年，存储候拨"等因，当经转饬遵照去后。兹据布政使何枢详称："湘省二十一年分文武大小官员养廉按实支之数核扣三成银数，业经报部查核在案。今奉前因，自应遵照接续核扣一年。惟文职六七品内州同、理问、州判以及八九品以下佐贰、杂职，并武职内千、把、外委，均系微员末弁，岁支缺额养廉银数无几，前经核扣一年，办公已觉拮据，若再照案展扣，实难支持"等情，详请具奏前来。臣复查无异，合无仰恳天恩，俯准将湖南省文职佐杂、武职千把外委各应支光绪二十二年养廉，免其核扣三成，仍照原额支发，俾资办公而示体恤之处，出自高厚鸿慈。除咨部查照外，谨会同兼护湖广总督臣谭继洵附片具陈，伏乞圣鉴。谨奏。

硃批："著照所请，户部知道。"

---

* 据《光绪朝硃批奏摺》，第 88 辑，第 316 页。按：此片上奏时间，似亦不迟于光绪二十二年正月二十八日。

汇陈光绪廿一年就地正法各犯片*

(光绪二十二年)

再,湖南省奏定章程:"遇有游勇、土匪并强盗聚众持械抢劫、杀人,罪干斩决、斩枭之案,一经地方官禀报获犯,即批由该管道府或委员前往复讯明确,就地正法,汇案奏报。"所有光绪二十年以前正法各犯,节经具奏在案。兹查光绪二十一年正月起至十二月止,先后据芷江县、石门县、黔阳县、衡阳县、泸溪县、长沙县、宁远县、湘乡县、攸县、耒阳县、邵阳县、衡山县、靖州、永兴县、益阳县、兴宁县、祁阳县、醴陵县、湘潭县、江华县、保靖县、凤凰厅禀报,拿获尹富兴、王大耶(即王黑皮,又名黄寿廷)、黄佗子(即志龙)、彭才贵、段化龙(即邓化龙)、滕老七、舒锡林、彭东高、徐定泉、李东来、谢德元、杨土佑、贺七白眼、李大寿、欧四古眼、萧致和、李夏乃、杨洪寿、杨中发、萧生元、罗世福、罗扬发、萧纯德、颜柏生、李萃锦、陆玉堂、陆连润、阳生炜、伍昭楚、宋月东(即冬栗皮)、欧劳皮、欧三太、欧才盛、赵和顺、胡云清、范会文、张苟保、陈兰彬、熊茂华、颜拐子(即颜观清)、何秋起、陈抓子(即国中)、王方应、易咸茂(即易潭满)、张焕明(即鹤鸣)、罗乔、何正保、陈明乐、罗柏乃(即罗基顺)、朱崽咀(即福清)、萧麻子(即萧全亮,又即陈大受)、曹四徕(即刘四徕)、胡六仔(即六足)、罗苟满、郭光泮、叶士位、向阳春、周良仁、彭祖绪、黄匾口、黄老五、陈凤亭(即老四)、吴子贵、王兴贵、姚哑子、莫那乔、胡双发等六十七名。或起意纠劫,拒杀事主;或听从上盗,入室搜赃;或系拦途抢劫;或系接赃把风。均属凶暴昭著,赃证确凿,照例

* 据《光绪朝硃批奏摺》,第109辑,第754~755页。按:据片中"禀经护抚臣王廉、前抚臣吴大澂与臣暨兼护督臣先后核明"语,上奏时间或在光绪二十二年正月。

罪应斩决、斩枭，法无可贷。当经饬据该管道府及委员驰往复讯明确，情罪相符，禀经护抚臣王廉、前抚臣吴大澂与臣暨兼护督臣先后核明，批饬就地正法，以昭炯戒。除仍严饬各属认真查拿，务期有犯必获，讯明惩办，以安闾阎外，所有光绪二十一年拿获盗犯，照章就地正法缘由，据按察使俞廉三详请具奏前来，臣复核无异，理合附片汇陈，伏乞圣鉴。谨奏。

硃批："刑部知道。"

会奏查讯革员按律议结摺*

（光绪二十二年）

奏为查讯已革守备扣收民户已让兵丁息银，并归入己，按律议结，恭摺仰祈圣鉴事：

窃[将]前准湖南提督娄云庆咨："据乾州协副将袁虞庆呈称：'据河溪营都司黄星胜禀：防营中军守备诸腾燮，扣存民户已让弁兵息银三百七十余两，侵吞肥己，请提帐清算，退还原扣弁兵'等情。旋据守备诸腾燮开列该都司被欠银两等款，禀讦袁虞庆，查得黄星胜等有通同卖放粮缺情事，据实呈请核办"等情。当经前兼护督臣谭继洵将都司黄星胜、守备诸腾燮一并撤任查办，黄星胜旋即病故，奏请将守备诸腾燮革职，札饬湖南藩、臬两司提案审办。钦奉硃批："著照所请，该部知道。钦此。"钦遵转行去后。

兹据湖南布政使何枢、按察使俞廉三提到诸腾燮暨营官队目人等并卷宗来省，逐一查讯明确，议拟会详请奏前来，臣复加查核。

* 据《张之洞全集》，第二册，第1218~1220页。此题为《张之洞全集》旧有，题下原注该摺上奏日期："光绪二十二年□月□日。"按：此摺既系张之洞、陈宝箴等合奏，故亦予以收录。又，据文意，上奏时间当在张之洞回湖广总督本任之后。

缘诸腾夔系河溪营中军守备,于光绪十四年十二月初四日到任。该营钱粮系守备经管,自咸丰初年,湖南省因办理军务,库款日绌,饷银未能按季领放,每值年底,各兵丁需用孔急,由守备代向民户酌认利息借贷银两,散给各兵应用,次年领饷到营,按名照数提扣归还,由来已久。其间有未能按时归清之项,溯自同治年间起,至光绪十八年止,陆续积欠民户万崇富、段兴亭本银一千两,息银三百六十二两。十九年五月内,万崇富等报经辰永沅靖道批饬乾州应讯追断,令万崇富等让去利息,由营将本银分作八季筹还。诸腾夔于未经结案之前,业经将各兵丁应出息银如数扣存,迨经断结,万崇富等按季追索本银,诸腾夔无从设措,即将扣存息银分季凑还万崇富等具领。嗣河溪营都司黄星胜因息银由厅断批提算查追,诸腾夔不服,即以黄星胜光绪十八年到任之时,曾经央伊先后转向段兴亭等借银三百一十余两,除还本银外,尚有息银一百四十余两拖骗未偿等情讦禀。黄星胜随时将息银如数归清,诸腾夔亦将所扣息银退交各兵丁收回。此诸腾夔扣收兵丁息银凑还借项,及黄星胜借贷银两拖欠利息,以致互相禀讦之情形也。

先是黄星胜因营中借欠款项甚巨,无可筹还,谕令诸腾夔于拨〔拔〕补兵丁粮缺按名派缴银两,以作归还借欠万崇富等本息之用。十九年九月,黄星胜查阅营汛,汰除老弱,另拣年壮技优之守兵李正发等十六名拔补战兵,刘运高一名拔补马兵,诸腾夔遂派令李正发等每名缴银六两,刘运高缴银二十两,共银一百十六两。黄星胜提银四十两,作为阅操犒赏,馀银六十六两由诸腾夔发给营书孙元熙凑还营中公借之项,给万崇富等收讫。经乾州协副将袁虞庆查知,以“都司、守备通同作弊,卖放粮缺”等情,一并禀揭。经前兼护督臣谭继洵将都司黄星胜、守备诸腾夔一并撤任查办。黄星胜旋即病故。复经前护督臣将诸腾夔奏参革职,行司提省审办。此又诸腾燮听从黄星胜，派令拔补粮缺兵丁呈缴银两，暨查办参革之情形也。

现经该司提到诸腾燮及证佐人等悉心研究，诘无侵吞入己情事。所有拣拔兵丁，均系年壮技优，亦非卖放。营中所欠万崇富等本银一千两，自光绪十九年夏季起，至二十一年春季止，业经扫数还清。诸腾燮扣收民户已让息银三百二十两，亦已照数追给各兵收回，并由司查明取具各兵丁领结，核与诸腾燮所供相符，应即议结。查律载："因公科敛军人钱粮者，坐赃论。又坐赃致罪，为主者通算折半科罪，五十两杖七十。"又例载："坐赃致罪，果能于限内全完，准其减免"各等语。此案已革河溪营守备诸腾燮，因该营积欠借贷民户银两无偿，将扣存已让息银挪用，复听从都司黄星胜，派令拔补粮缺兵丁呈缴银两归还借款，虽讯非侵吞入已，究属因公科敛，照例应以坐赃论。除所扣息银业已退给各兵收回，应准照例免罪外，其派令拔补粮缺兵丁呈缴共银一百一十六两，折半计银五十八两，诸腾燮合依"因公科敛军人钱粮，坐赃论；为主者通算折半科罪，五十两杖七十"律，为从减一等，拟杖六十。恭逢光绪二十年八月十六日恩诏，事犯在正月初一日以前，所得杖罪应予援免，派出银两系充公用，并免著追。所革守备，仍不准其开复，以肃营伍。黄星胜央令诸腾燮借银应用，及谕令诸腾燮按粮派银归还借款，于其半提取充赏，均有不合，本应参革，惟现已病故，且所借之银业经归还，毋庸置议。兵丁李正发等所出之银，系遵派呈缴，并非贿卖名粮，免其置议。该营兵饷嗣后按季给领，不许再向民户借贷。至拔补粮缺，永不准再行派银，以杜弊端。

除咨部查照外，所有此案议结缘由，理合会同湖南巡抚臣陈宝箴、湖南提督娄云庆恭摺具奏，伏祈皇上圣鉴，敕部核复施行。谨奏。

奏陈各省拨款协济助赈情形片*

(光绪二十二年)

再,湘省上年被旱歉收,民情困苦,迭经前抚臣及臣奏请援照直隶赈捐章程劝捐赈抚,钦奉谕旨允准在案。臣到任以前,灾状甫形,比蒙恩截留本省漕项银三万两,并经前抚臣咨借江苏银一万两,择被灾最重之区分别赈给,即已随尽,此外更无他款可以腾挪。臣到任后,贫民粮尽乏食,日形窘急,已有茹草饿毙情形,流民散卒并道而驰,情事极为可虑。虽经奉准办捐,已久成弩末,抑苦缓不及,事不得已,驰电告援邻近各省量拨巨款,以济急需。幸赖各省督抚臣仰体朝廷子惠之仁,不分畛域,率同司道迅速筹措,先后汇解协济前来。计自去冬十二月至今,兼护督臣谭继洵由湖北拨解银二万两;两广督臣谭钟麟汇解银五万两;四川督臣鹿传霖、浙江巡抚臣廖寿丰、山西巡抚臣胡聘之,各汇解银一万两;署两江总督臣张之洞允拨江南在湘捐项银一万两,并在江宁设局劝办湘捐;两江督臣刘坤一垫解银四万两。均经臣督饬司道次第收到,分别赈给。醴陵一县银谷合计即将十余万两,为日方长,隐忧殊切。幸直隶总督臣王文韶两任湘抚,念悉地方困苦情形,两次拨解银四万两,捐廉三千两,复饬津海关道盛宣怀于就医上海时设法筹垫巨赀,交义绅严作霖等来湘助赈。已由盛宣怀挪垫银五万两、自捐银一万两,上海道黄祖络挪垫银四万两,义绅谢家福垫银二万两,计

---

* 据《光绪朝硃批奏摺》,第31辑,第670~671页。按:据王文韶《汇报筹办湖南赈捐各款数目并援案保奖摺》(详附四),陈宝箴此片奉到硃批日期为光绪二十二年四月十八日,由此推测,该片上奏时间约在光绪二十二年三月。又按:王文韶、盛宣怀、严作霖等筹款助赈事,可参阅陈宝箴光绪二十二年二月某日致盛宣怀电(详本集下册《电函》卷)。

共十二万两，统交严作霖等，于二月十四日抵湘，由臣商令先往醴陵助赈。此项垫银所有筹捐归款及事后报销，拟照往年晋边助赈成案，悉由北洋大臣专案奏咨，以期迅速，业由臣电商王文韶查照成案办理。此外各省解到协济之项，请即由各省督抚臣设法劝捐弥补。其灾区散放款目，由臣一并核实报销。

近今湘省灾黎得此协力佽助，顿有转机，又日前幸获透雨，不误春耕，若此后雨旸应时，当可仰荷皇仁，获臻安谧。惟五六月间青黄不接之时，民食更形缺乏，各省代办湘捐，弥还前款或虞不足，恐难更资挹注，私衷懔懔，寤寐难安。当此帑项万分支绌，更何敢上渎圣慈？惟有督率僚属劝谕绅商同心协力，将恤邻庇族、转运平粜及以工代赈各事宜认真经理，仍随时察看情形，据实具奏，以期仰副圣朝轸念元元、不令失所至意。

所有各省拨款协济助赈缘由，谨附片具陈，伏乞圣鉴。谨奏。

硃批："户部知道。"

〖附一〗各省电拨湖南赈款清单*

一、各省电复拨助赈款单

广东谭文帅	拨银叁万两	又前拨银二万两
浙江廖谷帅	拨银壹万两	
两江张芗帅	拨银壹万两	
四川鹿芝帅	拨银壹万两	
湖北谭敬帅	拨银贰万两	

* 此为陈宝箴手书赈款清单，原件藏上海图书馆，此据《陈宝箴遗文·尺牍》（载《近代中国》第十一辑，第251～252页）录入。按：原单一式两份，内容大同小异，现一并移录，另拟今题。

山西胡淇帅　拨银壹万两

直隶王夔帅　拨银共四万两　养电二万两　沁电二万两

夔帅　又捐廉银三千两

二、各省电拨振款单

广东　拨银叁万两　又前拨贰万两已到

浙江　拨银壹万两

江宁　拨银壹万两

四川　拨银壹万两

直隶　前后共拨银四万两

夔帅　捐银叁千两

湖北　拨银贰万两　又敬帅借拨浏阳平籴银贰万两

山西　拨银壹万两

〖附二〗张之洞:致汉口督销局志道台交信局飞送湖南陈抚台*

（光绪二十一年十二月十二日）

蒹电悉。现已将委员在湖南劝捐款一万拨归湘充赈,并已饬司开局劝办湘赈矣。文。

〖附三〗王文韶:光绪二十一年十二月廿六至廿九日日记(节录)**

湘省长、衡、宝三属旱灾奇重,右铭电来,已由筹赈局拨济银二

* 据《张之洞全集》,第九册,第6842页。按:此题为《张之洞全集》旧有,题下注:"光绪二十一年十二月十三日子刻发。"

** 据《王文韶日记》,下册,第930页。

万两矣。兹由京寄到湘省京官公函并叔平、颂阁、子密、仲山以次京官三十八人加函,势甚迫切,湘函尤非常恳挚,有愧不克当者,并附到空白信百封、捐册十本。情形至此,是不能不为之尽力一筹也。

与司道会商续拨湘赈银二万两,余亦捐廉银三千两,均赶年内汇湘。即日电知敬甫、右铭两帅。

敬帅电来,又以鄂灾告急,令人有应接不暇之势。

杏孙电来,代筹湘赈不遗余力,即电告右铭。

〖附四〗王文韶:汇报筹办湖南赈捐各款数目并援案保奖摺*

(光绪二十三年九月二十八日)

直隶总督臣王文韶跪奏,为江浙官绅筹办湖南赈务收支各款数目,开单汇报,恭摺仰祈圣鉴事:

窃查光绪二十一年湖南被旱,灾黎困苦,准湖南抚臣陈宝箴电商筹捐济赈,由太常寺少卿盛宣怀在于备赈项下借垫银五万两、自捐银一万两,前江海关道黄祖络筹垫银四万两,义绅谢家福挪垫银二万两,共银十二万两,统交南绅严作霖携带赴湘,择灾情最重之醴陵县核实散放。并经湖南抚臣奏明,此项垫银劝捐归款、事后报销,照往年晋边赈务成案,由臣专案奏报,以期迅速等因,光绪二十

* 据《光绪朝硃批奏摺》,第31辑,第705～706页。

二年四月十八日奉硃批:"户部知道。钦此。"当于上海设局劝捐,拟收银二十万两即行停止,亦经湖南抚臣咨明户部在案。兹准太常寺少卿盛宣怀咨称:"筹办湖南赈捐,计先后垫款抵捐及自捐之款,统共收银二十万二百两,因湘赈甫毕而鄂又告灾,当即拨归鄂赈银八万两,应由湖北赈捐局汇案报销外,实计拨解湖南赈捐银十二万二百两,据南绅严作霖开具收支清摺,呈请开单核销,并声明馀存之款已解交湖南筹赈局收存备赈"等情,请奏前来。臣查直隶及晋边每届赈务,报销均系开具清单,请免造册,历蒙恩准,此次湘赈自应照案办理。谨将收支各数汇开清单,恭呈御览,仰恳天恩,俯准敕部核销,照案免造细册,以归简捷。其劝捐办赈出力员绅,远涉江湖,不辞劳瘁,应请酌保数员,用示鼓励。

理合恭摺具陈,伏乞皇上圣鉴训示。谨奏。

硃批:"该部知道,单并发。"

归还装运东征湘勇水脚银两片*

(光绪二十二年)

再,臣先后接准直隶督臣王文韶、两江督臣刘坤一咨,据轮船招商局津海关道盛宣怀详称:"光绪二十年调派'海琛'等四轮自沪放鄂,装载东征各营勇,有由汉口至瓜洲装运湘勇一千九百五名,每名洋四元八角八,折合规平银五千四百八十六两四钱,请领无著。"经直隶督臣王文韶以"前抚臣吴大澂早已交卸,行营用款业经截清报销,此项水脚银两如销案并未开支,自应由湘省善后局归还,以昭公允"等因,转咨到湘行。据湖南善后局司道详称:"拟请在于湘省加抽二成厘金项下动支银五千四百八十六两四钱,由湘

* 据《光绪朝硃批奏摺》,第61辑,第49页。

汇沪，归款作正造销”前来，除咨明户、兵二部查照外，相应附片具奏，伏乞圣鉴。谨奏。

硃批：“该部知道。”

光绪廿一年动用藩、粮两库钱粮片*

（光绪二十二年）

再，查湖南历年支发防协各饷动用藩、粮两库钱粮，均经随时奏报在案。兹据总理善后报销局司道详称：“光绪二十一年正月起至十二月底止，动拨藩库地丁银六万两、粮库南秋银一万五千两、驴脚银五千两，总共银八万两，均凑作协甘新饷及本省防营勇粮等项之用，应请归入善后经费项下，作正开除”等情，呈请奏咨前来。臣复核无异，除咨户部查照外，理合附片陈明，伏乞圣鉴。谨奏。

硃批：“户部知道。”

奏请准销光绪廿一年囚粮等项银两片**

（光绪二十二年）

再，各省动用耗羡银两数在五百两以上者，例应专摺奏明。兹据湖南布政使何枢详称：“光绪二十一年分湖南按察使司狱及长沙等府州厅县支过囚犯口粮钱米等项，共请销银三千六百九十九两九钱六分五厘，又囚犯药饵银九百九十九两八钱九分六厘，两项共请销银四千六百九十九两八钱六分一厘。除坐支额设囚粮、囚租折银五百五十两二钱六分五厘外，应补给银四千一百四十九两五钱九分六厘，在于光绪二十一年耗羡银内动支，分别给领。核与户

---

* 据《光绪朝硃批奏摺》，第61辑，第51页。

** 据《光绪朝硃批奏摺》，第88辑，第314页。

部原定湖南省囚粮等项每年准销耗羡银四千二百余两额数尚属相符,均系实用实销,并无浮冒等情”,详请具奏前来。臣复核无异,除另行恭疏题报并取造册结送部外,理合附片具陈,伏乞圣鉴。谨奏。

朱批:“户部知道。”

解足光绪廿一年顺天备荒经费片*

(光绪二十二年)

再,准户部咨:“《议复顺天府兼尹等奏请拨江浙河运漕米为顺天府备荒之用,拟令将湖南采买米价、运费等银委解部库,以为备荒经费》一摺,光绪二十年六月二十日具奏,内阁奉上谕:‘所有湖南每年应办京漕三万石,嗣后勿庸办运,即将米价、水脚等项共合银七万二千三百余两,按年解交部库,以备缓急。著自本年起如数报解,另款存储,专备顺天赈抚提用。馀依议。钦此。’”钦遵咨行到湘,当经前抚臣札行司道,钦遵查照遵解去后。

兹据湖南粮储道但湘良、布政使何枢会详:“湖南省光绪二十一年新漕仍办折征,其应采买京米三万石,应遵前奉谕旨勿庸办运,所有米价、水脚等项银两,自应遵照分批解部。前经三次筹解银七万两,交号商蔚泰厚承领汇解,先后奏报在案。兹复于光绪二十一年漕折银内动支银二千三百七十二两三钱六分六厘六毫,发交号商蔚泰厚如数承领汇兑,由京城银号以足色库平解赴户部交纳,解足顺天府备荒经费银七万二千三百七十二两三钱六分六厘六毫”等情,〈详〉请奏咨前来。臣复核无异,除给咨发交该号商蔚泰厚承领汇解并咨部外,理合会同湖广总督臣张之洞附片具奏,伏

---

* 据《光绪朝硃批奏摺》,第88辑,第315页。

乞圣鉴。谨奏。

硃批:“户部知道。”

附陈李朝斌捐廉助赈片*

(光绪二十二年)

再,据已故前江南提督李朝斌之子二品荫生分发广东候补通判赏用同知李达璋呈称:“职父生平朴谨俭约,在官廪禄从无縻费,然事关义举,曾不少靳。前顺直、晋、豫等省灾祲叠告,罔弗倾赀助赈。上年疾笃时遗命:‘以蚤岁从戎,致位通显,节年积存廉俸万金,必当储为乡党周急之需,庶仰体圣朝子惠之仁,即藉以上酬高厚。’兹值长、衡等府被旱成灾,饥民待赈孔亟,职兄弟谨遵遗命,呈缴湘平纹银一万两,以佐赈抚。此系职父廉俸所遗,万不敢仰邀议叙”等情。据此,臣查已故前江南提督李朝斌秉性肫悫,见义勇为,垂没之时犹遗命伊子储款待捐,允足风励末俗;李达璋兄弟克承先志,报效维殷。虽据称“不敢仰邀议叙”,何可壅于上闻?除将所捐银两札饬筹赈局弹收备赈外,谨会同湖广总督臣张之洞附片具陈,伏乞圣鉴训示。谨奏。

硃批:“户部核议具奏。”

为柳璧父子请奖片**

(光绪二十二年)

再,据湖南筹赈总局司道详称:“前据署衡山县知县张祖良禀:‘光绪二十一年县境被旱歉收,民虞乏食,虽蒙拨款抚恤,而灾区过

* 据《光绪朝硃批奏摺》,第31辑,第667页。

** 据《光绪朝硃批奏摺》,第31辑,第672页。

广,待赈甚殷,当经设法劝谕绅富踊跃捐输,藉资接济。旋据邑绅柳璧乐捐洋银一万圆,如数交局,散给贫民。查柳璧节俭成家,勇于为善,兹因本邑旱荒,捐资助赈,原为全活灾黎,不敢仰邀奖叙。然值嗷鸿遍野、待哺正急之时,慨捐巨款,保卫梓桑,似此好义急公,深堪嘉尚,自未便没其向善之忱。拟请将柳璧之子廪生柳旭作为十成贡生加郎中职衔,随带加四级,请给正三品封典,并请准其建坊'等情。伏查赈捐章程:'准照常例加三成银数收捐',又顺直赈捐章程:'凡捐银一千两,准其随时奏请建坊'等因。今该绅柳璧乐输洋银一万圆,计合纹银六千八百两,核其所捐银数,与捐例并建坊章程均属有盈无绌",由局具详请奏前来。臣复查无异,合无仰恳天恩,俯准饬部将柳璧之子柳旭核给奖叙,并赏给柳璧"乐善好施"字样,令其自行建坊,以昭激劝。谨会同湖广总督臣张之洞附片具陈,伏乞圣鉴。谨奏。

硃批:"该部议奏。"

陈青茂捐银助赈请为其父叔建坊片*

(光绪二十二年)

再,湖南光绪二十一年雨泽稀少,长、衡等府属因旱歉收,穷民艰于得食,经臣先后奏明开办赈捐,以资接济。兹据筹赈总局司道详称,据耒阳县知县田继昌禀:"据同知衔陈青茂禀称:'故父例贡生四品封职陈明德,故胞叔监生陈维德、民人陈申积,勤俭起家,生平好善,遇有义举,无不慷慨乐输,临终犹以捐银助赈谆谆见谕。今遵父、叔遗命,捐助赈银一千两,不敢仰邀奖叙'等情到县。查该职遵其父、叔遗命,慨捐赈银,善承先志,好义急公,虽据称'不敢仰

---

* 据《光绪朝硃批奏摺》,第31辑,第673页。

邀奖叙’，究未便没其好善之忱，援例禀请建坊”等情，除将捐款银一千两由局核收外，具详请奏前来。臣查前次顺直赈捐，凡捐银一千两，准随时奏请建坊在案。今同知衔陈青茂遵其父、叔遗命，乐捐巨款，洵属好义急公，相应援例奏请，可否仰恳天恩，俯准给与“乐善好施”字样，令其自行建坊，以昭激劝之处，理合会同湖广总督臣张之洞附片具陈，伏乞圣鉴训示。谨奏。

朱批："著照所请，礼部知道。"

刘福兴穿孝期满业已回防片*

（光绪二十二年）

再，查统带毅安中、前、左三营两湖补用总兵刘福兴，于上年七月初九日，因继母病故，禀请委员接代，以便丁忧回籍安葬，经前任抚臣吴大澂以“该总兵西路防务熟悉，未便遽易生手，请令回籍穿孝百日，一俟限满，仍回原防，其营中事务暂委游击罗盛祥代理”等因具奏，奉硃批：“著照所请，兵部知道。钦此。”钦遵转饬遵照在案。兹据该总兵刘福兴禀称：“在籍穿孝百日期满，安葬亦已完竣，于本年正月初五日驰抵辰州防所，查询辰、沅、靖、晃等处一律安靖”等情，请奏前来。臣复查无异，除饬督率各营哨弁勇丁认真操练巡防外，理合附片陈明，伏乞圣鉴。

再，查吴大澂前奏内将七月初九日缮作“初一日”，又该总兵系统带毅安中、前、左三营，作“中、左、右三营”，均系缮写错误，合并陈明。谨奏。

硃批："兵部知道。"

---

* 据《光绪朝硃批奏摺》，第 45 辑，第 626 页。

请以贺长宾、谭尚贵接带防营片*

（光绪二十二年）

再,查各省防营如有更换统带、管带人员,前于光绪十五年十月间钦奉谕旨"饬令随时奏明"等因,历经遵办在案。兹因管带挺字左营补用副将杨毅盛训练勇丁未能得力,应即改委管带,以资整顿。查有补用参将贺长宾勇敢朴诚,治军有法,堪以接管挺字左营事务。又,管带亲军前营提督衔记名简放总兵博奇巴图鲁欧飞林,于本年正月二十八日在营病故,所遗营务应即拣员接带,以专责成。查有该营帮带尽先补用副将谭尚贵朴实明干,熟悉该营事务,堪以委令接带。除由臣分札饬遵各按防地认真操练巡缉外,理合附片陈明,伏乞圣鉴。谨奏。

硃批:"兵部知道。"

请以刘俊堂、颜武林接管防营片**

（光绪二十二年）

再,查各省防营如有更换统带、管带人员,前于光绪十五年十月间钦奉谕旨:"饬令随时奏明等因",历经遵办在案。兹查臣标亲军卫队营前委中军参将景元督带左营,候补游击刘俊堂帮带各在案,现据该参将以"中军事务殷繁,禀辞卫队督带"前来,查前充卫队帮带左营候补游击刘俊堂办事勤奋,约束有方,堪以委令管带亲军卫队,毋庸另委帮带。又,管带选锋水师后营记名提督杨作霖应

* 据《光绪朝硃批奏摺》,第45辑,第626页。按:据陈宝箴《整理防营渐图裁减摺》(上奏时间为光绪二十二年十一月二十二日,详本集卷九),此片及下一片呈奏时间宜在该摺之前。

** 据《光绪朝硃批奏摺》,第45辑,第627页。

行更换，查有记名总兵颜武林朴诚勇敢，久历戎行，堪以委令接带。除由臣分札饬遵各按防地认真操练巡缉外，理合附片陈明，伏乞圣鉴。谨奏。

朱批：“兵部知道。”

欧飞林请准援例赐恤片*

（光绪二十二年）

再，据接带亲军前营尽先副将谭尚贵禀称：“已故前带亲军前营提督衔记名简放总兵博奇巴图鲁欧飞林，湖南宁远县人。于咸丰十年投效精毅营充当勇丁，随军克复湖北来凤县城，经统带精毅营藩司席宝田赏给六品军功。同治二年，随同扫除江西陶家渡贼垒，肃清都、湖踞逆，并固守彭泽县城，旋克复安徽青阳县城。嗣贼众数万复窜江西，该故总兵随军回剿，身先士卒，奋勇无前，被炮子洞穿左臂，犹裹创力战，次第收复金溪、崇仁、东乡、宜黄、南丰、雩都各城池。四年，殄除湖逆，生擒伪酋洪仁 ，续获幼逆洪福瑱，积功递保花翎游击加参将衔。维时贵州苗乱甚炽，该故总兵随席宝田援军入黔，七年正月，苗匪聚众数万，盘踞寨头、颇洞、德明、台网、台笠各寨，该故总兵首当前敌，左手、右臂均受矛伤，气不少衰，毙贼多名，夺获粮械无算，洊保副将。自是连年攻剿，该故总兵无役不从，无战不捷。苗逆大股窜踞天柱县江口坉及清江厅等城，该故总兵随同大军进剿，次第克复，保加总兵衔。逆酋张臭迷率党盘踞施洞口、松柏洞、九股河一带，拥众数万，环攻五岔，窜扰思州，该故总兵尽力兜剿，一律荡平，前后毁贼垒二百余寨，阵斩伪将军潘乜耶、伪元帅张降眯、伪乾王张报九、伪将军杨老辉、潘义隆等，馀

* 据《光绪朝朱批奏摺》，第45辑，第622～623页。

党殄灭,保蒙赏给信勇巴图鲁名号。九年,委带精毅老中营,攻克三丙老巢上下二寨,毙贼百余名,擒斩伪元帅九甲,并剿平凯棠、凯哨等寨,旋收复革夷上下三寨,踏毁牛角等寨贼巢。于收复台拱案内保以副将,留于贵州尽先补用,并赏给二品封典。十年,克复丹江、凯里各城并连平、排羊等寨,右手、右肋均受矛伤,验列头等,搜获伪元帅顾易三、顾正发、伪先锋罗大五、易学礼正法,焚荡岩头河等寨,保以总兵升用。是年,攻克黄茅岭及黄飘白堡,险恶苗寨刬除净尽,次第疏通驿道,奉旨以总兵记名简放,并赏加提督衔。十一年,攻克乌鸦坡、香炉山等处,先后擒获首逆张臭迷、金大五、九大白等解省正法,苗疆一举荡平。十二年,丹古乱苗复叛,该故总兵会同各营奋力攻剿,悉数殄除。光绪元年,广西游勇煽惑,四脚牛匪苗乘间構衅,扰及楚边,该故总兵会同各军进击,旬月之中剿除净尽,苗疆肃清,奉旨赏换博奇巴图鲁名号。嗣因黔省军务大定,凯撤回湘,委带毅安副前营。十七年,改为抚标亲军前营,驻防省城。二十一年冬,浏阳县境因旱歉收,奉委前往弹压,旋因感冒风寒,触发旧伤。至二十二年正月,疾势愈笃,请假回籍就医,于二十八日在途病故。

查该故总兵从戎三十余年,身经百战,迭克名城,转战湖北、江西、安徽、贵州等省,战功卓著,其在防营任内,捕拿盗贼,整顿操防,不遗余力,病中犹以受国厚恩涓埃未报为念,殁年五十六岁。伊子欧銮尚在读书。副将曾与共事戎行,见闻真确,不忍听其湮没,缕陈战功事迹,禀恳援例具奏请恤”等情。

据此,臣查已故总兵欧飞林,朴诚勇敢,屡著战功,叠经保奏有案。溯自束发从军,及管带防勇,首尾数十年,身殁之后,家计萧条,其忠荩即此可见。上年经臣委赴浏阳县弹压饥民,该故总兵督率弁勇巡缉盗贼,并帮同地方官绅经理赈抚事宜,悉臻妥善。追冲冒风雪，受病已深，犹力疾从公，未尝稍懈。至本年正月，赈务稍松，方始请假就医，亦足征其实心任事。兹据具禀请奏前来，相应据情吁恳天恩，可否准将已故提督衔记名总兵欧飞林，照军营立功后积劳病故例从优议恤，出自逾格恩施。除将事迹履历清册咨部外，理合附片陈明，伏乞圣鉴训示。谨奏。

硃批："著照所请，兵部知道。"

魏景岺兼袭世职给咨送部引见片*

（光绪二十二年）

再，据湖南邵阳县知县毛隆章详："据花翎候选郎中接请兼袭骑都尉世职魏景岺禀称，伊胞叔魏纪鋆，由俊秀于同治二年在江西雩都县团练官捐案内报捐湖南补用都司。三年，经前浙江提督臣鲍超调赴霆军，随同剿贼。六年，随大军剿办陕西回捻土匪，递保花翎补用总兵硁色巴图鲁。十一年，在定边四合源地方力战阵亡，经前陕甘总督臣左宗棠奏请'议给骑都尉，袭次完时给予恩骑尉世袭罔替'等因，于同治十二年六月十七日奉旨：'依议。钦此。'钦遵在案。缘胞叔纪鋆阵亡，并无亲生嫡、庶出子孙，前以伊兄守澐过继纪鋆为嗣，年未及岁，由县造具宗图册结，详经前抚臣王文韶奏咨承袭，光绪三年九月初五日奉旨允准历年支食半俸。旋于二十一年正月二十六日，守澐在籍病故，娶未生子，并无胞侄应继之人，例准亲兄弟承袭，凭族众议以景岺承嗣兼袭，俟生子后再行过继守澐为嗣，另请接袭。景岺现年二十六岁，系湖南邵阳县人，由文童于光绪十七年应试，经前学政臣张亨嘉取入县学，旋在顺直赈捐案内报捐贡生加捐员外郎衔，又于是年三月在江南藩库遵新海防例

* 据《光绪朝硃批奏摺》，第45辑，第629页。

加捐郎中双月选用,并在山西晋边案内报捐花翎,祗领部照实收各在案。遵例兼袭骑都尉世职,请给咨赴部引见,声明伊兄守澧前承袭时并未请领敕书,无从呈缴”等情,由县造具册结,详请具奏前来。臣复核无异,除缮给咨批饬令该员赴兵部科带领引见,并咨吏部、户部外,理合附片陈明,伏乞圣鉴。谨奏。

硃批:“该部知道。”

文生陈赤曦兼袭世职应试片*

(光绪二十二年)

再,定例:“文、武生员,准其兼袭世职,食俸应试”等因。兹据善化县知县赵宜琛详,该县文生陈赤曦于光绪十九年入学,因伊胞伯陈万年由武童于同治元年投效吉字营,在于江、皖剿贼,递保千总,三年在江宁阵亡,经部议“给云骑尉世职,袭次完时给予恩骑尉世袭罔替”,因无亲生嫡、庶出子孙,胞侄陈赤曦凭族过继为嗣,遵例呈请以文生兼袭云骑尉世职、食俸应试等情,由县造册详请核奏前来。臣核与兼袭之例相符,相应据情吁恳天恩,俯准将陈赤曦以文生兼袭云骑尉世职,应试乡闱,以示体恤;至支食世俸银两之处,应照湖南省奏定章程办理。除册结咨部查核外,谨附片陈请,伏乞圣鉴,敕部核复施行。谨奏。

硃批:“著照所请,该部知道。”

辰溪令黄国琼历年催科得力请优奖片**

(光绪二十二年)

再,查定例:“州县经征分数钱粮,能每年于奏销前全完,应于

* 据《光绪朝硃批奏摺》,第45辑,第630页。

** 据《光绪朝硃批奏摺》,第67辑,第790页。

照常议叙之外，量加优叙”等语。兹据藩司何枢详称：“查辰溪县每年额征起运、存留、驿站正耗共银一万二千三十三两七钱六分六厘，该县知县黄国琼于光绪十六年七月二十日到任，除接征之年应照例扣除外，实经征光绪十七、十八、十九、二十共四年钱粮，均于奏销前扫数全完，业经递年分别造册，于奏销案内题咨请叙在案，详请奏明给予优奖”前来。臣查黄国琼历年经征钱粮，能于奏销前全完，与优叙之例相符。合无仰恳天恩，俯准饬部将辰溪县知县黄国琼于按年议叙外量加优奖，以昭激劝。再，该员现因另案降调，合并声明。谨会同湖广总督臣张之洞附片具陈，伏乞圣鉴。谨奏。

硃批：“该部议奏。”

请以李经羲兼办湘省厘局片*

（光绪二十二年）

再，前准户部咨行奏奉谕旨“通饬各省整顿厘税”一则，臣维厘金原不得已之政，今日商民交困，万不能再议增加，然使办理得宜，不至于正款之外更有苦累之端，则商力舒而懋迁日盛，商情顺而绕避自稀，且中饱之弊除，则公家之利不虞旁溢。故以常理论，厘金之盛衰，率由于办理之善否，而其要必在得人。湖南厘金总局向委候补道员二人会同办理，本年正月，总办道员周麟图署理岳常澧道，交卸后，委办保甲，所有厘局总办仅候补道陈家逑一员，亟应照旧遴委。当此亟须整顿之时，必得精明干练、资望较优之员，方足

* 据《光绪朝硃批奏摺》，第12辑，第178～179页。按：据陈宝箴光绪二十二年二月二十三日报解头批京饷摺，系周麟图总理厘金局事；据同年四月二十六日报解二批京饷摺，系陈家逑总理厘金局事；至七月二十四日汇解备荒经费片，始见李经羲（“总理厘金局务盐法道李经羲”）。则经羲总办厘局应在四月二十六日之后，而在七月二十四日之前。故此片上奏时间似在五六七月间。

以资振作。查有见任盐法长宝道李经羲,综核精密,持正不阿,在任数年,于厘局从未托一私员、荐一绅馆,且于人材、公事留意讲求,见闻颇广,以之总办厘局,与陈家逑同心筹画,当可期日起有功。盐道任内,职事不繁,厘局近在同城,尽可兼顾,拟即札委,会同陈道总办,以资得力。倘该员奉委后不知奋勉,抑或始勤终惰,及有任性妄为、簠簋不饰等情,定即据实严参,断不敢以委任在前稍存回护。臣为整饬厘务起见,因系见任人员,理合附片陈明,伏乞圣鉴。谨奏。

硃批:"知道了。"

湘省烟酒税厘拟各加三成片*

(光绪二十二年)

再,上年十二月初八日接准部咨:"将重收烟、酒税厘各条缮单具奏,军机大臣面奉谕旨:'著即咨催各省将军督抚迅速筹办,详细声复等因。钦此。'"咨行到臣,当即钦遵,督饬藩司及办理厘金总局司道查议去后。兹据该司道等查核:"湖南烟草一项,多系乡民于山乡隙地零星栽种,其由福建、江西等省运入者为数无多;酒亦大半系用杂粮随处自酿,仅供本地之用,外省多不行销。兹拟将烟、酒二项各于常额之外酌加厘金三成,仍于各厘金局卡征收,俟奉到谕旨,即分饬定期遵办。能否收集成数,归入厘金项下开报"等情,具详前来。理合会同湖广总督臣张之洞附片具陈,伏乞圣鉴。谨奏。

硃批:"户部知道。"

---

* 据《光绪朝硃批奏折》,第 77 辑,第 898 页。按:据后附俞廉三奏折,陈宝箴此片上奏时间约在光绪二十二年九十月间。

〖附〗俞廉三：奏报光绪廿四年秋冬两季及加抽厘金收支数目摺(节录)*

(光绪二十五年八月初二日)

【前略】又于光绪二十二年八月钦奉谕旨："重收烟、酒税厘"，经前抚臣陈宝箴奏请将烟、酒二项各于常额之外酌加三成厘金，是年十一月准户部咨："烟、酒酌加三成，仍于各厘金项下开报。"【后略】

援案筹解光绪廿二年苗疆经费片**

(光绪二十二年)

再，湖南苗疆屯防佃租，每届不敷经费，除由司库动支银一千两外，其余银两历经奏明在于粮道库节省项下筹款支给在案。兹据代理粮储道刘镇详称："本届光绪二十二年系无闰年分，应拨给银六千八百九十四两四钱。查应解前项银两，现因节省项下无款动支，照案在于库存光绪二十一年驴脚银内先后开支银六千八百九十四两四钱，解由藩库弹收，随时给领"，详请查核具奏前来。臣查前项动拨苗疆经费银两系奏明援案筹解之项，除如详批准动支解交藩库，连司库应发银一千两，分别给领，并咨户部查照外，理合附片陈明，伏乞圣鉴。谨奏。

硃批："户部知道。"

---

* 据《光绪朝硃批奏摺》，第78辑，第245页。

** 据《光绪朝硃批奏摺》，第88辑，第314页。

湘省赈捐展缓造册请奖片*

(光绪二十二年)

再,上年湖南长沙、衡州等府所属州县被旱成灾,经前抚臣吴大澂及臣先后奏请照直隶现办章程劝办捐输,以资赈济,经部议准:“俟一年限满,即行停止”,于光绪二十一年十月二十四日具奏,本日奉旨:“依议。钦此。”咨行到湘,当即转饬开办,刊刻实收章程,通饬各属遵照办理,并咨请直隶、广东、福建、浙江、贵州、山西、陕西、四川、江宁、江西、江苏等省,及由筹赈局咨请两淮盐运司、湖北荆州府转饬湘人之服官各省者量力报捐请奖。各该省官绅知湘赈紧要,推广劝办,非湘人而乐捐者尤众,随即汇解捐款银两前来,由筹赈局核收,分发灾区赈给。前据局详,经臣咨商各省:“所有代办湘省赈捐,收纳各捐生银两,是否即由各省就近请奖,以省周折,抑或由湘省汇案造报”去后,除直隶协拨赈款商明:“查照昔年晋边成案,自行奏咨请奖”外,现惟接准两广总督臣谭钟麟咨明:“代办湖南等省赈捐,由广东省归并一局统收分解,即由粤详咨户部核奖”,其余各省多未咨复。查各该省距湘道远,所有各捐生请奖履历清册刻难齐全,不免有稽时日,转瞬将届限满,恐于限外请奖或干部诘,转令先缴赈款各生不得仰邀议叙,未免向隅。兹据筹赈总局司道详请“奏咨展缓半年造册请奖”前来,除咨户部外,所有湖南省赈捐展缓造册请奖缘由,理合附片陈明,伏乞圣鉴训示。谨奏。

硃批:“户部知道。”

---

* 据《光绪朝硃批奏摺》,第31辑,第668页。

卷十一　奏议十一

谢赏福字摺*

（光绪二十三年正月二十六日）

头品顶戴湖南巡抚臣陈宝箴跪奏，为恭谢天恩，仰祈圣鉴事：

窃臣于光绪二十三年正月初八日奉到御赏“福”字一方，当即恭设香案，叩谢天恩祗领。伏念臣承乏熊湘，倏更凤籥。丹忱北向，欣王会之宏开；紫气南来，荷宸章之宠赉。钦惟皇上治光玉镜，化协珠杓。布惠施仁，顺行生于大造；绥猷建极，裕敷锡于洪畴。爰乘夏朔之颁，用普春祺之锡。焕宝书于天上，云汉分章；颁奎翰于人间，湘衡耀采。诂详《尔雅》，赅禄禧禠祐以俱全；画灿羲文，并岣嵝琅环而永宝。龙章仰对，鳌戴弥殷。臣惟有益矢微诚，奉扬圣化。恩推蔀屋，长偕万姓以迎和；忱效华封，还祝一人之多福。

所有感激下忱，谨恭摺叩谢天恩，伏乞皇上圣鉴。谨奏。

硃批：“知道了。”

毛隆章、张祖良分别调署南洲、邵阳片**

（光绪二十三年正月二十六日）

再，湖南南洲直隶厅通判缺甫经新设，尚有查勘经界、清丈淤

* 据《光绪朝硃批奏摺》，第 12 辑，第 219～220 页。

** 据《光绪朝硃批奏摺》，第 12 辑，第 220 页。

地田亩事宜,至关紧要,查有邵阳县知县毛隆章,廉正勤明,处事精审,尤能耐苦任劳,堪以调署。所遗邵阳县知县缺,应行拣员署理,查有长沙县知县张祖良,才识练达,办事精详,堪以调署。据藩司何枢、臬司桂中行会详前来,除批饬遵照外,谨会同湖广督臣张之洞附片具陈,伏乞圣鉴。谨奏。

硃批:"吏部知道。"

报解光绪廿三年头批京饷摺*

(光绪二十三年正月二十六日)

头品顶戴湖南巡抚臣陈宝箴跪奏,为报解本年头批京饷及漕折、固本、边防经费等银,恭摺仰祈圣鉴事:

窃准户部咨:"奏拨湖南省本年京饷地丁银二十万两、盐厘银五万两、厘金银五万两,钦奉上谕:'五月以前解到一半,十二月初间全数解清。'"又准部咨:"照案预拨本年东北边防经费,指拨湖南厘金银八万两"各等因。均经转行遵办去后。兹据藩司何枢详称:"筹备地丁银六万两,又会同总理厘金局务盐法道李经羲等筹备盐厘银一万两、厘金银一万两,并筹备边防经费厘金银二万两,又由司筹备光绪二十三年正、二、三月固本军饷银一万五千两,以上共银一十一万五千两,作为本年头批京饷,派委候补同知柏盛、候补知县申锡绶领解赴部交纳。又据粮储道但湘良动支光绪二十二年漕折银七万两、二米折银五千两,共银七万五千两,均交委员柏盛等搭解赴部",分款具详,呈请奏咨前来。臣复核无异,除照缮咨批、护牌,发交该委员等承领管解遄程前进,从速抵京交纳,饬取起程日期另行咨报,一面分咨经过沿途省分饬属妥为拨护,仍饬司局

* 据《光绪朝硃批奏摺》,第61辑,第61页。

等将未解银两接续委解，不得稍有迟误外，所有报解本年头批京饷缘由，谨会同湖广总督臣张之洞恭摺具奏，伏乞皇上圣鉴。谨奏。

硃批："户部知道。"

提解光绪廿二年秋季节省银两片*

（光绪二十三年正月二十六日）

再，据总理湖南善后局务布政使何枢等详称："光绪十一年八月钦奉懿旨裁勇节饷，当经遵议裁撤湖南陆勇三营、水师一营，并将留存陆营长夫、水师船价、油烛均裁减五成支发，综计每年可节省银一十二万余两，声明自光绪十二年起专款存储，分批提解，赴部交纳，已解至二十二年夏季止，历经详请奏报在案。所有光绪二十二年秋季分节省银两，自应如数提解，以济要需。现筹备湘平银三万两，折合部砝库平银二万八千八百九十六两一钱六分六厘四毫，交给二十三年头批京饷委员候补同知柏盛、候补知县申锡绶搭解赴部"，详请奏咨前来。臣复查无异，除咨户部外，理合附片具陈，伏乞圣鉴。谨奏。

硃批："户部知道。"

扫数完解光绪廿二年顺天备荒经费片**

（光绪二十三年正月二十六日）

再，准户部咨："《议复顺天府兼尹等奏请拨江浙河运漕米为顺天备荒之用，拟令将湖南采买米价、运费等银委解部库，以为备荒经费》一摺，光绪二十年六月二十日具奏，内阁奉上谕：'所有湖南

---

* 据《光绪朝硃批奏摺》，第61辑，第62页。按：自此以下三片，当系上摺之附片。

** 据《光绪朝硃批奏摺》，第70辑，第887～888页。

每年应办京漕三万石,嗣后勿庸办运,即将米价、水脚等项共合银七万二千三百余两,按年解交部库,以备缓急。著自本年起如数报解,另款存储,专备顺天赈抚提用。馀依议。钦此。'”钦遵咨行到湘,当经札行司道,钦遵查照遵解去后。

兹据湖南粮储道但湘良、布政使何枢会详:“湖南省光绪二十二年新漕仍办折征,其应采买京米三万石,既经奉旨勿庸办运,所有米价、水脚等项银两,自应遵照分批解部,专备顺天赈抚提用。查应解前项银两,前奉顺天府兼尹电催,业经两次筹解银四万两,先后交号商承领汇解,奏报在案。兹复于光绪二十二年漕折、漕项、随浅银内扫数动支银三万二千三百七十二两三钱六分六厘六毫,解足前项备荒经费之数,发交号商蔚泰厚如数承领汇兑,由京城银号以足色库平解赴户部交纳,拨充顺天备荒经费之用”等情,详请奏咨前来。臣复查无异,除给咨发交该号商蔚泰厚承领汇解并咨部外,理合会同湖广总督臣张之洞附片具奏,伏乞圣鉴。谨奏。

硃批:“户部知道。”

搭解光绪廿三年加复俸饷头批银两片*

(光绪二十三年正月二十六日)

再,湖南每年应解另款加复俸饷银八千两,经前抚臣吴大澂奏请,自光绪十九年起,于节省长夫尾存项下照数动支,作正开销,业经解过十九年起至二十二年止,先后奏咨在案。兹据善后报销总局司道详称:“光绪二十三年分应解加复俸饷银八千两,现又在于节省长夫尾存项下先行筹备头批库平银二千两,合湘平银二千零

* 据《光绪朝硃批奏摺》,第88辑,第326页。

七十八两四钱,交头批京饷委员候补知县柏盛、候补知县申锡绶搭解赴部交纳"等情,详请奏咨前来。臣复核无异,除咨户部查照外,所有搭解光绪二十三年分另款加复俸饷头批银两缘由,谨附片陈明,伏乞圣鉴。谨奏。

硃批:"户部知道。"

光绪廿二年十二月粮价及雨雪情形摺*

(光绪二十三年正月二十六日)

头品顶戴湖南巡抚臣陈宝箴跪奏,为恭报上年十二月分粮价并地方雨雪情形,仰祈圣鉴事:

窃照湖南省上年十一月分市粮价值及地方雨雪情形,业经臣恭摺奏报在案。兹据藩司何枢查明通省上年十二月分各项粮价,开单汇报前来。臣逐加查核,长沙等十八府州厅属米、麦、豆各价值均与上月相同,省城及各属地方暄润得宜。续据巴陵县禀报,十二月初五日得雪二三寸不等;省城复于年内雨霰交作,继至今正初一日亥时起,至初二日寅时止,得雪二三寸不等。似此先春瑞雪重霏,可卜收成丰稔,咸欣闾里乂安,洵堪上慰宸廑。理合恭摺具奏,并缮粮价清单敬呈御览,伏乞皇上圣鉴。谨奏。

硃批:"知道了。"

恭报出省接阅南路营伍起程日期摺**

(光绪二十三年正月二十八日)

头品顶戴湖南巡抚臣陈宝箴跪奏,为恭报微臣出省接阅南路

* 据《光绪朝硃批奏摺》,第 96 辑,第 120 页。

** 据《光绪朝硃批奏摺》,第 52 辑,第 857 页。

营伍起程日期,仰祈圣鉴事:

窃臣上年奉命查阅湖南通省营伍,业将查阅省西常、辰、镇筸、沅州各营事竣,回省校阅省标各营并调阅岳州营官兵完竣,均经奏报,声明南路各营展至本年春接往查阅在案。臣现将省署一切应办事件逐一清厘,定于二月初四日轻骑简从,驰赴衡、永一带,将各标营官兵依次认真校阅,克期回省,赶办本年秋审事宜。所有各营官兵,容俟查阅完竣,再行详细具奏。至省署紧要公事暨在防各营禀报,仍随时递送臣行次核办。此外一切日行公牍及寻常题咨案件,照例仍委藩司代印代行,例应勘审者即由该司代为提勘,其中有应行陈奏之件,仍封送行次,由臣核明具奏。合将出省查阅南路营伍起程日期恭摺陈明,伏乞皇上圣鉴。谨奏。

硃批:"知道了。"

汇解光绪廿二年认还洋款暨此后酌量划提摺*

(光绪二十三年正月二十八日)

头品顶戴湖南巡抚臣陈宝箴跪奏,为湖南省光绪二十二年认还俄法、英德借款本息银两,业经按期汇解,其自二十三年起每年照数筹拨,拟按定限动支各项银两批解缘由,恭摺仰祈圣鉴事:

窃准户部咨:"奏《每年应还俄法、英德两款本息,数巨期促,拟由部库及各省关分别认还》各摺、片,于光绪二十二年五月初八日具奏,本日均奉旨:'依议。钦此。'"刷印原奏清单、附片,咨行来南,当经转饬遵照,赶紧设法竭力筹拨。随将二十二年认还前两款本息银十八万两,按期在于茶糖百货加厘及洋药项下动支,汇解江海关交纳,先后分别奏咨在案。

---

* 据《光绪朝硃批奏摺》,第82辑,第573~576页。

兹据善后、厘金各局司道及藩司、粮、盐二道等会详称:“遵查户部原奏:‘以每年认还俄法、英德两款作为一千二百万计算,派令各海关分认五百万两,各省司库分认五百万两,开具清单,请旨饬下各省将军督抚查照单开分认数目,于各省所收地丁、盐课、盐厘、货厘、杂税及各海关所收洋税、洋药税厘项下,除常年应解京饷、东北边防经费、甘肃新饷、筹备饷需、加放俸饷、加复俸饷、旗兵加饷、固本京饷、备荒经费及内务府经费、税务司经费、本关经费、出使经费等项,仍照常分别批解、留支外,其余无论何款,俱准酌量划提,各照分认数目,按期解交江海关道汇总,付还俄法、英德两款本息。’又清单内开:‘归还俄法借款本息,湖南每年派银十万两,二十二年九月内解四成,嗣后每年三月内解六成,九月内解四成;又归还英德借款本息,湖南每年派银十四万两,二十二年六月间先解一半,其余一半银再匀分两次,八月间解到一半,十月间一律解清,嗣后每年匀分四次,于二、五、八、冬四个月解赴江海关道交纳’等因。总计湖南省奉派认还外洋借款二十二年应筹银十八万两,嗣后每年筹银二十四万两。

窃以湖南夙非财赋之区,地丁、漕粮、杂税岁入有额定之数目,岁出有额定之支销,年款年清,毫无余积,所赖以资周转者,惟百货、盐、茶、洋药各厘税而已。从前轮船未行,洋、广各货之运赴湘、鄂、滇、黔者,多由湖南郴州宜章一带经过,故税厘较旺,足敷度支。自各口通商、轮船畅行之后,洋、广商贩固皆改道长江,而运湘销售之货又为子口税单侵占,于是厘税递年锐减,而又屡奉户部添拨京协各饷,入款愈少,出款愈多,久有不支之势。爰自光绪六年以后,迭将水陆各军量为裁汰,复归并局卡,裁减员绅、书役,各项薪粮、琐屑,至于油烛、纸张、零星杂用,无不裁者,力节本省之度支,以供户部之提拨,已属备极拮据。加以近数年来土产红茶时受洋行抑压,商贩深虞亏本,率多观望不前,以致收厘愈见短绌,是茶厘向赖为大宗,至今日又将成弩末。来源益形枯竭,而供亿岁有加增,司局道各库无不悉索一空。每当无可腾挪之际,或欠发本省勇饷,或息借票商银两,聊为敷衍一时,历年亏欠日多,尚不知如何补苴。

户部原奏附片已深悉各省之艰难,因值兹左支右绌之时,仍作此集腋成裘之举,原不敢畏难推诿,亦不能不通盘筹画。湘省每年除支发绿营兵饷各官俸廉、水陆各军勇饷、官弁局员薪水,以及制造军装、军火等项外,向须批解地丁、固本、减平、漕折、轻赍、漕费、厘金、盐厘、东北边防经费、洋药厘税、旗兵加饷、加复俸饷、内务府经费、部库备荒经费、顺天备荒经费、铁路经费、甘肃新饷、长江水师经费等项京协各饷,共银一百二十余万两,又奉拨滇、黔、粤西各省协饷,虽不能如数如期批解,然每年总勉筹数万协济边陲。历来此款尚未措足,彼款又到解期,挪东掩西,顾此失彼,无日不在艰窘之中。兹骤增还款二十四万之多,即遵照户部原奏'将准其酌量划提之款截留作抵',亦难敷二十四万之数。

查湘省常年应解京协各饷内,除奉户部指明款目饬令照常批解外,其余无论何款,虽俱准其提拨,然轻重缓急必须审度。即如厘金、盐厘两项京饷暨长江水师经费一款,或为部库要需,或系江防之重,似难议请截留。此外仅有洋药税厘一款,曾经前抚臣吴大澂奏准提拨东征饷项有案,此项岁收之数,盈绌亦复无定,至旺不过四五万两;又司库减平一款,岁入约二万两;又铁路经费一款,岁筹银五万两。此三款合计共十一二万两,仅符二十四万拨款之半,因二十二年奉拨十八万两之数限期急迫,不得不勉强腾挪,此后实无从筹措。至加抽茶糖百货二成厘金,岁入约银十万两上下,前经臣查照原案奏请停止,以恤商示信,旋奉准部议:'军务虽平,所留防营饷需甚巨,减此入款十余万两,无从筹补,或拨充军饷,或改抵洋款,事事均关紧要,议请除川粤盐斤加价应与淮盐加价一律征收毋庸另议外,其茶糖百货加厘仍不能不接展征收'等因,自应遵照办理。虽将来收数尚难预知,惟目前既仍留此二成加厘一款,以之全数抵解洋款,加以洋药税厘、司库减平、铁路经费各项,统计每年约共银二十一二万两,全数截留提拨作抵,计尚不敷银二三万两,实在无可搜罗,不得不更筹挹注。查湘省协济滇、黔、粤西三省协饷,原奏指拨之数久已无力照解,历年勉筹数万金分别协济,以后惟有于该三省协饷酌量少解成数,俾凑足银二十四万两,以抵认还外洋借款。以上所请截留拨抵各款,均系遵照户部原议准其酌量划提,应请留为湘省专备认还俄法、英德借款本息之用,并请咨明户部,免再作别项提拨"等情,详请奏咨前来。

臣复核无异,除咨户部外,所有上年认还俄法、英德借款本息银十八万两,业经按期在于茶糖百货加厘及洋药项下动支汇解江海关交纳,自二十三年起,每年筹拨银二十四万两,亦按派定限期动拨前项各款批解缘由,理合会同湖广总督臣张之洞恭摺具奏,伏乞皇上圣鉴训示。谨奏。

硃批:"户部知道。"

胡定坤请准援案赐恤入祀片*

(光绪二十三年正月二十八日)

再,据湖南醴陵县知县周至德禀称:"已故前带亲军新左营记名简放提督倭协春巴图鲁胡定坤,系湖南宁乡县人,由武童于咸丰四年投效湖北抚标亲兵营。七年,随同收复江西湖口县城。八年,随军攻克湖北麻城、黄安两县城,左膊受伤,犹裹创力战,生擒伪刘

* 据《光绪朝硃批奏摺》,第45辑,第650~652页。

丞相、余先锋、马检点等正法。九年,伪英王陈玉成勾合捻逆龚瞎子、张落刑等[①],自江浦、庐州、定远分道上犯,该故提督会合各军鼓勇直前,奋力剿杀,毙贼甚多,擒斩伪崇天富、蓝承宣,搜获伪印,夺贼军械无算。十年,逆酋陈玉成复纠众在桐城县属之挂车河等处筑垒四十余座,该故提督随军冲击,刀伤左肩,不少挫衄,斩馘甚众,解散胁从,夺获枪炮刀矛等件尤多,群贼败溃,陈玉成等遂仍遁回庐江。十一年,纠合各军踏平贼垒,击退安庆援贼,次第收复桐城、宿松及湖北黄梅、广济等县,随克复安庆省城。同治元年,贼窜陕西汉中一带,随同各军兜剿,贼即败回四川。九月,湖北襄河、池北一带贼氛蔓延,随军援楚,每战冲锋陷阵,旬日之间连战皆捷,鄂境肃清。回逆复扰陕西,势甚猖獗,盘踞大荔县属之白镇、王阁村等处,该故提督随军猛力并进,设伏要隘,节节搜剿。二年,攻克各处回巢及高陵县城。三年,收复盩厔县城,身受炮伤,积功递保至记名简放总兵,经前湖广总督臣官文委统楚军清胜全军。是时,大股贼匪盘踞麻城县属之白果地方,该故提督会合各军捣其巢穴,抛掷火弹、火箭,烟焰涨天,群贼惊骇,夺路奔逃。四年,霆军在金口哗溃,率师兜剿,追贼至咸宁、崇阳、通城,及江西之义宁、新昌、万载、袁州、萍乡,湖南之桂东、桂阳等县,一月之间追奔千余里,连战数十次,毙叛逆千余名,溃勇远窜。五年,克复黄陂县城,嗣因鄂省一律肃清,遣撤营勇,留鄂差委,经前湖广总督臣官文出具'胆识兼优'考语,给咨送部引见,奉上谕:'著照例用。钦此。'旋奉召见,著以总兵归湖北候补。六年到鄂,经前湖广总督札委训练督、抚两标制兵,巡防省城。旋以巡防出力,奏保寻常加二级,奉旨:'给予三

① "龚瞎子"当指龚得树(即龚得),"张落刑"当指张乐行(一作张洛行),皆捻军主要首领。

代正一品封典。钦此。’七年,请假回籍,经前巡抚臣刘委充振军营务处,兼带右营,办理潭、浏、龙、益各属会匪。事平后,驻防澧州。光绪二年,益阳南溪土匪倡乱,率勇驰往,解散胁从,擒首要置诸法。三年,桃源县七家河土匪陈九畴纠众劫狱,及匪徒勾结伙党盘踞黑神庵、白洋河、基隆山一带,随督营勇与匪战于九溪、黄市,匪众溃败,乘胜擒斩无算,搜获忠义堂伪印一颗,焚毁逆语伪示,并将首恶陈九畴在于酉港捉获,解县讯明正法,经前巡抚臣王文韶奏保以提督记名简放。十年,经前湖广总督臣卞宝第檄饬招募楚军定胜营,带赴粤西关外。十一年,随同各军克复镇南关、越南谅山省文渊州、脱郎州、长庆府等处,奉旨赏换倭协春巴图鲁名号。和议告成,遣撤回籍。二十年,经前护抚臣王廉札委招募亲军新左营,驻防醴陵,兼巡浏、攸两县。二十一年夏秋,亢旱成灾,饥民络绎道路,该故提督亲率弁勇,会同地方官吏及团绅人等抚绥巡察,无间昕夕,拿获抢犯何秋起等数名解县惩办,地方赖以敉安。讵因防务殷繁,积劳过甚,兼冒风寒,触发旧伤,竟于二十二年九月初一日没于防次。

查该故提督弱冠从军,转战湖北、江西、安徽、陕西、河南、湖南数省,攻克城隘,擒斩首要,迭著勋劳,前湖北巡抚臣胡林翼深加器重。嗣经管带防营,巡查盗贼,整顿操防,不敢稍有疏懈。兹因积劳过甚,兼冒风寒,触发旧伤,在防身故,殊堪悼惜。理合造具该故提督战功事迹,呈恳奏请宣付史馆,并准照军营立功后病故例从优议恤,入祀本省昭忠祠、本县忠义祠”等情。

据此,臣复查无异,相应据情吁恳天恩,可否准将已故记名提督胡定坤照军营立功后病故例从优议恤,并将生平事迹宣付史馆,及入祀湘省昭忠祠、该县忠义祠,以彰忠荩之处,出自逾格恩施。除将事迹清册咨部查核外,理合附片陈明,伏乞圣鉴训示。谨奏。

砵批:"兵部议奏。"

李锡仁请改留湖南差遣片*

(光绪二十三年正月二十八日)

再,光绪二十二年十一月初十日准陕西抚臣魏光焘咨送留川尽先补用副将李锡仁,"系湖南长沙县人,由武童于咸丰九年投效武字营,援剿广西、湖北逆匪。旋转战四川,递保以副将留川尽先补用。于光绪二十年帮带湖南抚标亲军新中营,出关东征,嗣改为武威后军左营,调援甘肃。二十二年正月,进攻西宁郡城,肃清东三关,攻克苏家堡、景阳川、峡口大小庄堡四十余座,旋复攻剿哆巴堡,迭获胜仗,杀贼数千,馀众悉降,西宁一带次第肃清,凯撤营勇。并无经手未完事件,禀请咨送回籍归标"等因,准此。当经臣将李锡仁发标去后。兹据臣标中军参将杨定得详称:"李锡仁因母年逾八旬,侍养需人,请奏改留本省抚标左营差遣"等情前来。臣复查无异,可否仰恳天恩,俯准将留川尽先补用副将李锡仁改留湖南归标录用,出自鸿慈。除将该员履历咨送兵部查核外,谨会同湖广总督臣张之洞附片具陈,伏乞圣鉴训示。谨奏。

砵批:"兵部议奏。"

邓嘉桢请准兼袭片**

(光绪二十三年正月二十八日)

再,查定例:"兼袭云骑尉人员,如本身文职品级相等者,准其照例兼袭,毋庸送部"等因。兹据六品衔湖南候补知县邓嘉桢禀

* 据《光绪朝硃批奏摺》,第45辑,第653页。

** 据《光绪朝硃批奏摺》,第45辑,第654页。

称,现年五十五岁,顺天大兴县人,祖籍安徽桐城县。伊父在任候补直隶州前湖南会同县知县邓尔昌,同治二年八月十五日在会同县任骂贼被戕,经前抚臣恽世临奏请议恤,旋经部议"追赠道衔,给云骑尉世职,袭次完时给予恩骑尉世袭罔替"等因具奏,于同治二年十二月十七日奉旨:"依议。钦此。"钦遵在案。伊系邓尔昌嫡长子,已由知县分发湖南补用,久已到省,蒙给云骑尉世职,例应由服官省分呈请兼袭。今照章出具亲供宗图暨同乡官印结,禀请奏咨兼袭前来。臣复核无异,除将履历册结咨送吏、户、兵三部,暨咨顺天府臣饬取原籍印结咨部外,谨据情附片陈请,伏乞圣鉴,敕部核复施行。谨奏。

硃批:"该部议奏。"

黄万鹏请准兼袭合并片*

(光绪二十三年正月二十八日)

再,据湖南宁乡县知县刘人骏详,据新疆阿克苏镇总兵二等轻车都尉世职黄万鹏家丁高升呈称:"窃家长黄万鹏,现年六十五岁,系湖南宁乡县人,原籍善化县。于咸丰五年投入军营,历在湖南、湖北、江西等省攻克各府厅州县城池出力,叠保头品顶戴记名提督伯奇巴图鲁,并蒙赏穿黄马褂、正一品封典。光绪三年,攻克达扳城及托克逊坚巢并会克吐鲁番案内出力,奉上谕:'著赏给云骑尉世职。钦此。'是年追剿逆回连复阿克苏、乌什两城案内,奉上谕:'著改为骑都尉世职。钦此。'克复西四城、新疆南路一律肃清案内出力,奉上谕:'著改为骑都尉世职。钦此。'旋因重复,经前陕甘督臣左宗棠附奏请改奖,奉上谕:'著改为二等轻车都尉世职。钦

* 据《光绪朝硃批奏摺》,第45辑,第655~656页。

此。'旋奉上谕:'补授新疆阿克苏镇总兵。'经兵部颁给劄付在案。因胞叔尽先补用都司黄有才,又胞叔尽先补用守备黄登和,均于同治八年十一月初九日在甘肃金积堡血战阵亡,均经兵部各议'给云骑尉世职,袭次完时给予恩骑尉世袭罔替'等因,同治十一年五月二十一日奉旨:'依议。钦此。'又胞叔六品军功黄春山,于咸丰九年十二月二十二日在太湖小池驿中炮阵亡,经兵部议'给云骑尉世职,袭次完时给予恩骑尉世袭罔替'等因,咸丰十年五月二十六日奉旨:'依议。钦此。'又堂叔记功应保把总黄官慈,于同治三年六月十六日在江宁阵亡,经兵部议'给云骑尉世职,袭次完时给予恩骑尉世袭罔替'等因,于同治三年十二月十六日奉旨:'依议。钦此。'钦遵各在案。兹阵亡黄有才等皆无亲生嫡、庶出子孙,又无无职近支之人可以承袭,黄官慈并无胞侄及亲弟兄应袭之人,例准以有职近支之人承袭,亦准合并一爵。今家长黄万鹏系阵亡都司黄有才、守备黄登和、军功黄春山之胞侄,应保把总黄官慈之堂侄,所有奉旨赏给各云骑尉世职,遵例应以家长黄万鹏一人兼嗣承袭。查'二等轻车都尉加一云骑尉则为一等轻车都尉,再加一云骑尉则为一等轻车都尉兼一云骑尉,再加一云骑尉则为三等男,再加一云骑尉则为二等男'等因,兹家长黄万鹏已奉旨赏有二等轻车都尉世职,又承袭各云骑尉,遵例请合并为二等男,并无假冒钻继等弊,例应由原籍造送宗图册结",今据由县加结造册,详请奏咨兼袭合并前来。

臣复核无异,相应吁恳天恩,可否俯准将新疆阿克苏镇总兵二等轻车都尉世职黄万鹏兼袭各云骑尉世职,合并为二等男之处,出自逾格鸿慈。除册结送部外,理合附片陈请,伏乞圣鉴训示。谨奏。

硃批:"该部议奏。"

李元善续完银两请核减考成片*

（光绪二十三年正月二十八日）

再，湖南省应征光绪二十一年南秋米折、驴脚银两奏销案内，未完一分以上各员名，业经臣开单汇案具奏在案。兹据粮储道但湘良详称："原参经征未完南米九分、驴脚九分之攸县知县李元善，现催据续完南米一千五百一十七石九斗一升一合四勺折银一千两，驴脚银二百两，于光绪二十二年十二月十八日弹收入库，俟造入二十三年秋拨册报。该员于开单奏报后，随催据续完南米计算已完二分五厘，驴脚计算已完二分七厘，例得核减，应请将原参未完南米、驴脚各九分之攸县知县李元善考成核减为未完南米六分五厘、驴脚六分三厘，其未完银两仍由道严催扫数全完，循例造入奏册详题"等情，详请奏咨前来。臣复核无异，相应奏恳天恩，俯准饬部将原参经征未完南米、驴脚各九分之攸县知县李元善核减为未完南米六分五厘、驴脚六分三厘。除咨户部外，理合附片陈明，伏乞圣鉴。谨奏。

硃批："户部知道。"

安仁县续完津贴银两请核减考成片**

（光绪二十三年正月至三月）

再，湖南衡州府属之安仁县应完光绪十九年分津贴银两，前因奏前未据全完，业经前抚臣吴大澂开单汇案具题，奉部核复在案。兹据代理粮储道刘镇详称："据接署安仁县知县杨鸿鼎解到银六十

* 据《光绪朝硃批奏摺》，第70辑，第888～889页。

** 据《光绪朝硃批奏摺》，第70辑，第911页。

七两八钱八分四厘,于光绪二十二年六月二十三日弹收存库,俟造入光绪二十三年漕项春拨册报。复查该县解收前项津贴银两,核计续完一分五厘,例得核减,应请将原参经征未完四分八厘考成之前安仁县知县江渤核减为未完三分三厘,其未完银两仍由道严催扫数全完,另案详办"等情,详请具奏前来。臣复核无异,除咨户部外,理合附片具陈,伏乞圣鉴,敕部减议施行。谨奏。

硃批:"户部议奏。"

光绪廿二年上下两忙钱漕等项银数摺*

(光绪二十三年二月二十八日)

头品顶戴湖南巡抚臣陈宝箴跪奏,为查明各属征收光绪二十二年分上、下两忙钱漕等项银数,开具比较清单,恭摺仰祈圣鉴事:

同治八年二月初五日奉上谕:"户部奏'请饬各省整顿丁漕,按限奏报'等语,著各直省督抚自同治八年为始,督饬藩司将全省一年上、下两忙征收丁漕各实数及上届征收总数开具比较清单,详明专案奏报,统限各该年年底出奏,以备稽考等因。钦此。"钦遵在案。同治十年经前升抚臣王文韶奏明:"年终出奏,自须先期截算,究非通年征收总数,请展限至次年开印后办理,庶归核实",经户部议准咨行照办。

兹据藩司何枢查明,光绪二十二年分征收各属上、下两忙地丁、起运、存留、驿站正耗钱粮,截至年底止,共完银七十八万七千四百二十两六钱二分七厘,比较上届光绪二十一年分各属完解银七十六万一千三百七十九两七钱九分九厘,计多完银二万六千零四十两八钱二分八厘;又据粮储道但湘良查明,光绪二十二年分征

---

* 据《光绪朝硃批奏摺》,第67辑,第800~801页。

收各属漕南米折等项正耗钱粮，截至年底止，共完银二十一万一千三百六十五两一钱四分二厘一毫，比较上届光绪二十一年分收解银一十五万三千五百三十一两六钱四分七厘一毫，计多完银五万七千八百三十三两四钱九分五厘。分别开具比较清单，详请奏报前来。臣复核无异，除将未完各款钱粮严饬司道督饬上紧催征，务于奏销前全完造报，并咨户部查照外，理合照缮清单，恭折具奏，伏乞皇上圣鉴。谨奏。

朱批："户部知道，单并发。"

光绪廿二年新旧钱粮完欠数目折*

（光绪二十三年二月二十八日）

头品顶戴湖南巡抚臣陈宝箴跪奏，为湖南省光绪二十二年分征收新、旧钱粮，截至年底止完、欠数目，循例奏祈圣鉴事：

窃照各省征收钱粮，例应于年底截清完、欠银数，专折具奏，历经遵办在案。兹据布政使何枢详称："湖南省光绪二十二年分司道库额征地丁、起运、存留、驿站及随漕浅船、南折、驴脚并芦课各税等项钱粮正耗，共银一百三十九万四千九百七十二两一钱八分五毫，截至是年年底止，已完银九十三万九千九百五十一两八钱八分八厘七毫，未完银四十五万五千零二十两二钱九分一厘八毫；又上届奏销案内应征旧欠光绪十四、五、六、七、八、九、二十、二十一等年地丁正耗，共银二十二万六千零九十两二分三厘，已完银三万五千四百九十七两二钱七分五厘，未完银一十九万五百九十二两七钱四分八厘；又澧州、安乡、湘阴、益阳、武陵、龙阳、沅江、巴陵、华容、临湘、新化及醴陵、攸县、茶陵、衡山、清泉、邵阳等州县并岳州

* 据《光绪朝朱批奏折》，第67辑，第802～803页。

卫,应带征光绪十四、五、六、七、八、九、二十、二十一等年灾缓地丁正耗,共银六万六千三百八十七两五分七厘全未完,饬据各该管道府州确查,俱系实欠在民”等情,详请具奏前来。臣复查光绪二十二年分应征新、旧钱粮,截至年底止,所有未完银两均系实欠在民,并无以完作欠情弊,现在督饬司道严切催征,务令于奏销前一律扫数完解,以重帑项。理合循例恭摺具奏,并将完、欠数目分晰缮具清单,恭呈御览,伏乞皇上圣鉴。谨奏。

硃批:“户部知道,单并发。”

光绪廿三年正月粮价及雨水情形摺*

(光绪二十三年二月二十八日)

头品顶戴湖南巡抚臣陈宝箴跪奏,为恭报正月分粮价及地方雨水情形,仰祈圣鉴事:

窃照湖南省上年十二月分市粮价值及雨雪情形,业经臣恭摺奏报在案。兹据藩司何枢查明通省本年正月分各项粮价,开单汇报前来。臣逐加查核,长沙等十八府州厅属米、麦、豆各价值均与上年十二月相同,省城及各属地方入春以来雨多晴少,麦苗长发青葱,杂粮、蔬菜一律繁茂,闾阎乐业,境宇敉平,堪以上慰宸廑。理合恭摺具奏,并缮粮价清单敬呈御览,伏乞皇上圣鉴。谨奏。

硃批:“知道了。”

黄炳离试用期满请留省补用摺**

(光绪二十三年二月三十日)

头品顶戴湖南巡抚臣陈宝箴跪奏,为道员试用期满,恭摺仰祈

* 据《光绪朝硃批奏摺》,第96辑,第138页。

** 据《光绪朝硃批奏摺》,第12辑,第276页。

圣鉴事：

窃照定例："捐纳道员如循例签掣分发者，试用一年期满，督抚察看甄别，专摺奏闻，照例题补"等因，历经遵办在案。今查湖南花翎试用道黄炳离，现年三十七岁，江西庐陵县人，由增贡生于光绪十七年五月初六日在顺直赈捐案内出力奖叙花翎同知升衔。十九年九月二十一日在福建新海防局报捐郎中，不论双单月分部行走。二十年三月十六日赴部捐免保举，二十八日蒙钦派大臣验看，四月初五日签分户部，初九日到部，分河南司学习行走。是年六月初一日，复在福建台湾遵新海防例加捐道员，不论双单月选用。二十一年四月二十日在江宁捐局报捐分发，指省湖南试用，七月十六日在部补捐道员免保，遵即呈请离部，二十八日蒙钦派大臣验看，八月十三日由吏部带领引见，奉旨："著照例发往。钦此。"二十一日领照起程，于光绪二十二年正月二十二日到省。今自到省之日起，扣至光绪二十三年正月二十二日，试用一年期满，例应甄别。臣详加察看，该员精敏干练，办事勤能，堪以繁缺道员留省补用，相应专摺奏闻，请将花翎试用道黄炳离留省，照例补用。据布政使何枢、按察使桂中行会详前来，理合会同湖广总督臣张之洞恭摺具奏，伏乞皇上圣鉴。谨奏。

硃批："吏部知道。"

常德府知府汤似瑄饬赴新任片*

（光绪二十三年二月三十日）

再，新授常德府知府汤似瑄业已到省缴凭，应即饬赴新任，以专责成。据藩司何枢、臬司桂中行会详前来，除批饬遵照外，谨会

* 据《光绪朝硃批奏摺》，第 12 辑，第 277 页。按：此为上摺之附片。

同湖广督臣张之洞附片具陈,伏乞圣鉴。谨奏。

朱批:"吏部知道。"

刘明镫请准援例赐恤折*

(光绪二十三年二月三十日)

头品顶戴湖南巡抚臣陈宝箴跪奏,为提督立功后积劳病故,恳恩赐恤,以彰忠荩,恭折仰祈圣鉴事:

窃臣据三品衔前广西盐法道徐树钧等联名呈称:"已故遇缺题奏提督前福建台湾镇总兵斐凌阿巴图鲁刘明镫,湖南永定县人。咸丰十年,由武举经襄办两江军务四品京堂左宗棠调赴军营,是年随同大队克复德兴、婺源。十一年二月,移驻金鱼桥,甫筑营垒,贼于附近掠食,该故提督争先迎击,毙贼多名,被枪子中伤左肋。三月,移驻乐平,贼首李世贤率大股图窜,该故提督奋勇力战,克复乐平。同治元年,移师克复遂安、江山、衢州府县城池,洊保参将,统带新左三营。二年,克复汤溪、龙游、兰溪、金华,肃清浙东郡县。九月,贼窜临安西北,该故提督会同黄少春各营进剿,毙贼七八百名,夺获军装、马匹无算,斩著名贼目数名,拔出难民数千。十二月,进攻馀杭,立破三大垒。二十六日,复会杨昌濬直捣青林堰逆酋汪海洋老巢,汪逆拚死回斗,我军几为所乘,该故提督奋不顾身,殿后力战,右胁受矛伤,全师而还。三年,克复杭州、馀杭两城,汪逆分窜武康、德清,该故提督会师截剿,克复武康、德清、石门三县,奉上谕:'交军机处记名,遇有闽浙总兵缺出,请旨简放。钦此。'随奉调驰赴衢、严要隘,截击湖北窜贼。是时,贼党分股自昌化、威坪、蜀口,众约三万,延扎二十余里,该故提督纵横痛击,阵斩伪乐

* 据《光绪朝朱批奏折》,第45辑,第689~692页。

王之子莫桂先等，夺获伪印、洋枪、马匹，群贼退踞严州府属之黄金岭。该故提督分路齐追，杀毙万余，生擒三千余，复于擒贼内搜出伪忠王李秀成之子李士贵等，解经闽浙督臣左宗棠讯确陈奏，同治四年正月十三日奉上谕：'福建福宁镇总兵员缺，著刘明镫补授。钦此。'未即赴任。是年四月，奉文统带五营赴福建安溪边界进剿。七月，进扎下灞。八月，克复镇平县城，贼酋汪海洋大股窜遁，该故提督率队拦截十三昼夜，分道进剿。十二月，会同简桂林等营进扎西洋市，以逼嘉应州城。二十二日夜，贼启西南门，由小路潜出，该故提督探知，率部追剿，杀毙贼目，馀众奔溃，遂克嘉应州城，奉旨赏给斐凌阿巴图鲁名号。五年八月，经闽浙督臣左宗棠奏该故提督'谋勇兼资'，调补台湾镇总兵，并带楚军新左营，赴任。十二月初八〈日〉，渡台任事。七年十二月交卸。九年，奉文募勇赴甘肃援剿。八月，行抵平凉，随率所部赴静宁州等处追剿回逆，迭获胜仗，回众窜入南山，冒雪入山搜捕，克复狄道、渭源等州县城池，并剿退河州金积堡逆回，移营进扎定安〔安定〕，经陕甘督臣左宗棠委带左、右两路。旋奉上谕：'著以提督遇缺题奏。'十年八月，由安定沿洮河东行，抵柳林浦口，猝遇马、步贼数百，挥队击之，贼败入新田铺，随即进剿，克复康家新岩、孙家两堡，复会右路提督合剿，斩贼首马尔和、哈然麻，计破大小庄堡十余处。旋因三甲集为河西门户，西接太子寺、大东乡，为河州门户，回逆悍党守御甚严，山高地险，秋霖河涨，诸军顿，洮不能渡。该故提督自请力任其难，乃造浮桥济师，直抵邓家湾，贼党万余来援，遂一面分御援贼，一面猛攻贼垒，鏖战两时，各村堡一律破除。十月，抵下甲堡，该故提督从后路绕入，分队冲杀，径抵甘平，连破堡垒，进克太平堡、大东乡、太子寺，路径始通。十二月，攻破太子寺北火红庄等堡。十一年，攻破新路贼垒，仍回防次。八月，统带安西各军，增修垒卡，悍贼冲扑，大小五十余战,遂解西宁之围。十二年,由米拉沟继进,分驻城关,获逆回马本源等。该故提督谕以胁从罔治,回众争缴军械,逆回马柱源兄弟亦乞抚,将其转解省城,巴燕戎城一律克复。三月,进规循化。四月,收复迪化厅城。十三年正月,关内肃清,裁撤前、后、左、右四营,仍带安西中营,驻防碾北。光绪元年,奉委兼统果字各军,移驻西宁。三年,关陇肃清,请假回籍,因积劳过甚,旧伤复发,于二十一年二月十二日在籍病故。

职等同居共里,深知该故提督以武举调营,转战江西、江南、浙江、广东、陕西等省,屡著劳绩,迭建奇功,其一身忠勇,为左宗棠所倚重。自回籍以来,常以受国厚恩未能再出以图报称为憾,今伤发病故,同深伤悼。伏查福建陆路提督王明山在籍病故,经前抚臣吴大澂奏请议恤,奉旨允准,钦遵在案。刘明镫事同一律,不忍听其湮没,禀请援照军营立功后积劳病故例奏请议恤"等情前来。

臣查该故提督刘明镫身经百战,迭克名城,乃以积劳身故,殊深悼惜。相应吁恳天恩,俯准敕部将已故遇缺题奏提督前福建台湾镇总兵刘明镫照军营立功后病故例议恤,并恳将战功事迹宣付史馆立传,以彰忠荩而励戎行,出自逾格鸿施。

除履历事迹咨部外,理合恭摺具陈,伏乞皇上圣鉴训示。谨奏。

硃批:"另有旨。"

〖附〗光绪二十三年三月三十日上谕*

予故记名提督前福建台湾镇总兵刘明镫恤典，事迹宣付史馆立传。从湖南巡抚陈宝箴请也。

恭报接阅南路营伍完竣并回省日期摺**

（光绪二十三年二月三十日）

头品顶戴湖南巡抚臣陈宝箴跪奏，为恭报微臣接阅南路各营伍完竣并回省日期，仰祈圣鉴事：

窃臣于上年八月十三日出省，前赴常、辰、镇筸、沅州等处，按营阅看事竣，于九月二十六日回省，校阅省标各营并调阅岳州营官兵完竣，本年二月初四日起程，接赴省南衡、永各镇协营依次查阅，均经恭摺奏报在案。随于初八日驰抵衡郡，校阅衡州协官兵，并调阅宝庆、宜章、桂阳各协营；十六日抵永州府城，校阅永州镇标三营，并调阅临武、武冈、岭东各营；分防衡州之亲军副前营勇丁、分防永州之亲军副中营勇丁，亦经就近调阅。所有各营马、步、弓箭，衡州、宝庆均及八成，宜章、桂阳、临武及永州镇标三营均及七成，武冈、岭东两营均将及七成。以上各协营合演三才、八卦等阵式及籐牌、刀矛破打，均尚步伐整齐、进止合度。查验兵丁粮数皆系足额，马匹、器械亦俱膘壮、鲜利。其操防认真、才艺出色之将弁兵丁，均经酌给犒赏，用资鼓励。臣于永州事竣，即由水路下驶，二月

---

* 据《清实录·德宗景皇帝实录》，见《清实录》，卷四〇三，第269页。按：此谕另见《光绪朝东华录》，惟“刘明镫”误作“刘明澄”，详第四册，总第3955页。又按：此谕亦见《知新报》第二十册（光绪二十三年五月初一日出版），内容更为详尽，“刘明镫”亦误为“刘明澄”。

** 据《光绪朝硃批奏摺》，第52辑，第862～863页。

二十七日回省。除仍督饬各营将弁认真训练,以期一兵得一兵之用,其各路防营勇丁现拟采取西法,略为更张,力加整顿,容俟布置周妥另行奏报外,所有微臣查阅南路营伍并回省日期,理合恭摺具奏,伏乞皇上圣鉴。谨奏。

硃批:"知道了。"

董燿焜等续完银两请开复免议片*

(光绪二十三年二月三十日)

再,查湖南省应征光绪二十一年南秋米折、驴脚银两奏销案内,未完一分以上各员职名,业据代理粮道刘镇开单汇案,详经具奏在案。兹据粮储道但湘良详称:"查有原参经征未完南米六分六厘〈驴脚六分六厘〉已故醴陵县知县董燿焜,接征未完南米五厘、驴脚五厘署醴陵县知县李尚卿,接征未完南米一分二厘、驴脚一分二厘代理醴陵县知县薛鸿年,现催据各将未完南米二千九十七石一斗七升四勺折银一千三百八十一两六钱一分五厘八毫,又未完驴脚银二百五十二两一钱三分四厘六毫,全数批解到道,于光绪二十二年十二月二十三日弹收入库,俟造入二十三年秋拨册报。惟各该员于开单奏销后一律全数完解,应请将原参未完南米、驴脚各六分六厘醴陵县知县董燿焜,未完南米、驴脚各五厘署醴陵县知县李尚卿,未完南米、驴脚各一分二厘代理醴陵县知县薛鸿年各考成,开复免议。再,董燿焜未完南、驴均系六分以上,薛鸿年未完南、驴均系一分以上,先经开单详奏;其李尚卿未完南、驴均不及一分,系归入奏销本案造报"等情,详请奏咨前来。臣复核无异,相应奏恳天恩,俯准饬部将原参未完南、驴各六分六厘之已故醴陵县知县董

* 据《光绪朝硃批奏摺》,第70辑,第899~900页。

燿焜，未完南、驴各五厘之署醴陵县知县李尚卿，未完南、驴各一分二厘之代理醴陵县知县薛鸿年各考成职名，开复免议。除分咨吏部、户部外，理合附片陈明，伏乞圣鉴。谨奏。

硃批："著照所请，该部知道。"

湘潭、攸县续完津贴银两请分别扣除免议片*

（光绪二十三年二月三十日）

再，据湖南粮储道但湘良详称，长沙府属之湘潭县、攸县各应完光绪二十一年分津贴银两，前因奏销前未据全完，业经前代理道刘镇查明该县等未完分数、应议职名，照案造册开单，详经臣分别题奏在案。"兹据署湘潭县陈宝树将未完光绪二十一年津贴银四十六两八钱一分七厘，又据现署攸县万兆莘将未完光绪二十一年津贴银二百三十五两三钱六分五厘，均如数解道，于光绪二十三年二月十三、十八两日先后弹收存库，归入光绪二十三年漕项秋拨册内造报外。查湘潭县、攸县各未完光绪二十一年津贴银两既经续行全完，所有原册开列经征未完一厘之本任湘潭县知县彭飞熊，又原参经征未完九分九厘之本任攸县知县李元善各职名，均应照案详明，奏请扣除免议等情"前来，臣复核无异，除咨户部外，理合附片陈明，伏乞圣鉴，饬部免议施行。谨奏。

硃批："户部议奏。"

奏陈承造剥船工竣暨押运开行日期片**

（光绪二十三年二月三十日）

再，湘省上年五月接准工部咨："会同户部议复：'直隶原额续

* 据《光绪朝硃批奏摺》，第 82 辑，第 589 ~ 590 页。

** 据《光绪朝硃批奏摺》，第 101 辑，第 851 页。

增剥船,现届满料,请饬江、广等省照例另造,行令湖南分造一百五十只,派委妥员排造,妥速运津,务须工坚料实。所需工料、运费,遵照奏案先于粮库津贴款内垫支,俟东纲息款解到,仍即拨还原款。'”并经臣札委候补道庄赓良、知府沈莹庆赶紧购料兴工,如式排造,业经奏报在案。兹据布政使何枢会同粮储道但湘良详称:“前项剥船应用工料、运费,均于粮库津贴银内动支给领,事竣造册报销。现据委员庄赓良等具报:‘剥船一百五十只,督饬工匠陆续造竣登水,定于光绪二十三年正月十六日由常德府水次押运开行。’除由司移会岳常道陈璚督同署常德府知府任之驹亲诣工所验明船只,俟取具保固切结申赍到日,另行详咨。”所有剥船工竣、押运赴津开行日期,详请奏咨前来。臣复查无异,除切饬该委员等严谕各船不准私带货物,以期迅速,并分咨户、工二部,及咨会沿途湖北等省督抚查照外,理合附片具陈,伏乞圣鉴。谨奏。

硃批:“该部知道。”

〖附一〗张汝梅:湘省代造直隶剥船全数顺利过境片*

(光绪二十四年九月十三日)

再,湖南省代造直隶剥船一百五十二只,于本年七月十五日挽抵北运河陶城埠口门,因距江北漕船进口煞坝时逾一月,正值秋汛盛涨,黄运高下悬殊,势难启坝放行。经臣分饬印委各员察度情形,由口门迤北之支河启坝进船,俟全数挽入,即行堵闭,将该处堤身挖通,绕入运河,再放坡水接济。所需经费由外另筹,并派委员

* 据《光绪朝硃批奏摺》,第71辑,第41页。

弁沿途弹压照料。兹据报,于八月初三日全数入运,二十八日一律挽出东境,连樯前进。除分咨查照外,谨附片陈明,伏乞圣鉴。谨奏。

硃批:"该部知道。"

〖附二〗俞廉三:湘省应造剥船仍请援案由直隶代造摺*

(光绪二十四年十月二十八日)

头品顶戴湖南巡抚臣俞廉三跪奏,为湖南省应造剥船,援案请由直隶代造,恭摺仰祈圣鉴事:

窃查光绪二十四年八月初六日准户部咨:"直隶总督臣荣禄奏:'直隶满料续增剥船,应由江西、湖北、湖南分造。前因办理军务,各省不能造解,遂多缺额,光绪七、八等年分别由直隶代造,原系一时权宜之计,此次自应仍复旧制,由各该省分造。本届满料续增剥船,湖南省应造七十二只,务于本年封河以前解津,以供来岁新漕剥运等因。'光绪二十四年六月十一日奉硃批:'该部知道。钦此。'"钦遵钞录原奏咨行到湘,并准工部及直隶总督各咨相同,经前抚臣陈宝箴行知去后。

兹据湖南署布政使但湘良、署粮储道况桂馨详称:"本届应造剥船,奉文仍复旧制,照例分造,自应赶紧遵办,曷敢推诿?惟湘省林木近年下游采运日多,滋长不及,以致逐渐凋落,颇乏良材,需用坚巨木植均赴贵州购买。不独道路险远,运费不赀,且时值秋冬,溪涧干涸,簰筏不能行驶,已难克期齐备。迨排造成船,由湖达江,

* 据《光绪朝硃批奏摺》,第101辑,第878~879页。

转入运河，沿途风涛阻滞，更难预计行程。上届承造剥船，催趱未能迅速，现距封河之期为时甚促，若由湖南排造，诚恐不能如期解到，致误新漕转运要需。溯查同治五、六、七、九等年，因木缺价昂，运道阻滞，将湖南等省应造剥船由直隶代造，光绪七、八年并十二、十三、十五等年亦经查照办理，二十一年海啸击沈剥船，又经前直隶总督臣王文韶援案奏明代造，均皆妥速无误。惟此项剥船工料，例应于东纲生息项下动支，现在东纲生息一款已成无著，兹经商明直隶总督臣裕禄，拟仍援照成案，由湖南筹垫款项解赴直隶，代为赶造，免误漕运。合无仰恳天恩，俯准饬由直隶省将湖南分造剥船代为赶造，免误运限之处，除咨户、工二部，并行藩司、粮道迅速筹款汇解直隶总督衙门兑收应用外，谨会同湖广总督臣张之洞恭摺具陈，伏乞皇太后、皇上圣鉴训示。谨奏。

朱批："著照所请，该部知道。"

朱益濬、赵宜琛年满甄别片*

（光绪二十三年二月）

再，查定例："道府州县保归候补班人员，予限一年，察看甄别"等因，历经遵办在案。兹查有补用知府朱益濬，年四十七岁，江西莲花厅优廪生，补用知府赵宜琛，年四十五岁，贵州平越州增生，均于光绪二十一年十二月二十七日接到知府过班到省之日起，扣至光绪二十二年十二月二十七日，一年期满，例应甄别。据湖南布政使何枢、按察使桂中行会详请奏前来，臣详加察看，该员朱益濬才识开敏、办事精详，该员赵宜琛操履精纯、才识明练，均堪以繁缺补用。除咨吏部查照外，谨会同湖广督臣张之洞附片具陈，伏乞圣

---

* 据《光绪朝硃批奏摺》，第12辑，第286页。

鉴。谨奏。

硃批:"吏部知道。"

余良栋亏短钱粮如数解抵请饬注销参案片*

(光绪二十三年二月)

再,已革前桃源县知县余良栋,任内交代亏短钱粮银三千三百九十九两七钱一分一厘、库杂银五十六两一钱二分六厘,例限久逾,延未解缴,前经臣会核奏请,先行勒限两个月严追赶解在案。兹据布政使何枢、按察使桂中行详报,据该革员余良栋于光绪二十二年十二月内,先后将欠解钱粮、库杂银两如数解抵清楚,会详请奏前来。臣复核无异,除饬将交代册结赶紧造赍详咨外,相应奏恳天恩,俯准将已革桃源县知县余良栋亏短钱粮、库杂之案饬部注销。谨会同湖广总督臣张之洞附片陈明,伏乞圣鉴。谨奏。

硃批:"著照所请,该部知道。"

附生王道南兼袭世职应试片**

(光绪二十三年二月)

再,定例:"文、武生员,准其兼袭世职,食俸应试"等因。兹据宁乡县知县刘人骏详,该县附生王道南于光绪十二年入学,因伊堂叔王炳仁由武童于同治八年投营,随同剿办回匪出力,保以外委,八年在甘肃金积堡中炮阵亡,经部议"给云骑尉世职,袭次完时给予恩骑尉世袭罔替"。王炳仁无嗣,王道南系属堂侄,过继为嗣,遵例呈请以附生兼袭云骑尉世职、食俸应试等情,由县详请核奏前

* 据《光绪朝硃批奏摺》,第12辑,第286页。

** 据《光绪朝硃批奏摺》,第45辑,第695页。

来。臣核与兼袭之例相符,相应据情奏恳天恩,俯准王道南以附生兼袭云骑尉世职,应试乡闱,以示体恤;至支食俸银之处,应照湖南奏定章程办理。除将册结咨部查核外,谨附片陈请,伏乞圣鉴,敕部核复施行。谨奏。

硃批:"该部议奏。"

奉派认还英德借款光绪廿三年二月应解银两片*

(光绪二十三年二月)

再,前准户部咨:"奏《每年应还俄法、英德两款本息,数巨期促,拟由部库及各省关分别认还》各摺、片,于光绪二十二年五月初八日具奏,本日均奉旨:'依议。钦此。'"刷印原奏清单,咨行来南。查"英德一款,应还本息每年约银六百九十万两内,由各省地丁、盐课、盐厘、货厘、杂税等款项下指拨,计湖南银十四万两,其期甚迫,应令各省关照指拨摊派之数,先分一半,务于六月间解交江海关道。其余一半银两再匀分两次,八月间解到一半,十月间一律解清。嗣后每年匀分四次,于二、五、八、冬四个月解赴江海关道交纳,不得稍有延欠"等因,当经转饬遵照,赶紧设法筹解。随据将奉派指拨光绪二十二年认还英德一款共计银十四万两,业已分别遵照限期,如数汇解江海关道查收,先后奏咨各在案。兹据善后、厘金各总局并藩司及粮、盐二道等会详称:"今查二十三年分应解英德一款二月限期已届,现拟请在于茶糖百货二成加厘项下动支库平银三万五千两,又汇费银五百二十五两,于光绪二十三年二月十四日发交乾盛亨、协同庆两商号各承领银一万二千两,蔚泰厚商号承领银一万一千两,均限于光绪二十三年二月三十日汇解江海关

---

* 据《光绪朝硃批奏摺》,第82辑,第594页。

交纳,守候库收批照回销,以期迅速而济要需”等情,详请奏咨前来。臣复核无异,除咨户部外,所有湖南省奉派认还英德一款,本年二月限期应解银两汇解江海关道查收缘由,理合会同湖广督臣张之洞附片具陈,伏乞圣鉴。谨奏。

硃批:“户部知道。”

光绪廿二年下忙钱粮解司银数摺*

(光绪二十三年三月二十八日)

头品顶戴湖南巡抚臣陈宝箴跪奏,为查明湖南省光绪二十二年分下忙钱粮解司银数,循例恭摺具陈,仰祈圣鉴事:

窃照前准户部咨:“各直省督抚督饬藩司,自嘉庆二十一年为始,于州县每年应征上、下忙钱粮,除例准留支及实欠在民外,所有征存银两尽数提解司库,上忙应四月完半者限五月底,下忙限十二月底截清,解司银数专摺奏报。”又咸丰二年六月内准户部咨:“嗣后各省应征上忙钱粮,以二月开征,限五月底完半,下忙八月接征,限十二月底全完。按照八分计算,责成藩司督催。以上忙匀为三分征收,如能完至三分者,免其议处,完至三分以上者,即予议叙;下忙匀为五分征收,如能完至五分者,免其议处,完至五分以上者,即予议叙。其余二分果能于奏销前全完者,即将该司请旨从优议叙。”又咸丰九年户部奏定:“上忙限十一月底,下忙限次年五月底,分晰成数造报”各等因。历经遵办在案。

兹据藩司何枢查明光绪二十二年分通省下忙钱粮完、欠数目,造册详请具奏前来,臣复加查核,册造湖南省光绪二十二年分应征地丁、起运、存留、驿站等项钱粮正银一百一十三万五千九百九十

* 据《光绪朝硃批奏摺》,第 82 辑,第 609 ~ 610 页。

两三钱六分七厘,上忙已完过银三十三万九千二百三十九两三钱五分六厘,今下忙又征完银六十二万五千七百四十二两六钱三分九厘,除水灾案内应行蠲缓银二万七千六百六十六两七分九厘,实未完银一十四万三千三百四十二两二钱九分三厘。又应征耗羡银一十一万三千五百一十四两二钱七分六厘,上忙已完过银二万三千五百五十七两七钱八分三厘,今下忙又征完银六万四百二十七两五钱九分一厘,除水灾案内蠲缓银二千七百六十六两六钱八厘,实未完银二万六千七百六十二两二钱九分四厘。通计下忙正、耗钱粮已完五分考成银六十八万六千一百七十两二钱三分,其余未完并带征光绪十四、五、六、七、八、九、二十、二十一等年灾缓银两,现据查明均系实欠在民,并无以完作欠情事。除饬藩司严催各属将未完银两上紧征收,务于奏销以前一律扫数完解,并将总册咨部外,所有查明光绪二十二年分下忙钱粮截清解司银数,理合恭摺具陈,伏乞皇上圣鉴。谨奏。

硃批:"户部知道。"

奉派认还俄法借款光绪廿三年三月汇解六成银两片*

(光绪二十三年三月二十八日)

再,准户部咨:"奏《每年应还俄法、英德两款本息,数巨期促,拟由部库及各省关分别认还》各摺、片,于光绪二十二年五月初八日奏,本日均奉旨:'依议。钦此。'"刷印原奏清单、附片,飞咨来南,业饬司局遵将派拨光绪二十二年认还俄法一款分限筹解,并续

* 据《光绪朝硃批奏摺》,第82辑,第610~611页。

将九月限期银四万两如数汇解江海关查收，奏咨在案。兹据湖南善后、厘金各局及藩司、粮、盐二道等会详称："光绪二十三年分应解俄法一款三月限期已届，不得不竭力筹解，以免遗误。现拟请在于茶糖百货加抽厘金项下动支银六万两，又汇费银九百两，于光绪二十三年三月十五日发交乾盛亨、协同庆、蔚泰厚三商号各承领银二万两，均限于光绪二十三年三月三十日汇解江海关道兑收，守候库收批照回销，以期迅速而济要需"等情，详请奏咨前来。臣复核无异，除咨户部外，所有湖南省奉派认还俄法一款，限本年三月内解交六成银两汇解江海关查收缘由，理合会同湖广总督臣张之洞附片具陈，伏乞圣鉴。谨奏。

朱批："户部知道。"

采办光绪廿二年例木开行解京摺*

（光绪二十三年三月二十八日）

头品顶戴湖南巡抚臣陈宝箴跪奏，为采办光绪二十二年例木，开行由海运京，恭摺仰祈圣鉴事：

窃据湖南布政使何枢详称："前奉工部咨：'奏湖南等省欠解桅、杉、架、槁等木，为数甚巨，请旨严催运解'等因，遵即委令常德府同知蒋光赶紧采办光绪二十二年一批例木运京。兹据委员采办桅木二十根、杉木三百八十根、架木一千四百根、桐皮杉槁木二百根，共二千根。现已一律买齐，挽运常德府德山河下，捆扎成牌〔簰〕，定于四月初六日开行解京。此次采办二十二年例木二千根，共应领价银三千九百五十二两三钱六分，由司在于光绪二十二年地丁项下按数开支，应归是年奏销案内开报。现值运河干浅，木簰

* 据《光绪朝硃批奏摺》，第88辑，第360~361页。

难行,饬令该委员照案运至上海,附搭轮船解京,所需经费,遵照部议,每批不准过例木价银之数,计应领银三千九百五十二两三钱六分,在于厘金项下按数动支,一并发交该委员具领”,详请分别奏咨前来。臣复查无异,除咨户、工部查照外,理合会同湖广总督臣张之洞恭折具陈,伏乞皇上圣鉴。谨奏。

硃批:“该部知道。”

光绪廿三年二月粮价及雨水情形折*

(光绪二十三年三月二十八日)

头品顶戴湖南巡抚臣陈宝箴跪奏,为恭报二月分市粮价值及所属地方雨水情形,仰祈圣鉴事:

窃照湖南省本年正月分粮价及雨水情形,业经臣恭折奏报在案。兹据藩司何枢查明通省本年二月分各项粮价,开单汇报前来。臣逐加查核,长沙等十八府州厅属米粮价值均较上月稍增,豆、麦价值悉与上月相同,省城及各属地方春雨较多,农田渐次翻犁,秧苗将及播种,大、小二麦及杂粮、蔬菜现均长发青葱,闾阎乐业,境宇敉平,堪以上慰宸廑。理合恭折具奏,并缮粮价清单敬呈御览,伏乞皇上圣鉴。谨奏。

硃批:“知道了。”

---

* 据《光绪朝硃批奏折》,第96辑,第153页。

遣撤营哨各员请免追缴薪水、公费片*

（光绪二十三年三月）

再，准户部咨："奏复湘军东征粮台报销一案，支用各款，查核相符，准其照销。惟遣撤各营哨恩饷款内，按照上年十月部定新章，应删除遣撤武威等军营哨各官一月薪水、两月公费等项，共银三千四百七十四两，行令照数追缴"等因，自应遵照。惟查核弁勇等遣散一年有余，或贫苦堪怜，或外出谋食，且系发饷在先、定章在后，仰恳圣慈免其追缴，以广皇仁而示体恤。除咨户部外，理合附片陈明，伏乞皇上圣鉴。谨奏。

硃批："著照所请，该部知道。"

〖附〗光绪二十三年五月初一日上谕**

湖南巡抚陈宝箴奏："准户部咨复湘军东征粮台报销一案，按照新章，应删除遣撤武威等军营哨各官一月薪水、两月公费等项，行令追缴。惟查核弁勇等遣散一年有余，贫苦堪怜，且系发饷在先、定章在后，恳准免其追缴，以示体恤。"如所请行。

---

* 据《光绪朝硃批奏摺》，第60辑，第722页。按：此片上奏时间，《光绪朝硃批奏摺》指为"光绪二十二年三月二十三日"，似误。据此片所奉上谕（后附），上奏时间当在光绪二十三年三月下旬，且与片中"弁勇等遣散一年有余"一语相符。

** 据《清实录·德宗景皇帝实录》，见《清实录》，卷四〇五，第283页。

陈璚、唐真铨分别调署衡永郴桂、岳常澧道片*

(光绪二十三年三月二十八日)

再,二品衔湖南衡永郴桂道隆文,现因俸满,禀请给咨赴部引见,所遗衡永郴桂道篆务,应即委员接署,以便该道交卸起程。查有岳常澧道陈璚,老成稳练,才识俱优,堪以调署。递遗岳常澧道篆务,查有候补道唐真铨,资深才练,办事勤明,堪以署理。除分檄饬遵外,谨会同湖广总督臣张之洞附片具陈,伏乞圣鉴。谨奏。

硃批:"吏部知道。"

夏献铭年满甄别片**

(光绪二十三年三月二十八日)

再,"劳绩保归候补班人员,应于到省一年后,察看甄别",历经遵办在案。兹查有二品顶戴候补道夏献铭,年六十八岁,江西新建县人,于光绪二十一年十二月二十四日到广东省,因回避,改指湖南,于二十二年九月二十九日请咨离省,计在广东九个月零五日,是年十二月二十四日到湖南省,接算扣至光绪二十三年三月十八日,一年期满,例应甄别。据藩司何枢、臬司桂中行会详具奏前来,臣复加查核,湖南候补道夏献铭才识练达,为守兼优,应请留省,以繁缺道员补用。除将详细履历咨部查照外,谨会同湖广总督臣张之洞附片具陈,伏乞圣鉴。谨奏。

硃批:"吏部知道。"

---

* 据《光绪朝硃批奏摺》,第12辑,第336页。

** 据《光绪朝硃批奏摺》,第12辑,第336页。

卷十二　奏议十二

查阅省标各营春操情形摺*

（光绪二十三年四月二十六日）

头品顶戴湖南巡抚臣陈宝箴跪奏，为查阅省标各营春操完竣，恭摺仰祈圣鉴事：

窃照湖南省城额设抚标左、右二营及长沙协营，城守官兵每年春、冬由臣合操一次，以课勤惰。本年春操届期，臣于四月初二、初三等日，调集三营官兵、练军并驻防省城之抚标亲军前营、新后营、经武营及亲军卫队齐至校场，逐一认真校阅。先令合演三才、八卦、夹牌等阵式，次阅马、步、弓箭及洋枪、鸟枪、抬炮、籐牌、刀矛、杂技，均尚步伐整齐、进止有节。合计官兵、勇丁枪炮中靶在九成以上，弓箭中的在八成以上，刀矛击刺、籐牌起伏均尚敏捷如法。查验军装、马匹，亦皆坚实、膘壮；兵勇足额，尚无老弱充数；各营将领训练尚属认真。臣阅看后，将材技出色官兵优加奖赏，用示鼓励，间有弓马稍弱、技艺较生者，分别勒限学习，俟限满再行定期复阅，并饬该将备等常川加意训练，务须精益求精，一兵得一兵之用。其余省外各营，臣于公牍往来暨接见各将领时严饬认真操防，毋许疏懈，以期仰副朝廷诘戎讲武、整军卫民之至意。

---

* 据《光绪朝硃批奏摺》，第 52 辑，第 872～873 页。

所有臣阅看省标三营官兵及练军防卫各营春操完竣情形,谨恭摺具奏,伏乞皇上圣鉴。谨奏。

硃批:"知道了。"

津贴首县以维政体片(稿一)*

再,省城附郭首县,为各属视听所关,必应政治修明,足资观感。无如省会之地,差使酬应纷繁,非有兼人之资,不能胜任,然犹可遴择才力过人者为之。所最为难者①,该县岁入只有此数,而因公赔累,殆将数倍,即如科场一差,长沙、善化两县②,赔垫近二万金③,其他各项支应④,事所时有。各省无不皆然,而湖南既无民间徭役⑤,又因工贾罔利居奇,丁役与为勾结,其干歿中饱之赀,较实用又当数倍⑥,积习相沿⑦,莫可究诘,是以首县一年既满,即应设法调剂⑧。既只限以一年,类皆视如传舍⑨,加以酬酢之繁⑩,常终日不亲民事,词讼相验,率听之发审委员,而己不预。上官虽加督责⑪,而恃有赔累调剂之常,亦复无所顾虑,泮奂优游,聊以卒岁而

---

* 据舒斋藏摄片。此为陈宝箴手稿。

① 此下原有"尤以度支为甚"一句,后删。

② 此六字系补入者。

③ 此句初作"赔垫二万五六千金"。

④ "各项",初作"各差"。

⑤ 自此以下三句,初作"而湖南尤有相沿。办差之人,名曰'外账房',为该县专司署外,历任资其谙习,讫无更易,因之射利居奇"。

⑥ 此句初作"又当数倍于实用"。

⑦ 此句及下句均系增补者。

⑧ 此下初有"委以繁剧最优之缺",后删。

⑨ 此句句首原有"中材之人"四字,后删。

⑩ 此句系增补者。

⑪ 自此以下三句,初作"上官念其赔累,督责有所难施,彼亦因之无所顾虑□〔一〕年,调任优缺大抵亦只一年,此两年中"。

已，遑更问民生疾苦[①]，与职分之所当为。即欲为之，而其势难以久居，吏役奸民[②]，皆有玩心，亦实无能整顿。是两首县之民既承其敝，所关实非细故[③]，而省外各牧令，见上官耳目切近之地，其治理苟且如此[④]，将何以整饬群僚，使远近奉法惟谨乎？

臣为此事日夜疚心[⑤]，亟图补救之法，遴择精明干练之员，力为裁节整顿，而体察情形，实非酌予津贴不可。第湘省公私匮竭，入款日绌，出款何可少增，公款既万无可支，即就地所筹外销之费[⑥]，及各项善举等类，亦复无能挹注。惟查此等分存待用杂项[⑦]，虽不能竟行动用，而分存各局，亦自非一时尽需支放[⑧]。臣于本年二月间，奏复户部《议复御史蒋式芬所陈各省官钱局流弊宜防摺》内，局存官款若干一节，曾声明："库款支绌，罗掘久空，第就各局现存待用之款，权衡缓急，腾挪周转，大约钱局存储之数，总须常有四万金，即以此作为官本"，奏咨在案[⑨]。兹与司道再三筹商[⑩]，若将各局杂款分存待用之项，悉数拨交善后局收存[⑪]，由该局司道督率委员等，将此等暂存杂项[⑫]，通盘筹核[⑬]，权其缓急先后，发交阜南

① 此句初作"尚安望其"云云。

② 自此以下三句，初作"□复无大裨益"。

③ 此句初作"又波于调剂之县（编者按：'波于'二字，继自易为'累及'），于民生吏治固极相妨"。

④ "苟且"，初作"尚且"。

⑤ 自此以下六句，初作"臣为此事亟思所以补救之方，计非酌予津贴不可"。

⑥ "外销之费"，初作"外销之项"。

⑦ 此句初作"惟查此等分款存储之项，收不一时，支不一日"。

⑧ 此句初作"时亦自可借以腾挪"。

⑨ 此句初作"具奏在案"。

⑩ 此句初作"今与司道往复筹商"。

⑪ "收存"，初作"收储"。

⑫ "暂存杂项"，初作"暂存之项"。

⑬ 此句初作"通盘酌核"。

官钱局,一并存储营运,陆续取息,解由善后局给发长沙、善化两县,以为津贴之资。其所存本款内,时需支用,亦时有新收,既经统拨善后局收储,即可挹彼注兹,以为应付,俾常有此息银,永为两县津贴①。惟阜南钱局之设,原以便民,非为营利,除常存官本四万,每万应缴息银一分外②,此款当由钱局总办,另自生息,存局备支。如此设法腾挪,于公私成款③,无分毫之损,而于吏治民生,有无穷之益。并饬两县于办理科场时④,禀请委员帮办⑤。此外各差,即由该县自行择人支应,而免赔累,自无调剂可言矣。

据布政司会同善后局司道妥议会详前来,臣复核所议,实于款项无损,而于政体有益,且既力除中饱之弊⑥,岁需津贴,为数当不甚多。本年系届科场年分⑦,俟试行一年后,按数给以津贴,饬局立案,此后均即照支。

所有津贴首县以维政体缘由,谨会同总督臣张之〈洞〉附片具陈,伏乞圣鉴。谨奏。

津贴首县以维政体片(稿二)*

再,长沙、善化两县,为湘省附郭首邑,必应政治修明⑧,方足

① 此句初作"以为津贴之用"。
② 此句初作"岁缴息银一分外"。
③ "成款",初作"存款"。
④ 自此至"自无调剂可言矣"诸句,均系增补者。
⑤ 此下原有"将相沿'外账房'诸人一律裁撤"一句,后删。
⑥ 自此以下三句,初作"且除中饱之弊,津贴数千,当不甚多"。
⑦ 自此以下五句,初作"俟本届科场试行后,再按数饬局立案,此后均即照行"。
* 据舒斋藏摄片。此为陈宝箴手稿。
⑧ "政治",初作"政教"。

以资观感。无如省会之地[①],差使络绎,应接纷繁,非有兼人之资,不能胜任,然犹可遴择才力过人者,加以策厉[②]。所最为难者,该县岁入只有此数,而因公赔累,殆将数倍,即如科场一差,长沙、善化两县,赔垫近两万金,其他各项支应,事所时有。各省无不皆然,而湖南既无民间徭役,又以市侩罔利居奇[③],衙蠹因缘勾结,其干殁中饱之赀,较实用又当数倍,积习相沿,莫可究诘,因之两县益形困累[④]。任事届满一年[⑤],即不得不设法调剂,继之者仍复如前[⑥],类皆视如传舍。且日以持筹集费为忧[⑦],神志憧扰,于民事日见疏远,有时词讼相验,亦诿之发审委员[⑧],了不介意,上司虽加督责,率恃有赔累调剂之常,亦即无所顾虑,遑更问闾阎疾苦,与职分之所当为。即欲为之,其势难以久居,吏役奸民,皆有玩心,抑实无能整顿[⑨]。而省外各牧令,见长官耳目切近之地,其治理苟且如此,靡然从风,愈趋愈下,将何以整饬群僚,使远近奉法惟谨乎?是因一二附郭州县公私交困之故,驯而至于官民并承其敝[⑩],治体所关[⑪],诚非细故。

臣为此事日夜疚心,亟图补救之策,遴委精明干练之员,查核

---

① 此句初作“无如省会地方”。

② 此句初作“勉加策厉”。

③ “以”,初作“因”。

④ 此句初作“因此长、善两县益形困累”。

⑤ 此句及下句,初作“任事一年既满,不得不设法调剂”。

⑥ 此句及下句,初作“而继之者力苦不支,竭蹶犹昔,恒以岁星一周,可期瓜代,视一官如传舍”。

⑦ 此句及下句,初作“惟日以持筹集费为忧,心神憧憧纷扰”。

⑧ 此句及下句,初作“亦诿之发审委员,而已若有不暇及者”。

⑨ “抑”,初作“亦”。

⑩ 此下原有“上下咸蒙厥役”一句,后删。

⑪ “治体”,初作“治忽”。

长、善两县各差支应[1],力为裁节浮靡。而究以用项本繁,办公在所必需,出入断难两抵,体察实在情形,自非酌予津贴不可。第湘省度支匮竭,入款日见短绌,出项何可少增,非独公款万无可支,即就地所筹外销之费,及备充工程善举等项,亦尚时有不敷[2],均无可通融匀拨。惟查此等待支杂项,现均分存各局[3],虽不能竟行挪用,而支销究有先后,亦自非一时尽需拨放。臣于本年二月间,奏复户部《议复御史蒋式芬所陈各省官钱局流弊宜防摺》内,曾声明:"库款支绌,第就各局现存待用公款,通挪周转,总须常有四万金,存储钱局,即以此作为官本",奏咨在案。兹与司道再三筹商,拟即仿照办理,将各局分存待用杂项,拨交善后局收存,由该局司道督率委员等,将此等暂存杂项,通盘筹核,权衡缓急,先后发交阜南官钱局妥储生息,即将息银陆续解由善后局,发给长、善两县[4],津贴科场不敷经费,及一切办工之需。其所存杂项[5],时需支用,亦时有新收,既经统拨善后局收储,即可通融周转,挹彼注兹,以为应付。但不准丝毫动用存款,俾常有此息银,永为两县津贴之资。惟阜南钱局之设,原为便民,非图营利,除常年官本四万两,每万应缴息银一分外,此等暂存杂项,究系待用有着之款,应即责成钱局总办,专储另自生息,不得与局中他款相混,并只准动支息银,不得丝毫挪用本款。至所有汇存杂项,款目不一,固有届期支放,即须提还者,亦有随后续拨,列作新收者。虽历时久暂,为数多寡,均未可

---

① "各差支应",初作"各项支应差费"。

② 此句及下句,初作"亦均各敷所用,无可通融匀拨"。

③ 自此以下四句,初作"现均分存各局,预备拨用,其筹积虽无额外羡馀,而支销究有先后区别,既非一时尽需拨放,即有空旷可暂腾挪"。

④ 自此以下三句,初作"发交长、善两县,以为科场经费,及一切办工津贴之需"。

⑤ 自"其所存杂项"至"永为两县津贴之资",均系增补者。

预先悬拟，而既归善后局统储酌拨，即可将赢抵绌，挹彼注兹，就中设法周转，俾常有此若干存款，生出若干息银，永为两县津贴。按之官司储积，既无分毫亏耗，而于吏治民生，实有无穷补益。此后该县委用得人，即可专一吏事，久于其任，而公私不至赔累，亦自无调剂可言矣。

据布政司会同善后、厘金两局妥议具详前来，臣复核所议，无损公家，有裨政体，且既经此番清厘，力除中饱积弊①，岁需津贴，为数当不过巨。本年系届科场年分，拟于举办科场时，遴选廉干委员，帮同长、善两县，承办一应供给，责令核实报销。此外各差，仍由长、善两县按领津贴，自行樽节支应。如此分立限制，不至滥支滥付，庶免日后筹息不敷之虑。俟试行一年后，核定津贴实数，即行饬局立案，按年照数支给。

所有筹息津贴长、善两县，以维政体缘由，谨会同湖广督臣张○○附片具陈，伏乞圣鉴。谨奏。

〖附〗李经羲：上陈宝箴书*

大人钧座：

稿件呈上，是否可备删节，恭候宪台裁定。

顷舆中忆及稿尾数句，语气尚欠圆足，若将上下文移动倒换，似乎较合。谨录于后，以俟钧夺。

职道经羲再奉。

“此外各差，仍由长、善两县暂领津贴，自行撙节支应。俟试办一年后，核定津贴实数，再当饬局立案，按年照数支给。如此各定

① “力除”，初作“力破”。

* 据舒斋藏摄片。此为李经羲原函。

限制,不至滥付滥支,庶免日后筹息不敷之虑,而章程可行久远矣。所有拟筹款息,津贴长、善两县,以维政体缘由……”

津贴首县以维政体片(稿三)*

再,长沙、善化两县,为湖南附郭首邑①,必应政治修明,方足以资观感。无如省会之地,差使络绎,应接纷繁,非有兼人之资,不能胜任,然犹可遴择才力过人者,加之策励。所最为难者,该县岁入只有此数,而因公赔累,殆将数倍,即如科场一差,长沙、善化两县,赔垫近二万金②,其他各项支应,事所时有。各省无不皆然,而湖南既无民间差徭,又以市侩罔利居奇,衙蠹因缘勾结,其干殁中饱之赀,盖数倍于实用③,积习相沿,莫可究诘,因之两县益形困累,在任届满一年④,即不得不设法调剂,而继之者又复如前,类皆视如传舍。且日以赀用绌乏为忧⑤,神志憧扰,于民事日益荒简⑥,有时词讼相验,亦诿之发审委员,漠不措意,上官虽加督责,率恃有赔累调剂之常,亦即无所顾虑,遑更问闾阎疾苦,与职分之所当为。即欲为之,其势难以久居,吏役奸民,皆有玩心,抑实无能整顿。而省外各牧令,见长官耳目切近之地,其治理苟且如此,靡然从风,愈趋愈下,将何以整饬群僚,使远近奉法惟谨乎?是因一二附郭州县公私交困之故⑦,驯至吏治民生并承其敝,所关实非细故。

---

* 据舒斋藏摄片。此为陈宝箴手稿。

① “湖南”,初作“湘省”。

② “二万金”,初易为“二万数千金”,继自删除“数千”二字。

③ 此句初作“又将数倍”。

④ 此句及下句,初作“在任一年,届满即不得不设法调剂”。

⑤ 此句初作“且日以以持筹赀用支绌乏为忧”。

⑥ 此句初作“于民事日见疏远”。

⑦ “州县”,初易为“首县”,继而恢复原样。

臣为此事日夜疚心，亟图补救之策，遴委精明干练之员，查核长、善两县各项支应差费，力为裁节浮靡。究以用项本繁，办公在所必需[①]，出入实难相抵，体察情形[②]，自非酌予津贴不可。查本省凤凰、永绥、乾、晃、古、保各厅县[③]，均有奏定津贴银两，由通省廉捐支给。第近来湖南公私匮竭[④]，入款日见短绌，出款何可少增，非特公款万无可支，即就地所筹外销之费，及各项善举工程等类，亦或时有不敷[⑤]，均无可通融匀拨。惟查此等待支杂项，现均分存各局，预备放拨，虽不能竟行动用，而支销究有先后，自非一时尽需支发。臣于本年二月间，奏复户部《议复御史蒋式芬所陈各省官钱局流弊宜防摺》内，局存官款一节，曾声明："库款支绌，第就各局现存待用公款，权其缓急[⑥]，通挪周转，约总须常有四万金，存储钱局，即以此作为官本"，奏咨在案。兹与司道再三筹商，拟即仿照办法，将各局分存待用杂项，拨交善后局收存，由该局司道督率委员等，将此等暂存杂项，通盘筹核，权衡缓急，先后发交阜南官钱局，妥筹生息[⑦]，即将息银陆续解由善后局发给长沙、善化两县，津贴科场不敷经费，及一切办公之需。其所存杂项，时需支用，亦时有新收，既经统拨善后局收储，即可通融周转，挹彼注兹，以为应付[⑧]。惟阜南钱局之设，原以便

---

① 此句及下句，初作"出入断难两抵"。

② 此句初作"体察实在情形"。

③ 自此以下三句，初作"查本省凤凰、乾州、永绥、保靖各厅县，均有奏定津贴章程，开支公款"。

④ 此句初作"第近来湘省度支匮竭"。

⑤ "或"，初作"尚"。

⑥ 此句系增补者，初作"权衡缓急"。

⑦ 此句初作"妥储生息"。

⑧ 此下原有"但不得动用存款本银（编者按：此句继自易为'但不得分豪动用所存本款'），俾常有此息银，永为两县津贴之资"数句，后删。

民,非为营利,除常年官本四万两,每万应缴息银一分外,此款当由该钱局总办,另自经营生息,存局备支,只准支息[①],不动本款,俾常有此息银,永为两县津贴之资[②]。按之公私成款[③],无分豪之损,而两县得此津贴[④],不虞赔累,无调剂之可言,自可久于其任,尽心民事,实于吏治民生有无穷之益。

据布政司会同善后、厘金两局妥议具详前来[⑤],臣复核所议,无损官储[⑥],有益政体,且两县差务[⑦],经此次清厘,力除中饱积弊[⑧],岁需津贴,为数当不过巨。本年系届科场年分,拟于举办时[⑨],遴选廉干委员,帮同长、善两县,承办一切供给,责令核实报销[⑩],以为后此程式[⑪]。此外各差,仍由该两县酌量暂领津贴[⑫],自行撙节支用。俟试办一年后,核定确应津贴实数[⑬],再当饬局立案[⑭],照数支给,俾无浮滥,庶免此后筹息不敷之虑[⑮],而章程可行之永久矣。

---

① 此句及下句,初作"不得与局中他款相混,尤不准动用息银,不得分豪挪用本款"。

② 此下原有"如此设法腾挪"一句,后删。

③ 此句初作"按之官司成款"。

④ 自此句至"尽心民事,实",均系增补者。

⑤ "妥议具详前来",初作"会详前来"。

⑥ 此句及下句,初作"无损于款项,无损于政体",继自易为"款项无损,政体有益"。

⑦ "两县差务"四字系增补者。

⑧ 此句初作"力除中饱之弊"。

⑨ 此句初作"俟举办时"。

⑩ 此句初作"责令实用实销"。

⑪ 此句系增补者。

⑫ 此句初作"仍由该两县暂行酌领津贴之款"。

⑬ 此句初作"核定津贴实数"。

⑭ 此句初作"再行饬局立案"。

⑮ "此后",初作"以后"。

所有拟筹息款，津贴长、善两县，以维政体缘由，谨附片具陈，伏乞圣鉴。谨奏。

津贴首县以维政体片（稿四）*

再，长沙、善化两县，为湖南附郭首邑，必应政治修明，方足以资观感。无如省会之地，差使络绎，应接纷繁，非有兼人之资，不能胜任，然犹可遴择才力过人者，加之策励。所最为难者，该县岁入只有此数，而因公赔累，殆将数倍，即如科场一差，长沙、善化两县，赔垫近二万金，其他各项支应，事所时有。各省莫不皆然[①]，而湖南既无民间差徭，又以市侩罔利居奇，衙蠹因缘勾结，其干殁中饱之赀，率数倍于实用[②]，积习相沿，莫可究诘，因之两县益形困敝[③]，在任届满一年，即不得不设法调剂，而继之者又复如前，类皆视如传舍。且日以赀用绌乏为忧，神志憧扰，于民事日益荒简，有时词讼相验，亦诿之发审委员，漠不措意，上官虽加督责，率恃有赔累调剂之常，亦即无所顾虑，遑更问闾阎疾苦，与职分之所当为。即欲为之，其势难以久居，吏役奸民，皆有玩心，抑实无能整顿。而省外各牧令，见长官耳目切近之地，其治理苟且如此，靡然从风，愈趋愈下，将何以整饬群僚，使远近奉法惟谨乎？是因一二附郭州县公私交困之故，驯至吏治民生，并承其敝，所关实非细故。

臣为此事日夜疚心，亟图补救之策，遴委精明干练之员，查核长、善两县各项支应差费，力为裁节浮糜。究以用项本繁，办公在

---

* 据舒斋藏摄片。此为陈宝箴手稿。按：此稿另见录于《陈宝箴遗文（续）》，载《近代中国》第十三辑，第317～318页。

① “莫不”，初作“无不”。

② 此句初作“盖倍于实用”。

③ “困敝”，初作“困累”。

所必需,出入实难相抵,体察情形,自非酌予津贴不可。查本省凤凰、永绥、乾、晃、古、保各厅县,均有奏定津贴银两,由通省廉捐支给,近来湖南公私匮竭[1],入款日见短绌,出款何可少增,非特公款万无可支,即就地所筹外销之费,及各项善举工程等类,亦或时有不敷,均无可通融匀拨。惟查此等待支杂项,现均分存各局,预备放拨,虽不能竟行动用,而支销究有先后,自非一时尽需支发。臣于本年二月间,奏复户部《议复御史蒋式芬所陈各省官钱局流弊宜防摺》内,局存官款一节,曾声明:"库款支绌,第就各局现存待用公款,权其缓急,通挪周转,约总须常有四万金,存储钱局,即以此作为官本",奏咨在案。兹与司道再三筹商,拟即仿照办法,将各局分存待用杂项,拨交善后局收存,由该局司道督率委员等,将此等暂存杂项,通盘筹核,权衡缓急,先后发交阜南官钱局妥筹生息[2],即将息银陆续解由善后局,发给长沙、善化两县,津贴科场不敷经费,及一切办公之需。其所存杂项,时需支用,亦时有新收,既经统拨善后局收储,即可通融周转,挹彼注兹,以为应付。惟阜南钱局之设,原以便民,非为营利,除常年官本四万两,每万应缴息银一分外,此款当由该钱局总办,另自经营生息,存局备支,只准支息,不动本款,俾常有此息银,永为两县津贴之资。按之公私成款,无分豪之损,而两县得此津贴,不虞赔累,无调剂之可言,自可久于其任,尽心民事,实于吏治民生,有无穷之益。

据布政司会同善后、厘金两局妥议具详前来,臣复核所议,无损官储,有益政体,且两县差务,经此次清厘,力除中饱积弊,岁需津贴,为数当不过巨。本年系届科场年分,拟于举办时,遴选廉干

---

① 此句句首原有"第"字,继自删去。

② "发交",初作"拨交"。

委员，帮同长、善两县，承办一切供给，责令核实报销，以为后此程式。此外各差，仍由该两县酌量暂领津贴，自行撙节支用，俟试办一年后，核定确应津贴实数，再当饬局立案，照数支给，俾无浮滥，庶免此后筹息不敷之虑，而章程可行之永久矣。

所有拟筹息款，津贴长、善两县，以维政体缘由，谨附片具陈，伏乞圣鉴。谨奏。

津贴首县以维政体片*

（光绪二十三年四月二十六日）

再，长沙、善化两县，为湖南附郭首邑，必应政治修明，方足以资观感。无如省会之地，差使络绎，应接纷繁，非有兼人之资，不能胜任。然尤有最难者，该县岁入只有此数，而因公赔累，殆将数倍，即如科场一差，长沙、善化两县，赔垫近二万金，其他各项支应，事所时有。各省莫不皆然，而湖南既无民间差徭，又以市侩罔利居奇，衙蠹因缘勾结，其干殁中饱之赀，率数倍于实用，积习相沿，莫可究诘，因之两县益形困敝，在任届满一年，即不得不设法调剂，而继之者又复如前，类皆视如传舍。且日以赀用绌乏为忧，神志憧扰，于民事日益疏懈，有时词讼相验，亦诿之发审委员，漠然不以措意，上官虽加督责，率恃有赔累调剂之常，亦即无所顾虑，遑更问闾阎疾苦，与职分之所当为。即欲为之，其势难以久居，吏役奸民，皆有玩心，抑实无能整顿。而省外各牧令，见长官耳目切近之地，其治理苟且如此，靡然从风，愈趋愈下，将何以整饬群僚，使远近奉法惟谨乎？是因一二附郭首县公私交困之故，驯至吏治民生并承其敝，患在无形，实非细故可比。

---

* 据《光绪朝硃批奏摺》，第88辑，第380～382页。

臣为此事日夜疚心,亟图补救之策,遴委精明干练之员,查核长、善两县各项差费,力为裁节浮糜。究以用项本繁,办公在所必需,出入实难相抵,体察情形,自非酌予津贴不可。查本省凤凰、永绥、乾州、保靖各厅县,均有奏定津贴银两,由通省廉捐支给,近来湖南公私匮竭,入款日见短绌,出款何可少增,非特公款万无可支,即就地所筹外销之费,及各项善举工程等类,亦或时有不敷,均无可通融匀拨。惟查此等待支杂项,现均分存各局,预备放拨,虽不能竟行动用,而支销究有先后,自非一时尽需支发。臣于本年二月间,奏复户部《议复御史蒋式芬所陈各省官钱局流弊宜防摺》内,局存官款一节,曾声明:"库款支绌,第就各局现存待用公款,权其缓急,通挪周转,约总须常有四万金,存储钱局,即以此作为官本",奏咨在案。兹与司道再三筹商,拟即仿照办法,将各局分存待用杂项,拨归善后局收存,由该局司道督率委员等,将此等暂存杂项,通盘筹核,权衡缓急,先后发交阜南官钱局妥筹生息,即将息银陆续解由善后局,发给长沙、善化两县,津贴科场不敷经费,及一切办公之需。其所存杂项,时需支用,亦时有新收,既经统拨善后局收储,即可通融周转,挹彼注兹,以为应付。惟阜南钱局之设,原以便民,非为营利,除常年官本四万两,每万应缴息银一分外,此款当由该钱局总办,另自经营生息,存局备支,不与他款相混,只准支息,不动本款,俾常有此息银,永为两县津贴。按之公私成款,无分豪之损,而两县得此津贴,不虞赔累,无调剂之可言,自可久于其任,尽心民事,实于吏治民生有无穷之益。

据布政使何枢会同善后、厘金两局妥议具详前来,臣复核所议,无损官储,有益政体,且两县差务,经此次清厘,力除中饱积弊,岁需津贴,为数当不过巨。本年系届科场年分,拟于举办时,遴选廉干委员,帮同长、善两县,承办一切供给,责令核实报销,以为后此程式。此外各差，仍由该两县酌量暂领津贴，自行撙节支用，俟试办一年后，核定确应津贴实数，再当饬局立案，照数支给，俾无浮滥，庶免此后筹息不敷之虑，而章程可行之永久矣。

所有拟筹息款，津贴长沙、善化两县，以维政体缘由，谨附片具陈，伏乞圣鉴。谨奏。

硃批："户部知道。"

〖附〗俞廉三：请停办阜南官局钱号片*

（光绪二十五年五月二十八日）

再，湖南省城于光绪二十二年二月间开设阜南官局钱号，遴选在籍江西候补道朱昌琳经理，就善后、厘金等局现存待用诸项，权衡缓急，筹银四万两，作为官本，腾挪周转，藉以流通银圆、行使官票，冀得维持钱法、利益商民，并提所获息银津贴长沙、善化二县承办科场经费，均经前抚臣陈宝箴先后奏明在案。兹据朱昌琳以年力衰迈，呈请辞卸钱号事务，情词恳挚，当经臣批行司局查议。旋据复称："会绅稽查银钱数目，体察市面情形，详请停止"等语。臣查阜南开设之初，本以流通银圆、行使官票，现在银圆渐次通用，已无待于推行，而官票不能行使，久已停止印造。该钱号开设三年，获利甚微，仅供号中支用，以之津贴科场经费，亦属不敷。近来各局款项倍形竭蹶，更无存留待用之银接济官本，自应及时停止，以免亏折而节縻费。当饬将该钱号即日收歇，并将官本银两按款收回，新铸银圆即令殷实钱店分领行用，长、善两县科场经费仍照向章办理。

所有停止阜南官局钱号缘由，兹据布政使锡良会同厘金、善后

---

* 据《光绪朝硃批奏摺》，第92辑，第145～146页。

两局各司道详请具奏前来,除咨部外,谨会同湖广总督臣张之洞附片具陈,伏乞圣鉴。谨奏。

硃批:"知道了。"

援案请准发给裁撤勇丁恩饷片*

(光绪二十三年四月二十六日)

再,臣前将裁撤挺字右营,并将挺字左营挑补一百四十人,足成五百人,及各营分驻情形,恭摺具奏,钦奉硃批:"该部知道。钦此。"查挺字右营裁撤之初,据该营管带分省补用道李光炯禀称:"本年银贱米贵,勇丁领获饷银,仅敷食用,兹经裁撤回籍,旅费无从筹措,恳求发给恩饷"前来,臣复加查核,均系实在情形。随饬据善后总局司道查议:"光绪二十一年,奉募北上之宝捷五营,甫经到鄂,即行裁撤,钦奉谕旨:'赏给恩饷一月',又遣撤招募候调之庆字等营勇丁,每名酌给川资钱一千文各在案。兹挺字右营全行裁撤,各勇丁离营回籍,旅费维艰,拟即援照成案发给恩饷半月,俾得及早归农"等情,当经臣批饬遵照并咨部立案。兹准户部咨:"发给恩饷,应令自行奏明办理等因",相应吁恳天恩,俯准将挺字右营勇丁发给恩饷半月,以示体恤。除咨复户部外,理合附片具陈,伏乞圣鉴训示。谨奏。

硃批:"户部知道。"

更换防营统带、管带各员片**

(光绪二十三年四月二十六日)

再,查各省防营更换统带、管带人员,前于光绪十五年十月间

* 据《光绪朝硃批奏摺》,第34辑,第544页。

** 据《光绪朝硃批奏摺》,第45辑,第750~751页。

钦奉谕旨:“饬令随时奏明等因。钦此。”兹查湘省挺字右营五百名全数裁撤,并将参将贺长宾所带之挺字左营添募一百四十名,改归提督贺长发统带,前经奏明在案。随札饬贺长宾招募壮健勇丁一百四十名,改为亲军副右营,调扎宝庆一带。所遗省城外金盆岭防地,即改调原扎宝庆之参将陈登科,将前带亲军副右营改为经武营填扎。又,管带澄湘水师营总兵黄德病故,查有记名总兵黄家茂明练老成,当经暂委接带。旋查督带亲军新左营游击熊兆祥驻扎醴陵,分巡浏阳、攸县等处,办事认真,不辞劳瘁,惟向多效力水师,且前署衡州协副将,于衡州一带情形较为熟悉,而黄家茂从前立功均在陆路,应与熊兆祥互相对调,俾得各尽所长。随饬熊兆祥管带澄湘水师,黄家茂接带亲军新左营,认真训练,以期悉成劲旅。除分饬遵照外,理合附片陈明,伏乞圣鉴。谨奏。

朱批:“兵部知道。”

报解光绪廿三年二批京饷摺*

(光绪二十三年四月二十六日)

头品顶戴湖南巡抚臣陈宝箴跪奏,为报解本年二批京饷银两,恭摺仰祈圣鉴事:

窃照湖南省应解奉拨本年京饷,业经解过头批地丁银六万两,厘金、盐厘银各一万两,东北边防经费银二万两,固本军饷银一万五千两,又搭解漕折、二米等银五千两,恭摺奏报在案。兹据藩司何枢详称:“筹备地丁银七万两,又会同总理厘金局务盐法道李经羲等筹备厘金银一万五千两、盐厘银一万五千两,并筹备边防经费银二万两,又由司筹备光绪二十三年四、五、六月固本军饷银一万

* 据《光绪朝硃批奏摺》,第88辑,第379~380页。

五千两,以上共银十三万五千两,作为本年二批京饷,派委补用通判孙传棫、补用知县吴鸿猷领解赴部交纳。"又据粮储道但湘良详:"开支光绪二十二年漕折、二米及节年漕折、二米尾数,并二十一年灾缓漕折、二米,共银四万九百八两二钱四分五厘六毫,均交委员孙传棫等搭解赴部。"分款具详,呈请奏咨前来。臣复核无异,除照缮咨批、护牌,饬发该委员等领解起程,另取起程日期咨报,一面分咨沿途各省饬属妥为保护,仍饬该司道等将未解银两接续委解,以济要需外,所有报解本年二批京饷缘由,谨会同湖广总督臣张之洞恭摺具奏,伏乞皇上圣鉴。谨奏。

硃批:"户部知道。"

汇解光绪廿三年甘肃新饷二批银两片*

(光绪二十三年四月二十六日)

再,据湖南善后报销总局司道详称:"奉拨光绪二十三年甘肃新饷银十六万两,于二十二年年底赶解三成,二十三年四月底止再解三成,其余四成统限九月底扫数解清等因。已遵于光绪二十二年十二月初五日将年前应解三成银四万八千两,发交天成亨、协同庆、蔚丰厚各商号汇解赴甘,详请奏咨在案。兹届四月限期,自应筹解,无如湘省近年来奉拨认还洋款及协济各省饷项,司道各库搜罗殆尽。惟念西陲大局攸关,需款甚急,不得不于无可设法之中竭力筹措,以应要需。现在于藩库地丁项下筹银一万两,粮库南秋项下筹银一万两,盐道库盐厘项下筹银一万两,又在提存裁并局务薪粮节省项下筹银一万八千两,共库平银四万八千两,于四月二十日

* 据《光绪朝硃批奏摺》,第88辑,第382~383页。按:自此以下四片,当系上摺之附片。

仍交天成亨、协同庆、蔚丰厚等商号各承领银一万六千两，分批汇解，限于七月二十日赴甘肃藩司衙门交纳，守候库收批照回销，以期迅速而济要需”等情，详请奏咨前来。臣复核无异，除咨户部暨陕甘督臣、新疆抚臣查照，并饬将其余未解银两按限接续筹解外，谨会同湖广总督臣张之洞附片具陈，伏乞圣鉴。谨奏。

朱批：“户部知道。”

搭解光绪廿三年加复俸饷二批银两片*

（光绪二十三年四月二十六日）

再，湖南每年应解另款加复俸饷银八千两，经前抚臣吴大澂奏请，自光绪十九年起，于节省长夫尾存项下照数动支，作正开销，业经按年解清，并解过光绪二十三年分头批库平银二千两，先后奏咨在案。兹据善后报销总局司道详称：“现又在于节省长夫尾存项下筹备二十三年二批库平银二千两，合湘平银二千七十八两四钱，交二批京饷委员补用通判孙传棫、补用知县吴鸿猷搭解赴部交纳”等情前来。臣复核无异，除咨户部、都察院查照外，所有搭解光绪二十三年分另款加复俸饷二批银两缘由，谨附片陈明，伏乞圣鉴。谨奏。

朱批：“户部知道。”

附陈筹解广西月协军饷片**

（光绪二十三年四月二十六日）

再，湖南省自光绪十年九月起，奉户部指拨每月协济广西军饷

---

* 据《光绪朝硃批奏摺》，第88辑，第383页。

** 据《光绪朝硃批奏摺》，第61辑，第111页。

银一万两,业经陆续筹解,统计先后共解过库平银四十八万两,作为湖南加拨广西月协军饷,均经奏咨在案。兹据善后局司道详称:“据广西候补知县但祖范坐湘守催。查湘省近来奉拨认还洋款及协济各省饷银为数甚巨,加之厘税极形减色,司道各库搜罗殆尽,特念粤、湘辅车相依,待饷孔急,不得不竭力筹解,以维大局。现于节省局务项下支银一万两,又于厘局厘金项下支洋银一万两,合共库平银二万两,于光绪二十三年四月初六日札委广西候补知县但祖范管解回粤交收”等情,详请奏咨前来。臣复核无异,除分咨查照外,谨会同湖广总督臣张之洞附片具陈,伏乞圣鉴。谨奏。

朱批:“户部知道。”

提解光绪廿二年冬季节省银两片*

(光绪二十三年四月二十六日)

再,据总理湖南善后局务布政使何枢等详称:“光绪十一年八月钦奉懿旨裁勇节饷,当经遵议裁撤湖南陆勇三营、水师一营,并将留存陆营长夫、水师船价、油烛均裁减五成支发,综计每年可节省银一十二万余两,声明自光绪十二年起专款存储,分批提解,赴部交纳,已解至二十二年秋季止,历经详请奏报在案。所有光绪二十二年冬季分节省银两,自应如数提解,以济要需。现筹备湘平银三万两,折合部砝库平银二万八千八百九十六两一钱六分六厘四毫,交给二十三年二批京饷委员补用通判孙传棫、补用知县吴鸿猷搭解赴部”,详请奏咨前来。臣复查无异,除咨户部外,理合附片具陈,伏乞圣鉴。谨奏。

朱批:“户部知道。”

---

* 据《光绪朝硃批奏摺》,第61辑,第112页。

光绪廿三年三月粮价及雨水情形摺*

（光绪二十三年四月二十六日）

头品顶戴湖南巡抚臣陈宝箴跪奏，为恭报三月分粮价及地方雨水情形，仰祈圣鉴事：

窃照湖南省本年二月分市粮价值并雨水情形，业经臣恭摺奏报在案。兹据藩司何枢查明通省本年三月分各项粮价，开单汇报前来。臣逐加查核，长沙等十八府州厅属米粮、豆、麦价值均与上月相同，省城及各属地方阴雨较多，现在设坛虔求晴霁，二麦次第成熟，秧苗渐次栽插，杂粮、蔬菜一律繁茂，境宇敉平，堪以上慰宸廑。理合恭摺具奏，并缮粮价清单敬呈御览，伏乞皇上圣鉴。谨奏。

硃批："知道了。"

臬司因病出缺请旨简放摺**

（光绪二十三年四月二十八日）

头品顶戴湖南巡抚臣陈宝箴跪奏，为臬司因病出缺，请旨简放，恭摺仰祈圣鉴事：

窃据署善化县知县陈吴萃申转，据湖南按察使桂中行家丁张升呈称："家长桂中行染患疟痢病证，延医调治，未能获效，兹于本年四月二十七日酉时因病出缺"等情，转报前来。臣查桂中行心地朴诚，操履清洁，向年服官安徽、江苏等省，卓著循声。到湘以来，于整饬吏治、清厘庶狱，无不加意讲求。正资臂助，讵意入春以后

* 据《光绪朝硃批奏摺》，第96辑，第164页。

** 据《光绪朝硃批奏摺》，第12辑，第378页。

偶染微疴,医药无功,竟至不起,深堪悯惜。所遗按察使员缺,总理通省刑名,兼管驿传事务,至为紧要,相应请旨迅赐简放,以重职守。谨会同湖广总督臣张之洞恭折具奏,伏乞皇上圣鉴。谨奏。

硃批:"另有旨。"

附陈遴员署理司道篆务片*

(光绪二十三年四月二十八日)

再,湖南臬司桂中行因病出缺,现经臣恭折具奏在案,所遗臬司篆务,关系紧要,不可一日乏员经理。兹查有湖南盐法长宝道李经羲,为守兼优,不避劳怨,堪以委署。递遗之盐法长宝道篆务,查有新海防试用道刘选青,勤明干练,遇事考求,堪以接署。除分饬遵照外,谨会同湖广总督臣张之洞附片具陈,伏乞圣鉴。谨奏。

硃批:"吏部知道。"

〔附〕光绪二十三年五月十九日上谕**

以湖南盐法长宝道李经羲为湖南按察使。

---

* 据《光绪朝硃批奏摺》,第12辑,第379页。按:此为上摺之附片。

** 据《清实录·德宗景皇帝实录》,见《清实录》,卷四〇五,第291页。按:此谕另见《光绪朝东华录》,第四册,总第3967页。

陈湜请建专祠摺(稿一)*

【上缺】奏等情。据此①,臣查陈湜朴质果敢,智勇兼长,在湘军诸将中诚为杰出。臣前准北洋大臣直隶总督臣王〈文韶〉咨:"光绪二十二年四月十一日奉上谕:'王文〈韶〉奏《统领湘军藩司陈湜在防病故,并请将该军酌量裁撤》各摺、片,览奏均悉。湘军人数较多,久留无益,著即陆续妥为遣撤,毋再迟缓。陈湜从前颇著战功,并著详晰查明具奏。将此谕令知之。钦此。'"是其忠勋荩业,久在圣明洞鉴之中,旋经王文韶胪陈战功,具摺陈请,旋复仰沐天恩至优极渥。兹据援案具呈,似较王文〈韶〉原奏尤为详晰,不敢壅于上闻,可否仰乞圣慈,俯准于原籍及立功省分建立专祠,以彰劳勚而励戎行,出自逾格鸿施。至"萧孚泗、刘连捷等,均蒙特恩予谥,陈湜应如何加恩"之处,非微臣所敢擅请。除咨部外,理合恭摺具陈,伏乞皇上圣鉴训示。谨奏。

陈湜请建专祠摺(稿二)**

等情。据此,臣查已故江西布政使陈湜秉性忠笃,智勇深沉,昔曾国荃、左宗棠皆倚以办贼②,军中要重机务③,悉以咨之。每战

---

* 据舒斋藏摄片。此为湘抚衙门幕僚所拟摺稿,而由陈宝箴审改并签发者。篇末附署日期及拟稿科房,作"光绪二十三年五月初二日,吏科",内"初二"两字,系原稿留空,在签发时补填的;又附事由:"奏陈湜请予谥建祠",并附贴红签注曰:"此件就原禀稍为节删,计算尚未过五摺。"日期上钤有陈宝箴发文专用"真实不虚"篆字阳文章一枚。另钤有"头品顶戴兵部侍郎巡抚部院陈"关防。

① 原稿此处有陈宝箴手批曰:"以下接另稿。"按:"另稿"宜即下录"稿二"。

** 据舒斋藏摄片。此为陈宝箴手稿。

② 此下原有"诸将无出其右者"一语,继自删去。

③ 此句及下句,初作"重要机务,悉咨而后行"。

必先审策情势,动出万全,临敌致果,有进无退。生平最著勋绩[①],多关大计,如从曾国荃之克复金陵、左宗棠之肃清关陇,同时诸将,莫不倾心推服,称其"于安危得失之间,所全甚大,有出乎战胜攻取之外者"。近时大高岭之役,保卫辽阳,敌军迭次窥觇,欲以轻兵分路突入[②],陈湜部署有方,昼夜往来策应,每战必克,敌不得逞,后遂不复致力此路。陈湜以战事初殷[③],不欲辄以微劳禀求奏达,时臣在天津办理湘军粮台,征诸探谍,证以公论,其捍御辽阳之功,诚有不可殁者。

臣前准北洋大臣直隶总督王文〈韶〉咨:"光绪二十二年四月十一日奉上谕:'王文韶奏《统领湘军藩司陈湜在防病故,并请将该军酌量裁撤》各摺、片,览奏均悉。陈湜从前颇著战功,并著详晰查明具奏等因。钦此。'"是其生平勋绩,久在圣明洞鉴之中,旋经王文〈韶〉胪陈战功,具摺陈请,仰荷恩施。兹据援案具呈,似较王文〈韶〉原奏尤为详晰,不敢壅于上闻,可否仰乞圣慈,准于原籍及立功省分建立专祠,以彰劳勚而励戎行,出自鸿施逾格。至所称"同克金陵萧孚泗、刘连捷等,均蒙特恩予谥建祠,陈湜应如何加恩"之处,非微臣所敢擅请。除咨部外,理合恭摺具陈,伏乞皇上圣鉴训示。谨奏。

① 此句及下句,初作"生平所建勋绩,皆关大计"。

② 此句初作"欲以轻军突入,皆不得逞"。

③ 自此句以下,直至"不可殁者",初作"是其保障辽阳之功,诚有不可殁者"。

陈湜请建专祠摺*

(光绪二十三年五月初八日)

头品顶戴湖南巡抚臣陈宝箴跪奏,为已故藩司战功卓著,据情吁恳恩施,恭摺仰祈圣鉴事:

窃据在籍前国子监祭酒王先谦等联名呈称:"已故江西布政使陈湜,自咸丰六年从曾国荃出师,维时曾国藩方困于江右,曾国荃率师往援。先是陈湜之父开煦与罗泽南同授徒乡里,陈湜与罗泽南旧部相习,悉邀入军,遂成劲旅,曾国荃倚之如左右手。遂随同克复安福、万安等县,乘胜进攻吉安。曾国荃丁父忧回籍,陈湜以营务处代统其众。是时粮尽援绝,自二月至六月,无日不战,无战不克。军抵固江之竹江清[①],昼夜未得眠食,勇饥谋溃,陈湜立斩二人以徇,借米贷银,拮据经营,军心始固,得保以主簿遇缺即选,并赏戴蓝翎。八年正月,蒋益澧募师援广西,招陈湜相助,陈湜即募新中等营,一鼓克复平乐府城。贼大股窜近桂林之大湾车埠等处[②],省城岌岌,蒋益澧令领新中等营前驱,由西路进攻贼巢。贼断西路石桥,蜂拥出阵,适值大雨,陈湜乘贼不备,取包巾缚竹而

---

* 据《光绪朝硃批奏摺》,第117辑,第634~643页。按:摺中"张总愚"(张宗禹之谐音)、"马化瀧"(马化龙之谐音)等,显系蓄意使用之恶劣名,现仍其旧。又按:此摺另见沈桐生辑《光绪政要》(江苏广陵古籍刻印社1991年影印本),惟编次于光绪二十三年六月,题为《湖南巡抚陈宝箴奏陈已故江西布政使陈湜战功请予建立专祠事》,正文略异。详该书卷二十三,第12~17页。

① "竹江清",《光绪政要》作"竹江青"。按:王文韶《查明陈湜战功卓著恳恩优恤摺》(奏于光绪二十二年六月初八日,见《光绪朝硃批奏摺》,第45辑,第311~317页。以下简称王摺。)亦作"竹江清"。

② 此句《光绪政要》作"贼败,大股窜近桂林之大湾车埠等处"。按:王摺作"贼窜大湾车埠村"。

渡,径薄贼阵,鏖战三时,焚其大垒二,馀垒悉溃,逐北三十余里。夜五更又进攻苏桥,鏖战数日,克之。复剿平矶石湾土匪,随蒋益澧攻柳州。陈湜独先抵三河口①,焚贼艇二十余,贼死无数,进克柳州,得保以知县,留广西补用,并加知州衔。是时,陈湜以积劳感瘴成疟疾,然力疾搏战②,不得休息。迨粤事稍平,以病亟假归。

九年,石达开大股窜宝庆,湖南省城戒严。奉前巡抚臣骆秉章檄,募千人出祁阳往援,兼办营务。陈湜因桑梓事急,扶病强起,至宝庆附城而营,一月八十余战。五月初三日③,贼大股来扑,前云南臬司赵焕联军失利,陈湜以六百人赴援,苦战被围,分道冲出,贼众追者数倍,足受两伤,收集馀众,拊循激励,军势复振。明日,贼大至,绵亘二十余里,我军空壁出御,众寡不敌,势将败退,适大雨如注,陈湜乘贼枪炮尽湿,纵兵突击,马伤,坠地晕绝,亲兵翼之以出。然宝郡幸全,实陈湜死战之力。值前安徽巡抚李续宜自湖北来援,会同进剿,肃清宝庆、祁阳等处,得保免补知县,以同知遇缺即选。

十年,曾国藩札调陈湜赴皖,总理全军营务,兼带吉后等营。随曾国荃围攻安庆,建议塞枞阳口以蓄湖水,守集贤关以断贼援。维时杨载福、彭玉麟均统水师,陈湜往借长龙船二,以土囊、石块沈江为堤。堤成而伪英王陈玉成至,见湖水汪洋,气沮遽退。陈玉成又逼菱湖,用小舟以通粮食,我军亦率炮划入湖。陈湜与曾贞幹、萧孚泗凭濠冲击,贼众十倍于我,陈湜以血战却之。傍水筑垒以困城贼,陈玉成死力来争,陈湜见贼势锐于前攻,因分军抄袭贼后,贼

① "三河",《光绪政要》作"三汊河"。

② "搏战",《光绪政要》作"转战"。

③ "五月",《光绪政要》作"八月"。

乃惊退，遂克安庆，奉旨以知府留于两江补用，并赏换花翎。旋奉檄加统马步十三营，乘胜东下。十月，与刘连捷等攻克无为州及运漕镇、东关等处，蒙赏加道衔。同治元年二月，与萧孚泗由运漕镇击贼于铜城闸，破其浮桥，夺获炮船七号，歼逆首精天义何雅林于阵①。四月，与萧孚泗、周惠堂等攻破铜城闸贼垒，进克巢县、含山，攻取雍家镇、裕溪口，夺取西梁山等处，奉旨以道员归部遇缺即选。

自咸丰十一年，陈湜方闻讣丁母忧，禀请奔丧。时戎事孔亟，曾国藩以其精于调度，为诸将所敬服，手书再三慰留。方攻克运漕镇等处时，各将均蒙赏穿黄马褂，以示旌异，陈湜以墨绖从戎②，力辞奖叙，曾国藩仍为请赏给正一品封典，以褒其功。卒以哀思劳苦，兼受暑湿，遂有臀痈之疾。假归葬母甫月余，曾国藩飞檄饬募勇赴援江宁，并饬湘乡县令守催。陈湜臀痈未愈，扶病起行。既至金陵，曾国荃与商攻剿之策，陈湜谓‘欲复金陵，非长围不可；欲合长围，非先得九洑洲以断其接济不可。’曾国荃深以为然，复商于曾国藩，从其议。是时，伪忠王李秀成自苏州以六万人径趋江心洲，截我运道，陈湜与萧孚泗、易良虎等奋力截击，运道以通。其后李秀成偕伪侍王李世贤等救援金陵，号称百万，在濠外排列数十层，潜掘地道，谋困我师。陈湜独以吉后两营御之，火发墙坍，贼乘缺口亟进，陈湜与萧孚泗悉力堵御，轰以火药，贼众大败。复与刘连捷诸军分两路夹击，平贼垒数十座，追至牛首山，援贼数十万由仪凤门夜遁。二年四月，曾国荃大军分六路进攻雨花台石城，陈湜率李定元等当中路，令各营蛇行偷近石城石垒，束草填濠，架梯而上，

① “精天义何雅林”，《光绪政要》作“津天义沙雅林”。按：王搢亦作“何雅林”。

② “以”，《光绪政要》作“乃以”。

众贼窜遁,陈湜与萧孚泗、易良虎等纵军围剿,追过上方桥,蹙逼入水者无数,斩馘数千人。贼出大股,潜匿附郭屋舍中,陈湜军俟贼少懈,突出奋击,贼不得逞,遂绕雨花台,悉锐猛攻,负创入城。曾国荃以陈湜入军以来声威大震,各营统将无不观感思奋,令总理金陵营务,统西路各军。西路多水阻,必得江东桥,乃可进兵。贼于要路建石垒,阻水拒守,陈湜设法进攻,数月不下,乃置攻具,建浮桥,将致死于敌人,而诸将未之喻也,乃传令曰:'明日四鼓当进攻',令军中蓐食。至期仍不出,如是者三。八月十一夜,风霾蔽天,咫尺莫辨,度贼稍懈,乃选锐卒数百,涉流而渡,潜匿垒下,特制绝大喷筒,望空飞掷。贼方惊骇不已,所部陈必友、朱载武等已冲过浮桥,径拔花篱,晏恭山、刘定发从右路抄出垒后,吴隆海、陈汝俊从左路抄至旱西门。陈湜腹中炮子伤,裹创疾进。我军药筒焚及木城,前锋引死士肉薄齐登,先登者负伤辄蹶。陈湜率吴隆海等抽刀压阵,士卒不敢却顾,有缘梯而入者,有向炮眼中蛇行而入者,贼大惊乱,我军前后夹击,歼贼殆尽,遂拔石垒,由江东桥进逼,次第破印子山、七瓮桥、紫金山各要隘,乃得合围。陈湜之力为多,得保著勇巴图鲁名号,并赏加按察使衔。

三年三月,金陵长围既合,时地道三十余穴俱无成功,李臣典与陈湜谋重开地道。陈湜为言于曾国荃,并言地势须从龙广山而入,遂定议。六月十六日,地道既成,即时发火,官军四路剿击,疾趋各城门。陈湜率吴隆海等五营猛攻旱西、水西两门月城。伪忠王李秀成方率死党狂奔,欲向旱西门夺路冲出,陈湜督大队猛击,阻不得出,贼仍折回清凉山。陈湜即命敢死士缘城直上,守贼惊溃,遂夺取水西、旱西两门而入。薄暮,陈湜遥见忠酋贼队隐匿西南房屋之内,益率所部极力搜剿,李秀成遂为提督萧孚泗所获。李秀成在群贼中尤凶狡，至是成禽[①]，不致逸出贻患东南，实由陈湜猛击之力，叙功，奉旨：'交军机处记名，遇有按察使缺出，请旨简放。'

四年正月，奉命简放陕西按察使，入都陛见，荷蒙召对三次。调补山西按察使，并接办防堵事宜。七月履任，奉旨前赴东南潞泽、蒲解等处，查看防兵、山河、隘口，筹办防堵事宜。山西营务废弛，饷亦支绌，陈湜以臬司兼总军事，极力筹维，乃陈'增兵，造船，请减京、协饷'各要务五条，禀经山西抚臣代奏，奉旨嘉许。晋省防兵仅六千人，陈湜以兵少不敷分布，乃议造炮船，请于曾国藩，得洋炮百尊，自砥柱上至龙门，每一船成，即教以行驶、攻战之法。六年冬，捻酋张总愚谋自茅津济河犯山西，豫省西路州县皆城守，陕州正当贼冲，乞援于陈湜。时炮船仅成七艘，即分兵渡河，入陕州助城守，而亲驰赴茅津，水陆戒严，俟贼结筏将济，发炮毙贼无算。复率亲兵由北岸昼夜追贼，自茅津至风陵渡，贼不得逞，遂越南原入秦，大股踞三河镇，造浮桥，谋渡渭。陈湜亟调炮船溯流入渭，贼浮桥已成大半，发炮毁之，又遣水军数十人夜至三河镇，乘贼无备纵火，贼惊窜，自相蹂躏，所格杀、焚毙甚众。由是贼不敢渡渭，徙屯远去。陕西巡抚臣刘蓉以陈湜越境剿贼入奏，奉旨：'陈湜调度有方，深堪嘉尚，著交部从优议叙。钦此。'是时仅以六千人守河防千七百里，屡次禀请添募，不许。迨左宗棠督师入秦，为陈湜奏请增募楚勇三千，然缓不济急。十一月，河冰将合，而巡抚方六百里驰檄召陈湜进省议军事[②]。及至省，闻贼由绥德西窜，乃亟赴吉州守御。晡后得报：'先夜朔风严寒，冰桥骤增数百里，贼已由吉州偷渡

① "禽"，《光绪政要》作"擒"。

② "议"，《光绪政要》作"襄议"。

窜晋。'陈湜自请严议,奉旨加恩改为革职留任,旋经陕西巡抚臣乔松年奏参,朝命遣戍新疆,仍暂留晋防守西河。前署山西巡抚郑敦谨以山西无知兵之员接替,奏请照常督兵防剿,乃尽以军事委陈湜。是时,秦省回匪、土匪所在屯聚,蔓延北山诸郡县,日谋渡河掠晋,朝旨饬陈湜严守西河,不许再有一贼东渡。陈湜乃募楚勇三千人,分布泽州各隘,以防东路,而自守西河。自龙门上至壶口,量山口阔狭作碉堡,其尤散蔓者,延袤作偃月城,使寇来无路可入。取人于营,取材于山,役不及民,费不及帑,半年工竣,综计袤八千数百丈,曾绘图贴说进呈御览①。自是晋守无恐,贼或至南岸窥伺,则命诸将渡河掩击,大股贼至,辄自当之,贼败挫远遁。旋因留防出力,奉旨:'暂免发遣,著统率所部全军前赴左宗棠军营,随同剿贼。'

九年,陈湜遵带果字全军赴甘,左宗棠饬驻静宁一带,以绝金积堡之援,并奏派总理陕甘营务。惟时各军正攻金积堡,陕甘逆回恐长围将合,时嗾悍党四出抄掠,意在牵缀官军,梗塞运道,以解重围。十月初八罗家崄之役,陈湜督所部由间道驰至,叠战获胜,毙贼无算,步贼歼除殆尽,中路运道以通。十一日,陈湜饬所部由静宁南进,截贼高家寨、合水川等处,斩俘无算,回堡百余以次翦除。马化漋穷蹙乞降,左宗棠以审机致决,未可稍涉疏略,奏派陈湜总理金积堡机要各务,驰往妥筹万全。马化漋虽阳就抚,犹窖藏枪炮以万数,阴谋复叛。陈湜尽搜获之,讯得其情,遂斩马化漋父子,并戮其党。左宗棠奏'陈湜办理机要,次第筹画,尽协机宜,俾大局速臻安谧②,实属劳绩卓著。'奉旨开复原官、原衔。

---

① "曾绘图贴",《光绪政要》作"并绘图帖"。

② "安谧",《光绪政要》作"妥协"。

十年，北路既清，始筹剿西、南两路。左宗棠令陈湜先赴静宁州筹粮运、察军情，又令议《进攻河州方略二十四事》，悉从其议。既至静宁，分设南路粮局七十二处，章程皆所议定。八月，陈湜所部陈汝俊、陈缔高等分路进攻康家岩，一鼓下之，夺取贼堡，乘胜渡洮。时贼踞大东乡、太子寺为巨巢，是为河州总要关隘。左宗棠派陈湜亲往，相度形势，会督诸军，力规进取。陈湜旋同傅先宗等商议，董家山由西而东，尽于洮岸，东峻西夷，谢家坪一带坡陀迤逦，尚可攀登。即分军三路，更番迭进，贼败走，连夺陈家山、杨家山等处，复饬吴隆海、陈汝俊夺取董家山一带大小贼垒。逆首马占鳌见官军日逼，纠聚悍党及撒拉、循化各处悍回，与大东乡、宁河逆贼麇聚太子寺，环筑长濠，垒卡林立，力图久抗。陈湜复派队分攻太子寺北大红庄等堡，血战经日，毙贼数百。贼又于寨外加浚深濠，句结各悍回，筑垒六七十座，以断官军狄道运道。陈湜复请左宗棠派徐文秀、刘明灯及亲军各哨[①]，各率所部，裹粮赴援，与傅先宗等分道并进，立将党川铺各贼垒扫平。十一年正月初四日，贼复乘夜于新路坡前、右两营之间偷筑三垒，更据烂泥沟四庄，为掎角之势，粮道复梗，傅先宗中炮阵亡。初七日，陈湜复派徐文秀等会师烂泥沟[②]，立将四庄一垒攻克，斩馘无算。未几，傅先宗所部因新亡统将溃退，徐文秀力战阵亡，并亡营官六人，贼分兵绕赴柳林沟，扼官军后路，粮竭援绝，各营煮食马革殆尽，将弁大惧。陈湜方张宴享士，使将士然灯为戏，贼用轻之。陈湜于是立饬董家山、三家集、康家岩各处营垒严扼要隘，并派沈玉遂、陈广发等滚营进逼，血战克

① “刘明灯”，《光绪政要》作“刘明镫”。按：据陈宝箴光绪廿三年二月三十日《刘明镫请准援例赐恤摺》，作“刘明镫”是。

② “会师”，《光绪政要》作“出师”。按：王摺亦作“会师”。

之。自正月至二月,连日力战,有战必捷,贼日穷蹙,逆酋马占鳌遣其党十八人献马投诚,陈湜与约四条:'一、逆首马潮淙等四十余人必先捆送;一、尽缴马匹、军械;一、强占汉人土地,悉令领去;一、所掠妇女,悉令其家属认领。'各贼目均愿从约。于是收缴军械万余件、马万余匹、枪械刀矛三万有奇,遂复河州,并陆续将狗齿牙子、马聋子、马彦瀣等回目五六十名获解正法①。进攻肃州,连克堡垒,并搜捕宁河土匪,一律肃清。未几,河州回众蠢动,高奉朝、马祥、杨由什等造谣煽乱,迫胁数百人,据太子寺上下。陈湜督军擒斩三十余名,并获马祥诛之,又饬马占鳌分途缉获三十余名,馀众四散,出示镇抚良民,地方安堵。及马本源、桂源兄弟窜踞巴燕戎格厅,暗句大通营都司马寿、向阳堡逆目马进禄等悍贼,纠党作乱,奉上谕:'著饬令陈湜、刘锦棠等妥慎筹办,无论是否就抚,总以捕获为要,不可稍涉迁缓,致误事机。'陈湜遂与左宗棠议,调河州守兵及降将马占鳌率所部间道疾进。时大雪迷路,山岭危峻,陈湜谕将士曰:'前有劲敌,后无归路,粮米将竭,苟不破贼,不得生矣!'众踊跃大呼竞进。三合三胜,贼遂溃散,马桂源兄弟逸去,尽获其孥,极慰安之。马桂源侦知,乃使人乞降。陈湜以马桂源、马本源皆以职官叛逆,奉特旨讨捕,遂以奇计生致省垣,由左宗棠请旨凌迟处死。是时,循化内八工亦请降②,大小堡寨千余座,陈湜即迎机招抚,令尽毁其堡,为立约束二十余条,宣示于众,并修复城池,设立文武官员。循化既平,陈湜率兵回省,行抵河州,逆目杨哈由什、康七箇子复乱③,陈湜亲往,至王百户驻军搜捕,逆众尽逃,令提督张

① "狗齿牙子",《光绪政要》作"狗齿子"。

② "八工",《光绪政要》作"八堡"。按:王摺亦作"八工"。

③ "杨哈由什",似即上文之"杨由什"。按:王摺前后亦不同。

仲春率骑二百，穷追二百余里，至拉布堧，获逆首二十余人诛之。自是河州大定，奉旨赏换奇车〈伯〉巴图鲁名号[①]。

光绪八年，奉旨：'著来见。'九年七月，到京陛见。十年正月，奉旨：'发往江南，交曾国荃差遣委用。'三月，经曾国荃奏派总统江南马步水陆各军，兼理海防营务处。嗣因被议回籍。十五年八月，升任湖南巡抚臣王文韶奏保，遵旨入都陛见，奉命发往江南，交曾国荃差遣委用。复经奏派总统南洋兵轮，旋经署两江总督臣沈秉成奏派总理水陆湘淮各军营务处。十月，奉补授江苏按察使之命。

二十年七月，海疆事起，陈湜在江苏臬司任内奉旨：'著招集旧部，一俟成军，即行北上等因。钦此。'陈湜募勇十营，一月集事，由陆赴津。九月，驻扎山海关。十一月，拔队出关，赴援辽沈。是时，陈湜旧患臀痈即已不时触发，因军事紧急，未暇调治，而东省冰雪严寒，凛冽刺骨，昼夜冲冒，受病益深。十二月，军抵辽阳之鞍山站，陈湜于大雪迷漫中轻骑踹看地势，布垒安营，部署甫毕，正拟遵旨进攻海城，旋奉旨填扎大高岭，皆扶病即行。大高岭绵亘二百余里，当沈辽东、南两路之冲，山路纷歧，防不胜防。上年正月，倭人屡次犯岭，皆力战却退。二月初间，倭大股攻辽，距城仅数十里，州牧万紧告急。陈湜一面密扼岭防，昼夜堵御，一面派营驰援，星夜走八十余里，赶至老君堂、上下连达河等处，恰与敌遇，迎头痛击，多所斩擒，敌人败退。陈湜复督队搜剿八会寨、金厂、千山子等处，夺获车骡米粮，并俘获敌酋数名，辽城获保无恙。适奉旨：'以辽阳东南一路责成陈湜堵剿。'陈湜驻扎货郎沟，左顾岭防，右扼辽南各要隘，昼夜奔驰往来二三百里，度山越涧，艰苦备尝，而疽恙益时发

① "伯"，据《清史稿·陈湜列传》补入，详《清史稿》（中华书局 1977 年版），卷四百三十二，列传二百十九。按：王揩亦作"奇车伯巴图鲁"。

肿痛,勉强支撑,不敢言病。八月,奉旨:'陈湜前在甘肃剿回得力,著即统所部迅速赴甘等因。钦此。'九月抵津,复奉命留驻山海关,专办湘军操防事宜。正拟起行赴关,臀痈已溃,蒙恩给假调治两月有余。陈湜以痈口少愈,勉强销假赴关,力疾驰赴海口,而积患既深,元气受伤,遂因病开缺①。

查陈湜秉性忠直,谋略最优,为曾国荃部将之冠。窃维军兴以来,文武大员效力疆场积劳病故者,如前福建提督萧孚泗、记名布政使刘连捷,均荷特恩予谥建祠。陈湜与萧孚泗、刘连捷同为曾国荃得力部将,四路围攻金陵,陈湜独当西路,同克名城,而陈湜肃清关陇、出讨东陲之力尤多,如能同被殊荣,尤足鼓励后来战将。援案呈请具奏"等情。

据此,臣查已故江西布政使陈湜,秉性忠亮,智勇深沈。昔曾国荃、左宗棠皆倚以办贼,军中要重机务,悉以咨之。每战必先审策情势,动出万全,临敌致果,有进无退。其生平勋绩多关大计,如从曾国荃之克复金陵、左宗棠之肃清关陇,同时诸将莫不倾心推服,称其"于安危得失之间,所全甚大,有出于战胜攻取之外者"。近时大高岭之役②,保卫辽阳,敌军迭次窥觇,欲以轻兵分路突入,陈湜部署有方,昼夜往来策应,每战必克,敌不得逞,后遂不复致力此路。陈湜以战事初殷,不欲辄以微劳禀求奏达,时臣在天津办理湘军粮台,征诸探谍,证以公论,其捍御辽阳之功,诚有不可殁者。

臣前准北洋大臣直隶总督王文韶咨:"光绪二十二年四月十一日奉上谕:'王文韶奏《统领湘军藩司陈湜在防病故,并请将该军酌

① 此段文字,《光绪政要》作"二十年七月,海疆事起,率师北上,旋因患病,奏请开缺"。

② 自此句以下,直至"不敢壅于上闻",为《光绪政要》删略。

量裁撤》各摺、片，览奏均悉。陈湜从前颇著战功，并著详晰查明具奏等因。钦此。'”是其生平功绩久在圣明洞鉴之中，旋经王文韶具摺胪陈，仰荷恩施。兹据援案具呈，似较王文韶原奏尤为详晰，不敢壅于上闻，可否仰乞圣慈[①]，准于原籍及立功省分建立专祠，以彰劳勚而励戎行，出自逾格鸿施。至所称“同克金陵萧孚泗、刘连捷等均蒙特恩予谥建祠，陈湜应如何加恩”之处，非微臣所敢擅请。除咨部外，理合恭摺具陈，伏乞皇上圣鉴训示。谨奏。

硃批：“另有旨。”[②]

〖附一〗光绪二十二年六月十二日上谕[*]

予故江西布政使陈湜祭葬，战功事迹交国史馆立传。

〖附二〗光绪二十三年六月初四日上谕[**]

以战功卓著，予故江西布政使陈湜于原籍及立功省分建立专祠。从湖南巡抚陈宝箴请也。

---

① “仰乞圣慈”，《光绪政要》作“仰祈天恩”。

② 此摺篇末，《光绪政要》录作：“疏入，奉上谕：‘陈宝箴奏《已故藩司战功卓著，吁恳恩施》一摺。已故江西布政使司陈湜随同曾国荃、左宗棠转战江西、广西等省，克复金陵，肃清关陇，厥功最伟。加恩著照所请，准其于原籍及立功省分建立专祠，以彰忠荩。该部知道。钦此。'”

* 据《光绪朝东华录》，第四册，总第3821页。

** 据《清实录·德宗景皇帝实录》，见《清实录》，卷四〇六，第299页。按：此谕另见《知新报》第二十六册（光绪二十三年七月初一日出版）、《集成报》第九册（光绪二十三年六月二十五日出版），文字较此详尽，与《光绪政要》篇末所录上谕同。

储裕立请准立传并援案赐恤摺*

（光绪二十三年五月初八日）

头品顶戴湖南巡抚臣陈宝箴跪奏,为道员积劳病故,恳恩俯准立传,并恳赐恤,以彰忠荩,恭摺仰祈圣鉴事:

窃臣据前国子监祭酒江苏学政王先谦等联名呈称:"已故二品衔贵州候补道储裕立,湖南靖州人,弱冠随其伯父储玫躬以武陵县训导经前大学士臣曾国藩委带乡勇剿办粤匪,所向有功,储玫躬殉难宁乡。该故道奉前抚臣骆秉章檄饬督办团防,剿克贵州铜仁教匪,论功保以从九品用。咸丰七年,随同统带湖南靖字营候选道戈鑑,帮带靖勇克复贵州古州、永从各城。逾年,克复镇远府、卫各城,旋奉调援鄂,转战武汉,克复来凤县城。时黔苗势炽,仍率靖军援黔,克复天柱县城。同治七年,总理靖军营务处,随即进剿,收复清江、朗洞各城,积功递保,以知府留于贵州补用,并赏戴花翎。十年,署古州同知。时兵燹之余,苗氛出没无常,城垣、衙署半属榛莽瓦砾之场。该故道率所部扼守要隘,并捐赀修理城郭,招抚流离,恩威并用,惩内奸,绝外患,发给牛、种,移粟济困,流民渐以复业,黎、古一带乃有治机。卸篆之日,绅民遮道攀留。是年,率部攻克台拱厅城,保补缺后以道员用。十一年,接统靖字各营,攻克丹江、凯里各城,并剿平下江生苗,保免补本班,以道员仍留原省补用,加盐运使衔。光绪元年,黎平府属之六硐、四脚牛等处苗民复叛,攻陷永从、下江各城,阖郡震动,该故道移师与毅安、毅新、诚字各营会剿,立即平复。全黔肃清,蒙赏穿黄马褂。五年,交卸靖军营务,经前贵州抚臣岑毓英委办理黔省下游善后事宜,倡设义学,以化民

* 据《光绪朝硃批奏摺》,第 12 辑,第 384 ~ 386 页。

顽，并督饬苗弁修筑屯卫堡城，悉臻完固。八年，奏办思南各属赈务，周历灾区，每事躬亲，俾民均沾实惠，胥吏无从侵蚀，所全活者十数万众。是年，遵义府民教搆衅，教堂被毁，檄委该故道驰往查办，与法使叠次辩难，持论平正，法人悦服完案。旋奉委办通省营务处，于防剿云南昭通窜匪案内保二品衔。九年，署贵西道篆，苗民素有放蛊恶习，毒人不少，该故道廉得其情，惩一警百，其患遂绝。历署贵东、贵西粮储、兵备道篆，会办善后、报销、厘金、矿务、城防各局事，一切兴利除弊，洁己奉公，遇事删繁举要，果断有为，政行而民不扰，经前贵州抚臣林肇元、潘霨叠次奏保，奉旨嘉奖。继经前贵州抚臣崧蕃明保'任事精详、明体达用'，奉旨：'交军机处存记。钦此。'嗣于二十一年四月初五日，因前在军营不避艰苦，感受瘴雾，以致积劳成疾，在黔身故。

溯查该故道在黔数十年，前则战功卓著，后则治绩懋昭，迄今井里爱戴，远近讴思。职等或居同乡里，或曾经共事，深知该故道战功、政绩，不忍听其湮没，公恳奏请将事实宣付史馆，暨照军营立功后病故例从优赐恤"等情前来。

臣查已故贵州候补道储裕立忠勇性成，转战数省，屡著战功，历署贵州贵东、贵西各道篆，政治循声，经〈前〉贵州抚臣崧蕃奏保在案，今积劳病故，殊深悼惜。合无吁恳天恩，俯准将已故贵州候补道储裕立战迹事实宣付史馆立传，暨照军营立功后积劳病故例从优议恤，以彰忠荩，出自鸿施。除将履历事实分咨吏、礼、兵三部及国史馆查核外，所有道员积劳病故，恳请赐恤缘由，理合恭摺具陈，伏乞皇上圣鉴训示。谨奏。

硃批："著照所请，该部知道。"

〖附〗光绪二十三年六月初四日上谕*

以屡著战功,予故贵州候补道储裕立优恤。

王之春等捐助赈银请为先人建坊片**

(光绪二十三年五月初八日)

再,光绪二十一年湘省长、衡等府因旱歉收,灾区甚广,经臣先后奏明开办赈捐,以资接济。兹据筹赈总局司道详称,据衡阳县知县陈梓敬、清泉县知县盛纶会禀称:"清泉绅士现任湖北藩司王之春,遵故祖父一品封典王徵第、故祖母王黄氏遗命,捐助赈银一千两;又江苏徐州府萧县知县刘本亿,遵故父二品封典花翎候选道前任江苏太仓州镇洋县知县刘端凝、故母刘蒋氏遗命,捐助赈银一千两;又据现任广东琼州镇总兵申道发,遵故父申用顺、母申萧氏命,捐助赈银一千两;衡阳县绅士候选知府魏敏修,遵故父魏栋生、母魏张氏遗命,捐助赈银一千两。先后将捐款交赈务局绅验收,分拨被灾各都,核实散放。"又据代理浏阳县知县赖承裕详,"在籍五品衔指分江西试用府经历谭嗣棨,遵故父正一品封典同知衔尽先选用知县谭继升、母正一品命妇谭唐氏命,捐赈银一千两;又指分广东试用盐运司运同刘澍,捐赈银一千两。先后交赈局兑收,赈济灾黎。又前统领老湘虎字营广东高州镇总兵余虎恩,遵故父祖德、母黄氏命,以生前所积余赀存典生息,捐助赈银一千两,赴局交收"各等情。均恳转详奏请建坊,详请具奏前来。

臣查前次顺直赈捐章程:"凡捐银一千两,准随时援例奏请建

---

* 据《清实录·德宗景皇帝实录》,见《清实录》,卷四〇六,第299页。

** 据《光绪朝硃批奏折》,第29辑,第220~221页。

坊”在案，今湖北藩司王之春等，悯念桑梓灾黎，情殷赈恤，各遵遗命，捐助赈银，俱及千两，与建坊之例相符。合无仰恳天恩，俯准将一品封典王徵第等各给予“乐善好施”字样，准其建坊，以昭激劝之处，理合会同湖广总督臣张之洞附片具陈，伏乞圣鉴。谨奏。

硃批：“著照所请，礼部知道。”

柳文轩夫妇捐田赡族请准建坊片*

（光绪二十三年五月初八日）

再，据署湖南衡山县知县张祖良详称，据文生柳舒甲呈称：“族人七品封职柳文轩与其妻柳谭氏，捐辛勤所积田租一千石、庄屋一十二栋并山林等业，共值契价银一万一千三百二十八两，作族中义庄。每岁计租，一半为始祖阶平房下族人周急之需，一半为支祖仪常房下子孙按口匀给，各赡其生。于石湾市建立义庄公所，择族中正人经理其事。似此好善不倦，足以风励人心。”由县加具印结，造具清册，将七品封职柳文轩与其妻柳谭氏详请奏奖前来。查定例：“士民人等捐赀赡族，其田粟准值银千两以上者，请旨建坊，给与‘乐善好施’字样”等语。今衡山县七品封职柳文轩与其妻柳谭氏捐田赡族，值银一万一千三百二十八两，洵属谊笃宗支，殊堪嘉尚，核与旌表之例相符，理合据情吁恳天恩，俯准建坊旌表，给予“乐善好施”字样，以彰善行而资观感。除将册结送部查核外，理合附片具陈，伏乞圣鉴训示。谨奏。

硃批：“著照所请，礼部知道。”

---

* 据《光绪朝硃批奏摺》，第29辑，第221～222页。

〔附〕光绪二十三年六月初四日上谕*

以捐田赡族,予湖南衡山县封职柳文轩及妻谭氏建坊。

林子元改留长沙协标差委片**

(光绪二十三年五月初八日)

再,前准兵部咨,准臣咨送尽先游击林子元收长沙协标差委。查奏定章程:"嗣后保举尽先推选人员,无论他省、本省及有无实缺底衔,查系未经发省、留省者,概不准其归班序补"等语。林子元由湖南武童递保尽先补用游击,检查该员所保游击原案,系保以游击尽先选用,并未留省,今咨请收入湖南长沙协标,核与定章不符,应令照章奏明留省等因。当经转行去后。兹据尽先补用游击林子元禀称:"窃自咸丰十一年投效水师营,随同迭次打仗出力,递保守备尽先补用,攻克金陵水师员弁续奖案内蒙保游击尽先补用。光绪二十一年复投亲军副后营充当差弁,因亲母李氏寄寓省垣,乏人侍奉,二十二年呈蒙营官详送饬发长沙协营收标。兹奉前因,伏念母老丁单,未便远离,恳请奏留湖南长沙协标差委,俾竭驽骀之力,兼遂乌鸟之私"等情前来。臣复查无异,合无仰恳天恩,俯准将游击林子元改留湖南尽先补用,出自逾格鸿施。除咨兵部外,谨会同湖广总督臣张之洞附片具陈,伏乞圣鉴。谨奏。

硃批:"著照所请,兵部知道。"

---

* 据《清实录·德宗景皇帝实录》,见《清实录》,卷四〇六,第299页。

** 据《光绪朝硃批奏摺》,第45辑,第764页。

景天相续完银两请扣除免议片[*]

（光绪二十三年五月初八日）

再，查湖南省应征光绪二十一年南秋米折、驴脚银两奏销案内，未完一分以上各员职名，业据代理粮储道刘镇开单汇案，详经具奏在案。兹据粮储道但湘良详称："查有原参经征未完南米二分、驴脚二分八厘之署清泉县知县景天相，现催据将未完南米一千二百三十六石七斗六升四勺折银八百一十四两七钱七分七厘七毫，又未完驴脚银二百五两七钱四分七厘五毫，全数批解到道，于光绪二十三年四月初三日弹收入库，俟造入二十三年秋拨册报。惟该员于开单后扫数全完，请奏恳免议"前来。臣复核无异，相应奏恳天恩，俯准饬部将署清泉县知县景天相未完南米二分、驴脚二分八厘考成扣除免议。除咨部外，理合附片陈明，伏乞圣鉴。谨奏。

硃批："户部议奏。"

开支光绪廿三年乡试经费片[**]

（光绪二十三年五月初八日）

再，湖南省每届举行文闱乡试，一切经费除科举本款外，再于地丁银内拨银一千两，以资应用，又举人牌坊银两亦于地丁项下支给，历经奏明拨用在案。今据藩司何枢详称："光绪二十三年丁酉科乡试所需经费，除动用额征科举本款银二千六百三十六两三钱四厘外，尚不敷银一千两；又捐输加广中额酌增经费银六百两；又

* 据《光绪朝硃批奏摺》，第70辑，第921页。

** 据《光绪朝硃批奏摺》，第88辑，第386页。

本届应中举人四十六名,捐输加广永远中额十名,共应中举人五十六名,需用牌坊银五百六十两。总共应支地丁银二千一百六十两。循照历届成案,在于地丁项下支用"等情,请奏前来。臣复核无异,除批饬在于光绪二十二年地丁银内照数开支,事竣造册报销,并咨明户部外,理合循例附片具陈,伏乞圣鉴。谨奏。

硃批:"户部知道。"

光绪廿三年四月粮价及雨水情形摺*

(光绪二十三年五月初八日)

头品顶戴湖南巡抚臣陈宝箴跪奏,为恭报四月分粮价及地方雨水情形,仰祈圣鉴事:

窃照湖南省本年三月分市粮价值并雨水情形,业经臣恭摺奏报在案。兹据布政使何枢查明四月分通省各项粮价,开单汇报前来。臣逐加查核,长沙等十八府州厅属米粮、豆、麦价值均与上月相同,省城及各属地方入夏以来雨多晴少,刻下二麦刈获登场,蔬菜、杂粮尚渐芃茂,境宇绥平,堪以上慰宸廑。理合恭摺具奏,并缮粮价清单恭呈御览,伏乞皇上圣鉴。谨奏。

硃批:"知道了。"

筹款接济偏灾地方及现在久雨情形片(稿一)**

【上缺】煮食,势将饿毙,而桑植则几于通县皆然。臣仰体皇仁,亟与司道设法筹款,于本年二月间,遴委员绅,驰往桑植县附近

---

* 据《光绪朝硃批奏摺》,第96辑,第175~176页。

** 据舒斋藏摄片。此为陈宝箴手稿。

之澧州津市，采运米谷，会同该县知县王馀庆，设局平粜[①]，并确查极贫户口，酌量赈济，先后共发过银三万两。其石门县，惟北乡较为困窘，采蕨者日常千余人，然东、南等乡尚可采买接济，因筹给银五千两，暂交该署县王以宣采买平粜[②]，仍俟青黄不接时[③]，察看情形，分别办理。此外衡、永亦有偏灾，业饬各守令率同地方绅士，妥为筹济，并委卸署永州府朱其懿亲驻祁阳县，督率筹办。如以后年谷顺成[④]，当无他虑。惟自入春以来，阴雨连绵，晴霁时少，各属春收豆麦[⑤]，损失殆半，低田多被淹浸[⑥]，积水难消，高处田禾，因久雨栽种稍迟，多未勃发，惟盼迅速畅晴，庶几无大棘手耳。自维行能薄劣，政事乖舛，不足感召天和，睹此艰难，实深焦灼。

所有筹款接济偏灾地方及现在久雨情形，除咨户部外，谨附片具陈，伏乞圣鉴训示。

筹款接济偏灾地方及现在久雨情形片（稿二）[*]

再，湖南省属各州县，上年秋收虽及中稔，而被旱、被水之处[⑦]，或至颗粒无收[⑧]。此等偏灾，于通省大局，若无大害，惟贫民专倚耕稼为生[⑨]，舍此无可谋食，地方盖藏素少，告籴尤艰，察其危

① 此句及下句，初作“清查极贫、次贫户口”。

② 此句初作“解交该县王以宣采买平粜”。

③ 自此以下三句，初作“仍随时察看民情，分别接济办理”。

④ 此句初作“如以后收成”。

⑤ 此句及下句，初作“各属春收歉薄”。

⑥ 自此以下五句，初作“低田多被淹浸，积水未消，田禾多未芃茂勃发”。

* 据舒斋藏摄片。此为陈宝箴手稿。按：此稿另见录于《陈宝箴遗文（续）》，载《近代中国》第十三辑，第 308～309 页。

⑦ 此句初作“而被旱、被水歉收之处”。

⑧ 此句初作“甚至颗粒皆无”。

⑨ 此句初作“而贫民惟倚耕稼为生”。

苦激迫之情,不能不妥筹接济。查永顺府属之桑植县、澧州属之石门县,皆与湖北鹤峰、长乐等州县接壤,素为湘省边隅贫瘠最著之区,去秋复因旱失获,山僻运艰,粮价尤极腾踊,饥民采蕨和草煮食,势将饿殍,而桑植一县为甚。臣仰体皇仁,亟与司道设法筹款,于本年二月间,遴委员绅,驰往桑植附近之澧州津市,采运米谷,会同该县知县王馀庆,设局平粜,确查极贫户口,酌量赈给,先后共发银三万两。其石门县,惟北乡最为困窘,采蕨者日千余人,幸近县尚可采买接济,因筹解银五千两,暂交该署县王以宣买米平粜。臣复饬矿局于该县开采铜矿,隐寓以工代赈之意,仍俟秋收届期,察酌情势,分别办理。此外衡州府之衡阳、清泉,永州府之零陵、东安、祁阳等县,亦有偏灾,已饬该道府督饬各县,率同地方绅士,量为筹济,并委卸署永州府事候补知府朱其懿,亲驻祁阳,督率筹办。永属民情较为强悍,现在尚属安静[①],如以后旸雨不忒,年谷顺成,可无他虑。第自入春至今,将五阅月,阴雨连绵,晴霁时少,各属春收豆麦,损失过半,低田多被水淹,高处田禾,因久雨莳艺后时[②],尚难滋长,且有虫伤之患,惟盼迅速畅晴,庶犹可收效桑榆耳[③]。臣自维奉职无状,乖政召戾,睹此民艰,惧愧交集,惟有随时审度情势[④],率同司道极力维持补救,以求仰慰宸廑。

所有筹款接济偏灾地方及现在久雨情形,理合附片具陈,伏乞圣鉴训示。谨奏。

---

① “安静”,初作“安谧”。

② “后时”,初作“少迟”。

③ 此句初作“庶几有逢年之望耳”。

④ 此句初作“惟有随时随事”。

筹款接济偏灾地方及现在久雨情形片*

（光绪二十三年五月初八日）

再，湖南省属各州县，上年秋收虽及中稔，而被旱、被水之处，或至颗粒无收。此等偏灾，于通省大局，若无大害，惟贫民专倚耕稼为生，舍此无可谋食，地方盖藏素少，告籴尤艰，察其危苦激迫之情，不能不妥筹接济。查永顺府属之桑植县、澧州属之石门县，皆与湖北鹤峰、长乐等州县接壤，素为湘省边隅贫瘠最著之区，去秋复因旱失获，山僻运艰，粮价尤极腾踊，饥民采蕨和草煮食，势将饿毙，而桑植一县为甚。臣仰体皇仁，亟与司道设法筹款，于本年二月间，遴委员绅，驰往桑植附近之澧州津市，采运米谷，会同该县知县王馀庆，设局平粜，确查极贫户口，酌量赈给，先后共发银三万两。其石门县，惟北乡最为困窘，采蕨者日千余人，幸近县尚可采买接济，因筹解银五千两，暂交该署县王以宣买米平粜。臣复饬矿局于该县开采铜矿，隐寓以工代赈之意，仍俟秋收届期，察酌情势，分别办理。此外衡州府之衡阳、清泉，永州府之零陵、东安、祁阳等县，亦有偏灾，已饬该道府督饬各县，率同地方绅士，量为筹济，并委卸署永州府事候补知府朱其懿，亲驻祁阳，督率筹办。永属民情较为强悍，现在尚属安静，如以后旸雨不忒，年谷顺成，可无他虑。第自入春至今，将五阅月，阴雨连绵，晴霁时少，各属春收豆麦，损失过半，低田多被水淹，高处田禾，因久雨莳艺后时，尚难滋长，且有虫伤之患，惟盼迅速畅晴，庶犹可收效桑榆耳。臣自维奉职无状，乖政召戾，睹此民艰，惧愧交集，惟有随时审度情势，率同司道极力维持补救，以求仰慰宸廑。

---

* 据《光绪朝硃批奏折》，第31辑，第684～685页。

所有筹款接济偏灾地方及现在久雨情形,理合附片具陈,伏乞圣鉴。谨奏。

硃批:“知道了。”

〖附〗光绪二十三年六月十四日上谕(节录)*

〈湖南巡抚陈宝箴〉又奏:“桑植等县被灾,筹款接济。”报闻。

查办沅州等处匪徒出力员弁保奖摺(稿一)**

奏为查办沅州等处匪徒①,歼除伏莽,地方业就安谧②,所有尤为出力文武员弁③,拟各保奖数人④,恭摺仰祈圣鉴事:

窃湖南辰、永、沅、靖等府州所属各县,及凤凰、乾州、永绥等厅,均系苗疆,与川、黔境地相错,径路纷歧,习俗犷悍。自苗教各匪倡乱,经官军剿平后,黔省游民及军营散勇,流落沅、晃、芷江等处者甚众,其中桀骜之徒,率多拜盟结会⑤,诱拐剽掠,捉人勒赎,无所不为。散则为民⑥,聚则为匪,常结伙数十百人,执持枪械,肆行无忌。始以拦抢漏税烟土为名,渐及行舟、木簰,肆劫居民、行旅,拒捕杀人,甚至纠党夺犯,围杀兵差,以张凶焰,商民被其扰害,莫可如何。臣抵湘后,访察情形,备悉匪盗潜匿之处以芷江一县为

---

* 据《清实录·德宗景皇帝实录》,见《清实录》,卷四〇六,第303页。

** 据舒斋藏摄片。此为陈宝箴手稿。按:此稿另见录于《陈宝箴遗文(续)》,载《近代中国》第十三辑,第310~312页。

① “匪徒”,初作“匪盗”。

② “业就”,初作“渐就”。

③ “文武”二字系后加。

④ 此句初作“拟请酌予保奖”。

⑤ “结会”,初作“入会”。

⑥ 此句及下句,初作“又有巨窝豢养资给,聚则为匪,散则为民”。

多[①],而该县又以怀化驿榆树湾为最。深念各属商民无辜受害,并虑匪焰日炽,别酿事端,寻于光绪二十三〔二〕年七月内[②],札饬辰永沅靖道廷杰亲赴沅州府城,会同本年病故之统带毅安防营总兵刘福兴,认真查办,分派员弁兵勇,于怀化榆树湾等处扼要兜拿,务将首要积匪获办[③],痛断根株。九月间,臣适查阅西路营伍抵沅,已经该道等获匪五十余名,比将讯明稔恶最著匪犯王肥子等十名,先饬就地正法枭示,业将派委查办情形奏明在案。

臣回省后,廷杰、刘福兴仍驻沅州,率同署沅州府知府连培基等,督饬员弁兵勇,购线悬赏,尽力查拿,统计先后拿获各匪不下百数十名。择其情罪稍轻者,饬交户族保领约束。内有著匪王肥子、王蕾等四十八名,皆有劫杀案据,讯明供认,比经臣批饬正法者二十四名。其临拿拒捕格杀及格伤在监病毙者,先后计共十名。监候待质及押发各县归案审办分别正法、监禁者[④],又三十八名。除泸溪县拿获案匪王兴发等正法六名、黔阳县拿获抢劫及纠伙拒捕匪犯十数名,俱由廷杰委审,分别惩办外,其凤凰、保靖、龙山等厅县,因案指捕首要匪首艾银山等,亦皆就获。此外附从各匪,惟曾经动手杀人,及殴伤事主至折伤以上,怙恶不悛者,仍应缉获照章严办[⑤],馀俱准令于三月以内自行投首,从轻发落[⑥],交保管束,予以自新之路。其时又有贵州思州府属黄道司匪党,抢劫晃州厅陈焕举等家,经该厅通判冯承恩移会署思州府知府区维翰,带同千总

① 此句及下句,初作“备悉匪盗潜匿以芷江一县为最多,窝盗销赃,亦惟该县之怀化驿榆树湾为甚”。

② 此处之“二”字,系据稿三及《光绪朝硃批奏摺》所录改正。

③ 此句初作“务获首要各匪惩办”。

④ 此句及下句,初作“监候待质及押发各县归案审办者十四名”。

⑤ “严办”,初作“惩办”。

⑥ 此句初作“酌量发落、宽免”。

彭连胜、哨弁黄绍清、张金贵等,与湖南管带毅安前营守备关成茂等,各带兵勇,约期兜捕,当获匪党头目罗冥江等五名,亦饬廷杰讯明正法,馀皆分别发落。自此芷江及边境一带积匪巨窝,歼除略尽①。

廷杰等自上年七月奉檄驻沅查办,至腊月中始行竣事,本年数月以来,未据商民续报抢案,地方安谧②。经臣给以昔年在湘办匪时《团族清查章程》,慎选团正、族正,切实举行。复由廷杰会商镇筸镇总兵周瑞龙,于川、黔交界往来要道③,妥定《汛兵、团勇护送行旅章程》,俾匪徒无可溷迹。并檄饬各属循照部咨,讲求陂塘水利,开垦荒山,冀贫民糊口有资,不至迫而走险④。此自上年七月以来,查办本省西路匪徒之情形也⑤。

窃维查拿匪盗乃地方文武应办之事,本无劳绩可言,惟此次所办各匪,结会纠党,肆行劫杀,使数百里行旅、居民时有戒心,实非寻常盗贼可比。诸员弁或与之格斗于深山穷谷,崎岖于菁密林丛之地,又必深入匪巢方能得手,其危险似与临阵杀贼者无殊。且以积年伏莽次第歼除,西路各属地方赖以安静,似亦不无微劳足录。据辰永沅靖道廷杰择其尤为出力文武员弁,禀请各予保奖数人前来,臣复加查核,确系在事最为出力,因复再三核酌,将单开之守备关成茂、游击李亮功及把总谢必发、刘邦汉二弁,酌保升阶加衔,馀俱照寻常劳绩请奖。臣谨开具清单,合无仰恳圣恩,俯如所请,一

---

① “略尽”,初作“殆尽”。

② 此句初作“地方始就安谧”。

③ 此句及下句,初作“妥定汛兵于川、黔毗界要道,团勇沿途护送行旅新章”。

④ 此下原有“此则仁政所先,第恐行之者多难妥实,则臣之所疚心者也耳”数语,继自删去。

⑤ “匪徒”,初作“匪盗”。

律给以奖叙，出自高厚鸿慈。

除俟将各员弁履历取齐送部外，所有查办沅州等处匪徒[①]，歼除伏莽，地方业就安谧，所有尤为出力文武员弁，拟各保奖数人缘由，谨会同湖广总督臣张之〈洞〉恭摺具奏，伏乞皇上圣鉴训示。谨奏。

查办沅州等处匪徒出力员弁保奖摺（稿二）*

【上缺】天恩，俯如所请，一体给奖[②]，以昭激劝，出自鸿慈。所有查办沅州等处匪盗，歼除伏莽，地方业就安谧，所有尤为出力员弁[③]，拟请保奖数人缘由，谨会同湖广总督臣张之〈洞〉恭摺具奏，伏乞皇上圣鉴训示。谨奏。

查办沅州等处匪徒出力员弁保奖摺（稿三）**

奏为查拿沅州等处盗匪，弋获多名，照章惩办，地方渐就安谧，谨将在事出力员弁，择尤开单汇保，恭摺仰祈圣鉴事：

窃湖南省辰、永、沅、靖等府州所属各县，及凤凰、乾州、永绥、晃州等厅，均系苗疆，与川、黔二省[④]【下缺】事端，随于光绪二十二年七月内，札饬辰永沅靖道廷杰亲赴沅州府城，会同昔存今故之统带毅安防营总兵刘福兴，认真查办，先后拿获稔恶盗匪王肥子等

---

① 自“所有”至“缘由”，系后来补入。

* 据舒斋藏摄片。此为陈宝箴手稿。

② 此句初作“一体给予奖叙”。

③ 此句及下句，初作“所有尤为出力员弁数人，拟请酌量保奖缘由”。

** 据舒斋藏摄片。此为湘抚衙门幕僚誊清之稿，而由陈宝箴审定签发者。篇首有陈宝箴手批，日期署作“初二”，上钤“真实不虚”篆字阳文印一枚。

④ 按：此页起首与上页讫处未相联缀，原档如此也。或其间尚有缺页与否，不可知。

九名,续获漏网匪犯尹包子一名。适臣查阅西路营伍,行抵沅城,当经批饬就地正法,随将查办情形附片奏明在案。旋据凤凰、麻阳、黔阳、泸溪等厅县,陆续获犯多名,该匪势不得逞,转而勾结贵州黄道司匪党,抢劫晃州厅属监生陈焕举等家,经晃州厅通判冯承恩移会署贵州思州府知府区维翰,带同千总彭连胜、分防练营哨弁黄绍清,协同铜仁练军哨弁张全贵等①,与湖南毅安营哨弁关成茂等,约定日期,各带差勇,竭力搜捕,当经拿获匪党头目罗冥江、罗考成、张老廷、刘老开、杨胜凡五名,经臣批饬辰沅道委员讯明立予正法,其余情罪较轻各犯,分别限年监禁。数月以来,地方已觉乂安,未据续报抢案,现仍檄饬侦缉逸犯,整顿团练,清查保甲,俾匪党无从托足。并札饬各州县,会督绅耆,讲求陂塘水利,劝谕开垦荒山,使贫民餬口有资,免致希冀非分。此自上年以来,查办西路盗匪之情形也。

窃思查拿盗匪乃地方文武员弁分内所应行之事,本无劳绩可言,惟湖南沅靖一带,捕务积疲已久,盗贼充斥,视为泛常,勘验缉拿,不过具文塞责,现在一经饬办,即各不避艰险,踊跃争先,使积年盗匪先后就擒,闾阎道路均获清平,似宜奖其目前之勤奋,即以策后效于将来。经辰永沅靖道廷杰将在事员弁具禀请奖前来,臣复力加裁汰,择其尤为出力者,开具清单,合无仰恳天恩,俯准量予奖叙,以昭激劝之处。除咨部外,谨会同湖广总督臣张〈之洞〉恭摺具陈,伏乞皇上圣鉴,敕部核议施行。谨奏。

① “张全贵”,与上录稿一之“张金贵”当系同一人。

查办沅州等处匪徒出力员弁保奖摺*

（光绪二十三年五月二十二日）

头品顶戴湖南巡抚臣陈宝箴跪奏，为查办沅州等处匪徒，歼除伏莽，地方业就安谧，所有尤为出力文武员弁，拟各保奖数人，恭摺仰祈圣鉴事：

窃湖南辰、永、沅、靖等府州所属各县，及凤凰、乾州、永绥等厅，均系苗疆，与川、黔境地相错，径路纷歧，习俗犷悍。自苗教各匪倡乱，经官军剿平后，黔省游民及军营散勇，流落沅、晃、芷江等处者甚众，其中桀骜之徒，率多结会拜盟，诱拐剽掠，捉人勒赎，无所不为。散则为民，聚则为匪，常结伙数十百人，执持枪械，肆行无忌。始以拦抢漏税烟土为名，渐及行舟、木簰，肆劫居民、行旅，拒捕杀人，甚至纠党夺犯，围杀兵差，以张凶焰，商民被其扰害，莫可如何。臣抵湘后，访察情形，备悉匪盗潜匿之处以芷江一县为多，而该县又以怀化驿榆树湾为最。深念各属商民无辜受害，并虑匪焰日炽，别酿事端，寻于光绪二十二年七月内，札饬辰永沅靖道廷杰亲赴沅州府城，会同本年病故之统带毅安防营总兵刘福兴，认真查办，分派员弁兵勇，于怀化榆树湾等处扼要兜拿，务将首要积匪获办，痛断根株。九月间，臣适查阅西路营伍抵沅，已经该道等获匪五十余名，比将讯明稔恶最著匪犯王肥子等十名，先饬就地正法枭示，业将派委查办情形奏明在案。

臣回省后，廷杰、刘福兴仍驻沅州，率同署沅州府知府连培基等，督饬员弁兵勇，购线悬赏，尽力查拿，统计先后拿获各匪不下百数十名。择其情罪稍轻者，饬交户族保领约束。内有著匪王肥子、

* 据《光绪朝硃批奏摺》，第117辑，第110～112页。

王萧等四十八名,皆有劫杀案据,讯明供认,比经臣批饬正法者二十四名。其临拿拒捕格杀及格伤在监病毙者,先后计共十名。监候待质及押发各县归案审办分别正法、监禁者,又三十八名。除泸溪县拿获案匪王兴发等正法六名、黔阳县拿获抢劫及纠伙拒捕匪犯十数名,俱由廷杰委审,分别惩办外,其凤凰、保靖、龙山等厅县,因案指捕首要匪首艾银山等,亦皆就获。此外附从各匪,惟曾经动手杀人,及殴伤事主至折伤以上,怙恶不悛者,仍应缉获照章严办,馀俱准于三月以内自行投首,从轻发落,交保管束,予以自新之路。其时又有贵州思州府属黄道司匪党,抢劫晃州厅陈焕举等家,经该厅通判冯承恩移会署思州府知府区维翰,带同千总彭连胜、哨弁黄绍清、张金贵等,与湖南管带毅安前营守备关成茂等,各带兵勇,约期兜捕,当获匪党头目罗冥江等二〔五〕名[①],亦饬廷杰讯明正法,馀皆分别发落。自此芷江及边境一带积匪巨窝,歼除略尽。

廷杰等自上年七月奉檄驻沅查办,至腊月中始行竣事,本年数月以来,未据商民续报抢案,地方安谧。复经臣给以昔年在湘办匪时《团族清查章程》,慎选团正、族正,切实举行。复由廷杰会商镇筸镇总兵周瑞龙,于川、黔交界往来要道,妥定《汛兵、团勇护送行旅章程》,俾匪徒无可溷迹。并檄饬各属循照部咨,讲求陂塘水利,开垦荒山,冀贫民餬口有资,不至迫而走险。此自上年七月以来,查办本省西路匪徒之情形也。

窃维查拿匪盗乃地方文武应办之事,本无劳绩可言,惟此次所办各匪,结会纠党,肆行劫杀,使数百里行旅、居民时有戒心,实非寻常盗贼可比。诸员弁或与之格斗于深山穷谷,崎岖于菁〔箐〕密林丛之地,又必深入匪巢方能得手,其危险似与临阵杀贼者无殊。

---

① "五",系编者据上录稿一、稿三校改。

且以积年伏莽次第歼除，西路各属地方赖以安静，似亦不无微劳足录。据辰永沅靖道廷杰择其尤为出力文武员弁，禀请各予保奖数人前来，臣复加查核，确系在事最为出力，因复再三核酌，将单开之守备关成茂、游击李亮功及把总谢必发、刘邦汉二弁，酌保升阶加衔，馀俱照寻常劳绩请奖。臣谨开具清单，合无仰恳圣恩，俯如所请，一律给以奖叙，出自高厚鸿慈。

除俟将各员弁履历取齐送部外，所有查办沅州等处匪徒，歼除伏莽，地方业就安谧，所有尤为出力文武员弁，拟各保奖数人缘由，谨会同湖广总督臣张之洞恭摺具奏，伏乞皇上圣鉴训示。谨奏。

硃批："该部议奏，单并发。"

查办沅州等处匪徒尤为出力员弁清单（稿一）*

谨将查拿湖南沅州等府所属积匪尤为出力员弁①，开具清单，恭呈御览：

计开：

管带毅安前营花翎都司衔尽先守备关成茂，该员亲率所部弁勇②，兜拿首要各匪，不避艰险，始终其事，无役不从，拟请以都司尽先补用，并加游击衔。

管带毅安左营花翎尽先补用游击龚盛喜，该员驻扎靖州，督率弁勇访拿逃匿著匪③，在事出力，拟请俟补游击后以参将尽先补用。

---

* 据舒斋藏摄片。此件之篇首，自"谨将"至"御览"套语一节，为湘抚衙门幕僚所写。自"计开"以下，皆为陈宝箴手稿。按：此件为上摺所附清单。

① "积匪"，幕僚原作"盗匪"，初经陈宝箴改为"匪徒"，后改定为"积匪"。

② "亲率"，初作"督率"。

③ "逃匿著匪"，初作"要匪"。

管带毅安前营中哨花翎参将衔尽先游击李亮功①,该员率勇访拿要匪,不惮勤劳,实属异常出力,拟请俟补游击后以参将尽先补用。

湖南沅州协桐湾汛三司把总谢必发,记拔千总湖南辰永沅靖道标分驻同全坡屯把总刘邦汉,以上二弁,访拿首要各匪,深入其巢,务在必获,拿获正法首要积匪多名,均属异常出力②。谢必发拟请以千总尽先拔补,并加守备衔;刘邦汉拟请俟补千总后以屯守备尽先补用,先换顶戴③。

管带毅安前营后哨花翎参将衔尽先游击莫光成,该员督率勇丁,拿获首要匪徒正法多名,异常出力,拟请以参将尽先补用,并加副将衔。

署理湖南沅州府知府截取知府连培基,该员随同辰永沅靖道廷杰,访查首要积匪,设法搜捕,亲自率同弁勇扼驻怀化驿榆树湾等处,竭力兜拿④,承审获案各匪,务求至当,不惮烦难,始终其事,虽据称"不敢仰邀奖叙",未便殁其勤劳,拟请俟补缺后以道员用。

同知衔湖南沅州府芷江县知县温锡纯,该员到芷江县任,正当廷杰等查办匪徒之时,随同访查,悉心审鞫,务得确情,实属在事出力,拟请保奖随带加二级。

盐提举衔湖南试用通判林明哲,六品衔湖南新海防分缺间用巡检黄献珍,以上二员,随同廷杰访查各匪,审讯供词,均属在事出

① 此句初作"管带毅安前营后哨花翎参将衔尽先游击莫成光"。

② 此句初作"实属异常出力"。

③ 此段之首,原有陈宝箴眉批:"第五";下一段之首,另有眉批:"第四"。应系斟酌各员劳绩后,对请奖次序所作之改动。另稿已作调整。

④ 自此以下三句,初作"竭力兜拿首要,承审各匪供,勤慎精密"。

力。林明哲拟请俟补缺后以同知补用[①]，黄献珍拟请俟补缺后以府经历归候补班补用[②]。

查办沅州等处匪徒尤为出力员弁清单（稿二）[*]

（光绪二十三年五月二十二日）

谨将查拿湖南沅州等府所属积匪尤为出力员弁，开具清单，恭呈御览：

计开：

管带毅安前营花翎都司衔尽先守备关成茂，该员亲率所部弁勇，兜拿首要及各著匪，不避艰险，始终其事，无役不从，拟请以都司尽先补用，并加游击衔。

管带毅安左营花翎尽先补用游击龚盛喜，该员驻扎靖州，督率弁勇访拿逃匿著匪，在事出力，拟请俟补游击后以参将尽先补用。

管带毅安前营中哨花翎参将衔尽先游击李亮功，该员率勇访拿要匪，不惮勤劳，拟请俟补游击后以参将尽先补用。

管带毅安前营后哨花翎参将衔尽先游击莫光成，该员督率勇丁拿获首要匪徒正法多名，异常出力，拟请以参将尽先补用，并加副将衔。

湖南沅州协桐湾汛三司把总谢必发，记拔千总湖南辰永沅靖道标分驻同全坡屯把总刘邦汉，以上二弁，访拿首要各匪，深入险阻，务在必获，拿获正法首要积匪多名，均属异常出力。谢必发拟请以千总尽先拔补，并加守备衔；刘邦汉拟请俟补千总后以屯守备

① “补用”前，原有“仍留原省”四字，继自删去。

② “经历”后，原有“仍留原省”四字，后删。

* 据舒斋藏摄片。此为幕僚誊清稿，而复经陈宝箴审改者。按：此稿另见录于《陈宝箴遗文（续）》，载《近代中国》第十三辑，第312～313页。

尽先补用,先换顶戴。

署理湖南沅州府知府截取知府连培基,该员随同辰永沅靖道廷杰,访查首要积匪,设法搜捕,亲自率同弁勇扼驻怀化驿,竭力搜拿承审获案各匪,务求至当,不惮烦难,始终其事,虽据称“不敢仰邀奖叙”,未便殁其勤劳,拟请俟补缺后以道员用。

同知衔湖南沅州府芷江县知县温锡纯,该员到芷江县任,正当廷杰等查办匪徒之时,随同访查,悉心审鞫,务得确情,实属在事出力,拟请保奖随带加二级。

盐提举衔湖南试用通判林明哲,六品衔湖南新海防分缺间用巡检黄献珍,以上二员,随同廷杰访查各匪,审讯供词,均属在事出力。林明哲拟请俟补缺后以同知补用,黄献珍拟请俟补缺后以府经历归候补班补用。

恳请嘉奖廷杰并交部引见片(稿)*

再,现任辰永沅靖道廷杰,臣于前年冬甫抵湖南时①,适该道所属保靖县境有地痞纠众争墟、互斗杀人之事,地方官禀报稍涉张皇②,道路讹传,人情惊扰,廷杰闻信,即星速亲往措置,条理井然,禀报到省。心窃异之,以为似此举动,近日监司中不数觏也。上年七月,经臣檄饬查办芷江匪徒,文到之日,即单骑携一健卒就道,两日抵沅州府城,微服直入府署,人无知者③。即于是夜与署知府事

---

* 据舒斋藏摄片。此为陈宝箴手稿。按:此为上摺之附片。又按:此稿另见录于《陈宝箴遗文(续)》,载《近代中国》第十三辑,第314~315页。

① 此句初作“臣初不知其人,言者多同异,前年冬甫抵湖南”。

② “地方官”,初作“武员”。

③ 此下原有句云:“时奉委会办之统带毅安营总兵刘福兴在辰州防次,尚未抵沅”,继自删去。

连培基筹商办法[①]，密传沅防毅安前营营官关成茂、前署芷江县朱士黻同至府署，以向所访闻匪徒姓名[②]，确询首要及出入道路[③]。区画已定，次日即分投扼要往拿，不数日间，首要各匪多所弋获。传谕团保户族，访查各匪踪迹[④]，分派弁勇，购线密拿，凡所指捕，鲜不就获。自初秋以至腊中[⑤]，其访拿各匪与所推鞫，缓急轻重，必求折衷至当，无被扰之族邻，无株连之良懦及为匪所诬扳被逮缧绁者。廷杰常诫诸弁目以“此事较临阵杀贼、奋勇直前者为尤难”[⑥]，故事平之后，地方有感颂而无怨叹，缘其才性果决而不粗疏，精敏而不苛细。在沅州差次几六阅月，兼顾任内公事，既无偏废，尤不以久役在外为劳，托词推诿[⑦]，卒至积年伏莽铲除殆尽，善后一切均已布置就绪，乃始销差返署。其公忠之谊，尤为臣所感服[⑧]。

该道自以为民除害本地方分内之事，又久知诸匪情状，非奉指挥，不敢轻于发难，以此引为内疚，坚不敢仰邀保奖。然其任事本末，臣何敢不以上闻？可否仰恳天恩传旨嘉奖，抑或由臣奏明，送部引见，俾其性质才具得邀圣明洞鉴，以为量才器使之地，出自鸿慈逾格。谨附片具陈，伏乞圣鉴训示。谨奏。

---

① 此句句首原有“廷杰”二字，继自删去。
② “姓名”后原有“二百余人”四字，后删。
③ “道路”，初作“径道”。
④ “各匪”，初作“逸匪”。
⑤ “初秋”，初作“七月”。
⑥ “为尤难”，初作“尤为棘手”。
⑦ “托词”，初作“藉词”。
⑧ 此句初作“尤可敬仰”。

恳请嘉奖廷杰并交部引见片*

(光绪二十三年五月二十三日)

再,现任辰永沅靖道廷杰,臣于前年冬甫抵湖南时,适该道所属保靖县境有地痞纠众争墟、互斗杀人之事,地方官禀报稍涉张皇,道路讹传,人情惊扰,廷杰闻信,即星速亲往措置,条理井然,禀报到省。心窃异之,以为似此举动,近日监司中不数觏也。上年七月,经臣檄饬查办芷江匪徒,文到之日,即单骑携一健卒就道,两日抵沅州府城,微服直入府署,人无知者。即于是夜与署知府事连培基筹商办法,密传沅防毅安前营营官关成茂、前署芷江县朱士黻同至府署,以向所访闻匪徒姓名,确询首要及出入道路。区画已定,次日即分投扼要往拿,不数日间,首要多所弋获。传谕团保户族,访查各匪踪迹,与统带毅安营总兵刘福兴分派弁勇,购线密拿,凡所指捕,鲜不就获。自初秋以至腊中,其访拿各匪与所推鞫,缓急轻重,必求折衷至当,无被扰之族邻,无株连之良懦及为匪所诬扳被逮缧绁者。廷杰常诫诸弁目以"此事较临阵杀贼、奋勇直前者为尤难",故事平之后,地方有感颂而无怨叹,缘其才性果决而不粗疏,精敏而不苛细。在沅州差次几六阅月,兼顾任内公事,既无偏废,尤不以久役在外为劳,托词推诿,卒至积年伏莽铲除殆尽,善后一切均已布置就绪,乃始销差返署。其公忠之谊,尤为臣所感服。

该道自以为民除害本地方分内之事,又久知诸匪情状,非奉指挥,不敢轻于发难,以此引为内疚,坚不敢仰邀保奖。然其任事本末,臣何敢不以上闻?可否仰恳天恩传旨嘉奖,抑或由臣奏明,送部引见,俾其性质才具得邀圣明洞鉴,以为量才器使之地,出自鸿

---

* 据《光绪朝硃批奏摺》,第 54 辑,第 712 页。

慈逾格。谨附片具陈，伏乞圣鉴训示。谨奏。

朱批："廷杰，著陈宝箴传旨嘉奖。"

〖附一〗光绪二十三年六月十四日上谕*

湖南巡抚陈宝箴奏："辰永沅靖道廷杰，剿办土匪出力，恳恩奖励。"得旨："廷杰，著陈宝箴传旨嘉奖。"

〖附二〗光绪二十三年六月十六日上谕(节录)**

以湖南辰永〈沅〉靖道廷杰为奉天府府尹。

〖附三〗廷杰：谢补授奉天府尹恩摺***

（光绪二十三年七月）

新授奉天府尹湖南辰永沅靖道奴才廷杰跪奏，为奴才恭谢天恩，并沥陈感激下忱，吁恳陛见，恭摺仰祈圣鉴事：

窃奴才于湖南辰永沅靖道任内，接奉抚臣陈宝箴行知，光绪二十三年七月十三日准吏部咨："本年六月十六日，内阁奉上谕：'奉天府尹著廷杰补授。钦此'"等因，奉此。当即恭设香案，望阙叩头谢恩。伏念奴才满洲世仆，知识庸愚，猥叨甲第之荣，寻缀曹郎之列，出膺守郡，洊擢监司，湘浦分巡，岩疆谬领。惟涓埃之未报，方夙夜以滋惭，复仰荷恩纶，晋阶府尹，凡此荣施之逾格，实非意想所敢期。闻命自天，悚惶无地。惟有赶将经手事件迅速料理，一俟抚

* 据《清实录·德宗景皇帝实录》，见《清实录》，卷四〇六，第303页。

** 据《清实录·德宗景皇帝实录》，见《清实录》，卷四〇六，第306页。按：此谕又见《光绪朝东华录》，第四册，总第3974页。

*** 据舒斋藏摄片。此为陈宝箴手稿，上奏时间则系编者拟加。按：此摺原稿既为陈宝箴手书，并有修改，宜即由陈宝箴代拟。

臣委员接署道篆,即日交卸起程,趋诣阙庭,叩谢鸿慈,跪求圣训,冀得有所遵循,勉竭驽骀,仰酬高厚生成于万一。

所有奴才叩谢天恩,并沥陈感激下忱,吁恳陛见缘由,谨专摺具陈,伏乞皇上圣鉴训示。谨奏。

区维翰请奖加道衔片(稿)*

(光绪二十三年五月二十三日)

再,上年臣饬廷杰等查办沅州积匪时,先有晃州厅匪党杨胜凡、芷江匪党张老廷,勾同贵州思州府属黄田司会匪罗名江等①,迭劫晃属陈焕举等家,经晃州厅通判冯承恩移会思州府查明协拿未获。及调署该府知府区维翰到任,查悉匪势颇张,约期各派弁勇,会合兜拿。即率带思州、铜仁练勇,会同冯承恩及管带毅安前营关成茂等,于本年正月二十三日拿获匪徒多名,禀将罗名江等五名就地惩办。

臣查近来地方官于邻封关移之案,每置不问,本省州县,大抵皆然,以致奸宄越境逋逃,即肆无忌惮,俨视为国家政刑之所弗及,吏偷民玩,盖有由来。及今署思州府区维翰因湖南晃州厅移缉,即亲率弁勇,约期会拿,获匪惩创,并将匪巢焚毁,实属不分畛域,力维大体,为近日罕觏之事。当经臣批饬开送在事职名,未据送到,合无仰恳天恩,俯准将贵州调署思州府都匀府知府区维翰赏加道衔,以昭激劝而励将来。其随同出力之千总彭连胜、哨弁张全贵、张大有等,即由臣咨明贵州巡抚臣酌予奖励。是否有当,谨会同督

* 据舒斋藏摄片。此为陈宝箴手稿。按:据文意,此件或系上摺之附片。又按:此稿另见录于《陈宝箴遗文(续)》,载《近代中国》,第十三辑,第319~320页。

① "罗名江",《查办沅州等处匪徒出力员弁保奖摺》作"罗冥江"。

臣张之〈洞〉附片具陈，伏乞圣鉴训示。谨奏。

奉派认还英德借款光绪廿三年五月应解银两片*

（光绪二十三年五月）

再，准户部咨："奏《每年应还俄法、英德两款本息，数巨期促，拟由部库及各省关分别认还》各摺、片，于光绪二十二年五月初八日奏，本日均奉旨：'依议。钦此。'"刷印原奏清单，咨行来南，当经转饬遵照依限筹解，业将奉派指拨光绪二十二年认还英德一款共计银十四万两如数分限解清，并已筹解光绪二十三年二月限期银三万五千两，先后奏咨各在案。兹据善后、厘金各总局并藩司、粮、盐二道等会详："今查二十三年分应解英德一款五月限期已届，拟请在于茶糖百货二成加厘项下动支库平银三万五千两，又汇费银五百二十五两，于光绪二十三年五月十五日发交乾盛亨、协同庆两商号各承领银一万二千两，蔚泰厚商号承领银一万一千两，均限于光绪二十三年五月三十日汇解江海关交纳，守候库收批照回销，以期迅速而济要需"等情，详请奏咨前来。臣复核无异，除咨户部外，所有湖南省奉派认还英德一款，本年五月限期应解银两汇解江海关道查收缘由，理合会同湖广督臣张之洞附片具陈，伏乞圣鉴。谨奏。

硃批："户部知道。"

---

* 据《光绪朝硃批奏摺》，第82辑，第647～648页。

卷十三　奏议十三

请以刘凤纶调补攸县令摺*

（光绪二十三年六月十八日）

头品顶戴湖南巡抚臣陈宝箴跪奏，为拣员调补知县要缺，以资治理，恭摺仰祈圣鉴事：

窃照湖南长沙府属攸县知县李元善革职遗缺，于光绪二十二年十二月二十三日奉旨，照第五日行文之例，按湖南省程限七十日减半计算，扣至二十三年二月初三日接到作为开缺日期，归二月分截缺，咨部在案。查攸县知县系繁、疲、难兼三要缺，例应在外拣选题补。查定例："各省州县应题缺出，先尽候补正途人员题补，无人，准以应升人员题升，如实无合例堪以题升之员，始准于现任人员内拣选调补；又题缺请调、调缺请升，俱令于摺内详细声明，方准升调；又调补州县以上官员，必于本任内历俸已满三年，方准拣选调补"各等因。今攸县知县为兼三要缺，政务殷繁，非精明干练之员弗克胜任。南省虽有候补正途人员，均与是缺人地不甚相宜，即应升人员内，亦无合例堪以胜任之员，应请于现任正途人员内拣选调补。

臣与布政使何枢、署按察使李经羲于通省现任知县内逐加遴

* 据《光绪朝硃批奏摺》，第12辑，第454～455页。

选，查有东安县知县刘凤纶，年五十七岁，湖北兴国州人，由廪生中式同治〈三年〉甲子科本省乡试举人①，考充景山官学教习，十三年甲戌科会试中式进士，引见，奉旨："改为翰林院庶吉士。钦此。"光绪二年散馆，以知县即用，签掣山东蒙阴县知县，亲老告近，改选江西铅山县知县，遵例报捐同知衔，十月到江，三年正月到任。七年呈请终养，开缺回籍，九年丁忧，〈十四年〉服满起复，〈十六年〉请咨赴部引见，奉旨："著不必坐补原缺。钦此。"十七年正月，签选湖南临湘县知县，领凭起程，五月十一日到省，十月十二日到任，调补东安县知县，二十二年十月初八日奉部复准。惟任内有关展参降调各案，业经遵照推广捐输新章，赴部呈缴捐复减半银两，奉户部准免展参给发执照在案。该员心地朴诚，勤求治理，历俸已满三年，以之调补攸县知县，洵堪胜任。惟系题缺请调，与例稍有未符，第人地实在相需，例得专摺奏恳。据藩、臬两司会详前来，理合专摺奏恳天恩，俯念员缺紧要，准以东安县知县刘凤纶调补攸县知县，实于吏治有裨。如蒙俞允，该员系现任知县，请调知县，衔缺相当，毋庸送部引见。再，该员系由临湘县调补东安县，今调补攸县，系再调人员，其前任内罚俸案件另册开报。所遗东安县知县系部选简缺，南省现有应补人员，应声明扣留外补，容俟奏准部复，照例截缺请补。

谨会同湖广总督臣张之洞恭摺具奏，伏乞皇上圣鉴，敕部核复施行。谨奏。

硃批："吏部议奏。"

---

① "三年"，据《东安令吴鼎荣、临湘令刘凤纶请互调摺》（见本集卷六）补入。下同。

请准仍借拨土药税厘、铁路经费及三省协饷以抵解洋债摺*

(光绪二十三年六月十八日)

头品顶戴湖南巡抚臣陈宝箴跪奏,为湘省认还俄法、英德借款本息银两,请仍借拨土药税厘、铁路经费及滇、黔、粤西三省协饷各项缘由,恭摺仰祈圣鉴事:

窃臣本年正月奏请"截留土药税厘每年银四五万两、司库减平二万两、铁路经费五万两、加抽茶糖百货二成厘金约十万两,共银二十一二万两,尚不敷银二三万两,于滇、黔、粤西三省协饷酌量少解,凑银二十四万,抵还各国洋款",嗣准户部奏复:"土药税厘系两次钦奉谕旨留备应用之款,他省奏请截留,概未照准;铁路经费一款,现在津卢及卢汉等处次第兴工,待用孔急;此外减平及茶糖百货加厘均系奏明应行解京之款,均难率准提用;其滇、黔、粤西三省协饷关系边防军食,亦难骤予减拨。惟该省'供亿浩繁,来源枯竭'尚系实情,公同商酌,除土药税厘及铁路经费两款仍应照案批解部库备供要需外,司库减平岁约二万两,加抽茶糖百货二成厘金岁约十万两,不得已拟请准其留抵借款以备归还,行知遵照办理。经此次奏准留抵外,该省摊认四国还款每岁只需银十二万两,并请饬于丁厘税课各项力加整顿,腾挪的款,依限归还,不得藉词诿卸"等因,钞录原奏,恭录谕旨,飞咨到湘,当经臣转饬遵照办理。

兹据善后、厘金各局司道及藩司、粮、盐二道等会详称:"丁厘税课之衰旺,实为度支赢绌之所系,允宜实力整顿,冀其日起有功,

* 据《光绪朝硃批奏摺》,第82辑,第651~654页。

然尤赖岁事告丰，民力宽裕，方能输将踊跃，而商货亦因之畅销。盖人事、天时各居其半，故征收盈缩岁有不同以言腾挪。如地丁钱粮，额征有定数，民欠本无多，每年批解京饷及供支绿营兵饷、文武官弁俸廉等项，胥赖于是，年清年款，毫无羡馀，又尽属必不可少之需，实无从移缓就急。至厘税一项，以湖南奥僻之区，夙鲜富商大贾，加之轮船畅行以后，贩运洋、广各货者率皆改道长江，又有子口税单侵占，其势已成弩末，而岁收常百万有奇，使非稽征得力兼获年谷顺成，似难如是。而常年供解京协各饷及支发水陆各军薪粮、制造火药军装等项尚多不敷，裁减本省度支至于再三，并常欠发防军粮饷，甚至息借商款暂顾然眉，竭蹶情形，已难殚述。上年奉派认还洋债二十四万，奉文之日将届解期，前款在途，后期又至，时促势迫，不得已陆续在于加抽茶糖百货二成厘金项下动支银一十四万五千两，又在土药厘税项下动支银三万五千两，共银一十八万两，遵照六月、八月、九月、十月四限，如数解清，详请奏咨在案。

奉饬前因，遵复公同筹画，查初次奉到部文：‘各省所收地丁、盐课、盐厘、货厘、杂税，除常年应解京协、东北边防经费、甘肃新饷、筹备饷需、加放俸饷、加复俸饷、旗兵加饷、固本京饷、备荒经费、内务府经费等项，仍照常分别批解外，其余无论何款，俱准酌量划提。’是以拟将司库减平、土药税厘、铁路经费、加抽茶糖百货二成厘金四项约共银二十一二万两，详请奏明留抵；并声明尚不敷银二三万两，拟于滇、黔、粤西三省协饷酌量少解成数，藉资措集。实缘派还洋债款巨期促，年限甚远，欲期无误要需、不失大信，必须有切实抵款，方足以常久可恃，非敢意存诿卸，罔顾时艰。本年二月、三月连值解期，春间入款最少，即照常筹备京饷、甘饷、兵糈勇粮，已觉左支右绌，更加筹还洋债尤不能少缓须臾，爰仍在局存加抽茶糖百货二成厘金项下先后动支银九万五千两，如期解讫，又经详明奏咨在案。当兹时势艰难、财用匮乏,但可腾挪周转,敢不竭力图维?以公家之财济公家之用,原不容稍分畛域而存推诿之心,第念丁厘税课本已入不敷出,就使再为力加整顿,务期渐有起色,而欲令骤增银十余万,势必不能。况半赖天时,半资人力,幸而此年征收稍旺,难保次年必不减色,若以无甚把握之进款悬抵刻不容缓之急需,情势昭然,岂足深恃?设有迟误,偾事匪轻。日夕彷徨,固不敢复作截留解款之请,仍不能不筹通融周转之方。窃以湘省岁收土药税厘数仅四五万,诚不能与收数较巨之省分同年而语;致创兴津卢、卢汉各铁路,用款约需数千万,要在广集股分,成厥大工,如湘省岁解之经费五万金,曾不及涓滴之润。此两款即按年分期解部,似亦难应急需。在他省,财力稍纾,另筹或易为力;若湘省,则空诸所有,舍此实无从挹注。既奉部复各省均未准截留,湘省虽艰窘异常,复何敢再行渎请?所有派还俄法、英德借款尚不敷银十二三万,惟有设法于司局解拨款项,酌其稍可从缓者通融借用,按期如数批解,某次借用某款,随案详晰声明;如实在无款腾挪,万不获已,亦只得于土药税厘、铁路经费、三省协饷各款内酌量借拨抵解,暂应至急之需,权为兼顾之计。仍遵部饬极力整顿丁厘税课,一俟收数渐增,即行陆续筹还补解。如此一转移间,于照常应解之款不过稍宽时日,而于派还四国借款或可不致贻误"等情,详请奏咨前来。

臣查湘省夙称瘠苦,又值万分支绌之时,势不能不通融周转,自非他省所可同论。该司道等所详,系为竭力筹还借款、免失大信起见,所陈均系实情。除饬于丁厘税课各项切实整顿,腾挪的款,并咨户部查照外,所有湘省奉派认还洋款,如实无款腾挪,请仍借拨土药税厘、铁路经费及滇、黔、粤西三省协饷各项缘由,谨会同湖广总督臣张之洞恭摺具奏,伏乞皇上圣鉴训示。谨奏。

朱批:"户部知道。"

光绪廿三年二麦收成分数摺*

(光绪二十三年六月十八日)

头品顶戴湖南巡抚臣陈宝箴跪奏,为恭报二麦收成分数,仰祈圣鉴事:

窃照湖南省各属地方土性不齐,宜麦之区较少,本年二麦业已成熟,次第刈获登场,兹据藩司何枢查明收成分数,造册汇报前来。臣查通省七十六厅州县,除素不种麦之醴陵等二十三厅州县并种麦无多之长沙等二十厅州县均不计算外,其宜麦之湘阴等三十三州县内,七分有余者十州县,六分有余者一十三州县,六分者二县,五分有余者八州县,合计通省二麦收成实六分有余。现值青黄不接之时,民食藉资接济。所有湖南省光绪二十三年分二麦收成分数,理合恭摺具奏,并缮清单敬呈御览,伏乞皇上圣鉴。谨奏。

朱批:"知道了。"

光绪廿三年五月粮价及雨水情形摺**

(光绪二十三年六月十八日)

头品顶戴湖南巡抚臣陈宝箴跪奏,为恭报五月分粮价及地方雨水情形,仰祈圣鉴事:

窃照湖南省本年四月分市粮价值并雨水情形,业经臣恭摺奏报在案。兹据布政使何枢查明五月分通省各项粮价,开单汇报前来。臣逐加查核,长沙等十八府州厅属米、麦、豆各价值均与上月

---

* 据《光绪朝朱批奏摺》,第93辑,第174~175页。

** 据《光绪朝朱批奏摺》,第96辑,第193~194页。

相同,省城及各属地方阴雨较多。据澧州、南洲厅及湘阴、华容等县禀报,水势涨发,低洼堤垸、湖田被淹等情,经臣批饬赶紧设法疏消,乘时补种,以冀有秋。又据永定县禀,该县属西乡芭蕉及槟榔坪等处地方,五月初五日夜陡被蛟水,冲毁田屋,并有淹毙人命情事,业经臣批饬迅筹抚恤,一面勘明禀复,及督率业民人等将冲压田亩设法挑修,乘时补种,仍于秋后察看情形,分别办理。刻下天气晴朗,未淹各处早稻次第吐穗,中、晚二稻逐渐含苞,杂粮、蔬菜均皆繁茂,境宇尚属敉平,堪以上慰宸廑。理合恭摺具奏,并缮粮价清单敬呈御览,伏乞皇上圣鉴。谨奏。

硃批:“知道了。澧州等处被水,著饬令赶紧设法疏消,仍俟秋后察看情形,分别办理。”

〖附〗光绪二十三年七月十四日上谕*

湖南巡抚陈宝箴奏:“澧州、南洲厅及湘阴、华容等县水势涨发,湖田被淹,赶饬设法疏消。又永定县西乡陡被蛟水,冲毁田屋,淹毙人命,业饬迅筹抚恤。”得旨:“澧州等处被水,著饬令赶紧设法疏消,仍俟秋后察看情形,分别办理。”

黄忠浩接统毅安三营片**

(光绪二十三年六月十八日)

再,查各省防营更换统带、管带人员,前于光绪十五年十月间钦奉谕旨:“饬令随时奏明等因。钦此。”历经遵办在案。兹查统带毅安三营两湖题奏总兵刘福兴病故,该营分扎辰、永、沅、靖等处,

---

* 据《清实录·德宗景皇帝实录》,见《清实录》,卷四〇七,第319~320页。

** 据《光绪朝硃批奏摺》,第45辑,第804页。

地居僻远，巡防极为紧要。查有管带湖北武靖营内阁中书黄忠浩，志识轶群，诚信孚众，向于兵事极意讲求，在黔阳本籍办理团练卓著功效，辰沅一带地势、民情尤所素悉，管带鄂军训练有方，于中西之法均有心得。臣函商督臣张之洞，饬令来湘接统，认真训练，以期悉成劲旅。除檄饬遵照外，理合附片陈明，伏乞圣鉴。谨奏。

朱批："知道了。"

光绪廿二年秋冬词讼月报片*

（光绪二十三年六月十八日）

再，湖南省向设词讼月报，令各府厅州县将每月审理上控、自理案件摘叙案由，造册通赍，由臬司考核勤惰，分记功过，用昭劝惩，按半年具奏一次，业经开报至光绪二十二年夏季在案。兹据署按察使李经羲查明，光绪二十二年七月起至十二月底止，各府厅州县审结上控及自理词讼四千五十五起，经前臬司桂中行随时查核，判断均尚平允，已逐月分别功过，照章注册存记，详请奏报前来。臣复核无异，相应附片具陈，伏乞圣鉴。谨奏。

朱批："知道了。"

请以沈赞飏调补善化令摺**

（光绪二十三年六月二十一日）

头品顶戴湖南巡抚臣陈宝箴跪奏，为拣员调补省会首邑要缺知县，以资治理，恭摺仰祈圣鉴事：

窃照湖南长沙府属善化县知县顾玉成另补遗缺，于光绪二十

---

* 据《光绪朝朱批奏摺》，第106辑，第168页。

** 据《光绪朝朱批奏摺》，第12辑，第461～462页。

三年正月十九日奉旨,照第五日行文之例,按湖南省程限七十日减半计算,扣至二月二十九日接到作为开缺日期,归二月分截缺,咨部在案。查善化县知县系冲、繁、难兼三要缺,例应在外拣选题补。定例:“应题缺出,先尽候补正途人员题补,如候补正途无人,方准以应升人员题升,如实无合例堪以题升之员,始准于现任人员内拣选调补;又题缺请调、调缺请升,俱令于摺内详细声明,方准升调;又调补州县以上官员,必于本任内历俸三年以上,方准拣选调补;又现任要缺之员,概不得藉词员缺更为紧要另请更调,其有必须更调者,查系由三项要缺更调四项要缺及最要之缺,或由四项要缺及最要之缺更调附省首邑,该员委非另有不合例事故,即行议准;又首府、首县缺出,应于通省正途人员内拣选调补”各等因。今善化县知县为省会首邑,政务殷繁,且时有发审事件,必须精明干练之员,方能经理妥协。南省虽有候补正途人员,均与是缺不甚相宜,亦无合例堪以题升之员,自应于通省现任正途人员内拣选调补。

臣与布政使何枢、署按察使李经羲于通省现任正途人员内逐加遴选,查有城步县知县沈赞飏,年四十二岁,江西德化县人,由附贡生中式光绪八年壬午科本省乡试举人,癸未科会试中式贡士,殿试三甲第一百五十四名进士,引见,奉旨:“以知县即用。钦此。”签掣湖南,光绪九年十月二十一日到省,十五年题补城步县知县,奉准部复,十六年九月十七日到任。该员老成练达,守洁才优,历俸已满三年,以之调补善化县知县,洵堪胜任。系苗疆繁、难最要缺正途人员更调附省首邑,相应查照人地相需之例,专摺吁恳天恩,俯念员缺紧要,准以城步县知县沈赞飏调补善化县知县,实于首邑要缺有裨。如蒙俞允,该员系现任知县,请调知县,衔缺相当,毋庸送部引见。再,该员系初次请调,照例无庸核计参罚。所遗城步县知县系苗疆繁、难最要缺,例应在外拣选题补,俟奉准部复,照例截缺，拣员请补。

谨会同湖广总督臣张之洞恭摺具陈，伏乞皇上圣鉴，敕部核复施行。谨奏。

硃批："吏部议奏。"

请以陈宝树补浏阳令摺*

（光绪二十三年六月二十一日）

头品顶戴湖南巡抚臣陈宝箴跪奏，为拣员请补要缺知县，以资治理，恭摺仰祈圣鉴事：

窃照湖南长沙府属浏阳县知县唐步瀛升补凤凰厅同知遗缺，于光绪二十三年二月初三日奉旨，坐二月初八日行文，按湖南省程限七十日减半计算，扣至三月十二日接到作为开缺日期，归三月分截缺，咨部在案。查浏阳县知县系繁、疲、难兼三要缺，例应在外拣选调补。定例："应调缺出，俱令于现任人员内拣选调补，如无合例堪调之员，始准于候补正途人员内拣选题补；又州县以上应题、应调缺出，如系题缺请升、调缺请补或题缺请调、调缺请升，俱令于摺内详细声明，方准题补"各等因。今浏阳县知县系繁、疲、难兼三要缺，政务殷繁，非精明干练之员，不足以资治理。臣与布政使何枢、署按察使李经羲于通省知县内逐加遴选，非现居要缺，即人地未宜，未便请调，应请照例于候补正途人员内拣选请补。

查有曾任实缺候补知县陈宝树，年五十岁，湖北江夏县人，由廪贡生在京铜局报捐训导选用，同治十二年选授湖北黄州府学训导，是年十月到任。光绪九年大计，保荐卓异。十三年遵新海防例报捐知县新班先选用，呈明亲老告近，十四年四月签掣浙江嵊县知

---

* 据《光绪朝硃批奏摺》，第12辑，第463～464页。

县,改归近省即用,五月选授湖南蓝山县知县,引见,奉旨:“著准其补授。钦此。”领凭起程,是年十月二十五日到省,十五年正月二十四日到任,十七年遵例捐免试俸、历俸,调补衡阳县知县,十八年八月初三日奉旨:“依议。钦此。”十九年二月丁母忧,回籍守制。二十一年五月服阕,赴部呈请起复,引见,奉旨:“著不必坐补原缺。钦此。”遵例呈请分发湖南原省补用,光绪二十一年十月十九日引见,奉旨:“著照例发往。钦此。”领照起程,十二月十五日到省。该员精明稳练,为守兼优,系曾任实缺人员,照例毋庸甄别,以之请补浏阳县知县缺,洵堪胜任。惟系调缺请补,与例稍有未符,第人地实在相需,例得专摺奏恳。合无仰恳天恩,俯念员缺紧要,准以曾任实缺候补知县陈宝树补授浏阳县知县,实于治理有裨。如蒙俞允,该员系候补知县,请补知县,衔缺相当,毋庸送部引见,亦毋庸列叙参罚。

理合会同湖广总督臣张之洞恭摺具奏,伏乞皇上圣鉴,敕部核复施行。谨奏。

硃批:“吏部议奏。”

请以张正基补邵阳令摺*

(光绪二十三年六月二十一日)

头品顶戴湖南巡抚臣陈宝箴跪奏,为拣员请补要缺知县,以资治理,恭摺仰祈圣鉴事:

窃照湖南宝庆府属邵阳县知县毛隆章升补武冈州知州遗缺,于光绪二十三年二月初七日奉旨,坐二月十二日行文,按湖南省程限七十日减半计算,扣至三月十七日接到作为开缺日期,归三月分

* 据《光绪朝硃批奏摺》,第12辑,第465~466页。

截缺，咨部在案。查邵阳县知县系繁、难二项要缺，例应在外拣选调补。定例："应调缺出，俱令于现任人员内拣选调补，如无合例堪调之员，始准于候补正途人员内拣选题补；又州县以上应题、应调缺出，如系题缺请升、调缺请补或题缺请调、调缺请升，俱令于摺内详细声明，方准题补"各等因。今邵阳县知县系繁、难兼二要缺，政务殷繁，非精明干练之员，不足以资治理。臣与布政使何枢、署按察使李经羲于通省知县内逐加遴选，非现居要缺，即人地未宜，未便请调，应请照例于候补正途人员内拣选请补。

查有即用本班先补用知县张正基，年四十二岁，贵州贵筑县人，由优廪生中式光绪戊子科本省乡试举人，己丑科会试中式进士，殿试三甲第一百三十名，引见，奉旨："以知县即用。钦此。"签发陕西，亲老告近，改指湖南，光绪十六年九月初七日到省，十七年遵新海防例捐归即用本班尽先补用，奉部核准在案。十九年十一月丁继母忧，十二月接丁父忧，回籍守制。二十二年服满，例应并案起复，仍赴原掣陕西省补用，嗣遵新海防例捐离陕西原省，改指湖南，仍归原班补用。复遵例赴部呈请起复，于光绪二十二年四月十六日到省，十月初十日奉部准其起复。该员质实果毅，讲求吏治，以之请补邵阳县知县，洵堪胜任。惟系调缺请补，与例稍有未符，第人地实在相需，例得专摺奏恳。合无仰恳天恩，俯念员缺紧要，准以即用先知县张正基补授邵阳县知县，实于治理有裨。如蒙俞允，该员系即用本班先知县，请补知县，衔缺相当，毋庸送部引见，亦毋庸列叙参罚。

理合会同湖广总督臣张之洞恭摺具奏，伏乞皇上圣鉴，敕部核复施行。谨奏。

硃批："吏部议奏。"

遵旨察看知府会同据实复陈摺(稿)*

头品顶戴湖广总督臣张之洞、头品顶戴湖南巡抚臣陈宝箴跪奏,为遵旨察看知府,谨会同据实复陈,恭摺仰祈圣鉴事:

窃臣等承准军机大臣字寄:"光绪〈二〉十三年四月十二日奉上谕[①]:'湖南永顺府知府吴澍霖,著张〈之洞〉、陈〈宝箴〉悉心察看,如竟不能胜任,即行据实参奏,毋稍迁就。将此各谕令知之。钦此。'"遵旨寄信前来,承准此。臣等敬谨捧读[②],仰见圣主澄叙官方不遗偏远至意,私衷莫名钦感[③]。

窃查现任湖南永顺府知府吴澍霖,系由甲科部曹于光绪十四年京察简放广东肇庆府知府,十五年正月到任,其时臣之〈洞〉在两广总督任内,察知其操守廉洁、心地朴诚。及调补湖南永顺府,在任数年,臣等留心访查,其自守实无可议。惟该府地属苗疆[④],民情犷悍,勇于私斗,所属永顺、保靖、桑植、龙山等县,界连鄂、蜀,时有匪徒出殁,肆行剽掠,地方官防范稍疏,居民即难安生业。知府为各该县所秉承,非有明干之材,不足以资整饬。又地居僻远,近来风俗日偷,狱讼滋起,常多上控之案[⑤],不得不饬府就近提讯,以

---

* 据舒斋藏摄片。此为陈宝箴手稿。按:此摺因系陈宝箴主稿,张之洞联衔会奏,故亦见《张之洞全集》(第二册,第1275~1276页),题为《会奏察看知府据实复陈摺》,题下注:"光绪二十三年□月□日。"又按:此稿另见录于《陈宝箴遗文(续)》,载《近代中国》第十三辑,第320~321页。

① "二",据《张之洞全集》补入。下同。

② 此句初作"臣等伏读之下"。

③ 此句初作"私衷钦感,莫可名言"。

④ "该府",初作"永顺"。

⑤ "常多",初作"遇有"。

省拖累。该守吴澍霖心术无他，而囿于才识精力①，遇事不免拘滞，本省批发案件，每多不能审结。臣等悉心考察，吴澍霖在湘供职，操守不苟是其所长，应变治剧是其所短，永顺府一缺实与该守人地不宜。臣等往复函商②，意见相同，合无仰恳天恩，将湖南永顺府知府吴澍霖开缺，送部引见，以备圣明裁择，伏候谕旨遵行。

所有奉旨悉心察看、会同据实陈复缘由，谨合辞恭折具陈，伏乞〈皇上〉圣鉴训示。谨奏。

遵旨察看知府会同据实复陈折*

（光绪二十三年六月二十一日）

头品顶戴湖广总督臣张之洞、头品顶戴湖南巡抚臣陈宝箴跪奏，为遵旨察看知府，谨会同据实复陈，恭折仰祈圣鉴事：

窃臣等承准军机大臣字寄："光绪二十三年四月十二日奉上谕：'湖南永顺府知府吴澍霖，著张之洞、陈宝箴悉心察看，如竟不能胜任，即行据实参奏，毋稍迁就。将此各谕令知之。钦此。'"遵旨寄信前来，承准此。臣等敬谨捧读，仰见圣主澄叙官方不遗偏远至意，私衷莫名钦感。

窃查现任湖南永顺府知府吴澍霖，系由甲科部曹于光绪十四年京察简放广东肇庆府知府，十五年正月到任，其时臣之洞在两广总督任内，察知其操守廉洁、心地朴诚。及调补湖南永顺府，在任数年，臣等留心访查，其自守实无可议。惟该府地属苗疆，民情犷悍，勇于私斗，所属永顺、保靖、桑植、龙山等县，界连鄂、蜀，时有匪

---

① 此句初作"而才欠敏决"。

② 自"臣等"至"意见相同"，初置于"伏候谕旨遵行"之下，后经调整。

* 据《光绪朝硃批奏折》，第12辑，第460～461页。

徒出殁,肆行剽掠,地方官防范稍疏,居民即难安生业。知府为各该县所秉承,非有明干之材,不足以资整饬。又地居僻远,近来风俗日偷,狱讼滋起,常多上控之案,不得不饬府就近提讯,以省拖累。该守吴澍霖心术无他,而囿于才识精力,遇事不免拘滞,本省批发案件,每多不能审结。臣等悉心考察,吴澍霖在湘供职,操守不苟是其所长,应变治剧是其所短,永顺府一缺实与该守人地不宜。臣等往复函商,意见相同,合无仰恳天恩,将湖南永顺府知府吴澍霖开缺,送部引见,以备圣明裁择,伏候谕旨遵行。

所有奉旨悉心察看、会同据实陈复缘由,谨合辞恭摺具陈,伏乞皇上圣鉴训示。谨奏。

硃批:“著照所请,吏部知道。”

〔附〕光绪二十三年四月十二日上谕(节录)*

又谕:“湖南永顺府知府吴澍霖,著张之洞、陈宝箴悉心察看,如竟不能胜任,即行据实参奏,毋稍迁就。将此各谕令知之。”

任国均委署永顺府片**

(光绪二十三年)

再,湖南永顺府知府吴澍霖人地不宜开缺,送部引见,所遗员缺,自应委员接署。查有试用知府任国均,才识敏决,坚忍耐劳,堪

---

* 据《清实录·德宗景皇帝实录》,见《清实录》,卷四〇四,第275页。按:此谕另见《光绪朝东华录》,第四册,总第3957页。

** 据《光绪朝硃批奏摺》,第11辑,第354页。按:此片内容与上摺相关,故编次于此。其上奏时间,据《黄遵宪署理臬司篆务片》(上奏时间约在光绪二十三年八月,详本集卷十六)及《请以连培基补永顺府摺》(奏于光绪二十三年十月初三日,详本集卷十四)推断,似在廿三年九月前后。

以署理。据藩司何枢、署臬司黄遵宪会详前来，除批饬遵照外，谨会同湖广督臣张之洞附片具奏，伏乞圣鉴。谨奏。

硃批："吏部知道。"

报解光绪廿三年三批京饷摺*

（光绪二十三年六月二十四日）

头品顶戴湖南巡抚臣陈宝箴跪奏，为报解本年三批京饷银两，恭摺仰祈圣鉴事：

窃照湖南省应解奉拨本年京饷，业经解过头、二两批地丁银十三万两，厘金、盐厘银各二万五千两，东北边防经费银四万两，又解过固本军饷银三万两，又搭解漕折、二米等银四万五千九百八两二钱四分五厘六毫，恭摺奏报在案。兹据藩司何枢详称："筹备地丁银六万两，又会同总理厘金局务按察使李经羲等筹备盐厘银一万五千两、厘金银一万五千两，并筹备边防经费银二万两，又由司筹备光绪二十三年七、八、九三个月固本军饷银一万五千两，以上共银十二万五千两，作为本年三批京饷，派委候补知县苑熙春、胡国昌领解赴部交纳。"又据粮储道但湘良详："起解光绪二十二年漕折、二米、漕费，共银二万四千一两七钱四分八厘八毫，均交委员苑熙春等搭解赴部。"分款具详，呈请奏咨前来。臣复核无异，除照缮咨批、护牌，饬发该委员等领解，另取起程日期咨报，一面分咨沿途各省饬属妥为拨护，仍饬该司道等将未解银两按数续解，不得迟误外，所有报解本年三批京饷并搭解漕折等项银两缘由，理合会同湖广总督臣张之洞恭摺具奏，伏乞皇上圣鉴。谨奏。

硃批："户部知道。"

---

* 据《光绪朝硃批奏摺》，第88辑，第413～414页。

搭解光绪廿三年加复俸饷三批银两片*

(光绪二十三年六月二十四日)

再,湖南每年应解另款加复俸饷银八千两,前经前抚臣吴大澂奏请,自光绪十九年起,于节省长夫尾存项下照数动支,作正开销,业经按年解清,并解过光绪二十三年头、二两批库平银四千两,先后奏咨在案。兹据善后报销总局司道详称:“现又在于节省长夫尾存项下筹备本年分三批库平银二千两,合湘平银二千七十八两四钱,交三批京饷委员候补知县苑熙春、胡国昌搭解赴部交纳”等情前来。臣复核无异,除咨户部、都察院查照外,所有搭解光绪二十三年分另款加复俸饷三批银两缘由,谨附片陈明,伏乞圣鉴。谨奏。

硃批:“户部知道。”

提解光绪廿三年春季节省银两片**

(光绪二十三年六月二十四日)

再,据总理湖南善后局务布政使何枢等详称:“光绪十一年八月钦奉懿旨裁勇节饷,当经遵议裁撤湖南陆勇三营、水师一营,并将留存陆营长夫、水师船价、油烛均裁减五成支发,综计每年可节省银一十二万余两,声明自光绪十二年起专款存储,分批提解,赴部交纳,已解至光绪二十二年冬季分止,历经详请奏报在案。所有光绪二十三年春季分节省银两,自应如数提解,以济要需。现筹备湘平银三万两,折合部砝库平银二万八千八百九十六两一钱六分

---

* 据《光绪朝硃批奏折》,第88辑,第414页。按:此为上折之附片。

** 据《光绪朝硃批奏折》,第61辑,第327页。按:此片似同为上折之附片。

六厘四毫，交给二十三年三批京饷委员候补知县苑熙春、胡国昌搭解赴部"，详请奏咨前来。臣复查无异，除咨户部外，理合附片具陈，伏乞圣鉴。谨奏。

硃批："户部知道。"

朱伯埙派办闱差请暂缓赴任片*

（光绪二十三年六月二十四日）

再，新选龙山县知县朱伯埙，于光绪二十三年正月初六日到省，例应饬赴新任。惟查该员系科甲出身，本年适值丁酉正科文闱乡试，内外帘官需人，应请先行留省派办闱差，以襄试事。据藩司何枢、署臬司李经羲会详前来，除批饬遵照，俟科场事竣再行饬赴新任，并将文凭咨部查销外，谨会同湖广总督臣张之洞附片陈明，伏乞圣鉴。谨奏。

硃批："吏部知道。"

连培基等四员仍请如前拟给奖片**

（光绪二十三年六七月）

再，臣前因湖南省辰、永、沅、靖各府州及凤凰、乾州等厅伏莽潜滋，常聚众数十百人，横行无忌，远近数百里间，抢劫拒捕等案层见叠出，檄委前辰永沅靖道廷杰驰赴沅州府，督率员弁兵勇竭力搜拿，当获积匪多名，地方赖以安谧，择其尤为出力各员，奏恳天恩赏给奖叙，以示鼓励。光绪二十三年六月十四日奉硃批："该部议奏。钦此。"兹准吏部钞录议复原奏清单，咨行到臣。"除贵州都匀府知

* 据《光绪朝硃批奏摺》，第12辑，第470页。

** 据《光绪朝硃批奏摺》，第119辑，第350页。按：上奏时间系编者推测。

府区维瀚〔翰〕一员议准改奖外,其湖南在事拟保共只署沅州府知府连培基等四员,概因履历到部逾限议驳,并以芷江县知县温锡纯、试用通判林明哲、补用巡检黄献珍仅止随同访查、悉心审鞫,并非实有获匪劳绩,请将该四员保案撤销"等因。

臣查湖南西路盗匪稔恶有年,从前地方官弁非不随案踊缉,但以党羽众多、行踪诡秘,虽间有破获,未能痛断根株,遂令匪胆愈张,肆无忌惮。连培基经臣札饬随同廷杰查办,亲率弁勇扼驻怀化驿等处,竭力搜拿,温锡纯、林明哲、黄献珍三员经廷杰派委,或设法购线,探悉窝藏处所,或细心推鞫,究出首要姓名,用能将多年剧匪五十余名次第擒获,迄今辰沅一带行旅、居民均得安堵。该员等不惮艰辛,除恶务尽,实于地方不无微劳足录。臣前次拟保,本系择尤开列,且系按照寻常劳绩声请,不敢稍涉浮冒,徒以沅州距省在千里以外,文札往来有需时日,以致履历到部稍迟,非敢无故延缓。合无仰乞逾格鸿施,俯准将署沅州府知府连培基等四员仍如臣前拟给奖,以昭激劝而资观感,于除暴安民之方实多裨益。

臣为保卫地方、明赏劝功起见,是否有当,谨会同湖广总督臣张之洞恭折具陈,伏祈圣鉴。谨奏。

硃批:"著照所请,该部知道。"

王德榜请准援案赐恤折(稿)*

【上缺】臣查该故藩司王德榜,忠勇性成,转战数省,卓著功勋。自统军以来,每战必身先士卒。起家书生,以文员将兵,而身受二

* 据舒斋藏摄片。此为陈宝箴手稿。按:此稿另见录于《陈宝箴遗文(续)》,载《近代中国》第十三辑,第319页。

十余创，尤所罕觏。越南之役，出奇兵截敌枪弹、辎械[①]，接济中断，我军得成荡抉之功，使彼迫而求成，惟恐弗得，实该故藩司之力为多。此其裨益大局，功绩昭然在人耳目，当日之身在行间者，至今犹称道不衰，实又为该故藩司最巨之绩[②]。合无仰恳天恩，俯准将已故贵州布政使王德榜，照军营立功后积劳病故例从优议恤，生平战绩宣付史馆立传，并于立功省分及原籍建立专祠。至所称"建宁镇总兵张得胜、记名布政使刘连捷在任病故，蒙恩予谥"之处，出自特恩逾格，非微臣所敢擅请。

除将事迹履历清册分咨吏、礼、兵三部外，所有已故贵州布政使王德榜战功卓著，援案恳请赐恤缘由，谨恭摺具陈，伏乞皇上圣鉴训示。谨奏。

王德榜请准援案赐恤摺*

（光绪二十三年七月初二日）

头品顶戴湖南巡抚臣陈宝箴跪奏，为已故布政使战功卓著，并能裨益原籍地方，援案吁恳天恩优恤，以彰荩绩而励忠勤，恭摺仰祈圣鉴事：

窃臣据四品卿衔前湖北候补道周乐等呈称："头品顶戴前贵州布政使王德榜，于光绪十九年二月十二日因病出缺，经前贵州巡抚臣崧蕃胪陈事迹具奏，奉上谕：'著加恩照布政使例赐恤，生平战迹宣付史馆立传等因。钦此。'钦遵在案。职等与该故布政使生同乡里，稔知其忠勇性成，在兵间前后三十余年，屡歼巨逆，身历艰危，

① 自此以下四句，初作"出奇兵截敌军火、器械、枪弹、辎械，使后军接济中断，仓皇溃走，彼遂迫以求成"。

② 此句初作"实又非寻常战功可比"。

* 据《光绪朝硃批奏摺》，第12辑，第477～480页。

其在籍则筹赈抚,广建置,裨益地方,有贵州抚臣原奏所未及者,谨再缕析陈之。该故布政使自咸丰二年发逆窜扰江华,随同胞兄王吉昌毁家募勇,捍卫乡间,寻驰剿宁远、道州、常宁、龙阳、益阳、湘潭等处窜匪。五年奉前湖南巡抚臣骆秉章调派,援剿江西,次第克复万载、新昌、上高、安义、靖安等县。六年进攻奉新,胞兄吉昌阵亡,该故布政使接统其军,誓歼逆党。自是或独当一路,或兼领各军,转战迄无虚日。其最著者,在东南则咸丰十一年击走伪忠王李秀成,解玉山之围;同治三年蹙伪烈王林彩新十余万众于黄沙港;四年扑灭伪侍王李世贤全股于南靖,炮毙伪康王汪海洋于嘉应州,发逆由是荡平。其间克复江西、浙江、广东、福建所属各府州县市镇城堡数十座。在西北则于甘肃统军前敌,会合各军,渡洮进剿河州逆回,次第攻克边家湾、邓家湾、黑山头、三家集、七家集、铁门关贼堡数百座,乘势踏平坚垒老巢,不可胜纪。前后受伤至二十九处之多。每胜歼渠获丑,解散胁从,计前后受降十七八万,拔出难民数十万人。在甘南办理善后,督军开挖狄道州之岚关坪渠河,灌田百余万亩。光绪六年经前大学士臣左宗棠派率旧部,由蒙古草地前进备边,七年到张家口防所,旋奉调教练京兵火器健锐营,又率所部治办涿州河工及永定河上游河工,九年办理江南朱家山河工,皆躬督士卒,不辞劳瘁。

嗣法越搆衅,该故布政使于光绪十年二月奉旨驰赴广西关外,时北宁不守,法兵进逼谅山,该故布政使督兵严扼观音桥,击败其众。寻奉檄入关,九月复以孤军当那阳一路,进逼船头,屡战屡捷。十二月法犯谅山,前广西巡抚潘鼎新屯军内地,于是谅山、谷松、观音桥、文渊州、镇南关等处相继沦陷,因之被劾。时我军扼关而守,十一年正月,法人扬言初八日会战,该故布政使先于初七日自油隘出军夹击,据文渊州对山,与敌鏖战竟日。探其后路运解干粮、军火、驮匹无数，挥兵要截，使敌粮械抛弃净尽，无一得前。初八日该故布政使晨出甫谷，敌兵麇至，亟率队冲截为二，敌人回军死斗，该故布政使督师猛击，斩馘甚众，夺获骡马五十余匹，皆驮运枪炮、弹丸、面饼、洋银等物赴前敌者，其中开花炮尤多。时左路陈嘉、蒋宗汉方争东岭未下，该故布政使急督军由岭背夹击，将先日所失三垒全数夺回，遂力据东岭，鏖战两日，敌军弹码罄尽，后路军火复被截夺，乃惶惧溃走，我军追蹑，计毙真法兵、黑兵千余，兵头数十，客匪、教匪各数百。十二日进拔谅山，毙其六画兵总。十五日攻谷松，毙其三画兵头。上年官军所驻之镇南关及文渊、长庆府、谅山、观音桥、谷松、北宁，一律克复。厥后和议易成，实该故布政使断其后路、罄其军火，俾不能联络接济，有以致之。原任兵部尚书彭玉麟与前两广总督今湖广总督张之洞上其功，蒙恩开复原官，并颁赏白玉搬指、白玉翎管、'寿'字、大小荷包各一对。十五年授贵州布政使。履任后，解散婺川土匪，绥辑下江厅苗民，筹增贵山、正本、学古三书院膏火，不足则出俸以济。通省厘金逐渐整顿，岁增七八万两。方悉力殚精，一如治军之日，旋以积劳触发旧伤出缺。

职等伏念该故布政使自奉调援江，为前大学士曾国藩所识拔，嗣经前两江总督沈葆桢、前大学士左宗棠交相倚任，往来防剿于江西、浙江、安徽三省之交，旋转战福建、广东、甘肃、新疆、广西各直省。平日拊循士卒，与同甘苦，临敌则身先陷阵，纵横决荡，裂帛裹创，不肯少息，故人乐为用，百战未尝一挫，用是渠魁授首，大难削平。洎越南一役，以孤悬深入之师，当震撼危疑之际，内联群帅，外拒强敌。西人枪炮之精，致远命中，骤如密雨，谈者色变，遇者反奔，该故布政使冲突往来，未尝却避，良由忠勇出乎天性，求之今日，实觉寡俦。而其初乃因保卫梓桑而起，其间一再归里，倡修江华县学宫、考棚及永州府学宫、考棚者至再，又创建江华县文塔、永州府苹洲书院,并筹给膏火甚丰。光绪十二年永郡荐饥,会同地方官施粥平粜,全活无算,都人士被其德惠,感不能忘。溯查在任病故记名提督福建建宁镇总兵张得胜,以剿办发捻并扼守长门拒法,经福州将军穆图善陈奏;在防病故记名布政使刘连捷,以转战江西,克复安庆、金陵,经两江总督曾国荃陈奏。均荷天恩优恤,并加恩予谥建祠。今该故布政使在任积劳伤发病故,情事相同,呈请奏恳赐恤"前来。

臣查该故藩司王德榜,忠勇性成,转战数省,功勋卓著。自统军以来,每战必身先士卒。起家书生,以文员将兵,而身受二十余创,尤所罕觏。越南之役,出奇兵截敌枪弹、辎械,接济中断,我军得以迅成荡决之功,使彼迫而求成,惟恐弗得。此其裨益大局,昭然在人耳目,当日之身在行间者,至今犹称道不衰,实又为该故藩司最巨之绩。合无仰恳天恩,俯准将已故贵州布政使王德榜,照军功〔营〕立功后积劳病故例从优议恤①,生平战绩宣付史馆立传,并于立功省分及原籍建立专祠。至所称"建宁镇总兵张得胜、记名布政使刘连捷在任病故,蒙恩予谥"之处,出自特恩逾格,非微臣所敢擅请。

除将事绩〔迹〕履历清册分咨吏、礼、兵三部外,所有已故贵州布政使王德榜战功卓著,援案恳请赐恤缘由,谨恭摺具陈,伏乞皇上圣鉴训示。谨奏。

硃批:"王德榜著照军营立功后病故例从优议恤,并于原籍建立专祠。"

---

① "营",据陈宝箴手稿校改。下同。

〖附〗光绪二十三年七月十七日上谕*

追予故贵州布政使王德榜，照军营立功后病故例优恤，战迹宣付史馆立传，于立功省分及原籍建祠。从湖南巡抚陈宝箴请也。

巢端南请准援例赐恤摺**

（光绪二十三年七月初二日）

头品顶戴湖南巡抚臣陈宝箴跪奏，为总兵积劳染病，触发旧伤，在任病故，恳恩赐恤，以彰忠荩，恭摺仰祈圣鉴事：

窃臣据前翰林院庶吉士工部营缮司主事郑祖焕等联名禀称："已故陕西延榆绥镇总兵固勇巴图鲁巢端南，系湖南湘阴县人。咸丰四年，由武童投效湘军副右营充当勇丁，随同剿办发逆。八月，克复湖北省城。五年，贼窜扰荆口、蒲圻、崇阳、通城等处，该故总兵随军追剿，大小八十余战，崇、通一带次第肃清，被贼枪子中伤右手膀、左腿肚。六年，武昌复陷，我军围攻，修造云梯，该故总兵首先冲阵，杀毙贼目多名，贼自相践踏奔溃，收复汉阳府城。七年，委充信字左营哨弁，进剿黄州等处，克复滨江各州县城池。八年五月，贼窜麻城、黄安，大军驰入贼营，该故总兵勇往直前，被贼枪伤右肋，犹裹创力战，生擒伪刘丞相、余先锋、马检点等正法，毙贼万余，立将两城收复。贼败至豫省之两江口草鞣店，随会同各军分两路夹攻，贼纷纷溃散。是年，帮带湖北抚标信字左营。九年正月，贼纠众数万，窜扰潜山、太湖，该故总兵相机堵剿，前后攻克太湖各城，踏毁贼垒三十座。贼旋纠逆党三万众，麇集桐城县属之挂车河

* 据《清实录·德宗景皇帝实录》，见《清实录》，卷四〇七，第322页。

** 据《光绪朝硃批奏摺》，第45辑，第810～811页。

等处,我军分路进攻,立将望鹤墩各垒卡平毁。十一年,贼窜扰安庆,该故总兵誓死力战,克复桐城、宿松、黄梅、广济各城。同治元年,委带信字左营。是年四月,贼驻庐州,我军围攻,该故总兵命军士暗开地道,是月二十八日地道火发,轰开北门,遂克庐州府城。二年八月,贼窜皖江,深沟高垒,坚守不出,我军水陆并进,轮流攻击十三昼夜,是月十九日大破贼垒五十余座。积功递保尽先副将,并蒙赏给固勇巴图鲁名号。四年,交卸营务,请假回籍修墓。十年,奉调驰赴陕西。十一年,委带仁胜左军左营,旋攻剿南、北两路,一举荡平,关陇肃清。光绪二年,奉旨以总兵留陕补用。三年八月,委署陕西抚标中军参将,办理营务处。五年交卸,仍带仁胜左军左营。六年,请假回籍葬亲。九年,委带刚毅副右营。十年,委署陕西延榆绥镇总兵,旋奉旨补授斯缺,四月二十一日到任。十三年,河堤溃决,该故总兵亲率兵丁修筑堤防,因积劳成疾,复染受潮湿,致触发旧伤,于是年九月十一日在任病故。

职等或从戎共事,或同里共居,咸知该故总兵以武童投营,转战湖北、江西、安徽、陕西等省,克复府厅州县城数十座,攻克大小贼垒不可胜计,身受刀、矛、枪伤十数处,每战则奋武争先,临事则勇往不惧,曾为曾国藩、胡林翼、左宗棠所器识。迨补授陕西延榆绥镇总兵,操防谨慎,部署有方,至今士民称道不衰。旋因修筑堤防,触发旧伤病故,殊深伤悼。伏查前浙江处州镇总兵刘培元、记名总兵欧飞林伤发病故,均经具奏,奉旨赐恤,钦遵在案,巢端南事同一律,不忍听其湮没,禀请援照军营立功后积劳病故例奏请议恤,并入祀本省昭忠祠”等情前来。

臣查该故总兵巢端南转战数省,迭克名城,乃以积劳成疾,复染受潮湿,致触发旧伤,在任病故,殊深悼惜。相应吁恳天恩,俯准敕部将已故前陕西延榆绥镇总兵巢端南照军营立功后病故例议恤,并恳入祀本省昭忠祠,以彰劳勚而慰忠魂,出自逾格鸿施。

除履历事迹咨部外,理合恭摺具陈,伏乞皇上圣鉴训示。谨奏。

硃批:"该部议奏。"

刘福兴请准援例赐恤摺*

(光绪二十三年七月初二日)

头品顶戴湖南巡抚臣陈宝箴跪奏,为总兵在防积劳病故,恳恩赐恤,以彰忠荩,恭摺仰祈圣鉴事:

窃臣据代统毅安营管带毅安左营花翎副将衔留黔尽先补用参将宋元春禀称:"已故统带毅安营头品顶戴提督衔两湖遇缺题奏总兵刘福兴,系广西临桂县人。咸丰十一年,由军功投效广西楚军营内,攻剿雒容、定番窜匪,解郁林、北流之围,肃清桂林全境。同治二年,随同精毅营援剿江西,扫除陶家渡贼垒,肃清都、湖踞逆,复解安徽青阳县围。三年,克复金溪。四年,收复崇仁、东乡、南丰各城。五年,翦除湖逆,生擒伪酋洪仁玕,续获幼逆洪幅〔福〕瑱。六年援黔,攻克贵州德明、颇洞苗巢,连破寨塘、寨滚各坚坉,力解馀庆城围。七年,克复天柱、清江等城,破江口坉逆巢。八、九年,连拔施洞口、九股河巨巢,克复镇远府、卫两城及施秉、胜秉等县。十一年,合围乌鸦坡,生擒首逆张臭迷、杨大六等,又克复丹江、凯里各城,递保以副将留于广西无论题推缺出尽先补用,赏换纳齐新巴图鲁名号。以节次奋勇冲锋,身受重伤,十三年奉旨免予骑射。光绪元年,攻破黄茅岭及黄飘白堡苗巢,疏通驿道,奉〈旨〉赏给二品封典。二年,歼除六洞窜匪,荡平四脚牛贼巢,奉旨以总兵遇缺题

* 据《光绪朝硃批奏摺》,第45辑,第812~814页。

奏,并赏加提督衔。五年,经前抚臣邵亨豫奏调回湘,委办毅安营务,兼带前营,驻防西路。七年,署理靖州协副将篆务。九年交卸,仍回毅安营,办理西防营务处。是年十月,奉旨留于两湖差遣委用。十三年,檄委接统毅安全营,驻防西路辰、沅二府及靖州,并分扎省城、宝庆、新化等处。十七年,改称毅安中、前、左三营,仍驻防西路辰、沅、靖州一带地方。二十年,剿平武冈山门等处会匪,将匪首谌北海等擒获正法,地方肃清,蒙赏加头品顶戴。溯查该故总兵束发从军,初隶已故记名布政使席宝田精毅营,嗣隶已故湖北郧阳镇总兵龚继昌麾下,是时东南数省遍地贼氛,攻剿几无虚日,该故总兵随军转战数千里,攻克二十余城、大小百十寨。其战功所在,以江西、贵州为最著。方在江西,穷追幼逆洪幅〔福〕瑱,疾驰五昼夜,不少休息,及石城,生擒以归。黔省地方,跬步皆山,深溪峭壁,密箐老林,迤逦接续,逆苗率就冈岭绝险之区筑坚垉,置巨寨,设伏负固,攻剿极难得手。该故总兵每于夜深月黑挑选精锐间道突入,夺据要隘,捣穴焚巢,俘斩渠魁,出死入生,用奇制胜,不可胜数。乌鸦坡之役,厥功最多。至于黄飘白堡之败,军势已摧,该故总兵整军扼险,竭力支拄,用能转危为安。迨经凯撤回湘,留防辰、沅、靖州等处,训练弁勇,查缉匪盗,保卫地方,不遗余力,以致积劳成疾,触发旧伤,本年三月二十七日在防身故。

参将从故总兵最久,患难与共,其奋勇血战、备历艰危皆亲身目击,不忍听其湮没,禀请援照军营立功后积劳病故例奏请议恤,并将生平事迹宣付史馆立传,并于立功省分附祀席宝田专祠”等情,并据辰永沅靖道廷杰禀请前来。

臣查已故总兵刘福兴赋性忠勇,任事实心,从征江西、贵州等省,屡著战功。光绪二十二年七月内,臣因湖南辰、永、沅、靖等府州厅属地方盗匪充斥,抢劫频仍,檄委辰永沅靖道廷杰及该故总兵认真查办。是时该故总兵已患气喘病症，奉札之日力疾起行，督饬弁勇访拿兜捕，弋获积匪多名审明惩办，经臣恭摺奏明在案。臣方嘉奖激励，冀收指臂之助，不期病势日笃，竟至不起，殊深悼惜。相应吁恳天恩，俯准敕部将已故头品顶戴提督衔两湖遇缺题奏总兵刘福兴，照军营立功后积劳病故例议恤，并恳将战功事迹宣付史馆立传，立功省分附祀席宝田专祠，以彰忠荩而励戎行，出自逾格鸿施。

除履历事迹咨部外，理合恭摺具陈，伏乞皇上圣鉴训示。谨奏。

硃批："著照所请，该部知道。"

〖附〗光绪二十三年七月十七日上谕*

予伤发病故湖南总兵刘福兴议恤如例，事迹宣付史馆立传，并于立功省分附祀故布政使席宝田专祠。

讯明民妇与夫弟通奸杀死其妻按律议拟摺**

（光绪二十三年七月初二日）

头品顶戴湖南巡抚臣陈宝箴跪奏，为民妇与夫弟通奸，故杀夫弟之妻身死，讯明议拟，恭摺仰祈圣鉴事：

窃据乾州直隶厅同知刘桐封详称："光绪二十二年三月十五日，卑前署厅文炜任内，据保正徐泉新报：'据民人黄德斌投称，伊侄孙女佩玉幼嫁饶骧汶为妻，本月十三日被夫兄之妻饶田氏及饶骧汶殴搭致伤咽喉等处身死'"等情，当经臣批行前臬司桂中行督

* 据《清实录·德宗景皇帝实录》，见《清实录》，卷四〇七，第322页。

** 据《光绪朝硃批奏摺》，第107辑，第181～183页。

饬该厅详细研审去后。兹据乾州直隶厅同知刘桐封审明议拟,解由署臬司李经羲复审解勘前来。臣亲提研讯,缘饶骧汶、饶田氏均籍隶乾州厅,已死饶黄氏系饶骧汶之妻,饶田氏系饶骧汶胞兄饶骧朗之妻,均同居,素睦无嫌。饶骧朗先年从军外出,饶骧汶与饶田氏常相谈笑。光绪二十一年十月内不记日期,饶骧汶乘妻饶黄氏归宁,遂与饶田氏调戏成奸,遇便续旧,不记次数。饶黄氏及饶骧汶之母饶张氏均不知情。二十二年三月十三日,饶张氏出外探亲,饶黄氏往门首洗衣,饶骧汶与饶田氏在屋内拉手调笑,适饶黄氏走至撞见,斥骂饶骧汶等无耻乱伦,饶骧汶不服回詈。饶黄氏扑向泼闹,饶骧汶顺拾柴刀,用刀背殴伤其右肋。饶黄氏拾取柴棍向殴,饶骧汶举刀将棍格落,闪身连殴,伤其左臂膊、左腰眼。饶黄氏扑拢夺刀,饶骧汶复用刀背连殴,伤其左、右胳肘倒地,被地上石块垫伤脊背。饶骧汶弃刀进房解衣,饶黄氏在地滚骂,饶田氏走拢,掌批饶黄氏腮颊,并未成伤,被饶黄氏拉住咬伤其右手四、五指。饶田氏挣脱,饶黄氏愈加辱骂,并称日后投人控官扬丑。饶田氏被辱气忿,并恐奸情败露,顿起杀机,骑压饶黄氏身上,用手搭住其咽喉,登时气闭殒命。饶骧汶解衣走出,饶田氏松手起身,告知被骂气忿搭毙情由,随各逃逸。饶张氏转回瞥见,报知饶黄氏之叔祖黄德斌,前往看明投保,报经该前署厅文炜诣验,详缉获犯通报,未及讯详,卸事。该厅到任接准移交,讯详饬审。嗣据审拟详解前臬司桂中行查核,供情支离,发回复审。旋据乾州直隶厅同知刘桐封审拟解司,前臬司提讯,犯供翻异,饬委长沙府知府钟英审办。钟守审系畏罪狡翻,仍照原拟,依限解司,由司复审解勘。臣亲提研讯,据供前情不讳,诘无预谋及起衅别故,亦无另有在场加功之人。再三究诘,矢口不移,案无遁饰,应即拟结。

查律载:"奸兄妻者,奸夫、奸妇各决绞",又"妻殴夫弟妻至死者,依凡人论”,又“故杀者,斩监候”各等语。又查乾隆二十六年河南省侯昌立与小功服婶冉氏通奸并谋杀侯缌聪身死一案,将侯昌立依谋杀本律拟斩,请旨即行正法在案。此案饶田氏与夫弟饶骧汶通奸,被饶骧汶之妻饶黄氏撞见斥骂,饶骧汶将饶黄氏殴伤倒地,该犯妇因被饶黄氏辱骂气忿,顿起杀机,将饶黄氏搭伤气闭身死。查饶黄氏虽先被饶骧汶用刀背殴伤右肋、腰眼等处倒地,尚能在地滚骂,惟后被饶田氏搭伤咽喉,登时气闭致死,为重且系逞忿故杀,应以该犯妇拟抵。惟饶田氏先与夫弟通奸,罪应绞决,又故杀夫弟之妻,律应斩候。斩罪虽重于绞罪,监候究轻于立决,以罪应绞决之人复犯斩候之罪,自应从重问拟。饶田氏合依“殴夫弟妻死者,依凡人论”、“故杀者,斩”律,拟斩,援照侯昌立成案,请旨即行正法。系妇人,免其刺字。饶骧汶除殴妻折伤轻罪不议外,合依“奸兄妻者,绞”律,拟绞立决,照例刺字。饶张氏讯无知情、纵奸情事,应无庸议,无干省释。尸棺饬埋,凶刀供弃免起。

除录全案供招咨部查核外,理合恭摺具奏,伏乞皇上圣鉴,敕部核复施行。谨奏。

硃批:“刑部速议具奏。”

假期届满力疾销假摺*

(光绪二十三年七月二十六日)

头品顶戴湖南巡抚臣陈宝箴跪奏,为微臣假期届满,病证渐轻,力疾销假,恭摺仰祈圣鉴事:

窃臣前因染患痰湿病证,牵动脏腑积热,以致咳喘气促,言动艰难,吁恳天恩赏假二十日,暂资调摄在案。旬日以来,上紧医治,

---

* 据《光绪朝硃批奏摺》,第12辑,第525～526页。

虽未一律全愈,而所患日渐轻减,精神尚可支持。窃念湘省伏莽素多,本年广西匪徒滋事,首要匪犯尚未悉数歼除,深虑潜匿边疆,勾结滋蔓,亟须督饬文武员弁访缉搜拿;且当秋汛之期,江湖雨水相继泛涨,疏消积潦,保固堤塍,尤为目前急务;科场在即,臣亟应遵例入闱监临试事。凡此数端以及日行各件,在在均关紧要,何敢自耽安逸,稍事迁延?兹值假期届满,谨即力疾销假,将地方一切应办事宜,勉竭愚忱认真经理,以期仰答高厚鸿慈于万一。

所有微臣力疾销假缘由,理合恭摺具陈,伏乞皇上圣鉴。谨奏。

硃批:"知道了。"

陈家逑委署辰永沅靖道片*

(光绪二十三年七月二十六日)

再,湖南辰永沅靖道廷杰钦奉上谕补授奉天府府尹,所遗篆务应即委员接署。查有新海防试用道陈家逑,操履廉正,办事精详,堪以委令署理,以专责成。除檄饬遵照外,理合会同湖广总督臣张之洞附片具奏,伏乞圣鉴。谨奏。

硃批:"吏部知道。"

光绪廿三年六月粮价及雨水情形摺**

(光绪二十三年七月二十六日)

头品顶戴湖南巡抚臣陈宝箴跪奏,为恭报六月分粮价及地方雨水情形,仰祈圣鉴事:

---

* 据《光绪朝硃批奏摺》,第12辑,第526页。

** 据《光绪朝硃批奏摺》,第96辑,第211~212页。

窃照湖南省本年五月分市粮价值并雨水情形，业经臣恭摺奏报在案。兹据布政使何枢查明六月分通省各项粮价，开单汇报前来。臣逐加查核，长沙等十八府州厅属米、麦、豆各价值均与上月相同，省城及各属地方晴雨得宜。惟续据滨湖之巴陵、安乡、武陵、龙阳、沅江、临湘等县先后禀报，河水泛涨，低洼田地被淹，均经分别批饬赶紧设法疏消，乘时补种，以冀有收，统俟秋后确切查勘是否成灾，再行分别核办。其余各属，早稻次第登场，中、晚二稻得近成熟，杂粮、蔬菜亦均繁茂，闾阎乐业，境宇乂安，堪以上慰宸廑。理合恭摺具奏，并缮粮价清单敬呈御览，伏乞皇上圣鉴。谨奏。

硃批："知道了。"

张毓元等请免骑射改习枪炮片*

（光绪二十三年七月二十六日）

再，臣标左营候补游击张毓元，于咸丰十一年追剿石逆，克复会同县城，被贼枪伤左臀；同治四年攻克阶州城池，被贼炮子中伤右膝，并矛伤右臀。又衡州协中军都司德春，于光绪十七年在辰州城守营都司任内，带兵捉拿溆浦县滋事会匪，因匪党抗拒对敌，致被刀伤左胳膊，矛伤右脚腕。又署保靖营中军守备程荣光，于同治三年克复金陵省城，被贼枪伤左腿、右肩，四年在永定县城外与贼对敌，被枪子中伤左胳膊。该员等所受各伤均经报验在案，每逢阴雨节候，不时触发，力难挽彊驰骋，先后禀请委员查验，奏免骑射，改习枪炮等情。当经臣札委各该营就近文员复验，该员等所受伤痕俱属确实，各具印结禀复前来。合无仰恳天恩，俯准将臣标左营候补游击张毓元、衡州协中军都司德春、署保靖营中军守备程荣光

* 据《光绪朝硃批奏摺》，第45辑，第860页。

一并均免骑射,改习枪炮,以示体恤。除饬取该员等履历咨部外,谨会同湖广总督臣张之洞、湖南提督臣娄云庆附片具陈,伏乞圣鉴训示。谨奏。

硃批:"著照所请,兵部知道。"

广西会匪滋事随即剿溃并湘省防范查缉片*

(光绪二十三年七月二十六日)

再,臣于光绪二十三年五月下旬据永州府及所属零陵等州县禀报,广西兴安县地方匪徒纠党攻扑灌阳县城,湘省边境民情惊惧,讹言繁兴,并准署永州镇总兵熊朝鑑咨报前来。臣查永州府属之零陵、东安、江华、永明、道州等州县,均与广西全州、兴安、灌阳一带壤地毗连,山径错杂,当经飞饬统带亲军副前等营记名提督王紫田、管带亲军副右营参将贺长宾,酌带哨勇驰赴该府,会商地方文武员弁,扼要堵缉。旋据东安县知县吴鼎荣、永州府知府范正声、署零陵县知县沈赞飏先后禀称:"拿获会匪王直轩、郭兴沅、蒋加其、柳益泰、罗长青、熊道连等,据各供认,俱系会匪头目,在外纠邀徒党,意欲前往广西会合掳掠,尚未纠齐,即被拿获等语。当以邻氛猝起,匪类乘隙生心,未便日久稽诛,致令迁延生变,当即立予照章就地正法"等情,又经臣批饬加意查缉去后。兹准广西巡抚臣史念祖咨:"兴安县匪徒业经剿击溃散,尚有首要匪犯在逃未获。"除仍札饬永州府、县暨防、绿各营不分畛域,严密查拿越境逃匪并本境乘机图逞匪徒,务获究办,以清奸宄而靖闾阎外,现在边境民情业已安定如常,堪以仰慰宸廑。

所有广西会匪滋事,随即剿溃,并湘省防范查缉缘由,理合会

---

* 据《光绪朝硃批奏折》,第118辑,第683~684页。

同湖广总督臣张之洞附片具陈,伏乞圣鉴。谨奏。

砵批:“知道了。”

光绪廿二年各项钱粮奏销已未完分数摺*

(光绪二十三年七月二十八日)

头品顶戴湖南巡抚臣陈宝箴跪奏,为查明奏销案内经征已、未完各员名,遵照新章,先行开单奏报,恭摺仰祈圣鉴事:

窃照前准户部咨:“所有钱粮奏销,令各该督抚一面具题,一面先将未完一分以上各员名开具简明清单,专摺奏报,由部核定处分,先行复奏,仍于题本内将业经具奏各员声明备核等因”,钦奉谕旨允准,恭录咨行到湘,历经遵照办理在案。兹据布政使何枢详称:“现届光绪二十二年奏销之期,查湖南省额征地丁、存留、驿站等款钱粮,除是年被水蠲缓外,实应征正耗银一百二十一万九千余两,现在截至奏销止,通计已完解银一百一十二万七千余两,未完银九万一千余两。内除全完并非一官经征及有事故参劾各员毋庸开列,又未完不及一分遵照部议仍归奏销本案开报外,查明经征地丁全完四万两以上者二员,全完三万两以上者三员,全完二万两以上者三员,全完一万两以上者七员,全完不及一万两者五员,未完一分以上者三员,未完二分以上者八员,未完三分以上者三员,未完四分以上者一员,未完五分以上者一员,开列职名清单,详请奏报,由部核明,分别议叙、议处,以示劝惩。”并据粮储道但湘良查明:“道库钱粮除漕折、随浅等款,例应隔年奏销造册,详由漕运督臣核题外,所有经征光绪二十二年全完南秋米五千石又全完驴脚银自六百两至一千一百两以上者四员,全完南秋米一千石又全完

* 据《光绪朝硃批奏摺》,第67辑,第852~853页。

驴脚银四百两以上者一员,全完南秋米一千石以上者四员,未完南米三分者一员;经征津贴全完八百两以上者一员,全完六百两以上者一员,全完三百两以上者二员。"一并开单,详请汇办前来。臣复核无异,除饬催该司道将应造各项奏销册籍按款造齐,照例详送具题,并将此次开报各员仍于本内声明备核外,理合恭摺具奏,并缮清单敬呈御览,伏乞皇上圣鉴,敕部核议施行。谨奏。

硃批:"户部议奏,单并发。"

武达材派办闱差请暂缓赴任片*

(光绪二十三年七月二十八日)

再,新选安化县知县武达材,于光绪二十三年四月初六日到省,例应饬赴新任。惟查该员系科甲出身,本年适值丁酉正科文闱乡试,内外帘官需人,应请先行留省派办闱差,以襄试事。据藩司何枢、臬司李经羲会详前来,除批饬遵照,俟科场事竣再行饬赴新任,并将文凭假照咨部查销外,谨会同湖广总督臣张之洞附片陈明,伏乞圣鉴。谨奏。

硃批:"吏部知道。"

汇解新海防捐存款片**

(光绪二十三年七月二十八日)

再,臣于光绪二十三年七月十九日准户部电开:"新海防捐存款即尽数解部,以顾要需,何时起解,先电复"等因,当经转行去后。兹据总理湖南新海防捐输布政使何枢详称:"存储司库新海防捐输

* 据《光绪朝硃批奏摺》,第12辑,第531页。

** 据《光绪朝硃批奏摺》,第61辑,第174页。

银内,汇解库平银五万两,前赴户部衙门交纳,所余尾数容俟续解,于八月初一日发交协同庆等商号承领汇解”,详请奏咨前来。臣复查无异,除咨户部查照外,谨附片具陈,伏乞圣鉴。谨奏。

朱批:“户部知道。”

光绪廿三年漕粮仍请照旧折征解部摺*

(光绪二十三年七月二十八日)

头品顶戴湖南巡抚臣陈宝箴跪奏,为湖南本届新漕仍难起运本色,照案折征,分批解京,并开支采买京米、价脚,解充顺天备荒经费银两,恭摺仰祈圣鉴事:

窃照湘省漕粮自咸丰初年改征折色,迄今已阅多年,循行既久,小民视为常规,且各属漕仓早已朽坏,运漕船只亦变卖无存,骤难规复旧制,历经奏明在案。兹届开办新漕,臣督同司道等悉心体察,仍难起运本色,所有光绪二十三年漕粮应请照旧折征解部,并将应办京漕三万石遵照光绪二十年钦奉上谕勿庸办运,即将米价、水脚等项共合银七万二千三百余两,仍于漕折、漕项内照旧按数开支解部,拨充顺天备荒经费,不得稍有蒂欠。据湖南粮储道但湘良会同布政使何枢详请奏咨前来,除咨户部及仓场总督查照外,所有湘省本届新漕仍难起运本色,拟请照案折征,并开支采买京米、价脚,解充顺天备荒经费缘由,理合会同湖广总督臣张之洞恭摺具陈,伏乞皇上圣鉴。谨奏。

朱批:“著照所请,户部知道。”

---

* 据《光绪朝硃批奏摺》,第88辑,第428~429页。

光绪廿三年筹解头批顺天备荒经费片*

(光绪二十三年七月二十八日)

再,前准户部咨:“《议复顺天府兼尹等奏请拨江浙河运漕米为顺天备荒之用,拟令将湖南采买米价、运费等银委解部库,以为备荒经费》一摺,光绪二十年六月二十日奏,内阁奉上谕:‘所有湖南每年应办京漕三万石,嗣后勿庸办运,即将米价、水脚等项共合银七万二千三百余两,按年解交部库,以备缓急。著自本年起如数报解,另款存储,专备顺天赈抚提用。馀依议。钦此。’”咨行到湘,当经遵解清楚。二十二年因永定河北中决口,淹及大、宛等县村庄,经顺天府兼尹奏请催提备荒经费拨用,随于库存节年南秋银内借支银二万两,先行汇解,续于是年漕折等项内动支银两,解清在案。

兹据湖南粮储道但湘良、布政使何枢会详:“湖南省光绪二十三年新漕仍办折征,其应采买京米三万石,自应钦遵前奉谕旨勿庸办运,将米价、水脚等项银两,照案分批解部,专备顺天赈抚提用。惟前项经费应于光绪二十三年漕折、二米、随浅等款内动支,现在新漕甫经开征,尚未解收有银,拟仍援案暂于库存节年南秋银内借支银二万两,作为本年筹解头批备荒经费,一俟催收各属二十三年漕折有银,即行拨还原款。随将银两发交商号蔚泰厚如数承领汇兑,由京城银号以足色库平解赴户部交纳,拨充顺天备荒经费之用”等情,详请奏咨前来。臣复查无异,除缮咨发交该号商蔚泰厚承领汇解并咨部外,理合会同湖广总督臣张之洞附片具奏,伏乞圣鉴。谨奏。

硃批:“户部知道。”

---

* 据《光绪朝硃批奏摺》,第88辑,第429~430页。按:此片为上摺之附片。

奏请准销光绪廿二年囚粮等项银两片*

（光绪二十三年七月二十八日）

再，各省动用耗羡银两数在五百两以上者，例应专摺奏明。兹据湖南布政使何枢详称："光绪二十二年分湖南按察使司狱及长沙等府州厅县支过囚犯口粮钱米等项，共请销银三千六百九十九两九钱六分六厘，又囚犯药饵银九百九十九两九钱八分二厘，两项共请销银四千六百九十九两九钱四分八厘。除坐支额设囚粮、囚租折银五百五十三两四钱二分七厘外，应补给银四千一百四十六两五钱二分一厘，在于光绪二十二年耗羡银内动支，分别给领。核与户部原定湖南省囚粮等项每年准销耗羡银四千二百余两额数尚属相符，均系实用实销，并无浮冒等情"，详请具奏前来。臣复核无异，除另行恭疏题报并取造册结送部外，理合附片具陈，伏乞圣鉴。谨奏。

硃批："户部知道。"

汇解光绪廿三年内务府经费片**

（光绪二十三年七月二十八日）

再，前于光绪十九年十一月内准户部咨："奏拨内务府经费，每年筹银一万两，解交内务府应用"，并准内务府咨："各省嗣后应交广储司银库银两，每千两应随平馀银二十五两，又抬费、布袋、劈鞘用项等银八两，行令查照筹解"各等因，当即转行遵照，将光绪二十及二十一、二十二年分应解银两，均经按年照数汇解内务府投收，

* 据《光绪朝硃批奏摺》，第88辑，第430页。

** 据《光绪朝硃批奏摺》，第88辑，第431页。

随时分别奏咨在案。兹据布政使何枢会同粮储道但湘良暨善后、厘金各局详称:“所有光绪二十三年分应解银一万两,应随平馀银二百五十两、抬费等银八十两,共银一万三百三十两,业经如数凑齐,于光绪二十三年七月初八日发交商号蔚丰厚承领,定限本年九月初八日汇解内务府衙门投收,以济要需”等情,详请奏咨前来。臣复核无异,除分咨查照外,理合将汇解内务府经费银两缘由附片具奏,伏乞圣鉴。谨奏。

朱批:“该衙门知道。”

借拨买谷还仓款项以济川鄂灾黎片*

(光绪二十三年七月二十八日)

再,臣前准湖广督臣张之洞函开:“湖北郧、宜、施三府所属州县,去岁水旱频仍,今春耕耘俱废,小民荡析离居,哀鸿遍野,待振嗷嗷,恳代借垫二万金,以资接济”等因,臣札饬湖南筹赈、善后两局于买还省仓积谷款内借拨湘平银二万两,解鄂交收。又准四川督臣鹿传霖咨开:“四川重、夔、绥、衷〔忠〕、酉阳等处①,去年秋霖为灾,饥民众多,请按照顺直赈捐章程开办川省赈捐”等因,转饬遵照去后。兹据湖南筹赈、善后两局司道详称:“湘省捐务络绎,久成弩末,各库款项拮据异常,若俟捐集有款始行接济,诚恐缓不济急,只得再于买谷还仓款内借拨湘平银一万两,发交乾盛亨商号电交扬州义赈局绅严作霖汇寄川省,以拯灾黎。连前筹解鄂省赈款银二万两,并此次筹解川省赈款银一万两,共湘平银三万两,均系万不得已在买谷还仓存款项下借支,另行筹款买补仓谷,以实储备”

---

* 据《光绪朝朱批奏摺》,第91辑,第234页。

① “忠”,据光绪二十三年三月十九日上谕(附后)校改。

等请，详请奏咨前来。臣复查无异，除饬该司道等赶紧筹款买补仓谷以实储备，并咨户部查照，及分咨川、鄂核收外，谨附片陈明，伏乞圣鉴。谨奏。

硃批："户部知道。"

〖附〗光绪二十三年三月十九日上谕*

谕军机大臣等："朕闻四川川东一带去年秋霖为灾，饥民众多，时深廑念。本日钦奉皇太后懿旨：'特颁内帑十万两，交鹿传霖为川省赈抚之用。'深宫轸恤灾区，无微不至，该地方官尤应切实散放，务使实惠及民。兹据通政使司参议杨宜治等历陈川省夔、绥、忠三属被灾情形，著户部再行筹拨银十万两，由鹿传霖于该省盐厘各款内先行垫发，以期迅速。其采买粮米一节，著咨湖南、安徽各巡抚，出示招商，由轮船运往，所过关卡准免抽厘税，以广招徕。至该参议等另片所奏'川省灾祲之后，劝办赈捐，民力未逮，请于邻省劝募'等语，并著鹿传霖酌量情形，咨商办理。原摺、片均著钞给阅看。将此各谕令知之。"

湖南试铸小银钱片（稿一）**

再，案准部咨，奏奉谕旨："饬沿江各省仿铸银钱。"其时湖南赈务正患制钱缺乏，极拟遵照举行，而机器资本颇巨①，筹措既难，又虑行用不广，乏银接铸②，致有停工糜款之患③。适广东〔两广〕总

---

* 据《光绪朝东华录》，第四册，总第 3952～3953 页。

** 据舒斋藏摄片。此为陈宝箴手稿。

① "颇巨"，初作"甚巨"。

② "接铸"，初作"鼓铸"。

③ "致有"，初作"必有"。

督臣谭〈钟麟〉协济赈需,以湘省钱少,赈给碎银,诸多窒碍,因商之臣与办赈各绅,于粤省赈捐,搭解一角小银钱六十万枚,俾资周转,以弥制钱之缺。发交外县赈局,乡民号为"豪子",颇能行用。第默察民情,究以来自外省,不如就近自铸之尤足征信①。适广东有存局小银钱机器一具②,因函商谭钟〈麟〉,由湘购补完备,酌雇华匠数名运解前来。核计铸造各费,尚属无多。复查有在籍绅士分省补用道朱〈恩绂〉③,才识闳通,综核精密,操履介然不苟。拟即委令,设厂试铸④,自一角至五角小银钱,发交肆市行使,以辅制钱之不足。只期商民信用⑤,不求余利,一切用费⑥,力从撙节,并不开支薪水,不须筹动官款,惟求工费出入足以相抵,有当于利用便民之义而已。

所有湖南试铸一角至五角小银钱,以济民用缘由⑦,除咨户部并俟铸成赍送式样外,谨会同〈湖广〉督臣张〈之洞〉附片具陈,伏乞圣鉴。谨奏。

湖南试铸小银钱片(稿二)*

再,案准部咨,奏奉谕旨:"饬沿江各省仿铸银钱。"其时湖南赈务正患制钱缺乏,极拟遵照举行,而机器资本颇巨,筹措既难,又虑

---

① 此句初作"不如本省自铸之足以征信"。

② 自此以下三句,初作"适广东有铸小银钱机器一副,器具不全,因由湘购补完备"。

③ "恩绂",据本集卷十五《陈明捏造朱昌琳父子劣迹片(稿)》补入。

④ 此句及下句,初作"设厂试铸小银钱,自一角至五角为止"。

⑤ "只期",初作"只求"。

⑥ 此句及下句,初作"一切费用,皆从撙节"。

⑦ "以济",初作"以便"。

* 据舒斋藏摄片。此为陈宝箴手稿。

行用不广，乏银接铸，致有停工糜款之患。适广东〔两广〕总督臣谭〈钟麟〉协济赈需，以湘省钱少，赈给碎银，诸多窒碍，因商之臣与办赈各绅，于粤省赈捐，搭解一角小银钱六十万枚，俾资周转，以弥制钱之缺。发交外县赈局，乡民号为“豪子”，颇能行用。第默察民情，究以来自外省，不如就近自铸之尤足征信。适广东有存局小银钱机器一具，因函商谭钟〈麟〉，由湘购补完备，酌雇华匠数名运解前来。核计铸造各费，尚属无多。复查有在籍绅士分省补用道朱〈恩绂〉，才识闳通，综核精密，操履介然不苟，于西法制造等事素尝究心。拟即委令设厂，试铸一角至五角小银钱，发交肆市行使，以补制钱之不足。只期商民信用，不求余利，一切用费，力从撙节，并不开支薪水，不须筹动官款，惟求工费出入足以相抵，有当于利用便民之义。如地方行用渐开，再议添购机器，奏明仿照湖北、广东银钱一律办理。

所有湖南试铸一角至五角小银钱，以济民用缘由，除咨户部并俟铸成赍送式样外，谨会同〈湖广〉督臣张〈之洞〉附片具陈，伏乞圣鉴。谨奏。

湖南试铸小银钱片（稿三）*

（光绪二十三年七八月）

再，案准部咨，奏奉谕旨：“饬沿江各省仿铸银钱。”其时湖南赈务正患制钱缺乏，极拟遵照举行，而机器资本颇巨，筹措既难，又虑行用不广，乏银接铸，致有停工糜款之患。适广东〔两广〕总督臣谭

* 据舒斋藏摄片。此为陈宝箴手稿，上奏时间则系编者推定。按：此片又见《萃报》第五册（光绪二十三年八月二十三日出版），题为《湘抚陈试铸小银圆片》。又按：此稿另见录入《陈宝箴遗文·奏摺》，载《近代中国》第十一辑，第221页。

钟〈麟〉协济赈需,以湘省钱少,赈给碎银,诸多窒碍,因商之臣与办赈各绅,于粤省赈捐,搭解半角、一角小银钱六十万枚,俾资周转。发交外县赈局,乡民号为“豪子”,较大银钱颇能行用,亦有制钱缺乏州县,来省兑换,以便民间零用者。第默察民情,究以来自外省,不如就近自铸之尤足征信。适广东有存局小银钱机器一具,因函商谭钟〈麟〉,由湘购补完备,酌雇华匠数名运解前来。核计铸造各费,尚属无多。复查有在籍绅士分省补用道朱〈恩绂〉,才识闳通,综核精密,操履介然不苟,于西法制造等事素尝究心。拟即委令设厂,试铸半角、一角、二角小银钱,发交肆市行使,以辅制钱之不足。只期商民信用,不求余利,一切用费,力从撙节,并不开支薪水,无须筹动官款,惟求工费出入足以相抵,有当于利用便民之义。如地方行用渐开,再议添购机器,奏明仿照湖北、广东银钱一律办理。

所有湖南试铸半角、一角、二角小银钱,以济民用缘由,除咨户部并俟铸成赍送式样外,谨会同〈湖广〉督臣张之〈洞〉附片具陈,伏乞圣鉴。谨奏。

〖附〗《集成报》:银模解湘*

自张香帅设局粤东,仿铸银元,各省纷纷踵行,第所用钢模不能如粤省之精致美善。闻湘省大吏迩日移咨粤宪,请代制中元银模,以便湘局鼓铸。谭宫保即饬银局坐办委员熊太守、薛明府代为制作,业已制成,缴呈宪辕,行将委员解湘应用矣。

* 据《集成报》第十五册(光绪二十三年八月二十五日出版),原载《循环报》。按:此题为《集成报》旧题。

卷十四　奏议十四

遵查广西各员参款据实陈复并请分别惩儆摺*

（光绪二十三年八月二十五日）

头品顶戴湖南巡抚臣陈宝箴跪奏，为遵旨访查、据实陈复事：

窃臣承准军机大臣字寄：光绪二十三年四月初四日奉上谕："有人奏《疆臣徇私殃民，蒙奏酿乱，署臬司等朋比为奸，县令浮收虐民》各摺、片。广西地居边要，全在疆臣实力图维，不任属员蒙蔽，方足以资整顿，若如所奏'该抚史念祖种种徇私，于灵川县知县陈国华浮收激变，有心袒护，并署臬司何昭然等劣迹昭著，毫无觉察'各节，是否属实，著陈宝箴拣派明干大员驰赴广西，确切查访，据实复奏。原摺、片三件，均著钞给阅看。将此谕令知之。钦此。"遵旨寄信前来等因，承准此。

臣当于五月间先派妥人前往密查，旋复遴委湖南试用道黄炳离，饬令不动声色，驰往广西省城及灵川县等处，微服访查，如有必须查卷之处，即持委札往见藩、臬两司，调核案卷，以期征实。兹据该道回省禀称：行抵广西境内，即沿途询访，嗣于省城密住半月，至起程回湘之前一日，始往见布政使游智开、按察使蔡希邠，调查灵川、永安、横州各案卷，悉心查阅，是夜缴还，即星驰就道旋省，将奉

* 据《光绪朝硃批奏摺》，第12辑，第571～579页。

查原参各节,采之人言,证以档卷,所得实在情形,逐一开单禀呈前来。臣复加考核,参以前派密查呈复各件,类相符合,谨据实为我皇上缕悉陈之:

查原参"抚臣史念祖奏报去年六月灵川县闹粮一案,灵川知县陈国华素行贪酷、任用门丁借催粮为名滥押苛索各情,皆闹粮以前之事,灵川距省四十里,该抚讵无闻知"一节。查陈国华任用门丁,以曹姓、王姓为最劣,曹姓即原参之曹玉田。灵川自兵燹后,实征花户粮册荡然无存,钱粮均由里书经手收纳,其各里催征者谓之"现排",里书常有生监充之,优劣不一,现排不肖者与劣绅勾结为奸,事所不免。陈国华催征过迫,押追现排,欠粮者常数十人或百余人,羁所押满,即寘监狱收押。日久或因取保纳贿门丁,遂得开释;其无力贿保者,或不免押久病毙。收押既多,毙者自所常有。原参谓"锁拿赵五孙、秦天盛,因伤毙命",事隔已久,未能确指有无其人。惟曾二觅久被收押,贿保得释,回家后二日身死,尚非在监毙命。现排唐四幅押毙马号中,无亲属领尸,尚非不准领埋。廪生赵毓麟因保赵老七至县,陈国华查知该生欠粮,收管房科勒完欠项,门丁又索费,始释。访查实非无因,惟并无刑虐等事。廪生李杜等亦系查知欠粮,拘禁勒完。此外,欠粮牵夺耕牛实有其事,以致县民积怨,龚五六、秦石玉等遂纠众赴省控官。此陈国华在灵川县任催征滥押之实在情形也。

又,原参"县民上控,抚臣徇庇不理,撞监纵犯,杀人辱官,皆由激成。陈国华求署臬司何昭然、署首府向万镤代为营求,何昭然怂恿抚臣派营往剿,向万镤往讯,犯无确供,苟且了案,抚〈臣〉奏以秦钟毅、唐德运为首谋。及奏报陈国华进省日期歧异,白玉书委署灵川,为陈国华搜票灭迹,妄拿平民"各节。经臣委员黄炳离调查司卷,龚五六、秦石玉等列款上控,当时以刁民聚众抗粮、控官挟制,未为准理。署臬司何昭然批饬究明为首之人，严行惩办，署桂林府知府向万镤复于其时委西隆州知州朱业彬赴县会同催征。抚臣及何昭然据陈国华禀，均有“饬拿龚五六”之谕。查龚五六本非安分之徒，第此次系因众人招来上控，又因陈国华赴省后由门丁派差往拿，未经就获，辄将生员秦兆璜、民人杨子安等五人拿县监押，龚五六等乘众情不服，于是有至县索人哄署之举。议者多谓龚五六等固有应得之罪，而控官及哄署亦未始非激之使然，殆为公论。又该道黄炳离禀称：上控一节，询之藩司游智开，据称上年四月县民上控，该司曾批饬首府向万镤查讯，实究虚坐，向万镤至八月始行禀复，其时灵川之案已经了结。又闻陈国华实于五月二十八日进省，查阅司卷，该令禀报龚五六等纠众哄署禀内，亦自称“二十八日进省，迭谒何昭然、向万镤等”，而抚臣据臬司详文奏称：“陈国华六月初一日进省”，日月实有不符。又奏报灵川滋事摺内，称委白玉书往署县篆，而于陈国华不置一词。议者多谓陈国华之来省，系营求何昭然、向万镤为谋调缺，留省五日，乃有哄署之事，而前之上控不理，后之激变不究，惟专罪县民，曲为该令回护，原参“徇庇”之语，殆由于此。其后委往灵川查案候补通判沈秉炎禀复有云：“设使当时该令在署，斟酌释留，或免决裂至此，人益疑日月歧异为有意弥缝。”此原参“迁移日月，徇情蒙奏”之语所由来也。至向万镤，仅止奉委赴灵川县督同白玉书审讯秦石玉一犯，取有供词，开摺禀奉批准就地惩办，具存司案，尚非遽行斩枭，亦并未讯犯三人。据秦石玉、秦添发等供称，纠众控官，系秦钟毅、唐德润等函招龚五六来县商议禀控①，虽未并哄署一节，而言“抚臣奏以为首谋”，盖即本此。白玉书抵灵川署任时，正值省中派营至县，各村民见有兵至，妻子、

① “唐德润”，宜即上文所云“唐德运”。

什物均搬山寨,而以丁壮守村。白玉书商请营员暂勿用武,自乃单骑遍赴各村,开导劝令搬回家室安业。旋又据绅耆禀请,将营勇尽撤回省,俾便秋收。今该署令丁忧去任,县民语及,犹有感念之者,实无“拿获平民,严刑逼供,及逃避者拘其妻子,为陈国华搜求重征粮票灭迹”等事,自系传闻之讹。

又片参“陈国华擅改钱粮定章,浮收重征,致临桂县效尤”各节。查灵川钱粮定章曾于道光年间刊立石碑,每地丁银一两,准收库平银一两二钱五分,加一二申水,合洋银一两四钱,仓米每石准收足钱三千八百文,均并火耗、运脚公费在内。官除按碑收足外,向无浮收,其稍有浮收者,弊均在粮书、现排,亦不自陈国华任内始。所有浮收之数及洋银一元折收库银五钱等弊,大都粮书等入己,而交官丁银一两,仍只洋银一两四钱,仓米仍只三千八百文。至“重征”之说,灵川钱粮概归现排经收,现排收粮户银,常先给收条,不尽登时给票。不给票者常不报官,比追严急,猝难完缴,则以此已收未给之票搪抵,官不知现排已收,仍按票作民欠催征者,或容不免,遍查实无重征,串票并非由白玉书搜求灭迹。该抚臣奏称“饬署县厘定钱粮章程”,殆即指此等弊端言之耳。临桂县钱粮章程亦勒有碑,每米一石折银二两四钱,完银、完钱均听民便,历来民间钱少,常按时价折银完纳,并非不许缴银。访查纳粮花户,核其所收,尚与定章相符。至云“遇欠粮者,出票传案,并传案外之亲友,向之索人不得,则令其亲友出差费数十两、数百两不等,凡案皆然”等语,此等苛政,在各省僻远之区,遇有贪酷之吏纵恣扰民,诚难保其必无,临桂为省会附郭首邑,虽有玩吏,曷敢以此习为故常?访查现无其事,此又理之可信者也。

又,原参“横州汶井村因差滋扰,为民所逐,知州赖久棠遽派营往捕,致毙哨长,捏禀”各节。查赖久棠因访闻有匪徒多人藏集州属之汶井村，时出劫掠，密派练勇、差役潜往，捕获要匪李晚得一名，正拟解州，为该村匪党等蜂拥持械拦途要截，将李晚得夺去，并将兵役衣服抢剥。嗣闻匪党愈聚愈众，渐成负嵎之势，赖久棠当禀左江道批饬会营并原驻州城防勇一哨，前往该村勒缉。讵该匪四面埋伏，俟哨弁林文达率防勇行近村境，枪械齐发，该哨弁因马蹶堕地，为匪戕毙，匪势遂益猖獗。赖久棠退回州城，谕集乡团守御，据实通禀，当奉抚臣札仰按察司饬署南宁府知府张垲带营往剿。此汶井村一案始事之由，赖久棠并无“遽派营往捕，捏禀”情事。其时匪徒初未逃逸，并招集外匪距抗官兵，张垲督勇攻破匪巢，毙匪六名，拿获首从各匪二十七名，馀皆散窜。查臬司卷，该匪李晚得于戕毙哨弁后，犹屡次率党出劫附近之交椅墟、杨岭、小墟、西向村等处，张垲督勇攻破该村匪巢，起获大铁炮四座，留作该州城防之用，均经具禀有案。其所获各匪，有由张垲就地惩办后电禀者，有电禀奉到复电照办者，并有由电禀请办未复而张垲复电禀催办者，各犯供词俱随公牍补送。其时有谓“事非迫不及待，道途又无梗阻，例应录供具禀请示，然后惩办，以昭慎重”，今惩办悉由电音，犯供又系补送，物议之兴，大抵由此。然南宁府距省千七百余里，横州距府又二百余里，禀牍往返，速则月余，迟或两月，犯供又先后不一，为时过久，纵无劫夺之虑，亦难保必无疏虞。况近来电报既设，军国要事概可驰陈，办匪非寻常案件之比，似不得以为疑议。访之官场及士绅间，均无有能指为冤狱者，细推案卷所有情形，亦无含糊影响、捏造可疑之隙。原参所称“赖久棠因差役滋扰捏报；张垲不分良莠，杀戮多名”等情，遍查均无实据。

又原参“平乐府歉收，民请禁米出境，永安州江鑑得赃卖放，饥民哄署，平乐府知府赵涞彦妄拿平民”各节。查永安州禁米出境，有州属眉江里人来城买米，贡生姚泽新拦阻，知州江鑑谕以“本地买米接济,并非贩运渔利,不得遏粜”,姚泽新不平,因赶墟,使人鸣锣告众,诡称州署存有赈米,可进署索米散赈。顷刻间,墟场数百人哄入署内索米,江鑑旋出弹压,谕以并无存米,忽有滥匪乘众人喧嚷,闯入署内抢掠银物,拒伤兵役,姚泽新禁阻不及。江鑑通禀至省,抚臣史念祖批仰按察司饬署平乐府候补知府赵洣彦亲往查办,严拿滥匪。随据拿获李街保二、李阻庆等十名录供禀报,批饬提省讯办,赵洣彦亲押至省,当饬会同署桂林府向万镤及谳局委员提犯研讯。犯供翻异,署按察使何昭然仍饬向万镤会同复讯,向万镤以赵洣彦既亲在省,可自讯回原供,不肯会讯,奉饬将此案卷宗申缴臬署,赵洣彦乃饬江鑑复查李街保二不法情事,旋禀称:“据江鑑复称,李街保二曾经搜出所抢湖绉腰带、红缎对联官物,且曾扭江鑑发辫,确系此案真犯,请并李阻庆依‘强盗打劫衙门,积至百人以上’例斩决枭示,馀犯分别监禁保释”等语。其是否何昭然嘱其自具,非外人所得而知,但提省审讯之犯供词翻异,不待讯取确供,仍由原审之赵洣彦转据州禀请予斩枭,何昭然即据以详请批准在省处决枭示。详文内所称“饬赵洣彦会同署桂林府向万镤及谳局委员提犯研讯”等语,亦无根据。李街保二及李阻庆业经正法,究竟有无失当与是否狡供,均尚不可知,惟定案草率,物议即因以纷起,原参所指,未为无因。此永安州一案之实在情形也。

又,原参“史念祖嗜好甚深,日吸洋烟二三两,下午始起,从不衙参;阅兵至柳州,纵令随弁毛敬铭强索陋规供应;并两次奏报俱称至柳州、思恩两府,其实未入思恩境”各节。查广西巡抚阅兵,向由平乐、梧州、浔州,以及南宁,近有边防,间至龙州,复折回南宁府,陆行至思恩府属之宾州及柳州府城,阅毕回省。兹查抚臣史念祖亦系于柳州阅兵回省,其未至思恩,该抚臣奏报不符,或系失检。至所带随弁毛敬铭“强索陋规供应”,自是此辈常态,御下稍宽,便少顾忌，不必由于纵令，然查省标各营，亦尚无百数十金。回省校阅武弁，先坠马者系新近调补平乐左营守备王起明，由两广总督饬赴本任，非该抚臣转调他缺。至吸食洋烟，非外人所知，更何能确知每日二三两之事？本年五月以来，臣委密查之人在彼亲见该抚臣朔望行香，未经委代属员，五、十衙参，亦常接见，人皆谓精神视前较胜，亦不复闻有下午始能进谒之事。此又该抚臣阅兵及在省之实在情形也。

原参"史念祖长子史济义窜名电报局，滥保知府；次子史济礼招权纳贿，喝令亲兵殴伤龙举人，并殴文案候补知县钱锡宝"各节。查史济义有托云南电报局为保知府之说，尚无其事。史济礼"招权纳贿"，虽不免外间谣传，然无实据。至殴伤举人龙焕纶，乃该抚臣由滇带来亲兵，当日孝廉书院控告亦只云被亲兵殴辱，虽是时谣传系史济礼所使，并无实据。该抚臣察知，立革亲兵管带，勒交滋事亲兵惩办，该举人等亦遂释然，尚非何昭然、向万镤为之排解。知县钱锡宝办抚署文案，史济礼邀其同往门房下棋，钱锡宝不允，史济礼强将该令拉走，且拉且骂，该令怒甚，欲禀抚臣辞差，比经文案同事劝解而罢，查非何、向二人说合。至其委办梧州下关厘卡，事隔数月，下关为最要厘卡，该令办事精详，系总局司道公同酌委，并非委以兹卡了事。

又，原参另片称"署臬司何昭然、署桂林府向万镤皆善钻营，而以赵涞彦、徐炳文为羽翼，与史念祖由滇调来私人同知董嗣镕、副将彭惠俊、把总毛敬铭结为兄弟；赵涞彦为善后局提调，委董嗣镕办军械，俾其浮冒，为北上资，至京为史济礼代捐同知；及何昭然与徐炳文儿女姻亲，向万镤胞侄向淦委厘局收支，均不呈请回避；向万镤在衡州强买潘姓养媳为妾"各节。查何昭然、向万镤等并未与董嗣镕等结为兄弟，赵涞彦亦只闻有与董嗣镕换帖之说。董嗣镕北上,乃该抚臣面谕善后局委办军械机器,发银五万两,董嗣镕并未与史济礼代捐同知,惟闻为史济义、史济礼代缴捐免保举银各一千两,是否挪用公项,不可得知。惟所办机器,至今一年半,尚未交到,故所领银两亦无报销。至董嗣镕之甥袁家裕充炮船舱长,系在马江塘与人互殴撤差,并未酿命,亦未留营食粮。彭惠俊侵蚀口粮,尚无实据,未闻包揽私货、偷漏厘金发觉有案。毛敬铭派充抚辕巡捕,招摇需索,声名最劣。何昭然之女为徐炳文侄妇,例不回避,且系在盐道任内时订姻,徐炳文委署梧州府知府在何昭然卸署臬司之后,惟过知府班才数月,又未引见,外间颇有物议。向万镓与向淦系堂叔侄,官册可考,其祖、父皆有官职,不能捏填,向淦实非向万镓胞侄,其委厘局收支已有数年,非向万镓所委。访查向万镓并无在衡州买妾之事,实系讹传。何昭然本先请补盐道,经吏部议驳,乃更补向万镓,以何昭然请补太平思顺道,均与例合,是否实无偏私,虽难共见。至谓该抚臣"以酬过付贿赂之劳",则外间愤嫉丑诋之言,不可究诘,抑实有不足深论者也。

惟臣就原参各事核之委查所得事由,乃知何昭然、向万镓之不利人口,尚有原参所未及者,其致此之由,实因事会所值,而亦有所以自取之故。缘抚臣史念祖自今年夏间以前,接见僚属,为时本不甚多,既为人所共见,而通省刑名要政,臬司与首府实递司之,关涉之事既多,接见自不得不数,而群僚之罕得进见者,因不免藉以白事,抚臣亦以为便而安之,相习既久,而请托行乎其间矣。请托有应有不应,而怨谤兴,积久而恶声几播通省,一时至有"三巡抚"之目。此臣所谓"事会所值"者也。然使何昭然、向万镓等遇事一秉大公,不以恩怨为是非,亦无从授人以指摘之隙,而何昭然、向万镓于灵川一案,以距省咫尺之地,陈国华之信任家丁、滥押索贿诸情状,岂无所闻?乃惟抑彼伸此,徒惩控官之刁风,不察病民之暴政,拿人之谕、催粮之委，徒为劣吏蠹丁增长气焰，致令激成变故。永安州一案，何昭然之武断草率、任意妄为，尤为人所共见，由此推之，该两人实有自取之道。且何昭然、向万镤既为抚臣信任，宜如何正己率属，尽其弥缝匡救之忱，乃不以公义相取，而以私昵贻讥，至令上下蒙被，口语虽无实据，岂得尽为无因？相应请旨将前署广西按察使太平思顺道何昭然即行革职。前署桂林府知府盐法道向万镤，于永安州一案，不肯会同赵洣彦复审，不无可原，然于提省斩枭重案，不将谳局会审情形禀明抚臣，亦属意存瞻顾，此外灵川县案及其他行止声名狼籍，与何昭然不相上下，应请一并革职，以肃官方。赵洣彦亲自押犯来省，犯供翻异，辄又具禀请办，殊属不合，应请旨交部议处。前灵川县知县陈国华，以催征收押现排，虽属过多，尚为因公起见，惟于门丁贿保需索等情弊毫无觉察，激成巨案，实有应得之咎。陈国华除因交代另案奏参不计外，应请与抚署巡捕把总毛敬铭均即行革职。署南宁府知府上思厅同知张垲、横州知州赖久棠，均无不合，前署永安州知州候补知县江鑑，查无得赃放米情事，均应与例不回避之试用县丞向淦一并请免置议。候补知府前署梧州府知府徐炳文业经交卸，候补副将彭惠俊、千总钮士权均无实在劣迹，亦请免议。试用同知董嗣镕，应饬由藩司游智开督同善后局，饬将所领军械机器银两勒限报销，分别核办。

臣伏查广西地属岩边，素称多事，而民贫吏敝，伏莽潜滋，诚如原参所称"前粤匪之乱，可为殷鉴"，惟赖抚臣励精图治，辨别贤否，力求整饬拊循，潜销患气。当此时局艰难，即有公忠廉正、精能过人之材，尚未易措置裕如，有稍纵即逝之患。史念祖谙练吏事，尚有能名，乃自任广西巡抚以来，溺于宴安，骄蹇疲玩之习在所不免，以致信任非人，事权旁落，纲纪不肃，物议繁兴。臣既访查得实，不敢自蹈欺罔曲为之讳，应如何惩儆之处，伏候圣裁。

所有遵旨访查、据实陈复缘由,是否有当,谨恭摺具陈,伏乞皇上圣鉴训示。谨奏。

硃批:“另有旨。”

〖附一〗光绪二十三年九月十九日上谕*

谕内阁:“前据给事中蒋式芬《奏参广西巡抚史念祖徇私殃民,署臬司何昭然等朋比为奸》各摺、片,当经谕令陈宝箴确查。兹据查明复奏,史念祖被参徇私殃民各节,或查无实据,或事出有因,惟信任非人,事权旁落,以致物议繁兴,著交部议处。前署广西按察使太平思顺道何昭然,于灵川县催征滥押一案办理不善,激成变故,永安州禁米出境一案武断草率,前署桂林府知府盐法道向万鍱,于提审重案意存瞻顾,均著即行革职。署平乐府知府候补知府赵涞彦,押犯来省,犯供翻异,又具禀请办,殊属不合,著交部议处。前灵川县知县陈国华,于门丁贿保需索等情毫无觉察,抚署巡捕把总毛敬铭,招摇需索,声名甚劣,著一并革职。”

寻吏部议上,得旨:“史念祖著照部议革职。赵涞彦著降三级调用,不准抵销。”

〖附二〗光绪二十四年七月十一日上谕**

谕军机大臣等:“有人奏《疆臣不能办贼,将成巨患》一摺。据称:‘广西会匪之外,复有游勇啸聚,几至通省皆匪,遇有蠢动,势必

* 据《清实录·德宗景皇帝实录》,见《清实录》,卷四一〇,第353页。按:《光绪朝东华录》光绪二十三年九月癸丑(廿七日)条云:“广西巡抚史念祖缘事革职。”见第四册,总第3995页。

** 据《清实录·德宗景皇帝实录》,见《清实录》,卷四二四,第553~554页。按:自此以下数谕,均事关两广,而命陈宝箴确查者,故一并附录于此。

闻风响应。广西营伍废弛已极，黄槐森疲软因循，毫无展布，布政使游智开老耄昏庸，按察使蔡希邠性情粗暴，纳贿揽权，皆不足以办贼'等语。广西会匪滋事，叠经谕令黄槐森迅速剿办，若如所奏，营伍不能整顿，甚至瞻徇营官，两省大吏于防剿事宜均未通筹，似此情形，深恐酿成巨患。著陈宝箴按照所参各节，确切查明，据实具奏，毋稍徇隐。另片奏：'蔡希邠任用私人，如隆林营守备王起鸿，委充柳州防营管带，往剿三都墟土匪，不能乘骑，至老堡墟，尚未接仗，闻风先遁，及土匪事平，反得随折保奖。委办厘金候补知县叶能棣，抽收之数与比较不符，记过撤委，因与该司同乡，不两月复得委办。又该司外甥孙金彪，属托省防右营管带魏希古等，委充哨官。又大小文武各员弁，籍隶江西者无不得差委，人言啧啧'等语。著陈宝箴一并秉公确查，如果属实，即行从严参办。原折、片均著钞给阅看。将此由四百里谕令知之。"

〖附三〗光绪二十四年七月十三日上谕*

谕军机大臣等："昨经寄谕陈宝箴，将黄槐森不能办贼情形查明具奏。兹复有人奏：'巡抚黄槐森迂谬株守，诸事专断，剿办土匪，日久未能扑灭，颠倒错乱，贻误事机。又复任用私人，右江道黄仁济官声恶劣，该抚到任欲劾之，嗣因贿赂关说得免，反予优保。请饬查办'等语。著陈宝箴按照所参各节，归入前案一并确查，据实参奏，毋稍徇隐。原折著钞给阅看。将此由四百里谕令知之。"

---

* 据《清实录·德宗景皇帝实录》，见《清实录》，卷四二四，第556页。按：《光绪朝东华录》光绪二十四年七月甲子（十三日）条所录上谕略云："黄槐森著即摘去顶戴，迅督各营，勒限一个月，将会匪一律扫荡。"可参阅。详第四册，总第4169页。

〖附四〗光绪二十四年七月十九日上谕*

谕军机大臣等:"都察院《代奏广西举人李文诏等公呈》一摺。据原呈内称:'广西土匪滋事,势尚蔓延,虽稍有擒获,皆团练之力,官军退缩不前,捏报战功。现在匪首啸聚多人,将图四窜,梧州知府张壁封怠玩废弛,绅耆请兵,置之不理;迨容城失陷,绅耆等径行电请督抚派兵,该府又电禀贼发无多,求缓进兵。苍梧长行乡新利墟一带,土、会各匪纷起,该府若罔闻知。梧州为西商交涉之地,恐外人乘机酿乱,牵动大局。请饬严办'等语。著陈宝箴归入前次交查广西土匪案内,一并确查,据实参奏,毋稍徇隐。原呈著钞给阅看。将此由五百里谕令知之。"

〖附五〗光绪二十四年七月廿八日上谕**

又谕:"有人奏《疆臣昏老悖谬,阻抑新政,酿乱四起,请严惩褫革》一摺。据称:'两广总督谭钟麟,年逾七十,两目昏盲,不能辨字,拜跪皆须人扶持。粤东环海千里,武备尤重,该督到任后,首以裁水师学堂、撤鱼雷学堂为事,裁撤轮舟二十八艘,弃置不用。近日叠降诏书,举行新政及停废八股,该督考〈试〉书院①,故出八股题,学堂至今未立。其他商人禀请开矿、筑路等事,则必阻之②。全省有谈时务者,不委差使,吏士以此相戒。又最畏闻盗,属吏莫不讳言,禁出花红,盗益猖狂,将军、督抚署旁白昼抢劫,一县劫案

---

* 据《清实录·德宗景皇帝实录》,见《清实录》,卷四二四,第565~566页。

** 据《清实录·德宗景皇帝实录》,见《清实录》,卷四二五,第584~585页。按:此谕另见《光绪朝东华录》,第四册,总第4193~4194页。

① "试",据《光绪朝东华录》补入。

② "阻",《光绪朝东华录》作"逐"。

岁以千计。去岁高、雷大乱，调兵剿捕，至今馀党横行雷、琼间，与黎匪合，攻破崖州之六安司城，文武各官败绩逃回，未闻奏报，故有三月间高明县城陷之事，顷又陷信宜。若听该督尸居，势将全省蹂躏'等语。督抚膺一方重寄，粤省地滨海疆，弹压抚绥尤关紧要，谭钟麟久历封圻，受恩深重，若如所奏种种昏谬情形，实属大负委任。著陈宝箴按照所指各款严密访查，如果属实，速即参奏。另片奏：'臬司魁元收受赌规；知县李家焯纵勇为盗；知府王存善充当厘差，勒索工商各行规费；番禺县知县裴景福遇案受贿。种种贪横，粤中官方之坏，皆此数贪吏为之，而谭钟麟倚为腹心'等语。著陈宝箴一并逐款确查，据实严参，毋稍徇庇。原摺、片均著钞给阅看。将此由五百里谕令知之。"

〖附六〗光绪二十四年七月三十日上谕*

又谕："电寄陈宝箴：广西匪徒滋事，该督抚叠次来电，据称：'已无成股贼匪屯聚，惟有严拿在逃匪首，搜捕击散馀匪，不难克期蒇事'；而连日有人陈奏，极言匪势之蔓延、匪踪之飘忽，并有'窜扰湖南永州属境'之说。其实在情形究竟如何，无从悬揣。著陈宝箴迅速委查明确，详晰电奏，以慰廑系。湖南边界有无粤匪扰及，并著先行复奏。"

〖附七〗光绪二十四年八月初四日上谕**

又谕："电寄陈宝箴：电悉。据奏探称广西匪扰各情形，是否属实，著仍遵前旨委查明确，迅速电奏。并密饬交界地方营汛认真稽

* 据《清实录·德宗景皇帝实录》，见《清实录》，卷四二五，第589页。

** 据《清实录·德宗景皇帝实录》，见《清实录》，卷四二六，第596～597页。

查防范,毋稍疏懈。”

〖附八〗光绪二十四年八月初八日上谕*

谕军机大臣等:“有人奏《粤西贼焰方张,请饬毗连各省办团》一摺。著谭钟麟等分饬将弁实力严防,一面迅饬地方官训练民团,会同营勇合剿。将此谕令谭钟麟、张之洞、黄槐森、陈宝箴、王毓藻,并传谕文光知之。”

〖附九〗光绪二十四年八月廿四日上谕**

谕军机大臣等:“前据太仆寺少卿岑春煊、御史冯锡仁先后奏参广西巡抚黄槐森、臬司蔡希邠、右江道黄仁济因循玩寇、营私纳贿等款,当谕令陈宝箴查奏。现在该抚业经革职,即著俞廉三于接任后按照所参逐一认真确查,据实具奏,并著咨行陈宝箴将所奉谕旨及全案卷宗移交核办。”

又谕:“前据御史宋伯鲁奏参两广总督谭钟麟、臬司魁元等贪劣各节,当谕令陈宝箴查奏。现在该抚业经革职,即著俞廉三于接任后按照所参逐一认真确查,据实具奏,并咨行陈宝箴将所奉谕旨、全案卷宗迅即移交,以凭查办。”

---

* 据《清实录·德宗景皇帝实录》,见《清实录》,卷四二六,第600页。

** 据《清实录·德宗景皇帝实录》,见《清实录》,卷四二八,第620页。按:以上二谕另见《光绪朝东华录》,惟顺序互易,详第四册,总第4220页。又按:可参阅俞廉三光绪二十四年十二月初八日《查明广西大员被参各节分别拟议摺》,见《光绪朝硃批奏摺》,第118辑,第733~739页。

〖附十〗光绪二十四年九月十四日上谕*

谕军机大臣等："有人奏《广西土匪滋事，追原祸始，请饬详查》一摺。据称：'本年广西军事，实由光绪二十二年匪徒抢署之案而起，前湖南巡抚陈宝箴委员查办此案，难免挟私，上下诿卸，置匪不理，酿成巨患'等语。著黄槐森按照所奏各节确切查明，据实复奏，毋稍徇隐。原摺著钞给阅看。将此谕令知之。"

寻黄槐森奏："陈宝箴委道员黄炳离来查永安州、灵川县抢署两案，如何复奏，并未咨粤有案，其参革有无冤抑，不悉其详。至永、灵两案起衅，一藉米贵造谣，一因抗粮纠众，并非土、会各匪谋为不轨。查上年灌阳县及本年梧、郁所属土、会匪滋事，实由地方官疏于防范，尚非讳匿酿患，均与永、灵两起情节各不相侔。"报闻。

光绪廿三年七月粮价及雨水情形摺**

（光绪二十三年八月二十七日）

头品顶戴湖南巡抚臣陈宝箴跪奏，为恭报七月分粮价及地方雨水情形，仰祈圣鉴事：

窃照湖南省本年六月分市粮价值并雨水情形，业经臣恭摺奏报在案。兹据布政使何枢查明通省七月分各项粮价，开单汇报前来。臣逐加查核，长沙等十八府州厅属米粮价值均较上月稍减，豆、麦价值悉与上月相同，省城及各属地方晴雨得宜。惟续据巴陵、沅江、华容、南洲、益阳、安乡等厅县先后禀报续被水淹情形，均

---

* 据《光绪朝东华录》，第四册，总第4238页。按：黄槐森光绪二十四年十二月二十日查明复陈一摺，见《光绪朝硃批奏摺》，第118辑，第739～742页。

** 据《光绪朝硃批奏摺》，第96辑，第226～227页。

经臣批饬赶紧设法疏消积水,能否补种,是否成灾,统俟秋后查勘明确,汇案分别办理。刻下湖河水势渐见消退,各属早稻业已刈获登场,中、晚二稻亦多成熟,杂粮、蔬菜一律芃茂,闾阎乐业,境宇绥安,堪以上慰宸廑。理合恭摺具奏,并缮粮价清单敬呈御览,伏乞皇上圣鉴。谨奏。

硃批:"知道了。"

恭报监临试事入闱出闱日期摺*

(光绪二十三年八月二十七日)

头品顶戴湖南巡抚臣陈宝箴跪奏,为恭报微臣监临试事入闱、出闱日期,恭摺仰祈圣鉴事:

窃臣恭逢本年丁酉正科湖南乡试,循例入闱监临试事。臣于初六日率同提调监试各道员及正途考取各帘员次第入闱,即日派定内帘、外帘,各司其事,严密关防。各属士子有志观光,共计一万三千一百余卷,三场完竣,均极安静,恪守场规。臣于体恤之中严加防范,出入门禁均不令稍涉懈弛,弥封、誊录各所,随时稽察,尚能杜绝弊端,堪以仰慰宸廑。业于二十五日将三场试卷督饬委员对读完毕,一律封送内帘收掌官分拨各房,臣即于是日出闱。除恭疏题报外,谨将微臣监临试事入闱、出闱日期缮摺具奏,伏乞皇上圣鉴。谨奏。

硃批:"知道了。"

* 据《光绪朝硃批奏摺》,第105辑,第32~33页。

循例选派候补人员充当乡试房考摺*

（光绪二十三年八月二十七日）

头品顶戴湖南巡抚臣陈宝箴跪奏，为乡试房考实缺不敷调用，循例选派候补人员，恭摺仰祈圣鉴事：

窃查道光九年礼部奏定章程："嗣后各省乡试房考官，如科甲出身之现任各员不敷考选，准于即用分发人员中择其文理优长者一体充当，仍将派用缘由奏明"等因，历经遵办在案。兹湖南举行丁酉正科乡试，应派内帘房考十二员，据湖南布政使何枢先期酌调科甲出身之现任知县十四员、候补知县十二员，申送考选，经臣传齐各员至署，认真考校。除于现任知县内录取准补江华县知县施启宇、临武县知县彭献寿、平江县知县冼宝幹、调补永顺县知县刘榆生、常宁县知县龙起涛五员外，其不敷之数，考选得截取进士知县费道纯，即用知县杨瑞鳣、刘宝寿，候补知县刘人骏，遇缺先用知县赵从嘉，截取知县许堃，试用知县龚开晋七员，均由科甲出身，文理优长，堪充内帘房考。臣于八月初六日□□封门后①，派令该员等与实缺各员一体分校。

所有□□□□人员充当房考缘由②，理合循例恭摺具陈，伏乞皇上圣鉴。谨奏。

硃批："知道了。"

---

* 据《光绪朝硃批奏摺》，第105辑，第33～34页。

① "日"后原为空格，现以"□"代替。下同。

② 此处似可补入"选派候补"四字。

代递杨昌濬遗摺并请予以开复处分摺*

(光绪二十三年八月二十八日)

头品顶戴湖南巡抚臣陈宝箴跪奏,为曾任总督大员在籍病故,谨循例代递遗摺,仰祈圣鉴事:

窃前任陕甘总督杨昌濬于光绪二十一年在任奉旨开缺,二十二年交卸回湖南本籍,寄居省城,兹于二十三年八月十五日病故,据该家属禀报呈请代递遗摺前来。伏查杨昌濬于咸丰初年以诸生随前浙江宁绍台道罗泽南率乡勇剿贼,由郴、桂进兵湖北,力破田家镇屯匪,长驱而东,以丁忧归里。前大学士左宗棠督师江西,招参军事,兼自领一队,转战入浙。旋补授浙江衢州府知府,累迁布政使。同治九年,补授浙江巡抚。光绪三年,因案被议。四年,左宗棠进规关陇,杨昌濬奉旨赴甘肃帮办军务,寻署甘肃布政使,护理总督。八年,授漕运总督。十年,法人構兵,率师援闽,补闽浙总督。十五年,调陕甘总督。迭蒙赏给太子少保、太子太保衔。二十一年,因陕西回匪窜扰,奉旨革职留任,旋开缺回籍。

杨昌濬籍隶湘乡,自少师事罗泽南,讲求体用之学,严义利之辨,为故大学士曾国藩、前湖北巡抚胡林翼所深重。追从左宗棠剿贼浙江,运筹决策,倚之如左右手,迭克名城,每战必身临前敌,出奇制胜。逮巡抚浙江,招拊流亡,全活无算,垦荒田,筑石塘捍水,臣任浙江按察使时,士民犹称颂弗置。其措置海防,坚筑炮台,购设巨炮,及法人分扰浙边,卒赖以轰破敌舰,人尤服其远谋。帮办甘肃军务,接济军储,和辑将士,俾左宗棠得以壹意西征,无内顾忧。关外大定,创设新疆行省,规画深远,建议为多。及督师援闽,

---

* 据《光绪朝硃批奏摺》,第117辑,第643~644页。

会法舰大集妈子澳，将乘我不备。杨昌濬与左宗棠冒大风雨，拏舟飞渡，直趋金牌、长门，布置严密，敌谋遂沮。左宗棠于人少所许可，独于杨昌濬倾心推重，疑事必以咨之，事有不当，恳切诤论，不厌十反。左宗棠常自言："生平切磋道义之交，惟杨昌濬与前署陕西巡抚刘典二人为最。"其直言谠论，裨益大计，湘人士尤至今归美无异词。

自上年回籍，臣偶与接晤，语及时局艰难，忠爱之诚溢于辞色，临终惟以国恩未报为深痛，湘中后进莫不哀之。可否仰恳圣恩，俯念该故督臣杨昌濬终始兵间，渥蒙优眷，准予开复生前革职处分，仍照例赐恤，并将战功事迹宣付史馆立传，以示圣朝笃念旧勋至意，出自鸿慈逾格。

谨将杨昌濬遗摺一件附摺呈递，伏乞皇上圣鉴训示。谨奏。

硃批："杨昌濬著开复革职留任处分，交部照例议恤。"

〖附〗光绪二十三年九月廿九日上谕*

湖南巡抚陈宝箴奏："开缺陕甘总督杨昌濬在籍病故，请开复处分，照例议恤。"得旨："杨昌濬著开复革职留任处分，交部照例议恤。"

王衍庆请准援例赐恤附祀摺**

（光绪二十三年八月二十九日）

头品顶戴湖南巡抚臣陈宝箴跪奏，为提督大员战功卓著，恳恩赐恤、附祀，以彰忠荩，恭摺仰祈圣鉴事：

---

* 据《清实录·德宗景皇帝实录》，见《清实录》，卷四一〇，第357页。

** 据《光绪朝硃批奏摺》，第45辑，第907～910页。

窃臣据在籍分部员外郎俞锡爵等联名呈称:“已故记名提督前署江南苏松镇总兵业普肯巴图鲁王衍庆,湖南湘阴县人。咸丰六年,由武童投入湖北忠字营,随同攻打汉阳踞逆,枪子中伤右肩。七月,击败大股援贼,枪子穿透左腿,苦战数月,收复汉阳府城,旋改投霆军,为统领鲍超所赏拔。七年正月,随同攻打小池口,踏破南、北路土垒各一座、关卡一座,擒斩萧、陈二逆首。二月,进攻黄梅,击破独山镇大股援贼,收复县城。三月,进援小池口之西,叠获全胜。四月,剿贼于黄梅县属之渡河桥,连破贼垒三十一座。五月,贼犯黄梅,我军扼要堵剿,连战于十里铺,再战于广济、内湖、童司牌。六月,攻毁亿生寺西路贼垒三座,枪伤右肩。七月,攻剿黄蜡铺等处贼垒四十八座,枪伤右乳。八月,肃清黄梅全境。九月,调援安徽,扫平凉亭河及枫香铺一带贼垒。八年三月,上援麻城,御贼于黄土冈,被枪子击伤左手腕。五月,会克黄安、麻城两城,歼贼于黄土冈、玉屏港一带。八月,会克太湖县城及石牌、雷公埠等处,枪伤头项。九月,奉委管带中军亲兵,进规安庆,攻破集贤关,扫平附城各垒。十月,败贼于二郎河。十一月,破贼于花凉亭等处。九年正月,进围太湖,屡获全胜。是年十二月,逆首陈玉成纠众数十万并力来援,霆军以五营扼守小池驿,苦战十数昼夜,贼不得逞,该故提督左胁中枪子未出。十年正月,大破贼于小池驿,克复太湖县城,并收复潜山县城。是年五月,霆军奉调渡江东征,改隶前两江督臣曾国藩部下,攻泾县,援宁国,荡平休宁各垒,大战于羊栈岭,收复黟县,破贼于卢村,击贼于柏头岭一带,该故提督左冲右突,所向无前,为前两江督臣曾国藩所重。十一年正月,遂以游击委带霆字正左营,时霆军赴援江西景德镇,进扼洋塘,剿平各垒,枪伤右颈,旋复破贼于黄麦铺等处,收复建德县城。四月渡江,攻破集贤关外赤冈岭四大贼垒,枪伤项颈,并断左手二指。七月,调援江西，破贼于丰城一带。八月，解抚州之围，复赴援安庆，旋回军扫平双港、湖坊、河口等处贼垒七十二座，并克复铅山县城，江西肃清。十一月，进薄青阳，四战皆捷，尽毁附城各垒。同治元年三月，击败援贼，收复青阳，连克石埭、太平、泾县三城。五月，破贼于寒亭、管家桥一带。六月，攻克宁国府城。十一月，破贼于黄麻渡、歇建庙、马头镇等处。二年正月，解泾县城围。二月，击贼于高祖山，大破之。三月，移军青阳，进援景德镇，寻渡江赴援皖北一带，破贼于青溪镇，连复含山、和州两城。五月，收复江浦、浦口，并会克九洑州城。八月，移军皖南，解青阳县围。十月，扫平东夏贼垒，并克东坝要隘暨建平、溧阳两城。三年三月，攻破三岔贼卡，收复句容县城，擒斩伪王项大英、方成宗等，旋克宝堰等处逆巢，并收复金坛县。四年正月，奉委统带霆字副五营。五月，调援江西。六月，剿贼于秀才埠，大获全胜。七月，破许湾贼垒七十余座，旋克复金溪县城。九月，江西全省肃清，积功洊保至提督衔，以总兵交军机处存记先行题奏，并蒙赏猛勇巴图鲁名号，又蒙御赐奖武银牌一方。是年钦奉寄谕：'据毛鸿宾等奏，咨商浙江提督鲍超，调王衍庆五营，著杨岳斌、沈葆桢催令迅速起程赴粤，以厚兵力。钦此。'嗣因受伤多处，不时举发，禀请交卸，回籍调养。

五年，经前两江督臣曾国藩饬赴淮军差遣，奉委统带武毅左军。七年，任、赖股逆肃清，奉旨以提督记名简放。旋因伤病复发，禀请交卸，赴金陵就医，经前两江督臣曾国藩具奏，奉旨免予骑射。是冬病痊，调充保定练军翼长，办理天津海防要务。事竣，咨送陕甘行营差遣，奉委办理营务处。旋委带恪靖亲军，钦奉寄谕：'著左宗棠饬令王衍庆会同刘锦棠、黄鼎各军乘胜进攻，迅速收复金积堡，务将窜踞贼匪悉数殄除，不得久稽时日。钦此。'十一月，收复金积堡坚巢，奉旨赏换业普肯巴图鲁名号。十年二月，奉委统带楚军左路马、步各军,歼贼于车道岭、好麦川一带,嗣是康家崖等处回逆见左军旗帜辄避去,无敢抗者。十二年春,因伤病复发,禀请交卸,回籍调养。光绪六年病痊,经直隶督臣李鸿章保送引见,奉旨发往直隶差遣。十年,奏调山东,奉委招募广武亲军,驻防登州海口,昼夜梭巡,卒保无事。十一年,调办河工,溞沟合龙,奉旨存记。十二年凯撤,十四年奏调江南,奉委办理海防营务处。二十年,奉委署理江南苏松镇总兵,并招募霆、庆全军,兼统澄海、镇东等营,驻防崇明海口。时值海疆戒严,该故提督以制敌之策不外以暗击明,因相度地势,于沿海要隘处开挖濠沟,为士卒藏身之所,以期有备无患。二十一年十月,凯撤交卸,适因在防积劳过甚,感受海风,触发左胁旧伤,创口溃烂,牵动各伤,不克起程,延至二十二年十月十九日,在江南崇明寓所病故,呻吟之际,犹以国恩未报为念。

伏查该〈故〉提督投营效力三十余年,在霆军为最久,功绩亦以霆军为最多。始以勇目充当大旗,继以偏裨擢升将领,转战湖北、安徽、江南、江西等省,踏平贼垒以百数计,收复名城以十数计。当是时,大江南北两岸,遍地皆贼,霆军纵横驰击,使贼首尾不能相顾,几于无日不战,无战不胜,而该故提督实无役不奋勇争先,卒能扫荡各处逆氛,廓清江西全省,其功绩实有可称者。厥后平定河南、山东、湖北等处股捻,攻克甘肃金积堡坚巢,亦能所向克捷,卓著勋勤。迨经调办山东、江南等处海防,署理苏松镇总兵,均能措置裕如,不辞劳瘁,实不愧一时名将。而卒以受伤多处,小池驿一役,左胁枪子未出,伤发殒命,殊堪悯恻。查已故提督前署贵州古州镇总兵陶茂林曾蒙奏请议恤,并附祀前两江督臣曾国荃专祠,奉旨允准在案。今该故提督事同一律,不忍湮没,开具该故提督出身、履历、战迹,请援照军营立功后积劳病故例从优议恤,生前战功事迹宣付国史馆立传,并附祀前大学士曾国藩各省专祠"等情,呈请具奏前来。

臣查该故提督王衍庆赋性忠勇，任事实心，从征湖北、安徽、江南等省，前后数百战，力捍劲敌，不避锋刃，身受重伤多处，克复城池数十座，乃以积劳伤发身故，殊深悼惜。合无吁恳天恩，俯准敕部将已故记名提督前署江南苏松镇总兵王衍庆，照军营立功后积劳病故例从优议恤，并恳将战功事迹宣付史馆立传，并附祀前大学士曾国藩各省专祠，以彰荩绩而慰忠魂，出自逾格鸿施。

除履历事实咨部外，理合恭摺具陈，伏乞皇上圣鉴训示。谨奏。

硃批："著照所请，该衙门知道。"

〖附〗光绪二十三年九月廿一日上谕*

予故湖南提督王衍庆优恤，事迹宣付史馆立传，并附祀大学士曾国藩各省专祠。从湖南巡抚陈宝箴请也。

谈延庆请准援例赐恤摺**

（光绪二十三年八月二十九日）

头品顶戴湖南巡抚臣陈宝箴跪奏，为总兵积劳染病，触发旧伤，在任病故，恳恩赐恤，以彰忠荩，恭摺仰祈圣鉴事：

窃臣据在籍二品衔前云南补用道刘凤苞等联名呈称："已故补用总兵前陕西陕安镇兴安营都司谈延庆，系湖南长沙县人。咸丰六年，投入前湖北抚臣胡林翼大营随同剿贼，十一月，攻破湖北省城。同治三年四月，改投楚军克勇营，进攻江西，克复崇仁、东安

---

* 据《清实录·德宗景皇帝实录》，见《清实录》，卷四一〇，第355页。

** 据《光绪朝硃批奏摺》，第45辑，第911～913页。

〔乡〕、宜黄等县城池,获械无数,毙贼多名,左、右臂均受重伤。四年,调援福建。是时,逆酋汪海洋扰及龙岩、永定,李世贤踞漳州一带,该故总兵带兵会剿,首先冲阵,连破贼卡十余座,直逼汪逆老巢,连日攻打,破入坚巢,贼拚死回扑,即分军抄后,击败龙岩贼众,旋复龙岩。乘胜进扎漳州之古县东山一带,贼率悍党数万猛攻,被我军击退。次日,贼复来攻,我军奋勇直前,败贼于港边。四月十五日,天宝寨陈逆率黄白号衣贼数千来援,该故总兵悉力击退,遂会同各军,分四路进剿,尽拔花桩木,城贼犹死拒,各军齐进,连夺贼垒十四座,杀贼万余,生擒三四千人,拔出难民数千,并夺获伪印、军械等件,馀党败聚乌头门,适风雨大作,该故总兵冒雨夺门而入。二十一日,贼出悍党,死斗逾时,该故总兵督兵迎击,毙贼数千,贼势不支,由西门遁出,遂复漳州府城。跟踪追剿逆酋李世贤及其馀党,擒斩殆尽,全闽一律肃清。汪逆率败贼由闽入粤,盘踞嘉应州一带,该故总兵奉檄追剿。十二月初旬,驻扎横径、深坑、石灰密一带,随会合大军由小路进。我军正值筑垒,贼从左侧突出,该故总兵领军迎拒,手刃贼目二名,汪逆等率贼数万,分四路来攻,我军亦分四路迎击,贼众溃入州城。维时逆酋汪海洋受伤坠马,舁回州城,气绝,该故总兵急会诸军环攻。二十日,贼从七树径直扑,该故总兵督兵鏖战,自午至酉,贼党大败,我军直逼城下,毙贼数千,生擒二百余名,贼众胆落,潜启西南门而遁,即复嘉应州城。随探知溃贼所在,会同诸军追杀,先后共毙贼万余,降者近二万,查出伪忠诚天将何明亮、伪天佑将何明辉等共七百余名,讯明正法。嘉应州全股荡平,积功递保游击衔花翎留湖南都司。军务肃清,请假回籍。

同治六年,经陕西帮办军务刘锦棠调入陕甘。七年五月,回逆犯邠州一带,该故总兵督队突击,迭破回巢,旋复州城,陕西肃清。

九年,委带马、步亲军,赴临渭、华河南岸一带堵缉馀匪,旋署盩厔营守备事。十二年,署汉中镇城守营都司,兼办驻汉探运局,随大军克复金积堡,保以游击留陕西补用,并署静宁营中军守备。十二年,随师出关援剿关陇肃清案内保升副将。光绪二年,借补甘肃西宁镇白塔营都司,寻调补陕西陕安镇兴安城守营都司,并奏免骑射,督办甘肃省垣城工。五年,请咨赴部引见,新疆南、北两路荡平,保以总兵补用。六年,赴兴安城守营都司本任。九年,署西安镇标左营游击,旋即交卸,仍回本任。十三、十五、十六等年,迭蒙恩诏加级。是年委办查拿会匪,途中感冒风寒,触发旧伤,旋即回营医治,奈积劳过甚,于十二月初六日在任病故。

职等或从戎共事,或井里同居,其生平事迹俱所深悉,伏思记名总兵欧飞林、记名提督易玉林均奉奏请蒙恩赐恤在案,谈延庆事同一律,不忍听其湮没,呈请援照军营立功后积劳病故例奏请议恤”等情前来。

臣查该故总兵从军以来,转战数省,冲锋御敌,迭克名城,乃以积劳病故,殊堪悼惜。合无吁恳天恩,俯准敕部将已故补用总兵前陕西陕安镇兴安营都司谈延庆照军营立功后积劳病故例议恤,出自逾格鸿施。

除履历事实咨部外,理合恭摺具陈,伏乞皇上圣鉴训示。谨奏。

硃批:“兵部议奏。”

刘道谦兼袭并给咨送部引见片*

(光绪二十三年八月二十九日)

再,据湖南湘乡县知县王祖荫详称:“据特用员外郎刘道谦禀称,现年三十二岁,系湖南湘乡县人,于光绪十九年在江苏赈捐案内遵例报捐监生。缘伊亲父前甘肃新疆巡抚刘锦棠由监生报捐县丞,投效军营,转战安徽、河南、陕西、甘肃、新疆等省,克复名城,递保是职,补授甘肃新疆巡抚,并叠蒙恩旨赏给一等男兼一云骑尉世职,光绪二十年七月初十日忽患中风之证,在籍病故,经前抚臣吴大澂具奏代递遗摺,钦奉谕旨:‘刘锦棠著照巡抚例赐恤,加恩予谥,准其于立功省分建立专祠,生平战迹事实宣付国史馆立传。赏银一千两治丧,由湖南藩库给发。任内一切处分悉予开复,应得恤典,该衙门察例具奏。伊子刘道谦著以员外郎用等因。钦此。’钦遵在案。刘道谦系刘锦棠嫡长子,幼习诗书,未谙弓马,已奉恩旨以员外郎用,现在业已服阕,所有伊故父刘锦棠遗出一等男兼一云骑尉世职,自应遵例由员外郎呈请兼袭”等情,由县造具册结,具文详请附片具奏兼袭并给咨赴部,暨将刘锦棠原领二等男敕书呈缴前来。臣复核无异,除给咨批饬赴兵部科告投带领引见,并将敕书咨送吏部核销暨分咨外,理合附片陈明,伏乞圣鉴。谨奏。

硃批:“该部知道。”

陈景禧亏短钱粮请即行革职并饬如数完缴片**

(光绪二十三年八月二十九日)

再,州县交代,例限綦严,钱粮尤应随征随解,不容稍有亏短。

* 据《光绪朝硃批奏摺》,第45辑,第913～914页。

** 据《光绪朝硃批奏摺》,第12辑,第597页。

兹查已故前署酃县知县陈景禧,任内交代亏短钱粮银三千九百九十九两六钱九分八厘,迭次札催,延不解缴,现已逾限,并据现署该县知县陆楷揭报到司。据湖南布政使何枢、按察使李经羲会详前来,相应请旨将已故前署酃县知县陈景禧革职,勒限两个月,严追该故员家属迅将亏短钱粮如数完解,倘逾限不完,再行照例严参,以重库款。谨会同湖广总督臣张之洞附片具陈,伏乞圣鉴训示。谨奏。

硃批:"著照所请,该部知道。"

奉派认还英德借款光绪廿三年八月应解银两片*

(光绪二十三年八月)

再,准户部咨:"奏《每年应还俄法、英德两款本息,数巨期促,拟由部库及各省关分别认还》各摺、片,于光绪二十二年五月初八日奏,本日均奉旨:'依议。钦此。'"刷印原奏清单,咨行来南,当经转饬遵照依限筹解,业将光绪二十二年认还英德一款银十四万两如数分限解清,并已筹解本年二月、五月限期银七万两,先后奏咨各在案。兹据善后、厘金各总局并藩司、粮、盐二道等会详称:"今查二十三年分应解英德一款八月限期已届,不得不竭力筹解,以免贻误。拟请在于藩库、道库、厘金局凑筹铁路经费项下,借拨库平银三万五千两,又汇费银五百二十五两,于光绪二十三年八月十四日发交乾盛亨、协同庆两商号各承领银一万二千两,蔚泰厚商号承领银一万一千两,均限于光绪二十三年八月二十九日汇解江海关交纳,守候库收批照回销,以期迅速而济要需"等情,详请奏咨前来。臣复核无异,除咨户部外,所有湖南省奉派认还英德一款,本

* 据《光绪朝硃批奏摺》,第82辑,第678～679页。

年八月限期应解银两汇解江海关道查收缘由,理合会同湖广督臣张之洞附片具陈,伏乞圣鉴。谨奏。

硃批:"户部知道。"

光绪廿二年带征节年旧赋钱粮数目摺*

(光绪二十三年九月二十八日)

头品顶戴湖南巡抚臣陈宝箴跪奏,为查明光绪二十二年分带征十四、十五、十六、十七、十八、十九、二十、二十一等年旧赋钱粮完欠数目,开列三年比较清单,恭摺仰祈圣鉴事:

窃查各省每年征收钱粮已、未完数目,应列三年比较,于奏销截数后开单奏报。湖南省向将带征节年旧欠开具原欠分数,汇同征收新赋,分开比较清单,并案具奏。光绪九年十二月内接准部咨:"行令于奏报九年分旧赋比较,务将带征节年欠赋全数开列,统以十分计算,其比较上三年已、未完分数,亦统将历年旧赋核计,不得仅以原欠分数计算",又准部咨:"嗣后奏报旧赋,毋庸将新赋重复开列,以归画一"各等因,先后行司遵办在案。兹据湖南布政使何枢详称:"查自光绪六年起至十三年止,民欠未完银两遵奉恩旨豁免。今将光绪二十二年分应行带征光绪十四、十五、十六、十七、十八、十九、二十、二十一等年民欠未完银一十九万八千八百八两七钱一分,内督催已完银二万七千二百五十两七钱九分一厘,尚有未完银一十七万一千五百五十七两九钱一分九厘,比较光绪十九年,多完银一厘;比较光绪二十年,银数相符;比较光绪二十一年,计多完银二厘。除于奏销案内分晰造册,另行详请题报外,呈请核奏"等情前来。臣逐加查核无异,理合遵照部颁程式,开具光绪二

* 据《光绪朝硃批奏摺》,第67辑,第864~865页。

十二年带征十四、十五、十六、十七、十八、十九、二十、二十一等年旧赋钱粮三年比较清单，专案恭摺具奏，伏乞皇上圣鉴。谨奏。

硃批："户部知道，单并发。"

光绪廿三年早稻收成分数摺*

（光绪二十三年九月二十八日）

头品顶戴湖南巡抚臣陈宝箴跪奏，为恭报早稻收成分数，仰祈圣鉴事：

窃照湖南省种植稻谷有早、中、晚之分，随田土之高下，分收成之先后，本年各属早稻现已刈获登场，据布政使何枢查明收成分数，造册具详前来。臣复加查核，湖南省七十六厅州县，除永绥、桂东二厅县向不种植早稻外，其余各属早稻收成分数内，八分有余者五厅县，八分者五州县，七分有余者四十三厅州县，七分者二县，六分有余者十六厅县，六分者一县，五分者一县，四分有余者一县，合计通省收成实共七分有余。现在中、晚二稻亦已次第成熟，容俟各属查明收成分数禀报到日，另行汇奏外，所有湖南省光绪二十三年分早稻收成分数，循例恭摺具奏，并缮清单敬呈御览，伏乞皇上圣鉴。谨奏。

硃批："知道了。"

光绪廿三年八月粮价及雨水情形摺**

（光绪二十三年九月二十八日）

头品顶戴湖南巡抚臣陈宝箴跪奏，为恭报八月分粮价及地方

---

* 据《光绪朝硃批奏摺》，第93辑，第195～196页。

** 据《光绪朝硃批奏摺》，第96辑，第246～247页。

雨水情形,仰祈圣鉴事:

窃照湖南省本年七月分市粮价值并雨水情形,业经臣恭摺奏报在案。兹据布政使何枢查明通省八月分各项粮价,开单汇报前来。臣逐加查核,长沙等十八府州厅属米粮、豆、麦价值均与上月相同,省城及各属地方八月以来晴雨得宜。惟邵阳、新化两县交界之望云山,于七月初二日夜雷雨大作,山水暴涨,以致邵阳县属之隆回、三都、江家垅等处,新化县属福田等村,骤被水灾,冲毁田禾、铺屋,并有淹毙人口情事。据各该县先后禀报,均经臣批饬速将被水难民妥筹抚恤,勿令失所,冲压田地督饬赶紧挑挖,补种杂粮,以资民食,其不能修复田亩,再行确切勘明,照例详办。此外各属,中、晚二稻俱已刈获登场,杂粮、蔬菜一律繁茂,闾阎乐业,境宇敉安,堪以上慰宸廑。理合恭摺具奏,并缮粮价清单敬呈御览,伏乞皇上圣鉴。谨奏。

硃批:"知道了。邵阳、新化二县被水处所,著饬属勘明,妥筹抚恤。"

〚附〛光绪二十三年十月廿五日上谕*

湖南巡抚陈宝箴奏:"邵阳、新化二县交界处所被水成灾,饬属妥筹抚恤。"得旨:"邵阳、新化二县被水处所,著饬属妥筹抚恤。"

盛弼年满甄别片**

(光绪二十三年九月)

再,查定例:"道府以至州县保归候补班人员,予限一年,察看

* 据《清实录·德宗景皇帝实录》,见《清实录》,卷四一一,第372页。

** 据《光绪朝硃批奏摺》,第12辑,第654页。

甄别”等因，历经遵办在案。兹查有同知衔候补知县盛弼，年四十岁，系江西永新县人，于光绪二十二年九月初五日到省，扣至光绪二十三年九月初五日，一年期满，例应甄别。据湖南布政使何枢、署按察使黄遵宪会详前来，臣详加察看，该员盛弼志趣向上，办事勤恳，堪以留省，照例补用。除咨吏部查照外，谨会同湖广总督臣张之洞附片具陈，伏乞圣鉴。谨奏。

朱批："吏部知道。"

葛秀华留省帮审案件请暂缓赴任片*

（光绪二十三年九月）

再，新选慈利县知县葛秀华，于光绪二十三年九月十三日到省，例应饬赴新任。惟查慈利地方，界连湖北，人情浮动，缉匪安良，最关紧要。该员初登仕版，于吏治民情尚未历练，应请暂行留省，委赴发审局帮审案件，以资练习。据藩司何枢、署臬司黄遵宪会详前来，除批饬遵照，俟察看渐臻熟习，再行饬知赴任，并将文凭咨部查销外，谨会同湖广总督臣张之洞附片陈明，伏乞圣鉴。谨奏。

朱批："吏部知道。"

扫数解清光绪廿三年甘肃新饷片**

（光绪二十三年九月）

再，据湖南善后报销等总局司道会详称："奉拨光绪二十三年

---

* 据《光绪朝硃批奏摺》，第12辑，第654页。

** 据《光绪朝硃批奏摺》，第61辑，第237页。按：原片破损，脱漏文字系据陈宝箴、俞廉三汇解甘肃新饷各片（详《光绪朝硃批奏摺》第60、61辑）补入。

甘肃新饷银十六万两,于二十二年年底赶解三成,二十三年四月底止再解三成,其余四成统限九月底扫数解清等因。当于光绪二十二年十二月初五日将年前应解三成银四万八千两,又于二十三年四月二十日再解三成银四万八千两,先后发交天成亨、协同庆、蔚丰厚各商号承领汇解赴甘,均经随时详请奏咨在案。兹查九月底限期将近,自应筹解,惟湘省协济各省饷项,业已搜罗殆尽,加之奉拨归还洋款数巨期促,刻不容缓,实属入不敷出。第念边疆紧要,需饷甚殷,不能不于无可设法之中竭力筹措协济。现在藩库地丁项下筹银一万两,盐道库盐厘项下筹银二万两,又在提存裁并局务薪粮项下筹〈银二万〉四千两,又缉私经费项下筹银一万两,共库平银六万四千两,于八月二十九日仍交协同庆商号承领银二万二千两,天成亨、蔚丰厚〈商号各承领银二万〉一千两,均限于十一月底汇解,赴甘〈肃藩司衙〉门交纳,守候库收批照〈回销,以期迅速而应急〉需"等情,详请奏咨前来。臣复核无异,除咨户部及陕〈甘督臣、新〉疆抚臣查照外,所有光绪二十三年甘〈肃新饷〉扫数解清缘由,谨会同湖广总督臣〈张之洞附〉片具陈,伏乞圣鉴。谨奏。

硃批:"户部知道。"

汇解光绪廿一、廿二两年川粤盐斤加价银两备还汇丰借款片*

(光绪二十三年九月)

再,据湖南善后、厘金各总局司道会详称:"奉准户部电开:'本年九月十七日应还汇丰银款甚巨,由盐斤加价项下拨库平银四万

* 据《光绪朝硃批奏摺》,第82辑,第693页。

两,即汇解江海关兑收,无误还期'等因。遵查新筹川粤盐斤加价一款系由各厘卡随同厘金核收,光绪二十一、二两年计共收钱合湘平银二万四千一十二两一钱三分九厘二毫,早经厘金局归并厘金项下,随时移解善后局作收厘金应用,未经分晰声明,遂未另款提存,业由厘金局按年造册,详咨户部在案。本年二月奉准户部咨:'以抽收筹饷川粤盐斤加价系属新筹之款,应令另款提出,如数存储,听候部拨,勿得归入善后局笼统支销'等因,当经厘金局移知善后局亦在案。兹奉户部电饬前因,自应由善后局在于现收厘金项下如数开支银二万四千一十二两一钱三分九厘二毫,作为光绪二十一、二两年加抽川粤盐斤加价,即于此款内遵拨湘平银二万四千两九钱合三九扣库平银二万三千一百两,又另垫给商号汇费湘平银三百六十两一钱八分二厘,于九月初七日发交蔚泰厚、协同庆、乾盛亨电汇江海关道衙门,备还汇丰借款。限于九月十七日交兑,由局电知该关道查照,以期迅速,免误还期。计此次补提上项二十一、二两年新筹加抽川粤盐斤加价银两,除遵拨还汇丰外,尚存银一十一两二钱四分,并二十三年以后续收银两,应统归善后局,另款存储,以符原案。至垫给商号汇费银两,此次存银不敷发给,是以暂行垫发,俟二十三年续收有款,再行如数扣还归垫"等情,分别奏咨前来。臣复核无异,除咨户部查照外,所有查明光绪二十一、二两年共收新筹川粤盐斤加价银两,交商号汇解江海关道兑收,备还汇丰借款缘由,理合会同湖广总督臣张之洞附片具陈,伏乞圣鉴。谨奏。

硃批:"户部知道。"

衡州府知府颜钟骥饬赴新任片*

（光绪二十三年九月中下旬）

再，新授衡州府知府颜钟骥业已到省缴凭，应即饬赴新任，以专责成。据藩司何枢、署臬司黄遵宪会详前来，除文凭咨部查销，并饬将地方一切事宜督率所属各县认真经理外，理合会同湖广总督臣张之洞附片具奏，伏乞圣鉴。谨奏。

硃批："知道了。"

光绪廿二年新赋钱粮数目摺**

（光绪二十三年十月初一日）

头品顶戴湖南巡抚臣陈宝箴跪奏，为恭报光绪二十二年新赋钱粮数目，仰祈圣鉴事：

窃照奏销钱粮，例应将征完数目专摺奏明，历经遵办在案。兹据藩司何枢、粮储道但湘良查明湖南省光绪二十二年分奏销应征地丁、漕项等银完欠数目，分别开单具详前来，臣逐加查核，湖南省光绪二十二年分额征民屯、地丁、起运、存留、驿站、芦课正耗等项钱粮，共银一百二十五万一千八百一两三钱六分三厘。内除酃县、益阳等厅州县并岳州卫被水案内蠲免银九千四百四十九两八钱三分，湘阴等厅州县并岳州卫被水案内缓征银二万二千三百七十一两一钱二分一厘，实应征银一百二十一万九千九百八十两四钱一

---

* 据《光绪朝硃批奏摺》，第 11 辑，第 353 页。按：据陈宝箴《请以颜钟骥调补长沙府摺》(详本集卷十九)，颜钟骥于光绪二十三年四月十四日始奉旨补授湖南衡州府知府员缺，九月初七日到省，十月二十日到任。故此推断该片上奏时间当在光绪二十三年九月中下旬。

** 据《光绪朝硃批奏摺》，第 67 辑，第 869 ~ 870 页。

分二厘，内已完银一百一十二万八千六十七两一钱五分八厘，未完银九万一千九百一十三两二钱五分四厘。漕粮项下额征米折、驴脚、随漕浅船、军安闲丁等项正耗银一十四万九千四百八两二钱六分三厘三毫七丝三忽六微八纤。内除湘阴等厅州县并岳州等卫被水案内缓征银三千四百九十四两一钱二分五厘二毫，又坐支孤贫口粮厉祭并留供兵粮本色米折银一万八百七十八两六钱九分一厘九毫三丝二忽，及未完随漕浅船、军安闲丁等银二千七百九十六两四钱一分五厘七毫，例应隔年奏销不计外，实应征银一十三万二千二百三十九两三分五毫四丝一忽六微八纤，已完银一十二万九千五百九十七两六钱二分二厘二毫，未完银二千六百四十一两四钱八厘三毫四丝一忽六微八纤。除饬藩司、粮道严饬所属将未完银两勒限催征，扫数全完，不准蒂欠，并将各项奏销册及经征未完各职名照例另疏题报外，理合恭摺具陈，伏乞皇上圣鉴。

再，光绪二十一年奏销案内，原报未完起运南驴等银十万一千二百一十六两八钱二分三厘一毫，已据各属于奏销后完解银五万三千一百九十九两七钱五分五厘六毫，未完银四万八千一十七两六分七厘五毫。又原报光绪二十年未完起运南驴等银四万七千三百六十四两六钱一分五厘五毫，已据完解银五千六十两九钱三分五厘一毫，未完银四万二千三百三两六钱八分四毫。又原报光绪十九年未完起运南驴等银三万六千七百八十八两四钱六分八厘，已据完解银二千一百四十九两四钱四分六厘六毫，未完银三万四千六百三十九两二分一厘四毫，合并陈明。谨奏。

硃批："户部知道。"

奏报光绪廿二年川粤盐厘收支数目摺*

(光绪二十三年十月初一日)

头品顶戴湖南巡抚臣陈宝箴跪奏,为开报光绪二十二年分湖南川、粤盐厘收支数目,仰祈圣鉴事:

窃照湖南省自咸丰六七年间先后奏准借销川、粤邻盐抽厘助饷,川盐则于岳、澧入境之处设卡抽收,粤盐则于郴、宜、衡、永等处分设卡局抽收。嗣因川、淮分界,岳、常等府属专销淮引,岳州遂无川盐入境,惟澧州仍准借销川引,照常抽厘。所有历年收获厘税数目,截至光绪元年止,均经附片陈奏,并将支用细数汇入百货厘金款内开报。二年四月准户部咨:"以湖南设局抽收川、粤盐税,应将收支数目另造细册报部查核,不得列入厘金项下,笼统奏报"等因,当经行局遵照。嗣后均系另款开单,按年具奏至光绪二十一年止在案。兹据总理湖南厘金局务布政使何枢、按察使李经羲等查明,自光绪二十二年正月起至十二月底止,各局卡经收川、粤盐厘税钱,并先后两次加抽及拨解支用各款数目,造具简明四柱清册,详请奏咨前来。臣复核无异,除清册咨送户部外,理合缮具清单,恭摺具陈,伏乞皇上圣鉴,敕部查核施行。谨奏。

硃批:"户部知道,单并发。"

---

* 据《光绪朝硃批奏摺》,第75辑,第898页。

奏报光绪廿二年秋冬两季及加抽厘金收支数目摺*

（光绪二十三年十月初一日）

头品顶戴湖南巡抚臣陈宝箴跪奏，为开报光绪二十二年秋冬两季分抽收厘金及二十二年分加抽二成厘税解支各款，恭摺仰祈圣鉴事：

窃照前准户部咨："各省抽收厘金未能按限报部，奏请饬照两淮盐厘格式，自同治十二年正月起，按半年开报一次。钦奉谕旨允准，咨行遵照办理。"业将同治十二年正月起至光绪二十二年六月底止收支厘金银钱各数，按次开单奏报；又光绪二十年十二月因海防告警，需饷浩繁，钦奉谕旨饬加茶糖厘金，经前护抚臣王廉奏请将百货厘金一律加抽二成以充军饷，并将光绪二十一年加抽二成厘金收支银钱各数汇案奏报各在案。兹据总理厘金局务布政使何枢、按察使李经羲等，将厘金项下自光绪二十二年七月起至十二月底止，并光绪二十二年分加抽百货二成厘金，查明各局卡经收银钱及解拨支用各数目，分晰开具四柱清册，详请奏咨并声明"二十一年湘省长、衡等府属旱灾，民力未纾，兹经极力整顿，二十二年下半年厘收尚不十分短绌"等情前来。臣复核无异，除清册咨送户部外，理合缮单恭摺具奏，伏乞皇上圣鉴。谨奏。

硃批："户部知道，单并发。"

---

* 据《光绪朝硃批奏摺》，第78辑，第39页。

请以连培基补永顺府摺*

(光绪二十三年十月初三日)

头品顶戴湖南巡抚臣陈宝箴跪奏,为请补苗疆要缺知府,恭摺仰祈圣鉴事:

窃照湖南永顺府知府吴澍霖人地不宜,前经臣等奏请开缺,送部引见,于光绪二十三年八月初六日接回原摺,奉硃批:“著照所请,吏部知道。钦此。”应归于八月分截缺,咨部在案。查永顺府知府系苗疆难要缺,例应在外拣选题补。定例:“湖南苗疆知府缺出,准其先尽苗疆俸满人员内题请升用,如无人,始于内地人员内拣选升用;又各省道府如系奉旨命往或督抚题明留于该省候补者,无论应题、应调、应选之缺,准其先尽酌量补用;又道府遇题调要缺,如以候补人员请补时,应先尽记名分发人员酌量请补,如果实系人地不宜,始准声叙,以各项候补人员请补”各等因。今永顺府知府远处楚边苗疆重地,一切抚绥弹压,均关紧要,必须熟悉苗情、勤明干练之员,方足以资治理。湖南省现在苗疆俸满应升及内地应升各员,均与是缺人地不甚相宜,知府班内亦无记名分发人员,自应于各项候补人员内酌补。

臣与藩司何枢、署臬司黄遵宪逐加遴选,查有保送补用知府连培基,年四十六岁,江西南城县人,由附生中式同治丁卯科本省乡试举人,甲戌科考取觉罗官学汉教习,光绪庚辰科会试中式进士,改翰林院庶吉士,癸未科散馆,授职检讨,历充国史馆协修官、功臣馆纂修官、癸巳科直省乡试磨勘官。光绪二十年九月经翰林院遵章保送知府,十月十八日引见,奉旨:“著以知府分发补用。钦此。”

---

* 据《光绪朝硃批奏摺》,第12辑,第655~656页。

签掣湖南，领照起程，二十一年四月十六日到省，照章归于候补班内酌量补用，毋庸甄别。该员用心恳挚，办事精实，为守兼优，现署沅州府知府，措置裕如，民情翕服，以之请补永顺府知府，洵堪胜任，与例章亦属相符。据藩、臬两司会详前来，相应奏恳天恩，俯念员缺紧要，准以保送补用知府连培基请补永顺府知府，实于苗疆要缺有裨。如蒙俞允，该员系候补知府，请补知府，衔缺相当，毋庸送部引见，亦毋庸列叙参罚，合并陈明。

谨会同湖广总督臣张之洞恭折具陈，伏乞皇上圣鉴训示。谨奏。

朱批："吏部议奏。"

请以庄赓良补辰永沅靖道折*

（光绪二十三年十月二十八日）

头品顶戴湖南巡抚臣陈宝箴跪奏，为拣员请补苗疆道缺，以资治理，恭折仰祈圣鉴事：

窃照湖南辰永沅靖道廷杰于光绪二十三年六月十六日钦奉上谕补授奉天府府尹，所遗员缺应按奉旨后五日行文之例，照湖南省程限七十日减半计算，扣至七月二十六日接到作为开缺日期，归七月分截缺，咨部在案。查辰永沅靖道统辖三府一州四直隶厅，皆系苗疆要地，且有经管屯防练勇之责，镇压抚绥，在在均关紧要，非精明干练之员，不足以资治理。伏查定例："苗疆繁要最难缺出，在外拣选题补；又道府应归候补班补用者，无论应题、应调、应选之缺，令各督抚酌量才具，择其人地相宜者，悉准补用；如系题调要缺，应无论何项出缺，或调或补，准由各督抚酌量具题；至题调要缺酌量

* 据《光绪朝朱批奏折》，第12辑，第703～705页。

以候补人员请补时,该省如有截取记名分发人员,应先尽酌量请补,如果实系人地不宜,始准声叙,以各项候补人员请补”各等因。

今辰永沅靖道缺,臣与藩、臬两司逐加遴选,湖南省现无截取记名分发道员,其候补班内各员,非到省未久,即于是缺人地不甚相宜。惟查有候补道庄赓良,年五十九岁,江苏阳湖县人,由监生于咸丰七年在湖北粮台捐饷,奏奖以同知双月选用,奉旨:“依议。钦此。”九年复在湖北粮台捐饷,奏奖以直隶州知州不论双单月选用,奉旨:“依议。钦此。”十一年在部报捐分发,指省湖南,同治元年十二月经钦派王大臣验放,奉旨:“照例发往。钦此。”二年五月到省。三年二月丁嗣祖母承重忧,服满起复,五年十一月到省。十二月丁本生父忧,服满起复,于八年三月到省。嗣于援黔各军克复台拱厅城池案内保奏,奉旨:“俟补缺后以知府用,先换顶戴。钦此。”光绪三年湖南援黔各军肃清苗疆全功告竣案内保奏,奉旨:“免补本班,以知府留省补用,并赏戴花翎。钦此。”五年因劝办山西赈捐出力,保奖请俟补缺后以道员用,经吏部核准复奏,奉旨:“依议。钦此。”七年因劝办直隶赈捐出力,保加盐运使衔,奉旨:“著照所请,该部知道。钦此。”十一年因筹解甘肃协饷出力,奏保俟得道员后加二品顶戴,经吏部核准复奏,奉旨:“依议。钦此。”是年八月遵例捐离知府任过道员班,十二年正月请咨北上,五月初十日经钦派王大臣验放,奉旨:“照例发往。钦此。”二十一日领照起程,六月十五日到省。十四年十二月经升任抚臣王文韶出具甄别,请以繁缺补用,奉硃批:“吏部知道。钦此”等因,各在案。该员才识开敏,器局闳通,办事精能,不辞劳瘁,服官湘省三十余年,历经各前任抚臣委署善化县知县、桂阳直隶州知州,代理辰州府,及署岳州、宝庆府知府,岳常澧道、盐法长宝道各篆务,均能措置裕如,于地方情形极所熟悉。上年委令总办赈务,井井有条,深资赞助。

以之请补辰永沅靖道员缺，洵堪胜任，与例亦属相符。相应奏恳天恩，俯准以湖南候补道庄赓良补授辰永沅靖道，实于要缺有裨。如蒙俞允，该员系候补道员，请补道缺，衔缺相当，毋庸送部引见，亦无庸列叙参罚。

所有拣员请补苗疆道缺缘由，谨会同湖广总督臣张之洞恭摺具奏，伏乞皇上圣鉴，敕部核议施行。谨奏。

硃批："吏部议奏。"

请以卜彦伟补邵阳令摺*

（光绪二十三年十月二十八日）

头品顶戴湖南巡抚臣陈宝箴跪奏，为拣员请补要缺知县，以资治理，恭摺仰祈圣鉴事：

窃照宝庆府属邵阳县知县毛隆章升补武冈州遗缺，于光绪二十三年二月初七日奉旨，坐二月十二日行文，按湖南省程限七十日减半计算，扣至三月十七日接到作为开缺日期，归三月分截缺，咨部在案。前以即用本班先知县张正基奏补，兹于光绪二十三年九月十三日奉吏部咨复："该员捐离改指，到省尚未一年限满，按照新章，不准请补，所请补授邵阳县知县之处，应毋庸议。应令再行拣选"等因，自应遵照另行拣员请补。

查邵阳县知县系繁、难二项要缺，例应在外拣选调补。定例："应调缺出，俱令于现任人员内拣选调补，如无合例堪调之员，始准于进士即用及曾任实缺候补人员内拣选题补；又州县以上应题、应调缺出，如系题缺请升、调缺请补，或题缺请调、调缺请升，俱令于摺内详细声明，方准请补；又知县一项，除曾任实缺知县，并由应升

* 据《光绪朝硃批奏摺》，第12辑，第705～707页。

知县之曾任实缺京官及应升知县之曾任实缺佐贰教职保举,以及应升知县之曾任实缺佐贰教职捐升知县复保候补班补用者,均准繁简统补,曾任实缺人员保举,以应升之阶候补,毋庸扣期满甄别”各等因。

今邵阳县知县系繁、难兼二要缺,政务殷繁,非精明干练之员,不足以资治理。臣与布政使何枢、署按察使黄遵宪于通省知县内逐加遴选,非现居要缺,即人地未宜,未便请调,应请照例于曾任实缺候补人员内拣选请补。查有候补知县卜彦伟,年四十六岁,江苏武进县人,由监生遵海防例报捐府经历,指分湖南,归新班先补用,赴部验看,领照起程,光绪十二年七月十五日到省,咨补辰州府经历,奉准部复,十四年七月初二日到任。因采办漕粮海运出力,蒙保奏请以知县在任候补,于十五年十一月二十日经吏部核议复奏,奉旨:“依议。钦此。”十九年四月遵例捐离府经历任,归知县候补班补用,请咨赴部,于十九年十月初三日引见,奉旨:“著照例用。钦此。”领照起程,十一月初十日到省。该员精明干练,办事勤能,系曾任实缺候补班内酌量补用人员,照例毋庸甄别,以之奏补邵阳县知县缺,洵堪胜任。惟系调缺请补,与例稍有未符,第人地实在相需,例得专摺奏恳。合无仰恳天恩,俯念员缺紧要,准以曾任实缺佐贰候补知县卜彦伟补授邵阳县知县,实于治理有裨。如蒙俞允,该员系候补知县,请补知县,衔缺相当,毋庸送部引见,亦毋庸列叙参罚。

理合会同湖广总督臣张之洞恭摺具奏,伏乞皇上圣鉴,敕部核复施行。谨奏。

硃批:“吏部议奏。”

第二十三次查明阵亡各员弁子嗣请袭各项世职摺*

（光绪二十三年十月二十八日）

头品顶戴湖南巡抚臣陈宝箴跪奏，为第二十三次查明阵亡各员弁子嗣请袭各项世职，汇案开单，恭摺具奏，仰祈圣鉴事：

窃查前准兵部咨："同治元年二月十六日奉上谕：'军兴以来，各省官绅士庶凡临阵捐躯、守义殉难者，一经统兵将帅及各该地方督抚奏请旌恤，无不立予褒扬，以奖死事而励忠节。乃地方各官奉行不善，往往任听胥役需索把持，致死事被难之家未能实沾恩泽，积习相沿，实堪痛恨。嗣后著该督抚转饬各该州县将应袭职名迅速查取，径行具报督抚，毋庸由府司转详，以免烦扰等因。钦此。'"久经通饬遵办，并查明应袭职名，由各前抚臣分列二十二次，汇案开单奏请承袭在案。兹据浏阳等厅州县将阵亡把总杨开榜等各子嗣查明已、未及岁，分别承袭、接袭各世职，造具宗图册结，陆续详请验看核办前来。伏查定例："应袭荫者令嫡长子孙袭荫，如嫡长子有故并无嫡长孙，则令次子次孙承袭，如无嫡次子孙，许令庶出子嗣及弟侄应承继者承袭"各等语。今查阵亡把总杨开榜继子杨绪兰等一百二十一名，均年已及岁，据各该原籍地方官陆续详送，经前护抚臣王廉、抚臣吴大澂暨臣先后验看，均属年壮力强，堪以承袭、接袭云骑尉、恩骑尉各世职。俟接准部复，再行分别发标学习，照章食俸，期满照例办理。又阵亡记保把总高顺称继子高诗葆等四十八名，均年未及岁，请先行承袭、接袭骑都尉、云骑尉各世

* 据《光绪朝硃批奏摺》，第45辑，第968～969页。

职,俟接准部复,分别食俸,及岁时照例办理。除沈申祺、张耀祖、陈名凰、刘勋骏各原领敕书已据善化等县缴到,另文咨送吏部核办,并将赍到各世职宗图册结咨送吏部撰给敕书,并分送户、兵各部查核外,所有第二十三次查明阵亡各员弁子嗣汇案请袭各项世职缘由,谨会同湖广总督臣张之洞、湖南提督臣娄云庆恭摺具陈,并缮清单敬呈御览,伏乞皇上圣鉴,敕部核复施行。谨奏。

硃批:"兵部议奏,单、片并发。"

阵亡员弁子嗣吴筱林等承袭世职申报发标学习片*

(光绪二十三年十月二十八日?)

再,查历次奏准承袭世职年未及岁之善化县阵亡副将吴正熙嫡孙吴筱林,现年二十二岁;阵亡都司黎得胜继子黎祖耀,现年三十四岁;阵亡外委黎开胜继子黎祖绪,现年三十一岁;阵亡记保把总李子贵继子李宪藩,现年十七岁;阵亡千总汪得魁继子汪国彦,现年十七岁;又长沙县阵亡把总周得贵嫡长孙周又生,现年十九岁;阵亡千总彭英臣继子彭润海,现年十九岁;阵亡外委李纪荣继子李兰彬,现年十七岁;阵亡军功曹金玉长孙曹竺麟,现年二十岁;湘乡县阵亡参将张福星嫡长子张声桂,现年二十九岁;清泉县阵亡外委史顺礼继子史朱训,现年二十一岁;邵阳县阵亡副将周云耀嫡长孙周维善,现年二十一岁;新田县阵亡守备刘仕炳嫡长孙刘安邦,现年二十一岁;凤凰厅阵亡千总胡天兴继子胡贵升,现年十六岁;黔阳县阵亡拟保外委谢建才继子谢安华,现年十九岁;平江县

* 据《光绪朝硃批奏摺》,第46辑,第55~56页。按:此片或是上摺之附片。

阵亡把总向仁和继子向兴富，现年十九岁。均因年已及岁，据该厅、县等先后具文详送验看前来。经前护抚臣王廉、抚臣吴大澂及臣随时验看得，各该故员子嗣吴筱林等十四名均系年青力壮[①]，堪以发标学习，期满照例办理。仍俟接准部复，照章起支减成全俸。除将各宗图册结分咨吏、户、兵各部查照外，理合会同湖广总督臣张之洞、湖南提督臣娄云庆附片陈明，伏乞圣鉴，敕部核复施行。谨奏。

硃批："览。"

光绪廿三年九月粮价及雨水情形摺[*]

（光绪二十三年十月二十八日）

头品顶戴湖南巡抚臣陈宝箴跪奏，为恭报九月分粮价及地方雨水情形，仰祈圣鉴事：

窃照湖南省本年八月分市粮价值并雨水情形，业经臣恭摺奏报在案。兹据布政使何枢查明通省九月分各项粮价，开单汇报前来。臣逐加查核，长沙等十八府州厅属米、麦、豆各价值均与上月相同，省城及各属地方雨多晴少，三稻俱已登场，新谷源源入市。除被水州县外，其余各处岁收尚得中稔，地方一律敉平，堪以上慰宸廑。理合恭摺具奏，并缮粮价清单敬呈御览，伏乞皇上圣鉴。谨奏。

硃批："知道了。"

---

① 据上列各员子嗣实数，应作"十六名"。

* 据《光绪朝硃批奏摺》，第96辑，第258～259页。

拿获私雕假印人犯审明惩办折*

(光绪二十三年十月或十一月)

头品顶戴湖南巡抚臣陈宝箴跪奏,为拿获积惯私雕假印,伪造执照、实收、保札、文册人犯,审明惩办,恭折仰祈圣鉴事:

窃本年举行丁酉科武闱乡试,臣先期将招摇撞骗一切弊端出示严禁,并饬长沙府及长沙、善化二县认真访拿,旋据访有奸徒伪造监生实收等件,售买〔卖〕与人①,朦混考遗情事。正查缉间,准学政臣江标函知,查出应试武监生内有执持伪造实收、文册投验情弊,臣立饬该首县及署长沙协副将景元会同严拿,随据获拿杨泗河、柳春庭、潼〔钟〕锦堂②、周连〔莲〕城、邵树凡五名③,并于杨泗河家内起获木箱二口,当经臣饬审究办④。

兹据长沙府知府钟英禀称:"督同署长沙县知县赖承裕、署善化县知县陈吴萃,将木箱当堂查点,内系伪造湖广总督〈官〉假印保札一张⑤;湖南巡抚刘保札九十五张,内盖用假印一张,无印十五张,又功牌一张,功牌纸摹一张;世袭一等侯左假印保札四张,无印

* 据《湘报》第六十九号(光绪二十四年四月初六日出版)、七十号(光绪二十四年四月初七日出版),原题为《湘抚奏拿获私雕假印人犯折》。此折上奏时间,据折内言本年九月,又言武场完竣未久,而武乡试按常例在十月举行(皮锡瑞光绪二十三年十月二十四日日记:"出拜客,右帅以武榜未发,辞见。"可参阅。详《湖南历史资料》1958年第4期所载《师伏堂未刊日记》),故而推测或上奏于光绪二十三年十月、十一月间。按:此折另见《集成报》第三十册(光绪二十四年三月十五日出版),题作《湘抚陈宝箴奏拿获私雕印信人犯审明惩办折》,惟所奉硃批未录。

① "卖",据《集成报》校改。

② "钟",据下文改正。按:《集成报》统作"钟锦堂"。

③ "周连城",下文屡作"周莲城",现据此改正。

④ "当",《集成报》作"禀"。

⑤ "官",据《集成报》补入。

保札一张，功牌纸摹二张；台湾巡抚刘假印保札二张；四川提督胡假印保札二张，纸摹一张；江苏巡抚李假印保札一张；云南布政使刘假印保札一张；贵州按察使席假印保札一张，无印保札一张，札稿一张；贵州提督周假印功牌一张；两江总督刘功牌纸摹一张；户部监生假印照一张，国子监假印照一张；有'湖南筹饷捐局'六字假印并照四张；山东、湖北赈捐局假印实收各一张；湖南布政使假印实收一张；顺直赈捐局假印实收一张，无印实收一张；湖南协黔新捐局移文一张，鄂湘、山东、湖南各捐局移文五张，亦均盖印；清、汉文诰命稿各三张；年老武生奏稿三张，札三件；护理湖南巡抚王行知恩赏举人无印假札一张；提塘票一张；澧州空白假印结一张；衡山县空白假印结五张；醴陵县假印照一张；黄纸湘潭广利源煤厂假股票七张，李裕泰、咸裕各店铺假钱票十六张；长石印模一颗，方泥印模一颗，银朱大印色盒一个；湖南巡抚文封印板一块；湖南米捐局木戳，台湾巡抚监印官木戳，'新疆省城'四字木戳，'同治、光绪年月日'、'江南、山东、湖南、湖北'各字样木戳十颗，钤缝号数木戳十九颗，移字木戳一颗；铁剉一把，刻字小铁剉五把。开单逐一登记。查验杨泗河面祇病容，称系久患虚痨病症。饬将方泥印模用剉雕刻，即据雕成醴陵县印信一颗，调取卷存醴陵县印文，比对形质，各省篆文字画俱全，确系惯雕假印熟手，随提各犯隔别研讯。

据杨泗河供称，年五十八岁，长沙县人，并无执业。先年与昔存今故之李友林交好，李友林伪造保札、功牌、部照，售卖射利，该犯随同学习。李友林故后，遗存印摹、铁剉等件在该犯家内，该犯即仿照雕刻各省督抚等官关防及部监、藩司、各州县印信，伪造保札、功牌、部监执照、实收，随时诳骗钱文，已经多次，不记次数，骗得钱文亦不记确数。现仅记得上年十月内，央素识之柳春庭代售假照，柳春庭先后四次来家，取去协黔捐局假照四套，本年正月，柳春庭又取去湖北赈捐局假实收六张,得钱多少不等。九月内,柳春庭复与在逃之饶洪臣来家,取去协黔捐局假照二套,尚未得钱。是月二十二日,柳春庭来家,声称有醴陵县武监生张季昆来省乡试,未及在县起文,嘱该犯代办,该犯即央邻居之邵树凡代缮文册三套,自取旧存泥模,雕刻醴陵县印盖用,给柳春庭转交。至清、汉文诰命底稿,系李友林遗存,未经仿造。此外并无另犯不法别案。

据柳春庭供,年六十岁,长沙县人,与杨泗河及在逃之饶洪臣素相认识,稔知杨泗河惯造假印、保札、部监照、实收等件诓骗钱文。上年十月内,杨泗河央该犯代卖假照,该犯应允,先后在杨泗河家取获协黔捐局假照四套[①],本年正月,复在杨泗河家取获湖北赈捐局假实收六张,得钱多少不等,均与杨泗河分用。内有假实收二张卖给汤吉亭,旋被看破伪造形迹,将实收退转。九月二十二日,饶洪臣与钟锦堂至该犯家内,称有衡阳县兵房书办周莲城,因同县人武监生毛癸林、萧焜来省乡试,文册、实收俱不合式,央该犯设法,该犯当将汤吉亭退转之假实收二张付给,议付价钱二十千文。又有醴陵县武监生张季昆来省应试,未及在县起文,向该犯商议,该犯转央杨泗河伪造文册三套,付给毛癸林、张季昆等,各实收、文册均经验出伪造情弊,所许之钱均未付清。又九月内向杨泗河取来假照二套,尚未卖出。至杨泗河自行卖出伪造执照、保札若干,及饶洪臣现逃何处,俱不知情。

据钟锦堂供,年四十岁,湘阴县人,寄居省城,与在逃之饶洪臣交好。本年九月二十二日,有素识之衡阳县书办周莲城,向称同县武监生毛癸林、萧焜来省乡试,文册、实收俱不合式,央恳代为设

① “先后在”,《集成报》作“先往”。

法。该犯随偕饶洪臣往向柳春庭取得伪做〔造〕实收二张[①]，饶洪臣自行伪造文册二套交付。

据周莲城供，年四十四岁，衡阳县人，充当本县兵房书办，奉派进省送考。与杨泗河等俱素未谋面，惟钟锦堂向来认识。本年九月，有同县武监生毛癸林、萧焜来省乡试，央恳投文验照。查看毛癸林实收系文监生，萧焜实收久未换照，文册又不合式，恐难进场，转央钟锦堂代为设法。钟锦堂于二十三日同饶洪臣送来伪造实收二张、文册二套，商议骗钱分用，议用实收、文册各需钱二十千文。

据邵树凡供，年三十四岁，湘阴县人，来至省城，寄居杨泗河间壁。本年九月二十三日，杨泗河邀至家中，取出文册式样，央令照式缮写三套，许给钱一千文，当即代为缮写，尚未得钱，即被拿获。至杨泗河等如何伪造文册诓骗，均不知情各等供。

据此复提环质，供俱相符，推鞫不移，案无遁饰。将杨泗河依例拟斩立决，并请即行正法，其余各犯分别监禁、责惩发落”等情，禀由署湖南按察使黄遵宪复核，议拟具详前来。

臣查例载：“伪造诸衙门印信及钦差关防，事关军机、冒支钱粮、假冒官职、大干法纪者，俱拟斩立决”等语，此案杨泗河私雕前湖广总督臣官文、前大学士恪靖侯臣左宗棠、前湖南巡抚臣刘崑、前台湾巡抚臣刘铭传、前江苏巡抚今任大学士臣李鸿章各钦给关防，并各省总兵大员关防印信，伪造保札、功牌，又伪造户部、国子监盖有印信执照，暨各省藩司、捐局印信实收，几于无所不备，实属骇人听闻。查保札、功牌均系奖励战功之件，该犯伪造与人“假冒官职”，即属“有关军机”；筹饷事例，本以接济军需，该犯伪造有印

---

① “造”，据《集成报》校改。

部监执照、实收,已骗钱文[①],即与“冒支钱粮”无异;复敢于乡试抡才之际伪造县印文册,给人投验,均属“大干法纪”。该犯稔恶有年,卖出伪造保札、功牌、执照、实收及骗得钱文,至不能记忆次数、赃数,足见伪造诳骗既久且多。即现经起获各件,凡作奸舞弊之具,无一不备,可知其于冒禁犯法之事,无所不为。兹据逐件承认并当堂试雕无异,其为老奸巨蠹,确凿可征。杨泗河除伪造契纸、钱票轻罪不议外,合依“伪造诸衙门印信及钦给关防,事关军机、冒支钱粮、假冒官职、大干法纪者,拟斩立决”例,拟斩立决。

向来拿获假印案件,多因未获确据,刁猾之徒辄以描摹未成狡供避就,以致奸民肆无忌惮,相率效尤,甚至应试诸生因之希图诈冒。此次起出证据多件,该犯无可推诿,据实供明。现据该府禀称,该犯久患虚痨病症,取供收禁之后,自知负罪深重,必难宽宥,忍饥不食,奄奄待尽。臣复查属实,若听其幸逃显戮,殊不足以彰国法而儆奸顽,且此案本因稽察武闱弊端因而破获[②],现在武场完竣未久,各属生监尚多在省未归,及早惩办亦可以昭炯戒,随饬将杨泗河一犯即行正法。其柳春庭等各犯,分别轻重监禁,责惩发落;仍饬严缉逸犯饶洪臣等,务获究办;伪造等件密封存库,案结销毁。

所有获犯审办缘由,除咨刑部外,是否有当,理合恭摺具奏,伏乞皇上圣鉴训示。谨奏。

奉硃批:“刑部知道。钦此。”

① 此句《集成报》作“骗钱入巳〔已〕”。

② “本因”,《集成报》作“本系”。

游勇纠众抢出良家处女轮奸例应就地正法片*

（光绪二十三年十月至十二月）

再，臣据署江华县知县车玉襄禀称：“县民蒋五苟先年在四川军营当勇，被革回籍，四处游荡，与大石桥地方开店小贸之李贺氏素无瓜葛。李贺氏夫故，仅有子女三人，长女李妹年十七岁，馀俱幼小。光绪二十三年九月二十一日傍晚，蒋五苟听闻李贺氏外出探亲，稳〔稔〕知李妹少艾，顿萌淫念，起意抢出轮奸。随向素好之蒋开德商议，蒋开德亦慕李妹姿色，当即应允。蒋五苟并邀蒋德兴、蒋祥满、蒋旺苟、蒋胖子、蒋云崽相帮，蒋德兴等均畏蒋五苟凶横，勉强随行。二更时分，齐抵李贺氏门首。蒋五苟踢开大门，偕蒋开德闯入店内，蒋德兴等均畏惧潜逃。蒋五苟捉住李妹两手，喝令蒋开德寻取布带，将其捆缚抬出。李妹之幼妹媢英赶上，扭住蒋五苟衣襟哭喊，蒋五苟掌批其腮颊，媢英负痛释手。蒋五苟等将李妹抬至荒坪，李妹大声哭喊，蒋五苟用强褫去布袴，先行奸毕。蒋开德正欲行奸，适附近之蒋星仔等闻声赶至喝问，蒋五苟等分途逃逸。报县获犯，讯供通禀。”经臣委员复讯，供与原审相符。臣查蒋五苟起意纠约多人，踢门入室，将素无瓜葛之良家处女抢出轮奸，实属淫凶已极。按照“轮奸良人妇女已成，例应依光棍例，拟斩立决”，似此不法游勇，自应照章就地惩办。当经批饬将该犯蒋五苟就地正法，以儆凶顽。其同抢尚未同奸之蒋开德及被逼同行畏惧潜逃之蒋德兴等，分别监禁，责惩发落。除咨部外，谨附片具陈，伏乞圣鉴训示。谨奏。

硃批：“刑部知道。”

---

* 据《光绪朝硃批奏摺》，第110辑，第996～997页。

卷十五　奏议十五

蔡乃煌试用期满请留省补用摺*

（光绪二十三年十一月初二日）

头品顶戴湖南巡抚臣陈宝箴跪奏，为道员试用期满，恭摺仰祈圣鉴事：

窃照定例："捐纳道员如循例签掣分发者，试用一年期满，督抚察看甄别，专摺奏闻，照例题补"等因，历经遵办在案。今查湖南试用道蔡乃煌，现年三十八岁，广东广州府番禺县人，由监生中式光绪十七年辛卯科顺天乡试第一百四十名举人，会试后拣选知县注册，旋在京遵新海防例报捐道员，指省分发湖南试用，于光绪二十二年九月十三日引见，奉旨："著照例发往。钦此。"九月二十日领照起程，十月二十八日到省。今自到省日起，扣至光绪二十三年十月二十八日，试用一年期满，例应甄别。据布政使何枢、署按察使黄遵宪会详前来，

臣详加察看，该员志识超卓，办守兼优，堪以繁缺道员留省补用，相应专摺奏闻，请将试用道蔡乃煌留省，照例补用。理合会同湖广总督臣张之洞恭摺具奏，伏乞皇上圣鉴。谨奏。

硃批："吏部知道。"

---

* 据《光绪朝硃批奏摺》，第12辑，第711页。

李春培留省差委请暂缓赴任片*

（光绪二十三年十一月）

再，新选宁远县知县李春培，于光绪二十三年十月二十八日到省，例应饬赴新任。惟查该员初登仕版，恐于宁远地方情形未能熟悉，应请先行留省差委，以资历练。据署布政使李经羲、署按察使黄遵宪会详前来，除批饬遵照并将文凭咨部查销外，谨会同湖广总督臣张之洞附片陈明，伏乞圣鉴。谨奏。

硃批："吏部知道。"

李文益请准援例赐恤并立传附祀摺**

（光绪二十三年十一月初二日）

头品顶戴湖南巡抚臣陈宝箴跪奏，为提督大员积劳染病，触发旧伤，回籍病故，恳恩赐恤，以彰忠荩而励戎行，恭摺仰祈圣鉴事：

窃臣据在籍头品顶戴前山东布政使汤聘珍等联名呈称："已故记名提督前云南腾越镇总兵容勇巴图鲁李文益，系湖南长沙府湘阴县人。咸丰三年，由武童投充本省南勇，嗣改隶定字营，随军征剿郴、桂、宜、临一带粤匪及截剿崇、通窜贼，并克复攸县暨江西莲花厅等处，洊保蓝翎把总。六年，前统领霆军鲍超调充哨长，管带副右营，随同赴鄂，踏平小池口沿江贼垒二十余座，该故提督左股被贼炮弹中伤，裹创鏖战，勇气倍奋，围贼尽溃。霆军以善战著名，实自是役始。旋追贼至黄梅，复叠获全胜。八年，克复黄安、麻城各县。九年，由鄂入皖，援剿宿松、太湖等处，平毁贼垒三十余座，

* 据《光绪朝硃批奏摺》，第12辑，第708页。按：此片或为上摺之附片。

** 据《光绪朝硃批奏摺》，第45辑，第970～973页。

被贼刀伤胸膛三处,深者见骨,犹鼓勇直前,阖营将士咸服其胆勇。十年,进攻安庆省城,击退大股援贼,并克复太湖、潜山等县。十一年,收复黟县及羊栈岭、卢村、羊塘,三战皆捷,仍移攻安庆,贼势窘迫,抵死抗拒,因血战于赤冈岭。是时,逆目陈玉成方负嵎岭外,坚筑四垒,诸军逡巡未发,该故提督奋勇先登,蹙陈逆于集贤关外,以数骑遁。遂督兵环攻仰击凡三昼夜,毙长发老贼三千四百余名、伪官三百余名,于马踏石地方擒斩剧贼刘玱琳,平毁贼垒。该故提督亦被贼矛伤右臂及左手腕,血流至踝,前兵部右侍郎曾国藩尝称是役在事将弁以该故提督为首功。是年又进援江西,击败伪忠王李秀成于丰城西岸,追剿于湖坊、河口等处,并克复铅山县城。江西既定,回军皖南,击退青阳大股援贼,毁平逆垒,克复县城。同治元年,又攻剿宁国府守贼,我军分前、后、中三路夹击环攻,复将府城克复,被贼枪伤右腿,裹创力战,杀毙骑马贼目三名,生擒悍贼十余名,馀匪斩馘无算。时值炎歊方炽,该故提督因伤触暑,呕血升余,口不言病,稍瘥又进援泾县,叠复西河等处。安徽既定,我军东下。二年,克复句容。三年,叠克东坝、金坛等城隘。是年,金陵奏凯,馀贼窜扰江西,复随大军援剿,先后克复金溪、新城、南丰、瑞金各县,肃清泸溪及解宁都州之围,沿途荡平贼巢。中间许湾、池埠两次血战,贼殪于河,水为之赤。四年,曾国藩委统领霆字副五营,遂克嘉应州城,该故提督与粤匪大小百余战,至是扫荡无遗孽。前湖广总督官文、前两江总督曾国藩、前湖北巡抚胡林翼、前两江总督今大学士李鸿章先后列叙功绩,累保至提督记名简放,赏换花翎并容勇巴图鲁名号、一品封典,又蒙特赏奖武银牌。

六年,曾国藩委令总理霆军营务处。七年,霆军凯撤。十年,赴部引见,奉旨发往云南差遣委用,十一年到滇。十三年,委查临安、开广等处边防,旋委署云南开化镇总兵。光绪元年,委署鹤丽镇篆务。二年，借补楚雄协副将。四年十月十二日奉上谕：‘云南腾越镇总兵员缺，著李文益补授。钦此。’五年抵任。云南回乱甫靖，土匪、散练不时窃发，该故提督每历一官，必力加整顿。腾越固滇边瘴地，该故提督外修边备，内筹善后，心力交瘁，在任四年，瘴疠暗侵，伤疾愈痼。八年，任满陛见，请假回籍，已而开缺。十年，鲍超率师南征，以该故提督熟悉滇徼情形，飞檄征调，该故提督不敢爱身，力疾驰赴。及马白罢役，重入瘴乡，又怀孤愤，病遂沈笃，乃回籍就医。惟以积劳年久，叠受重伤，气血亏损，瘴毒深入，不能解散，辗转床榻者数年，每以受恩深重未克报效涓埃为憾，延至十五年六月二十五日，在籍身故。

职等或同宦边陲，或结邻里闬，于其平生事迹确悉详知，自未便听其湮没。查记名提督前署浙江衢州镇总兵刘清亮、提督衔浙江处州镇总兵刘培元等，均因积劳伤发，在籍病故，俱蒙优恤在案。今该故提督李文益情事相同，理合开造履历清摺，联名公请援案奏恳恩施，将故提督李文益照军营立功后积劳病故例奏请从优议恤，并将生平战绩宣付史馆立传，并附祀前湖南提督鲍超各立功省分专祠，以彰荩绩而慰忠魂”等情前来。

臣查已故提督李文益，以勇丁从戎三十余年，身经百余战，无不奋勇争先，即屡遇伤病，而锐气不衰，良由忠勇根于天性，用能叠克名城，荡平凶逆，乃以积劳成疾，伤发病故，殊堪悼惜。合无吁恳天恩，俯准敕部将已故记名提督前云南腾越镇总兵容勇巴图鲁李文益，照军营立功后积劳病故例从优议恤，并将生平战绩宣付史馆立传，及附祀前湖南提督鲍超各立功省分专祠，以彰忠荩而励戎行，出自逾格鸿施。

除履历事迹咨部外，理合恭摺具陈，伏乞皇上圣鉴训示。谨奏。

硃批:"兵部议奏。"

萧得龙请准援例赐恤并立传摺*

(光绪二十三年十一月初二日)

头品顶戴湖南巡抚臣陈宝箴跪奏,为提督大员战功卓著,恳恩赐恤,以彰忠荩,恭摺仰祈圣鉴事:

窃臣据在籍前云南补用道刘凤苞等联名呈称:"已故分发甘肃差委题奏提督借补甘肃肃州右营游击前署甘肃庄浪协副将赏穿黄马褂博奇巴图鲁萧得龙,系湖南蓝山县人。咸丰六年,由武童投效长字营,随同进援江西,七月二十日攻克新昌、上高两县城池,八月十三、十六等日次第克复靖安、安义县城。七年正月初五日,收复奉新县城,叙功保以外委拔补,旋委充哨长。六月,乘胜进剿。七月,克复瑞州府城。八年正月,随赴东乡、丰城,攻克白马寨悍贼坚巢数十座。五月,随军援浙,沿途克复寿昌县城。六月,解衢州府城围,初四日剿贼于曹会关,旋克复常山、江山等县。九年正月,调赴安徽。二月,攻复婺源县城。六月,随军调回江西,克复浮梁县景德镇。该故提督每战必先,无不克捷,积功递保以都司尽先补用,并加游击衔。八月,经前贵州布政使王德榜委带左营,旋督勇截剿窜援彭泽大股逆匪。十年正月,奉调进剿广信一带发逆,节节扫荡,连战大捷,江西东路肃清,贼遁入浙。旋因玉山当江、浙之冲,最为扼要,奉调防剿。十一月初一日至十一年八月二十四、五、六等日,贼六次以死力围争,猛扑不已,该故提督会合各军,督队出城,大战于古城桥、屏风关等处,踏平贼垒数十座,阵斩贼目无数,玉山肃清,该故提督左手受炮伤一处,叙功保以游击尽先推补,并

* 据《光绪朝硃批奏摺》,第45辑,第973~977页。

加参将衔。同治元年三月，奉调赴浙，攻克江山花园港逆垒。六月，攻克十字街逆巢。七月，进攻龙游县城，擒斩伪骏天义邓逆，并烧毁太平祝等贼巢。九月，追至龙游县城外五里之新凉亭，移营逼城。十一月，我军分路围攻，贼势穷蹙。二年正月初十日，会合各军筑垒于近城半里之狮子山，贼出悍党来争，以垒坚不拔，遂于十二夜溃遁，县城克复，右足受炮伤，论功保以免补参将以副将尽先推补，并蒙赏换花翎。三月，奉调江西，防守浮梁，扼贼东趋，伪匡王赖逆叠经我军兜剿，浮北稍靖，惟鄱境之贼于陶家渡增垒浚壕，为死守计。五月，进剿崇光渡，将逆垒、逆馆一并扫尽，自是我军逐日向陶家渡挑战。贼虽叠受大创，而守备益固。二十三、四等日，赴茅屋岭扎营攻击。二十五夜，贼潜遁，留死党数千以缀我军。二十六日，该故提督督队以火箭冲入，馀逆弃巢溃遁，捷闻，奉旨以总兵尽先补用，并赏给彪勇巴图鲁名号。随会各军扫平乐平一带贼垒，并次第保全广信、广丰、玉山、弋阳、贵溪等处，奉旨以总兵记名遇有总兵缺出请旨简放，并赏加提督衔。三年二月，调援浙江。三月，连克武康、德清、石门等县城。四月，攻破弋阳方家墩等处。五月，扫平黄沙港、荷包岭之贼。六月初一日，与贼战于梅坑桥，扫平贼馆十二处，生擒伪天燕黄正魁，斩之。七月，克复东乡、崇仁、宜黄等县城，随调剿湖北窜贼。八月，攻克开化县城及七都球等处贼巢，窜逆全数剿散，叙功，奉旨以提督记名，并赏祖父母、父母一品封典。旋奉闽浙督臣左宗棠札调入闽，委带闽浙督标左营。十二月，攻克营溪、朋口等处贼垒。四年二月，收复南阳，进剿白沙，该故提督率队横出冲截，甫过山凹，见伏贼数千人在李塘屋背，率部猛击，遂复汀州、连城。四月，会克南靖、漳州各城。八月，贼败窜嘉应州。十二月,会合各军,大战于塔子垒[①]。二十日,贼潜启西门,由小密出黄河漳而遁,州城克复,蒙赏换博奇巴图鲁名号。

嗣因军务肃清,告假回籍,旋奉文调赴甘肃。是年五月,委带定西右营。十二年三月,委带定西副中、左、右等营,先后克复东乡、太子寺等处回巢。十三年,委统带定西振威诸军,驻防狄道州城,盖因前福建布政使王德榜请假回籍,该故提督为该军宿将,深加倚任,令驻防狄道,扼其关键,联络各营。光绪元年,关陇肃清,上其功,奉旨以提督遇缺题奏,并赏三代正一品封典。五年,请咨赴部。六年四月初六日引见,初八日复蒙召见,奉旨分发甘肃差委。旋请假回籍修墓,适湖南江华县瑶民纠众滋事,因界连梓里,会督乡团练勇堵剿,得免蔓延。于瑶疆平定后驰抵甘肃,经护理陕甘督臣杨昌濬奏免骑射。八、九两年,先后委署陕甘督标前营游击、右营参将篆务。

十年,法人肇衅,调往越南,该故提督即回籍募勇,驰赴广西,委分统定边楚军副左、右两营,兼带副右营,驻防那阳一路。十[一]年十二月,法兵进攻,谷松、观音桥、谅山、文渊州等处全行失守,其时关内外文报不通,那阳一路正当吃紧。十一年二月初五日,法兵悉众复犯南关,东岭新筑五垒,敌攻踞其三,该故提督由油隘出军夹击,据文渊之对山,与敌鏖战数时,互有伤亡,遇敌运军火、干粮之驮马无数,逐之,皆返。初八日,提督冯子材等与敌大战,敌来益众,是日该故提督自清晨出军甫谷,见援兵至,率队冲截,为二援敌回枪格拒,该故提督击毙法兵甚多,馀众败走,获其骡马、枪炮,夺还东岭三垒。十二日,会合诸军,分三路攻克驱骡墟。十三、十五日,克复谷松、观音桥、文渊州等处,将我军前驻垒隘次

① “塔子垒”,一作“塔子岙”。详本集卷二十一《刘逢亮请准援案赐恤并立传摺》。

第收复，护理广西抚臣李秉衡随摺奏保，奉旨赏穿黄马褂。嗣因和议告成，率勇回籍遣散。十二年，仍赴甘肃差委，旋奉委署陕甘督标右营参将、甘肃庄浪协副将、借补肃州镇标游击。十七年九月，因感受风湿，触发旧伤，创口溃烂，医治罔效，至二十六日殁于庄浪协任所。

伏思该故提督萧得龙，由武童于咸丰六年投效长字营，自湖南进援江西，转战安徽，进剿浙江，回援江西，叠克名城要隘，无日不战，有战必先。迨浙江、安徽、江西一律肃清，会剿广东嘉应州，收复州城，发逆荡平，东南底定。凯撤回籍，奉调陕甘剿办回匪，防堵越南，皆身御强敌，出于枪炮锋刃之中，不少畏避，擒斩法兵，夺获器械，厥功甚伟。旋因旧伤举发，竟至不起，悼念同深。窃查记名提督易玉林、前署贵州古州镇总兵陶茂林，皆伤发病故，均沐奏请赐恤，奉旨允准在案。今该故提督事同一律，不忍湮没，理合开造战功履历，呈请援照军营立功后积劳病故例从优议恤，生前战功事迹宣付国史馆立传"等情前来。

臣查该故提督萧得龙，从军数十年，转战江西、安徽、浙江、广东、甘肃等省及广西关外，功绩昭著在人耳目，乃以积劳伤发病故，深堪惋惜。兹据联名呈请前来，合无吁恳天恩，俯准敕部将已故分发甘肃差委题奏提督借补甘肃肃州右营游击前署甘肃庄浪协副将萧得龙，照军营立功后积劳病故例从优议恤，并恳将战功事迹宣付史馆立传，以彰荩绩而慰忠魂，出自逾格鸿施。

除履历事迹咨部外，理合恭摺具陈，伏乞皇上圣鉴训示。谨奏。

硃批："兵部议奏。"

会奏请革究都司摺*

(光绪二十三年十一月初九日)

奏为都司交卸,不将钱粮公款算明交清,辄自潜行避匿,请革职查获追缴审办,恭摺仰祈圣鉴事:

窃据湖南镇筸镇总兵周瑞龙呈称:"准补靖州协中军都司李友胜,系应行请咨北上之员,前经委员接代,饬令造册请咨,讵该都司不遵功令,赶紧请咨交卸后,又不将经手钱粮交代清楚,辄自携带公款潜行匿避,呈请核参追缴。"并据该协署副将徐先发禀揭前来。查该都司李友胜,曾于光绪二十一年十月因经前兼护督臣谭继洵饬令造具履历册请咨来鄂,听候考验给咨赴部在案。迄今年余,该都司并未请咨考验,竟敢携带公款辄自潜行,于本年十月内来鄂禀到,未候传见,旋即不知去向,实堪诧异,自应先行奏参革审。相应请旨将湖南靖州协中军都司李友胜先行革职,一面通饬湖南、湖北两省查明该员踪迹,勒传归案,饬辰永沅靖道讯究追缴,以重饷项而儆官邪。谨会同湖南巡抚臣陈宝箴、湖南提督臣娄云庆恭摺具奏,伏乞皇上圣鉴。

再,所遗靖州中军都司员缺,系陆路题补之缺,湖南省现有应补人员,容臣另行拣员请补,合并陈明。谨奏。

硃批:"另有旨。"

〖附〗光绪二十三年十二月初三日上谕**

张之洞奏《都司交卸,不将钱粮公款交清,潜行避匿,请革职查

---

* 据《张之洞全集》,第二册,第1268页。按:此摺因系张之洞、陈宝箴等会奏,故予收录。又,此题为《张之洞全集》旧有。

** 据《集成报》第二十五册(光绪二十三年十二月十五日出版)。

追》一摺。湖南准补靖州协中军都司李友胜，经前〈兼〉护湖广总督谭继洵饬调考验[①]，给资〔咨〕赴部[②]。该都司并未请咨，竟敢携带公款潜行避匿，实属谬妄。李友胜著即行革职，由该督通饬湖北、湖南两省勒传归案，讯究追缴，以重饷项而儆官常。馀着照所议办理。该部知道。钦此。

光绪廿三年被水各属来春毋庸接济摺*

（光绪二十三年十一月二十九日）

头品顶戴湖南巡抚臣陈宝箴跪奏，为遵旨查明本年被水各属农民来春毋庸接济，恭摺复陈，仰祈圣鉴事：

窃臣承准军机大臣字寄，光绪二十三年九月三十日奉上谕："本年湖南桑植、南洲等处被水，民力未免拮据，著该督抚体察情形，来春应否接济之处，查明于封印前奏到，候旨施恩等因。钦此。"仰见朝廷轸念民依，时烦圣廑。当经钦遵转行查复去后。

兹据藩司何枢详称："本年入夏以来，湖河泛涨，所有滨湖之澧州、安乡、益阳、武陵、龙阳、沅江、巴陵、临湘、华容、南洲等厅州县低洼田亩洲地，被水漫淹，又永定、邵阳、新化、桑植等县先后被水，冲毁田庐，移行该管道府督饬查勘，设法疏消挑复，乘时补种，并饬在筹赈局筹拨银两分别赈抚。随于秋后据该管道府督饬各州县逐细履勘，除将被水田亩洲地应征新旧钱漕、芦课、田租等项另案详请分别蠲缓、递缓，奏请恩施，以纾民力外，饬据各州县查复，本年被水地方均系一隅中之一隅，滨临湖河处所，多以刈草捕鱼为生，

① "兼"，据《时务报》第五十六册（光绪二十四年三月十一日出版）"谕旨恭录"补入。

② "咨"，据上录原摺改正。

* 据《光绪朝硃批奏摺》，第67辑，第910～911页。

均皆餬口有资,且未被水各属收成尚属丰稔,粮价平减。体察情形,来春似可毋庸接济。如值春间青黄不接或遇粮价腾贵,自应酌借耔种及办理平粜赈抚,容俟届时由外酌核筹办"等情,详请具奏前来。臣复加查核,均属实在情形。除澧州等州县蠲缓钱漕核明另奏外,理合会同湖广总督臣张之洞恭摺复陈,伏乞皇上圣鉴。谨奏。

硃批:"知道了。"

光绪廿三年上忙钱粮解司银数摺*

(光绪二十三年十一月二十九日)

头品顶戴湖南巡抚臣陈宝箴跪奏,为湖南省光绪二十三年分征收上忙钱粮截清解司银数,循例具陈,仰祈圣鉴事:

窃照定例:"州县每年应征上、下忙钱粮,除例准留支及实欠在民外,所有征收银两尽数提解司库,上忙应四月完半者限五月底,下忙限十二月底截清,解司银数专摺奏报。"又咸丰二年接准部咨:"嗣后各省应征上、下忙钱粮,均以二月开征,限五月底完半,下忙八月接征,限十二月底全完。按照八分计算,责成藩司督催。以上忙匀为三分征收,如能完至三分者,免其议处,完至三分以上者,即予议叙;下忙匀为五分征收,如能完至五分者,免其议处,完至五分以上者,即予议叙。其余二分果能于奏销前全完者,即将该藩司从优议叙。务于上、下两忙截止一二月内,专摺具奏,造册送部。"又于咸丰九年经户部奏定:"各省上忙限十一月底,下忙限次年五月底,分晰成数造报。"又光绪二十三年经户部具奏更定:"自本年为始,将藩司督催上、下两忙分数定以九分,上忙匀为四分,下忙匀为

---

* 据《光绪朝硃批奏摺》,第82辑,第728~730页。

五分。上忙能完至四分,下忙能完至五分者,始准免其议处,如核计上、下两忙征完分数在九分以上,仍给予议叙。其余所欠分数复能于奏销前扫数全完,所有藩司应得议叙,仍照旧例办理”各等因。历经遵办在案。

兹据布政使何枢详称:“光绪二十三年分湖南省额征地丁、起运、存留、驿站等项钱粮,除永顺、保靖、龙山、桑植四县均系秋粮,向于秋后起征,俟下忙截数造报外,其余各厅州县卫应征上忙钱粮,据各属陆续征解造册送司。查湖南省本年上、下两忙共额征正银一百一十三万五千九百九十两三钱六分七厘,上忙已征完银四十三万八千九百四十六两九钱二分,未完银六十九万七千四十三两四钱四分七厘。又额征耗羡银一十一万三千五百一十四两二钱七分六厘,上忙已征完银三万二千一百九十七两四钱四分五厘,未完银八万一千三百一十六两八钱三分一厘。共计上忙已完三分以上考成正、耗银四十七万一千一百四十四两三钱六分五厘,其余未完银两,现催令赶紧征解。并声明:‘提派上忙向系于上忙开征时派定银数,札饬各州县照数征解,本年更定分数考成系五月内奉文,已届上忙完半之期,是以上忙征完分数未及四分’”等情,造册具详请奏前来。臣复加查核,湖南地方宜麦之区较少,民间素种秋收,完纳钱粮须至下忙始能踊跃,本年未完前项银两,确查均系实欠在民,并无以完作欠情弊。除督饬藩司严催各属将未完银两上紧征收,务于下忙扫数全完,不得稍有亏挪,并将清册送部外,所有光绪二十三年分上忙钱粮截清解司银数,谨循例恭摺具奏,伏乞皇上圣鉴。谨奏。

硃批:“户部知道。”

奉派认还英德借款光绪廿三年冬月应解银两片*

(光绪二十三年十一月)

再,准户部咨:“奏《每年应还俄法、英德两款本息,数巨期促,拟由部库及各省关分别认还》各摺、片,于光绪二十二年五月初八日奏,本日均奉旨:‘依议。钦此。’”刷印原奏清单,咨行来南,当经转饬遵照依限筹解,业将光绪二十二年认还英德一款银十四万两如数分限解清,并已筹解本年二、五、八三个月限期银共十万五千两,均先后奏咨各在案。兹据善后、厘金各总局并藩司、粮、盐二道等会详称:“今查二十三年分应解英德一款冬月限期已届,不得不竭力筹解,以免贻误。现拟请在于司库减平项下动支银二万两,又厘金局加抽茶糖百货二成厘金项下动支银一万五千两,共库平银三万五千两,又在加抽二成厘金项下动支汇费银五百二十五两,于光绪二十三年十一月十四日发交乾盛亨、协同庆两商号各承领银一万二千两,蔚泰厚商号承领银一万一千两,均限于光绪二十三年十一月三十日汇解江海关交纳,守候库收批照回销,以期迅速而济要需”等情,详请奏咨前来。臣复核无异,除咨户部外,所有湖南省奉派认还英德一款,本年冬月限期应解银两汇解江海关道查收缘由,理合会同湖广督臣张之洞附片具陈,伏乞圣鉴。谨奏。

硃批:“户部知道。”

光绪廿三年中晚二稻收成分数摺**

(光绪二十三年十一月二十九日)

头品顶戴湖南巡抚臣陈宝箴跪奏,为恭报中、晚二稻收成分

* 据《光绪朝硃批奏摺》,第82辑,第731页。按:此片或系上摺之附片。

** 据《光绪朝硃批奏摺》,第93辑,第209页。

数,仰祈圣鉴事:

窃照湖南各属本年早稻收成分数,业经臣恭摺奏报在案,兹值中、晚二稻刈获登场,据布政使何枢查明收成分数,造册具详前来。臣逐加查核,除湘阴、益阳、武陵、龙阳、沅江、巴陵、临湘、华容、澧州、安乡、邵阳、新化、永定、南洲等厅州县内有被水田亩,均俟查明另行具奏外,其未经被水田亩及各属收成内,八分有余者八厅州县,八分者二县,七分有余者四十六厅州县,七分者四县,六分有余者十县,五分有余者六厅县,合计通省七十六厅州县牵算,收成实七分有余。伏查本年二麦、早稻均获有收,中、晚二稻亦称中稔,民食有资,堪以上慰宸廑。理合恭摺具奏,并缮清单敬呈御览,伏乞皇上圣鉴。谨奏。

硃批:"知道了。"

光绪廿三年十月粮价及雨水情形摺*

(光绪二十三年十一月二十九日)

头品顶戴湖南巡抚臣陈宝箴跪奏,为恭报十月分粮价及地方雨水情形,仰祈圣鉴事:

窃照湖南省本年九月分市粮价值并雨水情形,业经臣恭摺奏报在案。兹据布政使何枢查明通省十月分各项粮价,开单汇报前来。臣逐加查核,长沙等十八府州厅属米、麦、豆各价值均与上月相同,省城及各属地方入冬以来暄润得宜,地方敉平,民情静谧,堪以上慰宸廑。理合恭摺具奏,并缮粮价清单敬呈御览,伏乞皇上圣鉴。谨奏。

硃批:"知道了。"

---

* 据《光绪朝硃批奏摺》,第96辑,第274～275页。

循例密陈藩臬道府考语摺*

(光绪二十三年十二月十七日)

头品顶戴湖南巡抚臣陈宝箴跪奏,为藩臬道府现届年终,循例出具切实考语,恭摺密陈,仰祈圣鉴事:

查定例:"各省藩臬两司及道府各员,每届年终,应由督抚出具切实考语,开单密奏一次。"历经遵办在案。伏思民生利病、风俗纯庞,皆视州县政治之得失,而察州县之贤否,表率而转移之,其责实在于监司、郡守。监司、郡守诚得其人,则州县之敏达者益当感奋,勉为循良,即才力稍或不逮,亦必勤慎奉公,不失为循分供职。臣比年以来,于司道、知府各员留心体察,访其声名,考其政事。除辰永沅靖道廷杰升授奉天府府尹,遗缺拟以候补道庄赓良请补,永顺府知府吴澍霖人地不宜开缺,送部引见,遗缺拟以保送补用知府连培基请补,均尚未奉到部复;按察使李经羲钦奉谕旨进京陛见,衡永郴桂道隆文俸满请咨赴部引见,均未回省;衡州府知府颜钟骥甫经到任,未及三月,沅州府知府周榦暂未到任,例不出考外;其余在任司道、知府各员,谨就臣体察所及,分别出具切实考语,另缮清单,密陈御览。臣仍当随时考察,如有初终易辙之员,即当据实纠参,断不敢稍存回护,以期仰副朝廷澄叙官方之至意。理合恭摺密陈,伏乞皇上圣鉴。谨奏。

硃批:"知道了,单留中。"

---

* 据《光绪朝硃批奏摺》,第12辑,第803页。

查明光绪廿三年各属水灾情形吁恳蠲缓、递缓钱漕摺*

（光绪二十三年十二月十七日）

头品顶戴湖南巡抚臣陈宝箴跪奏，为查明安乡等厅州县卫本年被水田亩、芦洲已未成灾轻重情形，吁恳天恩，分别蠲缓、递缓钱漕、芦课等项，以纾民力，恭摺仰祈圣鉴事：

窃照湖南省常德、澧州等属地滨洞庭，每年水势长发，围田、洲地多致溃决漫淹。本年夏间，据安乡、澧州、湘阴、益阳、武陵、龙阳、沅江、巴陵、临湘、华容、南洲等厅州县并岳州卫先后禀报："入夏以来，湖河泛涨，致低洼田亩、芦洲悉被淹没，滨湖堤垸间被冲溃"；并据永定县禀称，该县上连桑植下接芭蕉等处，于五月□□出□□□冲毁田亩[①]；又据新化、邵阳二县先后禀报，七月间均因山水暴发，致将各该处田亩冲毁各等情。禀经臣批司移会筹赈局拨发银两分别赈抚，并移行该管道府督饬查勘，设法疏消挑复，乘时补种，仍饬于秋后复勘是否成灾、应否蠲缓钱粮，据实禀办。业将被水情形于恭报雨水粮价摺内随时陈奏在案。兹据该管道府州督饬各该厅州县逐一勘明，分别成灾分数轻重情形，禀请蠲缓、递缓钱漕等项，由藩司何枢、粮储道但湘良会详请奏前来。

臣复加查核，除永定、邵阳、新化等县勘明不致成灾，毋庸查办

---

* 据《光绪朝硃批奏摺》，第68辑，第36～40页。按：原文间有残污，现据《查明光绪廿二年各属水灾情形吁恳蠲缓、递缓钱漕摺》等摺予以校补，无法校补者则以"□"代替。

① 永定县被水事，可参阅陈宝箴光绪二十三年六月十八日《光绪廿三年五月粮价及雨水情形摺》（详本集卷十三）。

蠲缓外，所有被水勘明已成灾者，系安乡县围城官垸一处、茶窖至窑澥等民垸五处、蒋家冈等湖田三处成灾十分，又屈家垱民垸一处、采家门楼等湖田十处成灾九分；又武陵县阳城等十二村障内之下眉溪各等处成灾十分，又承恩村等十九村障内之柘树嘴各等处成灾八分；龙阳县北益、官清等障，及大围堤寒号并惠烈〔列〕庄成灾九分[①]，又大围堤黄、宇、宙三号及日、月、盈、洪、仓、列六号成灾八分，又大围堤地号下内附人号及宿、张、为、霜、晨、昃、地七号成灾七分，又大围堤暑、往、秋、云、结、调、阳七号成灾六分；沅江县大成等二十六垸成灾十分，又义和等九垸成灾七分，又该县免毁禁修之上、下嘉兴、周家坪三垸官田全被淹没无收；益阳县西林垸成灾九分，又篠牌垸成灾五分；巴陵县穆湖、旧江两村秋地芦洲及一都等六处成灾七分，又二都等四处成灾六分；华容县洪市岭等三十一圻成灾七分，又严萧等官民三垸成灾六分；澧州东围等各民垸、堤埂、湖田二十六处成灾七分；南洲厅管辖华容县划拨傅家等十五圻并清界等三垸，又拨归安乡县四美等十七垸，又拨管武陵县德和等二垸成灾七分。

又勘不成灾、被淹情形较重者，系武陵县上淴第二十六村障内之子房河各等处；沅江县实竹巴、株木、东北城等处垸田、岭田、升地、低田；龙阳县大围堤吕、腾、露三号及小塘等总区；巴陵县十都等四处；临湘县塘湾等二十四团，及望城等十六团，又洪家等十八洲；华容县南乡夏家等团山脚、湖汊、湖田并芦洲地亩；澧州孟姜等官民各垸、堤埂、湖田；安乡县大溶湖芦地一处；湘阴县聚贤等二十五围及北乡汤家河、萧家汊、戴家河、枫树汊、宋家滩等处近湖低田。

---

① “列”，据光绪二十一、二十二年吁恳蠲缓钱漕各摺改正。下同。

又勘不成灾、被淹情形较轻者，系武陵县上淴等十七村障，沅江县长乐等处垸田、岭田，华容县护城等官民五十垸并东、南二乡山冈高阜各处，澧州阳由等官民垸区三十八处，均因水退节候已迟，只能补种杂粮，虽勘不成灾，究属收成歉薄。

又岳州卫屯田坐落湘阴、华容、巴陵、临湘、南洲等厅县境内，被水轻重情形均与民田一律相同。

以上各厅州县被水成灾分数及勘不成灾轻重情形，均由该管道府督同核实复勘，委系实情，并无捏冒讳饰情弊。所有光绪二十三年应征钱漕、芦课等项及应行带征十四、十五、十六、十七、十八、十九、二十、二十一、二十二等年灾缓银米，若仍照常征收，民力实有未逮，相应奏恳天恩，俯准将成灾十分之安乡县围城官垸一处、茶窖至窑灖等民垸五处、蒋家冈等湖田三处，武陵县阳城等十二村障内之下眉溪各等处，沅江县大城〔成〕等二十六垸，各应完光绪二十三年正耗钱粮，请照例蠲免十分之七。成灾九分之安乡县屈家垱民垸一处、采家门楼等湖田十处，龙阳县北益、官清等障及大围堤寒号并惠烈〔列〕庄，益阳县西林垸，各应完光绪二十三年正耗钱粮，请照例蠲免十分之六。成灾八分之武陵县承恩村等十九村障内之柘树嘴各等处，龙阳县大围堤黄、宇、宙三号及日、月、盈、洪、仓、列六号，各应完光绪二十三年正耗钱粮，请照例蠲免十分之四。成灾七分之龙阳县大围堤地号下内附人号及宿、张、为、霜、晨、昃、地七号，沅江县义和等九垸，巴陵县穆湖、旧江两村秋地芦洲及一都等六处，华容县洪市岭等三十一圻，澧州东围等各民垸、堤埂、湖田二十六处，南洲厅管辖华容县划拨傅家等十五圻并清界等三垸，又拨管安乡县四美等十七垸，又拨管武陵县德和等二垸，各应完光绪二十三年正耗钱粮，请照例蠲免十分之二。成灾六分之龙阳县大围堤暑、往、秋、云、结、调、阳七号，巴陵县二都等四处，华容县严萧等官民三垸,及成灾五分之益阳县篠牌垸,各应完光绪二十三年正耗钱粮,请照例蠲免十分之一。又华容等厅州县有应征光绪二十三年南驴、漕折银米、芦课等项,并请缓至次年秋后带征。所有各厅州县蠲剩银两,成灾十分、九分、八分者,照例分作三年带征;七分、六分、五分者,照例分作两年带征;本年应行带征各项,均请递年以次展缓。又沅江县免毁禁修之上、下嘉兴、周家坪三垸官田全被淹没,应完光绪二十三年田租银两,请查照历年成案全行蠲免。

又勘不成灾而收成歉薄情形较重之武陵县上淴等二十六村障内之子房河各等处,沅江县实竹巴、株木、东北城等处垸田、岭田、升地、低田,龙阳县大围堤吕、腾、露三号及小塘等总区,巴陵县十都等四处,临湘县塘湾等二十四团及望城等十六团又洪家等十八洲,华容县南乡夏家等团山脚、湖汊、湖田并芦洲地亩,澧州孟姜等官民各垸、堤埂、湖田,安乡县大溶湖芦地一处,湘阴县聚贤等二十五围及北乡汤家河、萧家汊、戴家河、枫树汊、宋家滩等处近湖低田,各应完光绪二十三年正耗钱粮、芦课等项,均请缓至光绪二十四年秋后分年次第带征,各该县有应完光绪二十三年漕粮、南驴等项银米,均请一律缓征。又各州县有应行带征光绪十四、十五、十六、十七、十八、十九、二十、二十一、二十二等年灾缓钱粮各项及原借堤工银两,均请递缓至光绪二十四年秋后,各照原限,分年次第带征。其本年蠲剩缓征银米,请俟各年灾缓银米征完后,再行按限起征。

又勘不成灾、情形较轻之武陵县上淴等十七村障,沅江县长乐等处垸田、岭田,华容县护城等官民五十垸及东、南二乡山冈高阜各处,澧州阳由等官民垸区三十八处,各应完光绪二十三年正耗钱粮、南漕、芦课等项银米均照常征收外,所有光绪二十三年应行带征光绪十四、十五、十六、十七、十八、十九、二十、二十一、二十二等年灾缓钱粮并南漕、芦课等项银米，均请缓至光绪二十四年秋后，查照原缓年限，分年次第带征。

至岳州卫坐落巴陵、临湘、华容、湘阴等县屯田，应完光绪二十三年屯饷、军安正耗钱粮，及应征运费，并未完光绪十四、十五、十六、十七、十八、十九、二十、二十一、二十二等年灾缓银两，均请查照屯坐各县地方分别蠲缓、递缓，以广皇仁而纾民力。

综计各厅州县卫光绪二十三年共蠲缓司库钱粮正耗银三万七千八百六十五两九钱七分七厘，缓征芦课正耗银一千六百二两四钱五分九厘，又缓征粮道库漕粮正耗银五千一十两三分八厘三毫、漕米二千九百九十二石六斗三升七合。除饬该管道府督属出示晓谕先行照例停征，并饬取被灾地名、田亩及应蠲、应缓细数，另行详咨外，所有勘明安乡等厅州县光绪二十三年被水已、未成灾轻重情形，请分别蠲缓、递缓钱漕等项缘由，理合会同湖广总督臣张之洞恭摺具奏，伏乞皇上圣鉴训示。再，定例："秋灾不出九月"，本年因往复查勘，力求核实，是以详办稍迟，合并声明。谨奏。

硃批："另有旨。"

〔附〕光绪二十四年正月廿二日上谕*

蠲缓湖南安乡、武陵、沅江、龙阳、益阳、巴陵、澧、南洲、华容、临湘、湘阴十一厅州县及岳州卫被水地方钱漕租课有差。

---

* 据《清实录·德宗景皇帝实录》，见《清实录》，卷四一四，第420页。

遵查湘省各厅州县征收丁漕尚无弊端摺*

(光绪二十三年十二月十七日)

头品顶戴湖南巡抚臣陈宝箴跪奏,为查明湘省各厅州县征收丁漕尚少包征及格外苛索等弊,间有逾限加收暨花户认息称贷完纳情形,恭摺仰祈圣鉴事:

窃臣承准军机大臣字寄,光绪二十三年二月初八日奉上谕:"御史彭述奏《湖南钱粮积弊请饬整顿》一摺。据称,'湖南近年钱价昂贵,而粮银折钱收数相沿未改,衡阳、清泉等县,地丁一两,收银一两三钱零,每两折钱二千二三百文不等,过期未完,由包户垫款,将票领出,逐月计息;零陵县民粮一石,收钱五千四百文,上、下忙逾限未完,每千均加罚二百文,胥吏从中舞弊,贫民受累实深,请饬查办'等语。州县征收钱粮,总以均平为主,不得任意轻重。着陈宝箴按照该御史所奏各节,体察情形,酌量办理。其加征科罚等弊,即着查明禁止。另〈片〉奏'湖南漕米折色,请仿照江苏成案,酌定征价'等语①,着该抚一并酌量核办。原摺、片着钞给阅看。将此谕令知之。钦此。"遵旨寄信前来等因,承准此,当即转饬钦遵查复去后。

兹据湖南布政使何枢、粮储道但湘良会详称:"据各厅州县详细禀复前来,除丁漕减征提解另奉部文,业经议拟另详外,综核湖南共七十六厅州县,征收丁漕尚少包征及格外苛索等弊;仅有十一县因花户完纳极疲,酌议逾限加收,而所收钱文或充保甲、善举各项经费,或为教官、门斗修脯辛工。内惟零陵一县章程烦琐,加数

---

* 据《光绪朝硃批奏摺》,第68辑,第41~43页。

① "片",据《清实录·德宗景皇帝实录》补入,详《清实录》卷四〇一,第238页。

较重，已经该县集绅议定：每届年底封柜时，如完不足数，由绅士暂行筹款代完，即将民欠串票发交绅士，陆续收回归款，以除书役需索之弊。其余衡阳、清泉、常宁、祁阳、湘乡、邵阳、龙阳、酃县、巴陵、平江十县，议有逾限加收章程，为数数百文者不过二三处，馀则一二百文不等。湘潭、东安、蓝山三县，或有花户在城认息称贷完纳正供者，所定限期参差不齐，大致地丁上忙以五六月为限，下忙及漕折以十月、十一月为限。此查明通省七十六厅州县中，仅有十余县丁漕逾限酌加钱文，多充地方公用，及间有花户在城认息称贷完纳正供之实在情形也。近来库款支绌异常，司中每年于上、下两忙开征时，向皆酌派银数，明定限期，札饬解库，不准逾违，即此司库尚有不敷供支之虑，各该县不能不设法催科，以应提解。体察该十余县情形，实因完纳极疲，差催恐滋扰累，不得已商由绅士酌量定议，以杜玩延，所收钱文多作地方公用，其为催科起见，并非巧取营私，似尚信而有征。惟究属迹近科罚，亟应钦遵禁止。

窃维丁漕皆维正之供，例应年清年款，不容蒂欠，其完纳极疲之处相率观望，希图蠲免，浸成锢习。经征处分綦严，县令自顾考成，势必分途差催。胥役类多贪诈，即严加约束，安能逐户查询，悉其有无骚扰？筹维至再，欲期赋无缺额、民免追呼，似宜示以范围，设法诱掖，或可群相戒勉，踊跃输将。查各属士绅于保甲、学校及各项善举，均能极力讲求，但苦经费不裕，拟于完纳极疲之各县宽定限期，地丁上忙限至六月底，下忙及漕折限至年底，务须完清。倘遇有心延欠、逾限抗完之户，责令酌量输捐，每地丁一两、漕折一石，均以一二百文为度，必待实在逾限，只准收捐一次，不得加多。其有认息称贷，系民间自行通融，例所不禁，但不准违例多取及息上加息。所收之捐，慎选正绅经理，专备地方公用，不准官吏沾染分文。如此酌量变通，较之江苏奏案每漕一石逾限加钱五百文之数尤极轻减,庶民力既纾,而征收亦无窒碍矣。至现已改章之零陵县,应仍饬令会商绅士,将截串后如何向欠户收取归款之处妥定简明章程,禀复立案。此外向无加罚之六十二厅州县,应请毋庸置议,仍饬令各该厅州县随时严查书差,不得别立名目苛索扰累,并永不准开加罚之端。

除饬该司道等通饬各属遵照并咨户部查照外,理合会同湖广总督臣张之洞恭摺具奏,伏乞皇上圣鉴。谨奏。

硃批:"该部知道。"

〖附〗光绪二十四年正月廿二日上谕*

湖南巡抚陈宝箴奏:"查复湖南各厅州县征收钱粮尚少包征及格外苛求等弊。"下部知之。

奏报光绪廿三年春夏两季厘金收支数目摺**

(光绪二十三年十二月十七日)

头品顶戴湖南巡抚臣陈宝箴跪奏,为开报光绪二十三年春夏两季分抽收厘金解支各款,恭摺仰祈圣鉴事:

窃照前准户部咨:"以各省抽收厘金未能按限报部,奏请饬照两淮盐厘格式,自同治十二年正月起,按半年开报一次。钦奉谕旨允准,咨行遵照办理。"业将同治十二年正月起至光绪二十二年十二月底止收支厘金银钱各数,按次开单奏报在案。兹据总理湖南厘金局务布政使何枢、按察使李经羲等,将厘金项下自光绪二十三年正月起至六月底止,查明各局卡经收银钱并解拨支用各款银钱

* 据《清实录·德宗景皇帝实录》,见《清实录》,卷四一四,第420页。

** 据《光绪朝硃批奏摺》,第78辑,第66~67页。

数目,分晰开具四柱清册,详请奏咨前来。臣复核无异,除清册咨送户部外,理合缮单恭摺具奏,伏乞皇上圣鉴。谨奏。

硃批:"户部知道,单并发。"

光绪廿三年十一月粮价及雨雪情形摺*

(光绪二十三年十二月十七日)

头品顶戴湖南巡抚臣陈宝箴跪奏,为恭报十一月分粮价及地方雨雪情形,仰祈圣鉴事:

窃照湖南省本年十月分市粮价值并雨水情形,业经臣恭摺奏报在案。兹据布政使何枢查明通省十一月分各项粮价,开单汇报前来。臣逐加查核,长沙等十八府州厅属米、麦、豆各价值均与上月相同,省城及各属地方晴多雨少。旋据各该州县禀报,于十一月十七、十八两日瑞雪缤纷,平地随落随融,高阜一二寸不等。祥霙应候,预兆丰登,四境欢胪,三农望慰,堪以上纾宸廑。理合恭摺具奏,并缮粮价清单敬呈御览,伏乞皇上圣鉴。谨奏。

硃批:"知道了。"

遵议湘省丁漕征收减提情形摺(稿)**

【上缺】详请具奏前来。臣查湖南省钱价之昂,实自近年为甚,臣于光绪二十一年到任,正值岁旱歉收①,又因制钱缺少②,民间生计愈艰。屡经臣谆饬各厅州县征收钱漕,凡系以银折钱完纳之处,

* 据《光绪朝硃批奏摺》,第96辑,第281页。

** 据舒斋藏摄片。此为陈宝箴手稿。按:此稿另见录于《陈宝箴遗文(续)》,载《近代中国》第十三辑,第321~322页。

① 此句初作"正值岁歉"。

② 此句及下句,初作"民间又因制钱缺少,生计愈艰"。

各自酌量通融,以纾民力,而严劾不恤民隐之吏,又于省城开炉鼓铸制钱及设官钱局[①],以资周转,并访有奸商私运制钱出境售卖、销毁情弊[②],复饬厘金卡局稽查严禁。两年以来,本省钱价较之他处尚觉稍低,是以虽当饥馑之余,除应行蠲缓外,各属征收分数,视往年不致减色,固出湘民急公报效之忱,亦半由牧令之抚字催科尚无偏执自利之见[③]。本年春间[④],恭奉光绪二十三年二月初八日上谕:"御史彭述奏《湖南钱粮积弊请饬整顿》一摺,饬将酌定征价一并酌量核办"等因,遵即饬司道〈转〉饬各属,将近日征收情形据实禀复。正在汇齐核办,旋准部咨议奏减提章程,即饬该司道遵照部章,各就地方情形悉心查核,往复筹议,具详〈前来〉。复经臣详加察核,所议似尚属周妥[⑤],除饬该司道等核明减收提解数目云云【下缺】

遵议湘省丁漕征收减提情形摺*

(光绪二十三年十二月十八日)

头品顶戴湖南巡抚臣陈宝箴跪奏,为遵议湘省各厅州县征收丁漕银两,折收钱文,分别减收并提解钱价平馀,及免其减提情形,恭摺仰祈圣鉴事:

窃臣准户部咨:"光绪二十三年六月二十日钦奉上谕:'给事中庞鸿书奏《江浙等省征收地丁条银,折价与市价悬殊,请饬酌减》一

① 此句初作"又于省城开设官钱局"。

② 自"并访有"至"尚觉稍低",初作"本省钱价,较之邻近各省,尚觉轻减"。

③ "抚字催科"之前,原有"因时制宜"四字,后删。

④ 此句之前,原有"兹奉部议减提章程",后删。

⑤ 此句初作"尚属妥协"。

* 据《光绪朝硃批奏摺》,第68辑,第51～55页。按:此摺另见《湘报》第四十三号(光绪二十四年闰三月初五日出版)《抚院奏摺》。

摺，著户部议奏。钦此。’旋经部议，拟令各省就本地完纳情形暨向来征收章程，查明地丁折钱较市价大有浮多者，即行酌量议减；其以银完纳，以洋银折纳，实有浮多者，亦一体量为核减；至有漕省分征收漕粮，每石折钱三千四百余文及三千七百文不等[①]，以现时银价计之[②]，比从前均属加增，一律酌减，方为平允。又如各州县征收粮石，遇有合勺畸零之数，或按一升计算，征收银两，遇有厘毫尾零之数，或按一分计算，亦系官吏营私舞弊、朘削斯民之一端。又另片奏：‘据江西抚臣德寿奏，添筹英、法、俄、德借款，无可腾挪，今值银价减贱，所有征钱各州县，每地丁一两议减征钱一百文，漕米一石议减征钱一百四十文。减征之外，每地丁一两随正加解钱价平馀银七分，每漕〈米〉一石加解钱价平馀银一钱[③]，统归司库，凑还四国洋款。请饬各省查照江西成案，各就本地情形，酌量一体仿办’各等因，奏奉谕旨：‘依议。钦此。’”飞咨到湘，当经臣转饬详查妥议去后。

兹据湖南布政使何枢、粮储道但湘良及善后报销局司道等会详称：“查湖南夙称奥僻之区[④]，北有洞庭巨浸，凡滨湖各厅州县，地多沮洳，西、南二面环峙崇山，土薄田稀，其界连黔、粤苗瑶杂处之地，尤为硗瘠，以故田赋甚轻。且于咸丰八年经前抚臣骆秉章设局清查折征之数，将旧有陋规大加裁减，凡钱漕皆由各属士民自拟款目，呈请核定，同治三年复经前抚臣恽世临再加核减，通计阖省钱粮，每年实为民间减去钱三十万串有奇，均经奏明在案。所有征收丁漕数目以及办理章程，均系因地制宜，参差不齐，难以统归一

① 《湘报》所录此摺，“三千七百”后尚有一“余”字。

② “银价”，《湘报》作“钱价”。

③ “米”，据《湘报》补入。

④ “奥僻”，《湘报》作“偏僻”。

律,综计通省四直隶州、五直隶厅、三州、六十四县,共征额赋仅及江西之半,较之物博赋重之江、浙等省更相悬殊,征收弊端亦视各省较少。至有漕之厅州县共二十四处,额征漕折之数亦复无多,皆地势使然也。

夫州县为亲民之官,关系民生至重,固应责令休养生息,不容朘削脂膏,亦须使其内顾无忧,庶得专心民事。湖南州县额支养廉银,多者不过一千二百两,少者只六百两[①],久作九成支发,近又提扣军饷三成,仍扣六分减平,应领千两者仅得五百余两,署任半廉不及三百两,尚须扣抵奏捐等项,往往无可领之银。凡署中日食以及勘验、盘查、夫马等项,均须自备,加以近年伏莽未清,差役疲玩,每须自养壮丁以供巡缉,他如购捕凶盗之赏格、保甲团练之册籍,统计费用,为数不赀,全赖钱漕羡馀以资津贴。故州县征解钱漕皆酌留余地,俾免别滋弊端,此固各省所同,不独湖南为然,湖南亦不独近日为然也。细绎户部原奏附片,盖缘近年银价跌落,凡州县征收丁漕,定有折钱额价,由官易银批解省库者,较比银贵之时,绰有余裕。虽云提减兼筹,乃取诸银价之长馀,非裁其本有入款,既纾民力,复济时艰,而于官吏无损,法诚至善,允宜遵照办理。至若向来征银及征洋银之处,该官吏所得坐支羡馀等项,必须易钱,以备川资、运脚、辛工、纸张及署中一切公用,则视银贵之时,暗中已多亏折,似不在减提之列。又有一县之中地丁、漕折分别收银折钱者,则何项折钱,应就何项减提。他如随时议价折收钱文,完银、完钱,听民自便。又或原系早年银贱之时核定折价,与夫近年甫经裁减,以及该本地银缺价贵,将额征之钱易银批解,无甚长馀者,均应免其减提,以符户部原议'酌量办理,俾免窒碍'之本意。

---

① "六百两",《湘报》作"二百两"。

兹谨会同逐加查核，悉心参酌，如澧州、郴州、桂阳三直隶州，新设南洲一厅，暨道州、安化、邵阳、衡山、常宁、宁陵、华容、桃源、龙阳、沅陵、辰溪、溆浦、芷江、黔阳、安乡、安福、慈利、兴宁、永兴、会同共二十州县，征收地丁俱系折钱，拟请各就向章原数，每征正银一两减收钱一百文，再提解钱价平馀银七分。又晃州厅、茶陵州、新宁、城步、耒阳、攸县、安仁、酃县、祁阳、东安、永明、江华、新田、沅江、泸溪、麻阳、石门、永定、桂东、嘉禾、通道共二十一厅州县，向章虽亦折收钱文，惟或系早年银贱之时定价，或因近年银贱，业经各厅州县先行裁减，或僻处山陬，或远居边鄙，本地银缺价昂，与通都大邑迥不相同，或徒有折钱之名，花户率以洋银投纳，且复高抬价值，不免暗中亏耗，即照向章征解，尚虞不敷办公，似难再议减提。此外如靖州、武冈州、长沙、善化、湘阴、浏阳、醴陵、湘潭、宁乡、益阳、湘乡、新化、衡阳、清泉、宁远、巴陵、平江、临湘、武陵、宜章、桂阳、临武、蓝山、绥宁共二十四州县，有系征收银两者，有系随市价折钱听民自便者，核其征收数目，较比江西已裁之数犹为减少。又如凤凰、乾州、永绥三直隶厅，永顺、保靖、龙山、桑植四县，或征屯银，或征秋粮，每处岁收银百余两、数十两不等，均拟各照向章征解，免其减提。此湘省地丁分别应行提减及免其提减之情形也。

复查有漕之厅州县二十四处内，澧州、南洲厅、茶陵、湘阴、浏阳、攸县、巴陵、平江、衡阳、清泉、衡山、华容、安福、常宁、耒阳共十五厅州县，征收漕折俱系折钱，均拟各照向章原数，每漕米一石减收钱一百四十文，再提解钱价平馀银一钱。又长沙、善化、湘潭、醴陵、宁乡、益阳、湘乡、安仁八县系收银两，临湘一县系随市价折钱，均请免其减提。此又湘省漕折分别应行减提及免其减提之情形也。

以上拟办减提之各厅州县,应由藩司会同粮储道撰发告示晓谕通知,并严禁别立名目另外浮收,自光绪二十四年上忙开征为始,即照新章办理。其光绪二十三年以前民欠及带征、缓征银两,均仍各照旧章完纳,以清界限而示区别。如将来银价昂贵,准其禀请核饬复旧,并奏请免提。其免议减提之各厅州县,亦严行通饬,收钱、收银暨折收洋银,务各照旧章数目,不得加多,并力禁书差格外需索。其随市价折钱者,必须实照本地市价牌示,不得任意低昂。遇有畸零尾数包整计算,湘中州县此弊虽少,亦应严申禁令,以杜未然。

以上分别办理各端,皆由司道等博访周咨,并证以各属禀牍,因地因时,折衷定议,俾令度支稍裕,共维时局之艰难,仍期日久相安,庶免官民之龃龉"等情,详请具奏前来。

臣查湖南省钱价之昂,实自近年为甚,臣于光绪二十〈一〉年到任,正值岁旱歉收,又因制钱缺少,民间生计愈艰。屡经臣谆饬各厅州县征收钱漕,凡系以银折钱完纳之处,各自为酌量通融,以纾民力;严劾不恤民隐之吏,以儆其余;又于省城开垆〔炉〕鼓铸制钱及设官钱局[①],藉资周转;并访有奸商私运制钱出境售卖、销毁情弊,复饬厘金卡局稽查严禁。两年以来,本省钱价较之他处尚觉稍低,是以虽当饥馑之余,除应行蠲缓外,各属征收分数视往年不致减色,固出湘民急公报效之忱,亦半由牧令之抚字催科尚无偏执自利之见。本年春间,恭奉光绪二十三年二月初八日上谕:"御史彭述奏《湖南钱粮积弊请饬整顿》一摺,饬将酌定征价一并酌量核办"等因,遵即饬司通〔道〕〈转〉饬各属[②],将近日征收情形据实禀复。

① "炉",据《湘报》校改。

② 据《湘报》校补。

正在汇齐核办，旋准部咨议奏减提章程，即饬该司道遵照部章，各就地方情形悉心查核，往复筹议，具详前来。复经臣详加察核，所议似尚属周妥，除饬该司道等核明减收提解数目，逐造细册，另详咨报，并咨户部查照外，谨会同督臣张之洞恭摺具陈，伏乞皇上圣鉴训示。谨奏。

朱批："户部知道。"

〖附一〗光绪二十三年八月初九日上谕*

户部奏："请饬各省查照江西减征丁漕钱价，并提解平馀，凑还洋款。"得旨："如所议行。"

〖附二〗江西征收钱漕章程**

民米一石，内地丁银六钱七分七厘，遇闰加七厘。漕米五斗九升一合，兵加银一分三厘，协济银一钱五分一厘二毫三丝一忽五钞〔秒〕①。丁银一两，向收钱贰千六百八十二文；漕米一石，收钱三千四百贰拾文；协济一两，收钱一千八百文；兵加每两收钱与地丁同。每民米一石，通共收钱四千壹百余文。

〖附三〗光绪二十四年正月廿三日上谕（节录）***

湖南巡抚陈宝箴奏："遵议湘省各厅州县征收丁漕银两，分别减收提解，暨仍照旧章情形"，【中略】下部知之。

---

* 据《光绪朝东华录》，第四册，总第3985页。

** 原件藏上海图书馆，此据《陈宝箴遗文·章程》录入，载《近代中国》第十一辑，第232页。按：此题为原文旧有。该章程或由陈宝箴抄录而来。

① 此处系《陈宝箴遗文》原整理者校改。

*** 据《清实录·德宗景皇帝实录》，见《清实录》，卷四一四，第421页。

〖附四〗户部等:遵旨议复各省丁漕照数折合银两酌中定价摺(节录)*

(光绪二十四年十二月十六日)

【上略】臣等窃维近年银价日落、钱价日涨,丁漕折钱,在民照常完纳,在官已多盈余。臣部上年奏案分别减征提解,下以省百姓折征之累,上以应公家至急之需,所谓利国利民而不利中饱者,其法盖不外是。乃自奏准通行后,各省照办者,江西以外,仅有江苏、安徽、浙江、河南、湖北、湖南等省,此外并未照办,实属未能画一。兹既拟令实征实解、涓滴归公,应由臣部再申明前奏,凡未减征提解各省,应仍令就各该州县折钱盈余数目,详细核定减征民间者若干,提解归公者若干,分晰报部,以备查核拨用。不得见好属员,辄以赔累为词,致正供所余悉归中饱。【下略】

设立时务、武备学堂请拨常年经费摺**

(光绪二十三年十二月十八日)

头品顶戴湖南巡抚臣陈宝箴跪奏,为遵旨设立学堂,请拨常年

---

* 据《光绪朝东华录》光绪二十四年十二月乙未(十六日)条,见第四册,总第4295页。按:此摺系军机大臣与户部会奏,今题为编者拟加。

** 据《光绪朝硃批奏摺》,第88辑,第510~511页。按:此摺另见《湘报》第二十五号(光绪二十四年三月十四日出版),题为《抚院奏设时务、武备学堂摺》;《知新报》第五十二册(光绪二十四年闰三月廿一日出版),题作《湘抚陈宝箴设立学堂奏拨常年经费摺》。又按:此摺正文亦见《光绪朝东华录》,可参阅,详第四册,总第4051~4052页;《戊戌变法档案史料》(国家档案局明清档案馆编,中华书局1958年出版)亦录存此摺,题为《湖南巡抚陈宝箴摺》,题下注:"(军录)光绪二十三年十二月十八日",见第243~244页。

经费,以资办理而培实学,恭摺仰祈圣鉴事:

窃臣于光绪二十二年准礼部咨山西抚臣胡聘之《奏请变通书院章程》一摺,承准总理衙门咨《议复刑部左侍郎李端棻奏请推广学校》一摺,本年三月又承准总理衙门咨《议复安徽巡抚邓华熙奏筹议添设学堂请拨常年经费》一摺,均奉旨依议,咨饬通行。仰见我皇上奖励实学、培养人才之至意,钦感莫名。

自咸丰以来,削平寇乱,名臣儒将,多出于湘。其民气之勇、士节之盛,实甲于天下,而恃其忠肝义胆,敌王所忾,不愿师他人之长、与异族为伍,其义愤激烈之气、鄙夷不屑之心,亦以湘人为最。近年闻见渐拓,风气日开,颇以讲求实学为当务之急。臣自到任,迭与湘省绅士互商提倡振兴之法,电信渐次安设①,小轮亦已举行,而绅士中复有联合公司以机器制造者,士民习见,不以为非。臣以为因势利导,宜及此时因材而造就之,当于本年秋冬之间,与绅士筹商,在省会设立时务学堂,讲授经史、掌故、公法、方言、格致、测算等实学②。额设学生一百二十人,分次考选,而延聘学兼中西品端识卓之举人梁启超、候选州判李维格,为中学、西学总教习,另设分教习四人。现已开学数月,一切规模均已粗具。省城旧有求贤书院,现拟改为武备学堂③,略仿天津、湖北新设规制,以备将才而肄武事。

伏查邓华熙原奏,请于各省正款内,每年拨银一万两,以充费

---

① “电信”,《湘报》作“电线”。

② 本句《湘报》录作“讲授经史、掌故与语言、格致、测算等实学”;《戊戌变法档案史料》作“讲授经史、掌故、公法,有格致、测算等实学”。

③ “拟”,《湘报》、《知新报》、《光绪朝东华录》均作“据”,惟《戊戌变法档案史料》亦作“拟”。按:《湘报》第二十二号(光绪二十四年三月初十日出版)曾刊新闻《教习来湘》:“湘省旧有求贤书院,以经、史、算学分门课士,现因奉有经武整军之旨,故将该书院改为武备学堂,特聘王君者化、武君振常为教习,已于前日到省矣。”

用。湖北武备学堂,亦经奏准动用公款。今湘省设立时务学堂、武备学堂,事同一律,拟请援照每年于正款项下拨银一万二千两,酌充两处常年经费。自光绪二十四年为始,由臣在藩库、粮库、厘金局三处筹措分拨。其京、协饷及一切应解各款,仍照解不误。总计两处学堂,每岁经费约需二万数千金,除指拨正款外,所有不敷之项及建造学堂房舍之赀,即由臣督率绅士,另行设法筹措,就地支给,以期有成。

所有遵旨设立学堂,请拨常年经费各缘由,理合会同湖广总督臣张之洞恭摺具陈,伏乞皇上圣鉴训示。谨奏。

硃批:"户部知道。"①

〚附〛光绪二十四年正月廿三日上谕(节录)*

〈湖南巡抚陈宝箴〉又奏:"遵旨设立学堂,请拨常年经费,以资办理。"下部知之。

陈明捏造朱昌琳父子劣迹片(稿)**

(光绪二十三年十二月十八日)

再,臣于光绪二十一年十月抵任,适当旱歉成灾,饥民遣勇,及地方伏莽,在在可危,复时有民教龃龉之案,而臣久宦湘中,所识贤士夫,于地方振兴诸务,不无过望。臣以非材,猥蒙圣恩简拔,亦何敢不勉竭驽骀,冀裨万一?惟创办地方诸事,既非一手足所能为,且有非委员所能任者。即如官钱局,本以利民,而欲通商民之情,

① 《戊戌变法档案史料》另录奉到硃批日期:"光绪二十四年正月二十三日。"

* 据《清实录·德宗景皇帝实录》,见《清实录》,卷四一四,第421页。

** 据舒斋藏摄片。此为陈宝箴手稿,上奏时间则系编者据所奉上谕(附后)推断。按:此稿另见录于《陈宝箴遗文(续)》,载《近代中国》第十三辑,第315~317页。

必以殷实正绅为众所信服者为之,方有实际。在籍江西候补道朱昌琳,宅心仁厚,而制行端严,不苟随流俗,济人利物,每岁费逾巨万,而于地方公事,绝不干涉,几无人不称颂之者。近已年逾七十,愈杜门不预他事,惟于前年旱荒,曾与诸绅集赀二十万,令其子分省补用道朱恩绂,赴江皖采买谷米,自于省城设立平粜所,全活甚众。二十二年正月,臣径造其庐,语以钱法敝坏,赈银艰于易钱,民困逾甚,议设官钱局兼开炉鼓铸制钱,以资补救,欲以该绅朱昌琳及其子恩绂,分任其事。该绅以既办公事,即应事事秉公,苟不能尽如人意,必致怨谤丛积,辞不敢承。比告以"君子之道,惟在克己问心,人不知而不愠,斯为君子;若问心无歉,而尚存计较毁誉之见,即遇事不无瞻顾,终身不出乡愿窠臼",恳譬再三,该绅谅臣款诚,始感激从事。两年以来,本省钱价,较他处皆多轻减,民咸便之,实由该绅调剂之力。而宝南局鼓铸,向已停办三十余年,屡议重开,终以折耗过多而止,朱恩绂承父命为之,综核严明,力从节省,竟能不致亏折。即如修葺局厂,向议必须万余金,而所费不及二千两,他可知矣。朱昌琳长子广东补用道朱彝,究心西学,亦经臣委办矿务,笃实明练,并能耐劳。而父子三人,不受薪水,其夫马酬应,所费不赀。臣以其家好义喜施,又皆以公义相取,遂亦不为计及。是其于公有益,而于私有损,深知其事者,无不敬之重之。

乃近来忽有匿名书函,径投该绅,痛肆狂诋,约数百言。又捏造该绅劣迹多条,以官封及信局图记,寄致在京、在外各官宦,其词大抵连臣。爱该绅者辄寄示原函,劝其告退,该绅亦自以垂白之年,徒以一念感时忧事之忱,致为人所怨嫉,亦遂屡请辞卸。臣以为人有君子,即有小人,事有所便,即有所不便,善者好之,不善者恶之,此古今不易之理。该绅父子约己从公,其立心行事,不惟下可以告同人,上可以对君父,且实无愧屋漏,可质鬼神。此等故肆诋諆之言,别有用意,何足计较? 即如臣仰蒙高厚之恩,简任封圻,亦何至甘于污下? 乃无名书函,丑诋无所不至,甚有“为人干孙”之言,其他“贿赂赃私,狗彘不如”等语,天下之恶无不备臣一人之身。因示以其书,且申“不知不愠”之指以规之,并以应办之事尚多,现又垫款经办疏浚城外湖河泊船巨工,属命其子恩绂暂停会试,以孚众望。该绅亦言:“故大学士曾国藩在籍督师时,亦常有此谤书,既已感奋于前,当不至顾虑于后。”

第此中委曲情形,有不得不缕达于君父之前者。该绅父子所办之事,无一不由臣主裁,如有人查出朱昌琳父子于公事有所侵冒欺罔,皆臣一人之罪,自甘严谴,以儆贪昏,与该绅父子无涉。

臣为典事用人起见,不揣冒昧,谨附片陈明,伏乞圣鉴训示。谨奏。

〚附〛光绪二十四年正月廿三日上谕(节录)*

〈湖南巡抚陈宝箴〉又奏:“绅士江西候补道朱昌琳父子,办理官钱局务,近忽有匿名书函痛肆狂诋,谨将委曲情形陈明。”得旨:“匿名揭帖,向例立案不行。该抚所奏,殊属冒昧。”

胡祖荫援例承袭三等男爵摺**

(光绪二十三年十二月十八日)

头品顶戴湖南巡抚臣陈宝箴跪奏,为承袭三等男爵袭后病废,恳请辞退另袭,恭摺仰祈圣鉴事:

窃臣据代理湖南益阳县知县王寓生详称,据承袭三等男爵胡

---

* 据《清实录·德宗景皇帝实录》,见《清实录》,卷四一四,第421页。

** 据《光绪朝硃批奏摺》,第12辑,第812~813页。

子勋呈称："窃子勋现年四十二岁，湖南长沙府益阳县人，缘嗣父原任湖北巡抚胡林翼咸丰十一年克复安庆省城，经前湖广总督臣官文、前两江总督臣曾国藩奏推功绩，八月二十五日奉上谕：'著赏加太子太保衔，并予骑都尉世职。'是年八月二十六日在任病故，遗疏入告，九月十七日奉上谕：'胡林翼著追赠总督，即照总督例赐恤；伊子胡子勋俟及岁时由吏部带领引见等因。钦此。'旋经前两江总督臣曾国藩奏嗣父'忠勤尽瘁，勋绩最多'，十一月十四日奉上谕：'胡林翼以死勤事，综其生平功业，允宜亟予褒扬，著即宣付史馆，以光简册。伊子胡子勋，著赏给举人，准其一体会试。钦此。'又奉上谕：'胡林翼没于王事，悯念良深，著赐祭一坛，并加恩予谥文忠。钦此。'复奉上谕：'湖北巡抚胡林翼，著加恩赏给一等轻车都尉世职等因。钦此。'钦遵在案。子勋系胡林翼继子，同治八年造具亲供甘结，由县详经前抚臣刘具奏，援例呈请将应袭一等轻车都尉兼一骑都尉改并为三等男爵，是年十二月初八日奉旨：'依议。钦此。'因年未及岁，照例支食半俸，并蒙颁给敕书：'再袭八次。'迨年及岁时，因嗣母陶氏衰老多疾，家无次丁侍奉，于同治十三年告乞终养，经升任抚臣王文韶咨部复准在籍支食半俸。光绪四年二月十九日丁嗣母忧，是年六月初三、十月二十三等日，接丁本生父、母忧，均经呈报丁忧、服满起复各在案。本应及时请咨赴部带领引见并应会试，讵意丁忧以后染患痰迷病证，医治久未就痊，不敢以病废残躯渥邀旷典。伏查《会典》内载：'世爵官因疾告退，以其子孙承袭'等语，今子勋嫡长子系嗣父胡林翼继长孙候选郎中胡祖荫，年二十一岁，益阳县附生，遵例入监读书六月，期满，经部于光绪二十年八月发给执照承荫知县，复于二十二年十月初八日，在江南盐捐局，由承荫知县遵新海防例报捐郎中不论双单月选用，蒙给实收祗领。兹子勋于承袭后因病告退，相应援例请以嫡长子胡祖荫承袭原袭三等男爵,俾得及时报效"等情,备具宗图甘结,由县加结,详请奏咨前来。

臣查承袭三等男爵胡子勋袭后病废属实,胡祖荫实系胡子勋嫡长子、胡林翼之继长孙,年已及岁,据请承袭胡子勋原袭三等男爵,与例相符。合无吁恳天恩,俯准敕部将胡祖荫接袭胡子勋原袭三等男爵,俟接准部复,再行给咨赴部带领引见。除履历册结咨部外,理合恭摺具陈,伏乞皇上圣鉴训示。谨奏。

硃批:"该部议奏。"

〖附〗俞廉三:会奏胡祖荫堪资器使片*

(光绪二十五年七月初三日)

再,原任湖北巡抚臣胡林翼之嗣子胡子勋,原袭骑都尉一等轻车都尉改并三等男爵,因病辞退,请以伊嫡长子候选郎中胡祖荫承袭,经前抚臣陈宝箴援例具奏,光绪二十四年二月十九日奉硃批:"该部议奏。钦此。"复经陈宝箴会同湖广总督臣张之洞以"胡林翼忠勤尽瘁,功在天下",缕叙生平勋绩,合词恭摺奏明,奉旨:"留中。钦此"在案。兹准部咨:"将胡林翼嗣孙请兼袭三等男爵候选郎中胡祖荫送部引见。"据益阳县造册详送前来,臣查该员志趣端正,克绍家风,事理明通,堪资器使。除咨部外,谨会同湖广总督臣张之洞附片具奏,伏乞圣鉴。谨奏。

硃批:"该部知道。"

* 据《光绪朝硃批奏摺》,第14辑,第274页。

特参教佐不职各员摺*

（光绪二十三年十二月十八日）

头品顶戴湖南巡抚臣陈宝箴跪奏，为特参教佐不职各员，专摺仰祈圣鉴事：

窃臣自光绪二十一年十月到任，首以整饬吏治为安民要务，所有地方守令贪污庸劣不职各员，迭经随时分别严参，略无假借。两年以来，察看各府州县情形，颇觉知所严惮，虽才具不无短长，阅历各有深浅，尚皆循分供职，亦有自度不能胜任、知难而退者，第就目前牧令而论，尚无亟应纠劾之员。惟教官为士习所关，佐杂病民，受害尤在良懦，苟有不职，均未便稍事姑容。臣督同藩、臬两司，悉心考核，查有桂东县教谕宋泽垣，不知检束，任性旷官；道州训导吴新佑①，纵容书斗，徇庇劣生；宁远县训导陈铭鼎，性情谬戾，不知自爱；益阳县典史王庆恩，粗暴任性，举动乖张；平江县长寿巡检陈际昌，心地糊涂，迹近贪鄙；安福县典史杨汉章，性情乖恣，行为谬妄；兴宁县滁口巡检杨振荣，任性妄为，声名甚劣；桂阳县文明巡检李受谦，浮躁喜事，不守官常。以上教佐八员，相应请旨一并革职，以肃官方。此外州县及各教佐，如有溺职之员，容臣再行确加访察，随时分别纠参，以期仰副圣主整饬吏治至意。

所有特参教佐不职各员一并革职缘由，谨会同督臣张之洞、学政臣徐仁铸专摺具陈，伏乞皇上圣鉴训示。谨奏。

硃批："著照所请，吏部知道。"

---

* 据《光绪朝硃批奏摺》，第12辑，第814页。按：此摺另见《湘报》第二十九号（光绪二十四年三月十八日出版）《抚院奏摺》。

① "吴新佑"，《湘报》作"吴佑"。

江标任满循例具奏摺*

(光绪二十三年十二月十九日)

头品顶戴湖南巡抚臣陈宝箴跪奏,为学政任满,循例具奏,恭摺仰祈圣鉴事:

窃各省学政任满,例应由督抚将考试声名、办事若何据实具奏。兹查湖南学政臣江标,自光绪二十年十一月十二日到任后,迄今届满三年,该学政已将湖南各属岁科考试及考优考拔录科各事务先后办理完竣。臣查该学政学术淹贯,智识闳通,衡文备极精详,去取胥归允当,士林推服,豪无间言;且本忠爱之忱,力求有用之学,湘中士习渐次改观,于造就人材之方殊多裨益。理合据实恭摺具奏,伏乞皇上圣鉴。谨奏。

硃批:"知道了。"

〖附〗江标:上陈宝箴(五通)**

其一

佑民年伯大人侍右:

桂阳试院奉训覆详示种种,复蒙电止京件,至深感荷。伏维恩荣叠晋,政福万增,如颂如祝。摺弁未识是否回省?前件若转寄试棚,则今年不及上发,且因安摺及包纸一切皆已无余,前次肃函求

---

* 据《光绪朝硃批奏摺》,第12辑,第817~818页。

** 原件藏上海图书馆,此据柳岳梅整理之《陈宝箴友朋书札》(三)录入,载《历史文献》,第五辑,第187~189页。按:今题系编者拟加,顺序亦重新调整。其一应作于光绪二十二年十二月,盖陈宝箴巡阅南路营伍在光绪二十三年二月(参阅本集卷十一《恭报出省接阅南路营伍起程日期摺》);据其三"标行将交替"、其四"所幸交替在即"诸语推断,后四札或当同作于光绪二十三年。

幕府代缮，想可俯允也。其摺费，仍祈饬弁临行至敝署领取为感。

湘中百废俱举，振兴气象，日甚一日。矿产大兴，是无穷之利；电信即通，尤关商务血脉。一切得长者握其要纲，又分别而助拔之，标尝谓湘中必成一特立坚固之行省，此其验矣。过郴、桂诸山，见煤矿层叠，而黑铅一矿大可炼银，法易而利巨，不知已有行之者否？陈哲甫观察亦有心世道之人，非徒在牟利者，虽未能得接钧范，当亦深感知己矣。

前月接若溪表兄函，言龙城旧席未便遽辞，有负雅命，属道慊罪。闻明年立民先生不愿离家，日来当已聘定他贤。标处幕友黄陂许茂才兆魁，年少学纯，其算理极为华氏二表兄所特赏，明年试事毕后尚无他就，若以之教湘中诸算士，必不辱命，尚望留意焉。

校经书院新建实学堂，设立方言、算学、舆地学会，其学长则长沙郑涟教方言，巴陵傅鸾翔教算学，新化晏忠悦教舆地，皆湘士多才者。算学总教，则请许君为之条理焉。

日来郴属童场已毕，十八日起马赴衡州，彼处试者众多，须明年灯节前后方可回省。闻南路巡阅已定二月初出省，则尚可畅承教诲也。

校阅小间，拉杂布陈。岁月易更，椒盘又献矣。

肃此，恭请福安，祗贺新喜，伏乞鉴察不庄。

年愚侄江标拜上。十二月十四日。

其二

年伯大人钧鉴：

敦请沈主讲电稿呈阅，尚乞改正赐下，当即照发。昨日与公度商添设分教一席，合共千二百金，俾更周密。

专肃，祗请福安。

年小侄标叩启。

其三

年伯大人钧座：

谨启者：子培处电函已改，照钧示发去，束修四百金，由侄处新收督销局款内拨用。岘帅已允长年千金，而实甫处咨文坚持数百金之说，三次咨文往复，至今尚未见答。惟昨见夏子鑫观察云：“校经既有提调名目，似当有札委，方可认真办理，且可督率监院”等因，似非无见。标以意度之，当日创办之初必有札委，后渐简易，可否饬查旧稿补给，方有专责，或竟重立新章，二月中奏明常年拨款归提调核实收支，会衔札付，将来提调各事自益臻郑重矣。是否有当，伏乞训示。兹呈旧刻张燮钧前辈所刻《校经志略》一本呈阅。

标到湘后，实收到书院捐款谭文翁、王芍翁各千两，谭敬翁肆百两。自造立书楼、学会及添藏矿质、仪器，所费已及四千余金，除收厘局拨用六百金即去年长者允拨之款，今年闻已匀还四百金、新款支用五百金外，所短一千一百余两皆归标捐充矣。学报用费亦逾千两，本省收款仅抵刻费，各县买报已皆绝响，可笑。所有纸张、刷刻、装订，每月须用百金，皆由标填用，将来或可于省外报费内收还也。

标行将交替，所有书院、学会、学报各事，亦粗有头绪。将来尚乞长者暨研芙同年实力维持，日新月改，俾成妥善，旧章不足久恃也。

愚陋之见，率陈无状，尚乞恕之，伏惟万福。

年小侄江标谨启。十二日。

教再启者：日前有人求递创兴抽水机器公司一禀，此事是否可行，乞请钧裁，或发交矿局验实批行方妥。前有《水学图》两幅、《图说》一本，祈便检还，因欲装箱也。

标又上言。

其四

年伯大人钧座：

谨启者：今日本拟趋谒，适得苏州电音，仲兄遽逝，不胜摧伤！虽出嗣家叔，而相处不离，一旦永别，痛苦仓皇。所幸交替在即，便可归里料量后事。惟有大功之丧，日来交卸以前，一切仪节，不知应何合体。生平未经手足之痛，诸事昏蒙，尚乞怜示。新使到接，应穿何服色？即此琐琐，亦望酌夺，不胜感祷。

肃上，教请崇安。

年小侄标再拜。十三日午。

昨日一函未上，一并呈阅。

其五

年伯大人钧座：

顷奉赐谕，据礼明塙，昭然豁蒙，曷胜感戴！一切当遵照办理。心绪恶乱，将来或尚有求教也。赐顾万不敢当，先此肃谢，伏帷垂鉴。

侄标叩复。十三日夜。

王仁和请准援例赐恤建祠立传摺*

（光绪二十三年十二月十九日）

头品顶戴湖南巡抚臣陈宝箴跪奏，为提督大员战功卓著，恳恩赐恤，以彰忠荩，恭摺仰祈圣鉴事：

窃臣据在籍江苏补用道杨懋仪等联名呈称："已故头品顶戴记名提督前甘肃肃州镇总兵敏勇巴图鲁军功加一级王仁和，系湖南长沙府湘乡县人。咸丰四年，由武童投入湘军，随同征剿湖北崇阳、蒲圻等县发逆，并攻破阳陆屯等处贼垒。五年正月，克复武昌

* 据《光绪朝硃批奏摺》，第46辑，第31～34页。

府城。七年,随军援剿江西。是时,贼聚饶州府一带,异常猖獗,该故提督策马当先,被贼枪伤左腿、小腹,犹裹创力战,大获全胜,饶州一律肃清。五月,克复湖口县牛肆桥等处贼垒十余座。八年,进攻九江府城,该故提督拔帜先登,杀毙贼目多名,遂克九江,歼贼万余,磔伪贞天侯林启荣,该故提督亦被贼矛伤左手腕。八月,防剿安徽舒城援贼,克复建德县城。十年,乘胜踏平赤冈岭、菱湖贼垒,暨随同克复安庆省城,破贼数十万众,夺获军械无算,拔出难民万余,军中咸推故提督为首庸。十年,随同统领霆军鲍超迭克江岸各城隘,并铜陵、蛏安等处贼巢。同治元年,复随统领福建水军全营杨岳斌剿平沿江城隘,叙功,洊保以副将补用,并加总兵衔,赏戴花翎。是年,委派管带水师亲兵前营。二年,调派防堵芜湖金柱关逆贼,该故提督奋勇冲阵,攻破湾北、黄池等处贼巢,奉上谕:'花翎总兵衔补用副将王仁和,著交军机处记名,遇有总兵缺出,请旨简放。钦此。'三年,攻克高湻、溧水、东坝各城,蒙赏加敏勇巴图鲁名号。是年,檄委统带湘新祥后德字等营,督兵次第进剿,遂将江西、皖南一律肃清,旋又克复金陵城隘。

四年,复经陕甘总督杨岳斌檄委,统带督标亲兵前营。三月,由湖南前赴甘肃剿办回匪。是年八月,复委统领湘军仁字马、步全军,并添募马、步数营,以备调遣。其时,贼势蔓延,粮运阻绝,该故提督率所部血战,次第向前攻剿,肃清平番县属之红城堡、武胜岔口一带。五年三月,调赴凉州应援,立解凉州镇番城围,并攻克古浪城池,粮道始获疏通,诸军得以并力攻战。粮饷、军械无虞匮乏,该故提督之功为多。十月,统带各军由土门、大靖一带扫荡回匪,十一月初四日收复裴家营堡,凉郡一带肃清,奉上谕:'著交军机处记名,遇有提督缺出,请旨简放。钦此。'是月,经陕甘总督杨岳斌奏请借补乌鲁木齐济木萨营参将员缺,奉旨允准。十一月,复委统带仁字马、步各营，兼办甘州防务，并驰往肃州接统镇西一军。又委署肃州镇总兵事务，攻剿踞逆，于十二月十八日由凉州统师西进。六年正月，大股贼匪窜扰甘肃甘峻堡，贼势甚盛，该故提督奋力堵剿，因贼众兵单，以致失挫，经陕甘总督杨岳斌参劾，摘去敏勇巴图鲁名号。三月二十四日，接署肃州镇总兵篆务。四月十二日，在肃州城东北崖头督队击贼，箭伤额角。十七日，力战于肃州城北河滩等处，亲身冲入贼队，手刃首逆二名，大获全胜，左臂被贼枪伤，铅子透出。七年三月，奉调赴甘攻剿，所部仁字三营勇丁因缺饷饥溃，窜至金塔地方，该故提督设法筹饷，立即剿平，奉旨：'暂行革职，仍留署任，随营效力。钦此。'是年六月，派委总统仁、礼、信字护军各营暨甘标五营等二十余营，该故提督联络屯扎，挑挖长壕，为久困之计，日夜督战，贼势穷窘。十一月，回匪乞降，随收复肃州城池。十二月初八日，交卸肃镇篆务，奉旨：'王仁和著开复原官，仍交军机处记名，遇有提督缺出，请旨简放，并还敏勇巴图鲁名号。钦此。'八年六月，奉檄收复高台、山丹，溃勇俱投顺归伍。旋经奏派统领仁字亲兵怀义马、步各军，驻扎凉州防剿。十月，委署凉州镇总兵篆务，是月十七日到任。九年十月，奉饬将怀义各营改为定凉营，旋因迭受各伤，奏明，奉旨免予骑射。十一年八月初十日交卸凉州镇篆务，仍统仁、定各营，驻防西路。同治十二年，奉旨赏给三代正一品封典。旋会同各军肃清关陇，光绪二年二月初四日奉旨：'交部从优议叙。钦此。'旋经部议给予军功加一级。五年八月二十日，奉旨借补洮泯协副将员缺，是年十二月到任，即督兵荡平新疆南、北两路，由古牧地进剿，攻克乌鲁木齐、吐鲁番等城，复将南路八城次第克复。六年正月，奉旨交部议叙。三月，洮泯所属瓜子沟番匪聚众滋事，该故提督星夜驰剿，生擒伪活佛古胆巴并逆首数名正法，全境肃清，蒙赏给头品顶戴。是年十一月十一日，奉旨补授甘肃肃州镇总兵,嗣经陕甘总督左宗棠奏请著原品休致,饬即交卸副将篆务,适值旧伤复发,请假回籍就医。

光绪十年,法兵攻踞台北,经总办福建军务前陕甘总督杨岳斌檄委,分统乾军左军,进援台北等处。十一年二月二十四日,率队由泉州澳涂乘轮先渡,行抵琅琊,被法轮遮截。旋因和议已成,仍反驻防。十六年五月,复奉陕甘总督杨昌濬檄调赴甘,八月初二日保奏请注销'原品休致'字样,奉硃批:'著照所请,兵部知道。钦此。'九月,奉派总理全省营务处,兼统武威马、步全军。十一月初六日,因率队操演,偶感风寒,触发旧伤,于是月二十六日在营病故。

溯查该故提督以武童从戎,转战数省,每遇劲敌,身先士卒,不避锋刃,至受重伤数处,克复城池数十座,其克复甘肃凉州、疏通运道,勋绩尤为卓著。职等同居乡里,或曾与共事,见闻最确,不忍听其湮没。查记名提督易玉林、陶茂林均蒙赐恤在案,该故提督事同一律,理合开造履历事实清摺,联名呈请援案奏恳恩施,将已故记名提督前甘肃肃州镇总兵敏勇巴图鲁王仁和,照军营立功后积劳病故例奏请从优议恤,并请于原籍地方建立专祠,并将生平战功事迹宣付国史馆立传,以彰劳勚而慰忠魂"等情,呈请具奏前来。

臣查已故记名提督王仁和,从戎三十余年,身经数百战,每战必先,不避锋刃,即屡受重伤,犹裹创鏖战,其忠诚勇敢实有过人之处,用能叠克名城,扫荡凶逆,乃以积劳成疾,伤发病故,殊堪悼惜。合无吁恳天恩,俯准敕部将已故记名提督前甘肃肃州镇总兵敏勇巴图鲁王仁和,照军营立功后积劳病故例从优议恤,并于原籍地方建立专祠,其生平战绩宣付史馆立传,以彰劳勚而励戎行,出自逾格鸿施。

除履历事迹咨部外,理合恭摺具陈,伏乞皇上圣鉴训示。谨奏。

硃批："兵部议奏。"

梁云山请准援例赐恤立传摺*

（光绪二十三年十二月十九日）

头品顶戴湖南巡抚臣陈宝箴跪奏，为总兵大员战功卓著，恳恩赐恤，以彰忠荩，恭摺仰祈圣鉴事：

窃臣据在籍按察使衔江西候补道朱昌琳等联名呈称："已故升用总兵前浙江平阳协副将果勇巴图鲁梁云山，湖南长沙县人。咸丰二年，由武童投充南勇营什长，随军剿贼。三年，派赴郴、桂防剿发逆，该故总兵奉派侦探，尽得贼情回营，诸军乃议进攻郴州，贼党启关迎拒，鏖战半日，逼城筑垒。是夜，贼众潜出扑营，我军静伏以待，闻号突起，贼众惊乱，败退入城，不及闭门，该故总兵领兵冲入，右腿受矛伤，搜杀半夜，毙贼千余，克复州城，奉赏六品军功。馀贼窜扰桂阳等处，诸军乘胜尾追，直抵桂阳州城下，贼党悉力拒守，各路援兵会合乡团围攻不克，该故总兵援堞而登，大军继进，遂复桂阳，次第收复江华、永明各县，加赏五品军功。四年，调赴浏阳、醴陵各处，剿办土匪。六年，调援江西，由万载进扎袁州府属之登龙桥，各军会攻府城，该故总兵时充前哨哨长，由中路进逼，扎秀江桥，首当贼冲。旋督哨勇直扑城根，诸军汇集，城上炮如雨注，血战不退。薄暮，各驾云梯登城，贼势不支，弃城败走，追杀十余里，毙贼三千余人，伪侍卫李能通出降，生擒伪检点黄毓生正法，夺获旗械、马匹甚多。十一月初一日，将袁州府城克复。该故总兵身受重伤三次，先后收复万载、上高各城。贼窜分宜，依城临河筑垒相接，

* 据《光绪朝硃批奏摺》，第46辑，第35～37页。

并于桥上排列枪炮,扼险拒守,该故总兵首先抛掷火弹,击败桥上之贼,各军随连拔贼垒数座,贼党溃遁。分宜既克,乘胜规复萍乡,得保蓝翎外委。九年,逆酋石达开率众数十万窜扰永州,围攻宝庆,该故总兵奉派助剿,屡冲贼阵,手受矛伤,适老湘营马队由鄂来援,各军合进,遂解宝庆重围,共毙贼万余人,蒙保千总守备衔,奉委帮带永清水师营,同解祁阳县围。十一年,石逆窜踞湖北来凤县城,该故总兵奉调攻剿,克复来凤,保升花翎都司,因伤病请假回籍。

同治元年,浙江衢州镇总兵刘培元檄调援浙,委带安武军左营。五月,驰抵江山县,进逼县属后溪街。六月,调剿东路大洲贼巢,连战获胜,贼遂窜踞龙游,奉派制造战船。七月,与浙兵会攻龙游,进扎圭塘山,逆首陈廷香屡次扑犯,均经该故总兵奋力击败,烧毁贼卡十余座。八月,逆首李世贤遣伪朝将李尚扬等率众六万来援,城贼亦出,刘培元亲身督阵,该故总兵从空壁跃出,由中路横截贼队,左、右两军趁势猛进,毙贼千人,阵斩逆首胡明顺等。九月,在东门外宝塔岭筑垒俯瞰城中,十一月,贼出万人来争,为各军击败,阵斩黄衣贼数名。二年正月,抵南城外,筑垒围逼,贼势窘迫,窜往金华等处,遂复龙游,共毙贼万余,斩逆首陈廷香、李国群,获辎重无数。该故总兵亦被折伤左足,不能驰马,改委管带楚军前营水师,次第收复金华、汤溪,浙东肃清,保以游击留浙补用。复派剿桐庐,击破沿河贼垒,焚毁贼船数十,毙贼千余,合兵进攻,立将桐庐克复。十二月,调攻杭州,破贼于万松岭,踏平观音堂坚巢,遂将炮船由闸口堤抬入西湖。三年,水陆各军围攻浙江省城,昼夜苦战,至二月二十四日,将杭州克复,保以参将留浙,并加副将衔。八月,委署太湖营游击,旋蒙奏免骑射,又督军攻克湖州城池,并收复武康各城。四年,沐保副将留浙补用,并加总兵衔,赏给果勇巴图鲁名号。七年，分发浙江提标中营。十年二月，交卸署篆。八月，仍委署太湖游击。

光绪二年，补授浙江平阳协副将，三年三月初八日任事。恭逢光绪十年十月初十日覃恩加一级，并蒙赏给父母匾额、如意、袍褂，谨领在案。适值海氛吃紧，留办海防，扼扎闽、浙海滨交壤之区，不辞劳苦，感受飓风潮湿，犹力疾防御。十三年四月，请咨赴部引见，奉旨回任，并经前闽浙总督杨昌濬密保二等堪以总兵升用，奉旨：'依议。钦此。'照例注册在案，复恭逢覃恩加一级。十四年九月闻讣丁母忧，回籍守制。十八年二月内接丁父忧，二十一年服满，因积劳过甚，旧伤举发，未能起复，光绪二十二年六月初四日在籍病故。创病呻吟之际，惟以受恩深重未能报效为憾。

伏思该故总兵从戎三十年，身经百余战，所向克捷，屡受重伤，其果敢之绩早著于生前，忠悃之忱不忘于垂殁。职等见闻既确，不忍听其湮没无闻，伏查已故前署贵州古州总镇〔古州镇总兵〕陶茂林曾蒙奏请赐恤①，该故总兵事同一律，恳将已故总兵前浙江平阳协副将果勇巴图鲁梁云山，援照军营立功后积劳病故例奏请从优议恤，并将生前战功事迹宣付国史馆立传，以慰忠魂"等情，呈请具奏前来。

臣查已故总兵前浙江平阳协副将梁云山，从戎三十余年，转战湖南、湖北、江西、浙江等省，身经百余战，叠克名城，功绩卓著，乃以积劳伤发病故，殊堪悼惜。兹据联名呈请前来，合无吁恳天恩，俯准敕部将已故升用总兵前浙江平阳协副将梁云山，照军营立功后积劳病故例从优议恤，并恳将战功事迹宣付史馆立传，以彰忠荩

① "古州总镇"，宜作"古州镇总兵"。可参阅《陶茂林请准援案赐恤并附祀摺》(详本集卷五)。

而励戎行,出自逾格鸿施。

除履历事实咨部外,理合恭摺具陈,伏乞皇上圣鉴训示。谨奏。

硃批:“兵部议奏。”

卷十六　奏议十六

湘省谷米杂粮厘金分别照旧征收、减收片*

（光绪二十三年）

再，查湘省谷米杂粮厘金经前护抚臣王廉奏请照章征收，旋因光绪二十一年雨泽愆期，长、衡等府所属州县收成极为歉薄，全赖商运周转，经臣奏请将本省境内装运谷米、杂粮免收厘金在案。兹据总理湖南厘金局务布政使何枢等详称："上年岁收丰稔，粮价平减，当此饷项奇绌、需用万紧之际，不能不筹计及此，缘入款多一分收数，即出款获一分补苴，自应仍行一律征收。惟念歉收之后，元气甫复，似应于筹济饷需之中仍寓体恤商民之意。拟请将杂粮等项并贩运出境谷米照旧抽收外，所有境内贩运谷、米两项，查照向章'米每石抽收制钱二十文'减为十六文，'谷每石抽收制钱十文'减为八文，以示体恤"等情，详请具奏前来。臣查该局所详系为筹济饷需起见，其请将境内贩运谷、米分别减收，亦系体察情形，于恤民裕课之间酌中定议，自应均如所拟办理。除批饬出示晓谕并分行各局卡遵照暨咨户部外，谨附片陈明，伏乞圣鉴。谨奏。

---

* 据《光绪朝硃批奏摺》，第 77 辑，第 898～899 页。按：据"光绪二十一年雨泽愆期"、"上年岁收丰稔"云云，此片当奏于光绪二十三年。可参阅《谷米准予贩运出省照旧流通片》（详本集卷六）。

硃批:"户部知道。"

湘省赈捐再行展缓造册请奖片*

(光绪二十三年)

再,光绪二十一年湖南长沙、衡州等府所属州县被旱成灾,经前抚臣吴大澂及臣先后奏请照直隶现办章程劝办捐输,以资赈济,经部议奏:"俟一年限满,即行停止等因",奉旨:"依议。钦此。"咨行到湘,当即转饬开办,刊刻实收章程,通饬各属遵照办理,并咨请直隶、广东、福建、浙江、贵州、山西、陕西、四川、江宁、江西、江苏等省,及由筹赈局咨请两淮盐运司、湖北荆州府转饬湘人之服官各省者量力报捐请奖。各该省官绅知湘赈紧要,推广劝办,非湘人而乐捐者尤众,随即汇解捐款银两前来,由筹赈局核收,分发灾区赈给。前据局详,经臣咨商各省:"所有代办湘省赈捐,收纳各捐生银两,是否即由各省就近请奖,以省周折,抑或由湘省汇案造报"去后,除直隶协拨赈款商明:"查照昔年晋边成案,自行奏咨请奖",又准两广总督臣谭钟麟咨明:"代办湖南等省赈捐,由广东省归并一局统收分解,即由粤详咨户部核奖"外,其余各省多未咨复。查各该省距湘道远,所有各捐生请奖履历清册刻难齐全,不免有稽时日,恐于限外请奖或干部诘,据筹赈局司道详请"奏咨展缓半年造册请奖",经臣附片奏明,奉旨允准在案。兹复据该司道等会详:"转瞬将届展限半年期满,各省捐生应造请奖履历清册尚未齐全,刻难依限办理,应请奏咨'再行展缓半年造册请奖',俾急公好善已缴赈款各捐生同邀奖叙,免致向隅"等情前来,臣复查无异,除咨户部外,

* 据《光绪朝硃批奏摺》,第31辑,第726页。按:可参阅据光绪二十二年《湘省赈捐展缓造册请奖片》(详本集卷十)。

所有湖南省赈捐再行展缓半年造册请奖缘由，理合附片陈明，伏乞圣鉴训示。谨奏。

朱批："知道了。"

陈湜捐助赈银援案请奖并准为其父母建坊片*

（光绪二十三年）

再，光绪二十一年湘省长、衡等府旱灾，经臣先后奏明开办赈捐，以资接济。兹据筹赈总局司道详称，据丁忧二品顶戴安徽候补道陈善、五品衔候选训导陈运昌、员外郎衔中书科中书陈翼栋等禀称："故父原任江西布政使陈湜，时在榆关营次，捐银一万四百两，复遵祖父一品封典候选教谕陈开煦、祖母一品命妇杜氏遗命，捐银二千两，共捐银一万二千四百两，寄湘赈济。故父心殷继志，谊切周饥，原不敢邀奖叙，惟近年赈捐章程：'凡有大员慨捐银款，均经各省奏奖'，如现任江苏布政使聂缉椝，在浙江臬司任内捐助湘赈银五千四百两，并历捐顺直等省赈银，经浙江抚臣廖寿丰奏请赏给头品顶戴有案。兹故父捐银一万四百两，可否奏奖追赠头品顶戴；其遵遗命捐银二千两，并恳建坊"等情，由局具详请奏前来。

臣查前江西布政使陈湜悯念桑梓灾黎，慷慨乐输巨款，捐助赈银一万四百两，由局核收散赈，现据援案请奖，核与成案相符；又陈湜复遵故父一品封典候选教谕陈开煦、故母一品命妇陈杜氏遗命，捐助赈银二千两，赴局交收散赈，洵属克承先志、好义急公，核与赈捐章程"凡捐银一千两，准随时奏请建坊"之例相符。合无仰恳天恩，俯准照江苏布政使聂缉椝捐银成案，将已故江西布政使陈湜赏给头品顶戴，并准将一品封典已故陈开煦夫妇给予"乐善好施"字

* 据《光绪朝硃批奏摺》，第 31 辑，第 728～729 页。

样,令其自行建坊,以光泉壤而昭激劝之处,理合会同湖广总督臣张之洞附片具奏,伏乞圣鉴训示。谨奏。

硃批:"著照所请,该部知道。"

袁虞庆等请免骑射改习枪炮片*

(光绪二十三年)

再,据乾州协副将袁虞庆禀称,同治元年随军克复湖北来凤县城,被贼矛伤右胁;七年攻克贵州寨头及台网、台笠各寨,被苗逆石伤左臂;十年克复台拱厅城,又攻拔三丙、革夷、东衣寨等处,被贼枪子中伤左足。又署臣标右营游击管带亲军新后营刘高照,同治元年随同水陆各军迭复江岸各城隘,被贼矛伤左胁;二年进攻金陵,被炮子中伤左腿。又左营候补参将黄昌,同治二年解雨花台围,被贼矛伤右肩;三年克复金陵,被贼炮伤左胯;六年在湖北天门等县剿捻,被贼刀伤左膝。又管带亲军卫队左营尽先补用游击刘俊堂,同治十年剿平陕西金积堡,被贼枪伤左足膝;荡平马家滩等堡,被贼刀伤左肩;十三年克复大通县城,被贼枪子伤右手腕。又右营候补游击刘映清,咸丰九年克复江西南安府,并解信丰城围,被贼刀伤右腿;十年奉调入川,解井研县城围,被贼枪伤左手腕。又右营候补游击游永茂,咸丰十年解宝庆府城围,被贼矛伤右腿二处;同治元年克复浙江遂安,援剿江山县,被贼炮伤右肩、右胁。又长沙协候补游击宋绍贵,同治二年克复浙江金华汤溪等处,被贼枪伤左足;三年克复杭州、馀杭等处,被贼枪子中伤左腿;四年克复福建漳州、龙岩等处,被贼刀伤左手虎口。又左营左哨千总汤光耀,同治三年克复湖北天门皂市等处,被贼枪伤右足膝;光绪二年管解

---

* 据《光绪朝硃批奏摺》,第46辑,第52~53页。

军装赴黔,中途遇贼,矛伤右手腕。该员等所受各伤,均经报验在案,每逢阴雨节候,不时触发,力难挽强驰骋,先后禀请委员查验,奏免骑射,改习枪炮等情。当经臣札委各该营就近文员复验,该员等所受伤痕俱属确实,各具印结禀复前来。合无仰恳天恩,俯准将乾州协副将袁虞庆,署臣标右营游击刘高照,左营候补参将黄昌,管带亲军卫队左营尽先补用游击刘俊堂,右营候补游击刘映清、游永茂,长沙协候补游击宋绍贵,左营左哨千总汤光耀,均免骑射,改习枪炮,以示体恤。

除饬取该员等履历咨部外,谨会同湖广总督臣张之洞、湖南提督臣娄云庆附片具陈,伏乞圣鉴训示。谨奏。

硃批:"著照所请,兵部知道。"

余虎恩请准兼袭合并片*

(光绪二十三年)

再,据湖南平江县知县冼宝幹详,据本任广东高州镇总兵一等轻车都尉兼一云骑尉世职余虎恩家丁李贵呈称:"窃家长余虎恩,现年六十一岁,系湖南平江县人。于咸丰四年投入军营,随同转战湖南、湖北、江西、广东、安徽、浙江、福建、江南、河南、山东、山西、直隶、陕西、甘肃、新疆等省,叠克各府厅州县城隘案内出力,荐保以提督尽先简放,并赏穿黄马褂、头品顶戴、正一品封典、奇车博巴图鲁、头等军功。同治十三年十月初二日,奉上谕补授陕西陕安镇总兵。光绪二年,奉调出关,攻拔古牧地坚巢,克复乌鲁木齐迪化州城,经前陕甘总督臣左宗棠以'朴勇沈毅,洞晓机宜,此次督队连复数城,勋勤卓著'保奏,奉上谕:'赏给云骑尉世职。钦此。'攻克

* 据《光绪朝硃批奏摺》,第46辑,第53~55页。

达坂城托克逊坚巢,会克吐鲁番满汉两城,又经左宗棠以'迅赴戎机,忠勇奋发,连克城隘,卓著勋勤'保奏,奉上谕:'赏给骑都尉世职。钦此。'三年,奉奏饬关外老湘、西征、定远、董字、旌善马步各军均归总领节制,克复西四城,新疆南路肃清,又经左宗棠以'忠勤廉朴,勇略超群'保奏,奉上谕:'提督余虎恩前经得有骑都尉世职,著改为一等轻车都尉世职。钦此。'七年,以'久历戎行,转战十数行省,身受重伤二十七处'具奏,奉旨免予骑射。八年,交卸营伍,赴陕西陕安镇总兵任。十一年,因旧伤复发,蒙奏请开缺,回籍调养。十六年,病痊。十七年,奉委统领湖南振字三营。二十年,入都陛见。是年八月二十五日奉上谕补授广东高州镇总兵,随奉旨调募老湘虎字十营,赴山海关防堵。二十一年,奉旨驻扎河西务。二十二年遣撤,叠蒙奏请赏假回籍修墓各在案。因堂兄余益隆于咸丰五年投入平江营充当哨弁,随同转战江西湖口、南康等处,屡以军功拟保,是年十月初十日在瑞州血战阵亡,经兵部议'给云骑尉世职,袭次完时,给予恩骑尉世袭罔替'等因,咸丰八年十月初十日具题,十二日奉旨:'依议。钦此。'又堂兄余榜绪于咸丰五年投入平江营充当哨弁,随同转战江西各属,保以把总并戴蓝翎,于七年九月十七日在江西贵溪县之夏家岭金沙滩阵亡,经兵部议'给云骑尉世职,袭次完时,给予恩骑尉世袭罔替'等因,咸丰九年六月二十三日具奏,本日奉旨:'依议。钦此。'钦遵各在案。兹阵亡余益隆等皆无亲生嫡、庶出子孙,又无可继之亲弟兄应行承袭之人,亦无无职亲近之人可以承袭,例准于有职人员内议令承袭,虽应袭者有二三人之多,亦准其合并一爵。家长余虎恩系阵亡余益隆、余榜绪之堂弟,所有奉旨赏给各云骑尉世职,遵例应以家长余虎恩一人兼嗣承袭。查定例:'一等轻车都尉兼一云骑尉,再加一云骑尉则为三等男,再加则为二等男'各等语,现家长余虎恩已奉旨赏有一等轻车都尉兼一云骑尉世职，又遵例兼袭阵亡堂兄余益隆、余榜绪各云骑尉，请合并为二等男。并无假冒钻继等弊，出具亲供，邀同户邻出具甘结”，由县查核无异，造册加结，详请奏咨兼袭合并前来。

臣复核无异，相应吁恳天恩，可否俯准将本任广东高州镇总兵一等轻车都尉兼一云骑尉世职余虎恩，兼袭各云骑尉世职，合并为二等男之处，出自逾格鸿慈。除册结送部外，理合附片具陈，伏乞圣鉴训示。谨奏。

朱批：“兵部议奏。”

蔡灏元代购矿机请饬总署知照片（稿）*

再，留粤插补水师千总改捐分省试用同知蔡灏元，前奉总理各国事务衙门派往德国监造快船，经臣电致出使俄德大臣□部侍郎许景澄[①]，委令代购湖南开采金矿机器[②]，订于明年正、二月间拨运至沪[③]。惟蔡灏元系总理各国事务衙门派往之员，相应奏明，恳请饬知该衙门知照。又，该员现由湘省新海防捐局改捐分省试用同知[④]，并恳天恩，饬部将该员前保武职千总原官注销，以分省试用同知注册。除咨吏、兵二部外，为此附片具陈，伏乞圣鉴。谨奏。

---

* 据舒斋藏摄片。此为陈宝箴手稿。按：此稿另见录于《陈宝箴遗文（续）》，载《近代中国》第十三辑，第321页。

① 此句原有之空缺，现以“□”代替。

② 此下原有“业经陆续购齐”一语，继自删去。

③ “拨运至沪”，初作“运至上海”。

④ “现”，初作“已”。按：《光绪朝硃批奏摺》仍录作“已”。

蔡灏元代购矿机请饬总署知照片*

(光绪二十三年)

再,留粤插补水师千总改捐分省试用同知蔡灏元,前奉总理各国事务衙门派往德国监造快船,经臣函致出使俄德大臣工部左侍郎许景澄,委令就近代购湖南开采金矿机器,订于明年正、二月间交外国商船附运至沪。惟蔡灏元系总理各国事务衙门派往之员,相应奏明,恳恩饬知该衙门知照。又,该员已由湘省新海防捐局改捐分省试用同知,并恳天恩,饬部将该员前保武职千总原官注销,以分省试用同知注册。除咨吏、兵二部外,为此附片具陈,伏乞圣鉴。谨奏。

硃批:"该部知道。"

保员李见荃等请以知县留湘委用片(稿)**

再,臣于光绪二十二年八月,奏保浙江补用知县关棠、内阁中书改就知县李见荃、拣选知县王士杰、谢钟英、贺国昌等五员,堪备州县循能之选,恳恩饬下各该省督抚臣给咨送部引见,量予录用等情,旋于是年十月初十日接回原片,奉硃批:"关棠等均著发往湖南,交陈宝箴差遣委用,吏部知道。钦此。"钦遵恭录转行去后。除关棠业经病故、王士杰未经起程来湘不计外①,其李见荃一员已先

---

* 据《光绪朝硃批奏摺》,第46辑,第56页。按:《清实录·德宗景皇帝实录》光绪二十二年十一月丁巳条有云:"命工部左侍郎许景澄充出使德国大臣。"见《清实录》,卷三九七,第197页。

** 据舒斋藏摄片。此为陈宝箴手稿。按:此稿另见录于《陈宝箴遗文(续)》,载《近代中国》第十三辑,第331~332页。

① "未经起程来湘不计",初作"未经来湘"。

由内阁中书以知县引见[①]，分发浙江候补，经臣咨明浙江抚臣廖树〔寿〕丰[②]，饬知该员即于光绪二十三年三月初九日由浙到省；贺国昌于三月十八日到省；谢钟英于三月二十二日到省[③]。经臣分别札委勘丈滨湖淤洲、招办矿务等事[④]，均能切实办理，劳怨不辞，绝无敷衍习气[⑤]，且皆志趣向上，为守兼优，洵为牧令中难得之材。该员等均系知县本班，合无仰恳天恩，准将浙江候补知县李见荃、拣选知县贺国昌、拣选知县谢钟英三员，均以知县留归湖南委用，以资臂助，出自高厚鸿慈。除李见荃本系浙江候补知县，今以本班奏归湖南委用[⑥]，应请免缴分发离省指省银两外，其贺国昌、谢钟英二员，应饬照例补交分发银两。如蒙俞允，再由臣饬取该员等履历送部注册。

臣为地方需才起见，理合附片具陈，伏乞圣鉴训示。谨奏。

保员李见荃等请以知县留湘委用片*

（光绪二十三年）

再，臣于光绪二十二年八月，奏保浙江补用知县关棠、内阁中书改就知县李见荃、拣选知县王士杰、谢钟英、贺国昌等五员，堪备州县循能之选，恳恩饬下各该省督抚臣给咨送部引见，量予录用等情，是年十月初十日接回原片，奉硃批："关棠等均著发往湖南，交陈宝箴差遣委用，吏部知道。钦此。"钦遵恭录转行去后。除关棠

① 此句及下句，初作"其李见荃一员，已以知县分发浙江候补"。

② "寿"，据《光绪朝硃批奏摺》改正。

③ "三月二十二日"，初作"四月初二日"。

④ "招办"，初作"开办"。

⑤ 此句初作"绝无一切习气"。

⑥ 此句初作"今以本班调归湖南"。

* 据《光绪朝硃批奏摺》，第12辑，第857页。

业经病故、王士杰未经起程来湘不计外,其李见荃一员已先由内阁中书以知县引见,分发浙江候补,经臣咨明浙江抚臣廖寿丰,饬知该员即于光绪二十三年三月初九日由浙到省;贺国昌于三月十八日到省;谢钟英于三月二十二日到省。经臣分别札委勘丈滨湖淤洲、招办矿务等事,均能切实办理,劳怨不辞,绝无敷衍习气,且皆志趣向上,为守兼优,洵为牧令中难得之材。该员等均系知县本班,合无仰恳天恩,准将浙江候补知县李见荃、拣选知县贺国昌、拣选知县谢钟英三员,均以知县留归湖南委用,以资臂助,出自高厚鸿慈。除李见荃本系浙江候补知县,今以本班奏归湖南委用,应请免缴分发离省指省银两外,其贺国昌、谢钟英二员,应饬照例补交分发银两。如蒙俞允,再由臣饬取该员等履历送部注册。

臣为地方需才起见,理合附片具陈,伏乞圣鉴训示。谨奏。

硃批:"著照所请,吏部知道。"

欧阳栋、朱道濂各予惩罚片*

(光绪二十三年)

再,湘省设局开办矿务,前经奏明在案,上年由矿务总局札委光禄寺署正职衔欧阳栋、湘乡县举人朱道濂,解运白铅矿砂前往汉口试售。欧阳栋并不遵札办理,亦不先行禀明,辄赴上海,将常宁水口山已出、未出铅矿与洋商戴玛德议定价值,书立合同。经臣于该委员等回湘后,严饬往沪与该洋商追废前约,始将合同退销完结。查欧阳栋奉委解运铅砂,辄与洋商私订合同,殊属专擅荒谬;

---

* 据《光绪朝硃批奏摺》,第102辑,第20~21页。按:据《为讯明湘省矿务委员私订合同设法挽救事咨复鄂督(大意)》(详本集下册《公牍》卷),此片约奏于光绪二十三年四月间。

朱道濂随同前往，并未阻止，亦属不合。现在虽已了结，仍应量予惩儆，以杜效尤。相应请旨将欧阳栋光禄寺署正职衔即行斥革，解回原籍，交地方官严加管束；并将举人朱道濂罚停会试一科，以示薄惩。是否有当，除咨部外，理合附片具陈，伏乞圣鉴训示。谨奏。

硃批："著照所请，该部知道。"

密陈湖南近年司道供职情形摺（稿）*

（光绪二十三年）

奏为密陈湖南近年司道供职情形①，谨缮摺附奏，仰祈圣鉴事：

窃湖南臬司桂中行因病出缺，谨已另摺具报。惟查湖南民习素称强悍，近年风俗日漓，又复济之以黠诈，狱讼繁兴，变幻百出，更时有不靖绅弁从中主持②，声势相倚，州县莫能究诘，率以拖延蒙蔽为事。臬司综刑名而兼察吏，关系甚巨，非得精明果决之材，鲜不苟且将就，用致闾阎怨愤莫伸，盗贼滋起，以强凌弱，以众暴寡，患气所积，实为隐忧。光绪二十一年间，盐法长宝道李经羲署理臬司篆务，极意勾稽，不惮烦难，不畏疆〔强〕御，而精力又足以副之，一时是非大明，猾吏奸民渐知有所严惮，民甚德之。嗣前升司俞廉三到任，精求治理，臣亦相继抵湘，日与讲求整饬、鉴别群僚，劻勷之力③，较之藩司，实为远过，湘人去后之思，至今未绝。迨升

---

* 据舒斋藏摄片。此为陈宝箴手稿。按：据陈宝箴光绪二十三年四月二十八日《臬司因病出缺请旨简放摺》、五月二十三日《恳请嘉奖廷杰并交部引见片》（均详本集卷十二）推断，此摺稿似撰于光绪二十三年四五月间。又按：此稿另见录于《陈宝箴遗文（续）》，载《近代中国》第十三辑，第327～328页。

① 此句及下句，初作"奏为密举本省道员堪胜两司其人，据实具陈"。

② 此句初作"又间有不肖团绅从中主持"。

③ 自此以下三句，初作"劻勷之力，实远过于藩司何枢"。

任山西布政使已故臬司桂中行继之,该故司向官江皖守令,卓著循声,及抵湘任,廉介勤恳有过人者,惟精力渐衰,在任日浅,于官民情形尚未深悉,由是两司之事多萃于微臣一身。孱质菲材[①],深以辜恩旷职为惧[②],曾于上年年终两司密考单内稍陈梗概,度蒙圣明洞鉴。

今湖南现任司道中,惟盐法道李经羲与辰永沅靖道廷杰最为杰出。廷杰精明果毅,勇于有为[③],上年委办辰沅积匪[④],备著勤劳,地方赖以安谧[⑤],拟即归案另摺具陈。其才具、精力,与李经羲均可胜繁难之任。而李经羲于湘事全局较为谙练,兼办省城厘金总局,亦有起色。此皆臣所即事考求而不敢一语欺饰者。伏见朝廷进退外省大僚,督抚而外,惟藩、臬最为慎审,且屡奉谕旨,命臣工保举人材,以备采用,诚以用人为治忽所关,即地方安危所系,苟有未当,纵不至遽【下缺】

会奏长江提督自湘启程日期片[*]

(光绪二十三年)

再,长江水师定章:"提督以半年驻上江,半年驻下江,周历巡阅。"历经奏报在案。兹长江提督黄少春于本年二月十五日自太平府前赴湖口,溯流上驶,历汉阳、岳州镇标,按营考察官兵勤惰,周巡洞庭,阅看沅江营,行抵长沙省城,与臣面商一切应办事宜。旋

---

① 此下原有"日夜祗惧"一语,后删。

② 此句初作"深以辜恩溺职为忧"。

③ 此句初作"精于有为"。

④ "积匪",初作"匪徒"。

⑤ "安谧",初作"清肃"。

* 据《光绪朝硃批奏摺》,第52辑,第908页。

于五月初十日由省启程，仍循长江下驶，依次校阅。所有由省启程日期，谨会同长江水师提督臣黄少春循例附片奏报，伏乞圣鉴。谨奏。

硃批："知道了。"

黄遵宪署理臬司篆务片*

（光绪二十三年）

再，新任湖南按察使李经羲钦奉谕旨："来京陛见"，应即交卸，起程北上。所遗篆务，查有新授湖南盐法长宝道黄遵宪业已来湘，尚未到任，该员系钦奉谕旨简放实缺人员，堪以署理。除檄饬遵照外，谨会同湖广总督臣张之洞附片具陈，伏乞圣鉴。谨奏。

硃批："知道了。"

〖附一〗光绪二十三年五月十九日上谕**

以湖南盐法长宝道李经羲为湖南按察使。

〖附二〗光绪二十三年五月廿一日上谕***

湖南盐法长宝道员缺，著黄遵宪补授。

---

* 据《光绪朝硃批奏摺》，第12辑，第858页。按：据黄遵宪《致汪康年》三十三、三十四（详《汪康年师友书札》（三），第2359～2360页），遵宪到湘约在光绪二十三年八月初。又据皮锡瑞日记（详附三），八月下旬遵宪已接臬印。由此推断，该片当奏于是年八月。

** 据《清实录·德宗景皇帝实录》，见《清实录》，卷四〇五，第291页。

*** 据《知新报》第二十五册（光绪二十三年六月二十一日出版）。

〖附三〗皮锡瑞:光绪二十三年八月廿九日、九月初六日日记(节录)*

莘田(乃桐轩明府之弟)云,湘鄂轮船公司将行,伊为鄂中总董之一。本拟作大轮浅水船,因闻粤东开铁路至湘鄂之议,黄公度已接臬印,督办铁路,此路若成,轮船又将废搁矣,故不敢大举。

出门见黄公度廉访同年,相隔廿余岁矣,道故甚亲密。【中略】询粤东开铁路到湖南确否,云已有端倪。

陈承祖年满甄别片**

(光绪二十三年)

再,查定例:"道府以至州县保归候补班人员,予限一年,察看甄别"等因,历经遵办在案。兹查有同知衔候补班前先补用知县陈承祖,年五十一岁,江西新城县人,于光绪十九年六月十九日过班到省,扣至光绪二十年六月十九日,一年期满,例应甄别。据湖南布政使何枢、署按察使黄遵宪会详前来,臣详加察看,该员陈承祖才具开敏,办事精详,堪以留省,照例补用。除咨吏部查照外,谨会同湖广总督臣张之洞附片具陈,伏乞圣鉴。谨奏。

硃批:"吏部知道。"

---

* 据《师伏堂未刊日记》,载《湖南历史资料》,1958年第4期。

** 据《光绪朝硃批奏摺》,第9辑,第865页。按:《光绪朝硃批奏摺》将此片系于吴大澂名下,时间推断为"光绪二十年六月分"。但该片既云"据湖南布政使何枢、署按察使黄遵宪会详前来",由此推断,作者当系陈宝箴,时间约在光绪二十三年九月前后。

王馀庆、刘爔分别调署东安、慈利令片*

（光绪二十三年）

再，湖南东安县知县吴鼎荣因病请假回省就医遗缺，查有桑植县知县王馀庆，才具稳练，办事安详，堪以调署。又，慈利县知县缺，查有蓝山县知县刘爔，才识明通，讲求吏治，堪以调署。据藩司何枢、署臬司黄遵宪会详前来，除批饬遵照外，谨会同湖广督臣张之洞附片具陈，伏乞圣鉴。谨奏。

硃批："吏部知道。"

沈祥麟保案名字讹误请饬更正片**

（光绪二十三年）

再，据湖南善化县知县陈吴萃申称，据劳绩班不论双单月遇缺即选知县沈祥麟遣丁呈称："窃祥麟现年五十岁，系善化县人，由俊秀在江西崇仁县团练捐输经费案内报捐监生同知职衔，经户部于同治三年三月二十七日奏准发给执照祗领。嗣由同知职衔于同治九年六月二十一日在湖南协黔新捐局报捐州判不论双单月选用，由户部颁发执照祗领。旋因投效援黔军营随同攻克施洞口等处苗巢案内出力，蒙前抚臣刘焜保奏，同治十年四月初七日奉上谕：'州判沈祥麟著免选本班，以知县不论双单月遇缺即选。钦此。'遵奉行知在案。同治十一年正月二十日将在营经手事件交代清楚，呈请离营。光绪二十三年请咨赴部投供，蒙发给咨文，亲赍赴部，因

---

* 据《光绪朝硃批奏摺》，第12辑，第859页。按：此片上奏时间，似在光绪二十三年九月后。

** 据《光绪朝硃批奏摺》，第12辑，第859～860页。

请领劳绩执照,始知当日保案单内将‘祥麟’误书‘祥龄’,与原捐底案及保札均属两歧,自是当时笔误”等情,由县申请奏咨更正前来。臣查例章:“凡保举名字笔画舛错者,如无原保大臣,准由后任督抚臣奏明请旨更正。”今遇缺即选知县沈祥麟前保缮写“祥龄”系属笔误,相应据情奏恳天恩,俯准饬部查照原保清单,将遇缺即选知县“沈祥龄”更正“祥麟”,以符底案而免两歧,出自鸿慈逾格。除咨部外,谨附片具陈,伏乞圣鉴训示。谨奏。

硃批:“该部知道。”

饶熉均调署沅江县片*

(光绪二十三年)

再,现署湖南沅江县知县叶向辰调署黔阳县知县,所遗沅江县知县缺,查有益阳县知县饶熉均,年壮才明,办事稳练,堪以调署。据藩司何枢、署臬司黄遵宪会详前来,除批饬遵照外,谨会同湖广总督臣张之洞附片具奏,伏乞圣鉴。谨奏。

硃批:“吏部知道。”

周启镨请斥革举人片(稿)**

(光绪二十三年)

再,据署长沙县知县赖承裕禀称:“据该县廪生杨亨衢等,以举

---

* 据《光绪朝硃批奏摺》,第12辑,第860页。按:此片上奏时间,似在光绪二十三年九月后。

** 据舒斋藏摄片。此为幕僚誊清稿,由陈宝箴审定签发者。篇末原有陈宝箴手批日期:“十三”,上钤“真实不虚”篆字阳文印一枚。按:光绪二十三年九十月间武闱乡试时,赖承裕已署长沙令,长沙府知府钟英殁于二十四年正月二十二日,据此推算,此片上奏时间似在光绪二十三年九月至十二月间。又按:此稿另见录于《陈宝箴遗文(续)》,载《近代中国》第十三辑,第313~314页。

人周启镨(即周子湘)安葬父棺,将伊祖墓挖毁等情,具控到县,经该县传集人证,饬呈契据查讯,杨亨衢等当堂呈出族谱字据,正在查核,周启镨即称赖承裕不应先阅杨姓凭据,谩骂咆哮"等情。当经臣批由臬司转饬长沙府提审,并查明周启镨果有挟制咆哮情事,先行详参去后。兹据湖南布政使何枢、署按察使黄遵宪,饬由长沙府知府钟英,查明周启镨由附生中式光绪十七年辛卯科本省乡试第三十二名举人,其因讼在县,逞刁挟制,谩骂咆哮,系属实情,会详请参前来。除饬长沙府提集人证,审明拟办,并咨礼、刑二部外,相应请旨将周启镨(即周子湘)举人先行斥革,以惩刁健而肃法纪。谨附片具陈,伏乞圣鉴。谨奏。

陈李氏捐躯殉节请准旌表并附祀片*

(光绪二十三年)

再,据湖南桂阳直隶州知州刘华邦详,据在籍云南候补知县陈其昌等联名呈称:"原任山东巡抚陈士杰之妾李氏,系江苏吴县人,侍士杰十有二年,生子一女二,事士杰及正妻颜氏备极恭谨,家庭长幼均皆雍睦,毫无间言。光绪十八年,士杰疾笃,该氏刲臂和药以进,扶持调护,至忘寝食,凡一百九十昼夜。十二月,士杰身故,该氏号恸哀慕,日久愈深,至十九年三月十三日,竟潜服毒药自尽。似此从容殉节,在寻常妇女已属寡俦,求之姬妾之中,尤为难得。"援照原任直隶提督郭松林之妾赵氏请旌成案,开造事实册结,具详前来。臣查光绪六年原任提督郭松林之妾赵氏身殉家长,经前直隶总督臣李鸿章具奏,经礼部议请旌表并附祀该故提督郭松林专祠,奉旨:"郭赵氏准其旌表,馀依议。钦此。"钦遵在案。今原任山

---

* 据《光绪朝硃批奏摺》,第29辑,第295~296页。

东巡抚陈士杰之妾李氏捐躯殉节,情事相同,既据援案具详前来,合无仰恳天恩,俯准旌表并附祀陈士杰专祠,以彰节烈而维风化。除册结咨送部科外,理合附片陈明,伏乞圣鉴训示。谨奏。

砯批:"陈李氏准其旌表,馀依议。"

李光高捐田赡族请准建坊片*

(光绪二十三年)

再,据署湖南湘乡县知县王祖荫详称,据职员李登猷等呈称:"族人三品衔补用道广东遇缺即补知府现任钦州直隶州知州李光高,承其先人遗志,将历年累积廉俸置买邵阳县属地名奖溪田一百亩,并庄屋一所、山地一片,照时价共折合银三千两,一并捐归阖族,择人董理,永远作为族中鳏寡孤独废疾人等养育丧葬之资,洵属谊笃宗支,恳请援例旌表,以彰善举"等情,造册取结,具详请奏前来。查定例:"士民人等捐赀赡族,其田粟准值银千两以上者,请旨建坊,给与'乐善好施'字样"等语。今湘乡县绅士三品衔补用道广东遇缺即补知府现任钦州直隶州〈知州〉李光高捐田赡族,值银三千两,洵属谊笃宗支,殊堪嘉尚,核与旌表之例相符,理合据情吁恳天恩,俯准建坊旌表,给予"乐善好施"字样,以资观感而励风俗。除将册结送部查核外,理合附片具陈,伏乞圣鉴训示。谨奏。

砯批:"著照所请,礼部知道。"

* 据《光绪朝砯批奏摺》,第29辑,第296~297页。

报解光绪廿三年末批京饷摺*

（光绪二十三年）

头品顶戴湖南巡抚臣陈宝箴跪奏，为报解本年末批地丁、厘金、盐厘京饷及漕折、固本等银，恭摺仰祈圣鉴事：

窃照湖南省本年奉部原拨、续拨京饷，共地丁银二十五万两，厘金、盐厘银共十万两，业经委员解过头、二、三批地丁银一十九万两，盐厘、厘金银共八万两，又三次解过奉拨本年东北边防经费厘金银六万两，固本军饷银四万五千两，漕折、二米、漕费等银六万九千九百九两九钱九分四厘四毫，均经会核奏报在案。兹据藩司何枢详称："筹备地丁银六万两，本年冬季三个月固本军饷银一万五千两，又会同总理厘金局务各司道筹备盐厘银一万两、厘金银一万两、边防经费厘金银二万两，以上共银一十一万五千两，作为本年末批京饷。"又据粮储道但湘良详："在于光绪二十三年新漕折价项下动支银二万两，一并派委候补知县聂家遂、候补直隶州州判董鸿勋管解赴部交纳。"分案详请奏咨前来。臣复核无异，除分别缮具咨批、护牌，饬发该委员小心领解，另取起程日期咨报，一面分咨沿途各省饬属妥为拨护外，所有报解本年末批京饷缘由，谨会同湖广总督臣张之洞恭摺具奏，伏乞皇上圣鉴。

再，本年应解地丁、厘金、盐厘京饷及边防经费、固本饷银，均已扫数解清，合并声明。谨奏。

硃批："户部知道。"

---

* 据《光绪朝硃批奏摺》，第61辑，第319页。此摺篇尾残损，缺见上奏日期，《光绪朝硃批奏摺》指为"光绪二十三年十二月"。按，光绪二十二年末批京饷报解日期为九月廿八日，可资参酌。

筹解光绪廿三年备荒经费片*

(光绪二十三年)

再,据湖南布政使何枢会同总理厘金局务各司道详称:“前奉部咨:‘指拨湖南备荒经费每月厘金银一千两,行令随同京饷搭解赴部交收’等因,遵办在案。兹筹备光绪二十三年分备荒经费银一万二千两,现有管解光绪二十三年末批京饷委员候补知县聂家遂、候补直隶州州判董鸿勋,堪以附便搭解”等情,详请奏咨前来。〈除〉缮给咨牌饬发领解外[①],所有筹解备荒经费缘由,理合附片具陈,伏乞圣鉴。谨奏。

硃批:“户部知道。”

搭解光绪廿三年加复俸饷末批银两片**

(光绪二十三年)

再,湖南每年应解另款加复俸饷银八千两,经前抚臣吴大澂奏请,自光绪十九年起,于节省长夫尾存项下照数动支,作正开销,业经按年解清,并解过光绪二十三年头、二、三三批库平银六千〈两〉,随时奏咨在案。兹据善后报销总局司道详称:“现又在〈于〉节省长夫尾存项下筹备本年分末批库平银二千〈两〉,合湘平银二千七十八两四钱,交末批京饷委员候补知县聂家遂、候补直隶州州判董鸿

---

* 据《光绪朝硃批奏摺》,第88辑,第519页。按:据片中“现有管解光绪二十三年末批京饷委员候补知县聂家遂、候补直隶州州判董鸿勋,堪以附便搭解”推断,此片与下一片当同为上摺之附片。

① 此句“缮”前仅有一空格,“除”系编者补入。

** 据《光绪朝硃批奏摺》,第88辑,第519页。按:原片略有残损,现由编者代为补足。

勋搭解赴部交纳”等情，详请奏咨前来。臣复核无异，除咨户部、都察院查照外，所有扫数搭解光绪二十三年分另款加复俸饷四批银两缘由，谨附片陈明，伏乞圣鉴。谨奏。

硃批：“户部知道。”

光绪廿三年营兵请借仓谷片*

（光绪二十三年）

再，前准户部咨：“凡遇青黄不接，营兵需借仓谷，务须专摺奏明”等因，历经遵照办理、按年汇奏在案。兹据布政使何枢详称：“光绪二十三年分，永定、临武、九溪三营，以时值青黄不接，兵丁买食维艰，请照章借支仓谷接济。查永定、临武、九溪均系本折兼支营分，照章每名借谷一石。永定营原额弁兵除停募外，实存弁兵二百八十六员名，共借谷二百八十六石，在于永定县仓内支给。临武营除停募外，实存弁兵三百七十四员名，共借谷三百七十四石，在于桂阳州及临武、蓝山、嘉禾四州县常平仓内分支借给。九溪营原额弁兵除陆续停募外，实存弁兵三百五十九员名，共借谷三百五十九石，在于慈利县仓内支给；又该营分防桑植汛弁兵六十七员名，向系全支折色，照章每名借谷二石，共借谷一百三十四石，在于桑植县仓内支给。”汇案详请具奏前来。臣复加查核，俱与历办成案相符。除饬令于秋后照例扣饷，买补还仓造报外，所有营兵请借仓谷缘由，理合会同湖广总督臣张之洞附片陈明，伏乞圣鉴。谨奏。

硃批：“知道了。”

---

* 据《光绪朝硃批奏摺》，第 61 辑，第 326 页。按：光绪二十二年营兵请借仓谷一片，上奏时间为十月二十八日，可资参考。

光绪廿三年筹解二批顺天备荒经费片*

(光绪二十三年)

再,准户部咨:“《议复顺天府兼尹等奏请拨江浙河运漕米为顺天备荒之用,拟令将湖南采买米价、运费等银委解部库,以为备荒经费》一摺,光绪二十年六月二十日具奏,内阁奉上谕:‘所有湖南每年应解京漕三万石,嗣后勿庸办运,即将米价、水脚等项共合银七万二千三百余两,按年解交部库,以备缓急。著自本年起如数报解,另款存储,专备顺天赈抚提用。馀依议。钦此。’”钦遵咨行到湘,当经札行司道,钦遵查照遵解去后。

兹据湖南粮储道但湘良、布政使何枢会详,湖南省光绪二十三年新漕仍办折征,其应解采买京米三万石折价、水脚等项银两,前已照案于库存节年南秋银内借支银二万两,作为本年筹解头批备荒经费,交商号蔚泰厚承领汇解,业经臣奏报在案。兹复于库存节年漕项各银内借支银三万两,作为本年筹解二批备荒经费,一俟催收各属二十三年漕折有银,即行拨还原款。除将银二万两发交号商蔚泰厚承领,又银一万两发交百川通承领汇兑,由京城银号以足色库平解赴户部交纳,拨充顺天备荒经费之用等情,详请奏咨前来。臣复查无异,除缮咨发交该号商蔚泰厚、百川通各承领汇解并咨部外,理合会同湖广总督臣张之洞附片具奏,伏乞圣鉴。谨奏。

硃批:“户部知道。”

---

* 据《光绪朝硃批奏摺》,第70辑,第968页。按:光绪二十二年筹解二批顺天备荒经费一片,上奏时间为十二月十九日,可资参考。

奏请斥革马福焘并饬传李蔚文片*

（光绪二十三年）

再，臣前因"查有委办湖南醴陵县厘金局务试用通判李蔚文作奸舞弊、勒索商民；又闻该局收支委员试用巡检马福焘与李蔚文通同舞弊，所有侵亏款项，多入收支之手。请旨将办理醴陵厘局试用通判李蔚文革职追缴；并将马福焘发交长沙府看管查追，如究明串通情弊或追不足数，再行一并严参"等情，附片具奏，于光绪二十三年二月十四日奉到硃批："著照所请，该部知道。钦此。"钦遵札饬严追去后。兹据总理湖南厘金局司道详，据长沙府知府钟英详称："马福焘前办醴陵厘金局收支，亏空公款银三千五百二十三两有奇，遵提追缴，迄今日久，仅据缴银一百四十四两、洋银八十三圆，不及欠款十分之一。并据禀称：'所亏公项内，有李蔚文挪用钱九百余千'等语。饬传李蔚文，业已措资离省。请将马福焘先行参革，如再延不完缴，即行查追家产，变价充公；并传李蔚文质讯"等情。臣查马福焘籍隶甘肃宁夏县人，于光绪十七年遵新海防例报捐巡检，指发湖南试用。除咨部将马福焘试用巡检先行斥革，一面饬府勒限严追，并咨陕西巡抚臣转饬已革通判李蔚文原籍宁羌州，查明李蔚文如已潜回原籍，立即提解来湘质讯追缴外，理合附片具陈，伏乞圣鉴。谨奏。

硃批："该部知道。"

---

* 据《光绪朝硃批奏摺》，第78辑，第74页。

〖附〗俞廉三:革员挪移公项依限缴清请开复处分摺*

(光绪二十六年十月十八日)

头品顶戴湖南巡抚臣俞廉三跪奏,为革员挪移公项依限缴清,拟请开复原参处分,恭摺仰祈圣鉴事:

窃查已革湖南试用通判李蔚文,前因委办醴陵县厘金分局,经前抚臣陈宝箴以"查有作奸舞弊、勒索商民、侵亏公项等情"请旨革职,复闻该局收支委员试用巡检马福焘通同舞弊,咨部斥革,并因该革员先期已回宁羌州原籍措资,咨会陕西抚臣饬传,先后附片具奏在案。嗣经传到,发交长沙府查讯。兹据署湖南布政使胡廷幹、署按察使湍多布、办理厘金总局补用道夏献铭会详:"光绪二十五年七月十六日据长沙府知府颜钟骥禀称:'李蔚文亏空一案,调齐簿据,逐一稽核。醴陵县厘金分局土药月厘一项,自光绪十九年二月起,自〔至〕二十一年十二月底止,除解支外,共亏短足制钱六百九十六千六百七文。讯据李蔚文供称,实因过道厘金收数短绌,不敷比较,即以所收土药月厘钱文挪移抵解。再三推鞫及核对簿籍批回,与所供相符,并未侵盗入己,亦无作奸舞弊、勒索商民之事。至收支委员马福焘如何亏空,李蔚文并不知情,委非通同舞弊'等情,当饬将挪移钱文勒限严追。旋据陆续措缴,于是年十二月初四日悉数交清",详请奏咨开复前来。

臣查例载:"挪移库银五千两以下,统限一年果能如数全完,免罪,仍准开复",又《吏部则例》内载:"应追赔项人员,完缴清楚后,

---

* 据《光绪朝硃批奏摺》,第78辑,第366~367页。

即将该员先予开复,不得以同案人多,驳令俟各员统行交齐方准开复”各等语。此案已革试用通判李蔚文挪移土药月厘抵解过道厘金,计制钱六百九十六千六百七文,应作银六百九十六两六钱七厘,计算系在五千两以下;自光绪二十五年七月十六讯明追缴之日起,至十二月初四日全数缴清,系在一年限内。既据讯无侵盗入己及作奸舞弊、勒索商民重情,例准先请开复。合无仰恳天恩,俯准将已革试用通判李蔚文开复原官,仍留湖南试用,如蒙俞允,再行照例给咨送部引见。其马福焘亏空之案,容俟研讯明确,另行办理。除咨部外,理合会同湖广总督臣张之洞恭折具奏,伏乞皇太后、皇上圣鉴训示。谨奏。

硃批:“著照所请,该部知道。”

湘省牙帖拟请仍归藩司衙门办理片*

(光绪二十三年)

再,湖南牙帖捐输仿照湖北章程,改由厘金局劝办,曾于光绪十一年经前署抚臣庞际云奏明,奉旨允准,行局遵照详定章程,督饬省局员绅先由省城试办,复遴选正绅分赴各埠,会同各局委员分别筹劝。计自光绪十年十一月开办起,至十九年九月止,所收牙捐银两除开支局用外,均经汇解善后局,并将行户姓名及开设埠头、应纳税银一并造册,咨送藩司衙门在案。旋因开办已久,应捐、应换之帖均已捐换殆尽,于光绪二十年详请停止以示限制,如有捐请牙帖事宜,仍照旧制,归藩司衙门办理。复经前抚臣吴大澂批饬:

---

* 据《光绪朝硃批奏折》,第78辑,第75页。按:据此片奉到硃批日期(详附文),此片上奏时间当在二十三年九月中下旬。又按:此片另见《萃报》第十八册(光绪二十三年十一月二十六日出版),题为《湘抚陈湖南牙帖仍归藩司办理片》。

“认真清查,毋庸遽请停截。”迄今又逾数年,并无新捐牙帖之事。即间有呈请换帖者,无非将远年废帖改色易埠,或将故帖冒顶朋充,照原捐则例缴半,希图朦混取巧、争埠射利,一经换给,立见讼狱繁兴,扰累实甚,且并此亦属无几。而原用帖照均经填竣,既未便零星咨取,又难凑积成数,无从造册咨解。盖以从前开办已阅十年,所有繁盛之区以及城乡市埠均已清查殆遍,延至于今,势成弩末,若不停止示以限制,奸民妄生希冀,徒烦案牍,无补于公。当此饷项支绌,若能捐集巨款,裨益饷糈,自当设法维持,认真办理,无如体察情形,断难捐收踊跃。查定例:“捐请牙帖,应由藩司衙门经理”,拟请嗣后凡有捐请牙帖之事,仍统归藩司衙门办理,以符旧制而一事权。据湖南厘金总局司道详请分别奏咨前来,臣复加查核,所请均系实在情形,除咨户部外,所有湖南牙帖拟请仍归藩司衙门办理缘由,理合会同湖广督臣张之洞附片具陈,伏乞圣鉴训示。谨奏。

朱批:“户部知道。”

〖附〗光绪二十三年十月廿六日上谕*

湖南巡抚陈宝箴奏:“厘金局办理牙帖捐输,捐换殆尽,应请停止,仍归藩司衙门办理。”下部知之。

故员交代未清请予革职并勒令家属完解片**

(光绪二十三年)

再,钱粮交代,例限綦严,历经严督查催,不容稍有亏短。兹查

---

* 据《清实录·德宗景皇帝实录》,见《清实录》,卷四一一,第372页。

** 据《光绪朝硃批奏摺》,第82辑,第751页。按:据此片奉到硃批日期(详附一),此片上奏时间当在二十三年九月中下旬。

已故前安乡县知县汪文焕,任内交代亏短钱粮银一千一百九十二两九钱五分四厘,迭次札催,延不解缴,现已逾限,并据澧州直隶州知州郑立诚揭报到司。据湖南布政使何枢、署按察使黄遵宪会详前来,相应请旨将已故前安乡县知县汪文焕革职,勒限三个月,严追该故员家属迅将亏短钱粮如数完解。倘逾限不完,再行照例严参,以重库款。谨会同湖广总督臣张之洞附片具陈,伏乞圣鉴训示。谨奏。

硃批:"著照所请,该部知道。"

〖附一〗光绪二十三年十月廿六日上谕*

以亏欠交代,革湖南已故前安乡县知县汪文焕职,提属勒追。

〖附二〗俞廉三:故员家属续完银两请准开复处分片**

(光绪二十五年正月二十二日)

再,臣据署湖南布政使但湘良、按察使蔡希邠详称:"已故安乡县知县汪文焕任内亏短钱粮银一千一百九十二两九钱五分四厘,屡次严催,未据呈解,经前抚臣陈宝箴附片奏请革职,勒限三个月完缴在案。兹经催据该故员家属将前项亏短银两于光绪二十四年十一月十三日如数完缴,弹收在库,汇入二十二年钱粮考成册内报部"等情,具详请奏前来。臣复查无异,合无仰恳天恩,准将已故安乡县知县汪文焕原参革职处分开复之处,谨会同湖广总督臣张之

* 据《清实录·德宗景皇帝实录》,见《清实录》,卷四一一,第372页。

** 据《光绪朝硃批奏摺》,第83辑,第6页。

洞附片具陈,伏乞圣鉴训示。谨奏。

硃批:“著照所请,该部知道。”

光绪廿三年春夏词讼月报片*

(光绪二十三年)

再,湖南省向设词讼月报,令各府厅州县将每月审理上控、自理案件摘叙案由,造册通赍,由臬司考核勤惰,分记功过,用昭劝惩,按半年具奏一次,业经开报至光绪二十二年秋冬两季在案。兹据署按察使黄遵宪查明,光绪二十三年正月起至六月底止,各府厅州县审结上控及自理词讼三千五百四十七起,查核判断均尚平允,已逐月分别功过,照章注册存记,详请奏报前来。臣复核无异,相应附片具陈,伏乞圣鉴。谨奏。

硃批:“知道了。”

援案筹解光绪廿三年苗疆经费片**

(光绪二十三年)

再,湖南苗疆屯防佃租,每届不敷经费,除由司库动支银一千两外,其余银两历经奏明在于粮道库节省项下筹款支给在案。兹据粮储道但湘良详称:“本届光绪二十三年系无闰年分,应拨给银六千八百九十四两四钱。查应解前项银两,现因节省项下无款动支,照案在于库存光绪二十二年驴脚银内先后开支银六千八百九十四两四钱,解由藩库弹收,随时给领”,详请查核具奏前来。臣查

* 据《光绪朝硃批奏摺》,第106辑,第174页。按:此片上奏时间,据《黄遵宪署理臬司篆务片》(上奏时间约在光绪二十三年八月,详本集卷十六)推测,似在二十三年九月之后。

** 据《光绪朝硃批奏摺》,第82辑,第752页。

前项动拨苗疆经费银两系奏明援案筹解之项，除如详批准动支解交藩库，连司库应发银一千两，分别给领，并咨户部查照外，理合附片陈明，伏乞圣鉴。谨奏。

朱批："户部知道。"

光绪廿二年动用藩、粮两库钱粮片*

（光绪二十三年）

再，查湖南历年支发防协各饷动用藩、粮两库钱粮，均经随时奏报在案。兹据总理善后报销局司道详称："光绪二十二年正月起至十二月底止，动拨藩库地丁银二万两、驿站银八万两、粮库南秋银一万两，总共银十一万两，均凑作协甘新饷及本省防营勇粮等项之用，应请归入善后经费项下，作正开除"等情，呈请奏咨前来。臣复核无异，除咨户部查照外，理合附片陈明，伏乞圣鉴。谨奏。

朱批："户部知道。"

扫数完解光绪廿三年顺天备荒经费片**

（光绪二十三年）

再，准户部咨："《议复顺天府兼尹等奏请拨江浙河运漕米为顺天备荒之用，拟令将湖南采买米价、运费等银委解部库，以为备荒经费》一折，光绪二十年六月二十日具奏，内阁奉上谕：'所有湖南每年应办京漕三万石，嗣后勿庸办运，即将米价、水脚等项共合银七万二千三百余两，按年解交部库，以备缓急。著自本年起如数报解，另款存储，专备顺天赈抚提用。馀依议。钦此。'"钦遵咨行到

---

* 据《光绪朝硃批奏摺》，第 82 辑，第 752 页。

** 据《光绪朝硃批奏摺》，第 70 辑，第 969 页。

湘,当经札行司道,钦遵查照遵解去后。

兹据湖南粮储道但湘良、布政使何枢会详:"湖南省光绪二十三年新漕仍办折征,其应解采买京米三万石折价、水脚等项银两,前经两次照案在于库存节年南秋及漕项各银内借支银五万两,先后交号商承领汇解,奏报在案。兹复于光绪二十三年漕折银内扫数动支银二万二千三百七十二两三钱六分六厘六毫,解足前项备荒经费之数,发交号商蔚泰厚如数承领汇兑,由京城银号以足色库平解赴户部交纳,拨充顺天备荒经费之用"等情,详请奏咨前来。臣复核无异,除给咨发交该号商蔚泰厚承领汇解并咨部外,理合会同湖广总督臣张之洞附片具奏,伏乞圣鉴。谨奏。

硃批:"户部知道。"

分限汇解光绪廿四年甘肃新饷片*

(光绪二十三年十二月)

再,据总理善后局司道详称:"光绪二十三年分部拨甘肃新饷银十六万两,业经分批扫数解清在案。今奉拨光绪二十四年甘肃新饷银十六万两,应于年内赶解三成。伏查湘省本年奉派认还洋款以及筹解二十三年甘肃新饷,实已搜罗殆尽,加以司道各库时形支绌,惟念西陲大局攸关,需饷甚巨,不得不设法腾挪,以应急需。现在于藩库筹银二万四千两,淮盐湘厘项下筹银二万四千两,共库平银四万八千两,仍交天成亨、协同庆、蔚丰厚各商号,均于十二月初五日赴局,各承领银一万六千两,限于二十四年三月初五日汇至甘肃藩司衙门交收,守候库收批照回销,以期迅速而应急需"等情,详请奏咨前来。臣复核无异,除分咨户部暨陕甘督臣、新疆抚臣查

---

* 据《光绪朝硃批奏摺》,第61辑,第320页。

照,并饬将其余未解银两按限接续筹解外,谨会同湖广总督臣张之洞附片具陈,伏乞圣鉴。谨奏。

硃批:"户部知道。"

单家荣亏短钱粮请暂行革职并饬如数完缴片*

(光绪二十四年)

再,州县交代钱粮、仓谷均关正款,不容稍有亏短。兹查休致卸事之通道县知县单家荣,交代亏短钱粮银一千二百九十六两九钱三分七厘、仓谷三百二十九石一斗三升三合五勺、田房税银一十七两五分五厘、库杂银四百五两二钱二分四厘,迭札严追,延不解缴,现在二参已逾,未便稍事姑容。据湖南布政使何枢、署按察使黄遵宪会详前来,相应请旨将已奉休致之通道县知县单家荣暂行革职,勒限两个月内,严追该员迅将亏短仓谷及钱粮、库杂银两分别如数买补完解,倘逾限不完或完不足数,另行从严参追,以重库款。谨会同湖广督臣张之洞附片具陈,伏乞圣鉴。谨奏。

硃批:"著照所请,该部知道。"

---

* 据《光绪朝硃批奏摺》,第91辑,第254页。按:此片内称"据湖南布政使何枢、署按察使黄遵宪会详前来"云云。黄遵宪署任臬司,在光绪二十三年八月后;何枢之为湘藩,似止于光绪二十四年三月;及光绪二十四年闰三月起,系由李经羲署任藩司;光绪二十四年五月之后,则又是俞廉三任布政使。故而推断此片递奏时间,约在光绪二十三年八月至光绪二十四年闰三月之间。

卷十七　奏议十七

叩谢赏福字恩摺*

（光绪二十四年正月二十六日）

头品顶戴湖南巡抚臣陈宝箴跪奏，为恭谢天恩，仰祈圣鉴事：

窃臣于光绪二十四年正月初八日奉到御赏"福"字一方，当即恭设香案，叩谢天恩祗领。伏念臣承乏熊湘，倏更凤籥。丹忱北向，欣王会之宏开；紫气南来，荷宸章之宠贲。钦惟皇上治光玉镜，化协珠杓。布惠施仁，顺行生于大造；绥猷建极，裕敷锡于洪畴。爰乘夏朔之颁，用普春祺之锡。焕宝书于天上，云汉分章；颁奎翰于人间，湘衡耀采。诂详《尔雅》，赅禄禧禠祜以俱全；画灿羲文，并岣嵝琅环而永宝。龙章仰对，鳌戴弥殷。臣惟有益矢微诚，奉扬圣化。恩推蔀屋，长偕万姓以迎和；忱效华封，还祝一人之多福。

所有感激下忱，谨恭摺叩谢天恩，伏乞皇上圣鉴。谨奏。

硃批："知道了。"

光绪廿三年十二月粮价及雨雪情形摺**

（光绪二十四年正月二十六日）

头品顶戴湖南巡抚臣陈宝箴跪奏，为恭报上年十二月分粮价

* 据《光绪朝硃批奏摺》，第 29 辑，第 307 页。

** 据《光绪朝硃批奏摺》，第 96 辑，第 297 页。

并地方雨雪情形，仰祈圣鉴事：

窃照湖南省上年十一月分市粮价值及地方雨雪情形，业经臣恭摺奏报在案。兹据藩司何枢查明通省上年十二月分各项粮价，开单汇报前来。臣逐加查核，长沙等十八府州厅属米、麦、豆各价值均与上月相同，省城及各属地方暄润得宜。续据各该州县禀报，十二月十二、十三暨十七等日得雪，平地旋落旋融，高阜积至二三寸不等，民情欢忭，境宇绥安，堪以上慰宸廑。理合恭摺具奏，并缮粮价清单敬呈御览，伏乞皇上圣鉴。谨奏。

硃批："知道了。"

钟英痰迷自缢并无别故摺*

（光绪二十四年正月二十八日）

头品顶戴湖南巡抚臣陈宝箴跪奏，为知府痰迷自缢，查明并无别故，恭摺奏祈圣鉴事：

窃查道光二十八年钦奉上谕："嗣后文职自知县以上，如有自尽之案，该督抚专摺奏闻，以昭慎重等因。钦此。"兹据湖南布政使何枢、署按察使黄遵宪会详，据署长沙县知县赖承裕、署善化县知县陈吴萃会禀，据长沙府知府钟英家丁方林禀称："家长钟英系福州驻防京城正黄旗满洲瑞兴佐领下人，素性诚悫，办事实心。先以主事供职户部，操劳太过，致患痰疾，旋即医调就痊。嗣奉简放岳州府知府，初任外官，冰兢益矢，勤求治理，惟日孳孳，以致旧疾复发一次，然一经调理，不过数日，亦即平复如常。光绪二十一年蒙奏调长沙府缺，二十二年七月到任。长沙为湘省首郡，兼管发审案件，政务殷繁，家长到任以来，矢勤矢慎，事无巨细，罔不躬亲，每念

---

* 据《光绪朝硃批奏摺》，第13辑，第32～33页。

时事多艰,甚至忘餐废寝,忧心耿耿,不释于怀。本年正月初间又发旧疾,始仅精神微觉惝恍,尚可力疾办公,一面延医调治。不料本月二十二日辰刻忽然痰迷加剧,竟乘间于内署解带自缢,家人知觉奔救,业已无及,当即气绝身故。家长在任并无经手未完事件,除将印信随时缴奉转呈藩库封存外,禀请转报"等情,据此,卑职等即刻前诣府署勘验,钟英实系痰迷自缢身死,并无别故等情,由司查核详请奏咨前来。

臣查长沙府知府钟英,平日办事极为勤慎,自本年正月初三日复发旧疾,调治未愈,延至二十二日,遽致痰迷自缢身故,殊堪悯恻。既经长沙、善化二县勘验并无别故,应毋庸议。除饬司委员接署,另片奏报,并饬取供结备案,暨咨移部科、正黄旗都统查照外,所遗长沙府知府系冲、繁、难省会要缺,相应请旨迅赐简放,以重职守。理合会同湖广总督臣张之洞恭折具奏,伏乞皇上圣鉴训示。谨奏。

硃批:"另有旨。"

颜钟骥、朱其懿分别委署长沙、衡州府片*

(光绪二十四年正月二十八日)

再,湖南长沙府知府钟英故缺,查有衡州府知府颜钟骥,器识沈毅,为守兼优,堪以调署。递遗衡州府知府缺,查有候补知府朱其懿,操履清卓,见义勇为,堪以署理。据藩司何枢、署臬司黄遵宪会详前来,除批饬遵照外,谨会同湖广总督臣张之洞附片具陈,伏

---

* 据《光绪朝硃批奏折》,第12辑,第858页。按:此片似为上折之附片,上奏时间即由此推断。又按:此片另见《湘报》第五十四号(光绪二十四年闰三月十七日出版),原题为《湖南巡抚陈奏委知府片》。

乞圣鉴。谨奏。

硃批："吏部知道。"

遵议添扣各项减平每年约扣银数摺*

（光绪二十四年正月二十八日）

头品顶戴湖南巡抚臣陈宝箴跪奏，为湘省司道各库及善后局支放勇粮，遵照部议，添扣各项减平，每年约扣银数，恭摺奏祈圣鉴事：

窃臣于光绪二十三年六月间准户部咨："议复御史宋伯鲁《奏请添扣各项减平，以裕利源》一摺，奉旨：'依议。钦此。'行令各省自本年七月起，无论藩运道库及各局处，所额支旗绿各营俸薪、饷干、米折、养赡并各项经费、津贴、薪费、口粮暨一切正杂各款，凡向支库平者，每两核扣六分，统按二两平发给；其由旗绿各营挑练之兵所支饷糈，较额兵为优，亦应核扣六分平，以归一律。至各省勇饷，多系开支湘平，当此整顿营勇之时，自未便再行核减。第查各处防饷间或以库平支给，未免稍有参差，亦拟令自本年七月起，无论旧有防勇、新添练勇，以及学习洋操各军，凡饷项开支库平者，照数核扣四分，统按湘平发给，计各项减平扣出银数若干，按半年报部一次，专款存储，留备拨还洋款，无论何项，不得擅行动支。其从前减平各案扣存六分、四分各数，并令照案分别解部及报部候拨，毋得径行截留应用。再，军需例扣一分平馀开支书吏工食，为数无几，自应循例办理，毋庸统行核扣，并将各项减平一年约扣数目先行专案奏报"等因，咨行到湘，当经臣转饬遵照去后。

兹据布政使何枢、粮储道但湘良、署盐法道刘选青会详称："遵

* 据《光绪朝硃批奏摺》，第88辑，第536～538页。

查湘省司道各库年额支发各款,除已遵章核扣减平,按年于奏销后汇数解部,现经详奏,奉部议准留作认还俄、德、英、法等国洋款外,所有此次司库应添扣各营兵饷、马干、荫监、残废、眷口、米折、惠赏、苗目工食、苗饷赍呈、试录盘费、解部饭银夫价、祭祀、义馆、廪饩、昭忠祠、孤贫口粮、会试长夫、岁贡花红、乡试科举旗匾、囚费、药饵、安插等款,约共岁支银三十余万两,按每两核扣六分,约共添扣减平银一万数千余两;又粮道库应添扣各营米折等项,约计每年共添扣减平银一千余两;又盐道库此次并无应添扣减平款项。以上司库暨粮道库约共每年应添扣减平银二万两上下,已遵自二十三年秋季起一律核扣。惟添扣减平支发各款内,有系年额有定数支款,有系年额无定数支款,究竟每年实能扣存减平银若干,应俟每年奏销后将扣存确数查明报部拨用,以昭核实。”又据总理湖南善后报销局司道详称:“伏查善后局支发水陆各营勇粮等项,自同治十年起改用湘平,每百两扣减平银三两六钱三分,所扣减平银两已奉部准留作湘省公款支用在案。兹奉部饬:‘各省勇饷多系开支湘平,未便再行核减’,仍遵照支发湘平外,所有善后局向支库平者,省标左、右营及长沙协共三营,候补各将弁应领弓箭银两,每年约支库平银九千两,又稽查七城并防守药库弁兵每年约支库平银三千六百余两,遵照每两核扣减平六分计,每年约共扣提减平库平银七百五十余两,又向支湘平者省提两标练军,每年共约支湘平银一万六千五百余两,遵照每两核扣减平二分计,每年约共扣提减平湘平银三百三十两,均自光绪二十三年七月起照数核扣提存,听候拨用”等情。分案详请奏咨前来。

臣复查无异,除饬司道各库俟每年奏销后查明扣存减平确实数目报部拨用,并饬善后局将提扣减平银两另款存储不得动支及咨部查照外,所有湘省遵议添扣各项减平每年约扣银数缘由,理合恭折具奏，伏乞皇上圣鉴。谨奏。

硃批："户部知道。"

报解光绪廿四年头批京饷摺*

（光绪二十四年正月二十八日）

头品顶戴湖南巡抚臣陈宝箴跪奏，为报解本年头批京饷及漕折、固本、边防经费等银，恭摺仰祈圣鉴事：

窃准户部咨："奏拨湖南省本年京饷地丁银二十万两、盐厘银五万两、厘金银五万两，钦奉上谕：'五月以前解到一半，十二月初间全数解清。'"又准部咨："照案预拨本年东北边防经费，指拨湖南厘金银八万两"各等因。均经转行遵办去后。兹据藩司何枢详称："筹备地丁银六万两，又会同总理厘金局务补用道夏献铭等筹备盐厘银一万两、厘金银一万两，并筹备边防经费厘金银二万两，又由司筹备光绪二十四年正、二、三月及闰三月固本军饷银二万两，以上共银十二万两，作为本年头批京饷，派委候补知县邓嘉桢、彭念谟领解赴部交纳。"又据粮储道但湘良动支光绪二十三年漕折银七万两、二米折银五千两，均交委员邓嘉桢等搭解赴部。分款具详，呈请奏咨前来。臣复核无异，除照缮咨批、护牌，发交该委员等承领管解起程，从速抵京交纳，饬取起程日期另行咨报，一面分咨经过沿途省分饬属妥为拨护，仍饬司局等将未解银两接续委解，不得稍有迟误外，所有报解本年头批京饷缘由，谨会同湖广总督臣张之洞恭摺具奏，伏乞皇上圣鉴。谨奏。

硃批："户部知道。"

* 据《光绪朝硃批奏摺》，第 88 辑，第 539 页。

搭解光绪廿四年加复俸饷头批银两片*

(光绪二十四年正月二十八日)

再,湖南每年应解另款加复俸饷银八千两,经前抚臣吴大澂奏请,自光绪十九年起,于节省长夫尾存项下照数动支,作正开销,业经解过十九年起至二十三年止,先后奏咨在案。兹据善后报销总局司道详称:“光绪二十四年分应解加复俸饷银八千两,现又在于节省长夫尾存项下先行筹备头批库平银二千两,合湘平银二千七十八两四钱,交头批京饷委员候补知县邓嘉桢、彭念谟搭解赴部交纳”等情,详请奏咨前来。臣复核无异,除咨户部查照外,所有搭解光绪二十四年分另款加复俸饷头批银两缘由,谨附片陈明,伏乞圣鉴。谨奏。

硃批:“户部知道。”

提解光绪廿三年秋季节省银两片**

(光绪二十四年正月二十八日)

再,据总理湖南善后局务布政使何枢等详称:“光绪十一年八月钦奉懿旨裁勇节饷,当经遵议裁撤湖南陆勇三营、水师一营,并将留存陆营长夫、水师船价、油烛均裁减五成支发,综计每年可节省银一十二万余两,声明自光绪十二年起专款存储,分批提解,赴部交纳,已解至二十三年夏季止,历经详请奏报在案。所有光绪二十三年秋季分节省银两,自应如数提解,以济要需。现筹备湘平银

---

* 据《光绪朝硃批奏摺》,第88辑,第575页。按:据片中“交头批京饷委员候补知县邓嘉桢、彭念谟搭解赴部交纳”推断,此片与下一片当系上摺之附片。

** 据《光绪朝硃批奏摺》,第88辑,第575页。

三万两，折合部砝库平银二万八千八百九十六两一钱六分六厘四毫，交给二十四年头批京饷委员试用知县邓嘉桢、彭念谟搭解赴部”，详请奏咨前来。臣复查无异，除咨户部外，理合附片具陈，伏乞圣鉴。谨奏。

硃批：“户部知道。”

议设特科岁举敬陈管见电请代奏摺（稿）*

（光绪二十四年正月）

请代奏。窃臣伏读电传邸钞：“本月初六日，奉上谕：‘准设经济特科及岁举科等因。钦此。’”传诵之下，无不欢欣鼓舞，以为中国自强之道，实基于此。现已饬交总署、礼部会议详细章程。谨就管见，酌拟数条，敬备采择：

一、此次特科，与康熙、乾隆间举行鸿博，均为国家非常盛典，他日岁举乡试之考官，自应以此项人员派充。拟请引见后，照鸿博故事，授以馆阁清贵之职，以昭激劝而树风声。

一、此次特科，专求实学，以期致用，所取试卷，自不以楷法为重。拟请用乡、会试法弥封誊录，庶关防严密，不滋流弊。

一、凡与外国交涉，必深通中外语言文字，即派往学习兵法等事，亦必以此为始基。宜于外交门“公法律例”之外，增入“通晓中西各国语言文字”一则。

一、近年华人颇有寓居外洋及自往各国、在书院肄业领有文凭者，亦准其一律保送。此项人士，或专精西学，未娴华文，考试之

---

* 据舒斋藏摄片。此为陈宝箴手稿。撰时系编者推定，其上奏与否及奏发日期则犹俟续考。按：此摺另见录入《陈宝箴遗文·奏摺》，惟文字小异。详《近代中国》第十一辑，第219～220页。

日,应许其专用西文,就特设六门,分别条对[①],以广登进而寓招徕。

一、奉派阅卷大臣,准其依学政例,自聘幕友,为荐卷官。其专门之业,或非所素习,可由幕友荐取;即依同文馆教习例,兼以泰西及东洋人充之,亦无不可。

一、设立学堂,屡奉谕旨,而各省奏设者尚少,或章程、功课尚未尽善。拟请特旨责令各省督抚,务于一年期内,次第设立。并请酌定规模,设立学制,俾各省一律遵行。

一、京师首善根本,所有各官学、书院、学堂、义塾,均应钦遵此次谕旨,按照六条,详定章程,分门教习,各省书院亦如之。京师并宜创建一大学堂,为天下倡,以立自强之基。

一、乡试年分,皆有新设学堂肄业生监,应由各教习出具考语,申送学臣,置于录选。其未经取入学堂之生监,如有自行学习、愿应此科者,应由各学教官申送学臣,考试录选,并请先将此次谕旨,饬各督抚、学政,誊黄遍发各学张贴,晓谕生童等,咸使闻知。

一、童试县府院考,及生员岁科两考,请饬下各省学政,一依此次谕旨所定六门分试,凡应试者必须自占一类,方可录取。童生院试尤宜郑重[②]。

以上各条,是否有当,拟请发下总理衙门、礼部,一并入议,不胜企悚待命之至。

〖附一〗录总理各国事务衙门咨文[*]

为咨行事:

---

① 此下原有“兼可试其方言翻译之学”,后删。

② 此句初作“院试尤宜慎重”。

* 据舒斋藏摄片。此为陈宝箴手录,标题亦系宝箴亲拟,现仍循其旧。

光绪二十三年十一月二十三日，准军机处抄交贵州学政严修奏《请设专科以收实用》一摺，当经本衙门会同礼部分别议复，准如所请。先将大概办法于本年正月初六日具奏，本日奉硃批："另有旨。钦此。"同日奉上谕："总理各国事务衙门会同礼部奏《遵议贵州学政严修请设专科》一摺。据称，就该学政原奏分别酌拟，一为岁举，一为特科，先行特科，次行岁举。特科约有六事：一曰内政，凡考求方舆险要、邦国利病、民情风俗者隶之；二曰外交，凡考求各国政事、条约公法、律例章程者隶之；三曰理财，凡考求税则、矿产、农功、商务者隶之；四曰经武，凡考求行军布阵、管驾测量者隶之；五曰格物，凡考求中西算学、声光化电者隶之；六曰考工，凡考求名物象数、制造工程者隶之。由三品以上京官及督抚、学政各举所知，无论已仕、未仕，注明其人何所专长，咨送总理衙门，会同礼部奏请在保和殿试以策论，简派阅卷大臣，严定去留，详拟等第。复试后带领引见，听候擢用。此为经济特科。以后或十年一举，或二十年一举，候旨举行，不为常例。岁举则每届乡试年分，由各省学政调取新增算学、艺学各书院、学堂高等生监，录送乡试，初场是〔试〕专门题，次场试时务题，三场仍试《四书》文，中式者名曰'经济科举人'，与文闱举人同场复试，会试中式'经济科贡士'者，亦一体复试殿试、朝考等语。'国家造就人材，但期有裨实用，本可不拘一格，该衙门所议特科、岁举两途，洵足以开风气而广登进，著照所请行。其详细章程，仍著该衙门会同礼部妥议具奏。现在时事多艰，需才孔亟，自降旨以后，该大臣等如有平素所深知者，出具切实考语，陆续咨送，不得瞻徇情面，徒采虚声。俟咨送人数汇齐至百人以上，即可奏请定期举行特科，以资观感。至岁举既定年限，各该督抚、学政务将新增算学、艺学各书院、学堂切实经理，随时督饬院长、教习认真训迪，精益求精。该生监等亦当思经济一科与制艺取士并重，争自濯磨，力图上进，用副朝廷旁求俊乂至意。将此通谕知之。钦此。"相应恭录谕旨，并抄录原奏咨行。

〖附二〗总署、礼部遵议经济特科摺*

谨奏为遵旨议奏事:

光绪二十三年十一月二十三日,准军机处抄交贵州学政严修奏《请设专科以收实用》一摺,军机大臣面奉谕旨:"著总理各国事务衙门会同礼部妥议具奏。钦此。"臣等查该编修原奏所陈各节,大抵以近世士大夫颇多讲求实学,而书院、学堂之设,所成就仅及于少年新进,而耆儒宿学及已经通籍者,不入院、堂肄业,转无由邀朝廷特达之用〔知〕①。〈因〉请设经济特科,仿照从前博学鸿词之例,由京官四品以上、外官三品以上以及各省学政核实保送,不限京官、外官、未仕、已仕,一体考试,分别录用。其所拟"科立专名"、"不限额数"、"试凭保送"、"严责成"、"破资格"、"筹经费"六条办法,筹画亦尚周密。

方今时事多艰,需才孔亟,诚非有破格非常之举,不足以耸外人之视听而鼓舞海内之人心。第原奏请设特科,又请设立年限,揆之事理,窃恐难行。夫既曰"特科",其事固不能岁举,而岁举例行之科目,亦断

---

* 据舒斋藏摄片。此为陈宝箴手录。按:此摺另见《光绪朝东华录》光绪二十四年正月庚寅(初六日)条,惟首尾不同,正文亦略有差异,详《光绪朝东华录》,第四册,总第4024~4026页。又按:《时务报》第五十三册(光绪二十四年二月十一日出版,题为《总理衙门议准设立经济岁举特科摺》)、《知新报》第四十六册(光绪二十四年二月二十一日出版,题为《总署会同礼部议复请设专科摺》)均曾刊登此摺,与陈宝箴所录较为接近。再,《集成报》第二十七册(光绪二十四年二月十五日出版,题为《总署议复经济专科摺》)、《湘报》第二号(光绪二十四年二月十六日出版,题为《总署奏牍》)亦曾刊登此摺,近于《光绪朝东华录》,然均未附录所奉上谕。

① "知",据《光绪朝东华录》校改。按:《时务报》、《知新报》、《集成报》、《湘报》均作"知"。

不能概加超擢,与以破格之迁除。朝廷立贤无方,议法必通而后久,非特科无以动一时之耳目,非岁举无以供历久之取求,二者兼资,可分办而不宜合办。查国朝康熙、乾隆年间,两举博学鸿词,本依据唐人铨目以网罗海内人材。唐制:举博学鸿词者,大抵皆明经进士律算诸科有出身人,复经朝官荐送,试之吏部,优等或竟除给舍,若陆贽、韩愈等,皆由此以跻清要,当世号为得人。宋制沿唐,所荐送亦皆已由科目出身者,若洪迈、王应麟诸人,皆以进士应举,非布衣所能预也。康熙、乾隆年间,意在访求遗逸,故不限布衣及朝官、外职,一皆荐送,而一时剡牍,山林之数较倍于缙绅。立法因时,各收宏效。其在于今,则宜仿康熙、乾隆年间特科旧制,甄录学堂、书院外之人材,准现今科目阶级,以登进学堂、书院中之髦俊。一为岁举,一为特科,先举特科,次行岁举,庶几桢干不遗,亦且施行有序。

臣等公同商议,其特科拟略宗宋臣司马光十科、朱子七科之例,约以六事合为一科:一曰内政,凡考求方舆险要、郡国利病、民情风俗诸学者隶之;二曰外交,凡考求各国政事、条约公法、律例章程诸学者隶之;三曰理财,凡考求税则、矿产、农功、商务诸学者隶之;四曰经武,凡考求行军布阵、驾驶测量诸学者隶之;五曰格物,凡考求中西算学、声光化电诸学者隶之;六曰考工,凡考求名物象数、制造工程诸学者隶之。

其保送应请如该编修所奏,饬下京官三品以上、外官督抚学政各举所知,无限彊〔疆〕域,无论人数,悉填姓名、籍贯、已仕、未仕,并其人何所专长,咨送总理衙门,定期考试。其考试则仿鸿博之制[①],各省保送人员一经齐集,由臣衙门会同礼部奏请试期,钦命

① 自"其考试"起,至"一经齐集"止,除《时务报》、《知新报》外,《光绪朝东华录》等均未录。

题目,简派阅卷大臣,在保和殿试以策论,差次优劣,分别去留。录取者再请殿廷复试一场,另请简派阅卷大臣,详定等第,以昭慎重。复试后,由臣衙门会同礼部带领引见,应如何量材擢用,或悉照鸿博成案,或就成案略与变通[①],权衡鼓舞,出自圣裁,非臣等所敢擅拟,应临时由军机大臣请旨办理。此为特科。或十年而一举,或二十年而一举,统候特旨,不为常例。此特科议办之大略也。

若设为年限之科,则即以新增讲求算、艺各书院、学堂为造端之始,每届乡试年分,由各省学臣调取各书院、各学堂高等诸生监,另场科考[②],送令就试。乡、会皆以策问试之,初场试专门题,次场试时务题,三场仍试《四书》文,以端趋向,中式者另为一榜,名之曰"经济正科举人、贡士"。其复试殿试、朝考,仍与寻常举人、贡士合为一场,同试一题,第于卷面另编字号。不责以楷法,不苛其讹脱,一以学问根抵〔柢〕为高下[③],自不至屈抑真材,而亦可免诸生之歧视。此为常科,三岁一举。此臣等就该编修所请考试年限,酌与变通之议办大略也。

臣等窃维学问以磨励而后成,人材以激扬而愈众,察看近来风尚,上之所求与下之所学,精神所注,未尝不并出一途,徒以科举未开[④],故相需殷而相遇疏,当官每叹乏才,而处士恒嗟不遇。诚使丕焕纶音,广开贤路,风声所树,群士响臻,因风尚以激扬,较之藉激扬以开风尚者,其势弥顺,其程效亦当弥捷,拔十得五,理可预

① 除《时务报》、《知新报》外,《光绪朝东华录》等均无"或就成案"四字。

② "另场科考,送令就试。乡、会皆以策问试之"数句,《时务报》、《知新报》同此;《光绪朝东华录》作"录送乡、会试",《集成报》、《湘报》脱漏更甚。

③ "柢",据《时务报》、《知新报》校改。《光绪朝东华录》等均无"根柢"二字。

④ 此句《时务报》、《知新报》、《集成报》、《湘报》均作"徒以科举未开",惟《光绪朝东华录》录作"徒以科举未废",当误。

期。惟其间详细章程,或需咨商外省,或需参考旧章,斟酌施行。兹先将大概办法恭摺具陈,如蒙特旨俞允,恭候命下之日,再由臣等分别咨商,拟定详细章程,开列清单,进呈御览,请旨定夺。

所有遵议开设经济专科缘由,理合恭摺具陈,伏候皇上圣鉴,训示遵行。

再,此摺系总理衙门主稿,会同礼部办理,合并声明。谨奏。

光绪二十四年正月初六日具奏,同日奉硃批:"另有旨。钦此。"

〖附三〗光绪二十四年正月初六日上谕*

总理各国事务衙门会同礼部奏《遵议贵州学政严修请设专科》一摺。据称:"就该学政原奏分别酌拟,一为岁举,一为特科,先行特科,次行岁举。特科约以六事:一曰内政,凡考求方舆险要、郡国利病、民情风俗者隶之;二曰外交,凡考求各国政事、条约公法、律例章程者隶之;三曰理财,凡考求税则、矿务、农工、商务者隶之;四曰经武,凡考求行军布阵、驾驶测量者隶之;五曰格物,凡考求中外算学、声光化电者隶之;六曰考工,凡考求名物象数、制造工程者隶之。由三品以上京官及督抚、学政各举所知,无论已仕、未仕,注明其人何所专长,咨送总理衙门,会同礼部奏请在保和殿试以策论,简派阅卷大臣,严定去留,详拟等第。复试后带领引见,听候擢用。此为经济特科。此后或十年一举,或二十年一举,候旨遵行,不为常例。岁举则每届乡试年分,由各省学政调取新增算学、艺学各学堂、书

---

* 据《光绪朝东华录》,见第四册,总第4026页。

院高等生监，录送乡试，分场专考。首、次场试时务题①，三场仍试《四书》文，中式者名曰‘经济科贡士’②，亦一体复试殿试、朝考”等语。国家造就人才，但期有裨实用，本可不拘一格，该衙门所议特科、岁举两途，洵足以开风气而广登进，著照所议准行。其详细章程，仍著该衙门会同礼部妥议具奏。现在时事多艰，需才孔亟，自降旨以后，该大臣等如有平素所深悉者，出具切实考语，陆续咨送，不得瞻徇情面，徒采虚声。俟所保人员汇齐至百人以上，即可奏请定期举行特科，以资观感。至岁举既定年限，各该督抚、学政务将新增算学、艺学各书院、学堂切实经理，随时督饬院长、教习认真训迪，精益求精。该生监等亦当思经济一科与制艺取士并重，争自濯摩，力求上进，用副朝廷旁求俊秀至意。将此通谕知之。

署善化令陈吴萃拿获邻境要犯片稿*

(光绪二十四年)

再，湖南衡山县民人旷高魁、职员李邑庚家，于光绪二十三年十一月二十六、十二月初六等日先后被盗，劫去衣物，经署衡山县知县姜钟琇勘验，禀报关缉。旋据署善化县知县陈吴萃拿获盗犯符汶咀、王香祝、曹裕厚等，解赴衡山县讯办。据盗首符汶咀供认先后起意纠人行劫旷高魁、李邑庚二家得财，王香祝、曹裕厚供认

① 此句《时务报》第五十七册（光绪二十四年三月二十一日出版）录作：“初场试专门题，次场试时务题”，恰与上录原摺相同。

② 此处及下文应有脱漏，《时务报》第五十七册录作：“中式者名曰‘经济科举人’，与文闱举人同场复试会试，中式‘经济科贡士’者，亦一体复试殿试、朝考。”较此更符合原意。

* 据《湘报》第一百四十七号(光绪二十四年七月二十一日出版)，原题为《抚宪奏陈大令拿获邻境要犯片稿》。

听从行劫入室搜赃等情不讳，经臣委员复讯，供与县审相符，批饬照章就地正法在案。查署善化县知县陈吴萃拿获邻境罪应斩决盗犯三名，例得送部引见。据藩、臬两司查明，该员署善化县知县任内并无另有疏防案件，具详请奏前来。除咨部外，所有湖南准补石门县知县现署善化县知县陈吴萃，可否仰恳天恩，俯准送部引见以昭激劝之处，谨会同湖广总督臣张〈之洞〉附片具陈，伏乞圣鉴。谨奏。

援案筹解光绪廿四年苗疆经费片*

（光绪二十四年）

再，湖南苗疆屯防佃租，每届不敷经费，除由司库动支银一千两外，其余银两历经奏明在于粮道库节省项下筹款支给在案。兹据粮储道但湘良详称："本届光绪二十四年系有闰年分，应拨给银七千八百九十四两四钱。查应解前项银两，现因节省项下无款动支，照案在于库存光绪二十三年驴脚银内先后开支银七千八百九十四两四钱，解由藩库弹收，随时给领"，详请查核具奏前来。臣查前项动拨苗疆经费银两系奏明援案筹解之项，除如详批准动支解交藩库，连司库应发银一千两，分别给领，并咨户部查照外，理合附片陈明，伏乞圣鉴。谨奏。

硃批："户部知道。"

---

* 据《光绪朝硃批奏摺》，第117辑，第113页。按：此片具体上奏月份未详，《光绪朝硃批奏摺》指为"光绪二十四年正月至二月"。

光绪廿三年动用藩、粮两库钱粮片*

(光绪二十四年)

再,查湖南历年支发防协各饷动用藩、粮两库钱粮,均经随时奏咨在案。兹据总理善后报销局司道详称:“光绪二十三年正月起至十二月底止,动拨藩库地丁银五万两、驿站银五万两、粮库南秋银二万五千两、驴脚银五千两,又动用裁减局务节省银五万两,总共银十八万两,均凑作协甘新饷及本省防营勇粮等项之用,应请归入善后经费项下,作正开除”等情,呈请奏咨前来。臣复核无异,除咨户部查照外,理合附片陈明,伏乞圣鉴。谨奏。

硃批:“户部知道。”

汇陈光绪廿三年就地正法各犯片**

(光绪二十四年)

再,湖南省奏定章程:“遇有游勇、土匪并强盗聚众持械抢劫、杀人,罪干斩决、斩枭之案,一经地方官禀报获犯,即批由该管道府或委员前往复讯明确,就地正法,汇案奏报。”所有光绪二十二年以前正法各犯,节经具奏在案。

兹查光绪二十三年正月起至十二月止,先后据衡山县、衡阳县、清泉县、零陵县、宁远县、桂阳县、蓝山县、长沙县、湘阴县、湘潭

---

* 据《光绪朝硃批奏摺》,第61辑,第427页。按:此片具体上奏月份未详,《光绪朝硃批奏摺》指为“光绪二十四年正月至五月”。

** 据《光绪朝硃批奏摺》,第109辑,第844~845页。按:《光绪朝硃批奏摺》误将此片置于俞廉三名下,上奏日期推断为“光绪二十六年正月至六月”。现据片内“署按察使黄遵宪详请具奏前来”语,将上奏时间调整为光绪二十四年,或在该年之上半年。又按:此片使用恶劣字较多,凡可改者皆径直还原,惟部分人名难以确定者,则仍其旧。

县、益阳县、邵阳县、武冈州、武陵县、澧州、安乡县、慈利县、永定县、沅陵县、辰溪县、泸溪县、凤凰厅、永顺县、保靖县、龙山县、桑植县、芷江县、黔阳县、麻阳县、晃州厅、会同县、绥宁县、辰沅道禀报，拿获陈少五（即朱新发）、丁云发、戴光生、李蔚然、熊章文、王己其、邱搭毛、彭空子（即长萌）、罗其弼、罗关保、王明轩、郑三沅、李挖天星（即水保）、李金生（即老五）、潘亚六、萧荣发、黄亚丙、程亚金、朱亚四、罗闰保、卢鸡保、陈培澍、杨幅谦、周同仁、熊五、刘为美、钟顺和（即钟满）、石十一、罗少卿、张交朋、刘豫林、彭添喜、杨登仔、刘华培、陈又发、刘搭子毛、刘老三、王横、黄老七（即德辉）、郭兴魁、赵太山、陇启训、骆文柱、张昌万、张见洝、周伯考、傅家发、李玉基、田九九、田烟屎四、刘元昭（即昭子）、刘玉霖、杨鸿胜、唐麻子（即文喜）、唐己狗（即癞子）、孙老二（即明幅）、符老九（即盛吾）、胡占魁、龚幅云（即名旺）、蒋才顺、李老太（即得其）、高宏胜（即洪胜）、陈凤祥、张菖滙（即李学哇）、梁大和尚（即洪发）、杨淙杆（即老淙）、龙老喜、杨老富、杨正富、吴老科、刘生那、刘云发、谭佐亭、封宗堂、黄玉山、僧茫海、杨要泷、麻老德、龙老聪、杨云云、杨得洸、彭德刚、王立臣、张大玉、张大儒、彭玉林、彭满、王么六、陈添禄、向金林（即玉山）、向金受、田心泮、李恭范、李恭华、向玉山、唐代苌、向开定、陈广相、彭甫儿、梁富洛（即痞子）、彭送唧家、刘老毛、罗明旺、刘乡约、张老满、田思菖、田其来、田大伢崽、蒲有喜、杨青山（即茂科）、杨佑哇（即月哇）、曾从癞子、王葱花娘、张凤哇、彭安幅、尹玉贵、朱聋子（即科太）、冯小癞、保胡子、向现隆、罗名江、罗老成、张老廷、刘老开、杨胜凡、丁富崽、陈长友、陈光兴、严太哇、龙三、李新贵、李洪宽、舒之云、张成富、丁贵（即利发）、梁马拱（即大发）等一百三十五名。或系起意纠劫，拒伤事主；或系听从上盗，入室搜赃；或拦途劫抢，用药迷人；或黑夜谋财，戕害多命；以及会匪、游勇开堂放飘，谋为不轨。均属凶暴昭著,赃证确凿,照例罪应斩决、斩枭,法无可贷。当经饬据该管道府及委员驰往复讯明确,情罪相符,禀经臣暨督臣先后核明,批饬照章就地正法,以昭炯戒。

除严饬各属认真查拿,务期有犯必获,讯明惩办,以靖闾阎外,所有光绪二十三年各属拿获情重盗匪,照章就地正法缘由,据署按察使黄遵宪详请具奏前来,臣复核无异,理合附片汇陈,伏乞圣鉴。谨奏。

朱批:"刑部知道。"

熊世池服阕起复仍赴粤候补片*

(光绪二十四年)

再,湖南向产煤矿,土人藉以谋生者颇众,然赀本无多,遇水即为之停采。臣于光绪二十一年抵任,出示晓谕绅商广开各矿,而积习相沿,多泥于风水之说,又于机器未经习见,每生疑沮。时有丁忧在籍绅士广东候补知府熊世池,守正不苟,平易近人,素为乡人所爱重,经臣委令创办宁乡煤矿,参用西法抽水等机器,造端较巨,虽为乡人所创见,经该员不动声色、苦心导喻,群情和洽,风气为之渐开。该员才具干练,为守兼优,今已服阕起复,自应仍赴广东原省候补。除咨部查照外,相应附片陈明,伏乞圣鉴。谨奏。

朱批:"吏部知道。"

* 据《光绪朝硃批奏摺》,第102辑,第27页。按:此片具体上奏月份未详,《光绪朝硃批奏摺》指为"光绪二十四年正月至八月"。

陈明官钱局尚无流弊片(稿)*

再,准户部咨:"'会议御史蒋式芬奏《各省官钱局流弊宜防》一摺,请旨饬下各省督抚,按照该御史所陈各节,将经理局事,派委员绅、书吏若干员名,以票易钱如何给付,局存官本若干,岁出钱票若干,字号如何编立,票式如何制造,开放俸工役食司库能否搭支,投收钱粮厘税民间能否完纳,岁久票文磨灭如何纳旧换新,吏民舞弊营私如何查究惩办,逐一详定局章,奏明报部立案'等因,于光绪二十二年十月初六日具奏,奉旨:'依议。钦此。'"咨行到湘,当即钦遵饬议去后。

臣查湘省设立阜南钱号官局,以维钱法之穷,经臣于上年二月奏报在案。窃维办事惟在得人,钱号弊窦甚多,苟不得人,直无防弊之法。然若委员经理,商情既觉难通,且当整饬吏治之时,其廉能素著者未便久羁,下此又恐难胜任。是以开局之初,与各司道并省城绅士熟商,遴选殷实廉正而久孚乡望、素悉商情绅士在籍江西候补道朱昌琳一手经理①,并由臣酌拟章程十二条,发给遵办。其官局司事,即由该绅自募老成公正、熟谙贸易之人充当,不派委员、书役参错其间,免致掣肘滋弊。民间换易银钱官票,悉照市面钱店出入章程②,不使商民见异生疑,稍存顾虑。至局中成本,前经臣奏明库款支绌,罗掘已空,第就各局现存待用诸项权衡缓急③,设法腾挪,以资周转,多寡不能预定,大约钱号存储之款,总须常有四

---

* 据舒斋藏摄片。此为陈宝箴手稿。按:此稿另见录于《陈宝箴遗文(续)》,载《近代中国》第十三辑,第305~306页。

① "殷实"前,原有"身家"二字,后删。

② "章程",初作"条规"。

③ "诸项",初作"诸款"。

万金,即以此为准,作为官本。其出票数目,即视存本之盈绌,权市面之低昂,以定额数之多寡,俾无拥挤欠缺之虞,藉以调济银钱价值,不使有畸轻畸重之患①。依《千字文》编立字号,每票一串②,每字编至一千串为止。票式系定造纸张,内含字号,票面精刻花纹刷印,加盖藩司印信,另加该局暗号图记③,使匪徒不能伪造。如票文磨灭,准令持旧易新,不取分文,亦不许稍有留难掯勒。完纳丁漕厘税,议以现钱四成,搭用官票六成,现在行用,商民均皆称便。臣详加体察,经理既已得人,臣复率同各司道维持稽核,即有未周,诸绅士见闻所及,亦得互相违覆,但能持之以恒,似觉尚无流弊。仍当加意访查,认真防范,如果别滋弊窦,立即遵照部章,澈究重惩,随时补救。

由湖南布政使何枢及善后局司道会详前来,除将前议章程钞送户部外,理合会同湖广总督臣张之〈洞〉附片具陈,伏祈圣鉴。谨奏。

陈明官钱局尚无流弊片*

(光绪二十四年二月初三日)

再,准户部咨:"'会议御史蒋式芬奏《各省官钱局流弊宜防》一摺,请旨饬下各省督抚,按照该御史所陈各节,将经理局事,派委员绅、书吏若干员名,以票易钱如何给付,局存官本若干,岁出钱票若干,字号如何编立,票式如何制造,开放俸工役食司库能否搭支,投收钱粮厘税民间能否完纳,岁久票文磨灭如何纳旧换新,吏民舞弊

① 此下原有"每票以一千文为率"一语,后删。

② 此句初作"每号一票"。

③ "图记",初作"图章"。

* 据《光绪朝硃批奏摺》,第92辑,第88~89页。

营私如何查究惩办，逐一详定局章，奏明报部立案’等因，于光绪二十二年十月初六日具奏，奉旨：‘依议。钦此。’”咨行到湘，当即钦遵饬议去后。

臣查湘省设立阜南钱号官局，以维钱法之穷，经臣于上年二月奏报在案。窃维办事惟在得人，钱号弊窦甚多，苟不得人，直无防弊之法。然若委员经理，商情既觉难通，且当整饬吏治之时，其廉能素著者未便久羁，下此又恐难胜任。是以开局之初，与各司道并省城绅士熟商，遴选殷实廉正而久孚乡望、素悉商情绅士在籍江西候补道朱昌琳一手经理，并由臣酌拟章程十二条，发给遵办。其官局司事，即由该绅自募老成公正、熟谙贸易之人充当，不派委员、书役参错其间，免致掣肘滋弊。民间换易银钱官票，悉照市面钱店出入章程，不使商民见异生疑，稍存顾虑。至局中成本，前经臣奏明库款支绌，罗掘已空，第就各局现存待用诸项权衡缓急，设法腾挪，以资周转，多寡不能预定，大约钱号存储之款，总须常有四万金，即以此为准，作为官本。其出票数目，即视存本之盈绌，权市面之低昂，以定额数之多寡，俾无拥挤欠缺之虞，藉以调济银钱价值，不使有畸轻畸重之患。依《千字文》编立字号，每票一串，每字编至一千串为止。票式系定造纸张，内含字号，票面精刻花纹刷印，加盖藩司印信，另加该局暗号图记，使匪徒不能伪造。如票文磨灭，准令持旧易新，不取分文，亦不许稍有留难掯勒。完纳丁漕厘税，议以现钱四成，搭用官票六成，现在行用，商民均皆称便。臣详加体察，经理既已得人，臣复率同各司道维持稽核，即有未周，诸绅士见闻所及，亦得互相违覆，但能持之以恒，似觉尚无流弊。仍当加意访查，认真防范，如果别滋弊窦，立即遵照部章，澈究重惩，随时补救。

由湖南布政使何枢及善后局司道会详前来，除将前议章程钞送户部外，理合会同湖广总督臣张之洞附片具陈，伏祈圣鉴。谨奏。

硃批:“户部知道。”

新化县被水失额田亩豁除粮额摺*

(光绪二十四年二月二十六日)

头品顶戴湖南巡抚臣陈宝箴跪奏,为查明新化县被水失额田亩,奏恳天恩豁除原额钱粮,以示体恤,恭摺仰祈圣鉴事:

窃照新化县光绪二十三年被水之永靖、永固等团共七十处,当据禀报,经臣批司移会筹赈局拨发银两分别赈抚,并移行该管道府督饬查勘,设法疏消挑复,乘时补种,仍饬于秋后复勘是否成灾、应否蠲缓钱粮,据实禀办。旋据禀复:“被水冲毁、尚可修复各田,业经督饬赶紧修复,补种杂粮,应完钱粮为数无几,且未被水之处已获丰收,不致成灾,毋庸蠲缓;至被水不能修复各田,应行豁免钱粮,容俟查勘明确,另造册结详办”等情,业于是年具奏秋灾案内声明“毋庸蠲缓”在案。

兹据布政使何枢详称:“据新化县知县庆瑞详:‘光绪二十三年七月间,骤被山水暴发,以致县属南乡永靖团福田村二十五处及永固团罗洪、灵真、金凤、石脚等村四十五处,被水冲刷成河,并沙石壅塞,不能垦复。勘明成河民田地五顷一十四亩零五厘,应征正银二十两八钱一分四厘八丝三忽,随征加一耗羡银二两八分一厘四毫八忽,已据各业户将置田之印契缴县呈请注销,实系失额无征,应请照例豁免’等情,由司札饬该管宝庆府知府庄予桢亲诣复勘无异,取具册结,由府加具印结,赍经该管署盐法长宝道刘选青复核加结,转移到司”,由司核明,详请具奏前来。

* 据《光绪朝硃批奏摺》,第68辑,第89~90页。

臣查新化县光绪二十三年永靖、永固等团共七十处，被水冲刷、不能垦复田亩，应完地丁正耗钱粮银二十二两八钱九分五厘四毫九丝一忽，失额无征，系属实在情形，相应奏恳天恩，俯准豁除粮额，以纾民力。除将册图各结送部查核外，理合会同湖广总督臣张之洞恭摺具奏，伏乞皇上圣鉴训示。谨奏。

硃批："著照所请，户部知道。"

〖附〗光绪二十四年三月廿二日上谕*

豁除新化县属永靖、永固等围〔团〕被水冲刷田亩原额钱粮①。

光绪廿三年上下两忙钱漕等项银数摺**

（光绪二十四年二月二十六日）

头品顶戴湖南巡抚臣陈宝箴跪奏，为查明各属征收光绪二十三年分上、下两忙钱漕等项银数，开具比较清单，恭摺仰祈圣鉴事：

同治八年二月初五日奉上谕："户部奏'请饬各省整顿丁漕，按限奏报'等语，著各直省督抚自同治八年为始，督饬藩司将全省一年上、下两忙征收丁漕各实数及上届征收总数开具比较清单，详明专案奏报，统限各该年年底出奏，以备稽考等因。钦此。"钦遵在案。同治十年经前升抚臣王文韶奏明："年终出奏，自须先期截算，究非通年征收总数，请展限至次年开印后办理，庶归核实"，经户部议准咨行照办。

兹据藩司何枢查明，光绪二十三年分征收各属上、下两忙地

---

* 据《清实录·德宗景皇帝实录》，见《清实录》，卷四一六，第452页。

① "团"，据上录陈宝箴原摺校改。

** 据《光绪朝硃批奏摺》，第68辑，第91～92页。

丁、起运、存留、驿站正耗钱粮,截至年底止,共完银七十七万四千三百七十九两四钱五分五厘,比较上届光绪二十二年分各属完解银七十八万七千四百二十两六钱二分七厘,计少完银一万三千四十一两一钱七分二厘;又据粮储道但湘良查明,光绪二十三年分征收各属漕南米折等项正耗钱粮,截至年底止,共完银二十一万七千七十六两八钱六分一厘七毫,比较上届光绪二十二年分收解银二十一万一千三百六十五两一钱四分二厘一毫,计多完银五千七百一十一两七钱一分九厘六毫。分别开具比较清单,详请奏报前来。臣复核无异,除将未完各款钱粮严饬司道督饬上紧催征,务于奏销前全完造报,并咨户部查照外,理合照缮清单,恭摺具奏,伏乞皇上圣鉴。谨奏。

朱批:"户部知道,单并发。"

光绪廿四年正月粮价及雨水情形摺*

(光绪二十四年二月二十六日)

头品顶戴湖南巡抚臣陈宝箴跪奏,为恭报正月分粮价及地方雨水情形,仰祈圣鉴事:

窃照湖南省上年十二月分市粮价值及雨雪情形,业经臣恭摺奏报在案。兹据藩司何枢查明通省本年正月分各项粮价,开单汇报前来。臣逐加查核,长沙等十八府州厅属米、麦、豆各价值均与上年十二月相同,省城及各属地方入春以来晴雨得宜,麦苗长发青葱,杂粮、蔬菜一律芃茂,闾阎乐业,境宇敉平,堪以上慰宸廑。理合恭摺具奏,并缮粮价清单敬呈御览,伏乞皇上圣鉴。谨奏。

朱批:"知道了。"

---

* 据《光绪朝硃批奏摺》,第96辑,第313页。

杨芳请准专祠摺*

（光绪二十四年二月二十八日）

头品顶戴湖南巡抚臣陈宝箴跪奏，为原任总兵功在苗疆，兵民爱慕，据情吁恳恩施，以彰荩绩而资观感，恭摺仰祈圣鉴事：

窃臣据凤凰厅同知唐步瀛详，据在籍前任贵州石阡府知府田宗超等联名呈称："原任镇筸镇总兵湖南提督一等果勇侯谥勤勇杨芳，贵州松桃厅人，由松桃协标左营书识，于乾隆六十年从大军剿捕楚黔叛苗，拔补把总，保升千总。旋随征川陕教匪，转战湖北、四川、陕西三省边界，有战必先，无攻不克。至嘉庆九年，教匪肃清，积功洊保台拱营守备，晋都司，升下江营游击、两广督标参将、广西副将，补宁陕镇总兵，并蒙赏戴花翎、诚勇巴图鲁名号[①]。十年，署陕西提督，因宁陕新兵蒲大芳等谋乱，奉旨谪戍伊犁，旋蒙恩释回，以守备、千总补用。十三年，请假回籍省亲，补松桃协千总。十五年，奉旨授广东右翼〈镇〉总兵[②]，寻调西安镇总兵。十六年，丁母忧。十八年，教匪林清乱起，呈请自效，补河北镇总兵。是年十二月，克复滑县，俘首逆牛亮臣，加提督衔，赏云骑尉世职。十九年，剿平陕西三才峡贼匪，调汉中镇总兵。二十年，奉旨补授甘肃提督。道光元年，调直隶提督。三年，调湖南〈提督〉[③]。五年，调固原提督。六年，奉旨简放参赞大臣，剿办新疆回匪，克复和阗等城，

---

* 据《光绪朝硃批奏摺》，第29辑，第320～323页。按：此摺另见《湘报》第八十七号（光绪二十四年四月二十七日出版）《抚院奏牍》。

① 据《清史稿·杨芳列传》，"赐号诚勇巴图鲁"事在嘉庆五年。详《清史稿》，卷三百六十八，列传一百五十五，第11468页。

② "镇"，据《清史稿》"杨芳列传"补入。

③ "提督"，据《湘报》补入。

赏加骑都尉世职。是年十二月,战于喀尔铁盖山,冒雪督阵,生擒首逆张格尔,献俘至京,奉旨封三等果勇侯,加太子太保衔,绘像紫光阁。凯旋召见,晋二等侯,〈加〉太子太〔少〕傅衔[①],赐紫禁城骑马。

十三年,四川清溪土千户、越嶲山各夷滋事,调补四川提督,夷匪荡平,诏晋一等侯。十四年,夷复蠢动,奉旨降二等侯,以总兵发往甘肃候补,因伤疾举发,乞假回籍调理。湖南镇筸镇与辰永沅靖道均驻扎凤凰厅城,十六年,镇筸镇标营兵暨道标练勇因借饷鼓噪,城中一日数惊,奉委赴镇筸查办之参将苏清阿复被乱党刺毙,人情鼎沸,势更岌岌,地方士民一再诣松桃,请为镇定。杨芳虑镇筸有变,掣动苗疆全局,乃力疾集乡勇,赴交界之正大营,遥为声援,一面遣人宣扬朝廷威德,乱党闻风解散。会前湖广总督讷尔经额带兵进驻辰州,各叛党恐怖,杨芳绕道密陈毋用兵威,随亲诣镇筸,协同文武,计擒首要钟潮栋等惩治,馀党以次发落,人心以定,旋奉旨补授镇筸镇总兵。杨芳莅任后,民情尚怀疑惧,乃会商前督抚臣,剀切晓谕,民苗乃得安堵如常。操兵之暇,时与地方父老相接见,咨询利病,时或轻骑减从巡历汛地,经行苗寨,加意拊循,事之不便于民者,必为更易。居恒爱兵如子,执法如山,考拔弁兵,当

---

① "加"、"少"二字,据《清史稿》校补。按:《清史稿》"杨芳列传"略云:"〈道光〉六年,回疆军事急,芳自请从征,许之。……七年二月,偕参赞杨遇春、武隆阿进师,三战皆捷,……率兵六千趋和阗,三月,……复和阗,加骑都尉世职,授乾清门侍卫。张格尔已遁,命杨遇春偕芳出卡掩捕,……至秋,诏班师。……遇春先入关,芳代为参赞,遣黑回用间言大兵全退。张格尔俟岁将除,率五百骑来袭,中途觉而反奔。芳急驰一昼夜,追及于喀尔铁盖山,歼其从骑殆尽。馀贼拥张格尔登山,弃骑走,芳率胡超、段永福等擒之,锡封三等果勇侯,赐紫缰、双眼花翎,晋御前侍卫,赐其子承注举人。张格尔槭京伏诛,加太子太保。九年,入觐,晋二等侯,加太子少傅。"见《清史稿》,卷三百六十八,列传一百五十五,第 11470 ~ 11471 页。

堂挑选，并念边兵寒苦，因陈明将前镇道赔款一万五千余两存库，以资接济。迨会同筹议苗疆善后事宜，奏定镇标兵丁买备屯谷价银，及道标练勇仍驻北关。并著《梅花叠阵图式》，教弁兵以分合奇正，使知进退之方，刊印《圣谕广训》暨《行军纪律》、《论射篇》，令各弁兵时加诵习，于长矛、托砖、跳架、骗马等式讲习尤详，至今标兵骁勇敢战，一兵有数技之能，皆杨芳教泽所遗。复以镇筸文风渐振，乃商诸凤凰厅同知，各捐廉银，委绅购地，重修学宫，接见士绅，劝以兴贤育材，并著有《河洛要言》、《平平录》、《青囊演易》等书，时与诸生讨论经史，嗣是人文蔚起，科第奋兴。厅城北门逼近溪流，时有冲决之虑，杨芳捐修护城一道以杀水势，及蛟水骤发，北门得以无恙。在任两年，兵勇、士民无不畏威怀德，及去，设位祀之[①]。

十八年，迁广西提督，调湖南，二十一年，简授参赞大臣，罔不规画周详，殚精竭虑，故能允孚众望，勋著旂常。嗣因伤疾举发，告养回籍，于二十六年三月二十一日以伤疾卒于家。蒙恩褒恤，赐祭葬如例，予谥"勤勇"，生平功绩宣付国史馆立传，光绪十一年，由贵州省原籍奏准从祀乡贤，固已叠荷恩荣。惟镇筸地方沐其遗泽，祀典尤虚[②]，军民戴德之忱缺然未尽，造具事实清册，请于厅城建立专祠，以隆报飨。呈恳转详"等情，由厅详请具奏前来。

臣查原任湖南镇筸镇总兵果勇侯杨芳，仰荷列圣特达之知，由营书洊升提镇，锡封予谥，叠沛鸿施，固已至优极渥。惟当道光十六年镇筸标兵哗噪之时，苗疆戡定未久，顽苗之反侧未安，兵勇之骄悍难驭，前镇道抚绥乏术，已启衅端，操纵稍失机宜，后事即难设想。杨芳素得兵心，布置周妥，用能计擒首要，解散胁从，当时边民

---

① "祀"，《湘报》作"祝"。

② "尤"，《湘报》作"犹"。

既免锋镝之灾,嗣后兵丁罔弗恪遵纪律,是以军民感念,日久愈深。兹据联名呈请,不敢壅于上闻,可否仰恳天恩,俯准将原任镇筸镇总兵前湖南提督一等果勇侯杨芳于凤凰厅城建立专祠,由地方官春秋致祭,以顺舆情而资矜式,出自恩施逾格。

除咨部外,谨恭摺具陈,伏乞皇上圣鉴训示。谨奏。

硃批:"著照所请,该部知道。"

〖附〗光绪二十四年三月廿三日上谕*

以功在苗疆,兵民爱慕,予故原任湖南镇筸镇总兵果勇侯杨芳,于凤凰厅城建立专祠。从湖南巡抚陈宝箴请也。

遵旨裁汰旧勇添练新军摺(稿一)**

【上缺】臣与司道等再三筹议,窃以为各属之恃有防军,久成习惯,比来收成中稔①,地方虽稍安静,一处裁撤②,人情即不免惊疑③。只可将分防各营通行裁减④,并于中撤去两营⑤,以节省之饷改练新军,兼资策应,庶于【下缺】

---

* 据《清实录·德宗景皇帝实录》,见《清实录》,卷四一六,第453页。按:此谕另见《光绪朝东华录》光绪二十四年三月戊申(廿五)条,惟文字稍异,详第四册,总第4070页。

** 据舒斋藏摄片。此为陈宝箴手稿。

① 此句初作"比来地方收成尚稔"。

② 此句初作"一旦裁撤"。

③ 此下原有"殊非镇慑"四字,继自删去。

④ 此句初作"惟有变通裁减"。

⑤ 此句初作"并撤去两营"。

遵旨裁汰旧勇添练新军摺（稿二）*

【上缺】臣与司道等再四筹议，窃以为防营分布过散，本属非宜，惟因前年地方荒歉，遣勇纷纷回籍①，未敢轻议更张。目前虽稍安静②，而各属之恃有防军，久成习惯，一处裁撤③，人情即不免惊疑。只可变通办理，将分防各营通行裁减，并于中撤遣两营，以节省之饷改练新军六旗，兼资策应。【下缺】

遵旨裁汰旧勇添练新军摺（稿三）**

【上缺】臣与司道等再四筹议，窃以为就湘省勇数而论④，目前分布要区尚形不足⑤，讵能再议裁减？惟军势以聚而始重⑥，训练必专而始精。臣到任以来，即以分防过散为非宜，只以各属恃有防军，久成习惯，又值连年灾歉，遣勇纷纷回籍，人情惶惑⑦，未可率议更张，夺其所恃，兼虑统将不得其人。尤〔如〕今时局日艰⑧，劲旅难得，若非别立新军，变散为聚⑨，以为扩充之基⑩，一旦遇有缓急，势必难于抽调，军势更何由振兴？然欲练新军，不得不酌裁分

---

* 据舒斋藏摄片。此为陈宝箴手稿。

① “纷纷”，初作“络绎”。

② 此句初作“今地方虽尚安静”。

③ 此句初作“一旦裁撤”。

** 据舒斋藏摄片。此为陈宝箴手稿。

④ “勇数”，初作“情形”。

⑤ 此句初作“目前勇数无多，分布要区尚形不足”。

⑥ 此句及下句，初作“惟军威必聚而始重，训练宜专而后精”。

⑦ 此句及下句，初作“体察情势，未可轻率更张”。

⑧ “日艰”，初作“日觉艰难”。又，“如”系编者代改。

⑨ 此句初作“变散为整”。

⑩ 自此以下二句，初作“不惟军气不扬，偶有缓急”。

防旧勇,藉节省之饷,以资挹注,虽尚不敷支给,究与从新筹措豪无凭藉者不同①。谨拟除亲军卫队及巡缉练勇人数无多,应毋庸议外,其余一十六营,拟请撤去两营,并将所留之十四旗,每旗勇丁各以三百六十人为率,作为通省防军。【下缺】

遵旨裁汰旧勇添练新军折*

(光绪二十四年二月二十八日)

头品顶戴湖南巡抚臣陈宝箴跪奏,为遵旨裁汰旧勇,改营为旗,以节饷糈,并即另募新军,认真训练,以备缓急,恭折仰祈圣鉴事:

窃臣迭奉谕旨:"饬各省裁汰兵勇,节出饷项,添练精兵等因。钦此。"钦遵于上年十二月饬令将西路毅安三营改为三旗,札委记名总兵黄元果接统,即以候选内阁中书黄忠浩另募三旗来省训练,业经奏明在案。

伏查湖南各勇营自近年迭加裁撤后,数已无多,嗣复屡次奉准部咨:"节省度支",又经陆续裁减,现存防勇一十六营,均系扼扎要地,控制岩疆。内亲军前营、新后营及经武营,每营勇丁四百名,驻扎省城暨城外金盆岭及湘潭之朱亭;亲军新左营勇丁五百名,分扎醴陵、浏阳、攸县等处;亲军副中、副前两营,每营勇丁五百名,分扎衡州、永州两府所属各要隘;亲军副后营勇丁五百名,分扎郴州、桂阳州等处地方;亲军新右、副右两营,每营勇丁五百名,分扎益阳县暨宝庆府一带;庆字中营勇丁三百九十名,驻扎常德府;庆字左营

① "从新",初作"凭空";"豪无凭藉",初作"全无把握"。

* 据《光绪朝硃批奏折》,第34辑,第595~597页。按:此折另见《湘报》第五十六号(光绪二十四年闰三月二十日出版)《抚院奏折》。

勇丁三百六十名，驻扎澧州；庆字右营勇丁五百名，挺字中营勇丁三百九十名，驻扎岳州府；毅安中、前、左三营，每营勇丁五百名，分驻辰、沅、靖三府州，兼巡永顺府属；亲军卫队勇丁一百一十名，驻扎省城；又巡缉练勇一百名，驻扎新设之南洲厅。合计勇丁七千五百五十名，营制、勇数参差不一。湖南幅员辽阔，界接川、黔，会匪、游勇不时窃发，以现有之军分防各属，仅可弹压地方、震慑伏莽，虽饬各就防地乘隙操演，势难调集归并，专心训练。此湖南现存营勇实数及分扎防地之情形也。

值此时势孔棘，亟应另募新军，选将训练，俾成节制之师。第饷源支绌异常，若防营各仍其旧，又须添练新军，糈饷骤增，为数甚巨，实有仰屋之势。臣与司道等再四筹议，惟有变通办理，将分防各营通行裁减，并于中撤遣两营，以节省之饷济新练之军，虽尚不敷支用，究与尽需另筹巨款毫无凭藉者不同。除亲军卫队及巡缉练勇均人数无多，应毋庸议外，其余一十六营，拟请将现驻宝庆参将贺长宾管带之亲军副右营、现驻岳州都司陈德胜管带之庆字右营两营弁勇共一千名尽行遣撤，并将所留之一十四营改为十四旗，每旗勇丁三百六十名，统归一律，作为通省防军。其已撤亲军副右营宝庆防地，即改调驻扎省城外金盆岭之经武营移往填扎，已撤庆字右营岳州防地，即酌拨挺字营及庆字左营弁勇分往填扎，以期弹压地方，仍不致疏略无备。分饬各统领、管带逐加校阅，汰弱留强。薪粮等项，按现留人数，照旧章核发。惟长夫旧止五成，势难再减。综计裁撤营官二员、哨弁勇丁二千三百名，其薪粮截至于光绪二十四年二月底止，并加发恩饷一月，遣令归农，每年计可节省银八九万两。此又湖南撤营裁勇、改旗节饷之情形也。

拟请添募新勇六旗，暂设统带官一员，每旗管带官一员、哨弁五名、勇丁三百六十名，已于上年十二月札饬前统毅安三营内阁中书黄忠浩,在辰、沅、湘乡、宝庆、岳州一带,分投招募。除前募三旗外,已于二月十七、八等日募足六旗,一律点验成军,目前均归黄忠浩统带,率领来省,分驻省城、岳州两处,一体勤加训练,务期悉成劲旅,以俟扩充,庶平时有藜藿不采之威,临事得折冲御侮之用。惟新募之勇均已精加选择,其操演步伐、阵式,拟请仿照西法,器械、军火,均用外洋新式,尤必选募教习,认真训练,以期精益求精。其营制、行阵变更常格,员弁、勇丁倍加辛苦,粮饷、军装等项,均不能拘守旧章。所有统领办公经费,暨营官、哨弁、教习、勇丁各薪粮,并军装等件,必须另为核议,酌量加增,约略计之,岁需银十一二万两,容与该统带等妥商详细章程,并将召募成军日期另行分别奏咨立案。臣与司道等通盘筹画,以裁去旧勇之饷项为添练新军之薪粮,每年计不敷银三万余两,糈局司库久已入不敷支,别无移缓就急之法。伏查前奉谕旨:"饬提各州县丁漕钱价平馀银两,另存候拨",湖南丁漕统计每年约应提解银三万数千两,用作偿还洋款,曾不及涓滴之助,移为本省新军饷糈,实可藉资挹注,应请将此项提款尽数截留,邀免部拨。此又添练新军、筹备的饷之情形也。似此变通办理,于全省防地不致疏虞,仍当设法筹开利源,俟有端绪,再请推广增练,俾湘军壁垒重新,缓急有备,以仰副朝廷整军经武之至意。

所有遵旨裁汰旧勇,改营为旗,以节饷糈,并另募新军,认真训练,以备缓急缘由,据总理湖南善后局、厘金局、营务处司道等会详请奏前来,臣复核无异,除咨户、兵二部查照外,理合会同湖广总督臣张之洞恭摺具奏,伏乞皇上圣鉴训示。谨奏。

硃批:"户部议奏。"

〖附〗光绪二十四年三月廿三日上谕*

湖南巡抚陈宝箴奏："遵旨裁汰旧勇，改营为旗，并即另募新军，认真训练，以备缓急。惟所节旧饷以供新军，不敷银三万余两，请截留丁漕钱价平馀银，藉资挹注。"下户部议。

代奏侍郎龙湛霖因病吁请开缺摺**

（光绪二十四年二月二十八日）

头品顶戴湖南巡抚臣陈宝箴跪奏，为侍郎假期届满，病尚未痊，谨据情恭摺代奏，仰祈圣鉴事：

窃臣据刑部右侍郎龙湛霖遣丁王升呈称："家长龙湛霖，籍隶湖南长沙府攸县，光绪二十年八月初一日蒙皇上天恩简放江苏学政，二十三年十月二十日任满交卸，比因感受风湿，时患失眠之证，当经请假回籍就医，旋奉硃批：'著赏假两个月。钦此。'跪聆之下，感激莫名。到籍后赶紧延医调治，扣至本年正月二十五日，假期届满，病仍未痊，据医者云：'年过六旬，气血渐亏，一时未能骤效，非宽以时日，难望复元。'当此时事艰难，中外臣工允宜振刷精神，力图整顿，岂可以病躯恋栈，贻误要公？合无仰恳天恩，俯准开缺调理，一俟病体就瘳，即当泥首宫门，恭候差遣，断不敢稍耽安逸，自外生成"等情，呈请代奏前来。臣复查无异，理合据情恭摺代奏，伏乞皇上圣鉴训示。谨奏。

硃批："龙湛霖著再赏假一个月，毋庸开缺。"

---

* 据《清实录·德宗景皇帝实录》，见《清实录》，卷四一六，第453页。

** 据《光绪朝硃批奏摺》，第13辑，第78～79页。

〖附〗《湘报》:侍郎起程北上*

龙芝生侍郎前托抚宪代奏吁请开缺,嗣奉硃批:“着赏假一个月,勿庸开缺。钦此。”侍郎闻命之下,感激涕零,遂于昨日力疾起程。闻拟先往南京,再定行止,或半途再疏请开缺也。

奉派认还英德借款光绪廿四年二月应解银两片**

(光绪二十四年二月)

再,准户部咨:“奏《每年应还俄法、英德两款本息,数巨期促,拟由部库及各省关分别认还》各摺、片,于光绪二十二年五月初八日奏,本日均奉旨:‘依议。钦此。’”刷印原奏清单,咨行来南,当经转饬遵照依限筹解。业将光绪二十二、三两年认还英德一款共计银二十八万两,均已如数分限解清,先后奏咨各在案。兹据善后、厘金各总局并藩司、粮、盐二道等会详称:“今查二十四年分应解英德一款二月限期已届,不得不竭力筹解。拟请在于加抽茶糖百货二成厘金项下动支库平银三万五千两,又汇费银五百二十五两,于光绪二十四年二月十四日发交乾盛亨、协同庆两商号各承领银一万二千两,蔚泰厚商号承领银一万一千两,均限于光绪二十四年二月二十九日汇解江海关交纳,守候库收批照回销,以期迅速而济要需”等情,详请奏咨前来。臣复核无异,除咨户部外,所有湖南省奉派认还英德一款,本年二月限期应解银两汇解江海关道查收缘由,理合会同湖广督臣张

---

* 据《湘报》第九十七号(光绪二十四年五月初十日出版)《本省新闻》,此题为《湘报》旧有。

** 据《光绪朝硃批奏摺》,第82辑,第788~789页。

之洞附片具陈，伏乞圣鉴。谨奏。

朱批:“户部知道。”

卷十八　奏议十八

裁减湖南制兵摺*

（光绪二十四年三月二十二日）

窃臣承准军机大臣字寄：光绪二十三年三月初四日奉上谕："户部奏《冗兵耗财过巨，亟宜大加裁汰》一摺。近因库款支绌，各省亦筹解维艰，经户部先后奏请裁汰绿营七成、勇营三成，叠经降旨，饬令遵行。上年十一月初二日，复通谕各直省将军、督抚：不论绿营、勇营，均应大加裁汰。是裁减兵勇一事，事机所迫，势在必行。兹据户部奏称：'自行知各省以来，惟山东一省经该抚李秉衡奏明，将制兵分限五年裁减五成，并将防营、练勇分别裁减。此外各省，或请将兵额酌裁，尚无成数，或仅裁绿营二三成，所裁勇营更属寥寥无几。'似此敷衍塞责，有名无实，何济于事？现在综计各省兵勇尚有八十余万人，岁需饷银约共三千余万两。绿营积惰，久同虚设，当兹偿款期迫，中外诸臣自应合力通筹，先其所急，若犹复饰

---

* 据《张之洞全集》，第二册，第1281～1284页。此题为《张之洞全集》旧有。按：此摺当系张之洞、陈宝箴联衔上奏，故予收录。可参阅本集下册《书札》卷所录陈宝箴《上张之洞(二)》，又可参阅张之洞光绪二十三年五月十三日《咨南抚院酌减绿营兵数迅速定议举办(附单)》(见《张之洞全集》，第五册，第3425～3427页)、八月十六日《咨南抚院遵旨裁减湖南各营兵数(附单)》(同上，第五册，第3514～3521页)、八月二十八日《裁减湖北制兵并整顿练军摺》(同上，第二册，第1257～1262页)。

词搪塞，坐拥多营，值此需款紧急之时，弃有用之饷，养无用之兵，以致借无可借、抵无可抵，民生日蹙，国计亦因之愈穷，在公忠体国之大臣，当不出此。各直省将军、督抚奉到此旨，统限一月内，将裁减兵勇若干、节省饷银若干，条分缕析，切实复奏。所留兵勇，务当精选训练，镇抚地方。至所裁兵勇，应酌给遣饷银米之处，并著该将军、督抚等体察情形，奏明办理。原摺著抄给阅看。除直隶、南洋、河南、浙江现有各军另行谕令切实裁汰外，将此由四百里通谕各直省将军、督抚知之等因。钦此。"当经恭录转行，钦遵办理。

查湖南兵额从前节次核减，同治三年复裁马战守兵三千七百余名，现在实存马战守兵二万二千八百二十三名。内抽练兵一千名，存营、存汛兵二万一千八百二十三名。臣等钦遵谕旨，当经会商提臣，督同司道、各镇等详加筹酌，就湖南现有兵额，体察地方冲僻繁简情形，分别免裁酌减，庶于节省饷项之中，仍寓慎重边防之意。其大指仍即臣之洞前奏所陈"裁散不裁整，裁兵不裁官"二义，则裁者既无扞格，存者亦可有用。现议抚、提、镇各标已挑入操防营之练军，粮饷既较原营为优，屯聚复在一处，责成将弁大加整顿，将来可期有用。至苗疆边要之镇筸镇兵，向称勇敢善战，海内知名，拟请毋庸议减。又如绥靖镇、永绥协、乾州协、镇溪营、河溪营、保靖营、古丈坪营等处，均系驻扎苗、瑶要隘，若留兵过少，难资镇慑。拟将最要之绥靖一镇裁减一成；永绥、乾州、镇溪、河溪、保靖、古丈坪各协营，各裁减二成；此外腹地各营，无论何标何营，凡未练之兵，一律裁减五成。系就练军及现在原营实数马战守兵合计，统共裁减五成，不得剔除练军计算，以冀少裁。应裁之数，匀分五年裁竣。所裁兵丁应发饷干米折银两，饬令各营截至光绪二十三年十月底为止，以后每年递减，截饷之期均以十月底为断，以归画一。所裁之兵，拟发给一年饷银、饷米，遣令归农，即自各营开缺停饷之日起，由藩司、粮道按数核明，发足一年银米，俾得藉以资生，徐图改业。副、参、游、都、守等官，及千、把、外委、额外等弁，应请留为弁兵升阶及分带兵勇之用，鼓励征战缉捕出力者之资，毋庸议裁。凡分防、分汛之千总，其地或系州县城内，或系关津镇市，需兵弹压者，将此项千总存留①，给随身兵二十名，馀概裁汰。把总、额外防汛尤属畸零无用，一律裁除。向来地方呈报盗案，犯未弋获，分防、协防之千、把、额外开参疏防，不过循例受过。以后裁去外汛，地方遇有疏防之案，原辖武职应免置议，捕盗等事即专责成州县办理，州县解饷、解犯、看守城门局库等事，亦责成州县派役看守。其裁汰无兵之把总、外委、额外等弁额缺廉俸，应请仍循其旧。

以上皆体察地方轻重、情形缓急，分别办理。总计此次共裁马战守兵七千四百三十八名，匀分五年递裁，计裁竣后每年节省兵饷、马干、米折共银十三万余两。裁存兵饬令各镇、协挑选强壮朴实者，认真训练，择要屯扎，俾免徒糜饷需。其有未尽事宜，臣等随时妥筹办理。

除将分年裁减各营马战守兵数目，暨层递节省饷银、饷米，并给一年恩饷银米各细数，造具详细清册，咨部备案外，所有湖南裁减绿营兵额分别办理情形，臣等谨合词恭摺具奏。

再，此事于上年九月间已经定议札饬截饷，因该司等核计兵饷细数，日内始行具详，是以此时甫行陈奏，其截饷日期仍系以光绪二十三年十月底截止，合并陈明。

硃批："户部知道。钦此。"

---

① "存留"，《张之洞全集》作"留存"，此从《张文襄公全集》（民国十七北平文华斋刊本）卷四十七《奏议》四十七。

汇报湘省赈捐各款数目并援案保奖摺*

（光绪二十四年三月二十六日）

头品顶戴湖南巡抚臣陈宝箴跪奏，为湖南筹办灾赈事竣，所有收支银钱、谷米各款数目核实，援案开单汇报，恭摺仰祈圣鉴事：

窃照光绪二十一年湖南长沙、衡州、宝庆等府所属地方被旱成灾，饥民乏食，经前抚臣吴大澂暨臣先后会同前兼护督臣谭继洵奏恳截留漕折银三万两，并以灾区甚广，饥民众多，司局库款支绌，不敷赈济，奏请仿照直隶省现办赈捐章程，开办湖南赈捐，光绪二十一年十月二十四日经户部议准具奏，本日奉旨："依议。钦此。"咨行到湘，当经分别飞咨各省查照，并转饬照章劝办去后。

兹据湖南筹赈总局司道等详称，承各京官暨各省督抚司道、文武员绅，不分畛域，或捐廉倡导，或劝谕输将，用能筹集巨款，源源解济。并先经由局挪借存储仓谷，详蒙遴派员绅，会同各该地方官，亲赴各区稽查，核实散放。统计收支银钱、谷米，自光绪二十一年十二月开办赈捐起，一年限内，共收捐及各省挪垫，共银七十五万四千二百二十二两七钱二分五厘，制钱七万二千九百二十七串五百八十七文，大、小银圆折合大银圆二十一万三千二百六十五圆八角，谷一十三万四千二百七十四石六斗四升，米九千三百六十四石九斗一升六合。除支发银钱、谷米及提存采买备荒谷价另单开报外，现存银一万一百二十四两八钱九毫，银圆九千三百三十圆二角，存俟归还江苏借垫银一万两、广西借办谷五千余石并米三百余石之用。

---

* 据《光绪朝硃批奏摺》，第31辑，第734～736页。按：此摺另见《湘报》第一百号（光绪二十四年五月十三日出版）《本省公牍》，原题为《抚院奏摺》，文字微异。

至此次办理筹赈,实属涓滴归公。凡应赈灾区,先由地方官查明灾歉分数,禀由臣饬委廉干员绅,或遴选本地公正绅士,亲赴各乡,确查户口,分别轻重,灾重则赈多,灾轻则赈少,核实散放,并不假手胥吏。其中或折发银钱,或径发谷米,因地制宜,穷黎咸便。其流离转徙饥民,随时资遣回籍。所用之款,靡不实事求是,绝无丝毫浮冒。仰沐皇恩广被,感召天和,二十二年秋收有成,年谷丰稔。旋因澧州、永顺所属小有偏灾,亦经臣分别奏明散赈。随据各属地方官及承办员绅将收支各款分晰开单,先后送局,由该司道等督同局员复核,具详请奏前来。臣复加确核,委系实用实销,理合援照顺直奏准成案,谨将收支各款汇开简明清单,恭呈御览。仰恳天恩,俯准饬部核销,照案免造细册,以归简易。

其此次筹赈开捐,本属强弩之末,彼时各省赈捐,四出劝办,更属为难,乃承各京员捐资倡率,各省官绅极力筹凑,并挪款垫解,先其所急,而直隶督臣王文韶、两江督臣刘坤一、两广督臣谭钟麟,筹济之殷[①],款巨时速,灾黎尤赖保全。其本省在事员绅,或敦劝输捐,勤恳臻至;或查灾散赈,心力俱疲。并承大理寺少卿盛宣怀倡率,前上海道黄祖络、义绅谢家福等广为筹捐,垫凑巨款,义绅严作霖等驰驱远道,亲历灾区,散义赈于极贫,辅官赈之不足。当夫哀鸿遍野、待哺嗷嗷,正恐独力难持,幸荷众擎并举。盖湘民多有散勇归农,习成游惰,丰年尚虞乏食,歉岁更难谋生,其时危苦情形,较他省尤为可虑,幸能迅速振抚,罔或后时,不惟立拯穷黎,更以潜消隐患,曲突徙薪,不无微劳足录。除黄祖络、义绅谢家福、严作霖等捐助散赈银十二万两,业经大理寺少卿盛宣怀咨请奏明,拟照晋边助赈成案,悉由北洋大臣专案奏咨外,此次湘赈,奏明仿照顺直

① 自“筹济”至“保全”,《湘报》作“筹济之款甚巨,一时灾黎尤赖保全”。

赈捐章程办理，所有各省、本省在事出力员绅，应请援照顺直办赈成案，择尤保奖，藉资鼓励。除清单咨送户部核销外，理合会同湖广总督臣张之洞恭摺具陈，伏乞皇上圣鉴训示。谨奏。

硃批："准其择尤酌保，毋许冒滥。馀依议。"

湘省赈捐应奖正项银数请准立案展限补奖片*

（光绪二十四年三月二十六日）

再，光绪二十一年湖南长沙、衡州等府所属州县被旱成灾，经前抚臣吴大澂及臣先后奏请照直隶现办章程劝办捐输，以资赈济，经部议奏："俟一年限满，即行停止等因"，奉旨："依议。钦此。"咨行到湘，当即转饬于二十一年十二月初八日开办起，扣至二十二年十二月，一年限满，届限停捐。限内所收捐款，银钱、谷石并计，统合银五十八万余两，援案另行逐款开单造报。惟各捐户救灾情急，均系先缴捐银，多未及时请奖，前据局详初次展缓请奖限期半年，旋又据详二次再行展限半年，均经臣先后附片奏明，奉旨允准在案。兹据筹赈总局司道详称："遵即飞催各省查取捐生履历，依限请奖，奈各省窎远，一时仍不能齐。现今核计限期，扣除程限及封印日期，截至本年三月，又届限满，自未便仍再请展，致稽通案。伏查此次所收捐款内，有专请建坊并陆续催据各捐生请奖履历汇作五卯详咨，计请奖正项银四十八万余两，尚有各省未经请奖银八万余两，为数尚巨，若概不予奖叙，未免向隅。再三稽核，其中实系首先报效，本人或游幕他省，或远贸外洋，亦有业经请奖，到局查核，

---

* 据《光绪朝硃批奏摺》，第31辑，第727～728页。按：据光绪二十四年闰三月十九日上谕（详附一），此片似为上摺之附片。又按：可参阅《湘省赈捐展缓造册请奖片》（详本集卷十）、《湘省赈捐再行展缓造册请奖片》（详本集卷十六）。

与例未符,及原捐履历声叙不清,往返驳查者,实有应奖正项银四万二千余两,均似必须给奖,方足以资观感而示方来,不令已捐者或藉为口实,悭吝之辈转以观望为得计。溯查历届盐务,票商捐银报效,事后无不饬令照章请奖有案,拟请将核定应奖正项四万二千两银数援案分别奏咨立案,仍予限一年,准其照章补请奖叙。倘再有逾限期,则系属该捐生等迁延自误,即不准补奖。其限内请奖正项,亦不得逾四万二千两之数。如此予以限制,俾急公好义先捐银两者不致向隅。且此项捐银本一年限内所收之款,与原议奏定收捐一年限期亦不相背”等情前来。臣复查无异,除咨户部立案外,所有湖南省赈捐核定应奖正项银数先行立案,予限一年,准其照章补请奖叙缘由,理合附片陈明,伏乞圣鉴训示。谨奏。

砞批:“准其展限半年,该部知道。”

〖附一〗光绪二十四年闰三月十九日上谕*

湖南巡抚陈宝箴奏:“长沙等府旱灾办赈事竣,出力人员请奖。”得旨:“准其择尤酌保,毋许冒滥。”又奏:“赈捐请奖限满,捐生履历仍不能齐,请展限补奖。”得旨:“准其展限半年。”

〖附二〗俞廉三:湘省筹办赈捐出力员绅择尤保奖折**

(光绪二十五年五月初四日)

头品顶戴湖南巡抚臣俞廉三跪奏,为湖南省查办灾赈事务完

* 据《清实录·德宗景皇帝实录》,见《清实录》,卷四一七,第466页。

** 据《光绪朝硃批奏折》,第32辑,第43~45页。

竣，谨将在事出力员绅择尤保奖，恭折仰祈圣鉴事：

窃查光绪二十一年湖南长沙、衡州、宝庆三府所属浏阳等十四州县被旱成灾，地方甚宽，饥民极众，当经前抚臣吴大澂暨前抚臣陈宝箴，先后会同前护湖广督臣谭继洵，奏蒙圣恩准截留漕折银三万两，并准照顺直赈捐章程劝办捐输，以资接济，当经转行钦遵办理。随就善后局内设立筹赈局，即委善后局各员兼办，以节经费。并饬各属倡捐廉俸，广募赈需。一面电函驰告各省，求助邻封，藉资集腋。又遴委明干公正员绅分途劝办捐输，并多派勤能耐劳各员驰赴各灾区，会同地方官绅，漏夜清查户口，酌量被灾轻重，或散钱米，或设粥厂，或拨运米谷平粜。筹办数月之久，情形始见稍松，仍复计口授粮，酌发耔种，直至次年秋收，方得一律竣事，而核办报销、清理捐项为时尤久。窃维近来东南各省叠见偏灾，劝捐者纷至沓来，将事者筋疲力尽，湘省地非繁富，物力艰难，猝遇饥馑洊臻，捐、赈两皆棘手。幸沐皇仁广被，准截漕折急救燃眉，复承各京官及各邻省切念灾区，或代劝捐输，或筹拨公款，不遗余力，协济及时，而本省官绅亦皆能奋勉图维，弗辞劳瘁，并有江南义绅携资来湘助赈，俾百数十万生灵获全性命，地方转危为安，实非始料所及。计自开办之日起，一年之内，综核本省捐输及京官并直隶、江宁、江苏、上海、两淮、浙江、湖北、四川、广东、广西、江西、山西、云南等省捐输、提垫、筹借银钱、谷米、银圆，统折纹银，共收一百一十万两有奇，赈济灾民一百三十余万名口，业已由局将分拨支用银钱、米谷细数核实开单，详经前抚臣陈宝箴会同湖广督臣张之洞于光绪二十四年三月间恭折具奏报销，并声明"此次湘赈，奏明仿照顺直赈捐办理，所有各省、本省在事出力员绅，应请援照顺直办赈成案，择尤保奖，以资鼓励"等因，钦奉硃批："准其择尤保奖，毋许冒滥。馀依议。钦此。"钦遵在案。

兹据湖南筹赈总局司道详称:“湘省地居奥僻,户鲜盖藏,民气浮嚣,伏莽甚众,此次灾区较广,若赈抚稍迟,饥黎既荡析流离,莠民将藉端蠢动,关系全省大局洵非浅鲜。乃各省当自顾不暇之际,犹能不分畛域,慷慨恤邻,其劝捐人员,劳绩诚不可泯。至本省官绅之筹办捐输者,分投劝导,竭力搜罗,于万难设法之中勉集巨款;查灾放赈者,奔驰稽核,不惮辛勤,虽深山僻壤之间亦无遗漏,阅时年余之久,莫不实心任事、慎始图终,全活沟壑群生,潜消地方隐患,均似不无微劳足录。惟当大祲之时,十四州县遍地哀鸿,嗷嗷待哺,筹捐、筹赈不能不多派员绅,四出分办,同时并举;而各省代办捐输,广集巨款,亦非多派人员筹办不能迅速集事。通核本省、邻省共集赈款已逾百万,拯救灾黎百数十万之众,在事出力员绅实有数百人,自应钦遵谕旨切实稽核,将劳绩稍次者概行删除,谨择实在尤为出力、始终奋勉各员绅,援照顺直赈捐成案,拟请奖叙,开具清单,缮造履历清册,详请奏奖”前来。

当灾务吃重之时,臣适在臬司任内,其流离困苦情形,目不忍睹,咸称数十年来所未有。且值渝关罢役,遣散之勇皆由轮船载送岳州,然后由湘分途遣归各籍,为数甚众,谋食方艰,尤属可虑。在事者赈恤之外,兼筹安辑,事殷款绌,尽力经营。幸各省均能仰体朝廷子惠元元之意,仗义筹维,集成巨款,赖以平安竣事。应邀奖者实不乏人,原列名数繁多,业已一再核减,谨择尤为出力各员绅,分别缮具清单,敬呈御览。合无仰恳天恩,俯准奖叙,以昭激劝而示鼓励。至江南义赈绅士严作霖集资前来,至醴陵等县,亲赴各乡,挨户查放,志坚行卓,乐善任劳,自以利济为怀,不邀议叙,可否并乞圣恩传旨嘉奖之处,出自逾格鸿施。

除将履历清册咨部外,谨会同湖广督臣张之洞恭摺具陈,伏乞皇太后、皇上圣鉴训示。谨奏。

朱批："严作霖著传旨嘉奖，馀该部议奏。单二件并发。"

李明惠请准建祠摺*

（光绪二十四年三月二十六日）

头品顶戴湖南巡抚臣陈宝箴跪奏，为已故总兵功在桑梓，据情吁恳恩施，以彰荩绩而顺舆情，恭摺仰祈圣鉴事：

窃臣据湖南新宁县知县张超南详，据在籍候选道邓善实等联名呈称："已故提督衔前署湖南提督云南临元镇总兵遒勇巴图鲁李明惠，系新宁县人。道光二十九年，土匪李沅发倡乱，攻陷新宁，李明惠随同前云贵总督刘长佑，以团丁赴剿，冲锋血战，歼除首逆，是为立功之始。咸丰四年，伪镇南王朱洪英由广西全州窜入湘境，直薄县城，势甚猖獗。维时李明惠方随刘长佑复东安县城，闻警驰回援剿，拔毁城外凝秀阁贼栅，连获大胜，生擒唐、蒋各贼目，立解城围。九年正月，逆酋石达开窜扰湖南，众号数十万，分股围攻宝庆、永州二府，并扑新宁。李明惠随同江忠义击破永州贼众，回援宝庆，遇贼于新宁北乡之蓝庙，迎头奋击，杀贼甚多，复败巨股于尺木栾山，连战皆捷。适贼党潜窜新宁、全州交界之八十里山，意图乘虚夺城，绕我后路，李明惠探悉贼情，即入城部署守具，一面率队迎剿，大败贼众于东乡盆溪石、田崀山一带，毙贼无算，复大捷于南乡、新寨、龙塘、大飘坪、五里圳等处，追蹑至南风铺、朱家坪，复获胜于西乡、烟村、三渡，斩馘数千，馀贼溃窜四散。自是以后，新宁遂无贼踪。湖南既报肃清，李明惠乃随大军援剿江西、湖北、广西等省，叠克名城，屡歼巨寇，积功洊升提督衔记名总兵，历任湖南永州镇筸镇总兵署提督，及任云南临元镇署昭通镇总兵。光绪四年，

* 据《光绪朝朱批奏摺》，第 46 辑，第 154 ~ 156 页。

在昭通镇任内防堵巴蛮,感受暑湿,积劳病故,奉旨:'照提督军营立功后积劳病故例从优议恤;银二百两;荫一子,给予六品顶戴,送部带领引见;并准其附祀本籍与立功地方昭忠祠,以彰劳绩。钦此。'钦遵在案。职等追维李明惠驰驱戎马,叠保危城,推其捍卫桑梓之功,合邑士民迄今感念难忘。伏思江忠义与李明惠共居里闬,偕建勋庸,江忠义曾荷特旨准在本籍建立专祠,李明惠同时立功,保卫桑梓,邑民爱慕俱深,援案请于本籍建立专祠,以隆报飨,呈恳转详"等情,由县详请具奏前来。

臣查提督衔原任云南临元镇总兵遒勇巴图鲁李明惠,以团丁从戎,转战数省,洊陟提镇,身后蒙恩赐恤,并准附祀昭忠祠,仰荷鸿施,固已至优极渥。惟其保卫桑梓之功,该县绅民感念不置,兹据联名呈请,不敢壅于上闻,可否仰恳天恩,俯准将已故提督衔前署湖南提督原任云南临元镇总兵遒勇巴图鲁李明惠于本籍新宁县建立专祠,由地方官春秋致祭,以顺舆情之处,出自恩施逾格。

除咨部外,谨恭摺具陈,伏乞皇上圣鉴训示。谨奏。

硃批:"著照所请,该部知道。"

〖附〗光绪二十四年闰三月十九日上谕*

以功在桑梓,予故云南临元镇总兵李明惠于湖南新宁县本籍建立专祠。从湖南巡抚陈宝箴请也。

任星元请准援例赐恤摺**

(光绪二十四年三月二十八日)

头品顶戴湖南巡抚臣陈宝箴跪奏,为提督大员战功卓著,恳恩

* 据《清实录·德宗景皇帝实录》,见《清实录》,卷四一七,第466页。

** 据《光绪朝硃批奏摺》,第46辑,第151~154页。

赐恤，以彰忠荩，恭摺仰祈圣鉴事：

窃臣据署湖南长沙县知县赖承裕详，据内阁中书任锡纯、提督衔湖南绥靖镇总兵陈海鹏等联名呈称："已故补授广东水师提督达春巴图鲁任星元，系湖南长沙县人。于道光二十九年投充抚标右营兵丁，值发逆倡乱，奉调出师，随军防剿永州等处，固守城池。咸丰四年，经原任礼部右侍郎曾国藩札调赴鄂，派充水师中营哨官。八月，克复湖北武昌、汉阳等府，奋勇陷阵，身受火器重伤。十一月，会剿田家镇坚巢，贼横铁练锁江，护以炮台，我师被阻不进。诸军会议，分战船为四队，次第迭攻。该故提督自请为第一队，径赴半壁山铁练前，焚贼快蟹船二只，岸贼燃巨炮轰击，该故提督身受重伤，仍奋臂大呼，抢险直入，手攀铁练，曳船径出，各队乘势继进，举火铄断铁练，并焚贼船四十余只，夺获船二百余艘。十二月，追至湖口跟剿。五年，克复江西弋阳县。是时，广信贼势甚张，该故提督故缓行期，以懈贼志，忽贼党从后麇集，该故提督出军迎敌，贼众大败，悉毁附城贼卡，随率师会集城下，遂复府城。六年，克复饶州，右肩被炮子击穿。七年，接管水师中营事务。九月，克复湖口县城，攻破梅家洲贼垒。时贼酋以大小木簰横亘江心，簰中设立望楼，密排大炮小枪，该故提督侦知贼簰收藏火药之处，手燃巨炮，轰中药箱，奋力急攻，贼簰立烬。八年四月，随大军克复九江府城。九年六月，连复景德镇及浮梁县城，历保花翎游击，蒙赏励勇巴图鲁名号。十年，克复东流、彭泽各城，左腿被炮子洞穿，犹裹创力战，并攻破江南南陵贼垒，保以参将加副将衔。十一年三月，救护景德镇粮台。旋补湖南永州镇标右营游击员缺，仍带勇剿贼，攻破安徽赤冈岭、菱湖贼垒及克复安庆省城，连次痛剿，该故提督不分昼夜，叠破大股悍贼，递保副将加总兵衔。同治元年正月十三日奉旨：'著记名以水师总兵用。钦此。'四月，克复江南太平、芜湖各府县,并攻剿金桂关、东梁山等要隘,经前两江总督臣曾国藩保奏,同治二年正月初七日奉上谕:'提督衔记名总兵任星元,著补授广东阳江镇总兵员缺。钦此。'五月,攻克九洑洲石城,肃清江面,该故提督统率舟师,血战四时之久,经两江督臣曾国藩保奏,三年正月初六日奉上谕:'总兵任星元著交军机处记名,遇有提督缺出,请旨简放。钦此。'二年九月内奉檄选派水师营哨官带赴广东,三年六月行抵粤省,经前两广总督臣毛鸿宾奏办水师营务,旋委带内河水师炮船,并委另募勇防堵北江,遵募楚勇成军,驻扎南雄。四年七月,札委署理南韶连镇总兵篆务,仍驻南雄。逮防事告竣,奉饬赴阳江镇本任。五年十一月,接署广东水师提督印务,统带大小师船,剿办曹冲客匪。是年十二月十二日奉上谕:'广东水师提督著任星元补授。钦此。'六年,会同办理军务,经前广东巡抚臣蒋益澧督同水陆夹攻,屡挫凶匪,捡斩甚多。四月,该匪穷蹙,悔罪投诚,抚局已定,蒙赏换达春巴图鲁名号,并赏给白玉翎管、四喜搬指、大小荷包,谨领在案。嗣因亲父美玉在籍病故,闻讣丁忧,回籍守制。本拟服阕再投报效,无如从戎日久,心血过亏,积劳成疾,触发旧伤,于同治八年四月二十六日在籍病故。身殁之后,家无长物,一如寒素。是时长子启琨年甫二岁,次子启璘生仅数月,孤苦零丁,无人呈请奏恤。伏念该故提督效力戎行,转战东南数省,战功卓越,历经各路统兵大臣陈奏在案。窃见军兴以来,文武大员曾经立功在籍病故者,如彭大光、刘连捷等,均蒙奏邀恩旨优恤。该故提督从戎最早,出力尤多,剿贼建功,事同一律,职等同居里闬,见闻甚确,未忍听其湮没,公恳转详请奏"等情,由县详请前来。

臣查已故补授广东水师提督任星元,由行伍从戎数十年,转战湖北、江西、安徽、江南、广东等省,冲锋陷阵,屡受重伤,克复名城,剿平巨憝,功绩卓著,乃以积劳伤发,在籍病故,殊堪悼惜。兹据援案呈请，由县转详前来，合无吁恳天恩，俯准敕部将已故原任广东水师提督任星元，照军营立功后积劳病故例从优议恤，出自逾格鸿施。

除履历事实送部外，理合恭摺具陈，伏乞皇上圣鉴训示。谨奏。

硃批："兵部议奏。"

光绪廿三年新旧钱粮完欠数目摺*

（光绪二十四年三月二十八日）

头品顶戴湖南巡抚臣陈宝箴跪奏，为湖南省光绪二十三年分征收新、旧钱粮，截至年底止完、欠数目，循例奏祈圣鉴事：

窃照各省征收钱粮，例应于年底截清完、欠银数，专摺具奏，历经遵办在案。兹据布政使何枢详称："湖南省光绪二十三年分司道库额征地丁、起运、存留、驿站及随漕浅船、南折、驴脚并芦课各税等项钱粮正耗，共银一百三十九万三千八百一十六两七钱一分八厘九毫，截至是年年底止，已完银九十二万四千八百七十二两九钱九厘一毫，未完银四十六万八千九百四十三两八钱九厘八毫；又上届奏销案内应征旧欠光绪十四、五、六、七、八、九、二十、二十一、二等年地丁正耗，共银二十七万九千五百八十一两七钱五分四厘，已完银六万二千四百一十四两五钱八分三厘，未完银二十一万七千一百六十七两一钱七分一厘；又澧州、安乡、湘阴、益阳、武陵、龙阳、沅江、巴陵、华容、临湘、南洲及醴陵、攸县、茶陵、清泉、邵阳等厅州县并岳州卫，应带征光绪十四、五、六、七、八、九、二十、二十一、二等年灾缓地丁正耗，共银五万七百二十五两八钱全未完，饬

* 据《光绪朝硃批奏摺》，第68辑，第96~97页。

据各该管道府州确查,俱系实欠在民”等情,详请具奏前来。臣复查光绪二十三年分应征新、旧钱粮,截至年底止,所有未完银两均系实欠在民,并无以完作欠情弊,现在督饬司道严切催征,务令于奏销前一律扫数完解,以重帑项。理合循例恭摺具奏,并将完、欠数目分晰缮具清单,恭呈御览,伏乞皇上圣鉴。谨奏。

硃批:“户部知道,单并发。”

光绪廿四年二月粮价及雨水情形摺*

(光绪二十四年三月二十八日)

头品顶戴湖南巡抚臣陈宝箴跪奏,为恭报二月分市粮价值及所属地方雨水情形,仰祈圣鉴事:

窃照湖南省本年正月分粮价及雨水情形,业经臣恭摺奏报在案。兹据藩司何枢查明通省本年二月分各项粮价,开单汇报前来。臣逐加查核,长沙等十八府州厅属米粮价值均较上月稍增,豆、麦价值悉与上月相同。省城及各属地方田亩渐次翻犁,秧苗将及播种,大、小二麦及杂粮、蔬菜现均长发青葱,惟春雨尚未沾足,农民望泽颇殷。理合恭摺具奏,并缮粮价清单敬呈御览,伏乞皇上圣鉴。谨奏。

硃批:“知道了。”

会奏筹解广西月协军饷片**

(光绪二十四年三月)

再,湖南省自光绪十年九月起,奉户部指拨每月协济广西军饷

* 据《光绪朝硃批奏摺》,第96辑,第330页。

** 据《光绪朝硃批奏摺》,第61辑,第372页。

银一万两，业经陆续筹解，统计先后共解过库平银五十万两，作为湖南加拨广西月协军饷，均经奏咨在案。兹据善后局司道详称："广西委员候补知县但祖范坐湘守催。查湘省近来奉拨认还洋款及协济各省饷银为数甚巨，司道各库搜罗殆尽，特念粤、湘辅车相依，待饷孔急，不得不竭力筹解。现于裁减局务节省项下支纹银一万两，又厘局厘金项下支洋银一万两，合共库平银二万两，于光绪二十四年三月初十日札委广西候补知县但祖范管解回粤交收"等情，详请奏咨前来。臣复核无异，除分咨查照外，谨会同湖广总督臣张之洞附片具陈，伏乞圣鉴。谨奏。

硃批："户部知道。"

奉派认还俄法借款光绪廿四年三月汇解六成银两片*

（光绪二十四年三月）

再，准户部咨："奏《每年应还俄法、英德两款本息，数巨期促，拟由部库及各省关分别认还》各摺、片，于光绪二十二年五月初八日奏，本日均奉旨：'依议。钦此。'"刷印原奏清单、附片，飞咨来南。业饬司局遵将派拨认还俄法一款，自光绪二十二年九月限期起，至二十三年九月限期止，共计银十四万两，均经依限如数汇解江海关查收，奏咨在案。兹据湖南善后、厘金各局及藩司、粮、盐二道等会详称："光绪二十四年分应解俄法一款三月限期已届，不得不竭力筹解，以免遗误。现拟请在于茶糖百货加抽厘金项下动支银六万两，又汇费银九百两，于光绪二十四年三月十五日发交乾盛

---

* 据《光绪朝硃批奏摺》，第82辑，第810～811页。

亨、协同庆、蔚泰厚、百川通四商号各承领银一万五千两，均限于是月三十日汇解江海关道兑收，守候库收批照回销，以期迅速而济要需”等情，详请奏咨前来。臣复核无异，除咨户部外，所有湖南省奉派认还俄法一款，限本年三月内解交六成银两汇解江海关查收缘由，理合会同湖广总督臣张之洞附片具陈，伏乞圣鉴。谨奏。

硃批：“户部知道。”

续解光绪廿一年滇省铜本银两片*

（光绪二十四年三月）

再，据湖南善后报销总局司道详称：“光绪二十年四月内奉准户部咨：本部具奏《速拨滇省铜本》一摺，奉上谕：‘湖南省于二十、二十一两年应解部旗兵加饷项下，每年划拨银五万两，迅速筹拨，不准稍有蒂欠等因。钦此。’遵查湘省解部旗兵加饷一款，系裁减水陆各军节省银两，按月提存，每年解部银十二万两，按四季批解，每季解银三万两，如春季提存之银即于夏季批解，夏、秋、冬各季亦系递推办理。业将奉拨光绪二十、二十一两年云南铜本银十万两，已于光绪二十年十月及二十一年十二月，两次凑解二十年分银五万两，并于二十二年十一月凑解二十一年分银一万两，均交商号汇滇交收。其尚欠二十一年分四万两，应请展缓，按年递推，详请奏咨在案。兹查湖南省奉拨应还洋款及协甘新饷并防军口粮，左支右绌，实属无款可筹，现经竭力续筹应解光绪二十一年奉拨滇省铜本湘平银二万两，于光绪二十四年三月十五日发交天顺祥商号承领，定限本年四月十五日汇解赴云南省城交收。其尚有应解二十一年银二万两，仍请按年递推。似此通融办理，于奉拨铜本仍无亏

* 据《光绪朝硃批奏摺》，第88辑，第576～577页。

短"等情,详请奏咨前来。臣复核无异,除分咨查照外,谨会同湖广总督臣张之洞附片具陈,伏乞圣鉴。谨奏。

朱批:"户部知道。"

会奏参办参将措印不交摺*

(光绪二十四年闰三月十六日)

奏为参将被讦,措印不交,请旨暂行革职,以便审讯而肃营伍,恭摺仰祈圣鉴事:

窃据署湖南绥靖镇总兵崧煜禀称:"现署保靖营参将唐斌,前与署该营中军守备程荣光互相攻讦,禀经缴〔檄〕饬辰永沅靖道查复,均有未合,将署参将等撤任,听候查办,所遗参将事务,饬令准补保靖营参将黄高志仍回本任。乃该署参将唐斌措印不交,出不逊之言,砌词图赖,当委署永绥协副将何泰箴前往该营面为开导,旋据禀称,该署副将再三明白开导,唐斌执迷不悟,妄语讹索,仍措印不交。查该署参将唐斌,既经委查措印不交,反图讹索,实属目无法纪,理合禀请参办"前来。臣查署保靖营参将唐斌,前与该营中军守备程荣光互相禀讦,檄饬辰永沅靖道查复,均有不合,当将唐斌、程荣光一并撤任,札委湖南臬司提省审办,并饬准补该营参将黄高志回任接事。乃该署参将唐斌竟敢措印不交,反图讹索,经该署总兵委员明白开导,仍复执迷不悟,砌词图赖,实属胆大离奇,罔知法纪。既据署德〔绥〕靖镇总兵崧煜查实禀揭,未便稍事姑容,相应请旨将湖南抚标蓝翎尽先补用参将署保靖营参将唐斌暂行革职,以凭审讯确情,奏明惩办。除委员勒令唐斌迅即交卸,解赴湖

* 据《张之洞全集》,此题为《张之洞全集》旧有,详第二册,第 1301 ~ 1302 页。按:此摺既系张之洞与陈宝箴等会奏,故予录入。

南臬司衙门审明议拟详办外,谨会同湖南巡抚臣陈宝箴、湖南提督臣娄云庆恭摺具奏,伏乞皇上圣鉴。谨奏。

硃批:"著照所请,该部知道。"

〖附〗光绪二十四年四月初四日上谕*

以抗不交印,革湖南署保靖营参将唐斌职。

拨盐厘加价款用于学堂备案片(稿一)**

再,臣于光绪二十三年遵旨创设时务学堂,拟请提拨藩库、粮库、厘金局三处正款,为该学堂常年经费,曾经专摺奏明,奉旨:"户部知道。钦此"等因在案。嗣因时务学堂每年经费约需银一万五六千两,此项奏拨正款,又须分提武备学堂,而时务学堂不敷甚巨,迭据在籍翰林院庶吉士熊希龄、前四川龙安府知府蒋德钧等禀称:"湘省盐厘,于光绪二十年部议东征筹饷,每斤加价二文,以钱合银,每百斤应收银一钱二分有奇,而现查各盐行只缴一钱,所有议加之数,并未缴足入公。拟请在此项加价二文内,每售盐百斤,补缴银二分,作为学堂经费。"该绅等于去年四月前赴江宁,禀经两江督臣刘坤一批饬:"每年补收之项,可得银一万四千余两,准以一半为时务学堂经费,其余一半解归江南支应局收用。"嗣湘督销局候补道易顺鼎以缉私经费不敷,禀于已拨时务学堂之七千金内划拨二千金,为缉私经费及湘水校经堂与《湘学新报》之用。该绅等复电请两江督臣刘坤一拨足前议所允之数,当经督臣印电批示:"于此项长馀盐款,按成分拨,以加足二千金为度"等语在案。此后应

---

* 据《清实录·德宗景皇帝实录》,见《清实录》,卷四一八,第473页。

** 据舒斋藏摄片。此为幕僚草拟稿,而经陈宝箴点窜者。

由湘督销局每年汇收拨解经费银七千两，合之奏拨正款，可支给常年之用。该绅等拟请附奏，咨部立案，以垂久远等情前来。臣查【下缺】

拨盐厘加价款用于学堂备案片（稿二）[*]

再，臣于光绪二十三年十二月，曾经奏明遵旨创设时务学堂[①]，请于藩库、粮库及厘金局岁提银一万二千两，为该学堂并武备学堂常年经费，声明“不敷之项，由臣督率绅士设法筹措”，奉旨：“户部知道。钦此”等因在案。

臣查时务学堂每年经费约需银一万五六千两[②]，公款不敷甚巨，迭据绅士在籍翰林院庶吉士熊希龄、前四川隆〔龙〕安府知府蒋德钧等禀称[③]：“湘省盐厘，于光绪二十年部议东征筹饷，每斤加价二文，其时各盐行以钱折银，每百斤缴银一钱，现就近来钱价折合[④]，应有盈余银二分有奇[⑤]。拟请在此项加价二文内，每售盐百斤，饬补缴银二分，作为时务学堂经费。仍于公款豪无所损[⑥]，而以地方已出之款[⑦]，为地方作育人材，尤与另行筹捐不同。因前往江宁，禀经两江总督批[⑧]：‘查每年补收此项，应有银一万四千余

---

* 据舒斋藏摄片。此为陈宝箴手稿。按：此稿另见录入《陈宝箴遗文·奏摺》，载《近代中国》第十一辑，第218～219页。

① 此句初作“曾经专摺遵旨创设时务学堂”。

② “一万五六千两”，初作“一万五千两”，又经改为“一万四五千两”。

③ “迭据”，初作“旋经”。“蒋德钧等”后原有“前赴两江总督衙门”数字，后删。

④ 此句初作“现查钱价”。

⑤ 此下原有“并未缴出”四字，后删。

⑥ 此句初作“豪无出入”。

⑦ 此句及下句，初作“而以本地方之财，办地方作育人材”。

⑧ “两江总督”，初作“两江总督臣刘坤一”。

两,准以一半为湘省时务学堂经费,其余一半解归江南支应局收用。'嗣因湘督销局总办道员易顺鼎以缉私经费不敷,禀于准拨时务学堂之七千两内划拨二千两,为缉私经费及湘水校经堂与《湘学新报》之用。绅等复电请两江总督拨足前议所允之数,旋奉印电批示:'于此项长馀盐款,按成分拨,以加足二千金为度'等语在案。此后应由湘督销局每年汇收拨解经费银七千两,合之奏拨公款,可支常年之用①,应请奏明,咨部立案"等情前来。臣查此项盐厘加价二文余款,实因现在银价与初收时盐行折合银价情形不同②,故每百斤得有此二分盈余,于应缴官款并无出入。既经两江督臣刘坤一批准,于补缴数内每年拨银七千两,为湖南时务学堂经费,以湘人已出之款,为湘人学堂之用,于理尤顺。除咨部立案外,理合附片陈明,伏乞圣鉴。谨奏。

拨盐厘加价款用于学堂备案片*

(光绪二十四年闰三月二十四日)

再,臣于光绪二十三年十二月,曾经奏明遵旨创设时务学堂,请于藩库、粮库及厘金局岁提银一万二千两,为该学堂并武备学堂常年经费,声明"不敷之项,由臣督率绅士设法筹措",奉旨:"户部知道。钦此"等因在案。

臣查时务学堂每年经费约需银一万五六千两,公款不敷甚巨,

---

① 此句初作"撙节支用,可勉支常年之用"。

② 自此以下三句,初作"实因初收时银价较昂,既与现在情形不同,故得有此二分盈余,当与应缴官款并无出入"。

* 据《光绪朝硃批奏摺》,第88辑,第670~671页。上奏日期则据《戊戌变法档案史料》录入。按:此片另见《戊戌变法档案史料》,第247页,题作《湖南巡抚陈宝箴片》,题下注:"(军录)光绪二十四年闰三月二十四日",后附奉到硃批日期:"光绪二十四年四月二十日"。

迭据绅士在籍翰林院庶吉士熊希龄、前四川隆〔龙〕安府知府蒋德钧等禀称[①]："湘省盐厘，于光绪二十年部议东征筹饷，每斤加价二文，其时各盐行以钱折银，每百斤缴银一钱，现就近来钱价折合，应有盈余银二分有奇。拟请在此项加价二文内，每售盐百斤，饬补缴银二分，作为时务学堂经费，仍于公款豪无所损，而以地方已出之款，为地方作育人材，尤与另行筹捐不同。因前往江宁，禀经两江总督批：'查每年补收此项，应有银一万四千余两，准以一半为湘省时务学堂经费，其余一半解归江南支应局收用。'嗣因湘督销局总办道员易顺鼎以缉私经费不敷，禀于准拨时务学堂之七千两内划拨二千两，为缉私经费及湘水校经堂与《湘学新报》之用。绅等复电请两江总督拨足前议所允之数，旋奉印电批示：'于此项长馀盐款，按成分拨，以加足二千金为度'等语在案。此后应由湘督销局每年汇收拨解经费银七千两，合之奏拨公款，可支常年之用，应请奏明咨部立案"等情前来。臣查此项盐厘加价二文余款，实因现在银价与初收时盐行折合银价情形不同，故每百斤得有此二分盈余，于应缴官款并无出入。既经两江督臣刘坤一批准，于补缴数内每年拨银七千两，为湖南时务学堂经费，以湘人已出之款，为湘人学堂之用，于理尤顺。除咨部立案外，理合附片陈明，伏乞圣鉴。谨奏。

朱批："户部知道。"

---

① "龙"，据前录稿一校改。按：龙安隶四川，隆安则隶广西。

〖附一〗朱昌琳：上陈宝箴*

中丞大人钧座：

奉谕后，旋往盐局查询，售盐各项，历照牌价，按引或按斤收银，并无外收钱文之事，用免岸情庞杂，并防行户籍〔藉〕滋弊端也。钧意每斤加钱二文，只收银一厘四毫，最为两得，不独照收照解无可欺朦，即盐店售与食户，亦不敢藉口有逾二文之数，贩户、居民均觉称便。查湘岸岁销二百四五十票，每票约重三十七八万斤，以每百斤加一钱四分计之，每票应收银五百三十余两，每年销上十二万引，则每岁可收银一十二三万两。

合并申明，专肃奉复。敬叩暑安。

职道昌琳谨禀。

附呈运铜护照一纸。

再，各府厅州县之教授、学正、教谕、训导，凡一学两员者，似可归并一员管理。仍候钧酌。

〖附二〗谭嗣同：致龙绂瑞书(节录)**

(光绪二十三年九月初九日)

兹有恳者：湘中绅友来函，言时务学堂经费，曾由熊秉三太史、蒋少穆观察面恳刘岘帅，允于湘岸盐务中分款，每年七千金，而易实甫观察止拨五千金，岘帅将为所摇，故特函商令速转恳尊公大人致书岘帅，争回此款，以为开办学堂之用。嗣同念既系一省紧要之

---

* 原件藏上海图书馆，此据《陈宝箴友朋书札》(三)录入，载《历史文献》，第五辑，第183页。

** 据蔡尚思、方行编《谭嗣同全集》(增订本)，中华书局1981年出版，第523～524页。按：时间系编者据原札末署“重九日”推定。又按：龙绂瑞，龙湛霖之子。

公事，非同寻常请托者比，应请转禀尊公大人，略一援手何如？

奏陈筹办昭信股票大略情形摺*

（光绪二十四年闰三月二十六日）

头品顶戴湖南巡抚臣陈宝箴跪奏，为遵旨筹办昭信股票，先将大略情形恭摺具陈，仰祈圣鉴事：

窃臣前准户部咨开："《议复右中允黄思永奏〈筹借华款，请由部印造昭信股票，颁发中外，由官先行领票缴银，以为商民之倡〉》一摺，奉旨：'著依议行等因。钦此。'"当即钦遵出示晓谕，并率同在省司道等员，会商地方正绅，设立昭信湘局，妥筹办理。伏思中外臣民同此食毛践土，渥荷天恩，当兹时事艰难，度支竭蹶，即令竭忱报效，皆分义所当然，况蒙圣慈曲加体恤，仅令暂时息借，并不责以捐输，自当感激奋兴，不遗余力。惟是湖南地方僻居江岭之间，向无富商大贾，出产不丰，绅商黎庶虽抱忠爱之忱，而财力实有不逮。现先劝据在任、候补各员筹集银十万两，业经电复户部："缴齐即行汇解"，一面派委员绅及分饬各属劝谕绅商士民各自激发天良，量力借缴，以济要需，仍不许稍有抑勒，以期仰副朝廷轸念民依至意。除俟办有成数另行奏报外，谨将筹办大略情形先行恭摺具陈，伏乞皇上圣鉴。谨奏。

硃批："户部知道。"

---

* 据《光绪朝硃批奏摺》，第 82 辑，第 816 ~ 817 页。

〖附〗皮锡瑞:光绪二十四年三月初十日日记(节录)*

右帅照会四人办昭信股票:汤〈幼安〉与张雨翁、朱雨翁、陈程初。

报解光绪廿四年二批京饷摺**

(光绪二十四年闰三月二十六日)

头品顶戴湖南巡抚臣陈宝箴跪奏,为报解光绪二十四年分二批京饷银两,恭摺仰祈圣鉴事:

窃照湖南省应解奉拨光绪二十四年分京饷,业经解过头批地丁银六万两,厘金、盐厘银各一万两,东北边防经费银二万两,固本军饷银二万两,又搭解漕折、二米等银七万五千两,恭摺奏报在案。兹据署藩司李经羲详称:"筹备地丁银七万两,又会同总理厘金局务补用道夏献铭筹备厘金银一万五千两、盐厘银一万五千两,并筹备边防经费银二万两,又由司筹备光绪二十四年四、五、六月固本军饷银一万五千两,以上共银一十三万五千两,作为本年二批京饷,派委补用通判孙传棫、候补知县周凤群领解赴部交纳。"又据粮储道但湘良详:"开支光绪二十三年漕折、二米共银三万两,均交委员孙传棫等搭解赴部。"分款具详,呈请奏咨前来。臣复核无异,除照缮咨批、护牌,饬发该委员等领解起程,另取起程日期咨报,一面分咨沿途各省饬属妥为拨护,仍饬该司道等将未解银两接续委解,

* 据《师伏堂未刊日记》,载《湖南历史资料》,1958年第4期。按:"幼安"二字系编者补入。又,汤幼安即汤聘珍,张雨翁即张祖同(字雨珊),朱雨翁即朱昌琳(字禹田),陈程初即陈海鹏。

** 据《光绪朝硃批奏摺》,第88辑,第587页。

以济要需外,所有报解本年二批京饷缘由,谨会同兼署湖广总督臣谭继洵恭摺具奏,伏乞皇上圣鉴。谨奏。

硃批:"户部知道。"

搭解光绪廿四年加复俸饷二批银两片*

(光绪二十四年闰三月二十六日)

再,湖南每年应解另款加复俸饷银八千两,经前抚臣吴大澂奏请,自光绪十九年起,于节省长夫尾存项下照数动支,作正开销,业经按年解清并解过光绪二十四年分头批库平银二千两,先后奏咨在案。兹据善后报销总局司道详称:"现又在于节省长夫尾存项下筹备二十四年二批库平银二千两,合湘平银二千七十八两四钱,交二批京饷委员补用通判孙传棫、候补知县周凤群搭解赴部交纳"等情前来。臣复核无异,除咨户部、都察院查照外,所有搭解光绪二十四年分另款加复俸饷二批银两缘由,谨附片陈明,伏乞圣鉴。谨奏。

硃批:"户部知道。"

提解光绪廿三年冬季节省银两片**

(光绪二十四年闰三月二十六日)

再,据总理湖南善后局务署布政使李经羲等详称:"光绪十一年八月钦奉懿旨裁勇节饷,当经遵议裁撤湖南陆勇三营、水师一营,并将留存陆营长夫、水师船价、油烛均裁减五成支发,综计每年可节省银一十二万余两,声明自光绪十二年起专款存储,分批提

* 据《光绪朝硃批奏摺》,第88辑,第588页。按:此为上摺之附片。

** 据《光绪朝硃批奏摺》,第88辑,第588页。按:此为上摺之附片。

解,赴部交纳,已解至二十三年秋季止,历经详请奏报在案。所有光绪二十三年冬季分节省银两,自应如数提解,以济要需。现筹备湘平银三万两,折合部砝库平银二万八千八百九十六两一钱六分六厘四毫,交给二十四年二批京饷委员候补通判孙传棫、候补知县周凤群搭解赴部",详请奏咨前来。臣复查无异,除咨户部外,理合附片具陈,伏乞圣鉴。谨奏。

硃批:"户部知道。"

光绪廿四年三月粮价及雨水情形摺*

(光绪二十四年闰三月二十六日)

头品顶戴湖南巡抚臣陈宝箴跪奏,为恭报三月分粮价及地方雨水情形,仰祈圣鉴事:

窃照湖南省本年二月分市粮价值并雨水情形,业经臣恭摺奏报在案。兹据署藩司李经羲查明通省本年三月分各项粮价,开单汇报前来。臣逐加查核,长沙等十八府州厅属米粮价值或较上月稍增,或与上月相同,其豆、麦各价值悉与上月相同。省城及各属地方前因雨水尚未沾足,旋经各属设坛虔求,幸获甘霖深透,秧苗将及栽插,二麦渐次结实,杂粮、蔬菜一律繁茂。理合恭摺具奏,并缮粮价清单敬呈御览,伏乞皇上圣鉴。谨奏。

硃批:"知道了。"

* 据《光绪朝硃批奏摺》,第96辑,第342~343页。

姜钟琇续完钱粮请照例开复留任片*

（光绪二十四年闰三月至四月）

再，光绪二十四年三月二十七日准吏部咨："本年正月分所出之调三项要缺湖南零陵县知县姜钟琇革，上年十二月二十五日奉旨行文，查照例章序补"等因，当经行司查明，照例办理去后。兹据署布政使李经羲详称，查零陵县知县姜钟琇前因在署长沙县任内经征未完民欠光绪二十二年地丁钱粮一万四千七百七十五两一钱五分八厘，核计考成在五分以上，经前司何枢详经臣列入奏销案内，咨部按照考成议处。嗣据该令续完光绪二十二年地丁正耗共银一万二千五十一两二钱六分九厘，于光绪二十三年五月二十八日照收储库，已入于光绪二十二年正杂耗羡收支各册内作收造报，只有民欠未完银二千七百二十三两八钱八分九厘，核计考成不及一分，复经前司专案详经臣咨达吏、户二部查照减议在案。查"经征钱粮民欠未完各官，被参后如有续完，声明减议，所有原参处分照例应行查销"；又《处分则例》载："钱粮未完例应降革人员，于未奉部议之先续报全完者，无论调缺、选缺，俱准开复留任，无庸送部引见"；又《铨选则例》载："外省现任官员，遇有经征未完议降、议革，开缺后旋即全完，声请开复留任到部，其经征钱粮实欠在民，嗣据经征全完开复，毋庸引见人员，如系现任要缺官员，吏部详查该省续报全完声请开复具题出咨日期，合之吏部议降、议革奉旨后五日行文之日，以发给该省执照限期减半计之，如尚在照限减半以内

---

* 据《光绪朝硃批奏摺》，第68辑，第276～277页。按：谭继洵此次兼护署理湖广总督，时在光绪二十四年闰三月十七日至四月十一日，详张之洞光绪二十四年闰三月十七日《恭报交卸起程日期摺》、四月十六日《恭报折回本任日期摺》（见《张之洞全集》，第二册，第1302～1303页）。自此以下三片之上奏时间，均由此推定。

者,准其留任”各等语。今姜钟琇经吏部照例议处革职,系于光绪二十三年十二月二十五日奉旨,按五日行文,应坐十二月三十日为部中发文日期,湖南照限七十日减半计算三十五日,扣至光绪二十四年二月初五日为湖南奉文日期。该令续完钱粮,司中于光绪二十三年十二月二十五日详请减议,在部中行文以前,臣于本年正月二十八日出咨,计算在照限减半以内,与开复留任之例相符,具详前来。相应请旨将前署长沙县事零陵县知县姜钟琇原议革职处分,照例准予开复留任,所有经征民欠未完不及一分处分仍带于本任,以符定例。除咨吏、户部查照外,谨会同兼署湖广总督臣谭继洵附片具陈,伏乞圣鉴训示。谨奏。

硃批:“著照所请,户部知道。”

凌厚增参追各款全数解交请开复处分片*

(光绪二十四年闰三月至四月)

再,前署清泉县知县盐提举衔试用知县凌厚增,任内交代亏短司库钱粮税课等款共银一千一百五两五钱三分五厘、仓谷五千八百二十七石九斗八升五勺,又粮库漕南等款银六千二百两五钱二分九厘八毫,屡催未据解缴。当经前护抚臣王廉附片奏明摘顶,勒限四个月完缴,仅据将司库钱粮税课等银如数完解,短交仓谷仍未买补,粮库漕南等项解到银三千一百八十四两七钱三分八厘,尚欠银三千一十五两七钱九分一厘八毫未据完解;复经前抚臣吴大澂恭折奏明革职,勒限两个月完缴各在案。嗣据该革令遵将前项亏短仓谷及粮库漕南等款如数买补完解清楚,据署布政使李经羲、署按察使黄遵宪、粮储道但湘良会详前来。臣查该员凌厚增参追各

---

* 据《光绪朝硃批奏摺》,第 91 辑,第 256 页。

款已据全数解交，毫无亏欠，尚知愧奋，相应请旨开复前署清泉县盐提举衔湖南试用知县凌厚增原参摘顶革职处分，以资观感。再，该员系原案开复原官，照章毋庸送部引见，合并声明。谨会同兼署湖广总督臣谭继洵附片具陈，伏乞圣鉴训示。谨奏。

硃批："著照所请，该部知道。"

拿获会匪惩办片*

（光绪二十四年闰三月至四月）

再，湖南永州府属之江华、宁远及桂阳直隶州属之蓝山、嘉禾等县，均与广西富川、恭城、广东连州各州县接壤，山箐深密，路径纷歧。光绪二十四年二月间，风闻蓝山等处民间有广西匪徒入境句结之语，当经臣札饬地方文武员弁查拿防范去后。旋据署宁远县知县卜彦伟、署江华县知县车玉襄先后禀报："会督营团拿获会匪黄嘉瑞、陈沅粑、唐运崽等，并起获飘布、马刀等件，讯据供认：广西会匪吴大栋（即吴文彬）与周锦沅等藏伏湘粤交界处所，放飘纠人，潜谋滋事，约期攻扑江华县城，因人尚未齐即被破获，馀匪均各逃散。"又据署蓝山县知县史宜长禀报：匪党图攻江华未成，复图袭扰该县，当经访闻，会商营汛，设法捕获龙悰金、李贱苟等，并起获伪示，语极狂悖。经臣随时批饬将该犯等就地正法。

臣查匪徒黄嘉瑞等结会联谋，约期滋事，实属不法已极，兹幸先事破获，不致贻害地方。现在各属民情安静如常，堪以上慰宸廑。除仍札饬该州县并防绿各营，暨咨广东、广西各抚臣饬属一体严拿在逃匪目吴大栋、周锦沅等，务获惩办，一面力行保甲，解散胁

---

* 据《光绪朝硃批奏摺》，第118辑，第708～709页。按：可参阅《宁远县拿获会党就地惩办禀批》（详本集下册《公牍》卷）。

从,以清匪源而安闾里外,所有拿获会匪惩办缘由,谨会同兼署湖广总督臣谭继洵附片具陈,伏祈圣鉴。谨奏。

硃批:"刑部知道。"

〖附〗俞廉三:防捕湘粤边界会匪片*

(光绪二十四年十月二十八日)

再,本年二月间,湖南江华、宁远与广西富川等县交界地方,有会匪吴大栋等放飘纠众,图攻江华、蓝山县城,未及起事,即被破获,经前抚臣陈宝箴将拿办情形附片具奏。嗣于四月二十一日续获周锦沅一名,讯明正法,其匪首吴大栋、胡庆保等均各远飏未获。臣到任后,复饬各营县认真蹦缉。九月下旬,风闻吴大栋等潜回湘粤边境勾结滋扰,正查探间,据永州府知府范正声等禀报:"该匪等在江华县属之白芒营、桃墟汛、鹏砂庙等处竖旗聚众,广西富川县之白沙税厂被匪抢劫,贺县地方亦有匪踪,良民迁避"等情。臣查湖南永州府及桂阳、靖州各属均与广西毗连,素为匪徒渊薮,原驻防营本形单薄,臣前于九月初七日钦奉上谕:"广西土、会各匪滋扰,著严饬将弁不分畛域,于交界要隘密切侦探,如有贼踪,迅即分投堵剿,毋留余孽等因。钦此。"当即钦遵檄调记名提督张庆云管带所部刚字一旗驻扎永州防范,而以总兵黄家茂所带亲军左旗、副将谭尚贵所带亲军前旗填扎衡州一带,联络绿营,相机策应,奏明在案。据报前情,仍恐边境辽阔,不敷分布,复饬张庆云将所部刚字三旗悉数调赴永州,即饬黄家茂带领亲军左旗移驻郴州,兼防蓝山、嘉禾等县,谭尚贵带领亲军前旗驻扎衡州,以为后劲。其谭尚贵原扎之醴陵等县,未便空虚,现值冬令巡防紧要之时,安乡盗匪

* 据《光绪朝硃批奏摺》,第118辑,第719~721页。

甫经扑灭，人情未免惊疑，西北防营均皆未可调拨，随于省城练军内抽派二百名，饬补用游击宾太山带往填防，仍移会永州镇；及饬桂阳、临武各营将备会同各该州县激励民团，会合粤省兵勇，钦遵前奉谕旨，不分畛域，实力搜捕；及咨广西抚臣饬属协拿。

兹于十月十七、八等日据永州府及各营县禀称：“匪党骤闻官军大集，惊惧溃散，现经拿获匪首唐振邦及伪元帅谭明流之子谭汉武等，解交江华县审办，又于富川、贺县交界之姑婆山协获胡庆保之子胡水古、伪先锋谢小苟，由富川县讯明正法。目下边境讹言已息，人心渐安，迁民复业”各等情，除督饬各营及地方守令将复业民人加意抚绥，一面晓谕被诱愚民缴飘首悔，以离匪党而靖内讧，仍严缉在逃首要匪犯，务期按名弋获，毋俾煽诱扰害，并饬将现获之唐振邦等确审惩办外，所有防捕湘粤边界会匪缘由，谨会同湖广总督臣张之洞附片具陈，伏乞圣鉴。谨奏。

硃批：“知道了。仍著督饬地方文武，将在逃首要各匪严拿务获，勿任潜踪煽诱，以靖闾阎。”

卷十九　奏议十九

续奏裁减防勇添练新军情形摺*

（光绪二十四年四月二十六日）

头品顶戴湖南巡抚臣陈宝箴跪奏，为湖南省裁减防勇，改营为旗，并添募新勇成军各日期，及现改旗名，恭摺仰祈圣鉴事：

窃臣前将裁汰旧勇，改营为旗，并添募新军缘由，会同湖广总督臣张之洞奏明在案，兹据总理湖南善后局司道详称："湘省原有分防各军十六营内，遣撤亲军副右营、庆字右营共勇丁一千名，并将所留之一十四营改为一十四旗，每旗勇丁三百六十名，统归一律，计又裁减勇丁一千三百名，综计遣撤、裁减共二千三百名。所有遣撤二营官弁勇丁及改营为旗酌裁勇丁各薪粮，均截至光绪二十四年二月底止，并加发恩饷一月，遣令归农。所留之十四旗作为通省防军，均自二十四年三月初一日起，以三百六十人为一旗，查照湖南历来防饷章程，按旗支给薪粮。惟长夫旧止五成，势难再减。至添募新勇六旗，上年十二月奉委候选内阁中书黄忠浩分投招募，仿照西法训练，兹准咨报，次第派员分赴辰州、沅州、宝庆、凤凰各府厅县，募齐勇丁一千零八十名，编成威字中、前、左三旗，每旗勇丁三百六十名，于二十四年正月初十日成军。又于永州、岳州

---

* 据《光绪朝硃批奏摺》，第 34 辑，第 625～626 页。

各府及邵阳、湘乡等县招募勇丁一千零八十名，编成威字右、后、副中三旗，每旗勇丁三百六十名，于二十四年二月十八日成军。先后共计威字六旗勇丁二千一百六十名。统带来省，暂驻省城南门外之金盆岭，认真训练，期成劲旅。惟查新募之威字六旗，操演步伐、阵式既经仿照西法，所有应需薪粮、军装等项，自不能比照本省防军章程办理。除俟另行核议详请奏咨立案外，先将遣撤旧勇二营，及酌留防军，改营为旗，裁减勇丁，截止薪粮，加发恩饷，暨添练新军，编成威字六旗，先后成军各日期详请奏咨立案"前来。臣复加查核，所有裁留旧勇及添募新军，均系精壮足额。至截留防勇十四营内，将挺字中营改为发字旗，庆字二营改为强字二旗，亲军副前、中、后三营改为刚字三旗，毅安三营改为毅字三旗，亲军新右营改为亲军中旗，亲军新左营改为亲军左旗，经武营改为亲军右旗，亲军前营改为亲军前旗，亲军新后营改为亲军后旗。此外，毅安长胜水师本系毅安营别部，兹分出自成一军，删除"毅安"二字。其亲军卫队、巡缉练勇并选锋、澄湘二水师，俱仍其旧。

除咨户、兵二部立案外，谨会同湖广总督臣张之洞恭摺具陈，伏乞皇上圣鉴。谨奏。

硃批："该部知道。"

〖附一〗湘省防军（十四营）清单（稿）*

亲军前营；亲军新后营，刘高照；经武营，陈登科；亲军新左营，黄家茂；亲军副中营、副前营、副后营；亲军新右营，贺长发；庆字中营常；庆字左营澧；挺字中营；毅安中、前、左营。

* 据舒斋藏摄片。此为陈宝箴手稿。按："常"、"澧"，皆谓驻地。

〖附二〗湘省防军(十四旗)清单(稿)*

张庆云,三改刚。黄元果,三改毅。赵玉田,二改强。统戴定邦,挺中改发。统贺长发,右,亲中。黄家茂,亲军新左营,左。陈登科,经,右。刘高照,亲军新后营,后。谭尚忠,亲军前营,前。

〖附三〗光绪二十四年五月廿四日上谕(节录)**

湖南巡抚陈宝箴奏:"裁减防勇,改营为旗,并添募新勇成军。"下部知之。

〖附四〗光绪二十四年五月廿八日上谕***

五月二十八日上谕:"裁空粮、节饷需,为方今救弊之要图,前经谕令各省体察情形妥速具奏,现据该将军、督抚先后奏陈,或裁制兵,或裁防勇,或裁练军,或称业经裁并无可再裁,当经详加披阅。各省情形虽属不同,但法敝则亟应变通,财匮则尤资补救,其已裁者,即著照拟定章程办理,其未裁者,亟应再行切实酌核。总期裁一名空粮,即节一分虚縻,空粮裁尽,饷项自舒。无论水、陆各军,一律挑留精壮,勤加训练,俾成劲旅。并各遵照前降谕旨,力行保甲,诘奸禁暴,相辅而行,〈再〉能整顿厘金[①],严杜中饱,富国强兵之计,无有亟于此者。当兹时事多艰,朕宵旰焦劳,力图振作,每

---

* 据舒斋藏摄片。此为陈宝箴手稿。按:"三改刚",谓亲军副前中后三营改为刚字三旗。馀同此例。又,"统"谓统领之职。

** 据《清实录·德宗景皇帝实录》,见《清实录》,卷四二〇,第507页。

*** 据《湘报》第一百二十四号(光绪二十四年六月二十三日出版)《上谕恭录》。

① "再",据《知新报》第六十二册(光绪二十四年七月初一日出版)《上谕恭录》补入。

待臣下以诚,相应各该疆臣身膺重寄,具有天良,何至诰诫谆谆,仍复掩饰支吾、苟且塞责耶？经此次谆谆之后,倘再有仍前敷衍,不肯实力奉行,经朕查出,或一经发觉,试问各该大臣能当此重咎否？将此通谕知之。钦此。”

〖附五〗《湘报》:变通营制*

去岁陈右帅拟设法抽练新军,饬由善后局筹办,兹闻议定:将所有防营十六营改为十四旗;另将驻扎宝庆贺长宾之亲军副右营、驻扎岳州陈德胜之庆字右营勇丁,一律遣撤,腾出饷项,为黄中书忠浩所募六旗之费。

又驻扎郴、郴之亲军副后营管带谭鼎忠,经张统领庆云禀详撤差,所遗营务另委于鼎华接带。

〖附六〗俞廉三:奏报添募信字二旗成军日期片**

(光绪二十四年十月二十八日)

再,前抚臣陈宝箴遵旨裁汰防勇,另募新军威字六旗,又因岳州议开通商口岸、创办粤汉铁路,镇抚弹压均关紧要,札委分部郎中前四川龙安府知府蒋德钧另募两旗,悉仿西法训练,先后奏明在案。随饬于威字六旗内将参将陶廷梁所带威字副中一旗拨归蒋德钧统带,共为三旗,名曰“新军信字旗”。兹据湖南善后局司道详称:“据分部郎中蒋德钧咨报:‘奉饬添募信字两旗勇丁七百二十名,业经选派哨弁前赴湘乡、邵阳等县,募齐来省,于光绪二十四年七月初四日成军,编成信字中、左两旗,每旗勇丁三百六十名,自带

---

* 据《湘报》第九号(光绪二十四年二月二十四日出版),此题为《湘报》旧有。

** 据《光绪朝硃批奏摺》,第34辑,第652页。

中旗驻扎省垣,以甘肃补用总兵周维翔管带左旗,并将前奉拨统参将陶廷梁管带之威字副中旗改为信字右旗,与左旗一同驻扎岳州'等情。查新募威字、信字两营共计八旗,操演之法酌采西人精意而不袭其皮毛,务令步伐整齐、运用灵捷,更为之开陈大义、申明纪律,使人人各怀致命效忠之忱,以期悉成劲旅。所支薪粮各项,即未能如北洋新军之丰厚,较之湘军额饷,必须加给,容俟与各统带参考南、北洋各军章程,妥协定议,再行详报。请将添募信字二旗成军日期先行奏咨立案"前来。臣复查无异,除咨户、兵部外,谨会同湖广总督臣张之洞附片具陈,伏乞圣鉴。谨奏。

朱批:"该部知道。"

〖附七〗俞廉三:筹议湖南新军各旗经费片*

(光绪二十四年十二月十八日)

再,臣查前抚臣陈宝箴具奏《遵旨裁汰防勇,改营为旗,并另募新军,认真训练》一摺声明:"札饬候选内阁中书黄忠浩募足六旗,操演步伐、阵式,拟请仿照西法,器械、军火,均用外洋新式,选募教习,认真训练,其营制、行阵变更常格,员弁、勇丁倍加辛苦,粮饷、军装等项,均不能拘守旧章,必须酌量加增,约略计之,岁需银十一二万两,容与统带等妥商详细章程,另行奏咨立案"等情,旋将新勇名为"威字六旗",又于《沥陈裁节勇饷、筹练新军情形,请将裁勇节饷及新章州县丁漕钱价平馀提款留充新军练饷摺》内声明:"前奏内称每年约需银十一二万两,核实计算,尚不敷银二三万两,容俟参考南、北洋及自强等军章程,定议奏咨。嗣因岳州应开通商口岸,札委分部郎中蒋德钧另募两旗,并于威字六旗内拨出副中一旗

* 据《光绪朝硃批奏摺》,第34辑,第680~681页。

归蒋德钧统带，共为信字三旗”，先后奏明在案。又查前准户部咨《议复御史曾宗彦奏请精练陆军改归洋操》一摺内开：“湖北洋操队系仿照聂士成武毅军新章，略为变通，裁去长夫工食、柴草价银，添入官弁薪费，较自强军、新建陆军银数，均有节省”等语，是洋操各军薪粮章程亦各不同，札饬参考酌议去后。

兹据湖南善后局司道详称：“湖北护军营章程系仿照直隶武毅军成案，屡经斟酌，已极妥善，所有湖南省新军威字五旗、信字三旗薪粮、器械、教习一切经费，自应仿照办理。惟湖南款项奇绌，新军粮饷固不能不酌量加给，俾资饱腾，尤必须力求撙节，免滋靡费。其中洋教习一项，骤难得人，现在暂募熟谙洋操之华员，朝夕训练，既与新募勇丁性情相习，言语易通，较之延聘洋员，尤觉费省效速。再三酌核，视湖北护军营章程有减无增，将来如遇应行更张或有征调必当加给之处，随时酌量办理。现在照章核算，每年需饷银十九万二千余两，除上年前抚臣陈宝箴奏请截留裁勇节饷一款，经户部议准银八万余两外，每年不敷为数尚巨，容俟筹有的款，再行详明”等情，详请奏咨立案前来。臣复核无异，除将清册咨送户、兵二部外，谨会同湖广总督臣张之洞附片具奏，伏乞圣鉴。谨奏。

硃批：“该部知道。”

仍请将裁勇饷项及丁漕平馀留充新军练饷摺*

（光绪二十四年四月二十六日）

头品顶戴湖南巡抚臣陈宝箴跪奏，为沥陈湖南省裁节勇饷、筹练新军情形，仍请将裁勇饷项及新章州县丁漕钱价平馀提款留充新军练饷，恭摺仰祈圣鉴事：

---

* 据《光绪朝硃批奏摺》，第34辑，第620～624页。

窃臣前将裁汰旧勇,改营为旗,即将节出饷糈募练新军,以备缓急,并请将部议新章饬提之各州县丁漕钱价平馀留作本省新军练饷各缘由,会同湖广总督臣张之洞恭折具奏,光绪二十四年闰三月十五日奉硃批:"户部议奏。钦此。"兹于四月十四日接准户部钞录议复原奏,内称:"湖南地处上游,非沿海省分可比,该抚既议添兵,必先筹饷,应令再就本省出入款项力求整顿,严加裁汰,腾出饷糈,为添募新军之用"等语,于臣此次奏留裁勇饷项银八九万两及新章丁漕钱价平馀提款银三万数千两,均请毋庸置议等因,光绪二十四年闰三月十八日具奏,奉旨:"依议。钦此。"恭录咨行遵照等因,准此。臣窃维近年时局艰难,度支奇绌,户部亟筹赔款,屡有裁兵节饷之奏,迭蒙谕旨饬下各省切实遵行,凡属臣工,具有天良,苟有可为而不为、可已而不已者,必非人情。惟是户部责任度支,自当以度支为急;疆臣责任地方,尤当以地方为忧。纵不得谓一省为全局所关,自不可以一省为大局之累,请得披沥愚忱,为皇上缕悉陈之。

大抵为治之道必因地因时,户部称"湖南非沿海省分"是矣,然沿海之急在外患,而湖南之急在内忧。前此苗瑶恣扰,素号岩疆,自道光以来,土匪窃发,如赵金龙、雷再浩、李沅发等,皆重烦兵力,仅乃削平,而根株未尽。粤寇事起,剽悍无业之徒出随营伍,楚军几遍天下,有事藉以就功,事平仍遣回籍。除积年陆续遣撤外,陕、甘、闽、广等省资遣游勇回湘者,岁仍络绎不绝。此辈可以戡乱,亦可为乱,既已失业无归,日冀乘间以图一逞。咸丰、同治间,论者久以湖南为忧,幸赖楚军平黔以后,所留营勇尚多,分拨各府州县,棋布星罗,仅得控制无事。近年叠次裁遣,所存不过七千五百余人,上年户部奏称"惟山东裁减防勇一万六千余人,最为认真",若论湖南,防勇即使全撤,尚不及山东之半。勇数既已无多,防地又极星散，自臣严讳盗之禁，所获抢劫之犯，就地正法者岁至二百余名，缉捕不为不力。而州县请勇弹压之禀，月常数见，此处防勇或经调往彼处，则绅民惶迫禀留，实因防地偶疏，奸宄即有乘而滋事者。光绪二十三年五月间，广西灌阳等处土匪倡乱，湘省毗界之零陵、东安各属匪党，闻风啸聚，互相勾串，肆行抢劫，商民迁徙震动，数百里内，零散防营处处著紧，均难动拨，幸不久即经剿散，尚无他变。山东教案事起，讹言繁兴，人情尤极浮动，冬春间江华、蓝山两县匪徒各纠约攻城，均由防勇扑拿首要惩办，馀党旋即解散。均经臣先后奏报在案。此等情形，若非各有防军，将立成瓦解之势。是湖南心腹之患，备多力分，其无时无处不应置防，转有甚于沿海者。此湖南现在防勇万难裁减之实在情形也。

各勇分防既久，地方恃以为安，归并动拨既均有不能，设有大警，更无他军可以应调。臣鉴于上年灌阳之防几至穷于运掉，亟思筹一策应之军以备缓急，第当设法节饷之时，断无敢请增饷之理，惟有凛遵叠次谕旨，裁可省之饷，练有用之兵，费无待于另筹，力可资其兼顾。屡与司局熟商，佥以分防弹压之勇势不能少，若能另募新军，驻扎一处，专精训练，平时俾成节制之师，有事藉为游击之用，则各处分防营勇尚可设法抽减。因将通省防军十六营分别遣撤裁减，共汰去二千三百名。改为十四旗，每旗勇丁三百六十名，共五千零四十名。另募新军六旗，共二千一百六十名。综计防勇、新军，统共七千二百名，较原额有减无增。惟湘军皆守旧制，今练新军必须仿用西法，器械尤必专习新枪，所有薪粮均须酌加。又有西法教习、各项器具之费，即未能悉照北洋新军，较之湘军额饷，不无增益。前奏每年约需十一二万两，是以请将新章丁漕钱价平馀提款三万数千两留为本省教练新军之用，核实计算，尚不敷银二三万两，容俟参考南、北洋及自强等军章程，定议奏咨立案。总之，裁防饷以济新军,于勇数、饷需无大出入,所增者为仿西法以更旧习,冀成今日劲旅,实为必不可省之费。若不另练新军,则防勇万不可撤减,其所以能撤减者,专恃此另练之新军。臣以勇须另练、饷无可筹,又恐贻误地方,故不得已为此变通腾挪之计,即部议所称"整顿裁汰,腾出饷糈"之法。今若以撤减防勇之饷归入节省,备抵偿款,势不能更练新军,而徒以孤防勇之势。现在防勇已裁,若再撤新军,其贻误必且更速。是臣欲收指臂之用,转贻眉睫之忧,使因循苟安者目为纷更喜事,臣不敢辞;若因此而贻误地方,其咎非臣所敢任也。贻误之后而始募新军,即能及事,所失已多,其縻费恐有数倍于此而不止者。设不幸星火燎原,致累大局,臣更安所逃罪? 今日隐忍不言,他日必有言之而无及者。此湖南裁节防饷、筹练新军出于必不得已之实在情形也。

户部谓"该抚既议添兵,必先筹饷,当于部议各条以外另筹的款,储为练饷,应令再就本省出入款项力求整顿,严加裁汰,腾出饷糈,为添募新军之用"等语,在部臣责望于外,不得不如此立言。惟此次所练新军及现留防勇,合计较原额尚少二百余人,并未更添一兵,且就原饷以济新军,即系权衡本省出入、自行筹措之法。若必责以另筹,力苟得为,岂甘自窘? 惟是近年以来,凡外省可以筹款之端,户部无不议及,势既不能增加,其已议而不行者,事更难于再举。湖南素为贫瘠之区,咸、同间军兴大役,悉索已罄,尚赖从军者,多不无余蓄;今则十室九空,贫民以乞丐〔丐〕为生,其多实为各省所仅见。钱漕素少蒂欠,而合计通省征数,仅抵江浙一大郡。州县交代悉凛新章,而现在藩库之款朝入夕出,常有储银仅二三万两之时。此外入款只有厘金,办理章程向为最善,虽日久稍弛,尚为各省所称。自前年檄委现任臬司李经羲会同整顿,不避劳怨,虽值旱荒,厘税犹能及额,且有稍溢者。湘省本非商贾总汇,稽征本有常数，至此已不遗余力，其各局支销用费，裁节已三四次，厘局外卡三十余处，用费在所必需，本年又饬极力裁并，岁销仅及一成。至于拨出之款，本省兵饷勇粮、养廉薪水等项，叠经扣减裁节，均照新章支发，除奏准支款外，馀悉以供京协及各项拨济之用，早已入不敷出，设法腾挪。近年又加拨偿款二十四万，纵有节省整顿之项，业已竭泽而渔，岂复更有措手之处？此湖南不能"另筹的款，储为练饷"及无能再于整顿裁汰之中设法筹措之实在情形也。

顾臣尤有陈者：臣昔在天津办理粮台时，闻督办军务处暨南、北洋大臣等议奏"湘军、淮军各练勇三十营，以为根柢"，迨陕西抚臣魏光焘西行，前江西布政使陈湜病故，湘军遣撤遂尽。臣初抵湘任，拟请选择统将，试练五千人，以待扩充之用，曾援前议函商北洋大臣王文韶，嗣知国家筹款为难，不敢冒渎。今岳州已议通商，铁路又将修造，弹压镇抚极关紧要，已拟请另自募勇两旗，驻扎岳州，悉仿西法教练，与前练新军共为八旗。此两旗即饬司局另行设法筹款，以前四川龙安府知府蒋德钧统之，容另摺具奏。如俱能练有成效，或更有筹款之方，则拟再行奏请添练，以期与北洋聂、袁两军颉颃。就湘地练湘人，利多弊少，并符"湘、淮并练"成议。至户部原奏称臣"现在撤减勇饷八九万两，与丁漕平馀提款三万余两，均为部筹之款，恐各省纷纷援照"等语，第此裁减勇粮原为藉济新军练饷，并非能为节省计，与报部另储之款不同，其仍应留用似不待论。丁漕平馀视钱价涨落为有无，不能视为的款，陕西、福建等省奏请免提，均经奉旨允准，未闻他省纷纷援照。各省情形不同，难以概论，即此可见。况湖南为天下胜兵之处，各省募勇之所取资，今以西法试行教练，为之程式，且与"湘、淮并练"奏准之案隐相符合，各省似不得援以为辞。如能日渐濯磨，练有成效，使湘军知故技之宜捐，以为变法初基，于大局不无裨益。朝廷亦何惜此区区三万余金之款,不为经武之远计?臣性质迂愚,只知就湘省目前情形直陈无隐,断不敢稍存膜视。倘此后湘省财源渐扩,届时钱价仍无减落,常有平馀可提,自当遵照部议,仍将此项钱漕提款奏明另款存储,听候部拨。为此吁恳天恩俯赐察核,于臣前摺奏留裁勇、平馀两款,一并俞如所请,饬部知照遵行,不胜感激待命之至。

所有沥陈湖南省裁节勇饷、筹练新军情形,仍请将裁勇饷项及州县丁漕钱价平馀留充新军练饷缘由,谨会同湖广总督臣张之洞恭摺具陈,伏乞皇上圣鉴训示。谨奏。

硃批:"户部议奏。"

〖附一〗光绪二十四年五月廿四日上谕(节录)*

〈湖南巡抚陈宝箴〉又奏:"请仍将裁勇饷项及州县丁漕钱价平馀留充新军练饷。"下部议。

〖附二〗张之洞:札行户部《议复湖南省筹练新军请将裁勇饷丁漕平馀留充练饷摺》附单**

(光绪二十四年七月初九日)

为札行事:

光绪二十四年七月初三日准兵部火票递到户部咨开:"湖广司案呈准北档房传付所有《议复湖南巡抚奏〈湖南省筹练新军,请将裁勇饷项及丁漕钱价平馀留充新军练饷〉》一摺,光绪二十四年六

---

* 据《清实录·德宗景皇帝实录》,见《清实录》,卷四二〇,第507页。

** 据《张之洞全集》,第五册,第3640~3642页。按:此题为原札旧题。题中所云"附单",即后附户部《遵旨议事摺》,现改以楷体排印。

月十一日具奏，奉旨：‘依议。钦此。’相应传付湖广等司，即赴本档房抄录原奏，恭录谕旨，飞咨湖南巡抚、河道总督、湖广总督遵照，并由湖广司移会各处，暨咨呈军机处知照兵部付知督催所等因前来。相应抄录原奏，恭录谕旨，飞咨湖广总督遵照可也。”又于光绪二十四年七月初六日准兵部火票递到户部咨开：“山东司案呈准北档房传付内称，所有《议复湖南巡抚奏〈湖南省筹练新军，请将裁勇饷项及丁漕钱价平馀留充新军练饷〉》一摺云云，相应抄录原奏，恭录谕旨，飞咨湖广总督遵照可也”各等因到本部堂，准此。查前准户部咨《拨补各省厘金抵借洋款》一摺，抄录原奏清单，恭录谕旨，咨行遵照办理等因，当经札行藩司、粮盐两道、善后川盐两局查照部咨各节，通盘筹计，会同核议切实办法，详请酌核奏咨在案。兹准前因，合亟札饬，札到该道即便遵照，移会各司、道、局，并入前案，迅速会议详办。勿稍延缓。

遵旨议事摺

户部谨奏，为遵旨议奏事：

湖南巡抚陈宝箴奏《湖南省筹练新军，请将裁勇饷项及丁漕钱价平馀留充新军练饷》一摺，光绪二十四年五月二十四日奉硃批：“户部议奏。钦此。”钦遵由军机处抄交到部。据原奏内称：“湖南通省防军十六营，分别遣撤裁减，共汰去二千三百名。改为十四旗，每旗勇丁三百六十名，共五千零四十名。另募新军六旗，共二千一百六十名。综计防勇、新军，统共七千二百名，较原额有减无增。惟湘军皆守旧制，今练新军必须仿用西法，器械尤必专习新枪，所有薪粮均须酌加。又有西法教习、各项器具之费，即未能悉照北洋新军，较之湘军额饷，不无增益。前奏每年约需十一二万两，是以请将丁漕钱价平馀提款三万数千两留为本省教练新军之用。总之,裁防饷以济新军,于勇数、饷需无大出入,所增者为仿西法以更旧习,冀成今日劲旅,实为必不可省之费。故不得已为此变勇〔通〕腾挪之计[①],即部议所称‘整顿裁汰,腾出饷项〔糈〕’之法。今若以撤减防勇之饷归入节省,备抵偿款,势不能更练新军,而徒以孤防勇之势。现在防勇已裁,若再撤新军,其贻误必且更速。今岳州已议通商,铁路又将修造,弹压镇抚极关紧要,已拟请另自募勇两旗,与前练新军共为八旗,容另摺具奏。如俱能练有成效,或更有筹款之方,则拟再行添练。原奏撤减勇饷八九万两与丁漕平馀提款三万余两,仍请留充新军练饷"等语。

臣等伏查裁勇节饷及丁漕钱价平馀,系因备还洋款行令听候部拨,均不准本省留用。嗣因续借英德金磅,虽以七处厘金作抵,然由厘金解支各款,亟应全数拨补,是以湖南巡抚前奏"请将裁勇饷项为练军薪粮,不敷银两请提各州县丁漕钱价平馀",当经臣部查与原议不符,行令另行设筹,并将该省裁勇节饷银八万两、丁漕钱价平馀银三万两,拨补宜昌盐厘,先后奏明各在案。兹复据湖南巡抚奏请"仍将前款留充新军练饷"等因。查练兵必先筹饷,系古今不易之理,亦系地方应办之事,若但知招募新军,不能预筹的饷,径将臣部筹出各款概行截留,臣部遇有应拨要需,势必无从指拨。即如续借洋款以厘金作抵,而厘金五百万两关系京饷、协饷及各省防饷,均不容稍有短欠,较湖南一省练饷,其缓急轻重相去悬殊,非有裁勇节饷及钱价平馀等款,又恃有何项可以凑拨足数?该抚所请将前款留用之处,臣部原难照准。第查裁汰旧勇添练新军,迭奉谕旨饬办,又各省勇营一律改练洋操,现经臣部复奏通行有案。今湖南改营为旗,另募新军,仿用西法,自系遵奉谕旨,参酌时宜,为

① "通",据陈宝箴原摺校改。下同。

建威销萌之计。该抚既称“裁防饷以济新军，于饷需无大出入”，臣部自未便过分畛域，应请将每年节省勇饷银八九万两准其留用，以冀添练新军，悉成劲旅。惟丁漕钱价平馀，原非为练兵而设，各省均未准留用，湖南不能独异。且湖南丁漕钱价平馀，每年不过三万余两，该抚如果于出入各项力求整顿，当不难自行设措，应仍令将前项平馀银三万两迅即解交湖北，拨补宜昌盐厘，毋得再请截留，并将下存平馀若干报部候拨，以符奏案。至节省勇饷，既准湖南留用，则宜昌盐厘仍少银八万两，自应另筹存款，照数拨补。现查河南省节省河防银八万两，据河道总督奏明存储司库，听候部拨，臣等拟将此项银两令该督转饬在于司库提出，解赴湖北兑收，作为拨足宜昌盐厘尚少银八万两之数。一俟奏奉俞允，臣部即行知湖南巡抚、河道总督、湖广总督遵照办理。

所有遵议缘由，理合恭摺具陈，伏乞皇上圣鉴。谨奏。

为时艰愈迫拟兴事练兵筹款摺*

（光绪二十四年四月二十六日）

头品顶戴湖南巡抚臣陈宝箴跪奏，为时艰愈迫，谨拟兴事、练兵、筹款事宜，披沥密陈，专摺仰祈圣鉴事：

臣维兵可不用，不可无备，语云：“国虽安，忘战必危。”兵事不能有胜而无败，故用之不可不慎；及其既战，胜而不戢，败而不振，皆危道也。以今日大势言之，一败之后，无一队战舰，无数大枝劲旅，而晏然于群雄角立之时，地球无此一国；有之，未有能苟存者。中日战事以后，海军既熸，陆师亦撤遣殆尽。向来中国士卒，惟以

* 据《戊戌变法档案史料》，第24～28页。原题作《湖南巡抚陈宝箴摺》，题下注：“（军录）光绪二十四年四月二十六日。”

胆力制胜,榜人耕夫皆能杀敌致果,故仓猝可以陈师;今则船械迥殊,非素练不堪为用。而自有二百兆赔款以来,百端皆废,鉴前此养兵之无用,而不能更储有用之兵,束手坐困,为外人之所蔑视,未有甚于此时者。胶湾之事,覆辙相寻,割地赔款,安有已时?尤恐将无筹款之地,且使内地不逞之徒、辍耕陇上者,亦将睥睨太息而无忌也。事势至此,能不寒心?此微臣所以痛愤填膺而不能已于言者也。窃惟天下非常之变,必有度外之举以拟其后,今日之赔款、练兵,非仅制节谨度、综核操切之方所能济也。臣以忧愤所积,日夜念此,怀不能忘,谨以兴事、练兵、筹款之说,不揣冒昧,为我皇上密切陈之。

泰西富强之基,原于商务,目前所可仿行者,莫如铁路、矿务两事。然此两事,皆非巨款不成,非得人不办。华商赀本有限,所集商股,类多出自洋人,且有洋商假华人承办为名,而坐收其利者。与其暗以大利与人,不如明与共办,而利权得操之自我。窃谓宜以现款先造铁路数段,一面议以抵借各国商款,次第兴造川、陕、滇、晋枝干之路,即芦汉、粤汉、苏镇等路工款,公司尚无成局,均一律官借官支。除雇用洋工师外,慎选廉能可信之员,分投办理。所有余利,每年以五成抵还借款,而以五成取赡国用。又与洋商合开各省矿产,成本、余利,均以我六彼四为则,亦分年抵还本利。彼既与我合股,自能精选矿师,讲求办法,无虚糜之财,无弃地之货,数年之后,铁路渐成,矿产日辟,流通外国,则利源日广。初用官本合办以为之导,俟有成效可睹,再集华股作为公司,与民共之。此兴事之说也。

路、矿两事既办,一面即于外国借购大小战船、雷艇共二三十艘,成一舰队。各国在华商务,惟英得十分之七,兵船来华保护商务者,亦惟英最多,莫如即于英国借购兵船、炮械,将卒俱仍其旧。

如前此陆师之用戈登，水师之用郎威理，并使教练华人，缺出即补，十余年后，即可悉用华人。约计船、炮等价五千万两，约以二十年为期，分年归还，每年合二百五十万两，岁需养船之费亦约二百五十万两，另筹给发。本年英人曾许借款，为俄所格，今借购船、炮以兴舰队，仍用英人，在英可减来华保商之船，而中国既振，英之商利可以长保。英以商为国，其命脉全在通商，况吾华地大物博，英之财货遍行各省，华若有事，英人岂能仍保十有其七之利权？通财协力，我以保民，英以保商，无俟密约联盟，邦交自固。由是更与日本相结，三国合纵，势将无敌，计莫便于此者。此练兵之说也。

船价与英船之费，每年共需五百万两，目前即欲取之铁路、矿务两端，势难骤得。又兼有抵借之英、俄银行偿款及昭信股票之款，虽目前藉以腾挪，终竟必须归结，似宜内外兼筹，乃能有济。外筹之策曰"加洋税"。闻上年加税之议，英外部沙士渤雷令港、沪商会会议，英商等禀复，谓"能拓商务，自能议加"，是此事尽可筹办。西人论商务，惟虑货物之不流通，而不甚计税之加减。五大洲税则，无如中国之轻者。欧洲诸国通例："凡通商口岸，各国均不侵占。"前兵部侍郎郭嵩焘使英时，英外部告以"中国旅顺口为海滨形胜重地，亟须经营，勿为他人据此要害。如力有不及，则令各国设埠通商，可免侵占之患"。由今日观之，是通商之益，转更足自固藩篱。近日两江总督臣刘坤一拟请以吴淞口为商埠，盖亦以此。宜请特降谕旨，饬下总理各国事务衙门与各省将军、督抚等会议，各省可以设埠地方，无论何国，悉准通商。惟须查照外国商埠通例，详定节目，尤不准划作租界，以保事权而杜嫌衅。至于各海口税则，应与酌议加增，但取各国税则之轻者为准，惟行之必期核实。议以子口半税加入正税，是为值百取七五，再加二五，统为值百取十，亦即较各国为轻。查子口半税，以入口货税每年六百余万两计,半税应额征三百余万。乃近十年中,关册岁征只有五十万,其弊在洋商报税偷漏,用单重复。如于入口时统征此款,即岁增三百余万。通商税则本于粤关,税则又承乾、嘉、道、咸之旧,今昔货价贵贱悬殊,有今日值价一百,而册中仅值七八十、五六十,甚至有一二十者。今议订税则,尽将旧则货名、货价删除,统作为值百之货取十,照日本改定海关税章,货价照时值估算,此款又可增数百万两。进口之货,旧则概填某货某价,收银几元,今英镑之贵较前增倍,而海关收银如旧,是值百不过取二五耳。今若照各国通行之例,每价值十镑,征税一镑,以该国肆市之购单、海关之报册为凭,此款又约可增二三百万。合计已增千万。光绪二十二年海册,共征银二千一百三十八万有奇,内洋药厘金四百余万,实有一千七百余万。今将值百取五改为取十,即骤增一倍。又况旧则名为取五,实不及二、三,今议名增二五,而镑价、货价、子口税一概核实,不啻实增七、八。湖南盐法道黄遵宪,久悉外洋及中国海关情形,臣与之再四筹商,据称:"详细核计,加税之法行,每岁必增二千余万两。"此实中国元气所关、富强之本,当以全力注之。但非能为彼展拓商务,恐无成耳。臣闻此事英曾允商,惟我此时情势,未敢决其可行,若许以多给口岸,彼利其商务之畅通,必应首允,英允而各国可徐图矣。在我遍开口岸,不惟无损有益,且我所必保之地,皆各国共保之地,而地方有磐石之安,但不可独令一国专之耳。此筹款之说也。

内筹之策曰"均民捐"。劝捐最多流弊,名虽为"劝",实不免于抑勒,常有绅富坐拥厚赀,或以势抗,或以贿免,而不捐一钱者。又有中人之家,仅能温饱,而强其力之所不及,因而破产倾家者。咸丰、同治年间,前两江总督大学士臣曾国藩、前湖南巡抚升任四川总督臣骆秉章,曾奏行随粮捐款,每地丁一两,约捐银数钱,漕称之名曰“助饷捐费”，于完纳正供时输纳，给以捐票，票内注明：“俟军务事竣，即行停止。”较之别项劝捐，无抑勒之苦，无不均之患，无格外之需索扰累，士民至今称为最便。今四川岁仍奏行，名曰“津贴”，盖即本此。若由户部查取江南、江西、四川等省曾、骆奏行成案，通饬一律仿行，仍稍为变通，改银为钱，每地丁一两，捐钱六百文，尤免胥吏折扣平色、朦混乡民等弊，即名之曰“兵船捐费”，票内声明：“俟筹有他款，即行停止。”既有咸、同间成案可循，又正其名曰“捐费”，非若税亩加征之永为定额可比，不背“永不加赋”之祖训。合各省计之，约岁可得银五百万两。以湖南、北田粮核计，岁收租谷百石之家，捐费多者，不过千余文，所取于民无多，而有济于公实巨。其有赋额过重之区，准由督抚酌核变通，奏明办理。当此时局艰危，较咸、同间尤不可测，非资民力，何以保国保民？此举视铺税尤无流弊，今铺税业已停办，士民既蒙圣慈体恤之仁，又知此款实为保民而设，食毛践土之伦，自无不甘心乐捐者。此又筹款之一说也。

以上所陈铁路、矿务、洋税三端，如能切实办理，则随粮捐费可停，而富强之基以立，水师既振，并练陆师，又于此时力行新政，培养人材，讲求交涉，则国不空虚，而强邻不敢侮矣。臣于光绪二十一年以直隶布政使办理湘军粮台，比闻马关赔款之约，不禁拊膺痛恨，以为自此之后，水陆战备将不可设，群雄环伺，何以复支？嗣见户部奏称：“现在中外相交，兵事利钝已可概见，谋国者只当以筹还赔款为急务”等语，以为户部任赔款之责，深苦其难，其以赔款为急固宜；若谋国者鉴于兵祸，遂欲去兵，而亦只以赔款为急，不惟款不胜赔，且将何以为国？犹幸胶湾之役，各国相乘虽极强横，尚各有所牵掣，否则，已有不忍言者矣。

臣渥蒙恩遇，无能报称，睹此安危之机，间不容发，仰维我皇上宵旰忧勤,不禁四顾茫茫,椎心痛愤,用敢不避出位之嫌,沥摅愚悃。伏恳圣明俯赐神断,将臣此摺密交总理各国事务衙门、督办军务王大臣等,详加核议,妥筹办理,以维大局而挽危机,不胜恳切悚惶之至。为此恭摺密陈,伏乞皇上圣鉴训示。谨奏。

光绪二十四年五月二十四日奉硃批:"著总理各国事务衙门妥速筹议具奏,片并发。钦此。"

密陈通商口岸事务片*

(光绪二十四年四月二十六日)

再,通商口岸能使各国互相牵制,以共保此地方,中国之人知此义者,大抵无多,必须明降谕旨,通饬各将军、督抚出示明白晓谕,俾官绅士民皆知为奉旨通行各省之事,庶不致有疑沮。缘耳目不习,则难免震惊;闻见常通,则自消猜忌。即如湖南,地居偏僻,虽省城为总汇之地,湘潭、常德等处为商贾聚集之区,而一见洋人,群相怪诧,聚观常数千人,风气未开,易惑难晓。故上年总理各国事务衙门以湘潭通商电询,臣以为宜稍从缓议;而岳州界连湖北,与汉口商埠相近,自闻通商之信,商民亦多知有益地方。若奉旨通饬各省一体举行,又于开办之处届时特降谕旨宣示,咸使周知,则人皆晓然于朝廷慈惠公溥、为民兴利之至意,自当蒸然向风矣。

惟自我准令各国通商,当不令一国专利,不许划作租界,其在我一切自主之权,皆不容有所侵损,由我委员及税务司为之督率稽核。至于合办矿务亦然,必集各国商股,公择华、洋商董办理,援照

---

* 据《戊戌变法档案史料》,第385页。按:此件为上摺之附片,原题为《湖南巡抚陈宝箴片》,题下注:"(军录)光绪二十四年四月二十六日。"又按:此片另见《光绪朝硃批奏摺》,第102辑,第574~575页。

外国通行之例，声明此系商民自图之利益，不必由各国政府出头干预。如有倒骗账目及各项争讼事件，由地方官会同就近领事秉公办理，华、洋民人一体看待。是在定议时详审考订，期无流弊耳。

臣不谙洋务，而愚见所及，不敢自默，谨再附片密陈，伏乞圣鉴。谨奏。

光绪二十四年五月二十四日奉硃批："览。钦此。"

〖附一〗光绪二十四年五月廿四日上谕（节录）*

〈湖南巡抚陈宝箴〉又奏："密陈兴事之法曰'抵借各国商款造路、开矿'；练兵之法曰'借购英国战船、炮械、将卒①，并与日本相结'；筹款之法曰'加洋税，均民捐'。"下所司速议。

〖附二〗总署议复兴事练兵筹款摺**

（光绪二十四年六月二十三日）

臣奕劻等跪奏，为遵旨妥议具奏，恭摺仰祈圣鉴事：

准军机处钞交湖南巡抚陈宝箴奏《时艰愈迫，谨拟兴事、练兵、筹款事宜，披沥密陈等因》一摺，光绪二十四年五月二十四日奉硃批："著总理各国事务衙门妥速筹议具奏，片并发。钦此。"臣等查陈宝箴所陈兴事、练兵、筹款三端，洵经国之远谋、自强之至计，语多切要，足备采择。惟其间有业经次第举行者，有尚须逐渐商办者，谨就臣等愚虑所及，为我皇上缕晰陈之：

---

* 据《清实录·德宗景皇帝实录》，见《清实录》，卷四二〇，第507页。

① 陈宝箴原摺作："即于英国借购兵船、炮械，将卒俱仍其旧。"

** 据《戊戌变法档案史料》，第28~33页，原题为《总理各国事务奕劻等摺》，题下注："（军录）光绪二十四年六月二十三日。"

如原奏所称:“泰西富强之计〔基〕[①],原于商务,目前所可仿行者,莫如铁路、矿务。然此两事,皆非巨款不成,非得人不办。与其暗以大利与人,不如明与共办,宜以现款先造铁路数段,一面议以抵借各国商款,次第兴造川、陕、滇、晋枝干之路,即芦汉、粤汉、苏镇等路工款,均一律官支官借。所有余利,以五成还借款,五成赡国用。又与洋商合开各省矿产,成本、余利均以我六彼四为则。数年之后,铁路渐成,矿产日辟,有成效可睹,再集华股与民共之。此兴事之说”等语。

臣等查东西富强之基,诚以铁路、矿务为要,中国津榆铁路,已造至奉天锦州地界,现正拨款接续兴造。此外芦汉铁路商借比款,粤汉铁路商借美款,宁沪铁路商借英款,山西铁路商借俄款,均已先后定议,克日开办,数年之后,当可陆续告成。矿务一项,现惟漠河金矿、开平煤矿办理已有成效;山西、河南矿务甫与义商议办,贵州矿务甫派道员陈远明前往试办,将来能否收效,尚无把握。陈宝箴请以现款先造铁路数段,即以抵借各国商款,兴造川、陕、滇、晋之路,又与洋商合开各省矿产,成本、余利均以我六彼四为则,固为扩充矿、路起见。惟现造各路,均系借款,本款未偿,何从另行抵借?川、陕路长款巨,一时更无从筹措。至各省矿产,原应即时开采,但每开一省,其成本总在数百万之谱,若与洋商合办,各省并举,非有数千万金不足集事。当此库储支绌,实未敢轻易发端,且恐此议一定,各洋商此攘彼夺,亦未易收束。本月〔年〕六月十五日钦奉谕旨专设矿务铁路总局[②],特派臣文韶、臣荫桓专理其事,自应通筹全局,核实兴办。所有筹办情形,容臣文韶、臣荫桓另摺具

① “计”,陈宝箴原摺作“基”。

② 此处易“月”为“年”,系《戊戌变法档案史料》原编者所改。

奏。凡兹要政，非人莫举，尤应先事储才，以备临事调用。本年五月间，臣等《议复御史曾宗彦条陈摺》内，已请饬下南、北洋大臣，于现设学堂中添设矿务一门，并于议办山西、河南矿务章程，亦就地设立矿务学堂，俾资练习。拟再请旨饬下承办铁路大臣，各于铁路扼要之区增设学堂，招集生徒，切实教导，其经费即由铁路项下开支，无须另筹。

原奏又称："路、矿既办，即于外国借购大小战船、雷艇二三十艘，成一舰队。各国在华商务，英得十分之七，护商兵船，英亦最多，莫如即与英国借购，并使教练华人，缺出即补，十余年后，即可委用华人。酌计船、炮等价五千万两，分二十年归还，每年合二百五十万两，岁需养船之费亦二百五十万两，另筹给发。舰队仍用英人，在英可减来华保商之船，中国既振，英之商利可以长保，我以保民，英亦保商，无俟联盟，邦交自固。更与日本相结，三国合纵，势将无敌。此练兵之说"等语。

臣等查英之立国，地只三岛，而远取属地，广拓商务，实以水师为命脉，水师之强，甲于环球各国。中国整顿水师，自宜取资于英，惟英之战舰统于海部，从无他国可向借购之例。即各国船厂每造一船，绘画船图，镂刻船式，机轮速率，逐项考求，非历年余，不能下水。间有造成出售之船，率皆旧式，无济实用，故虽有数十万巨款，欲同时并购二三十艘战舰，无论何国，不能立办。况五千万之款，分二十年偿还，本息并计，每年已约需五百万两，加以养船经费，岁需七八百万之谱，目今财力，安能筹此当年的款？水师制胜之道，固在船、炮之精利，尤在将领之得人，任非其人，适以资敌。前岁向英厂订购之快船二艘，德厂订购之穹甲船三艘、鱼雷艇四艘，现已俱报工竣，陆续回华，分派管驾，已苦乏人，同时购置多舰，则需才之众、求才之难，更可想见。若如陈宝箴所请，将卒俱用英人，又恐一旦海上有事,彼守局外之例,纷纷告退,更从何处募补?臣等权衡缓急,拟请饬下南、北洋大臣,先将水师学堂增设学额、练船,实力筹办。数年之后,人材辈出,彼时帑项稍裕,再行添购战船,庶运用不至乏才,而舟师可收实效。

原奏又称:"款宜内、外兼筹,外筹之策日〔曰〕'加洋税'。西人商务,惟虑货物之不流通,而不甚计税之加减。欧洲通例:'凡通商口岸,各国均不侵占。'宜请饬下总理各国事务衙门与各省将军、督抚会议,各省可以设埠之地,无论何国,悉准通商。惟须详定节目,不准划作租界,以保事权。海口税则应议加增,以子口半税加入正税,是为值百取七五,再加二五,统为值百取十。子口半税以入口税每年六百余万计,应征三百余万,近十年只征五十万,弊在洋商报税偷漏、用单重复,如于入口时统征,此款即岁增三百余万。通商税则,今昔货价贵贱悬殊,宜将旧则货名、货价删除,统作为值百取十,照时值估算,此款又可增数百万。而英镑之贵,较前倍增,而海关收银如旧,若照各国通行之例,每值十镑,征税一镑,又可增二三百万。合计已增千万。今将值百取五改为取十,较旧数骤增一倍,又况镑价、货价、子口税一概核实,名增二五,不啻实增七、八,此实中国元气所关,当以全力注之。内筹之策曰'均民捐'。劝捐最多流弊,名虽为'劝',实不免于抑勒。咸丰、同治年间,前两江总督曾国藩、湖南巡抚骆秉章,曾奏行随粮劝捐,每地丁一两,捐银数钱,漕称之名曰'助饷捐',较之别项劝捐,无抑勒之苦,无不均之患。今若通饬一律仿行,仍稍为变通,每地丁一两,捐钱六百文,即名之曰'兵船捐',非若税亩加征之永为定额可比,不背'永不加赋'之祖训,合各省计之,岁可得银五百万两。此款实为保民而设,食毛践土之伦,自无不甘心乐捐。此筹款之说"等语。

臣等查加税之议,实为今日筹款要著,臣等已迭将前后商办情形，随时陈奏，陈宝箴所陈办法，均属切中肯綮，诚宜注以全力。其所指子口税，洋商贩运洋货到口，或即在本口销售，或另由华商运入内地，逢关纳税，遇卡抽厘，未必尽领子口税单。又津海关子口税银，向归子口征收，由常关另行具报，不归税司经理。同治年间，三口通商大臣崇厚任内，因常关缺额，迭由子口税项下奏明拨补；接任道员陈钦，以短征无多，情愿设法赔缴，无庸拨补。又东海关因出口货物稀少，恐碍洋税，亦向不加征子口税项。均经奏准有案。是子口半税不敷入口税数，当非洋商偷漏及用单重复之弊。今议归并正税，改为值百抽十，自可岁增巨款。但子单盛行，厘金必绌，并筹当体察通商税则。今昔物价悬殊，亦属确论，臣等已饬总税务司将各口货价查明汇报。据总税务司复称："各口税司，已将报齐，容迅造清册呈阅"等语，俟呈送到臣，臣等可以详细核办。但中国税则，向与条约并行，非同各国之可以意为增减，欲将旧则尽废，亦须先向各国政府商允，方能定议。通商之初，计值定税，其时以关平银三两抵算一镑。近年镑价倍增，税数仍旧，中国受亏，此为最巨。是以臣鸿章、臣荫桓先后奉命与英国外部商议加税，均先主按镑收税之说，该外部但允加税，不允加镑，盖亦熟权轻重，合彼就此，今即再申前议，恐未必办到。

至广开口岸，臣等亦早筹及，是以本年三月间迭经奏请，将湖南之岳州府、福建之三都澳、直隶之秦王岛开作口岸，奉旨允准，业经咨行各该省遵照。并于《议复中允黄思永条陈折》内声明："各该省如有形势扼要、商贾辐辏之区，不妨广设口岸，以均利益而免觊觎。请饬各省将军、督抚察看地方情形，咨会臣衙门核办。"亦经通行遵照，应再由臣等咨催各该省将军、督抚，查照前奏，迅速勘报。

陈宝箴谓"西人商务，惟冀货之流通，不计税之加减，但使展拓商埠，即可允我加税"之议，恐未必尽然。西人立论，每谓中国厘金有累商务,若将厘金裁撤,则值百抽五之税,改为值百抽十,或值〈百〉抽十五,均尚可商。惟各省百货厘金,每年报部约一千六百万两,外销之款尚不在内,指拟各款,此为大宗。本年续借英、德商款,亦以盐货各厘作抵,实未敢轻议裁撤,加税棘手,实由于此。臣等惟当俟开议时,援引各国税章,逐细磋磨,力与争办,得尺得寸,未敢预期。

至陈宝箴所称民捐一节,从前曾国藩、骆秉章原定办法,臣衙门无案可稽。惟自迭遭兵燹以后,民间元气未复,农民终岁勤动,仅资糊口。八口之家,经营数亩之地,年丰而讥〔饥〕,冬暖而寒,设遇水旱偏灾,则困苦情形,尤惟农民最甚。现在每一两仅易制钱一千余文,如征六百文,是已加至十分之六,穷民即使乐输,实亦无从筹措。州县自顾考成,追呼敲扑,势所不免。伏查药牙铺税均已奉旨停办,行商坐贾资本稍厚,犹得仰邀浩荡之仁,独于茅檐蔀屋,收此十分加六之捐,似非仰体皇上痌瘝在抱之意。陈宝箴原奏亦谓"铁路、矿务、洋税三端,如能切实办理,则随粮捐费可停",臣等惟当将以上三端次第筹办,所请"随粮捐输",应毋庸议。

又陈宝箴片奏内称:"通商口岸能使各国互相牵制,有裨地方,中国之人知此义者无多,若奉旨通饬各省一体举行,又于开办之处特降谕旨宣示,咸使周知,则人皆晓然于朝廷慈惠公溥、为民兴利,自当蒸然向化。至于合办矿务,必集各国商股,公择华、洋商董办理,声明系商民自图之利,不必由各国政府干预"各节。查开设口岸,先期晓谕,自是解释愚民疑沮之心,惟准开之时,业经臣衙门奏奉谕旨准行,自应由该督抚恭录晓谕,俾众咸知,似无庸另请宣示。至合办矿务,声明系商民自图利益,不必各国政府与闻,自是正办。臣等议办晋、豫矿务,即系径与义商罗沙第订立合同,力阻英、义使臣从中干预。惟各国使臣责在护商,亦因此事时有照会诘难,往往一语不合，即已报其政府，臣等亦无从禁阻。惟于合同内注明：“事由商办，设有亏折，不与中国国家干涉”，以冀稍杜流弊。

臣等目击时艰，心维国计，固不敢畏难苟安，亦不敢空言塞责。惟于一切应办事件，仰秉宸谟，实力整顿，以期无负我皇上孜孜求治之至意。

所有臣等遵议缘由，理合恭摺具陈，伏乞皇上圣鉴，训示遵行。谨奏。

光绪二十四年六月二十三日奉硃批：“另有旨。钦此。”

〚附三〛总理衙门：请将岳州、三都澳开作通商口岸摺（节录）*

（光绪二十四年三月初三日）

泰西各国，首重商务，不惜广开通国〔商〕口岸，任令各国通商，设关榷税，以收足国足民之效。中国自通商以来，关税逐渐加增，近年征至二千余万，京、协各饷多半取给于此。惟是筹还洋款等项，支用愈繁，筹拨恒苦不继，臣等再四筹维，计惟添设通商口岸，藉裨饷源。查湖南岳州府地方，滨临大江，兵、商各船往来甚便，将来粤汉铁路既通，广东、香港百货皆可由此出口，实为湘、鄂交界第一要埠。比来湖南风气渐开，该处又与湖北毗连，洋人为所习见，若作为通商口岸，揆之地势、人情，均称便利。又，福建福宁府所属之三都澳，地界福安、宁德两县之间，距福州省城陆路二百余里，为

* 据《光绪朝东华录》，第四册，总第 4062 ~ 4063 页。按：同年三月初五日，总理衙门续奏请将直隶秦王岛一并开作通商口岸，得旨：“如所议行。”详《光绪朝东华录》，第四册，总第 4063 页。

福州后路门户,形势险要,闽、洋商船亦多会萃于此。臣等公同商酌,拟于该两处添开通商口岸,庶可振兴商务、扩充利源。如蒙俞允,即由臣等咨行各该省将军、督抚,先将应办事宜妥速筹备,再由臣等酌定开办日期,照会各国驻京使臣,劄饬总税务司查照办理。

得旨:"如所议行。"

〖附四〗《时务报》:论英国与中国渐有相联之势*

英国国家允借中国款项一事,各处新闻纸中,议论不少,均谓与两国甚有利益。据《西字报》云:"扶持中国债务之艰难,英国亦甚有意,唯英国政府条陈:'如借款与中国,利息情愿轻减,只须中国准许五款,便可定议:一、以大连湾为海岸通商之地,准英国租住;二、以湖南之湘潭作为内地通商码头,准英商往来;三、缅甸与镇江相通之路,准造铁路往来;四、英国轮船准在中国内地河道往来;五、扬子江一带地面,不准割与他国。'现在各国闻英国允借中国巨款,利息甚轻,极为钦敬;惟俄国不愿以大连湾让英国占据,恐日后有损于俄人,以故从中阻梗,多方设法,以挠其成。英国驻京使臣告总理衙门云:'无论款项借与不借,所有英国求准之五款,中国总须依允。至该五款之先后次第,尚可商量。如大连湾及镇江铁路二事,此时不能即允,可以稍缓再议;其余三事,应约期议定,先准施行。'总理衙门一时设法调停,颇难致词。查英国所索款内,以湘潭通商为最难之事。因湘潭民人素性拘执,不喜与外国人往来,日后必至棘手,是以一千八百九十五年直隶总督李鸿章与日本订立和约,不愿允诺日人以湘潭通商。现在总理衙门仍执此意,与

---

* 据《时务报》第五十七册(光绪二十四年三月二十一日出版)。按:此题为《时务报》旧有,译者为湘乡曾广铨。

英国相驳，不愿允许，而英国使臣坚持初议，不顾他虑，惟求中国速允。刻经总理衙门再四筹商，于无可设法之中力求保全睦谊之道，改将岳州调换，似较湘潭尚为近便，英国复允。总理衙门具奏情由，准与驻京英使将后列各款合同订明：'第一款、准两年内将岳州口岸通商；第二款、四个月内，中国内地河道准允英国轮船行驶往来；第三款、中国不得将扬子江一带地方割与外人。其余两款，从缓再议。'我等深信此事确实，但与近日电报所论甚觉相反。查英国借款，现在未见明文，中国曾向汇丰、德华两银行借银一千六百万镑，周年四厘半行息，刊发股票，分给大众，并非国家提借之专款。现在日本赔项业已清结，料想不必再有借款。然中国国家举动，究非外人所能窥测，或者英使臣顾全中国大局，思欲成就两国利益之事，故特预筹借款，先行商定各项事宜，亦未可知。此事如见施行，不独英国之幸，亦中国天下之大幸也。我等深愿英使赞成此议，举手立办，实于商务、时局两有裨益。我等并深望总理衙门立定主见，勿挠他议，则事机不致错过，庶免临时措手不及。前者英日联约，外人疑有漠视中国之心，又孰知英人之待中国，有如此之慷慨周旋者哉！"《天津北京报》西三月五号

购买洋枪弹子片*

（光绪二十四年四月二十六日）

再，查近年泰西各国兵力强盛，实由火器迅烈、步伐整齐。方今训练新军，自以操演火器为第一要义。业经臣委员先后赴上海信义洋行，购买毛瑟枪二千杆、弹子五十万粒，格拉司枪二千杆、枪

---

* 据《光绪朝硃批奏摺》，第 61 辑，第 395 页。按：上奏时间得自俞廉三《购备洋枪弹子汇案造销片》（详附一）。

子三十五万粒,解运回湘,存储军装所,以备操演应用。除咨部外,谨会同湖广总督臣张之洞附片具陈,伏乞圣鉴。谨奏。

硃批:“该部知道。”

〖附一〗俞廉三:购备洋枪弹子汇案造销片*

(光绪二十四年十月二十八日)

再,前抚臣陈宝箴于本年四月二十六日附奏“委员赴上海购买毛瑟洋枪二千杆、弹子五十万粒,格拉司枪二千杆、弹子三十五万粒,运湘应用”一片,于六月十四日奉硃批:“该部知道。钦此。”行局遵照在案。嗣经委员将前项枪、弹解运回湘,随饬经管军装委员逐一拣选。其格拉司枪机器锈涩,枪子大小不匀,膛口不合,当经全数退回。只将毛瑟快枪二千杆、弹子五十万粒如数验收。又改购前膛来复枪二千八百四十杆,解运回湘,存储军装所,以备操防应用。兹据湖南善后局司道详称:“据委员摺开,计买毛瑟快枪二千杆、弹子五十万粒,共值价银二万三千两,水脚、保险银一千二百一十七两六钱四分二厘;前膛来复枪二千八百四十杆,共值价银八千五百二十两,水脚、保险银三百九十四两七钱一分。综计规平银三万三千一百三十二两三钱五分二厘,折合湘平银三万一千九百八十一两三分四厘七毫。核算数目,均属相符,惟因局款支用浩繁,入不敷出,无款可筹。第洋枪、弹子为防剿要需,既经奏奉谕旨允准购备,自应钦遵筹措。随即公同商酌,在于光绪十年续裁各局卡员绅、书役薪粮节省及光绪二十年奏准抽收房捐两项下,照数动支发给,应请归入光绪二十四年报销册内,汇案造销”等情,详请奏咨立案前来。臣复核无异,除咨户、兵部查照外,谨会同湖广总督

---

* 据《光绪朝硃批奏摺》,第61辑,第527页。

臣张之洞附片具陈,伏乞圣鉴。谨奏。

朱批:"该部知道。"

〖附二〗俞廉三:德国炮械价银请准作正开销片*

(光绪二十五年八月十四日)

再,查湖南省于光绪二十四年募练新军威字旗,并开办武备学堂,经前抚臣陈宝箴先后饬向上海德商礼和洋行订购德国格鲁森厂五生的七密里口径新式快炮,配用过山炮架六全具,并开花子弹、马鞍、装卸弹子器具、测远镜等件,交威字旗操演备用,议价德银十二万三千四百八十六马克,约计合上海规元银五万余两;又订购格鲁森厂五生的七密里口径新式快炮,配用过山炮架六全具,并弹箱、炮弹、马鞍等件,给武备学生练习,议价德银七万七百九十二马克,约计合上海规元银二万八九千两。陈宝箴旋奉旨革职,未及奏明卸事。随经善后局及管理武备学堂各司道等筹议,前项快炮价值需款较巨,湘省库储匮乏,措备维艰,函商该洋行暂从缓办。兹据该司道等详称:"该洋行以各项炮械既经议明价值,订立合同,不允缓办。复据电知,炮械已在德厂起运,催付价银甚急,亟宜设法筹付。窃思从来与外洋商人交易,要当以信义为先,前项炮械先既订立合同,自难退悔,致贻口实。况现在威字五旗并添募劲字五营皆用西法训练,其武备学堂亦已分设各营,俾将士弁勇朝夕讲求,期收实效,则此项新式快炮为营中之所必需。拟请将此项炮械价值在于湘省厘金项下作正开销,庶可如期应付,不致贻诮外人,别生枝节,而湘中得此利器,于操防亦大有裨益"等情,详请奏咨前来。臣复核无异,除咨户、兵二部查照外,谨附片具奏,伏乞圣鉴,

* 据《光绪朝朱批奏摺》,第61辑,第785页。

敕部核复施行。谨奏。

硃批:“该部知道。”

光绪廿四年闰三月粮价及雨水情形摺*

(光绪二十四年四月二十六日)

头品顶戴湖南巡抚臣陈宝箴跪奏,为恭报闰三月分粮价及地方雨水情形,仰祈圣鉴事:

窃照湖南省本年三月分市粮价值并雨水情形,业经臣恭摺奏报在案。兹据署藩司李经羲查明闰三月分各项粮价,开单汇报前来。臣逐加查核,长沙等十八府州厅属米粮价值或较上月稍增,或与上月相同,豆、麦价值悉与上月相同。省城及各属地方入夏以后旸雨应时,二麦现已成熟登场,早稻栽插周遍,中、晚二稻次第播种,杂粮、蔬菜一律繁茂。理合恭摺具奏,并缮清单敬呈御览,伏乞皇上圣鉴。谨奏。

硃批:“知道了。”

请以颜钟骥调补长沙府摺**

(光绪二十四年四月二十八日)

头品顶戴湖南巡抚臣陈宝箴跪奏,为遵旨拣员调补省会要缺知府,恭摺仰祈圣鉴事:

窃照光绪二十四年闰三日〔月〕初一日接准部咨:“三月初五日奉上谕:‘湖南长沙府知府员缺紧要,著该抚于通省知府内拣员调补,所遗员缺著裕庆补授。钦此。’”伏查定例:“省会知府缺出,应

* 据《光绪朝硃批奏摺》,第96辑,第359页。

** 据《光绪朝硃批奏摺》,第13辑,第216~218页。

请旨简放，如奉旨于通省知府内拣员调补，应择其人地相宜者，无论缺项是否相同及历俸已、未满年限，俱准调补；又首府、首县缺出，于通省正途人员内拣选调补，如实无合例堪以调补，或人地不宜，始准于摺内详细声明，以各项出身内遴选调补”各等因。

今长沙府〈为〉省会首郡，系冲、繁、难兼三要缺，管辖十二州县，地方辽阔，政务殷繁，且时有发审案件，现值伏莽未靖，筹办保甲团防尤关紧要，非精明干练之员，不足以资治理。臣与署布政使李经羲、署按察使黄遵宪于通省正途知府内逐加遴选，非现居要缺，即人地未宜，未便迁就请补。查有衡州府知府颜钟骥，年五十二岁，广东连平州人，由贡生报捐光禄寺署正捐升郎中。同治三年于积年防剿案内保以郎中尽先即用，并戴花翎，扬防案内保加道衔，奉部议驳以“所保京职、翎枝，核与章程不符，行令另核请奖”。旋于徐州筹备军饷案内保戴花翎，又于守御连平、克复上坪案内保加三品衔；同治十一年签分刑部山东司行走，十二年经原保大臣复奏：“前次所保，遵照部议，另行核奖”，奉旨：“改俟补缺后以知府分发省分，并赏换盐运使衔。钦此。”遵例指省江西，引见，奉旨：“照例发往。钦此。”十三年十一月到江。因筹饷出力案内保俟补缺后以道员升用，光绪十年遵保人材送部引见，奉上谕：“著交军机处存记。钦此。”十四年七月奉上谕：“江西抚州府知府员缺，著颜钟骥补授。钦此。”十月到任，因劝办顺直赈捐案内保俟离知府任归道员后加二品顶戴。十八年七月因拿获会匪案内保仍在任以道员请旨简放，奉硃批：“著照所请。钦此。”是年大计，保荐卓异，丁忧服满，于二十三年三月二十七日引见，奉旨：“著准其卓异加一级，仍注册候升。钦此。”是年四月十四日奉上谕：“湖南衡州府知府员缺，著颜钟骥补授。钦此。”二十三年九月初七日到省，十月二十日到任。二十四年三月调署长沙府知府篆务。

该员果断廉明,识通才敏,以之调补长沙府知府,洵属人地相宜。据藩、臬两司会详前来,相应奏恳天恩,俯念省会首郡要缺需员,准以衡州府知府颜钟骥调补长沙府知府,俾资治理。如蒙俞允,该员系现任知府,请调知府,衔缺相当,毋庸送部引见。所遗衡州府知府缺,遵奉谕旨以裕庆补授。再,该员颜钟骥系初次请调,照例毋庸核计参罚,合并陈明。

谨会同湖广总督臣张之洞恭折具奏,伏乞皇上圣鉴训示。谨奏。

硃批:"吏部议奏。"

光绪廿三年下忙钱粮解司银数摺*

(光绪二十四年四月二十八日)

头品顶戴湖南巡抚臣陈宝箴跪奏,为查明湖南省光绪二十三年分下忙钱粮解司银数,循例恭摺具陈,仰祈圣鉴事:

窃照前准户部咨:"各直省督抚督饬藩司,自嘉庆二十一年为始,于州县每年应征上、下忙钱粮,除例准留支及实欠在民外,所有征存银两尽数提解司库,上忙应四月完半者限五月底,下忙限十二月底截清,解司银数专摺奏报。"又咸丰二年六月内准户部咨:"嗣后各省应征上忙钱粮,以二月开征,限五月底完半,下忙八月接征,限十二月底全完。按照八分计算,责成藩司督催。以上忙匀为三分征收,如能完至三分者,免其议处,完至三分以上者,即予议叙;下忙匀为五分征收,如能完至五分者,免其议处,完至五分以上者,即予议叙。其余二分果能于奏销前全完者,即将该司请旨从优议叙。"又咸丰九年户部奏定:"上忙限十一月底,下忙限次年五月底,

* 据《光绪朝硃批奏摺》,第82辑,第833~834页。

分晰成数造报。”又光绪二十三年经户部具奏更定，自是年为始，“将藩司督催上、下两忙分数定以九分，上忙匀为四分，下忙匀为五分。上忙能完至四分，下忙能完至五分者，始准免其议处，如核计上、下两忙征完分数在九分以上，仍给予议叙。其余所欠分数复能于奏销前扫数全完，所有藩司应得议叙，仍照旧例办理”各等因。历经遵办在案。

兹据署布政使李经羲查明光绪二十三年分通省下忙钱粮完、欠数目，造册详请具奏前来，臣复加查核，册造湖南省光绪二十三年分应征地丁、起运、存留、驿站等项钱粮正银一百一十三万五千九百九十两三钱六分七厘，上忙已完过银四十三万八千九百四十六两九钱二分，今下忙又征完银五十六万四千五百四十两二钱八分四厘，除水灾案内应行蠲缓银三万四千四百二十三两六钱一分六厘，实未完银九万八千七十九两五钱四分七厘。又应征耗羡银一十一万三千五百一十四两二钱七分六厘，上忙已完过银三万二千一百九十七两四钱四分五厘，今下忙又征完银六万三百三十两五钱三分七厘，除水灾案内蠲缓银三千四百四十二两三钱六分一厘，实未完银一万七千六百四十三两九钱三分三厘。通计下忙正、耗钱粮已完五分考成银六十二万四千七百七十四两六钱七分，其余未完并带征光绪十四、五、六、七、八、九、二十、二十一、二等年灾缓银两，现据查明均系实欠在民，并无以完作欠情事。除饬藩司严催各属将未完银两上紧征收，务于奏销以前一律扫数完解，并将总册咨部外，所有查明光绪二十三年分下忙钱粮截清解司银数，理合恭摺具陈，伏乞皇上圣鉴。谨奏。

硃批：“户部知道。”

子捉母奸误毙母命审明议拟摺*

(光绪二十四年四月二十八日)

头品顶戴湖南巡抚臣陈宝箴跪奏,为子捉母奸,误毙母命,审明议拟,恭摺仰祈圣鉴事:

窃据署浏阳县知县黎墉验讯详报县民罗才三误伤嗣母罗曾氏身死一案,当经臣批饬复讯拟解去后。兹据该县审明议拟,具招连犯解由署长沙府知府颜钟骥审拟解司,该署湖南按察使黄遵宪复审解勘前来,臣随提犯亲讯。缘罗才三籍隶浏阳县,系罗曾氏之嗣子。罗曾氏之夫罗长春因曾氏未能生子,又无亲房可以为继之人,于光绪六年凭族戚过继同姓不宗之罗明亮幼子罗才三为子,立有字据。其时罗才三年仅五龄,经罗曾氏接取过门,抚养成立,并为娶媳孙氏,素相亲爱,罗才三历无违犯。光绪十六年八月内,罗长春因修造房屋,雇砌匠林国科在家佣工,罗曾氏见面不避。林国科乘间与罗曾氏调戏成奸,遇便续旧,给过钱物,并无确数。罗长春先不知情,嗣经罗才三撞见,私向罗长春告知,罗长春当将罗曾氏斥骂。罗曾氏性情强悍,罗长春人极懦弱,未能禁绝。自此之后,每逢罗长春外出,林国科即至家内续奸,维时罗才三年尚幼稚,林国科并不避忌。嗣于光绪二十一年四月内,罗曾氏与林国科因事口角,林国科旋复出外贸易,遂绝往来。迨至二十三年十月二十二日,林国科由外转回,复至罗长春家探望,又与罗曾氏续旧,往来复密。罗长春力不能制,罗才三不胜愤懑,并因罗曾氏所生之女罗甘秀年齿已长,恐被林国科一并引坏,致败门风,每于林国科来家之时,用言讥讽,嘱其各避嫌疑。林国科因见罗才三气忿不平,心生

* 据《光绪朝硃批奏摺》,第107辑,第227~230页。

惧怯，不敢肆行无忌，随密向罗曾氏告知前情。罗曾氏复将罗才三斥骂，罗才三心怀忿激，起意俟林国科夜来奸宿之时将其致死，杜绝往来。二十四年二月二十六日，罗长春赴油坊打油不归，罗曾氏与林国科商约先开后门，在檐下等候。三更时候，罗才三听闻犬吠，料系林国科乘间前来续奸，悄取团防鸟枪，装就子药，由前门绕至屋后掩捕。黑暗之中，望见人影，以为即系林国科，将枪点放，砂子飞开，中伤罗曾氏右手胐脷，并伤右胁，声喊倒地。罗才三闻系曾氏声音，始知错误，连忙弃枪赶拢扶起，适罗甘秀亦闻闹惊起，携灯赶出查看，帮同将罗曾氏扶进屋内。维时林国科走至罗曾氏之屋后山内，听闻枪响，人声嚷闹，知其中必有别故，不敢复来，悄自转回。罗才三报知罗长春赶至看明，用药医治，讵罗曾氏伤重，旋即殒命。罗长春拟投知曾姓族人曾炳林等赴县呈首，不意罗才三悔恨交迫，自知无复生理，旋于三月初一日将其生甫九日之幼子丢地撞毙，泣嘱其妻孙氏改嫁，免留后累。迨经罗长春知觉，赶救不及，随将死孩挖土掩埋。当经该县访闻差查，并据罗长春投保具报，带同罗才三赴案投首。该县亲诣相验，拿获林国科到案，并据罗长春供出罗才三于误伤母命之后复将幼子撞毙各情，讯详饬审。兹据署浏阳县知县黎墉审拟，由府司复审解勘，臣提犯亲讯，据供前情不讳，诘无起衅别情，应即拟结。

查例载："子误伤母致死，律应凌迟处死者，仍照本律定拟"，援引白鹏鹤案内钦奉谕旨，恭候钦定。又嘉庆十八年三月二十一日奉上谕："此案白鹏鹤因向伊嫂白葛氏借取灯油不给，出街嚷骂，白葛氏赶出门首理论，白鹏鹤拾取土块向白葛氏掷殴，不期伊母白王氏出劝，以致误伤殒命。刑部引'子殴母杀者，凌迟处死'律，又引'斗殴误杀傍人，以斗杀论'律比拟，问以凌迟处死。核其情节，白鹏鹤遥掷土块，误杀其母，非其思虑所及，与斗殴误杀者究属有间，白鹏鹤著改为斩立决。嗣后有案情似此者,即照此问拟。钦此。”道光八年六月二十一日奉上谕:“程祖洛《审拟误伤母命重犯》一摺。此案河南荥阳县民姚哑叭因堂叔姚七与伊母姚陈氏通奸,先经撞破不依,反被缚殴。嗣见姚七复在伊母窑内奸宿,一时忿激,持镰刀扑砍,姚七闪至其身后,抱住夺镰,该犯挣脱。适伊母从背后抱住,疑系姚七,以致误伤伊母殒命。经该抚照律问拟凌迟,并声明:‘与有心逆伦者不同,较白鹏鹤案情尤为可悯,遵例请旨。’此事与白鹏鹤之案情节迥异,自应详慎,妥为定拟,著刑部妥议速奏。钦此。”当经刑部以姚哑叭母被奸污,身受欺辱,当其忿激,欲砍姚七之际,伊母从后抱住,疑为姚七,以致误伤伊母身死。是姚哑叭意在杀死奸夫姚七,误伤伊母陈氏毙命,较之白鹏鹤之案更为可悯,可否量从末减,改为斩监候之处,恭候钦定。奉旨:“姚哑叭著改为斩监候等因。钦此”各在案。又律载:“子殴母杀者,凌迟处死”,又“断罪无正条,援引他律比附定拟”,又例载:“本夫杀死奸妇,将奸夫拟绞监候”各等语。此案罗才三因嗣母罗曾氏与林国科通奸,伊父罗长春力不能制,并因伊妹罗甘秀年齿已长,恐被林国科一并诱坏,致败门风,起意将林国科致死,杜绝往来。黑暗之中,点枪吓放,不期误伤罗曾氏身死。罗才三虽系罗曾氏过继同姓不宗之嗣子,过门时年甫五岁,抚养成立,兼为授室,自应照律问拟。罗才三除故杀子轻罪不议外,合依“子殴母杀者,凌迟处死”律,凌迟处死。惟查该犯因林国科常来奸宿,携枪由前门开出,绕至屋后掩捕,于嗣母罗曾氏先开后门,私立檐下等候,实非意料所及。时在黑夜,望见人影,以为即系林国科,点枪吓放,不期误伤。察其情节,较之白鹏鹤之案更属可悯,而义忿所激,核与姚哑叭之案情事相同,相应援案照例声明,恭候钦定。

林国科与罗曾氏通奸,先经罗才三撞见,告知其嗣父查察,并不杜绝往来。嗣因罗才三用言讥讽,复怂恿奸妇将其斥骂,以致罗才三激于义忿,黑夜掩捕,误伤母命,悔恨交迫,复将幼子撞毙,酿成重案。该犯实为首恶,遍查律例,并无作何治罪明文,应比照"本夫捉奸,杀死奸妇,奸夫拟绞"例,拟绞监候,秋后处决。罗长春于罗曾氏与林国科通奸未能禁绝,即属纵容,应照"纵容妻与人通奸,本夫杖九十"律,拟杖九十,折责发落。罗曾氏与林国科通奸,罪有应得,业已身死,应与救阻不及之罗甘秀均无庸议,无干已据省释。尸棺据饬领埋,凶枪饬存汇报。再,此案鸟枪系团防器械,业已随案起获,失察职名邀免开报。

除将全案供招咨部查核外,理合恭摺具陈,伏乞皇上圣鉴,敕部核复施行。谨奏。

硃批:"刑部议奏。"

密陈湘省教案办理极形竭蹶摺(稿)*

(光绪二十四年四月)

为湘省教案屡酿祸端,办事极形竭蹶,恭摺密陈,仰祈圣鉴事:

窃自上年山东胶州以教案启衅,各国生心,狡焉思启,中外汹汹,谣言四布。湖南僻处腹地,风气未开,深闭固拒,少见多怪,而民气之嚣张,匪徒之充斥,视他省为尤甚。去年春二月,臣赴南路巡阅营伍,适德人鄂乃福游历来湘①,力求入城。湘人聚众禁其登岸,以砖石丛击之,几酿巨祸。幸现任按察使李经羲与在籍诸绅曲

---

* 原件现藏上海图书馆,此据《陈宝箴遗文·奏摺》录入,载《近代中国》第十一辑,第216~218页。按:拘禁周汉事在光绪二十四年三月,札饬《湘报》馆厘正报章体裁则在四月初一日,据此推断,该摺稿似撰于光绪二十四年四月。其已否上奏及奏发日期,俟考。

① "鄂乃"下,《陈宝箴遗文·奏摺》整理者原注有"一本作谔尔"五字。

为调护,于清晨延致入城,酒食尽欢,始获了事,否则胶州之祸即首湖南矣。八月,常德府河洑地方新建天主教堂为该处痞徒焚毁,经臣饬该府文武各官临机应付,赔款近万缗,得以无事。嗣又有英武员苏理文游湘,适臣在期服假中[1],经现署按察使黄遵宪延至臬署接待款洽,乃出署时忽为无知愚民用石击脑出血,该武员以该臬司等待之有礼,遂不计较而去。今年二月,衡州府城外福音教堂以民人强欲入内观看,与该教神甫口角,竟致聚众拆毁,抢劫什物,该府县予以赔款,始寝其事。此外,各县殴打卖书洋人及游历教士之案,不一而足。前月有革员周汉,旧日疯病复发,各处私张揭贴,鼓扇人心,辄以"洋人挖目剖心,乱伦绝纪,宜大家同心努力,横扫耶苏妖巢"为词,愚民信之,彼此唱和,千喙同声,无从辨别。臣昼夜焦思,设法消弭,始将周汉监禁,业经奏明在案。

臣维方今之争,以预弭教案为切要之图,设内地再有曹州、巨野之事,其获祸真不堪设想!臣兢兢业业,所惧在此。然湖南人心彪悍,故见仍封,玩视文告为虚文。一遇有闹教案件,办理不严,既难杜其后来之患;办理过严,反致激其坚强之风。故欲长保无事,莫如开通民智,使读中西有用之书,而知时势艰巨之状,方可以化刚为柔、转愚为明。适在籍绅士〇〇〇等拟就孝廉堂设立南学会[2],捐置书籍,便人翻阅,延聘学长,讲求各种实学。其大要尤在发明中外情形,使人周晓,化其固执之见。该绅等禀请前来,经臣批准并叠次亲临,反复开导,力言"朝廷宵旰忧劳,图弭外患,凡我臣民宜如何感激涕零,实求经济,有勇知方,保全国体。若仍以砖

① 据陈三立《诰封一品夫人先妣黄夫人行状》(见《散原精舍文集》卷五),三立母黄氏逝于光绪二十三年十二月十八日。

② 据本集下册《公牍》卷《为坐办总理南学会事照会户部主政黄膺(稿)》,呈请设立南学会者为"孝廉堂举人文俊铎、彭兆琮等"。

块瓦砾打洋人、戗教士，蹈此悻悻小节，上贻君父之忧，忠义安在”等语，士民闻之，稍有更改前行者。此现在设立南学会之实在情形也。

又，在籍翰林院庶吉士熊希龄等集股公立湘报馆，阐明时局，隐消教祸，其大旨约有二端：一欲破除湘中痛恶洋人之习，使人知“挖目剖心”等事皆系谣传；一欲庠序之士知时事艰险，激发忠良，又多谙中外事实，储为有用之才，以济国家之急。至该馆中所登论说，多系士绅选刊，臣事务纷烦，未能一一细核，其中或不无过激之处，臣现已札饬该绅等厘正报馆体裁，以和平中正为主，不得出言过激，反塞风气，并筹提经费每月二百金为常年经费，另延纯正士人为主笔。此现在办理报馆之实在情形也。

至省城会匪潜滋，刁风日甚，洋人每次来湘皆遭殴辱。推原其故，皆由保甲局久成赘设，视为具文。故发一议则讹言四起，黑白混淆；办一事则痞类生心，纵横构祸。甚至未见洋人踪〈迹〉[①]，而城中喧阗，无端滋扰。臣之溺职，五夜疚心，是用与在籍诸绅拟就旧有保甲局切实整顿，略仿上海租界章程而变通之，易其名曰“保卫局”。又另设“迁善所”五处，安插游民，令习工艺。拟委现署按察使黄遵宪为总办，在籍江苏补用道左孝同为会办，且拟将来岳州开埠通商，即由省垣推而行之。此现在拟改保甲局为保卫局之实在情形也。

然人情狃于旧习，以不便其闹教结党、触犯法网之私益，复怨谤繁举，横空架说，或以臣为袒护洋人，或以臣为妄更成法，即与臣有平生之雅者，无不以“水清无鱼”贻书劝阻。所有微臣拟办事件，几至处处棘手，一切隳坏。臣亦自愧非任重之器，恐终颠踣，贻羞

① “迹”，系原整理者补入。

驽骀。然以受国厚恩,涓埃莫效,每上念君父之忧勤,下悯民生之凋敝,神智俱困,寝食难安。又通商在即,外患方深,倘任狂愚之辈复肆鸱张,激成大乱,则胶澳覆辙在在寒心,待事机已发,陨臣之身、碎臣之首以谢朝廷,亦已晚矣!又迭奉谕旨变通书院章程,推广学生以资造就,臣竭其愚悃,每于学会发明斯意,由是各府州县闻风兴起,纷纷禀报。夫机缄既辟,则耳目为之一新;学校大兴,则狂愚为之涤虑。文运所开,理有固然。若使省会之区横生异议,功败垂成,只以快谣诼之心而塞志士之口,则大局方艰,内忧复迫,以臣之愚,未知所底。明知蝼蚁馀生,蒙天地高厚之恩,断不能畏避谤谗,坐丧平生素志。第恐成效未睹,先贻口实,而湘省之大祸随之,是以不敢不将此中竭蹶情形沥陈于君父之前。伏惟圣慈矜悯,俯赐主持,隐弭党援攻讦之习,以消内患,以静人心,不胜企悚屏营之至。

所有微臣办事竭蹶情形,谨恭摺密陈皇上圣鉴训示。

会奏故鄂抚胡林翼遗爱在民摺(稿一)*

奏为已故湖北抚臣忠勤尽瘁,功在天下,至今士民念颂不忘,谨会同恭摺具陈,仰祈圣鉴事:

窃臣宝箴曾于光绪二十三年十二月,以已故湖北巡抚胡林翼嗣子胡子勋原袭三等男爵,因病辞退,援例请以其嫡长子胡祖荫承袭,据情具奏,于本年二月十九日接回原摺,奉硃批:“该部议奏。钦此。”钦遵转行在案。窃臣之洞与臣宝箴均在湖北日久①,每接

* 据舒斋藏摄片。此为陈宝箴手稿。

① 此句初作“臣之洞在湖广总督先后九年,臣宝箴在湖北臬司任内五年”。

见耆旧缙绅及在省多年僚属①，常闻其称述该故抚臣胡林翼当时遗事，相与感叹不置。因而稔知其谋国之忠、任事之勇，坚忍卓绝，实有挽回气数之功，匪独湖北一隅资其再造，有不得不陈于圣主之前者。

胡林翼籍隶湖南益阳，以翰林起家。咸丰五年，由贵州知府率黔勇数百，奉调至鄂，剿贼外郡，旋随前大学士臣曾国藩进剿九江。会值武昌三次失陷，率军回援，仅一千八百人。其时湖北州县大半沦殁②，兵勇溃散殆尽，胡林翼以孤军支拄近省金口一带，无援无饷③，惟与前兵部侍郎彭玉麟水师相依，日事攻剿，饥军溃而复集，至出其益阳私家之谷，以济军食，激以忠义，士卒为之感动。曾国藩使罗泽南及水师杨岳斌自江西来援④，胡林翼苦心调护，将士和辑，乃复招合散亡，选拔精锐⑤，恩信大孚，人人乐于用命，遂于六年十一月克复武汉⑥，以次肃清鄂境。仍不少为自固之计，而悉以围攻九江。是时，湖北久遭蹂躏，民气凋残，胡林翼极意拊循，严斥贪残之吏，选用贤良，以苏民困。裁减丁漕陋规冗费⑦，岁为民间省钱一百四十余万缗，为帑项增银七十余万两⑧，百数十年中饱积弊⑨，为之一空。其综核之精⑩，心力交瘁，而犹于其时激励将士，

① 此句初作“每当接见耆年士绅及在省年久文武僚属”。
② “湖北”，初作“南北两岸”。
③ 此下原有“乞贷之书，十不一应”数字，后删。
④ 此下原有“军势渐张”四字，后删。
⑤ 自此以下三句，初作“简练军实，人皆乐于用命”。
⑥ “武汉”，初作“省城”。
⑦ 此句初作“除丁漕积弊”。
⑧ “七十余万两”，初作“四十二万两”。
⑨ 此句初作“百余年积弊”。
⑩ 此句及下句，初作“其苦心探索，心力俱敝，□十昼夜寝食为之不安”。

搜讨军实,以平贼为己任。分兵攻克瑞州,解围宝庆。逆首石达开、陈玉成迭由江皖犯境,终不肯撤九江之围①。明年,九江既复,军事始有转机。其统筹全局,不遑一日之安,大率如此。

而其所最不可及者,尤在亟于图皖,以规复江宁,为殄除粤匪之关键②,曾国藩所倾心敬服,至今天下公论所为感颂不衰者也③。当是时,鄂省寇乱初平,元气未复,捻逆披猖于西北,粤匪蟠踞于东南,岌岌边防,疲于肆应。胡林翼与曾国藩往复筹咨于兵疲饷匮之时④,竭蹶以图大举,简拔豪俊以为将领,整顿厘捐以赡军需。一时名将,惟湖北为最多,如塔齐布、罗泽南、李续宾、都兴阿、多隆阿、李续宜、杨载福、彭玉麐、鲍超等,胡林翼皆待之如骨肉⑤,相许以至诚,群志交孚,莫不感激思奋。以贫瘠残破之区,养兵六万,月饷至四十余万之多,前敌各军求饷求援,无不立应。曾国藩奉命入蜀,胡林翼请留图皖疆,先灭发匪,以保三吴财赋。嗣曾国藩驻军皖南,部曲四出防剿,自将才数千人,而亲军得力统将如萧启江、张运兰等,或为他省奏调,或以丁忧在籍,军势颇孤⑥。胡林翼倡为三路进剿之议,殚精擘画⑦,常通夕不寐。与曾国藩函牍咨商,日辄数返,绘图数十纸,分致诸路将领,务无遗策。十年春,大战于潜

① 此下原有"相持一年"四字,后删。

② 此句初作"为东南殄除粤匪之关键"。

③ "所为感颂不衰者也",初作"所称颂而久而不衰者也"。

④ 此句及下句,初作"胡林翼既与曾国藩往复筹商以全力趋次安庆,复于兵疲饷竭之时竭蹶以图大举"。

⑤ "骨肉",初作"手足"。

⑥ 此句初作"军势甚孤"。

⑦ 此句初作"日夜密谋所以制胜之策"。

山、太湖，相继克之，于是始定计围攻安庆[①]，而亲驻太湖[②]，督剿援贼。群贼从间道分党犯鄂[③]，冀解皖围，胡林翼力疾率师，往来策应，迭驰书曾国藩，缕陈勿撤安庆之围。嗣以母忧回籍，朝旨趣起视师[④]。及闻李续宾阵殁三河，痛哭而出，直趋军中。时以良将新陨，皖南北已复州县旋复溃陷[⑤]，士气为之不扬，至是胡林翼复出，慷慨誓师，正三河失律之罪，戮逃将数人，申明约束，军势为之复张。遂以大破援贼，克复安庆，东瞰金陵，成高屋建瓴之势。当时曾国藩以安庆之克推胡林翼为首功，疏入，奉旨赏加太子太保衔，世袭骑都尉。即已忧劳成疾，咯血不起，天下莫不痛之。

臣等窃维胡林翼自黔入鄂，蒙文宗显皇帝特达之知，不半年间，由贵东道擢署湖北巡抚。其时群寇蜂起，湖北当四战之地，残破已甚。东南战事，利钝不常，曾国藩驰驱江皖，备多力分，部将皆散布各省扼要之区，莫能运掉。江南大营和春等师溃弛，围贼益沿江上犯，湘、鄂、江西等省，岌岌自保，无复剿贼下游之望[⑥]。倘非胡林翼殚竭血诚[⑦]，精心默运，与曾国藩同心戮力，义不反顾，誓以荡平东南自任，则九江之围已撤，无由进剿安庆，而江宁之复、发匪之平，更非一时意计所及矣。当其时，人情恟恟，惟恃湖北为根本之计，故曾国藩于安庆之捷推胡林翼为首功，复于其身后疏陈生平勋绩，著明其忠勤尽瘁挽回全局之功，迨至克复江宁，犹与诸将佐追念前劳，感慨流涕，谓“非胡林翼，无以至此”，深以不及亲见成功

① 此句初作“遂定计围攻安庆”。

② 此句及下句，初作“而亲驻太湖督剿”。

③ 此句初作“群贼分投犯鄂”。

④ 此句初作“朝旨趣出视师”。

⑤ 此下原有“曾国藩□扼祁门，孤危已甚”，后删。

⑥ “无复”，初作“绝无”。

⑦ “殚竭血诚”，初作“力矢孤忠”。

为憾。盖其同处艰危,出万死一生之地,于胡林翼用心危苦、耿耿报国之孤忠[①],知之最真,故言之犹有余痛也。

伏查发匪初平[②],其勋绩最著大臣及尤为出力死事诸将,仰蒙特恩[③],封赏侯、伯、子、男爵秩有差。而军兴以来,湘军之功最巨,其督兵大臣,世以曾、胡、左并称,历久无异。曾国藩有荡平发匪之功,左宗棠有殄除回匪之绩[④],胡林翼挽回大局,著有明征,而劳苦忧勤,以死不及亲见大功之成,与曾、左垂光殁世,此曾国藩所隐以为憾,亦海内与湘鄂之人所共痛惜[⑤],至今日而不能忘者。伏念人臣勤事效忠,原由至性,而朝廷奖贤嘉绩,不弃幽遐。方今多事之秋,正国家明赏勑罚之会,臣等习闻舆论,慨想前勋,窃见是非之公,久而愈定。且胡林翼身后萧然,家无余产,嗣子又以病废,视并世勋臣,不无轩轾,用敢不揣冒昧,缕悉上陈,合无吁恳我皇上追念该故抚臣生平忠绩殊异、深入人心[⑥],可否量予恩施,藉光典册,及于胡林翼之孙胡祖荫承袭赴部带领引见时俯赐录用,以彰圣主追念荩臣至意,不胜悚感[⑦]。至胡祖荫性质光明[⑧],才具堪资器使,俟部议承袭,奏奉谕旨,臣等即给咨送部,合并声明。

所有湖北已故抚臣胡林翼忠勤尽瘁,至今士民念颂不忘缘由,谨合词恭摺具奏,伏乞皇上圣鉴训示。谨奏。

---

① “用心危苦”之后,原有“以死勤事”四字,继自删去。

② 此句初作“伏查荡平发匪以来”。

③ 此句及下句,初作“多蒙特恩,封赏爵秩,列于五等之班”。

④ “殄除回匪”,初作“肃清关陇”。

⑤ “海内与湘鄂之人”,初作“天下之人”。

⑥ 此句初作“可否仰乞我皇上追念故湖北抚臣胡林翼生平忠绩殊异、深入人心”。

⑦ 此句初作“不胜惶悚感激之至”。

⑧ “性质光明”,初作“器质光明,才具开展”。

会奏故鄂抚胡林翼遗爱在民摺(稿二)*

（光绪二十四年四月）

〈头品顶戴湖南巡抚臣陈宝箴跪〉奏，为已故湖北抚臣忠勤尽瘁，功在天下，至今士民念颂不忘，谨会同〈湖广总督臣张之洞〉恭摺具陈，仰祈圣鉴事：

窃臣宝箴曾于光绪二十三年十二月，以已故湖北巡抚胡林翼嗣子胡子勋原袭骑都尉一等轻车都尉改并三等男爵，因病辞退，援例请以其嫡长子候选郎中胡祖荫承袭，据情具奏，于本年二月十九日接回原摺，奉硃批："该部议奏。钦此。"钦遵转行在案。窃臣之洞与臣宝箴均官湖北日久，每接见耆旧缙绅及在省多年僚属，常闻其称述该故抚臣胡林翼当时遗事，相与感叹不置。因而稔知其谋国之忠、任事之勇，坚忍卓绝，实有挽回气数之功，匪独湖北一隅资其再造，有不得不缕陈于圣主之前者。

胡林翼籍隶湖南益阳，以翰林起家。咸丰五年，由贵州知府率黔勇数百，奉调至鄂，剿贼外郡，旋随前大学士臣曾国藩进剿九江。会值武昌三次失陷，率军回援，仅一千八百人。其时湖北州县大半沦殁，兵勇溃散殆尽，胡林翼以孤军支拄近省金口一带，无援无饷，惟与前兵部侍郎彭玉麟水师相依，日事攻剿，饥军溃而复集，至出其益阳私家之谷，以济军食，激以忠义，士卒为之感动。曾国藩在江西，使罗泽南及水师杨岳斌来援，胡林翼苦心调护，将士和辑，于是招合散亡，选拔精锐，恩信大孚，人人乐于用命，遂于六年十一月

* 据舒斋藏摄片。此为陈宝箴手稿。按：撰时系编者据后附张之洞电文、皮锡瑞日记推断。又按：此稿另见录于《陈宝箴遗文(续)》，载《近代中国》第十三辑，第328～331页。

克复省城,以次肃清鄂境。仍不少为自固之计,而悉师围攻九江。是时,湖北久遭蹂躏,民气凋残,胡林翼极意拊循,严斥贪残之吏,选用贤良,以苏民困。裁减丁漕陋规冗费,岁为民间省钱一百四十余万缗,为帑项增银七十余万两,百数十年中饱积弊,为之一空。其综核之精,心力交瘁,而犹于其时激励将士,搜讨军实,以平贼为己任。分兵攻克瑞州,解围宝庆。逆首石达开、陈玉成迭由江皖犯境,终不肯撤九江之围。明年,九江既复,军事始有转机。其统筹全局,不遑一日之安,大率如此。

而其所最不可及者,尤在亟于图皖,以规复江宁,为荡除粤匪之关键,曾国藩所倾心敬服,至今天下公论所为感颂不衰者也。当是时,鄂省寇乱初平,元气未复,捻逆披猖于西北,粤匪蟠踞于东南,岌岌边防,疲于肆应。胡林翼与曾国藩往复筹咨于兵疲饷匮之时,竭蹶以图大举,简拔豪俊以为将领,整饬厘捐以赡军需。一时名将,惟湖北为最多,如塔齐布、罗泽南、李续宾、都兴阿、多隆阿、李续宜、杨岳斌、彭玉麟、鲍超等,胡林翼皆待之如骨肉,相许以至诚,群志交孚,莫不感激思奋。以贫瘠残破之区,养兵六万,月饷至四十余万之多,前敌各军求饷求援,无不立应。事规其大,功要其成,而流俗之毁誉所不敢计。与曾国藩书问往来,相与谓多取而民谤,多劾而官诽,而兵精饷足、吏慑民安之效,实由于此,可谓忠矣。曾国藩奉命入蜀,胡林翼请留图皖疆,先灭发匪,以保三吴财赋。嗣曾国藩驻军皖南,部曲四出防剿,自将才四千五百人,而亲军得力统将萧启江、张运兰等,或为他省奏留,或以丁忧在籍,军势睽孤。胡林翼倡为四路进剿之议,殚精擘画,常通夕不寐。与曾国藩函牍咨商,日辄数返,绘图数十纸,分致诸路将领,务无遗策。十年春,大战于潜山、太湖,相继克之,于是始定计围攻安庆,而亲驻太湖,督剿援贼。群贼从间道分党犯鄂,冀解皖围,胡林翼力疾率师往来策应，迭驰书曾国藩，缕陈勿撤安庆之围。嗣以母忧回籍，朝旨趣起视师，未果。及闻李续宾阵殁三河，痛哭而出，直趋军中。时以良将新陨，皖南北已复州县旋复溃陷，士气为之不扬，至是胡林翼复出，慷慨誓师，正三河失律之罪，戮逃将数人，申明约束，军势复张。遂以大破援贼，克复安庆，东瞰金陵，成高屋建瓴之势。当时，曾国藩报捷之疏推胡林翼为首功。寻已忧劳成疾，咯血不起，天下莫不痛之。

臣等窃维胡林翼自黔入鄂，蒙文宗显皇帝特达之知，不半年间，由贵东道擢署湖北巡抚。其时群寇蜂起，鄂当四战之地，残破已甚。东南战事利钝不常，曾国藩驰驱江皖，备多力分，部将皆散布各省要害之区，莫能运掉，江南大营和春等师溃弛，围贼益沿江上犯，湘、鄂、江西等省，岌岌自保，无复剿贼下游之望。倘非胡林翼殚竭血诚，精心默运，与曾国藩同心戮力，誓以荡平东南自任，则九江之围已撤，无由进剿安庆，而江宁之复、发匪之平，非一时意计所能及矣。当其时，人情恟恟，惟恃湖北为根本之计，故曾国藩于胡林翼身后疏陈生平勋绩，备著其忠勤尽瘁挽回全局之功，迨至克复江宁，犹与诸将佐追念前劳，感激流涕，谓“非胡林翼，无由至此”，深以不及亲见成功为憾。盖其同处艰危，出万死一生之地，于胡林翼用心危苦、拳拳报国之孤忠，知之最真，故言之犹有余痛也。

伏查发匪初平，其勋绩最著大臣及尤为出力死事诸将，仰蒙特恩，封赏侯、伯、子、男爵秩有差。胡林翼身后，亦于江宁克复仰蒙赏给一等轻车都尉，天恩优渥，存殁无遗，闻者为之感涕。伏思军兴以来，湘军之功最巨，其督兵大臣，世以曾、胡、左并称，历久无异。曾国藩有荡平发匪之功，左宗棠有殄除回匪之绩，胡林翼挽回大局，立中兴之基，尤为其难，著有明征，而劳苦忧勤，以死不及亲见大功之成，与曾、左诸臣垂光殁世，此曾国藩所隐以为憾，亦海内与湘鄂人士所共痛惜,至今日而不能忘者。伏念人臣勤事效忠,原由至性,而朝廷奖贤嘉绩,悉本人情。方今多事之秋,正国家明赏敕罚之会,近来习尚颓靡,人怀苟安,自为之意多,忠爱之情薄,欲冀转移,良由激劝,非有非常之举,无以鼓舞人心。臣等习闻舆论,慨想前勋,窃见是非之公,久而愈定。今湖北之于胡林翼,妇人、孺子莫不尸而祝之,而身后萧然,家无余产,嗣子又以病废,视并世勋臣,不无轩轾,用敢俯从众望,缕悉上陈。窃查汉唐以来大有为之时,于已故勋臣追封爵秩者,史不绝书,一时传为盛事,合无吁恳我皇上追念该故抚臣生平忠绩殊异、深入人心,可否查照曾国藩、左宗棠诸臣褒功之典,渥霈恩施,同光典册,并于胡林翼之孙胡祖荫承袭赴部带领引见时量才录用,以彰圣主笃念荩臣至意。出自逾格鸿施,非臣下所敢擅请。至胡祖荫性质光明,才具堪资器使,俟部议承袭,奏奉谕旨后,即由臣宝箴给咨送部,合并声明。

所有湖北已故抚臣胡林翼忠勤尽瘁,功在天下,至今士民念颂不忘缘由,谨合词恭摺具陈,伏乞皇上圣鉴训示。谨奏。

〖附一〗张之洞:致陈宝箴*

(光绪二十四年四月十七日)

文电悉。厚望愧悚。沙市案虽已获犯惩办,英、日两国赔款尚未议妥,近日武汉谣言甚多,洋人甚为惊惧,正在多方弹压防护。此次回任,奉旨:"俟沙案完竣,地方一律安静,再行来京"等因。目前地方情形如此,自未便遽请北上,且自顾迂庸孤陋,即入都一行,岂能有益时局?惟有听其自然。在外所办,虽系一枝一节之事,然

* 据《张之洞全集》,第九册,第7592~7593页。按:原电题为《致长沙陈抚台》,题下注:"光绪二十四年四月十八日子刻发。"

尚有一枝一节可办耳。

钱漕减收款，据绅士公呈，奏充学堂经费，想须交部议，批摺数日可回，当咨达冰案。送学生往东事，此时尚有不便，稍缓具奏时自当将湘省之五十名并案会奏，奏稿当商定。

胡文忠事会奏稿已读悉，褒勋录嗣，词义正大周详。感佩，敬谢。洽。

〖附二〗皮锡瑞：光绪二十四年四月十七日日记（节录）*

闻〈左〉子异说右帅力举胡文忠之功，请加世袭侯爵，赏其孙以京堂。恩泽非人臣所能擅请，恐获谴也。为桑梓计，所谓社稷有灵，必无此虑而已。

胡日升年满甄别片**

（光绪二十四年四月）

再，查定例："道府州县保归候补班人员，予限一年，察看甄别"等因，历经遵办在案。兹查有候补班补用知县胡日升，年四十八岁，系江苏阳湖县人，于光绪二十三年四月初七日到省，扣至二十四年四月初七日，一年期满，例应甄别。据署湖南布政使李经羲、署按察使黄遵宪会详前来，臣详加察看，该员胡日升才识敏练、办事勤能，堪以留省，照例补用。除咨吏部查照外，谨会同兼署湖广督臣谭继洵附片具陈，伏乞圣鉴。谨奏。

---

* 据《师伏堂未刊日记》，载《湖南历史资料》，1959年第1期。

** 据《光绪朝硃批奏摺》，第13辑，第223页。按：此片上奏时间不应迟于光绪二十四年四月十一日，盖张之洞四月初八日抵鄂，十二日正式回任湖广总督。

硃批:"吏部知道。"

汇解光绪廿四年甘肃新饷片*

(光绪二十四年四月)

再,据湖南善后报销总局司道详称:"奉拨光绪二十四年甘肃新饷银十六万两,于二十三年年底赶解三成,二十四年四月底止再解三成,其余四成统限九月底止扫数解清等因。已遵于光绪二十三年十二月初五日,将年前应解三成银四万八千两,发交天成亨、协同庆、蔚丰厚各商号汇解赴甘,详请奏咨在案。兹届四月限期,自应筹解,无如湘中近年奉拨洋款、添练新军饷项及拨济各省协饷,时形竭蹶,司道各库搜括无遗。惟念西陲大局攸关,需饷甚急,不得不于万难设法之中竭力措备,以免贻误。现在于藩库地丁项下筹银二万两,粮道库南秋项下筹银一万两,盐道库盐厘项下筹银一万两,又在提存裁并局务薪粮节省项下筹银八千两,共库平银四万八千两,于四月二十日仍交天成亨、协同庆、蔚丰厚等商号,各承领银一万六千两,分批汇解,均限于七月二十日赴甘肃藩司衙门交纳,守候库收批照回销,以期迅速而济要需"等情,详请奏咨前来。臣复核无异,除咨户部暨陕甘督臣、新疆抚臣查照,并饬将其余未解银两按限接续筹解外,谨会同湖广总督臣张之洞附片具陈,伏乞圣鉴。谨奏。

硃批:"户部知道。"

---

* 据《光绪朝硃批奏摺》,第61辑,第405~406页。按:此片上奏时间似在光绪二十四年四月下旬。

〖附〗俞廉三：光绪廿四年甘肃新饷扫数解清片*

（光绪二十四年九月）

再，据湖南善后报销等总局司道会详称："奉拨光绪二十四年甘肃新饷银十六万两，于二十三年年底赶解三成，二十四年四月底止再解三成，其余四成统限九月底扫数解清等因。当于光绪二十三年十二月初五日，将年前应解三成银四万八千两，又于二十四年四月二十日再解三成银四万八千两，先后发交天成亨、协同庆、蔚丰厚各商号承领汇解赴甘，均经随时详请奏咨在案。兹查九月底限期将近，自应筹解，惟湘省协济各省饷项，业已搜罗殆尽，加之奉拨归还洋款并拨解汇丰借款，均期促款巨、刻不容缓，实属入不敷出。第念边疆紧要，需饷甚殷，不能不竭力设法协济。现在藩库地丁、驿站项下筹银二万两，又在缉私经费项下筹银一万五千两，又在提存裁并局务项下筹银一万九千两，盐道库盐厘项下筹银一万两，共库平银六万四千两，于八月二十九日仍交协同庆商号承领银二万二千两，天成亨、蔚丰厚商号各承领银二万一千两，均限于十一月底汇解，赴甘肃藩司衙门交纳，守候库收批照回销，以期迅速而济要需"等情，详请奏咨。适值前抚臣交卸，未及核办，移交前来。臣复核无异，除咨户部及陕甘督臣、新疆抚臣查照外，所有光绪二十四年甘肃新饷扫数解清缘由，谨会同湖广总督臣张之洞附片具陈，伏乞圣鉴。谨奏。

硃批："户部知道。"

---

* 据《光绪朝硃批奏摺》，第61辑，第499～500页。按：据陈宝箴光绪二十四年九月十七日《沥陈悚感下忱并交卸湘抚日期摺》（详本集卷二十二），俞廉三此片上奏时间应在九月中下旬。

汇解内务府光绪廿四年一半经费片*

(光绪二十四年四月)

再,前于光绪十九年十一月内准户部咨:“奉〔奏〕拨内务府经费,每年筹银一万两,解交内务府应用”,并准内务府咨:“各省嗣后应交广储司银库银两,每千两应随平馀银二十五两,又抬费、布袋、劈鞘用项等银八两,行令查照筹解”各等因,当即转行遵照,将光绪二十及二十一、二、三等年分应解银两,均经按年照数汇解内务府投收,随时分别奏咨在案。兹据署布政使李经羲会同粮储道但湘良暨善后、厘金各局详称:“所有光绪二十四年分应解银一万两,现经凑解一半银五千两、随馀平银一百二十五两、抬费等银四十两,共银五千一百六十五两,于光绪二十四年四月二十日发交商号协同庆承领,定限本年五月三十日汇解内务府衙门投收,以济要需”等情,详请奏咨前来。臣复核无异,除分咨查照外,理合将汇解内务府本年分一半经费银两缘由附片具奏,伏乞圣鉴。谨奏。

硃批:“该衙门知道。”

---

* 据《光绪朝硃批奏摺》,第88辑,第594~595页。

卷二十　奏议二十

会奏妥议科举新章摺*

（光绪二十四年五月十六日）

奏为恭绎叠次谕旨，变法求才，拟请妥议科举新章，以覘实学而防流弊，并请酌改考试诗赋、小楷之法，以造就通籍以后之人才，恭摺仰祈圣鉴事：

窃臣等前准部咨，光绪二十四年正月初六日钦奉上谕："开经济特科，令中外大臣荐举考试。"近日恭读邸抄，四月二十三日钦奉上谕，殷殷以变法自强、京外设立学堂为急。又读邸抄，五月初五日钦奉上谕："于下科为始，乡、会、岁科各试，向用《四书》文者，一律改试策论。一切详细章程，该部即妥议具奏等因。钦此。"际此

---

* 据《湘报》第一百二十五号（光绪二十四年六月二十四日出版），原题为《湖广督宪、湖南抚宪合陈妥议科举新章摺》，上奏日期则据《张之洞全集》录入。按：此摺另存见于《张之洞全集》（第二册，第 1304 ~ 1310 页），题为《妥议科举新章摺》，惟首、尾文字未录，正文亦微有异同，摺后另附六月初一日所奉上谕；《湘学报》第四十四、四十五册（光绪二十四年六月十一、二十一日出版），题为《湖广督宪、湖南抚宪合陈妥议科举新章摺》；《昌言报》第二册（光绪二十四年七月十一日出版），题为《两湖总督张、湖南巡抚陈会奏拟请妥议科举新章并酌改考试诗赋小楷之法摺》；《知新报》第六十四册（光绪二十四年七月二十一日出版），题为《鄂督张、湘抚陈会奏妥议科举新章摺》。又按：此摺正文另见《光绪朝东华录》（第四册，总第 4137 ~ 4141 页），文字略异，后附六月初一日所奉上谕。

时局艰危、人才匮乏,屡颁明诏,破除成格,力惩谫陋空疏之习,思得体用兼备、通达时务之士而任之,海内士民见我皇上处事之明决如此,求才之急切如此,孰不钦仰感奋?

窃惟救时必自求人才始,求才必自变科举始。《四书》、《五经》,道大义精,炳如日月,讲明五伦,范围万世,圣教之所以为圣,中华之所以为中,实在于此。历代帝王经天纬地之大政,宅中驭外之远略,莫不由之。国家之以《四书》文、《五经》文取士,大中至正,无可议者也。乃流失相沿,主司不善奉行,士林习为庸陋,不能佐国家经时济变之用,于是八股文字遂为人所诟病。今皇上断然罢去八股不用,固已足振动天下之耳目,激发天下之才智。特是科举一事,天下学术所系,即为国家治本所关,若一切考试节目未能详酌妥善,则恐未必能遽收实效,而流弊亦不可不防。尝考北宋初创为经义取士之法,体裁只如讲义,文笔亦尚近雅,明成化时始定为八股之式,行之已五百年矣。文徇俗而愈卑,法积久而愈敝,虽设有二场经文、三场策问,而主司简率自便,惟重头场时文,二、三场字句无疵,即已中式,遂有三场实只一场之弊。今改用策论,诚足以破拘挛陈腐之习矣。然文章之体不正,命题之例不严,则国家垂教之旨不显[①],取士之格不一,多士之趣向不定。今废时文者,恶八股之纤巧、苛琐、浮滥,不能阐发圣贤之义理也,非废《四书》、《五经》也。若不为定式,恐策论发题或杂采群经字句,或兼采经史他书,界限过宽,则为文者必至漫无遵守,徒骋词华,行之日久,必至不读《四书》、《五经》原文,背道忘本。此则圣教兴废、中华安危之关,非细故也。窃以为今日当详议者约有数端:一曰正名。正其名

① "垂教",《光绪朝东华录》与《知新报》均作"重教"。

曰“《四书》义”、“《五经》义”，以示复古，文格大略如讲义、经论[①]、经说。二曰定题。《四书》义出《四书》原文[②]，《五经》义出《五经》原文，或全章、或数章，或全节、或数节，或一句、或数句均可，不得删改增减一字，亦不得用其意而改其词。三曰正体。以朴实说理、明白晓畅为贵，不得涂泽浮艳作骈俪体，亦不得钩章棘句作怪涩体。四曰征实。准其引征史事，博采群书，但非违悖经旨之言，皆可引用。凡时文向来无谓禁忌，悉与蠲除。五曰闲邪。若周秦诸子之谬论，释、老二氏之妄谈，异域之方言，报馆之琐语，凡一切离经畔道之言[③]，严加屏黜，不准阑入。则八股之格式虽变，而衡文之宗旨仍与清真雅正之圣训相符[④]。

顾犹有虑者。文士之能讲实学、治古文者不多，改章之始，恐仅能稍变八股面目，仍不免以时文陈言滥调敷衍成篇。若主司仍以头场为重，则二、三场虽有博通之士，仍然见遗，与变法之本意尚未相符；若主司厌其空疏陈腐[⑤]，趋重二、三场，则首场又同虚设。其诡诞浮薄、务趋风气者，或又将邪诐之说解释《四书》、《五经》，附会圣道，必致离经畔道、心术不端之士杂然并进，《四书》、《五经》本义全失，圣道既微，世运愈否。其始则为惑世诬民之谈，其终必有犯上作乱之事，其流弊尤多，为祸尤烈。且明旨开特科、立学堂，而学堂肄业有成之士，未尝示以进身之阶，经济虽并入乡、会场，而未议及六科如何分考之法。若非合科举、经济、学堂为一事，则以科

---

① “经论”，《光绪朝东华录》与《知新报》均作“讨论”。

② 此句及下句之“出”，《光绪朝东华录》与《知新报》均作“书”。

③ 此句及下文中之“畔”，《光绪朝东华录》与《知新报》均作“叛”。按：《张之洞全集》亦统作“叛”，《张文襄公全集》则“叛”、“畔”间杂。

④ “清真雅正”，《光绪朝东华录》与《知新报》均只作“真正”。

⑤ “陈腐”，《光绪朝东华录》与《知新报》均作“陈庸”。

目升者偏重于词章,仍无以救迂陋无用之弊;以他途进者,自外于圣道,适足以为邪说暴行之阶。

今宜筹一体用一贯之法,求才不厌其多门,而学术仍归于一是,方为中正而无弊。昔朱子当南宋国势微弱之际,愤神州之多难,伤救世之无才[①],屡欲改变科举。尝考《语类》中力诋时文之弊者,不一而足,而究其救科举积弊之法,则曰"更须兼他科目取人"。欧阳修知谏院时,恶当时举人鄙恶剽盗、全不晓事之弊,尝疏请改为三场分试、随场而去之法,每场皆有去留,头场策合格者试二场,二场论合格者试三场,其大要曰:"鄙恶乖诞以渐先去,少而易考,不至劳昏,全不晓事之人无由而进。"其说颇切于今日之情事——朱子之拟兼他科目,犹今之特科经济六门也;欧阳修之欲以策论救诗赋,犹今之欲以中西经济救时文也。又查今日定例,武科乡、会小试,骑射、步射、硬弓、刀石分为三场,皆有去取,人数递删而递少,技艺递考而递精,而磨勘之例尤以末场弓刀为重。窃谓宜远师朱、欧之论,近仿武科之制,拟为先博后约、随场去取之法,将三场先后之序互易之,而又层递取之。大率如府、县考复试之法,第一场试以中国史事、国朝政治论五道,此为中学经济。假如一省中额八十名者,头场取八百名;额四十名者,头场取四百名。大率十倍中额,即先发榜一次,不取者罢归,取者始准试第二场。二场试以时务策五道,专问五洲各国之政、专门之艺。政如各国地理、学校、财赋、兵制、商务、刑律等类,艺如格致、制造、声光化电等类,分门发题考试,此为西学经济。其虽解西法而支离狂怪、显悖圣教者[②],斥不取。中额

① "伤",《光绪朝东华录》与《知新报》均作"惧"。

② "悖",《光绪朝东华录》与《知新报》均作"背"。按:《张之洞全集》亦作"背",《张文襄公全集》此句则作"其虽解西法而支离狂悖、显背圣教者"。

八十名者,二场取二百四十名;额四十名者,取一百二十名。大率三倍中额,再发榜一次,不取者罢归,取者始准试第三场。三场试《四书》义两篇、《五经》义一篇,取其学通而不杂、理纯而不腐者。合校三场均优者[①],如〔始〕中式[②],发榜如额。磨勘之日,于三场尤须从严,如有《四书》义、《五经》义理解谬妄、离经畔道者[③],士子、考官均行黜革。如是,则取入二场者,必其博涉古今、明习内政者也,然恐其明于治内而闇于治外,于是更以西政、西艺考之。其取入三场者,必其通达时务、研求新学者也,然又恐其学虽博、才虽通,而理解未纯、趣向未正,于是更以《四书》义、《五经》义考之。其三场可观而中式者,必其宗法圣贤、见理纯正者也。大抵首场先取博学,二场于博学中求通才,三场于通才中求纯正,先博后约,先粗后精,既无迂闇庸陋之才,亦无偏驳狂妄之弊。三场各有取义,以前两场中、西经济补益之,而以终场《四书》义、《五经》义范围之,较之或偏重首场,或偏重二、三场,所得多矣。且分场发榜,则下第者先归,二、三场卷数愈少,校阅亦易,寒士无候榜久羁之苦,眷录无卷多谬妄之弊[④],主司无竭蹶草率之虞,一举三善,人才必多。而著重尤在末场,犹之府、县试皆凭末复以定去取,不愈见《四书》、《五经》之尊哉[⑤]?

其学政岁、科两考生童,均可以例推之。岁科考例先试经古一场,即专以史论、时务策两门发题,生员岁考正场,原系一《四书》文、一经文,即改为《四书》义、经义各一。生员科考、童生考试,一

① “优”,《光绪朝东华录》与《知新报》均作“符”。

② “始”,据《张之洞全集》改定。按:《光绪朝东华录》与《知新报》亦统作“始”。

③ “理解”,《光绪朝东华录》作“理辞”,《知新报》作“理词”。

④ “谬妄”,《光绪朝东华录》与《知新报》均作“错误”,《张之洞全集》则作“谬误”。

⑤ “尊”,《光绪朝东华录》与《知新报》均作“重”。

切均同,其童试《孝经》论、《性理》论,应仍其旧。难者或曰:“主司罕通新学,将如之何?”不知应试则难,试官则易。近年上海译编中外艺学、政学之书①,不下数十种,切实者亦尚不少。闱中例准调书,据书考校,似不足以窘考官,且房官中通晓时务者尚多,总裁、主考惟司覆阅,尤非难事。至外省主考、学政,年力多强,诏旨既下,以三年之功讲求时务,岂不足以为衡文量才之资乎?惟是变法之初,兼习未久,其研求时务者岂能遽造深通?是宜于甄录之时稍宽其格,以示骏骨招贤之意。两科以后,通才硕学自必蔚然可观②,且登科入仕者渐多,则京外考官、房官自不可胜用矣。

抑臣等之愚,更有请者。百年以来,试场兼重诗赋、小楷,京官之用小楷者尤多。士人多逾中年如〔始〕成进士③,甫脱八股之厄,又受小楷之困,以至通籍廿年之侍从、年逾六旬之京堂,各种考试仍然不免。其所谓小楷者,亦不合古人书法,姿媚俗书,贻讥算子,挑剔破体,察及秋毫。且同一红格大卷,而殿试、散馆、优拔贡、朝考,字体之大小不同;同一白摺,而朝考、大考、考差、考御史各项,字格之疏密不同。纷歧烦扰,各有短长,诏令并无明文,而朝野沿为痼习,故大学士曾国藩奏疏尝剀切言之。夫八股犹或可以覘理解之浅深,诗赋则多文而少理,诗赋犹可以见文词之雅俗,小楷则有艺而无文,其损志气、耗日〔目〕力④、废学问,较之八股、诗赋,殆有甚焉。由是士气销磨,光阴虚掷,举天下登科入仕之人才,归于

① “译编中外艺学、政学之书”,《光绪朝东华录》与《知新报》均作“译论中外政学、艺学之书”,《张之洞全集》则作“译编中外政学、艺学之书”。

② “蔚然可观”,《光绪朝东华录》与《知新报》均作“粲然可观”。

③ “始”,据《张之洞全集》改定。按:《光绪朝东华录》与《知新报》亦统作“始”。

④ “目力”,据《张之洞全集》改定。按:《光绪朝东华录》、《知新报》亦作“目力”。

疏陋软熟，以至今日，并〔遂〕无以纾国家之急[①]。今既罢去时文，则京官考试诗赋、小楷之举，亦望圣明奋然厘定[②]，一并扫除。查乡、会试之外，惟殿试一场典礼至重，自不可废。然临轩发策，登进贤良，自宜求得正谊明道如董仲舒、直言极谏如刘蕡者而用之，断不宜以小楷为去取。一经殿试，即可据为授职之等差，以昭郑重。朝考似可从省。及通籍以后，无论翰苑、部曹一应职官[③]，皆以讲求实学、实政为主，凡考试文艺、小楷之事，断断必宜停免，惟当考其职业以为进退。则已仕之人才，不致以雕虫小技困之于老死，俾得汲汲讲求强国御侮之方，此则尤切于任官修政之急务者也。至于词章书法、润色鸿业，乃馆阁撰述应奉文字所必需[④]，自亦不可尽废。如朝廷需用此项人员之时，特颁谕旨，偶一行之，不为常例，略如考试〈南〉书房[⑤]、考试中书故事，严则止及翰、詹，宽则无论翰、詹、部属小京官，皆可与考，视其原有阶品，分别授官，应候请旨裁定，与三年会试、殿试取士之通例各不相涉，庶几文学、政事两不相妨矣。

难者又曰："本朝名臣出于科举翰林者多矣，安见时文、诗赋、小楷之无益？"不知登进贵显限于一途，固不能使贤才必出其中，抑岂能使贤才必不出其中？此乃偶然相值，非时文、诗赋、小楷之果足以得人也。且诸名臣之学识、阅历，率皆自通籍任事以后始能大进，然则中年以前，神智精力销磨于考试者不少矣。假使主文者不

---

① "遂"，据《张之洞全集》改定。按：《光绪朝东华录》、《知新报》亦作"遂"。

② "厘定"，《光绪朝东华录》与《知新报》均作"厘剔"。

③ "部曹"，《张之洞全集》、《知新报》作"部堂"，似误。按：《光绪朝东华录》亦作"部曹"。

④ 自"文字"起以下十二字，为《光绪朝东华录》及《知新报》所无。

⑤ "南"，据《张之洞全集》补入。按：《光绪朝东华录》、《知新报》均有"南"字。

专以时文、诗赋、小楷为去取,所得名臣不更多乎?

窃谓如此办法,博之以经济,约之以道德,学堂有登进之路,科目无无用之人,时务无悖道之患,似乎切实易行①,流弊亦少。此举为造就人才之枢纽,而即为维持人心世道之本原。

臣等忧虑所及,不敢不效其一得之愚。事体重大,伏望敕下廷臣会议施行,不胜惶悚激切之至。

所有拟请妥议科举新章,暨请改考试诗赋、小楷之法各缘由,臣等详筹熟商,意见均属相同,谨合词恭摺具奏,伏祈皇上圣鉴。谨奏。②

〖附一〗皮锡瑞:光绪二十四年闰三月十一日日记(节录)*

右帅来讲学,云香帅约共奏改科举,拟一场用史事及本朝掌故,二场西学、西政,三场《四书》、《五经》论,不作时文体,分三场去取,取额递减,仿县府试章程。此后取士,专用此科,不用现在时文三场,亦不必别立经济名目。

〖附二〗光绪二十四年六月初一日上谕**

六月初一日奉上谕:"张之洞、陈宝箴奏《请饬妥议科举新章兼

---

① "似乎",《张之洞全集》、《光绪朝东华录》、《知新报》均作"似此"。

② 此摺首、尾两段文字,除《湘报》外,仅《知新报》录存,微异。《知新报》另附按语:"本馆按:礼部遵议变通科举章程,前期经已刊录,惟部议章程虽奉旨准行,嗣因鄂督张香帅、湘抚陈右帅会奏科举新章,与部议略有变通,六月初一日奉上谕:'着照所拟办理,颁示各省遵行'等因。然则部议章程不得不复有更改矣。恐阅者或有疑误,故特识数语以明之。"

* 据《师伏堂未刊日记》,载《湖南历史资料》,1959 年第 1 期。

** 据《湘报》第一百十七号(光绪二十四年六月十五日出版)《上谕电传》。

〔并〕酌改考试诗赋、小楷之法》一摺①。乡、会试改试策论，前据礼部详拟分场命题各章程，已依议行。兹据该督等奏称：'宜合科举、经济、学堂为一事，求才不厌多门，而学术仍归一致〔是〕，拟为先博后约、随场去取之法，将三场先后之序互易'等语。朕详加披阅，所奏各节剀切周详，颇中肯綮，〈著〉照所拟。乡、会试仍定为三场：第一场试中国史事、国朝政治论五道；第二场试时务策五道，专问五洲各国之政、专门之艺；第三场试《四书》义两篇、《五经》义一篇。首场按中额十倍选〔录〕取，二场三倍录取，〈取〉者始准试次场。每场发榜一次，三场完毕，如额取中。其学政岁、科两考生童，亦以此例推之，先试经古一场，专以史论、时务策命题，正场试以《四书》〈义〉、[五]经义各一篇。礼部即通行各省，一体遵照。朝廷于科举一事，斟酌至再，不厌求详，典试诸臣务当仰体此意，精心衡校，以期遴选真才。至词章、楷法，虽馆阁撰拟应奉文字，未可尽废，如需用此项人员，自当先期特降谕旨考试，偶一举行，不为常例。嗣后一切考试，均以讲求实学、实政为主，不得凭楷法之优劣为高下，以励硕学而黜浮华。其未尽事宜，仍着该部随时妥酌具奏。钦此。"

〖附三〗光绪二十四年六月初三日上谕*

谕："现在变通科举，业经准如张之洞、陈宝箴所奏更定新章，并著礼部详议条目颁行。各省乡、会试，考试策论，一洗从前空疏浮靡之习。殿试一场为通籍之始，典礼至重，朕临轩发策，虚衷采

① "并"，据《清实录·德宗景皇帝实录》光绪二十四年六月癸未（初一日）条校订，见《清实录》，卷四二一，第513页。下同。按：此谕另见《光绪朝东华录》，第四册，第4141页。

* 据《光绪朝东华录》，第四册，第4142页。按：此谕另见《清实录·德宗景皇帝实录》光绪二十四年七月甲寅（初三日）条，文字小异。详《清实录》，卷四二三，第538页。

纳,自必遴取明体达用之才。嗣后一经殿试,即可量为授职。至于朝考一场,著即行停止。朝廷造就人才,惟务振兴实学,不凭楷法取士,俾天下翕然向风,讲求经济,用以备国家任使,朕实有厚望焉。"

〖附四〗礼部遵议科举新章摺*

(光绪二十四年六月)

遵议乡会试详细章程摺

礼部谨奏,为遵议乡、会试详细章程事:

光绪二十四年六月初一日,内阁奉上谕:"张之洞、陈宝箴奏《请饬妥议科举新章》一摺。乡、会试改用策论,前据礼部详拟分场命题章程,已依议行。兹据该督等奏称:'宜合科举、经济、学堂为一事,求才不厌多门,而学术仍归一是。'著照所拟。乡、会试仍定为三场:第一场试中国史事、国朝政治论五道;第二场试时务策五道,专问五洲各国之政、专门之艺;第三场试《四书》义两篇、《五经》义一篇。头场按中额十倍录取,二场三倍录取,取者方许试次场。每场发榜一次,三场完竣,如额取中。其学政岁、科两考生童,亦以此例推之,先试经古一场,专以史论、时务策发题,正场试《四书》义、《五经》义各一篇。礼部即通行各省,一体遵照。其未尽事宜,仍著该部随时妥酌具奏。钦此。"钦遵钞出到部。

臣等伏查乡、会试例分三场,本无轻重,无如考官以先入为主,

---

* 据《湘报》第一百六十三号(光绪二十四年八月初九日出版)、一百六十四号(光绪二十四年八月十一日出版)。按:此摺《湘报》载为一件(题作《礼部遵议科举新章摺》),实则一摺、一片、一单(章程)共三件。现将总题保留,另拟三小题。上奏时间亦系编者拟加。

而偏护前场，士子因以速化为心，而专讲时艺，遂致揣摩剽窃，流弊日滋，而八股一道久为通人所诟病。前者钦奉谕旨改试策论，兹复定为随场去取之法，于博学中求通才，于通才中求纯正，虽本宋臣欧阳修之议，而黜落浮华，归重实学，于通变因时之道，尤为折衷至当，洵足以转移风气，振起人才。惟是科场条例，头结纷繁，内、外帘一切事宜，必须通行筹画，方免临事周章。臣等参酌时宜，博稽例案，谨拟详细章程十三条，开列清单，恭呈御览，伏候命下，分别咨行内外各衙门查照办理。此外如尚有未尽事宜，应由各督抚、学政随时酌度，咨由臣部另行核议具奏。所有遵旨妥议缘由，是否有当，伏乞皇上圣鉴，训示遵行。为此谨奏。

顺天乡试算学中额请即裁撤片

再，查光绪十三年总理各国事务衙门会同臣部奏定："算学中额，请由各省学政将报考算学生监于岁科试时另出题目，录取者咨送总理各国事务衙门，试以格物、测算诸题，录送顺天乡试，每二十名取中一名等因"在案。现在乡、会试改试策论，兼考中、西经济，京师大学堂肄业生又定有以次递升作为举人、进士之例，所有顺天乡试原设算学中额，拟请即行裁撤，以免繁复。是否有当，谨附片具奏请旨。

乡会各试详细章程

谨拟乡、会各试详细章程，恭呈御览：

一、第一场论题五道，试中国史事、本朝政治，顺天乡试及会试仍请钦命题目，各省乡试由考官拟出。第二场策题五道，凡西学中天文、地理、学校、财赋、兵制、商务、公法、刑律，以及格致、制造、声光化电等类，听考官酌举命题，不必拘定经济科专门之例。第三场

《四书》义题二道,先《学》、《庸》、《论语》,次《孟子》,《五经》义题一道,不拘何经,均遵依《四子》、《五经》原文命题,或全章、或数章,或全节、或数节,或一句、或数句均可,但不得删改、增减一字,及搭截虚缩以为新奇。

一、论、策各抒所见,体例宜宽。兹之试士,藉以讲求经济实学,尤应征实为尚,无取空言。经义始于北宋,当时程试之作,传者绝少,至明初,功令《四书》义、经义,则已渐开八股体格,今宜参取讲义、经说之意,以朴实说理、明白正大为主。其厘正文体之法,应如张之洞等所奏,"不得涂泽浮艳作骈俪体,钩章棘句作怪涩体。文中许其引征史事、博考群书,但非违悖经旨之言,皆得引用,仍不得阑入周秦诸子谬论、释老二氏妄谈、异域方言、报馆琐语,凡一切离经畔道之言,悉当严加屏黜"。考官选刻魁卷,每场试艺皆择尤刊刻,以为程式。

一、乡、会试士子,例于初八日入场,十六日三场完毕。现定随场去取,二、三场须俟前场发榜后再行投卷入场,揭晓例限自宜稍为宽展。惟现在更定新章,内、外帘一切事宜,均不能复循旧制,各省中额及应试人数,多寡不同,其如何每场酌定限期之处,臣部实难悬断,应请饬下顺天府府尹及各直省督抚,体察本省情形,速议具奏。其会试场期,应俟乡场议定后再行核议。

一、头场按中额十倍录取,会试及顺天乡试,约须取录三千余名,其余大省乡试,均在一千名上下,而各房荐卷又须浮于所取之数。计考官每人校阅,多者千五六百卷,少亦将及千卷,即使宽其日限,亦恐难于精审。可否量行变通,但照入场人数酌定去取,每场以次递减,不必尽拘十倍、三倍之额,应统由该府尹、督抚通筹妥议,一并复奏。

一、大小试差,例先考试,现在改用策论,应如何酌定考取之法，事隶吏部，臣部未便擅拟。至外省帘官，取于州县，大都学问荒疏者居多，似尤宜令各督抚慎重其选。如本省人员不敷，或照国初聘取帘员之例，准其于邻省咨调，但期衡校得人，不必拘牵成例。

一、场中执事员役，各有定额，俱于事竣出闱。现在随场去取，二、三场以后，誊录书手、对读生均可递减其数，应由该监临等于每场事竣，核计下场应用若干名，分别留遣。惟号军一项，应于每场完毕先令出闱，由该管营弁钤束，俟下场前期再行押送入场，以免久留滋事。至外帘各官，除受卷所官于头场完毕签掣留半外，其弥封、誊录、对读等所官，均俟三场完竣，方许出闱。顺天乡试及会试，监试御史每场皆有职事，亦应俟三场毕后再行掣留。

一、近来科场之弊日甚一日，枪替、传递比比皆然，盖缘人数过多，耳目难于周察。现改为随场去取之法，三场人数最少，稽查较易，防范须严。应令各监临于三场点名后，或在誊录所，或在贴近至公堂两旁号舍，将诸生扃试，另派妥员随同监试官昼夜搜巡，其巡绰微员及水夫人等，非监试所命，不得擅至号口，庶行险者不能售其奸，而真才自出矣。

一、官办试卷，每场亦有定制，现头、二场改试策论，页数均应增多，三场《四书》〈义〉、《五经》义仅三篇，可以稍减。拟酌定墨卷头、二场前空白十页起草，后红格二十页誊真，三场前空白六页起草，后红格十二页誊真；硃卷头、二场墨格十页，三场墨格六页。其尺寸、行格均照旧例。至墨卷卷面，向由士子亲填年貌、籍贯、三代，除头场仍照旧办理外，其二、三场卷面，即填写某学某生及某省举人姓名，毋庸再注年貌、三代、籍贯，以免投卷时稽留拥挤。

一、第一场题目下应加“论”字，文顶格写；第二场题仍书“第一问”、“第二问”等字样，文低二格写；第三场题照《四书》文、经文例书写，原文文亦顶格写。二、三场文后，仍默写前场文一段，听考官临时酌定,其添注、涂改数目,亦照旧书写。凡一切违式应贴之处,悉照科场条例办理。论、策、义不满三百字者,均以违式论。

一、头、二场发榜,应照学政岁科正场团榜之式,示与正榜区别。榜中均填姓名,并注籍贯,以防舛误。每场阅毕,考官将所取各卷填写红号,草榜并原卷交内监试,转交至公堂,监临、提调核对红号册及墨卷相符,即照红号名册次序,另填姓名,团榜揭示。士子出榜后,墨卷交外收掌官严密收存,硃卷仍送入内帘。其戳印红号,二、三场仍依头场号数,三场试毕,考官合校、取中、拆号、填榜各事,俱照向例办理。

一、闱中书籍均经钦颁,例不许移取官书及携带出题书籍。惟近来新译时务各书,虽经臣部奏请,由总理衙门译印颁发,现据该衙门送到译出之书,仅有数种,不足以资应用。查官书局所刊洋务书目,多至百余种,其中有无应行别择之处,拟请饬下管理大学堂大臣详加核定,分类开明应用书目,咨由臣部行知南、北洋及沿海各省督抚,照数各购办一部,咨送存储部库。各直省由该省自行购备,或备价向官书局购取,存储藩库,以备应用。其学堂所有书籍,亦许闱中随时调阅。

一、生童岁、科两考,现定先试经古场,专以史论、时务策命题。查向来经古一场,士子愿考与否,本听其便,今欲劝厉实学,此场内宜多出题目,凡中外史事、政治及算学、艺学各类,任考生自择所长,总以作两艺以上为完卷。凡生员优等及童生取进,先尽其曾试经古场者。其词章一门,既经奉有“撰拟进奉文字,未可尽废”之旨,学政向试古学,不妨仍旧,士子有能以余力肄之者,亦准一体献艺,但不得以此为重。《孝经》、《性理》为正学阶梯,童试亦可仍旧。至生员岁试及童生考试,正场试《四书》〈义〉、《五经》义各一篇,其生员科试,正场拟改为试《四书》义一篇、中外时务策一道。又生童复试,拟定为试《四书》义或《五经》义一篇、史事政治论一道;优拔生考试,拟定为首场试《四书》〈义〉、《五经》义各一篇,次场试史事政治论一道、时务策一道。俾诸生无不习策、论之人,高才者皆知博古通今,即浅学者亦不至因陋就简。

一、宗室乡、会试向系一场,拟定为试《四书》义一篇、中外时务策一道。宗室及各直省士子乡、会复试,均照此例。优拔贡朝考,前奉谕旨改为一论、一策,本年钦命题目俱系《四书》论题一道、策题一道,应即著为定例;其考试教习场,亦照此例。以上两项试卷,皆有直格而无横格,应自下科为始,均改用复试卷式,以归画一。卷中悉许其添注、涂改,阅卷时专校文艺,不得凭楷法之优劣为高下。

请厘正学术造就人材摺*

(光绪二十四年五月)

奏为请旨厘正学术,以期造就人材、维持风教,恭摺仰祈圣鉴事①:

窃维自古国家登进人材,内以裨补主德,外以经纶庶务,其德行事功之所表见,言论风采之所流被,天下之士慕而效之,学校奉

---

* 据叶德辉辑著《觉迷要录》(光绪三十一年乙巳夏刊本)卷一,页十三至十六。原摺附于戊戌八月二十一日上谕后,题作《附陈宝箴奏厘正学术造就人材摺》。今题系编者拟加。上奏时间据光绪二十四年六月十八日上谕(见附二)推算,约在该年五月。按:此摺另见录于王先谦《虚受堂书札》(光绪三十三年丁未秋刊本)卷一,页四十至四十五,附于《再致陈中丞》后,题为《附原奏稿》,题下注:“闻此摺未上,存之以志一时辩论缘起。”

① “仰祈”,《虚受堂书札》作“仰期”。

为楷模,草野寖成风俗,是以群材有奋兴之几[①],国家无乏材之患[②],此贤圣之君所以陶冶人伦、鼓舞一世之微权也。

臣窃见数月以来,皇上轸念时艰,锐意作新之治,通饬京外设立大、小学堂,变更科举,改用策论试士。伏读光绪二十四年四月二十三日及五月初四日上谕,谆谆诰诫,深切著明所以振国是、作士气、同风俗[③],其道举,莫能外。跪诵再三,诚庆诚忭。宇内冠带之伦,靡不感激涕零,钦仰宸断,诚千载一时,振兴之机也。又恭阅邸抄,五月初四日康有为、张元济预备召见,尤仰见皇上锐意求材,不拘资格,群情鼓舞,迥异寻常。

臣尝闻工部主事康有为之为人,博学多材[④],盛名几遍天下,誉之者有人,毁之者尤有人[⑤]。誉之者无不俯首服膺,毁之者甚至痛心切齿[⑥],诚有非可以常理论者。臣以为士有负俗之累而成功名,亦有高世之行而弋虚誉,毁誉不足定人[⑦],古今一致。近来屡传康有为在京呈请代奏摺稿,识略既多超卓,议论亦颇宏通,于古今治乱之原、中西政教之大,类能苦心探讨、阐发详尽,而意气激昂慷慨,为人所不肯为,言人所不敢言,似不可谓非一时奇士。意其所以召毁之由,或即其生平才性之纵横、志气之激烈有以致之,及徐考其所以然,则皆由于康有为平日所著《孔子改制考》一书。此书大指推本《春秋公羊传》及董仲舒《春秋繁露》,近今倡此说者为

① "群材",《虚受堂书札》作"群才"。
② "乏材",《虚受堂书札》作"乏才"。
③ "振国是",《虚受堂书札》作"振国势"。
④ "多材",《虚受堂书札》作"多才"。
⑤ 《虚受堂书札》无"尤"字。
⑥ "痛心切齿",《虚受堂书札》作"腐心切齿"。
⑦ 此句《虚受堂书札》作"毁誉之不足定人"。

四川廖平，而康有为益为之推衍考证。其始滥觞于嘉、道[①]，一二说经之士，专守西汉经师之传，而以东汉后出者概目为刘歆伪造，此犹自来经生门户之习。

逮康有为当海禁大开之时，见欧洲各国尊崇教皇，执持国政，以为外国强盛之效实由于此。而中国自周秦以来政教分途，虽以贤于尧舜、生民未有之孔子，而道不行于当时，泽不被于后世，君相尊而师儒贱，威力盛而道教衰，是以国异政、家殊俗，士懦民愚，虽以嬴政、杨广之暴戾，可以无道行之，而孔子之教散漫无纪，以视欧洲教皇之权力，其徒所至，皆足以持其国权者，不可同语。是以愤懑郁积，援素王之号，执以元统天之说，推崇孔子，以为教主，欲与天主耶苏比权量力[②]，以开民智[③]，行其政教。而不知圣人之大德配天，圣人之大宝曰“位”，故曰：“虽有其德，苟无其位，不敢作礼乐焉。”欧洲教皇之徒，其后以横行各国，激成兵祸战争至数十年，而其势已替，及政学兴、格致盛，而其教益衰，今之仅存而不废者，亦如中国之僧道而已。

当康有为年少时，其所见译出西书有限，或未能深究教主之害与其流极所至。其箸为此书，据一端之异说，征引西汉以前诸子百家，旁搜曲证，济之以才辩，以自成其一家之言，其失尚不过穿凿附会。而会当中弱西强，黔首坐困，意有所激，流为偏宕之辞[④]，遂不觉其伤理而害道。其徒和之，持之愈坚，失之愈远，嚣然自命，号为“康学”，而民权、平等之说炽矣。甚或逞其横议，几若不知有君臣父子

① 此句《虚受堂书札》作“其始滥觞于嘉、道间”。

② “耶苏”，《虚受堂书札》作“耶稣”。

③ 此句《虚受堂书札》作“以开通民智”。

④ “辞”，《虚受堂书札》作“词”。

之大防。《改制》一编,遂为举世所忿疾[①],其指斥尤厉者拟为孟氏之辟扬墨,而康有为首为众射之的,非无自而然也。第臣观近日所传康有为呈请代进所辑《彼得变政记》摺稿,独取君权最重之国以相拟议,以此窥其生平主张民权,或非定论。独所撰《改制》一书,传播已久,其徒又类多英俊好奇之士,奉为学派,自成风气。即如现办译书局事务举人梁启超,经臣于上年聘为湖南学堂教习,以尝受学康有为之门,初亦间引师说,经其乡人盐法道黄遵宪规之,谓"何乃以康之短自蔽",嗣是乃渐知去取。若其他才智不逮,诚恐囿于一隅之论,更因物议以相忿竞,有如四月二十三日谕旨所谓"门户纷争,互相水火,徒蹈宋明积习,于时政毫无裨益"者,诚可痛也。

自古畸人才士[②],感事伤时,嫉悒痛愤,其所述作每多偏诐不平之弊,及其出为世用,更事渐多,学亦日进,因而自悔少作者不一。其人好学近智,知耻近勇,有独至之气者必有过人之长。我皇上陶铸群伦,兼收博采,康有为可用之才、敢言之气,已邀圣明洞鉴,当此百度维新、力图自强之际,千人之诺诺,不如一士之谔谔,谓宜比之狂简,造就而裁成之。可否特降谕旨,饬下康有为即将所箸《孔子改制考》一书板本自行销毁。既因以正误息争,亦藉可知非进德,且使其平日从游之徒[③],不至咮咮然胶守成说,误于歧趋。于皇上变通学校、转移人才之至意[④],亦可以风示朝野矣。如康有为面从心违,以欺蒙为唐〔搪〕塞[⑤],则是行僻而坚、言伪而辩之流,将焉用之?窃揣康有为必不至此。

① "忿疾",《虚受堂书札》作"忿嫉"。
② "畸人",《虚受堂书札》作"奇人"。
③ "从游",《虚受堂书札》作"游从"。
④ "人才",《虚受堂书札》作"人材"。
⑤ "搪",据《虚受堂书札》改正。

臣为厘正学术，以期造就人材、维持风教起见，谨专摺具陈。是否有当，伏乞皇上圣鉴训示。谨奏。抚署案卷①。

〖附一〗张百熙：请免康有为调考特科片*

（光绪二十四年七月）

再，前准总理各国事务衙门咨开："各直省学政保送考试特科人员"，臣遵即按照所分内政、外交等六门，以合例之员开单咨送。前于三月十一日单内开列之工部主事康有为，现已奉旨特派办理上海官报局事务，改章之始，一切资其经理，应请饬下总理各国事务衙门，将该员免其调考，俾得尽心职事。臣于该员素无一面之雅，徒观其所著论说通达时务，信为有用之才，若再能心术纯正、操履廉洁，尤属体用兼备。

所有工部主事康有为因公赴沪，可否免其调考特科之处，谨附片具陈，伏候圣裁。谨奏。

〖附二〗光绪二十四年六月十八日上谕**

又谕："谭继洵奏《请变通学校科举》、陈宝箴奏《请厘定学术》

---

① 此四字应系《觉迷要录》辑著者交代奏摺出处，现予保留。《虚受堂书札》则无此四字。

* 据《戊戌变法档案史料》，第231页。原题作《湖南巡抚陈宝箴片》，题下注："（军）光绪二十四年五月二十七日。"按：此件向标陈宝箴名，颇似上件之附片。然经孔祥吉考证，实为广东学政张百熙所奏，军处《随手登记档》登录到京日期为光绪二十四年八月十二日，由此推测，"张百熙此片应写于戊戌七月初十日（1898年8月26日）前后"。详孔祥吉《读书与考证——以陈宝箴保荐康有为免试特科事为例》，载《广东社会科学》2003年第5期。

** 据《清实录·德宗景皇帝实录》，见《清实录》，卷四二二，第529页。按：谭摺见《戊戌变法档案史料》，第231～234页，题作《湖北巡抚谭继洵摺》，题下注："（军）光绪二十四年五月二十七日。"

各一摺,著孙家鼐于明日寅刻赴军机处详细阅看,拟具说帖呈进。”

〖附三〗孙家鼐:议陈宝箴《请厘正学术造就人材摺》说帖*

(光绪二十四年六月)

查陈宝箴所奏,意在销毁康有为《孔子改制考》之书,兼寓保全康有为之意。臣谨将康有为书中最为悖谬之语节录于后,请皇上留心阅看。

其书有云:“异哉王义之不明也!贯三才之谓王,天下归往谓之王;天下不归往,民皆散而去之,谓之匹夫。”又云:“以势力把持其民谓之霸,残贼民者谓之民贼。夫王不王,专视民之聚散向背,非谓其黄屋左纛威权无上也。”又云:“今中国四万万人,执民权者二十余朝,问人归往孔子乎?抑归往嬴政、杨广乎?”又云:“天下义礼制度皆从孔子,皆不归往嬴政、杨广,而归往大成之殿。有归往之实,即有王之实,乃其固然。”又云:“于素王则攻其僭悖,于民贼则许以贯三才之名,何其舛哉!”

其书中所称嬴政、杨广、民贼,臣诚不知其何指。黄屋左纛乃人君之威仪,天下所尊仰,康有为必欲轻视之,而以教主为尊,臣又不知其何心。臣观湖广总督张之洞著有《劝学篇》,书中所论皆与康有为之书相反,盖深恐康有为之书煽惑人心,欲救而正之,其用心亦良苦矣。皇上下诏褒扬,士大夫捧读诏书,无不称颂圣明者。

---

* 据苏舆辑著《翼教丛编》(光绪二十四年八月武昌重刻本)卷二,页十九至二十。按:原题作《孙协揆议陈中丞宝箴摺说帖》,今题系编者改拟,时间则据上录光绪二十四年六月十八日上谕推定。

本年五月二十九日，臣请将编译局之书交臣阅看后，进呈御览，始准颁行。又请将康有为所著《中西学门径》七种书内第四种、第五种，及《孔子改制考》书中“改制”、“称王”等语，皆行删除，已蒙俞允。今陈宝箴请将康有为《孔子改制考》一书销毁，理合依陈宝箴所奏，将全书一律销毁，以定民志而遏乱萌。至康有为之为人、学术不端，而才华尚富，是以陈宝箴请销毁其书，正欲保全其人。臣惟君子不以言举人，不以人废言，愿皇上采择其言而徐察其人品、心术，果能如陈宝箴所言“更事渐多，知非进德”，于爱惜人才之中仍不失厘正学术之意，“亦可以风示朝野矣”。臣孙家鼐谨议。

〖附四〗刘坤一：复欧阳霖*

（光绪二十五年七月二十八日？）

承示陈右帅函及《厘正学术疏》稿，读竟为之喟然！夫祸患必有由来，君子、小人各以其类。乃康有为案中诖误，内则有翁中堂，外则陈右帅，是皆四海九州所共尊为山斗、倚为柱石者，何以贤愚杂糅至此？若为保康有为以致波及，闻翁中堂“造膝陈词”亦是抑扬之语，右帅此疏，更足以自明矣。

学术之坏，实为人心世道之忧。平等民权，妄引《论》、《孟》，中外津津乐道，不知《易》之“履”卦，所谓“上天下泽，以定民志”何哉？右帅抉其隐微，斥为“异说”、“伤理害道”，甚至比之于“言伪而辩、行僻而坚”、两观行诛之少正卯，并请将所著书自行销毁，而犹诬指

---

* 原载《刘忠诚公遗集》，《书牍》卷十二，原题作《复欧阳润生》，题下注：“光绪二十四年七月二十八日”。按：据刘坤一光绪二十四年十一月十五日《披沥自陈吁恳开缺折》，二十五年六月十日《衰病难支恳恩开缺折》、七月十三日《叩谢天恩折》、七月十八日《力疾销假折》（以上各折均见《刘忠诚公遗集》，《奏疏》卷二十九、卷三十一）推知，此札似宜作于光绪二十五年七月二十八日。

为康党也耶?是非邪正,将来自有定评,得失升沈,尤无足校,右帅惟有坦然处之耳。弟年老多病,引退未能,晚节末路,求为右帅而不可得,只合听之而已。

遵旨设立弹枪两厂筹措常年经费及购置机器款项摺*

(光绪二十四年五月二十七日)

头品顶戴湖南巡抚臣陈宝箴跪奏,为遵旨设立制造弹、枪两厂,拟就湖南本省盐斤加价筹作常年经费,及请改拨沪局原议订购机器税款以资办理,恭摺仰祈圣鉴事:

窃臣承准军机大臣字寄:光绪二十三年十二月二十五日奉上谕:"近来中国战船未备,沿海各地易启他族觊觎,从前制造厂局多在江海要冲,亟应未雨绸缪,移设堂奥之区,庶几缓急可恃。兹据荣禄奏称'各省煤铁矿产,以山西、河南、四川、湖南为最,请饬筹款设立制造厂局,渐次扩充,从速开办,以重军需;至上海制造局,似宜设法移赴湖南近矿之区'等语,自系为因地制宜起见。著刘坤一、裕禄、恭寿、张之洞、胡聘之、刘树堂、陈宝箴各就地方情形认真筹办,总期有备无患,足以仓卒应变,是为至要。原片均著钞给阅看。将此各谕令知之。钦此。"遵旨寄信前来等因,承准此。仰见圣主思患预防、慎重军需至意,莫名钦悚。臣于光绪二十一年正月,以补授直隶布政使入都,蒙恩召见,时方中日搆兵,仰蒙谕及"枪炮必须自造",跪聆圣训,铭镂五中。迨抵湘任,适当湘军东征

* 据《光绪朝硃批奏摺》,第102辑,第347~350页。按:《湘报》第三十八号曾刊《蒋观察德钧禀南北洋大臣请将制造局移设湖南禀并批》(后录唐才常附识),可参阅。

以后，军储荡然，即拟筹设厂局制造，只以灾赈方殷，赔款复亟，未敢轻议。此次钦奉谕旨，又知沪局暂难移设，即亟与司道及各官绅筹议，莫不以为急务，而以造枪及弹子为尤急。

第思中国机器制造，风气尚未大开，草创之初，工匠多非素习，无论巨款难筹、造端不能宏大，即骤以外国值七八十万金、按日可造枪五六十杆之大机购置，各省初时亦只能日造枪数杆，必俟工匠次第练习，可用之人日多，循序渐进，速则二三年，迟则四五年，乃能尽此项机器之用。是制造之功效当以款项为衡，尤当以人力为准，与其旷日而坐待巨款，何如从速开办，以图扩充？因就沪、鄂等厂及熟谙机器之人切实考求，并向洋行询访价值，约计每日造新快枪十数杆多则二十杆，每日造弹子十数万颗多则二十万颗之两项机器，约共需价银三十万两。惟购机建厂之费只须一次，而工料所需必应筹有常年的款，方能无误制造，湘省钱粮厘税既无可稍事腾挪，势非就地另筹不可。官绅再四筹商，当此公私竭蹶之时，惟有仿照盐斤加价成案，尚属轻而易举。查加价向章，令销售引盐行店每斤加价钱二文，由督销局陆续带收汇缴，以每人日食盐三钱计之，终岁所出仅十三文，于民略不为病。督销局向本收银，此次拟即核定每斤折收加价银一厘四毫，以岁销十一二万引计之，约有银十余万两。出自本省食盐之户，既不为病，于坐贾行商更无损豪末。或虑价昂不能敌私，恐有滞销之患，不知官盐之畅销惟在缉私之得力，今以本省制造要务有此加价之举，地方文武官弁皆不敢稍存膜视，缉私必愈认真，决不至有滞销之事。否则，即每斤减价十数文，尚不及私盐价贱，何能相敌？询之谙练盐商，亦云并无窒碍。若万一因之滞销，即当奏明停止，断不以此病商，致妨税课。川、粤盐斤亦一律准由行店照加，示无轩轾。经臣电商两江盐政总督臣刘坤一，意见亦复从同。湘省得此十余万常年的款，以供制造弹、枪两厂之用,即有不敷,亦自非全无凭藉可比。

惟购办两厂机器,需银三十万两,目前本省实属无从筹措。查上海机器制造局曾经刘坤一奏准增拨每年常费银二十万两,该局已议先提两年拨款四十万两,在上海洋行向外国订购专造新枪机器,期以两年运到。嗣因沪关此款尚未解拨,仅与洋行议立草约,未付定银,本年奉旨饬将沪厂移设湖南,此项机器遂作罢论。二月间,刘坤一曾以移厂事宜电商臣处,告以此事始末。今上海旧厂虽难遽移,似必无增设新厂之理,可否仰恳圣恩,饬下户部及南洋通商大臣转饬江海关,于此项奉准增拨沪厂未解款内迅筹银三十万两,改拨湖南,尽本年内悉数兑交,以为购制新枪及弹子机器之费。拨解只此一次,在沪关谅不为难。抑或应别由他款指拨,非臣所能擅拟。至常年制造之款,即由臣暂于此次本省盐斤加价一项支用。其造厂之费,俟加价一节奉到俞旨,即行照数加收,一面陆续支取建造厂局,计俟工竣及机器运到,为时将近一年,即可提此一年收款以供建造,似可无须另筹。俟试办一二年,工匠渐多谙习,再行另议扩充,增购机器,接续办理。缘当款项奇绌之时,为此不容或缓之事,非不欲并力兼营以求速效,顾为之有序,必能先程尺寸之功,而后可希寻丈之效。欲使难得之款不至虚悬,殆不得不出于此。至新枪式样,必与鄂、沪等厂考校画一,以免参差,用副朝廷整饬武备至意。

所有遵旨设立弹、枪两厂,拟就湖南本省盐斤加价筹作常年经费,及请改拨沪局原议订购机器税款以资办理缘由,谨会同湖广总督臣张之洞恭折具陈,是否有当,伏乞皇上圣鉴训示。谨奏。

硃批:"另有旨。"

〖附〗刘坤一：致陈宝箴*

（光绪二十四年三月十三日）

岳阳开埠，湘中藩篱遂撤，办理交涉，未免烦劳。移厂一事，电音往还，备承指教。江南移厂，湘省设局，本是两事。现在时局愈棘，筹备军火紧急万分，北洋需赶造炮弹多种，南洋各船台又须添配快炮，款绌用宏，不遑他顾。所有移厂一层，不得不从缓议商之。夔帅意见相同。湘中遵旨设局，奏请经费，大部必有指拨之处。

湘省自设钢厂片（稿）**

（光绪二十四年五月二十七日）

再，制造弹、枪两厂所需料物，惟钢铁为最多，现在只湖北、上海设有炼钢机厂，将来创造铁路，仍不免多用洋钢①，价值必愈腾贵。湖南素产煤、铁，取携本易，上海钢厂既难遽移，自应亟为筹设，惟购机、造厂所费不赀，非一时所能并举。查前年湘省绅商曾筹集款项，设立宝善成制造公司，本有炼钢铁之议，惟以地方素少富商大贾，股分无多，兼因湖北近有钢厂，必须运售远方，成本愈难周转。今知省城设立弹、枪两厂，可以就近售销②，因拟自向上海

---

* 据《刘忠诚公遗集》，《书牍》卷十二，页五十六。按：原题为《致陈右铭》，题下注："光绪二十四年三月十三日。"

** 据舒斋藏摄片。此为陈宝箴手稿。系上摺之附片。按：皮锡瑞光绪二十四年四月十二日日记有云："闻德人允借三十万开炼钢厂，现在铁矿不旺，未必可行，诸君以为然，惟云须联龙〈湛霖〉、王〈先谦〉之伦入股，免其阻挠，亦是老谋，特未知右帅于此有定见否？"（见《师伏堂未刊日记》，载《湖南历史资料》，1959年第1期）可参阅。又按：此片另见录入《陈宝箴遗文·奏摺》，载《近代中国》第十一辑，第220～221页。

① 此句初作"皆用洋钢"。

② 此句初作"利于就近售销"。

洋行认息借银[①],以图扩充,即便购办机器[②],仿用西法炼钢。其事由该公司自办,而官厂制造弹、枪,得以就近购买,无轮运、进口、保险等费[③],自较洋钢价值为轻。且可酌照湖北铁厂商办章程,宽免税课,该公司尤乐于从事。容俟他时公款充裕[④],再当设立炼钢厂局,以供制造,即不产煤、铁之区[⑤],亦可相资为用矣。谨附片并陈,伏乞圣鉴。谨奏。

〖附一〗张之洞:铁厂计日告竣预筹开炼款项办法摺*

(光绪十九年二月二十五日)

奏为铁厂工程计日告竣,开炼成本亟须早筹,谨筹拟撙节腾挪办法,以免再请部款,恭摺仰祈圣鉴事:

窃臣奉旨筹办煤铁事宜[⑥],所有历年钦遵筹办情形,均经奏陈暨电达总理海军〈事务〉衙门各在案[⑦]。三年以来,臣督饬各局厂委员、外洋工师,分投赶办。自光绪十七年八月奏明开工,刻下生

---

① 此句及下句,初作“因向上海洋行认息借银”。

② 此句初作“即以购办机器”。

③ 此句初作“无运载、保险等费”。

④ 自此以下三句,初作“容俟公款充裕,再行遵旨设立炼钢厂局,以供制造之需”。

⑤ 此句初作“即不产煤、铁各省”。

* 据舒斋藏摄片。此为陈宝箴手校抄稿。上奏日期及所奉硃批则据《张之洞全集》录入。按:此摺另见录于《张之洞全集》(第二册,第873~878页),题为《预筹铁厂成本摺》,正文小有异同,首、尾文字均未录。又按:张之洞此摺另见录于《陈宝箴遗文(续)》,载《近代中国》第十三辑,第322~326页。惜误将此摺置于宝箴名下,而排印间亦有误。

⑥ “煤铁”,《张之洞全集》作“炼铁”。

⑦ “事务”,据《张之洞全集》补入。

铁大炉二座暨热风大炉六座、锻矿大炉四座[①]，统为炼生铁厂，已于二月内完工。其炼贝色麻钢厂、造钢轨厂、造铁货厂，均定于四月内完工；炼西门士钢厂、炼熟铁厂，均定于五月内完工。总计六大厂五月内一律完竣。其机器厂、铸铁厂、打铁厂三所，已于上年秋冬间完工。其大冶县运矿铁路五十余里，暨大冶石灰窑、铁山铺、汉阳铁厂水陆各马头，亦于上年秋冬间先后完工。此项工程极为繁重，事理极为精微，臣于开工原奏内曾经声明，据洋匠称，此工若在外洋，三年乃成。臣极力赶办，本拟两年造成，因外洋机器、物料运到补齐，诸多迟滞，无从赶办，计开工至竣工，共两年零十个月，尚在三年以内。

至煤为炼铁第一要务，原议本拟以湖南之煤炼湖北之铁，惟运费较贵，终非经久之计。且炼铁之煤必须精选，灰须极轻，磺须极少，土窿所采，精粗相杂，不能一律，所出又多少无定，恐难供用不缺。幸于江夏、大冶两县访得炼铁煤苗两处[②]，分用西法开采，计七月内江夏马鞍山一处大井可以先成。铁厂造成以后，拟一面督催两处煤井工程，一面采运兴国州锰铁，一面先与洋匠筹商演试各种机器、较准火候、教练匠徒之法，并先用湘煤试练〔炼〕[③]，俟本省出煤渐多，可供厂用，即行接续制炼。

其从前所需经费，前经奏准，“除部拨之款及借拨本省之款外，其余即在枪炮厂经费内匀拨应用”，系指造厂经费而言。至开炼经费，亟须另行预筹，此乃出货成本，与造厂经费两不相涉，前年开工原奏曾将“常年经费只须第一年先行筹垫若干”声明在案。譬诸农

---

① “四座”，《张之洞全集》作“两座”。

② “炼铁煤苗”，《张之洞全集》误作“炼煤铁苗”。按：《张文襄公全集》原作“炼铁煤苗”。

③ “炼”，据《张之洞全集》改正。

田,既有买田、开垦之费,又须有常年牛种、人工之本,始能收获;譬诸盐务,既有筑场、作灶之费,又须有常年煎炼、运售之本,始能行销。只须筹此一次,以后即可周转,并非年年需款。鄂厂铁质甚佳,系用西法制炼,除钢轨外,其余钢铁各料,并可向各省行销。惟此时度支极绌,臣所深知,断不敢请拨部款,上烦宸虑。然此乃中国自强要政,臣既奉旨饬办,亦断不敢因经费困绌致沮成功。反复筹思,谨就湖北物力之所能办到者,筹一节省腾挪之法。

查两炉并用〔开〕[①],成本约须百万,又须筹还鄂省借垫之款。现拟先开一炉,从容扩充,以节经费,然亦必须五六十万。缘炼生铁之法,一炉能炼矿若干,需煤若干,均须装满配足,昼夜不可间断,既不能少炼以省料,亦不能停炼以省工。其工作极精细,亦极危险,稍有舛误,则铁汁壅塞,炉座受伤,或致轰炸。故开办之初,必须多用洋匠,而一切运矿之轮剥各船,铁山运道、煤井各事,虽止一炉,所费亦不能甚少。迨至日久工熟,成货日精,出煤日旺,洋匠日少,则成本日轻。查湖北炼铁厂原议专为制造铁路钢轨而设,本为力杜外耗起见。光绪十六年二月海军衙门、户部原奏内曾经声明:"设厂炼铁,乃开办铁路、铸造枪炮第一要义",又云"炼铁为造轨之基"等语。海署叠次来电,大意相同。十六年正月又电云"正题宜先铸轨,铸械次之"等语[②],尤为深切著明。是现在关东修路,湖北造轨,本是相因而起。十六年三月内筹办设厂之初,即经商明直隶督臣李鸿〈章〉[③],接其电复云"将来鄂钢炼成,自可拨用"等语,是以特购制造钢轨、鱼片、钩钉各机器,分建各厂。中国既能造

---

① "开",据《张之洞全集》改正。

② "又电",《张之洞全集》作"文电"。

③ "章",据《张之洞全集》补入。下同。

轨，断无再购洋轨之理。查关东议定每年修路二百里，曾向李鸿〈章〉询明，每年约须轨价十九万余两，其桥梁各种铁料，尚不在内。鄂厂造轨，乃系官物，必须先发官本，不比商贾图利，可以垫办。以常理论之，似应由北洋每年将此二十万先行支付，以为工本。惟北洋造路，工费浩繁，未便全行预支。窃拟将湖北、湖南两省每年应解北洋铁路经费各五万两，两省共十万两，截留划拨充用，作为预支轨价。此乃鄂厂应得销轨价值，并非无故分用。并拟再由湖北粮道无碍京饷之杂款内借拨十万两，作为代北洋筹垫轨本之用。两项共计二十万两。造轨之外，兼制各种钢料、铁料，以供各省行销。其划扣北洋之经费十万两，俟轨成运津后，核计实用若干、尚短价值若干，由津补足。在北洋不过预支半价、后付半价，似亦折中平允。先后一转移间，为日无多，以后每年即照此办理。即使日后北洋需用钢铁较多，价至数十万，亦只先划留此数。北洋所购外洋钢轨，每吨价银三十两，鄂轨初经开造，工费较多，然亦只愿比照洋轨价值，无须加多。各料是否合用，尽可听北洋依法试验。或谓中国钢轨不能经受压力，不知大冶铁矿历寄外洋考验，皆谓极佳，且造轨所用尚非极精之钢，鄂省制炼皆依西法，与洋厂所造无异，确无不受压力之虑。其粮库借款，俟两年后铁务日畅，自光绪二十二年起，由铁厂分为十年归还。

此外不敷之数，仍由枪炮经费项下匀拨应用。缘铁厂为枪炮之根，必先炼有精钢，方能制造，以彼助此，尤为允协。且此时枪炮厂尚未造成，安配机器亦需时日。计精钢炼出之日，始届开机制械之时，臣自当设法兼顾，并无窒碍偏废之处。如再有不敷，臣所设织布局现已告成，陆续加工开织，机势似甚顺利，明年当有赢余，亦可酌量拨补铁厂之费。以后体察情形，如铁务日渐畅旺，再当全开两炉。

总之,以湖北所设铁厂、枪炮厂、织布局自相挹注,此三厂联为一气,通盘筹画,随时斟酌,互相协助,必能三事并举,各睹成功,以后断不至再请部款。此项开炼成本,概系由外省自筹,较之南北洋制造各局岁需支拨库款七八十万、福建船政亦岁拨数十万者,办法迥不相同,甘苦难易,判若霄壤。合无仰恳天恩,俯如所请,铁务幸甚,微臣幸甚。

惟是此举之关系大局及创造之种种艰难,有不敢不详陈于圣主之前者。窃惟采铁炼钢一事,实为今日要务,海外各国无不注意此事。而地球东半面,凡属亚洲界内,中国之外,自日本以及南洋各国、各岛暨五印度,皆无铁厂,或以矿铁不佳,煤不合用,或以天时太热,不能举办。中国创成此举,便可收回利权。各省局厂、商民所需,即已甚广;且闻日本确已筹备巨款,广造铁路,原拟购之西洋,若中国能制钢轨,彼未必舍近图远——是此后钢铁炼成,不患行销不旺。不特此也,各省制造军械、轮船等局,所需机器及钢铁各料,历年皆系购之外洋。上海虽亦设炼钢小炉,仍是买外洋生铁以炼精钢,并非华产。若再不自炼内地钢铁,此等关系海防、边防之利器,事事仰给于人,远虑深思,尤为非计。溯查光绪十六年正月海军衙门来电,"总以无一仰给于人为断"一语,坚定恳切,洵为不刊之论。若仅云杜塞漏卮,犹其浅焉者矣。此事系中国创举,原非习见习闻之事。或虑年年需款沿以为常,或谓即炼成钢铁亦无大用,此乃未悉中外情形之言,庙谟深远,自能鉴烛无遗。

至此项工程之艰巨,实为罕有。机器之笨重,名目之繁多,随地异宜,随时增补,洋匠亦不能预计。而起卸之艰难,筑基之劳费,炉座之高大,布置、联贯各机之精密,凿矿、修路、开煤、炼钢之纷歧,尤非他项机器局可比。而最难者为图、砖两端,各厂总图、分图,极为精密,多至数百纸,皆寄自洋厂,到鄂厂又须分画各段细图。大炉、焦炭炉各砖，皆系洋制，方圆斜正，式样数十种，每一大炉需砖数十万块，皆编有号数，依次修砌，一块不能错乱。其炉皆内砖外铁，洋厂制造此砖又甚迟缓，数万里换船转运，破损尤多，动须补购，即不能不停工以待。三年以来，与出使大臣函电交驰，派员加费，百计催促，近始大略寄全。每一批机器、物料运到，多至数万件，或十余万件，必须数十日方能点清。每一种机器，必须四五个月方能安配完好。至于其余一切物料，若厂屋之铁梁、铁柱，厂基、炉座、路工之水泥、火泥等类，无非来自外洋。其最近者，中等火砖则取之开平，极大石料则取之湖南，配补残缺机器零件则取之上海、香港，无一省便之事。臣日日督催，不遗余力。此时汉阳铁厂及大冶铁路，汉口及上海领事、洋人来观者络绎不绝，皆谓此为应办急务，并据洋人皆云，比外洋迅速已多。

至于筹款，既如此艰难，臣身任其事，若经费不继，即是自困之道，故臣极力综核，务求节省。每定一机器、开一工程，必与洋匠多方考究，令其务从撙节办法。大冶铁路五十余里，铲山填湖、买地绥民，亦极费手。至开煤一事，尤极艰辛。访寻两年有余，试开窿口数十处，始得此两处堪以炼铁之煤，须用西法凿坚石数十丈以下，乃得佳煤。既开直井，又开横窿，又须开通气之井及开煤之巷，出煤乃多，又须购制钻地、压气、抽水、起重、洗煤、挂线、运煤各机，又须造煤〔炼〕焦炭炉数十座①。然将来所费，断不至如直隶开平煤矿之多。

臣力小任重，时切悚惶，加以督工、筹款事事艰难，夙夜焦急，不可名状。惟以此事为自强大计所关，既奉谕旨饬办，不敢不身任其难，惟有竭其愚诚，殚其绵力，专就湖北铁、布、枪炮三厂通筹互

---

① “炼”，据《张之洞全集》改正。

济,相机赶办,期于必成,〈以〉仰副圣主开物成务、力图自强之至意[①],断不敢因工巨款绌,中途停废,以致创举无效,贻讥外国。惟大炉开炼之始,先须将配合煤矿分数逐渐考核精详[②],一一合式,且必须开火一月,大炉方能烧热,开炉以后即须昼夜熔炼,不能停火,停则与炉有碍,且多耗费,故一切事宜必须早为筹定。惟有吁恳圣恩,敕下海军衙门、户部早日定议行知,俾得赶早布置,将各项工程、物件、洋匠、华工及早核计[③],俾免延缓虚縻。臣无任惶悚屏营之至。

所有铁厂计日告成,预筹开炼成本,酌拟节省腾挪办法各缘由,据铁政局司道筹议详请具奏前来,理合恭摺具陈,伏祈皇上圣鉴,敕下海军衙门、户部迅速核复施行。谨奏。

二月廿五日发。

硃批:"该衙门速议具奏。钦此。"

〖附二〗张之洞、盛宣怀会奏商办湖北铁厂筹办萍乡煤矿情形并所奉上谕*

光绪二十四年三月二十八日上谕

军机大臣字寄湖广总督张之洞、大理寺少卿盛宣怀、江西巡抚德寿、湖南巡抚陈宝箴:光绪二十四年三月二十八日奉上谕:"张之

---

① "以",据《张之洞全集》补入。
② "考核",《张之洞全集》作"考校"。
③ "物件",《张之洞全集》作"物料"。
* 据《湘报》第一百七十四号(光绪二十四年八月二十七日出版)《奏摺照登》,顺序有所调整。按:此上谕、奏摺、附片曾刊载于《湘报》第八十号(光绪二十四年四月十九日出版),文字微异,惟"又片"以下则无。再按:此摺片及所奉上谕,另见录于《愚斋存稿》(民国二十八年盛氏思补楼刻本)卷二《奏疏》二,页十二至十七。

洞等奏《陈明湖北铁厂改归商办后情形》一摺，湖北铁厂经该督等招商承办，现将造轨、采煤各事力筹整顿，已有端绪，即著照所议办理。所有铁路、电线经过之地，著德寿、陈宝箴转饬地方文武妥为保护。另片奏'萍乡煤矿现筹开办，请援照开平禁止商人别立公司及多开小窿抬价收买'等语，著德寿即饬所属随时申禁，以重矿务。张之洞等摺、片，着分别抄交德寿、陈宝箴阅看。将此各谕令知之。钦此。"①

张之洞、盛宣怀：湖北铁厂改归商办后情形摺

湖广总督张之洞、大理寺少卿盛宣怀跪奏，为陈明湖北铁厂改归商办后情形，及造轨、采煤各事力筹整顿，皆有端绪，恭摺仰祈圣鉴事：

窃臣之洞创办湖北铁厂，次第告成，光绪廿二年因经费难筹，遵旨招商承办，奏准交臣宣怀接收，一手经理。臣宣怀以冶铁炼钢，亚东创举，事体至重，头绪尤繁，只以事关中国大局，不敢不力任其难，遵于是年四月十一日接办。先将汉阳总厂区银钱、制造、收发为三股，每股遴员董二人董理之，铁山、煤矿亦各派员董，分任其事。并于总厂设立总稽核处，均令查照成规，认真整顿。伏维铁厂本旨缘铁路而起，当以制造钢轨为第一义。顾镕铁非焦炭不可，连年因本厂无就近可恃之煤，呼吁于开平，谋济于洋产，价高而用仍不给，故化铁虽有两炉，仅能勉开其一。又当以勘求煤矿为造轨之本原，臣宣怀督饬员匠讲求各国钢轨之程式、制造之奥窔，一面与外洋名厂定购轨轴机器，研精试造。嗣奉督办铁路总公司之命，发轫所先，经营芦汉，复饬厂中员董加工，并力专意造轨。查照奏

① 此谕另见《清实录·德宗景皇帝实录》，卷四一六，第456页。

定章程,先后预拨轨价银一百九十万两,现计解运到工及成造在厂之轨[①],几及万吨,随配鱼尾片、螺丝钉各件,称是、桥料、钢板等物,亦皆能赶造应用。截至上年年底,核计运工轨料各价,已逾五十万两,自保利权,渐有成效。

惟兹事皆中土所未经见,镕炼之合法与否,不能不恃监工之西人,而其人或由出使大臣访订,或由洋厂推荐来华试用,往往行与言乖,一再更换,每遇新旧交接之间,不免稍稽工作。所患犹不若乏煤之甚也,开平华矿,谊当与汉阳华厂休戚相关,年来恳切筹商,上烦宸听,奈煤价已加至极昂之数,而交煤仍难应汉厂之求。至于洋煤,更不足恃,外洋用五六金一顿〔吨〕之焦炭,我几三倍其价,钢铁成本悬殊,势无可敌。一旦各国有事,又动辄禁煤出口,将来恐虽出重价而不可得。臣宣怀有鉴于此,两年以来,于沿江上下楚西、江皖各境,分派委员,带同矿师,搜求钻试,足迹殆遍。惟江西萍乡焦煤,久经试用,最合化铁,矿脉绵亘,所产尤旺,实为最有把握之矿。但土法开采,浅尝辄止,运道艰阻,人力难施。臣等深维大计,铁厂利钝之机,全视洋〔萍〕煤为枢转[②],现已购办机器,运萍大举。一面勘明运道,定议先就该县黄家源地方,筑造铁路一条至水次,计程三十余里。路成之后,再筹展至长沙,与干路相接。并先于沿途安设电线,消息灵通,转输便捷。縻费在一时,收利在永远,此后取之不尽,用之不竭。汉厂即可并开两炉,大冶亦可添设炉座。至于大出土货,开造物无尽之藏,以为民生之利,尤朝廷广辟地利之至意、泰西富国之学之精义也。铁路、电线经过之地,吁请敕下江西、湖南巡抚,转饬所属地方文武随时照料,妥为保护,以

① “成造”,《愚斋存稿》作“造成”。

② “萍”,据《湘报》第八十号所录此摺改定。按:《愚斋存稿》亦作“萍”。

副国家维持铁政之至意。

所有湖北铁厂改归商办后情形，及造轨、采煤各事皆有端绪缘由，谨合词恭摺陈明，伏乞皇上圣鉴训示。谨奏。

附片

再，萍乡煤矿现筹大举开办，运用机器、延订矿师以及筑路、设线，工役繁难，需费约百万有余，收效在数年之后。只以鄂厂化铁炼轨，事虽商办，实国之大政，不得不先掷目前之巨本，以博将来可恃之焦煤。惟中国商情，向多见小利而忘大局，诚恐萍煤运道开通，经营有绪，复有商人别立公司，纷树敌帜，多开小窿，抬价收买，以坏我重费成本之局。甚或勾引外人，如上年湘省有串买矿山之事，迨经察出，根究挽回，业已大费周折，皆虑之不可不早、防之不可不周者。拟请嗣后萍乡县境援照开平不准另立煤矿公司，土窿采出之煤，应尽厂局照时价收买，不准先令他商争售，庶济厂用而杜流弊。相应请旨饬下江西巡抚饬属申禁，此铁厂全局利钝所系。谨附片具陈，伏乞圣鉴。谨奏。

又片

再，萍乡煤矿现筹大举，造端宏远，规画繁难，且筑路、设线、运用机器，均需洋人，非得晓畅中外情形、兼备体用之员俾总其成，不足以调驭协和、相机施设。查有湖北试用知县张赞宸，操履谨严，干事贞固，条理精密，才足肆应。去年派充铁厂提调，讲求整顿，实力实心。嗣令带同矿师，前赴萍乡一再查勘，于矿产、运道、开采机宜研求至悉。当经派往萍乡总办煤矿一切事宜，以专委任而责成效。谨附片陈明，伏乞圣鉴。谨奏。

奉硃批："该衙门知道。钦此。"

〖附三〗光绪二十四年六月十三日上谕*

两江总督刘坤一奏:“遵旨筹议上海制造局及炼钢厂迁移湖南,繁重难行,据实复陈。”报闻。

〖附四〗光绪二十四年六月十八日上谕**

谕军机大臣等:“陈宝箴奏《设立制造枪、弹两厂,拟筹常年经费,并请改拨款项》一摺。据称:‘沪局暂难移设,拟于湘省购机建厂,制造快枪、弹子,从速开办,以图扩充’等语。现当整顿武备之际,预筹军储必以自造枪炮为急务,开办伊始,购机建厂暨应需工料,自应筹拨款项并常年经费,方可无误要需。所称‘拟仿照盐斤加价成案,每斤折收加价银一厘四毫,每年约银十余万两,以供制造枪、弹两厂常年的款’,又‘上海机器制造局原议定购机器税款,现在尚未拨解,请饬于此项增拨未解款内迅筹银三十万两,改拨湖南,尽本年内悉数兑交,以为购制机器之费’各节,著陈宝箴咨商刘坤一,斟酌情形,迅速筹办。另片奏‘拟会商湘绅,认息借银购办机器,仿用西法炼钢,由该公司自办,照湖北铁厂商办章程,宽免岁课’等语,著照所请。陈宝箴摺、片著钞给阅看。将此各谕令知之。”

〖附五〗光绪二十四年九月廿三日上谕***

刘坤一奏:“遵旨筹议湖南设立制造枪、弹两厂,委属无款可

* 据《清实录·德宗景皇帝实录》,见《清实录》,卷四二一,第523页。

** 据《清实录·德宗景皇帝实录》,见《清实录》,卷四二二,第529页。

*** 据《光绪朝东华录》,第四册,总第4247页。

筹,请免拨解。”得旨:“如所请行。”

光绪廿四年四月粮价及雨水情形折*

(光绪二十四年五月二十七日)

头品顶戴湖南巡抚臣陈宝箴跪奏,为恭报四月分粮价及地方雨水情形,仰祈圣鉴事:

窃照湖南省本年闰三月分市粮价值并雨水情形,业经臣恭折奏报在案。兹据布政使俞廉三查明四月分通省各项粮价,开单汇报前来。臣逐加查核,长沙等十八府州厅属米粮价值均较上月稍增,豆、麦各价悉与上月相同。省城及各属地方入夏以来旸雨应时,二麦刈获登场,早稻长发青葱,蔬菜、杂粮均皆芃茂。理合恭折具奏,并缮粮价清单敬呈御览,伏乞皇上圣鉴。谨奏。

硃批:“知道了。”

奉派认还英德借款光绪廿四年五月应解银两片**

(光绪二十四年五月)

再,准户部咨:“奏《每年应还俄法、英德两款本息,数巨期促,拟由部库及各省关分别认还》各折、片,于光绪二十二年五月初八日奏,本日均奉旨:‘依议。钦此。’”刷印原奏清单,咨行来南,当经转饬遵照依限筹解,业将光绪二十二、三两年认还英德一款共计银二十八万两,均经分限如数解清,并已筹解光绪二十四年二月限期银三万五千两,先后奏咨各在案。兹据善后、厘金各总局并藩司、粮、盐二道等会详称:“今查二十四年分应解英德一款五月限期已

---

* 据《光绪朝硃批奏折》,第96辑,第376页。

** 据《光绪朝硃批奏折》,第82辑,第851页。按:此片上奏时间似为五月廿七日。

届,不得不竭力筹解,以免贻误。拟请在于茶糖百货加抽厘金项下动支库平银三万五千两,又汇费银五百二十五两,于本年五月十五日发交乾盛亨、协同庆、蔚泰厚三商号各承领银九千两,百川通商号承领银八千两,均限于是月三十日汇解江海关兑收,守候库收批照回销,以期迅速而济要需”,详请奏咨前来。臣复核无异,除咨户部外,所有湖南省奉派认还英德一款,本年五月限期应解银两汇解江海关道查收缘由,理合会同湖广督臣张之洞附片具陈,伏乞圣鉴。谨奏。

朱批:“户部知道。”

卷二十一　奏议二十一

遵议变通武科章程摺*

（光绪二十四年六月十七日）

头品顶戴湖南巡抚臣陈宝箴跪奏，为遵议变通武科新章，恭摺仰祈圣鉴事：

窃准兵部咨开："会议具奏《变通武科章程》一摺，并约举大概章程十条，光绪二十四年二月二十六日钦奉上谕：'著照该大臣等所议，各直省武乡试自光绪二十六年庚子科为始，会试自光绪二十七年辛丑科为始，童试自下届为始，一律改试枪炮等因。钦此。'"又准兵部咨："议复广西巡抚黄槐森奏《武科改试洋枪并考取中式后分别选用》一摺，请饬下各省将军、督抚、学政等，各就见闻所及详细奏明，并开列各项章程，报部酌办等因，光绪二十四年三月二十八日奉旨：'依议。钦此。'"钦遵咨行到湘。仰见我皇上经武储材、因时变通至意，钦佩莫可名言。

臣维立法必须防弊，取士先贵储材。火器久悬厉禁，今日洋枪

---

* 据《光绪朝硃批奏摺》，第105辑，第68～70页。按：此摺另见《光绪朝东华录》，详第四册，总第4190～4192页。又按：此摺在《光绪朝东华录》内，编次于光绪二十四年七月戊寅（二十七日）条下，故此《戊戌变法》收录该摺时，于题注中误将"光绪二十四年七月二十七日"确定为该摺上奏日期。详"中国近代史资料丛刊"《戊戌变法》（中国史学会主编，神州国光社1953年出版），第二册，第359～362页。

尤极猛烈,自不准人人自行购藏,致滋流弊。然不能购藏,即又无从学习以应考试,是以部臣有令就武备学堂收领教习之议。惟各省省会学堂一时尚难尽设,各府厅州县更不待言。即省会学堂尽设,而一堂之内,教习多者三四人,少或一二人,但可挑练特出之生童,断不能遍及应试之生童。若必待各府厅州县皆设武备学堂,如今日之书院,计非数年所能就绪。目前应试,必致无人。国家既不欲即废武科,则防弊、储材实无两得之策。

惟思近日各省防、绿等营渐多改用洋枪,部议谓寓营制于科举之中,亦即可寓科举于营制之中。伏查定例:"营卫千总、把总,准应武闱乡试;马、步兵丁,准与武童一体考试;武生情愿入伍食粮者,准其兼充。"是武场、营伍本自相通。拟议令绿营、防营弁目兵勇,各分应童试、乡试,既以广其出身之路,使之操练精勤,不烦督责,即可于其中拔取殊尤,以备任使,似于取士、练兵之道两有裨益。且免以枪炮散布民间,致令防范偶疏,即有无穷之患。

正在咨询拟奏间,适湖广督臣张之洞以所奏摺稿咨送到臣,恰与臣所拟兵勇应试之议不谋而合,而所论其中利病至为精详,多为臣拟议所未能及。第就原摺反复筹思,觉尚有一二宜更补陈,以备圣明采择,饬部臣一并筹议者:

一曰"定限制"。窃维兵勇得应武试,且惟兵勇始得预试,则人思自奋于功名,而不甘于蛉伏营垒。每遇学政按临,一府所属州县,近者数十里,远者亦不过二三百里,往还既易,赴试兵勇类无不争趋恐后,将至一府所属地段营伍为之一空。抑之既与定章不符,听之又于地方不无妨碍,计不如明定限制,分别去留——凡兵勇十人,准以三人应试。生童一律童试时,令本管官择其躯干强壮、年在三十岁以内者,先行挑取,如数造册,送交本府知府考试一场,申送学政收考;乡试即由本管各官会同地方官造册,径送学政录遗。

绿营、勇营所送人数，各就本营核计，均不得逾十分之三，既不妨其进取之阶，亦不致有空营赴试之虑矣。

一曰“广馀兵”。兵勇应试既有限制，则一郡之中无就近防营驻扎者，应试之人自亦无多，且向来已取武生，暂无营额可补，不免向隅，坐嗟迟暮。无故而阻其上进之阶，使不得与新进武生为伍，似非人情所安，计不如增广馀兵，以示鼓舞。查绿营本有馀丁，以〈备出缺挑补，兹拟令〉凡欲应试之武童、武〈生，均先赴本籍或附近绿〉营及省会各标营充补馀兵[①]，即就该营学习枪炮，并自行出赀，交营官汇请督抚给文购买枪炮、药弹，由该营随时给发操习，操毕随缴，归本营收储。此项馀兵人数，于年终造册，汇由镇协转送督抚、学政立案。遇童试、乡试之年，由营分别挑选，择其年力富强、技艺精熟、每十枪能中靶至七枪以上者，核实造册申送，如营兵之例。但既经考其技艺，则不必拘定人数。如送考后，经学政、督抚考试，不符至三枪以上者，将册送本管官分别记过示儆。如投充馀兵时或有需索等弊，查实参办。馀〈兵考取武生者，营兵缺出〉，先尽挑补；考中武举〈者，发标操练，分别候补。武〉生、武举，均听勇营调充什长、营、哨等弁目。武举不归标操练者，不准会试。既可使野无遗才，亦可藉振营伍积疲之习矣。

此外章程，张之洞所议，以臣所见，似尚详尽。可否仰恳皇上，将臣此奏与张之洞前摺一并饬交部臣参酌妥议[②]，伏候圣裁。

所有微臣遵议变通武科新章缘由，是否有当，谨专摺具陈，伏乞皇上圣鉴训示。谨奏。

---

① 此处及下文之脱字，均据《光绪朝东华录》补入。

② “前摺”，《光绪朝东华录》作“专摺”。按：参阅张之洞光绪二十四年五月十六日《酌拟变通武科新章摺》，见《张之洞全集》，第二册，第1310～1316页。

硃批:"兵部议奏。"

〖附一〗光绪二十四年六月初一日上谕*

湖广总督张之洞奏:"遵旨详议变通武科,阐明旧制,酌拟新章,以防流弊而励将才。"下所司议。

〖附二〗光绪二十四年六月初五日上谕**

又谕:"电寄各将军、督抚、学政:前据黄槐森奏变通武场,当经饬令各将军、督抚、学政等各抒所见,报部采择。现除谭继洵、陶模、胡聘之、张之洞先后奏报,及北洋、南洋各大臣,盛京、西安各将军,咨报到部,其余各省著即迅速议复。"

查阅省标各营春操完竣情形摺***

(光绪二十四年六月十七日)

头品顶戴湖南巡抚臣陈宝箴跪奏,为查阅省标各营春操完竣,恭摺仰祈圣鉴事:

窃照湖南省城额设抚标左、右两营及长沙协营,城守官兵每年春、冬由臣合操一次,以课勤惰。本年春操届期,臣于闰三月二十六、二十七等日,调集三营官兵、练军并驻防省城之抚标亲军前旗、后旗及亲军卫队齐至校场,逐一认真校阅。先令合演三才、八卦、夹牌等阵式,次阅马、步、弓箭及洋枪、鸟枪、抬炮、籐牌、刀矛、杂技,均尚步伐整齐、进止有节。合计官兵、勇丁枪炮中靶在九成以

---

* 据《清实录·德宗景皇帝实录》,见《清实录》,卷四二一,第514页。

** 据《清实录·德宗景皇帝实录》,见《清实录》,卷四二一,第516页。

*** 据《光绪朝硃批奏摺》,第52辑,第938~939页。

上,弓箭中的在八成以上,刀矛击刺、籐牌起伏均尚敏捷如法。查验军装、马匹,亦皆坚实、膘壮;兵勇足额,尚无老弱充数;各营将领训练尚属认真。臣阅看后,将材技出色官兵优加奖赏,用示鼓励,间有弓马稍弱、技艺较生者,分别勒限学习,俟限满再行定期复阅,并饬各该将备等常川加意训练,务须精益求精,一兵得一兵之用。其余省外各营,臣于公牍往来暨接见各将领时严饬认真操防,毋稍疏懈,以期仰副朝廷诘戎讲武、整军卫民之至意。

所有臣阅看省标三营官兵及练军防卫各营春操完竣情形,谨恭折具奏,伏乞皇上圣鉴。谨奏。

硃批:“知道了。”

光绪廿四年二麦收成分数折*

(光绪二十四年六月十七日)

头品顶戴湖南巡抚臣陈宝箴跪奏,为恭报二麦收成分数,仰祈圣鉴事:

窃照湖南省各属地方土性不齐,宜麦之区较少,本年二麦业已成熟,次第刈获登场,兹据藩司俞廉三查明收成分数,造册汇报前来。臣查通省七十六厅州县,除素不种麦之醴陵等二十三厅州县并种麦无多之长沙等二十厅州县均不计算外,其宜麦之湘阴等三十三州县内,八分有余者一县,七分有余者十一州县,六分有余者十四州县,六分者一县,五分有余者六县,合计通省二麦收成实六分有余。现值青黄不接之时,民食藉资接济。所有湖南光绪二十四年分二麦收成分数,理合恭折具奏,并缮清单敬呈御览,伏乞皇上圣鉴。谨奏。

* 据《光绪朝硃批奏折》,第93辑,第241~242页。

硃批:"知道了。"

光绪廿四年五月粮价及雨水情形摺*

(光绪二十四年六月十七日)

头品顶戴湖南巡抚臣陈宝箴跪奏,为恭报五月分粮价及地方雨水情形,仰祈圣鉴事:

窃照湖南省本年四月分市粮价值并雨水情形,业经臣恭摺奏报在案。兹据布政使俞廉三查明五月分通省各项粮价,开单汇报前来。臣逐加查核,长沙等十八府州厅属米粮价值或较上月稍增,或与上月相同,豆、麦各价悉与上月相同。省城附近地方,自五月中旬以来天晴日久,农民望雨甚殷,经臣率属设坛祈祷,尚未大霈甘霖。又据滨湖之华容、安乡、澧州、湘阴等州县禀报,江水涨发,低洼堤垸、湖田被淹等情,经臣批饬赶紧设法疏消,乘时补种,以冀有收,仍俟秋后察看情形,分别办理。刻下各属早稻已渐黄熟,中、晚二稻次第含苞结实,蔬菜、杂粮尚称繁茂。理合恭摺具奏,并缮粮价清单敬呈御览,伏乞皇上圣鉴。谨奏。

硃批:"知道了。"

密保京外贤能各员摺**

(光绪二十四年六月十八日)

头品顶戴湖南巡抚臣陈宝箴跪奏,为密保所知京外贤能各员,

---

* 据《光绪朝硃批奏摺》,第96辑,第388页。按:皮锡瑞光绪二十四年七月初一日日记有云:"湖南米价四千余,求雨不应。"(见《师伏堂未刊日记》,载《湖南历史资料》,1959年第2期)可参阅。

** 此摺与所附清单均据《戊戌变法档案史料》,第160～163页。按:原题作《湖南巡抚陈宝箴摺》,题下注:"(军)光绪二十四年六月十八日。"

恭摺仰祈圣鉴事：

窃臣恭奉谕旨，饬令各省督抚保举所属道府州县各员，业于另摺胪陈圣鉴。惟是国家当力图振兴之会，庶政方新，需才尤众。凡为臣子，具有天良，苟其人有过人之长，为平日所深悉，自当不限方域，毕以具陈，庶几上副圣主图治之怀，下逭人臣窃位之咎。是以不揣冒昧，谨将臣耳目所及京外各员，择其名位未显而志行可称、才识殊众、为臣素所知信者，共得十有七员，谨缮清单，各具考语，随摺上陈。虽自知知识凡下、闻见未周，诚不免挂漏贻讥、品题失当，而区区以人事君之谊，不徇一己之私昵与流俗之毁誉，则差可质诸衾影而无惭耳。

所有密保所知京外贤能各员缘由，谨附开清单，专摺具陈，伏乞皇上圣鉴。谨奏。

密保京外贤能各员清单*

谨将密保所知京外贤能各员，出具考语，恭呈御览：

降调前内阁学士陈宝琛：才力精果，学有本原；近更务求平实，并究心泰西政学。忠爱之悃，惓惓不忘。

内阁候补侍读杨锐：才学淹通，志性端谨；切究当世之务，绝无浮夸之习。

礼部候补主事黄英采：通晓中外政治得失，识练才长。

刑部候补主事刘光第：器识闳远，廉正有为。

广东候补道杨枢：操履端谨，才猷练达。由同文馆学生派充出使日本翻译、参赞、领事多年，洞悉中外交涉情形，办理洋务随机因应，洞中肯窾，洵为今日难得之才。

---

* 此为上摺所附清单。

广东试用道王秉恩:才识敏练,果毅有为。在湖北办理机器纺织等事,屏除积习,卓著成效。

江苏试用道欧阳霖:才气开张,勇于任事;理繁治剧,精能绝人。往在郑工筹办秸料,创行河运之法,省费便民,足为河工程式,前协办大学士李鸿藻深加契赏。

江西试用道恽祖祁:开敏精勤,才能肆应。近办湖北工赈,切实精到,舆颂翕然。

江西试用道杜俞:通达治体,谙习时务。于中西兵事精心考究,多有心得。近年统带江南防营,深资得力。

湖北候补道徐家幹:才识明通,讲求经济之学。迭次办理教案,操纵得宜,能持大体。

江苏候补道柯逢时:学识正大,践履敦笃,孜孜讲求吏治,必期切实可行。

奏调北洋差遣、湖北试用道薛华培:器局开明,才识练达。在湖北办理淮军转运十余年,综核精密,积弊一空。

奏调北洋差遣、候选道左孝同:该员为前大学士左宗棠之子。志识通敏,晓练世务,奋往之气,肆应之才,实足有为。

记名简用道、两淮海州盐运分司运判徐绍垣:存心利物,勤恳周至,不恤其私,而恢张干练之才足以济之。在任十余年,办理盐场及地方兴利除害事宜,裨益实多,商民称颂不置。

浙江杭州府知府林启:才器闳达,力图新政,迥殊俗吏。

江苏常州府知府有泰:为守兼优,忠爱恻怛之忱,尤为难得。

四川邛州直隶州知州凤全:干练勤能,整饬吏治,舆情悦服。

以上共计一十七员。

〖附〗光绪二十四年七月十三日上谕*

又谕:"陈宝箴奏《遵保人才》、《开单呈览》各一摺。湖南候补道夏献铭,试用道黄炳离,降调前内阁学士陈宝琛,内阁候补侍读杨锐,礼部候补主事黄英采,刑部候补主事刘光第,广东候补道杨枢,试用道王秉恩,江苏试用道欧阳霖,江西试用道恽祖祁、杜俞,湖北候补道徐家幹,江苏候补道柯逢时,湖北试用道薛华培,候选道左孝同。以上各员,在京者著各该衙门传知该员预备召见,其余均由各该督抚饬知来京,一体预备召见。"

筹解新海防捐款片**

(光绪二十四年六月)

再,臣于光绪二十四年五月三十日准户部电开:"部库需饷甚急,应解新海防捐款速即筹解,勿再迟延,并电复"等因,当经转行去后。兹据总理湖南新海防捐输布政使俞廉三详称:"于存储司库新海防捐输银内,汇解库平银陆万两,于六月初五日发交协同庆等商号承领,前赴户部交纳,所余尾数银两容俟续解"等情,详请奏咨前来。臣复查无异,除咨户部查照外,谨附片具陈,伏乞圣鉴。谨奏。

硃批:"户部知道。"

---

* 据《清实录·德宗景皇帝实录》,见《清实录》,卷四二四,第556页。按:此谕所列仅十五名,且与原摺所举不尽相同。又,胡思敬《戊戌履霜录》(民国二年南昌退庐刻本)卷四《内外荐举表·使才表》所列十五人姓名,与此谕同。惟胡氏《党人列传·陈宝箴》复称宝箴"应诏保荐十八人",未审其详。再按:此谕另见《光绪朝东华录》,第四册,总第4169页。

** 据《光绪朝硃批奏摺》,第88辑,第632页。

湘绅捐建学堂请奖摺*

(光绪二十四年七月二十六日)

头品顶戴湖南巡抚臣陈宝箴跪奏,为湘绅倡捐本省中学堂创办经费巨款,恳恩赏给优奖,以昭激劝,恭摺仰祈圣鉴事:

窃本年叠次恭奉谕旨,通饬各省省会建设中学堂;又恭阅电局钞传五月二十二日上谕:"如能捐建学堂,或广为劝募,准各督抚按照筹捐数目,酌量奏请给奖。其有独力措捐巨款者,朕必予以破格之赏等因。钦此。"钦遵出示晓谕在案。

查湘省上年奏设时务学堂,藉开风气,规模粗具。惟以经费不敷,尚仅租赁房屋,暂延中西教习课授生徒。兹欲扩充为中学堂,房舍必更应宏整,需款愈多。正与官绅设法筹措间,旋据头品顶戴调补四川布政使湖北布政使王之春,率子郎中衔二品荫生清泉县学生员王梁禀称:"恭读谕旨:'京师创设大学堂,并饬各省会、各府县分设中、小等学堂,限一月内一律举办。'仰见朝廷振兴庶务、力图自强、首重造就人材之至意。凡在臣民,莫不咸知仰体。第创办之始,筹款维艰,湘人素鲜盖藏,就地筹捐,一时恐难集事;若俱仰给公款,则财力尤形竭蹶。之春湘人,渥受国恩,慨念时艰,愧无报称。查章程内有准其捐赀报效之条,窃愿以身先之,将累年所余廉俸,并遣长子王梁回籍,将旧有薄产,凑足纹银一万两,充作湖南省城中学堂经费。虽涓滴无补,但尽其心力所得为,以仰副圣朝振兴学校之盛举"等情,并将捐银一万两解缴前来。

---

* 据《光绪朝硃批奏摺》,第80辑,第558~559页。按:此摺另见《戊戌变法档案史料》,第290~291页。原题作《湖南巡抚陈宝箴摺》,题下注:"(军录)光绪二十四年七月二十六日",摺后另附奉到硃批日期:"光绪二十四年九月初六日。"

臣查学堂教育人材，讲求体用实学，洵为今日急务。而省城中学堂规制较宏，需款尤巨，湘中公私匮乏，筹措正极艰难。该藩司王之春，籍隶湖南清泉县，家无余财，而慷慨好义，尤务培植寒畯。近知湘省学堂经始之艰，独力措捐巨款，以为之倡，洵属好义急公，极应奏请奖励。惟该司官资较崇，无庸给奖，可否仰恳天恩，准将该司之子郎中衔二品荫生生员王梁赏给优奖，以昭激劝，出自逾格鸿施。

所有湘绅倡捐本省中学堂创办经费巨款请给优奖缘由，谨会同总督臣张之洞专摺具陈，伏乞皇上圣鉴。谨奏。

硃批："著户部核给奖叙。"

朱国华调署泸溪县片*

（光绪二十四年七月二十六日）

再，署湖南泸溪县知县齐廷翰因病请假遗缺，查有宁乡县知县朱国华，勤求治理，守正爱民，堪以调署。据藩司俞廉三、臬司李经羲会详前来，除批饬遵照外，谨会同湖广督臣张之洞附片具奏，伏乞圣鉴。谨奏。

硃批："吏部知道。"

邓第武请以都司留湘委用片**

（光绪二十四年七月二十六日）

再，前任湖南常德协副将邓第武，因已革候补知县张铭呈控被参冤抑案内，经湖广总督臣张之洞以该副将奉委带勇弹压，不能持

* 据《光绪朝硃批奏摺》，第13辑，第379页。

** 据《光绪朝硃批奏摺》，第46辑，第316页。

平办理,劝谕唐本有迅速赴省投案,于致张铭函内有为唐排解生财之语,措词鄙陋,意近偏袒,致两造负气抗延,亦属不合,惟武夫未能深识文义,且该副将究属曾著战功之员,奏请交部察议。经兵部援照不应重私罪例,议以"降三级调用,毋庸查级抵销",奉旨:"依议。钦此。"当经行令开缺卸事在案。

臣查邓第武前于光绪十七年,因前带毅胜等营已革提督唐本有因向已故藩司席宝田之子席曜衡等追索已捐欠饷,由前湖南巡抚臣张煦委令张铭前往解散,并委该员带勇弹压,该员未能持平办理,致被牵连控告,经部议以降调,固属咎所应得。惟该员向年屡著战功,嗣在常德协副将任内委办团练事宜,素称得力,实为可用之材。其获咎之由,仅因武夫不谙文义,措辞失当,尚无赃私劣迹。兹当整饬团保之际,合无吁恳天恩,俯准将前常德协副将邓第武以都司留于湖南,归臣标差遣委用,俾得及时自效,藉供指臂之用,俟有相当缺出,再行酌量请补。是否有当,谨附片具陈,伏乞圣鉴训示。谨奏。

硃批:"著照所请,该部知道。"

光绪廿三年各项钱粮奏销已未完分数摺*

(光绪二十四年七月二十六日)

头品顶戴湖南巡抚臣陈宝箴跪奏,为查明奏销案内经征已、未完各员名,遵照新章,先行开单奏报,恭摺仰祈圣鉴事:

窃照前准户部咨:"所有钱粮奏销,令各该督抚一面具题,一面先将未完一分以上各员名开具简明清单,专摺奏报,由部核定处分,先行复奏,仍于题本内将业经具奏各员声明备核等因",钦奉谕

* 据《光绪朝硃批奏摺》,第68辑,第137~138页。

旨允准，恭录咨行到湘，历经遵照办理在案。兹据布政使俞廉三详称："现届光绪二十三年奏销之期，查湖南省额征地丁、存留、驿站等款钱粮，除是年被水蠲缓外，实应征正耗银一百二十一万一千余两，现在截至奏销止，通计已完解银一百一十四万八千余两，未完银六万三千余两。内除全完并非一官经征及有事故参劾各员毋庸开列，又未完不及一分遵照部议仍归奏销本案开报外，查明经征地丁全完三万两以上者二员，全完二万两以上者三员，全完一万两以上者七员，全完不及一万两以上者四员，未完一分以上者七员，未完二分以上者五员，未完三分以上者一员，未完四分以上者一员，开列职名清单，详请奏报，由部核明，分别议叙、议处，以示劝惩。"并据粮储道但湘良查明："道库钱粮除漕折、随浅等款，例应隔年奏销造册，详由漕运督臣核题外，所有经征光绪二十三年全完南秋米五千石又全完驴脚银自六百两至八百两以上者二员，全完南秋米一千石以上者一员，未完南米、驴脚各一分五厘者一员，未完南米二分八厘者一员，未完南米三分者一员；经征津贴全完三千两以上者一员，全完一千两以上者二员，全完六百两以上者一员，全完三百两以上者三员。"一并开单，详请汇办前来。臣复核无异，除饬催该司道将应造各项奏销册籍按款造齐，照例详送具题，并将此次开报各员仍于本内声明备核外，理合恭摺具奏，并缮清单敬呈御览，伏乞皇上圣鉴，敕部核议施行。谨奏。

朱批："户部议奏，单并发。"

光绪廿四年六月粮价及雨水情形摺*

(光绪二十四年七月二十六日)

头品顶戴湖南巡抚臣陈宝箴跪奏,为恭报六月分粮价及地方雨水情形,仰祈圣鉴事:

窃照湖南省本年五月分市粮价值并雨水情形,业经臣恭摺奏报在案。兹据布政使俞廉三查明六月分通省各项粮价,开单汇报前来。臣逐加查核,长沙等十八府州厅属米、麦、豆各价值均与上月相同。省城及各属地方前因雨泽愆期,经臣率属设坛祈祷,现在叠获甘霖,惟高阜山地间因得雨较迟,或未能沾足,以致收成不无歉薄。旋据临湘、泸溪、巴陵等县禀报,田禾有受旱枯槁者,业经臣批饬勘明实在情形,确核禀办。并续据南洲直隶厅及龙阳、安乡、华容等县禀报,江水泛涨,低洼田地先后被淹,亦经批饬赶紧设法疏消,乘时补种,以冀有收。又据武冈州禀报,六月十七、八等日大雨如注,州境毗连城步县山间蛟水骤涨,防范不及,庐舍、田园均有冲毁之处,人口亦有损伤,当经飞饬查明抚恤,勿任流离失所。仍统俟秋后确切查勘,分别是否成灾暨成灾轻重,另行核办。其余各属,早稻次第登场,中、晚二稻将近成熟,杂粮、蔬菜均尚繁茂。谨恭摺具奏,并缮粮价清单敬呈御览,伏乞皇上圣鉴。谨奏。

硃批:"知道了。"

---

* 据《光绪朝硃批奏摺》,第96辑,第407页。按:可参阅皮锡瑞是年七月初五日日记:"得湖南来信,谷价昂贵,人心惶惶。新政阻挠,保卫初行,城外即有劫局之事。湘潭抢劫,乱民可虑。"(见《师伏堂未刊日记》,载《湖南历史资料》,1959年第2期)

请以李湘升补保靖县知县摺*

（光绪二十四年七月二十九日）

头品顶戴湖南巡抚臣陈宝箴跪奏，为苗疆要缺需员，遵照部驳，另行拣员升补，以资治理，恭摺仰祈圣鉴事：

窃照湖南永顺府属保靖县知县锡芝病故遗缺，前以候补知县赵廷光请补，奉准部咨："该员因父老告近，改掣湖南，题补武陵县知县，丁父忧开缺，服满起复，亲老事毕，虽有母廖氏存年合例，惟并未续行告近，例应赴原掣奉天远省补用。议驳，行令另行拣补"等因，自应遵照另补。查保靖县知县系苗疆难要缺，例应在外拣选题补。定例："应题缺出，先尽候补正途人员题补，候补无人，准以应升人员题升；又苗疆知县缺出，先尽附近苗疆人员内拣补，如无人，始于内地人员内拣选升用；又各省题调州县缺出，其地方佐贰首领等官题升者，先尽曾经卓异保荐及俸满应升人员拣选题补；又题升知县以上官员，俱令送部引见"各等因。保靖为苗疆要地，僻处边隅，弹压抚绥，最关紧要，必须精明干练之员，方足以资治理。南省虽有曾任实缺候补及附近苗疆各员，均与是缺人地不甚相宜，自应照例于应升人员内拣选题升。

兹臣督同藩司俞廉三、臬司李经羲逐加遴选，查有芷江县县丞李湘，年六十二岁，江西南昌县人，由监生遵筹饷例报捐从九品，指发湖南试用，赴部验看，咸丰九年九月到省。克复金陵案内同治三年保免补本班，以府经历县丞仍留湖南补用，四年七月到省。十三年十二月丁父忧，回籍守制，服满请咨到省。光绪六年准补衡阳县县丞，八年六月到任。九年十一月丁母忧，回籍守制，服满起复，请

* 据《光绪朝硃批奏摺》，第13辑，第391～392页。

咨赴部验看,呈请分发,仍归原省补用,十二年十月二十八日蒙钦派大臣验看,领照起程,十三年二月十三日到省。十四年准补芷江县县丞,十七年三月初二日到任。二十二年大计,保荐卓异,奉旨:"照例准其加一级,注册候升。"二十三年俸满,验看保荐。该员廉正勤明,舆情爱戴,系卓异应升之员,以之升补保靖县知县,洵于苗疆要缺有裨。惟系题缺请升,与例稍有未符,第人地实在相需,相应专摺奏恳天恩,俯念保靖县知县员缺紧要,准以芷江县县丞李湘升补。如蒙俞允,俟接准部复,照例给咨,送部引见。该员系初次请升,照例毋庸核计参罚。至所遗芷江县县丞系佐贰要缺,例应在外拣选咨补,俟奉准部复,照例截缺,拣员请补。

谨会同湖广总督臣张之洞恭摺具奏,伏乞皇上圣鉴,敕部核复施行。谨奏。

硃批:"吏部议奏。"

刘逢亮请准援案赐恤并立传摺*

(光绪二十四年七月二十九日)

头品顶戴湖南巡抚臣陈宝箴跪奏,为总兵战功卓著,在营积劳病故,恳恩赐恤,以彰忠荩,恭摺仰祈圣鉴事:

窃臣据在籍二品顶戴前云南候补道刘凤苞等联名呈称:"已故提督衔补用总兵诚勇巴图鲁刘逢亮,系湖南永定县人,于咸丰十一年十一月投入江西广信军营,随同督办浙江军务太常寺卿左宗棠,进剿衢州府属开化之张村、中村等处逆匪,大获全胜。同治元年正月,破贼于石佛岭,二十日将马金等处贼垒、贼卡一律踏毁,枪伤左腿。二月,调援衢州,收复遂安县城。四月,进驻云溪,败贼于艮

* 据《光绪朝硃批奏摺》,第29辑,第368~370页。

山、凉亭等处。六月初七日，会攻莲花、洋塘、盈川等处之贼，叠获大胜，衢郡东、南、北三路肃清。八月，请假回湘应试，取入永定县学武生，仍回大营差遣。二年正月，次第收复汤溪、龙游、兰溪等县城，并会克金华府城。是年二月，进军富阳，八月初七日踏破鸡笼山等处贼垒，随克富阳县城，枪伤左额。十二月，收复海宁。三年正月，收复桐乡各县城。二月，围攻杭州，二十一日攻破观音堂等处贼垒，进薄凤山门，争先登城，枪伤左胁，二十四日克复杭州省城。是日进规武康，攻破簰头贼卡。三月初四日克复武康县，并收复德清、石门县城，毙贼无算。是月军进湖州，与贼相持于长生桥一带，叠获全胜。五月二十四日，焚毁袁家汇一带贼垒。六月，攻克孝丰县城，擒斩伪感王陈荣等二百余名，遂进军东埠，环攻各垒，与贼鏖战，枪伤左胯。七月二十六日，收复湖州府城，窜踞各匪悉数歼除，逆首黄文金亦就诛戮，浙江全省肃清。八月，委充哨弁，随同赴闽援剿。四年正月，扫除涂坊等处贼馆，连夺下车马、洋洞等处要隘，攻克龙岩、永定两城。四月，收复漳州府及南靖县城，二十五日败贼于马鞍山等处，二十七日踏破磁洋并楚磜、安下等处贼垒，遂克和平及云霄、诏安等城，枪伤左手膀，全闽肃清。五月，赴援广东，进规镇平，驻军中赤，连毙悍贼于分水坳等处。八月初七、初八等日，攻破石古排一带贼垒，初十日收复镇平县城，穷追六昼夜，毙贼无算。十二日进军塔子岙，二十二日会克嘉应州城，歼逆首汪海洋于阵，解散胁从数万，全股荡平。

六年，随大军西征，节次进剿。九年五月，连毙贼于礼辛镇、乐美镇、相家山、大石头、廖家庄、官春林等处，十九日收复渭源县城，夺取一杆旗要隘。六月，破贼于狄东，平毁沿途贼卡，攻克狄道州城，并收牟佛谛堡。十月，剿金积窜党及河州援贼于羊角城、李旺堡、邵家堡、铁炉堡一带，连斩逆目丁步月等多名。十二月，剿叛勇于岷州之教场堡、香芳崖等处,缚逆首尢芝政、安桐贞等斩之,馀众就抚。十年六月,剿贼渭源所属之汪家衙等处,随奉调援肃州。十二年九月,会克肃州府城,逆党悉就诛戮,关陇肃清。光绪二年,随同老湘营出关。六月,连破贼于黄田卡一带,二十八日克复古牧地坚巢,二十九日进薄乌垣,经过卡垒一律踏平,遂将乌鲁木齐迪化州城克复,并克复玛纳斯城,积功保至提督衔补用总兵诚勇巴图鲁名号。因叠次受伤过重,不时举发,禀请交卸,回籍调养。

十年,病痊,奉委管带广武楚军左营,驻防山东登州一带,十一年凯撤。二十一年二月,奉委充当霆、庆各军营务处,驻防江南崇明海口。时值海疆戒严,奉委督同各营严加操练,并于沿海要隘处开挖壕沟,以为士卒藏身之所。昼夜奔驰,无稍休息,祇以积劳过甚,沾染潮湿,感受海风,触发旧伤,医治罔效,于六月二十四日在营病故,囊无余赀。呻吟之际,犹以国恩未报为念。

职等查该故总兵投营效力历有年所,随同大军转战江西、浙江、福建、广东、陕西、甘肃、新疆等省,所向克捷,屡复城隘,卓著勋勤。迨至奉委办理霆、庆各军营务处,督同各营操练巡防,不遗余力,洵属异常奋勉、艰险不辞,而卒以受伤多处,积劳过甚,到防未及数月,伤发殒命,殊堪悯恻。查前带湖南抚标亲军新左营提督胡定坤,在营积劳病故,奏请议恤,奉旨允准,今该故总兵事同一律,不忍湮没"等情,开具该故总兵战功履历事迹清摺,援例呈请具奏前来。

臣查该故总兵刘逢亮,从戎三十余年,身经数百战,无不奋勇直前、不避锋刃,即屡受重伤,犹裹创鏖战,其忠诚勇敢,实有过人之处,用能叠克名城、扫荡凶逆,乃以积劳伤发,在营病故,殊堪悼惜。合无仰恳天恩,俯准将已故提督衔补用总兵诚勇巴图鲁刘逢亮,照军营立功后积劳病故例从优赐恤,并恳将战功事迹宣付史馆立传,以彰荩迹而资观感,出自逾格鸿施。

除履历事迹咨部外,理合恭摺具陈,伏乞皇上圣鉴训示。谨奏。

硃批:"另有旨。"

〖附〗光绪二十四年九月初七日上谕*

予故总兵刘逢亮照军营立功后积劳病故例议恤,并将事迹交国史馆立传。

彭献寿交代未清请革职勒交片**

(光绪二十四年七月二十九日)

再,州县交代,定限綦严,经征钱粮例应随征随解,不容稍有亏挪。兹查同知衔丁忧临武县知县彭献寿任内交代,前经核明,尚亏短钱粮银五百八十两四钱七分四厘、仓谷三百四十七石七升五合,迭次札催,延不解缴,现在二参已逾,未便稍事姑容。据湖南布政使俞廉三、按察使李经羲会详前来,相应请旨将前任临武县知县彭献寿暂行革职,勒限两个月,严催该员迅将亏短仓谷、钱粮等款如数完解。限内全完,即请开复;倘逾限不完或完不足数,查明是侵是挪,再行从严参追,以重正供。谨会同湖广总督臣张之洞附片具陈,伏乞圣鉴。谨奏。

硃批:"著照所请,该部知道。"

---

* 据《光绪朝东华录》,第四册,总第4231页。

** 据《光绪朝硃批奏摺》,第82辑,第869页。

〖附〗俞廉三:故员家属续完钱粮仓谷请开复处分片*

(光绪二十六年)

再,臣据湖南布政使锡良、署按察使湍多布详称:“已故临武县知县彭献寿任内亏短钱粮银五百八十两四钱七分四厘、仓谷三百四十七石七斗七升五合,屡次严催,未据呈解,业经前抚臣陈宝箴附片奏请革职,勒限两个月完缴在案。兹经催据该故员家属将前项亏短钱粮、仓谷如数分别完缴清楚”,会详请奏前来。臣复核无异,除饬现任县将册结赶紧造赍详咨外,合无仰恳天恩,俯准将已故临武县知县彭献寿原参革职处分开复,出自鸿施。谨会同湖广总督臣张之洞附片具陈,伏乞圣鉴训示。谨奏。

硃批:“著照所请,该部知道。”

报解光绪廿四年三批京饷摺**

(光绪二十四年七月二十九日)

头品顶戴湖南巡抚臣陈宝箴跪奏,为报解本年三批京饷银两,恭摺仰祈圣鉴事:

窃照湖南省应解奉拨本年京饷,业经解过头、二两批地丁银十三万两,厘金、盐厘银各二万五千两,东北边防经费银四万两,又解过固本军饷银三万五千两,又搭解漕折、二米等银十万五千两,恭摺奏报在案。兹据藩司俞廉三详称:“筹备地丁银六万两,又会同

---

* 据《光绪朝硃批奏摺》,第 68 辑,第 591 页。

** 据《光绪朝硃批奏摺》,第 88 辑,第 650 页。

总理厘金局务按察使李经羲等筹备盐厘银一万五千两、厘金银一万五千两，并筹备边防经费银二万两，又由司筹备光绪二十四年七、八、九三个月固本军饷银一万五千两，以上共银十二万五千两，作为本年三批京饷，派委试用同知柏盛、候补知县沈瀛领解赴部交纳。”又据粮储道但湘良详：“尽数起解，动支光绪二十三年漕折、二米、漕费，并节年正带漕折、二米、漕费，共银三万三千三百八十八两七分四厘一毫，均交委员柏盛等搭解赴部。”分款具详，呈请奏咨前来。臣复核无异，除照缮咨批、护牌，饬发该委员等领解，另取起程日期咨报，一面分咨沿途各省饬属妥为拨护，仍饬该司道等将未解银两按数续解，不得迟误外，所有报解本年三批京饷缘由，理合会同湖广总督臣张之洞恭摺具奏，伏乞皇上圣鉴。谨奏。

硃批：“户部知道。”

解清光绪廿四年内务府经费片*

（光绪二十四年七月二十九日）

再，前于光绪十九年十一月内准户部咨：“奏拨内务府经费，每年筹银一万两，解交内务府应用”，并准内务府咨：“各省嗣后应交广储司银库银两，每千两应随平馀银二十五两，又抬费、布袋、劈鞘用项等银八两，行令查照筹解”各等因，当即转行遵照，将光绪二十及二十一、二、三等年分应解银两，均经按年照数汇解内务府投收。所有光绪二十四年分应解银一万两、随馀平银二百五十两、抬费等银八十两，业经凑解一半银五千两、随馀平银一百二十五两、抬费等银四十两，于四月二十日如数发交商号协同庆承领，汇解内务府

* 据《光绪朝硃批奏摺》，第 88 辑，第 651 页。按：此片及以下五片当系上摺之附片。

投收,随时分别奏咨在案。兹据布政使俞廉三会同粮储道但湘良暨善后、厘金各局详称:“查本年分未解一半银两,现经全数凑齐银五千两、随馀平银一百二十五两、抬费等银四十两,共银五千一百六十五两,于光绪二十四年七月二十八日全数发交商号百川通承领,定限本年九月二十八日汇解内务府衙门投收,以济要需”等情,详请奏咨前来。臣复核无异,除分咨查照外,理合将未解内务府本年分一半经费银两,现已全数凑齐汇解缘由,附片具奏,伏乞圣鉴。谨奏。

朱批:“该衙门知道。”

汇解昭信股票银两拨补鄂省厘金片*

(光绪二十四年七月二十九日)

再,准户部咨:“奏《拨补各省厘金抵借洋款》一摺,于光绪二十四年五月初九日具奏,奉旨:‘依议。钦此。’”钞录原奏清单,飞咨来南。计单开:“宜昌盐厘加价作抵银一百万两,今拨湖南裁兵节饷银八万两、丁漕折钱平馀银三万两、昭信股票银七万两,应令各该省分别解支。至协解省分何日起程,受协省分何日收到,均随时奏咨报部,以备查核”等因,当经转行遵照解拨去后。除裁兵节饷并丁漕折钱平馀两款业据善后局会同藩司、粮道等另详,经臣分别奏咨外,兹据总理昭信湘局并藩司会详称:“查昭信股票一款奉拨银七万两,现据认领股票各员绅缴到银五万两,自应遵照尽数先行汇解,其余银二万两,一俟催饬各员绅缴齐,遵即如数解清,决不敢稍事迟延。今于光绪二十四年七月二十八日发交协同庆、天成亨商号承领库平库色银五万两,限于八月初八日汇解鄂省藩库兑收,

* 据《光绪朝硃批奏摺》,第88辑,第652页。

守候库收批照回湘备案”等情，详请奏咨前来。臣复核无异，除咨户部外，理合附片陈明，伏乞圣鉴。谨奏。

硃批：“户部知道。”

搭解光绪廿四年加复俸饷三批银两片*

（光绪二十四年七月二十九日）

再，湖南每年应解另款加复俸饷银八千两，经前抚臣吴大澂奏请，自光绪十九年起，于节省长夫尾存项下照数动支，作正开销，业经按年解清并解过光绪二十四年头、二两批库平银四千两，先后奏咨在案。兹据善后报销总局司道详称：“现又在于节省长夫尾存项下筹备二十四年三批库平银二千两，合湘平银二千七十八两四钱，交三批京饷委员试用同知柏盛、候补知县沈瀛搭解赴部交纳”等情前来。臣复核无异，除咨户部、都察院查照外，所有搭解二十四年分另款加复俸饷三批银两缘由，谨附片陈明，伏乞圣鉴。谨奏。

硃批：“户部知道。”

提解光绪廿四年春季节省银两片**

（光绪二十四年七月二十九日）

再，据总理湖南善后局务布政使俞廉三等详称：“光绪十一年八月钦奉懿旨裁勇节饷，当经遵议裁撤湖南陆勇三营、水师一营，并将留存陆营长夫、水师船价、油烛均裁减五成支发，综计每年可节省银一十二万余两，声明自光绪十二年起专款存储，分批提解，赴部交纳，已解至二十三年冬季止，历经详请奏报在案。所有光绪

---

* 据《光绪朝硃批奏摺》，第88辑，第653页。

** 据《光绪朝硃批奏摺》，第88辑，第653页。

二十四年春季分节省银两,自应如数提解,以济要需。现筹备湘平银三万两,折合部砝库平银二万八千八百九十六两一钱六分六厘四毫,交给二十四年三批京饷委员候补同知柏盛、试用知县沈瀛搭解赴部",详请奏咨前来。臣复查无异,除咨户部外,理合附片具陈,伏乞圣鉴。谨奏。

朱批:"户部知道。"

奏请准销光绪廿三年囚粮等项银两片*

(光绪二十四年七月二十九日)

再,各省动用耗羡银两数在五百两以上,例应专摺奏明。兹据湖南布政使俞廉三详称:"光绪二十三年分湖南按察使司狱及长沙等府州厅县支过囚犯口粮钱米等项,共请销银三千六百九十九两九钱七分六厘,又囚犯药饵银九百九十九两九钱六分二厘,两项共请销银四千六百九十九两九钱三分八厘。除坐支额设囚粮、囚租折银五百四十九两二钱七分一厘外,应补给银四千一百五十两六钱六分七厘,在于光绪二十三年耗羡银内动支,分别给领。核与户部原定湖南省囚粮等项每年准销耗羡银四千二百余两额数尚属相符,均系实用实销,并无浮冒等情",详请具奏前来。臣复核无异,除另行恭疏题报并取造册结送部外,理合附片具陈,伏乞圣鉴。谨奏。

朱批:"户部知道。"

---

* 据《光绪朝硃批奏摺》,第88辑,第654页。

奏陈拨补鄂省厘金各款分别办理情形片*

（光绪二十四年七月二十九日）

再，准户部咨："奏《拨补各省厘金抵借洋款》一摺，于光绪二十四年五月初九日具奏，奉旨：'依议。钦此。'"钞录原奏清单，飞咨来南。计单开："宜昌盐厘加价作抵银一百万两，今拨湖南裁兵节饷银八万两、丁漕折钱平馀银三万两、昭信股票银七万两，解赴鄂省，以备供支。协解省分何日起程，受协省分何日收到，均随时奏咨报部，以备查核"等因，当经转饬遵办去后。兹据湖南善后、昭信各局并藩司、粮道等会详称，查昭信股票一款奉拨银七万两，现据认领股票各员绅缴到银五万两，另详咨解湖广督臣核收。其余银二万两，催饬各员绅缴齐，遵即如数解清，决不敢稍事迟延。又丁漕钱价平馀一款，曾经奏明自光绪二十四年上忙为始，行饬各厅州县照章提解，惟湘省丁漕须至次年夏间方能一律解清，现在尚无款可提，应俟收有成数，即行批解。至裁兵节饷一款，现准户部咨议复臣奏《湖南筹练新军，请将裁勇饷项及丁漕钱价平馀留充新军练饷》一摺，"所有裁勇节饷一款准其留用，另拨河南省节省河防银八万两，抵补宜昌盐厘"等因。是部咨裁兵节饷一款，即指裁减防勇节省饷项而言，既经户部议准湘省留用，自应请免拨解。所有遵拨昭信股票银五万两，及丁漕平馀尚未收齐，裁兵节饷已经议准湘省留用各缘由，详请奏咨前来。臣复核无异，除咨户部外，理合附片陈明，伏乞圣鉴。谨奏。

硃批："户部知道。"

---

* 据《光绪朝硃批奏摺》，第 88 辑，第 654～655 页。

光绪廿四年筹解头批顺天备荒经费片*

（光绪二十四年）

再，前准户部咨："《议复顺天府兼尹等奏请拨江浙河运漕米为顺天备荒之用，拟令将湖南采买米价、运费等银委解部库，以为备荒经费》一摺，光绪二十年六月二十日奏，内阁奉上谕：'所有湖南每年应办京漕三万石，嗣后勿庸办运，即将米价、水脚等项共合银七万二千三百余两，按年解交部库，以备缓急。著自本年起如数报解，另款存储，专备顺天赈抚提用。馀依议。钦此。'"咨行到湘，当经遵解清楚在案。

兹据湖南粮储道但湘良、布政使俞廉三会详："湖南省光绪二十四年新漕仍办折征，其应采买京米三万石，自应钦遵前奉谕旨勿庸办运，将米价、水脚等项银两，照案分批解部，专备顺天赈抚提用。惟前项经费应于光绪二十四年漕折、二米、随浅等款内动支，现在新漕未及开征，尚未解收有银，拟仍援案暂于库存节年漕项各银内借支银二万两，作为本年筹解头批备荒经费，一俟催收各属二十四年漕折有银，即行拨还原款。随将银两发交商号蔚泰厚如数承领汇兑，由京城银号以足色库平解赴户部交纳，拨充顺天备荒经费之用"等情，详请奏咨前来。臣复查无异，除缮咨发交该号商蔚泰厚承领汇解并咨部外，理合会同湖广总督臣张之洞附片具奏，伏乞圣鉴。谨奏。

硃批："户部知道。"

---

* 据《光绪朝硃批奏摺》，第71辑，第76页。按：此片递呈月份待考，现权且编次于此。又，光绪二十三年筹解头批顺天备荒经费一片，上奏于二十三年七月廿八日，可资参酌。

卷二十二　奏议二十二

遵旨坚持定见实力举行新政复总署请代奏电*

（光绪二十四年八月初二日）

昨承钧署电："奉旨：'有人奏：湖南巡抚陈宝箴被人胁制，闻已将学堂及诸要举全行停散各等因。'"仰蒙圣训周详，莫名钦感。窃湖南创办一切应兴事宜，并未停止。现复委绅蒋德钧往湘潭等处联络绅商，来省设立商务等局。前议派聪颖学生五十名至日本学习，近日来省求考选者千数百名，风气似可渐开。言者殆因学堂暂放假五十日，讹传停散所致。前七月十三日，学生均已来馆，续聘教习亦到。其余已办各新事，当另摺具陈。现在亦无浮言，自当凛遵圣训，坚持定见，实力举行。请代奏。宝箴肃。冬。

〖附一〗光绪二十四年六月廿三日上谕**

谕内阁："目今时局艰难，欲求自强之策，不得不舍旧图新。前

---

* 原电存总理各国事务衙门光绪二十四年收电档，此据黄彰健《论光绪丁酉戊戌湖南新旧党争》一文录入，见黄彰健著《戊戌变法史研究》，台湾中央研究院历史语言研究所1970年6月出版，第403页。

** 据《清实录·德宗景皇帝实录》，见《清实录》，卷四二二，第533页。按：此谕另见《光绪朝东华录》光绪二十四年六月甲辰（二十二日）条，文字微异，详第四册，总第4154～4155页。

因中外臣工半多墨守旧章,曾经剀切晓谕,勖以讲求时务,勿蹈宋明积习,谆谆训诫,不啻三令五申。惟是朝廷用意之所在,大小臣工尚恐未尽深悉。现在应办一切要务,造端宏大,条目繁多,不得不采集众长,折衷一是。遇有交议之件,内外诸臣务当周咨博访,详细讨论,毋缘饰经术、附会古义,毋胶执成见、隐便身图。倘面从心违,希冀敷衍塞责,致令朝廷实事求是之意失其本旨,甚非朕所望于诸臣也。总之无动为大,病在痿痹,积弊太深,诸臣所宜力戒。即如陈宝箴,自简任湖南巡抚以来,锐意整顿,即不免指摘纷乘,此等悠悠之口,属在缙绅,倘亦随声附和,则是有意阻挠,不顾大局,必当予以严惩,断难宽贷。至于襄理庶务,需才甚多,上年曾有考试各部院司员之谕,著各该堂官认真考察,果系有用之才,即当据实胪陈,候朕录用。如或阘茸不职,亦当立予参劾,毋令滥竽。当兹时事孔棘,朕毖后惩前,深维穷变通久之义,创办一切,实具万不得已之苦衷。用再明白申谕,尔诸臣其各精白乃心,力除壅蔽,上下以一诚相感,庶国是以定,而治理蒸蒸日上,朕实有厚望焉。"

〖附二〗光绪二十四年七月廿九日上谕*

又谕:"电寄陈宝箴:有人奏:'湖南巡抚陈宝箴被人胁制,闻已将学堂及诸要举全行停止,仅存保卫一局'等语。新政关系自强要图,凡一切应办事宜,该抚务当坚持定见,实力举行,慎勿为浮言所动,稍涉游移。"

* 据《清实录·德宗景皇帝实录》,见《清实录》,卷四二五,第588页。

〖附三〗杨深秀：裁缺大僚擢用宜缓、特保新进甄别宜严摺（节录）*

（光绪二十四年七月二十九日）

【上略】又，臣前奏湖南巡抚陈宝箴锐意整顿，为中华自强之嚆矢，遂奉温旨褒嘉，以励其余。讵该抚被人胁制，闻已将学堂及诸要举全行停撤，仅存保卫一局，亦复无关新政。固由守旧者日事恫喝，气焰非常，而该抚之无真识定力，灼然可知矣。今其所保之人才，杨锐、刘光第、左孝同诸人，均尚素属知名，馀多守旧中之猾吏。王秉恩久在广东，贪险奸横，无所不至，前署抚游智开劾其"把持各局，大类权奸"，革职，嗣以夤缘李瀚章开复，兹且营谋特荐，此人岂可复用？欧阳霖久办厘金，刻薄性成，怨声载道。杜俞居心巧诈，营私牟利，历任上司无不能得其欢心者。杨枢以庶吉士入李瀚章幕，招摇纳贿，把握威福，捐升道员。至陈宝琛，虽旧有才名，闻其居乡贪鄙，罔尽商贾之利，行同市侩。馀人臣所未知，特能谙时务者少耳。倘皇上以该抚新政重臣，信其所保皆贤，尽加拔擢，则非惟无补时局，适以重陈宝箴之咎。仍请严旨儆勉，以作其气，于其保举之人分别加以黜陟，万勿一概重用。其他大臣、督抚所保人才，亦有不孚物望及曾被参革者，虽未必蒙混为心，要是诹咨未的。【下略】

---

* 据《戊戌变法档案史料》，第181～183页。按：此摺系康有为代拟。

合陈鄂湘卫所拟全行裁汰复总署请代奏电(稿)*

(光绪二十四年八月初五日)

艳电谨悉。廿九日奉上谕:"饬查各卫所屯田地亩,详定征租章程等因。钦此。"查湖广共十一卫:武昌正、武昌左、襄阳、德安、黄州、蕲州六卫,属湖北;五卫属湖南,而此五卫中,惟岳州一卫系湖南辖境,其余若荆州三卫、沔阳卫,皆在湖北境内。卫所军丁,向完屯饷,解藩司库;又完漕项杂款,如"帮津"、"军三"、"安家"等名目,解粮道库。地段零散,分在各县,自明以来,历年已久。其田皆已展转易主①,并多逃绝。屯田例不准卖,故但书典契,其实与卖无异。卫守备向系漕督委署,路远地生,并不知地在何处,册籍全在书吏手中。其地之荒熟、户之完欠,但凭书吏所言,卫官茫然不知,惟索规费而已。是卫所一官,实属无益有损。数十年来,湖广漕粮全系改折,即采办,亦系海运,卫官一无事事。查《户部则例》载:"湖北武昌卫屯坐宜城、襄阳、钟祥、枣阳四县,武左卫屯坐京山县,蕲州卫屯坐江西省德化、瑞昌二县,各田粮均改归各县就近征解",久有成案可循。是各卫遥领催征,既不若州县征收之易;即军丁词讼,亦不若州县就近判断之便。今湖北、湖南两粮道已裁,此十一卫应均行裁汰。其田粮征收各事,统归各县就近澈底清查②,按照民田科则,印契升科,将典契换给管业之契,与地丁一律征收,统解藩库。逃绝影射并无典契者,充公作学堂经费,最为简易妥

---

* 据《张之洞全集》所录张之洞光绪二十四年八月初五日《致长沙陈抚台》。按:此电系张之洞缮稿,当日未刻发寄陈宝箴。陈宝箴复有语(初六日)电;张之洞遂于初七日仍照此原拟奏稿会衔电达总署请代奏(参见附四、附五)。

① "展转",《张之洞全集》已改为"辗转",此处仍从《张文襄公全集·电牍》。

② "澈底",《张之洞全集》已改为"彻底",此处仍从《张文襄公全集·电牍》。

善,必于正赋有益,似可无须另定征租章程。请代奏。之洞、宝箴同肃。歌。

〖附一〗张之洞:致陈宝箴*

（光绪二十四年七月二十二日）

养电悉。裁汰事甚为难,湖北并无管地方之同、通,汉口同知、驻武穴之武黄同知、宜昌管滩之同知、郧阳府上津通判、沙洋直隶州同,虽非正印,尚有分防弹压地方之事。此外州判、县丞,亦有数处相类。尊处拟如何办法,祈酌示大略,以资启发。

再,湖北候补官道、府、州、县佐杂,共九百余员,甄别裁汰,一月办竣,尤不易苠筹,有何善策,并祈示,切盼。祃一。

〖附二〗张之洞:致陈宝箴**

（光绪二十四年七月二十二日）

屯卫官本无用,久拟裁汰。今诏裁冗员,拟请将湖北、湖南十一卫守备、千总,全行裁汰,其屯田粮饷归坐落之州县管辖征收。拟会台端前衔具奏,如以为然,祈示复,即奏,不必司详。其中紧要节目请示知,当叙入。祃二。

---

* 据《张之洞全集》,第九册,第7649页。按:此电原题为《致长沙陈抚台》,题下注:"光绪二十四年七月二十二日亥刻发。"

** 据《张之洞全集》,第九册,第7649页。按:此电原题为《致长沙陈抚台》,题下注:"光绪二十四年七月二十二日亥刻发。"

〖附三〗张之洞:致刘坤一*

（光绪二十四年七月二十九日）

谕旨裁官,自应遵办,惟此事甚为难,尊意拟如何办法？同、通、佐贰等官,其不同城而分防者,是否尚可酌留？杂职与佐贰不同,是否亦须酌裁？巡检、主簿似亦有用处,教职尚可暂不议裁否？祈酌示大略,以资启发。

再,甄别裁汰,一月办竣,尤不易罼筹,有何善策,并祈示复,切盼。艳。

〖附四〗张之洞:致陈宝箴**

（光绪二十四年八月初五日）

总署来电:"廿九日上谕:'军机大臣等议复袁昶条陈请清理屯田等语。屯卫之设,昉于明代,本所以养兵实边。至国初,屯军次第裁汰,惟有漕卫〔运〕省分仍隶卫所[①],乃〈专〉为赡运之计。现在漕运〔粮〕既归海运,卫所半属虚悬,若改卫为屯,征租充饷,于国用不无裨益。著两江、湖广、浙江各督抚通饬所属,澈底清查各卫所屯田地亩实在数目[②],详定征租章程,迅速奏明,请旨办理。钦此。'"此电总署想未致尊处,因湖广卫所有五卫属湖南,故拟会台衔电奏,其文曰:【中略】等语。请酌核改定,速复。歌。

---

* 据《张之洞全集》,第九册,第7652页。按:此电原题为《致江宁刘制台》,题下注:"光绪二十四年七月二十九日亥刻发。"

** 据《张之洞全集》,第九册,第7655～7656页。按:此电原题为《致长沙陈抚台》,题下注:"光绪二十四年八月初五日未刻发。"按:"其文曰"至"等语"一节文字已另录作正件,故此处简省作【中略】。

① "运",据《光绪朝东华录》所录此谕(详第四册,总第4194页)校改。下同。

② "澈底",《张之洞全集》已改为"彻底",此处仍从《张文襄公全集·电牍》。

〖附五〗张之洞:致陈宝箴*

（光绪二十四年八月十二日）

语电悉。裁卫所一事,已照原拟奏稿会衔于初七日电奏总署,尚无复电。文。

〖附六〗张之洞:致俞廉三**

（光绪二十四年十一月初七日）

七月三十日准总署来电:"廿九日奉上谕:'饬查各卫所屯田地亩,详定征租章程等因。钦此。'昨准户部咨《议复瑞学士洵片》称,'卫弁屯田裁并,改由地方官征租一节,历来论治者多持此议,诚宜及时举办。应令该督抚遵照七月二十九日谕旨,妥为办理'等因。"查湖广共十一卫:武昌正、武昌左、襄阳、德安、黄州、蕲州六卫,属湖北;五卫属湖南,而此五卫中,惟岳州一卫系湖南辖境,其余若荆州三卫、沔阳卫,皆在湖北境内。卫所军丁,向完屯饷,解藩司库;又完漕项杂款,如"帮津"、"军三"、"安家"等名目,解粮道库。地段零散,分在各县,其田皆已展转易主,并多逃绝。卫守备向系漕督委署,路远地生,并不知地在何处,册籍全在书吏手中。其地之荒熟、户之完欠,但凭书吏所言,卫官茫然不知,惟索规费而已。是卫所一官,实为无益有损。数十年来,湖广漕粮全系改折,即采办,亦系海运,卫官一无事事。且各卫遥领催征,既不若州县征收之易;即军丁词讼,亦不若州县就近判断之便。若将田粮征收各事,统归

---

* 据《张之洞全集》,第九册,第7660页。按:此电原题为《致长沙陈抚台》,题下注:"光绪二十四年八月十二日亥刻发。"

** 据《张之洞全集》,第九册,第7684～7685页。按:此电原题为《致长沙俞抚台》,题下注:"光绪二十四年十一月初七日巳刻发。"

各县就近澈底清查,按照民田科则,印契升科,将典契换给管业之契,与民田丁漕一律征收,仍解粮道,其逃绝影射并无典契者充公,最为简易妥善,必于正赋有益,似无须另定征租章程。曾于八月初七日会同陈右帅电请总署代奏,未准电复。兹准部咨,令遵照七月廿九日谕旨妥为办理,自应另摺具奏。兹拟会台衔具奏,尊意是否亦以为然?即祈电复。阳。

〖附七〗俞廉三:致张之洞*

(光绪二十四年十一月初八日)

承示裁卫、改征各节,莫便于此,意所同然。蒙挈奏,荷甚。请先发,补书诺。廉。庚。

特荐张之洞入都赞助新政各事务致总署请代奏电**

(光绪二十四年八月初七日)

近月以来,伏见皇上锐意维新,旁求俊彦,以资襄赞,如杨锐、刘光第、林旭、谭嗣同等,皆以在军机章京上行走,参预新政,仰见立贤无方、鼓舞人才至意。惟变法事体极为重大,创办之始,凡纲领节目、缓急次第之宜,必期斟酌尽善,乃可措置实行。杨锐等四

---

* 据《张之洞全集》,第九册,第 7685 页。按:此电原题为《俞抚台来电》,题下注:"光绪二十四年十一月初七日亥刻到。"又按:原电落款之"庚"(初八日),与题注"初七日亥刻到"不符。

** 原电存总理各国事务衙门光绪二十四年收电档,此据黄彰健《论光绪丁酉戊戌湖南新旧党争》一文录入,见《戊戌变法史研究》,第 405 页。按:据黄彰健考证,陈宝箴此电曾经许同莘删节录入《张文襄公电稿》(卷三十一,第二十八页),"《张文襄公全集》则省陈氏此电不收"。

员虽为有过人之才，然于事变尚需阅历。方今危疑待决、外患方殷，必得通识远谋、老成重望、更事多而虑患密者，始足参决机要、宏济艰难。窃见湖广总督张之洞，忠勤识略，久为圣明所洞鉴。其于中外古今利病得失，讲求至为精审。本年春间曾奉旨召令入都，询商事件，旋因沙市教案，由沪折还。今沙案早结，似宜特旨迅召入都，赞助新政各事务，与军机总理衙门王大臣及北洋大臣遇事熟筹，期自强之实效，以仰副我皇上宵旰勤求至意。愚虑所及，谨冒昧电陈，乞代奏。宝箴谨肃。阳。

〖附〗《国闻报》：湘抚电保四卿*

军机四卿奉旨被逮，而外省尚未之知也。日前湖南陈右民中丞电保刘、杨、谭、林四人均属才识优长，可以裨益新政，所虑者更事未多，尚欠历练，应请皇上特召湖广督臣张之洞入参枢密，以为四卿领袖，庶遇事得所折衷云云。

学政徐仁铸咨送泣恳替父待罪摺稿转致总署请代奏电**

（光绪二十四年八月十五日）

窃宝箴准学政徐仁铸咨送摺稿一件，请转电钧署代奏前来。查摺稿内称："湖南学政臣徐仁铸跪奏，为泣陈下情，仰祈圣鉴事：窃臣恭读电传谕旨，臣父致靖以附和康有为逮问严讯。跪聆之下，

---

* 原载光绪二十四年八月十四日《国闻报》，此据《戊戌变法》，第三册，第 425 页。按：《湘抚电保四卿》，原题如此。

** 原电存总理各国事务衙门光绪二十四年收电档，此据黄彰健《论光绪丁酉戊戌湖南新旧党争》一文录入，见《戊戌变法史研究》，第 406 页。

哀痛莫名。伏念臣父一生忠厚笃实,与康有为素不相知。臣去岁入湘以来,与康有为之门人梁启超晤谈,盛称其师之品行才学。臣一时昏瞶,慕其虚名,谬谓可以为国宣力,当于家信内附具节略,禀恳臣父保荐。臣父溺于舐犊之爱,不及博访,遂以上陈。兹康有为获罪,臣父以牵连逮问,推原其故,皆臣妄听轻举之所致也。臣家世受国恩,代传清白,臣父之操行立品,为朝官之所周知。微臣以不肖之身,过听人言,乃至陷父于狱,若不据实陈明,泣求恩鉴,不可为人,不可为子。圣朝以孝治天下,惟有恳祈明降谕旨,雪臣父之冤,所有臣父应得之谴,皆应微臣身当之。雨露雷霆,莫非高厚生成之赐。臣虽肝脑涂地,未敢云报。如蒙天恩俯允,臣即将学政关防赍送抚臣陈宝箴接收,星夜入都,匍匐待罪。谨泣血具奏,伏祈皇太后圣鉴。谨奏"等情,咨送前来。理合据情转请代奏。咸。

〖附一〗光绪二十四年八月初九日上谕*

谕军机大臣等:"张荫桓、徐致靖、杨深秀、杨锐、林旭、谭嗣同、刘光第,均著先行革职,交步军统领衙门拿解刑部治罪。"

〖附二〗光绪二十四年八月十四日上谕(节录)**

已革翰林院侍读学士徐致靖,著刑部永远监禁;翰林院编修湖南学政徐仁铸,著革职永不叙用。

---

* 据《清实录·德宗景皇帝实录》,见《清实录》,卷四二六,第 600 页。按:此谕另见《光绪朝东华录》,第四册,总第 4201 页。

** 据《清实录·德宗景皇帝实录》,见《清实录》,卷四二七,第 608 页。按:此谕另见《光绪朝东华录》,第四册,总第 4206 页。

奏报光绪廿三年川粤盐厘收支数目摺*

（光绪二十四年八月二十六日）

头品顶戴湖南巡抚臣陈宝箴跪奏，为开报光绪二十三年分湖南省川、粤盐厘收支数目，恭摺仰祈圣鉴事：

窃照湖南省自咸丰六七年间先后奏准借销川、粤邻盐抽厘助饷，川盐于岳、澧入境之处，粤盐于郴、宜、衡、永等处，各设卡局抽收。嗣因川、淮分界，岳、常等府属专销淮引，惟澧州仍准借销川盐，照常抽厘。所有历年收获厘税数目，截至光绪元年止，均经附片陈奏，并将支用细数汇入百货厘金款内开报。嗣于二年四月准户部咨："湖南设局抽收川、粤盐税，应将收支数目另造细册报部，不得列入厘金项下，笼统奏报"等因，当经遵照，另款开单，按年具奏，至光绪二十二年止在案。兹据总理湖南厘金局务布政使俞廉三、按察使李经羲等查明，自二十三年正月起至十二月底止，各局卡经收川、粤盐厘税钱，并先后两次加抽及拨解支用各款数目，造具简明四柱清册，详请奏咨前来。臣复核无异，除清册咨送户部外，理合缮具清单，恭摺具陈，伏乞皇太后、皇上圣鉴，敕部查核施行。谨奏。

硃批："户部知道，单并发。"

查明通省书院束修膏火数目摺**

（光绪二十四年八月二十六日）

头品顶戴湖南巡抚臣陈宝箴跪奏，为遵旨查明通省书院束修、

* 据《光绪朝硃批奏摺》，第76辑，第2页。

** 据《光绪朝硃批奏摺》，第88辑，第665页。

膏火数目,恭摺仰祈圣鉴事:

窃臣于光绪二十四年五月二十三日承准总理各国事务衙门电传:“奉旨:‘各该省会及各府厅州县书院共若干,每年通省实用束修、膏火共若干,速即查明确数电复。钦此。’”当经行查去后。又准电传:“奉上谕:‘著各该督抚饬地方官各将所属书院坐落处所、经费数目,限两个月详查具奏等因。钦此。’”兹经催据各属先后查复,由布政使俞廉三、按察使李经羲汇核详请具奏前来。臣查湖南省各府厅州县虽皆建置书院,而经费多寡不齐,在充裕处所,咸有士子住斋肄业,其或经费不敷,未能聘延山长,或斋舍狭小,不足容纳生徒,则惟按期课试,酌给奖赏。综计通省共设大小书院一百三十九所,每年共用束修、膏火、奖赏等银一万九千七百九十二两五钱二分,洋银三千五百四十六元四角,制钱四万四千零九十二串九百二十文,谷一万一千九百一十七石二斗,米二百六十四石。理合恭摺具奏,并缮清单敬呈御览,伏乞皇太后、皇上圣鉴。谨奏。

硃批:“该衙门知道,单并发。”

光绪廿四年七月粮价及雨水情形摺*

(光绪二十四年八月二十六日)

头品顶戴湖南巡抚臣陈宝箴跪奏,为恭报七月分粮价及地方雨水情形,仰祈圣鉴事:

窃照湖南省本年六月分市粮价值并雨水情形,业经臣恭摺奏报在案。兹据布政使俞廉三查明通省七月分各项粮价,开单汇报前来。臣逐加查核,长沙等十八府州厅属米、麦、豆各价值均与上月相同。省城及各属地方晴雨得宜,惟据湘阴、沅陵等县禀报,高

---

* 据《光绪朝硃批奏摺》,第96辑,第417页。

阜田亩早稻间有受旱，经臣批饬确查，妥筹办理。并据城步、新宁、安化等县禀报，蛟水猝发，冲倒房屋、桥梁，损伤人口，刷压田地各情，亦经批饬查勘确实，分别禀办。其沅江、临湘、龙阳、武陵、益阳、南洲等县厅先后禀报，滨湖低洼堤垸、田地续被冲溃淹没，又经臣批饬赶紧设法疏消积水，乘时补种，仍勘明是否成灾，汇案分别办理。刻下湖河水势渐见消退，各属早稻业已刈获登场，中、晚二稻亦多成熟，杂粮、蔬菜一律芃茂。理合恭摺具奏，并缮粮价清单敬呈御览，伏乞皇太后、皇上圣鉴。谨奏。

硃批："知道了。"

光绪廿四年筹解二批顺天备荒经费片*

（光绪二十四年八月二十六日）

再，前准户部咨："《议复顺天府兼尹等奏请拨江浙河运漕米为顺天备荒之用，拟令将湖南采买米价、运费等银委解部库，以为备荒经费》一摺，光绪二十年六月二十日奏，内阁奉上谕：'所有湖南每年应办京漕三万石，嗣后勿庸办运，即将米价、水脚等项共合银七万二千三百余两，按年解交部库，以备缓急。著自本年起如数报解，另款存储，专备顺天赈抚提用。馀依议。钦此。'"咨行到湘，历年遵解清楚在案。

兹据湖南粮储道但湘良、布政使俞廉三会详："湖南省光绪二十四年新漕仍办折征，其应解采买京米三万石折价、水脚等项银两，前已照案于库存节年漕项银内借支银二万两，作为本年筹解头批备荒经费，由蔚泰厚票号汇解部库交纳。兹复于库存节年漕、南各银内借支银三万两，作为本年筹解二批备荒经费，一俟催收各属

* 据《光绪朝硃批奏摺》，第71辑，第37～38页。

二十四年漕折有银,即行拨还原款。随将银两发交商号蔚泰厚如数承领汇兑,由京城银号以足色库平解赴户部交纳,拨充顺天备荒经费之用"等情,详请奏咨前来。臣复查无异,除缮咨发交该号商蔚泰厚承领汇解并咨部外,理合会同湖广总督臣张之洞附片具奏,伏乞圣鉴。谨奏。

硃批:"户部知道。"

〖附〗俞廉三:扫数完解光绪廿四年顺天备荒经费片*

(光绪二十四年十二月十八日)

再,准户部咨:"《议复顺天府兼尹等奏请拨江浙河运漕米为顺天备荒之用,拟令将湖南采买米价、运费等银委解部库,以为备荒经费》一摺,光绪二十年六月二十日具奏,内阁奉上谕:'所有湖南每年应办京漕三万石,嗣后勿庸办运,即将米价、水脚等项共合银七万二千三百余两,按年解交部库,以备缓急。著自本年起如数报解,另款存储,专备顺天赈抚提用。馀依议。钦此。'"钦遵咨行到湘,当经札行司道,钦遵查照遵解去后。

兹据署湖南粮储道况桂馨、署布政使但湘良会详:"湖南省光绪二十四年新漕仍办折征,其应解采买京米三万石折价、水脚等项银两,前经两次照案在于库存节年漕项及漕南各银内借支银五万两,先后交号商承领汇解,奏报在案。兹复于光绪二十四年漕折银内扫数动支银二万二千三百七十二两三钱六分六厘六毫,解足前项备荒经费之数,发交号商蔚泰厚如数承领汇兑,由京城银号以足

* 据《光绪朝硃批奏摺》,第71辑,第70页。

色库平解赴户部交纳，拨充顺天备荒经费之用”等情，详请奏咨前来。臣复核无异，除缮咨发交该号商蔚泰厚承领汇解并咨部外，理合会同湖广总督臣张之洞附片具奏，伏乞圣鉴。谨奏。

硃批：“户部知道。”

奉派认还英德借款光绪廿四年八月应解银两片*

（光绪二十四年八月二十六日）

再，准户部咨：“奏《每年应还俄法、英德两款本息，数巨期促，拟由部库及各省关分别认还》各摺、片，于光绪二十二年五月初八日奏，本日均奉旨：‘依议。钦此。’”刷印原奏清单，咨行来南，当经转饬遵照依限筹解，业将光绪二十二、三两年认还英德一款共计银二十八万两，均经分限如数解清，并已筹解光绪二十四年二月、五月限期银七万两，先后奏咨各在案。兹据善后、厘金各总局并藩司、粮、盐二道等会详称：“今查二十四年分应解英德一款八月限期已届，不得不竭力筹解，以免贻误。拟请在于茶糖百货加抽二成厘金项下借拨库平银三万五千两，又汇费银五百二十五两，于光绪二十四年八月十四日发交乾盛亨、协同庆、蔚泰厚三商号各承领银九千两，百川通商号承领银八千两，均限于是月二十九日汇解江海关查收，守候库收批照回销，以期迅速而济要需”等情，详请奏咨前来。臣复核无异，除咨户部外，所有湖南省奉派认还英德一款，本年八月限期应解银两汇解江海关道查收缘由，理合会同湖广督臣张之洞附片具陈，伏乞圣鉴。谨奏。

硃批：“户部知道。”

---

* 据《光绪朝硃批奏摺》，第 82 辑，第 880 ~ 881 页。

请以高联壁调补长沙令摺*

(光绪二十四年八月二十八日)

头品顶戴湖南巡抚臣陈宝箴跪奏,为省会首邑要缺需员,拣选调补,以资治理,恭摺仰祈圣鉴事:

窃照湖南长沙县知县张祖良于光绪二十四年六月十一日丁忧遗缺,应以丁忧本日作为开缺日期,归六月分截缺,咨部在案。查长沙县知县系省会首邑,冲、繁、难兼三要缺,例应在外拣选题补。定例:"应题缺出,先尽候补正途人员题补,无人,准以应升人员题升,如实无合例堪以题升之员,始准于现任人员内拣选调补;又调补州县以上官员,必于本任内历俸三年以上,方准拣选调补;又现任要缺之员,概不得藉词员缺更为紧要另行更调,其有必须更调者,查系由三项要缺更调四项要缺及最要之缺,或由四项要缺及最要之缺更调附省会首邑,该员委非另有不合例事故,即行议准;又首府、首县缺出,应令于通省正途人员内拣选调补;又州县以上再调人员,除初调任内罚俸处分毋庸核计外,其前任内应缴罚俸银两,必须按限逐案完缴后,方准再赴调任"各等因。今长沙县知县缺为省会首邑,政务殷繁,时有发审案件,必须精明干练之员,方足以资治理。南省虽有候补正途人员,均与是缺人地不宜,亦无合例堪以题升之员,自应于现任正途人员内拣选调补。

臣与藩司俞廉三、臬司李经羲逐加遴选,查有湘乡县知县高联璧,年四十六岁,四川乐山县人,由同治十二年癸酉科拔贡,甲戌科朝考一等第三名,引见,奉旨:"以七品小京官用。钦此。"签分户部浙江司行走,到部期满,奏留授为七品小京官,遵例捐免历俸。光

---

* 据《光绪朝硃批奏摺》,第13辑,第447~448页。

绪四年奏留作为额外主事，五年在湖南协黔捐局遵例加捐五品衔，三次俸满，拟请作为候补主事。十一年五月遵海防新例改捐知县双单月选用，呈请离署。十二年十一月在广东遵海防例加捐新班即选用。十三年五月分签掣湖南兴宁县知县，引见，奉旨："湖南兴宁县知县员缺，著高联璧补授。钦此。"领凭起程，是年九月十二日到省，十二月初三日到任。光绪二十一年准调湘乡县知县，二十三年十二月初十日到任。臣详加察看，该员朴实果毅，坚忍耐劳，以之调补长沙县知县，洵堪胜任，与例亦属相符。据藩、臬两司会详前来，相应奏恳天恩，俯念省会首邑要缺需员，准以湘乡县知县高联璧调补长沙县知县缺，实于治理有裨。如蒙俞允，该员系现任知县，请调知县，衔缺相当，毋庸送部引见。再，该员由兴宁县知县调补湘乡县知县，今复调补长沙县知县，系属再调人员，其前任内罚俸案件另册开报。所遗湘乡县知县系繁、疲、难要缺，例应在外拣选题补，俟奉准部复，照例截缺，拣员请补。

谨会同湖广总督臣张之洞恭摺具陈，伏乞皇太后、皇上圣鉴，敕部核复施行。谨奏。

硃批："吏部议奏。"

夏献铭委署湖南臬司片*

（光绪二十四年八月二十八日）

再，湖南按察使李经羲钦奉谕旨升授福建布政使，应即交卸起程，新任按察使蔡希邠到任尚需时日，所遗按察使篆务亟应委员暂行接署，以重职守。查有候补道夏献铭，器识宏深，办事稳练，堪以署理。除檄饬遵照外，谨会同湖广总督臣张之洞附片具陈，伏乞圣

---

* 据《光绪朝硃批奏摺》，第13辑，第449页。按：此片当为上摺之附片。

鉴。谨奏。

硃批:"知道了。"

代奏李经羲因病乞假片*

(光绪二十四年八月二十八日)

再,臣据新授福建布政使湖南按察使李经羲禀称:"上年入觐,出京较迟,隆冬航海,陡患寒疾,医治未痊,扶病回籍,修理祖墓。维时假期业经届满,不及调养,匆促来湘,即奉奏署藩司篆务,黾勉奉职,况瘁弗辞。迨回臬司本任,事繁责重,兼之厘金关系通省度支,杜弊稽征,益苦庞杂,力疾支持,幸无贻误。今夏酷热异常,炎暑郁蒸,真阴亏损,加患怔忡惊悸之证,据医者言:'实由病后积劳所致,必须静摄数月,多服补剂,方可就痊;否则药力无功,将成不治之症。'私心危惧,尤恐万难勉支,贻误职守,曾经据情禀恳奏明开缺,迭承慰勉未允。正拟再申前请,适奉谕旨补授福建布政使,闻命彷徨,莫知所措。窃维臣子不欺之义,原应输悃吁陈,只以新命甫申,受恩深重,值此时局艰难,正宜捐糜顶踵,勉图报效,曷敢顾惜微躯,坚求引退?惟念闽省为滨海岩疆,政务繁难,实非病体所能勉胜,且身抱沈疴,遽尔远涉风涛,亦恐困顿中途,不能即履新任,欲速反迟,转增咎戾。伏念此次仰蒙简擢,业经具摺恭谢天恩、奏请陛见,即日迎摺北上,必须道经安徽原籍,惟有呈请据情奏恳圣恩,除去往返程途,准予给假两月,俾得在籍安心医治,一俟假满病痊,即当遵旨迅速就道"等情。据此,臣复加查核,所禀均系实在情形。该藩司此次来湘,本属患病未愈,在署藩司任内,日夕勤劳,倍形困顿,迭经禀请奏开臬司本缺,回籍调治,经臣再三勉留,暂复

---

* 据《光绪朝硃批奏摺》,第13辑,第449~450页。按:此片似同为上摺之附片。

力疾从事。兹复渥蒙恩擢，感激图报之忱，本不敢再申前请，惟该藩司器识才具久在圣明洞鉴之中，平日办事不辞劳瘁，苟可勉力支持，断不致稍涉推诿，但以病躯遽尔远涉，诚恐因之益剧，转难图报将来。该藩司年方壮盛，倘因便道回籍，藉资调理，当较易于就痊。合无吁恳天恩，俯准除去往返程途，赏假两个月，俾得在籍安心医治，一俟假满病痊，即行遵旨就道。

所有升授福建藩司李经羲因病乞假缘由，谨附片具陈，伏乞圣鉴。谨奏。

硃批："已有旨。"

〖附〗光绪二十四年七月廿三日上谕*

谕军机大臣等："电寄陈宝箴：翰林院侍读学士陈兆文奏'湖南在籍举人王闿运才兼体用，于中西法政之要靡不周通，请特旨召对'等语，著陈宝箴令其来省察看，该举人品学、年力是否尚堪起用，迅速电奏。"

以湖南按察使李经羲为福建布政使，调广西按察使蔡希邠为湖南按察使，以云南迤西道张廷燎为广西按察使。

曾纪凤专祠落成奏恳列入祀典片**

（光绪二十四年八月二十八日）

再，据代理湖南邵阳县知县盛弼详称，据追赠太子少保衔花翎头品顶戴赏穿黄马褂伯奇巴图鲁原任云南藩司曾纪凤之子荫生曾

---

* 据《清实录·德宗景皇帝实录》，见《清实录》，卷四二五，第 573 页。按：以李经羲为闽藩之谕另见《光绪朝东华录》，第四册，总第 4183 页。

** 据《光绪朝硃批奏摺》，第 29 辑，第 376 ~ 377 页。

广间禀称:“缘生亲父系邵阳县人,殁年四十八岁。由附生于咸丰九年在籍办团守城,解围后投效楚军,随援广西、湖北、四川、广东、贵州、云南等省,先后委充总理营务,统带定武等营,督兵剿办各股发逆及苗、回各匪,迭克城寨,递保今职。于光绪十四、十五两年,在滇藩任内,以母老一再呈请终养开缺。旋丁母忧,扶榇归里。先因军营积劳过重,伤疾举发,医调罔效,遽于十六年十月二十七日在籍病故。十九年九月初三日,经云贵总督臣王文韶等合词具奏《原任藩司曾纪凤政绩卓著,遗爱在民,恳恩宣付史馆立传,以表循良》一摺,十月初二日奉硃批:‘著照所请,该衙门知道。钦此。’二十一年三月二十五日,复经护理湖南抚臣王廉《奏恳敕部从优议恤,宣付史馆立传,并于本籍及各立功省分建立专祠》一摺,是年四月十七日奉上谕:‘王廉奏《在籍藩司曾纪凤积劳病故,吁恳议恤》一摺。已故云南布政使曾纪凤,于咸丰、同治年间,转战湖南、湖北、广东等省,迭克名城,功绩卓著,前因告养开缺回籍,旋即因病身故,著照军营立功后积劳病故例从优议恤,生平战功事实宣付史馆立传,并准其于本籍及各立功省分建立专祠,以彰荩绩。该衙门知道。钦此。’二十二年正月二十五日,接准吏部咨:具奏‘头品顶戴原任云南布政使曾纪凤在籍病故,奏请从优议恤’,已钦奉谕旨允准,应即钦遵办理。查该故员官阶顶戴各案,均属相符,应请将头品顶戴前云南布政使曾纪凤,照军营积劳病故例,按头品顶戴从优,加增太子少保衔;并照布政使实官,荫一子,入监读书六月,期满,以知州注册候诠。光绪二十一年十一月二十二日奏,奉旨:‘依议。钦此。’行文来湘,转饬到县传知,奉此。生遵于本籍县城采购基地建立专祠,业经告竣,理合禀乞详明,奏恳敕部立案,列入祀典,并颁发祭文,岁时由地方官春秋致祭,以彰皇恩”等情,由县详请奏咨前来。

臣复查原任云南藩司曾纪凤，自咸丰年间以诸生从戎，随援鄂、粤、川、广，转战滇、黔等省，屡克苗寨，力保危城，久历艰险，用能卓著成功，且历任均有政绩，遗爱在民，久邀圣明洞鉴。兹蒙恩准本籍建立专祠，现值祠宇落成，相应据情奏恳天恩，俯准饬部立案，以表忠勤而隆报飨。除分咨礼、工部查照外，理合附片具陈，伏乞圣鉴。谨奏。

硃批："著照所请，该部知道。"

刘榆生续完银两请扣除免议片*

（光绪二十四年八月二十八日）

再，湖南省各属经征光绪二十三年南秋米折、驴脚银两奏销案内，未完一分以上各员名，业经臣开单汇奏在案。兹据粮储道但湘良详称："查有原参未完南米三分之署临湘县知县刘榆生，现催据续完南米五百八十四石三斗九升五合九勺，折银三百八十五两，于光绪二十四年七月二十三日弹收存库，俟造入二十五年春拨册内报部。该员甫于开单奏报后随催据续完南米，计算已完二分一厘，未完不及一分，例得随案扣除免议，其未完不及一分米石仍由道严催扫数完解，归入奏销本案，循例造册详题"等情，详请具奏前来。臣复核无异，相应奏恳天恩，俯准饬部将原参经征未完南米三分之署临湘县知县刘榆生职名随案扣除免议。除咨户部外，理合附片具奏，伏乞圣鉴。谨奏。

硃批："户部议奏。"

---

* 据《光绪朝硃批奏折》，第 71 辑，第 40 页。

奏报光绪廿三年秋冬两季及加抽厘金收支数目摺*

(光绪二十四年八月二十八日)

头品顶戴湖南巡抚臣陈宝箴跪奏,为开报光绪二十三年秋冬两季分抽收厘金及二十三年分加抽厘税解支各款,恭摺仰祈圣鉴事:

窃照前准户部咨:"各省抽收厘金未能按限报部,奏请饬照两淮盐厘格式,自同治十二年正月起,按半年开报一次。钦奉谕旨允准,咨行遵照。"业将同治十二年正月起至光绪二十三年六月底止收支厘金银钱各数,按次开单奏报;又光绪二十年十二月因海防告警,需饷浩繁,钦奉谕旨饬加茶糖厘金,经前护抚臣王廉奏请将百货厘金一律加抽二成,并将光绪二十一、二年加抽二成厘金收支银钱各数汇案奏报;又光绪二十二年八月钦奉谕旨重收烟、酒税厘,经臣奏请将烟、酒二项各于常额之外酌加三成厘金,是年十一月准户部咨:"烟、酒酌加厘金三成,仍于各厘金项下开报"各在案。兹据总理厘金局务布政使俞廉三、按察使李经羲等,将厘金项下自光绪二十三年七月起至十二月底止,并光绪二十三年分加抽百货二成及烟、酒三成各厘金,查明各局卡经收银钱、解拨支用各数目,分晰开具四柱清册,详请奏咨等情前来。臣复核无异,除清册咨送户部外,理合缮单恭摺具奏,伏乞皇太后、皇上圣鉴。谨奏。

硃批:"户部知道,单并发。"

---

* 据《光绪朝硃批奏摺》,第78辑,第146~147页。

遵旨筹办团练摺(摘录)*

(光绪二十四年八月二十八日)

商同司道,派委在籍前山东布政使汤聘珍于省城设局,就原任大学士臣曾国藩定章参酌举办。

〖附一〗光绪二十四年九月廿三日上谕**

湖南巡抚陈宝箴奏:“遵旨筹办团练,委在籍前山东布政使汤聘珍总理其事。”又奏:“安乡县盗匪滋事,旋即扑灭。”均报闻。

〖附二〗俞廉三:遵办团练保甲复陈大概情形摺***

(光绪二十五年正月二十二日)

头品顶戴湖南巡抚臣俞廉三跪奏,为遵办团练、保甲,复陈大概情形,恭摺仰祈圣鉴事:

窃查光绪二十四年九月二十二日钦奉懿旨:“从来君臣一体,上下同心,凡遇地方应办事宜,虽在官为之倡,尤赖绅民共为襄理,方克相与有成。即如团练、保甲各事,似属故常,若能实力奉行,有利无弊,保甲则常年足以弭盗,乡团则更番训练,久之民尽知兵,足为缓急之恃。著各省速即举办,切勿虚应故事,属在苍生,必能仰体,不惜财力,亟图保卫乡闾之计等因。钦此。”

遵查保甲为安良弭盗善政,而其要尤在不间断、不纷扰,历来定章虽多,以乾隆年间汪辉祖任宁远、道州时所行之法最为简要。

---

* 陈宝箴原摺未能觅见,此据俞廉三光绪二十五年正月二十二日《遵办团练保甲复陈大概情形摺》(详附二)摘录。

** 据《清实录·德宗景皇帝实录》,见《清实录》,卷四三〇,第646~647页。

*** 据《光绪朝硃批奏摺》,第53辑,第49~50页。

湘省历办保甲,各有定章,繁简不一,现仍查照同治十年前湖广总督臣李瀚章奏设保甲总局原定章程,仿其大意,重为厘订,实力奉行,以资持久,责令府州严为督率,由臣随时派员抽查。

至团练事宜,业经前抚臣陈宝箴于上年八月二十八日奏明:"商同司道,派委在籍前山东布政使汤聘珍于省城设局,就原任大学士臣曾国藩定章参酌举办"在案。臣接任后,叠奉懿旨,兼及渔团,复经历次钦遵饬办,并与汤聘珍不时晤商。举办之要,盖有数端:一在得人。必以公正殷实绅士、素孚乡望者总领其事,各乡之团正、团副即责成选举,不得其人,暂行从缓,万勿迁就滋弊。一在筹费。或捐银钱,或捐谷石,各听其便,不准抑勒,然亦不得推诿支用,务从撙节,大致不外乎富者出资、贫者出力。旧章:一、选教习。必择本处良民之有身家而通晓技艺者,本团无人,延诸邻团,若再无人,即由各防营酌派。一、练团丁。必择朴实农民,其寄居无业者,不得入选。名数多寡,各视本团物力为率。一班练成之后,另选一班,更番教练,庶有用者较多。一、备器械。火器本为民间所不应蓄,既练则不能不备。拟就军装局所存之旧来福枪可修理者,交在省总局设厂修整,转发各属,临操领取,平时封存,不准私动。铜帽购买不易,必须官发,较土枪易为稽查。馀械自备。旗帜各团略制一二,以资辨认,无须华丽饰观。其滨临河湖地方,居民多以捕鱼为业,将所有渔船编列号次,与民团一体教练稽查。至于讲求树艺、安插游民、清查飘匪、保护教堂,均列章程之内。现在长沙、善化、湘阴、浏阳、湘潭、宁乡、攸县、安化、邵阳、新宁、武冈、道州、衡山、安仁、平江、武陵、桃源、龙阳、安乡、石门、慈利、永定各州县,并永州、宝庆、郴州全属,均已选举有人。其中,长沙、善化、浏阳、攸县、安化、新宁、衡山、零陵、道州、平江、武陵、桃源、龙阳、安乡、石门、永定、晃州各厅州县,均已办有规模。此外各厅州县,虽据陆续禀复，或甫经开手，或尚未得人，臣仍商之汤聘珍，广为延访，并饬各该地方官自行选举，速为办理，以期一律告成。

大抵湘省民团，各属相沿未废，而抽练则自肃清后停办有年。然如永州，地逼粤疆，去岁边防尚有藉于民团声势；安乡焚署劫狱之案，即时获犯多名，亦颇得团练之力；近日美工师勘路过境，臣虑团众或有扞格，是以预饬各地方官带同团绅等照料保护，竟能整队弹压，故乡民聚观，一无哗噪，沿途得以安静，长沙、善化、湘阴三处尤属整齐。即此三事以观，亦足征其小效。除将章程咨送军机处外，理合恭摺具奏，伏乞皇太后、皇上圣鉴。谨奏。

硃批："知道了。仍著随时认真整顿，务求实效，毋致日久玩生。"

安乡盗匪拒捕滋事旋即扑灭片*

（光绪二十四年八月二十八日）

再，臣据署湖南岳常澧道唐真铨、澧州直隶州知州郑立诚等禀报："盗匪王梦生在湖北松滋县地方犯案脱逃，经松滋县佥派丁差跟踪蹑捕，光绪二十四年八月十一日在安乡县属东保垸内将王梦生拿获。随有匪党潘永怀等纠约匪党数百人拦途打夺，杀毙丁役，将王梦生劫回，自知罪重难逃法网，遂至东保垸对河之焦圻市，竖旗发号，掳掠滋事"等情，臣即飞饬水陆防营，及移会岳州镇加派长江水师，会同地方文武员弁上紧围拿。维时署安乡县知县胡鑑莹闻警，带领团丁及选锋水师右营炮船前往焦圻掩捕，讵匪党即于十四日掳掠民船，乘风利绕扑安乡县治，该县本无城垣，致被匪徒放火焚烧衙署、民房。经驻泊该县左近之选锋右营副将赵荣辉率勇

* 据《光绪朝硃批奏摺》，第 119 辑，第 364 ~ 365 页。

迎击,适胡鑑莹偕水师哨弁张金标、李万春跟追回县,会合围攻,匪旋奔溃四散,管带强字二旗副将高德华随后赶到,与安乡汛把总苏俊灼、典史周维屏等各带兵团会合兜拿,将匪逼入新镇垸内,先后擒获匪首潘永怀、刘定阳等及匪党八十余名,斩馘百余名,夺获旗帜、刀矛多件,馀匪随各溃散。除严饬该营、县等上紧缉拿,务将在逃首要匪犯悉数弋获,尽法惩处,一面查明仓库、监狱有无疏失,分别办理外,现在地方一律安靖,堪以仰慰宸廑。

所有安乡县盗匪拒捕滋事旋即扑灭缘由,谨会同湖广总督臣张之洞附片具陈,伏乞圣鉴。谨奏。

硃批:"知道了。"

〖附一〗光绪二十四年九月廿三日上谕(节录)*

〈湖南巡抚陈宝箴〉又奏:"安乡县盗匪滋事,旋即扑灭。"均报闻。

〖附二〗俞廉三:奏陈汇拿纠众夺犯毁署盗匪情形并请将疏防文武各员分别惩处摺**

(光绪二十四年十月初三日)

头品顶戴湖南巡抚臣俞廉三跪奏,为盗匪纠众夺犯滋事、焚毁县署、纵逃罪囚,旋即扑灭,续派兵勇会拿,并将疏玩文武各员分别参处,恭摺仰祈圣鉴事:

窃查前抚臣陈宝箴接准督臣张之洞电知:"松滋县兵役赴湖南

---

* 据《清实录·德宗景皇帝实录》,见《清实录》,卷四三〇,第646~647页。

** 据《光绪朝硃批奏摺》,第119辑,第365~367页。

安乡县缉犯，匪徒聚众杀差，竖旗生事"，随据署岳常澧道唐真铨、澧州直隶州知州郑立诚及各营县先后禀报："光绪二十四年八月十一日，松滋县佥派家丁、兵役，在于安乡县属东保垸地方，拿获民人陈太和被抢案内逃犯王梦生等，带至对岸焦圻市团局。正拟解回，该犯本系会匪渠魁，随有匪党潘永怀、刘竹亭等纠集匪徒三四百名赶至局内，杀毙团丁一名、松滋县家丁陶福、兵役余志明等十一名，将王梦生劫去，夺取团防军器，竖旗向各店铺勒索钱米，沿河掳掠商船，声言欲往松滋报雠。署安乡县知县胡鑑莹闻警，即会同安乡汛把总苏俊灼带领兵役，移拨炮船二号，赶往掩捕，并谕令团绅召募丁壮至县防范，一面禀知澧州移调防勇来县策应。该处在县北九十里，港汊交织，并无陆路可通，适值北风迅厉，舟行迟滞，匪党乘风扬帆，顺流直下，中途焚毁大湖口厘卡，遂扑县治。胡鑑莹阻遏不及，当即折回，跟踪追捕。十三日夜半，匪船驶抵县河，舍舟登陆，该县典史周维屏率同家丁、差役悉力抵御，被匪石伤额角，力竭不支。匪党纵火焚烧民房，延及县署。胡鑑莹、苏俊灼偕水师哨弁张金标等，并澧州移拨之管带强字二旗副将高德华，澧州营派往之千总王丙晴，该县团绅万瀛贤，各带兵勇、团丁，先后赶到，知会管带选锋水师右营副将赵荣辉带勇前来，会合夹击，匪势穷蹙，窜伏新镇垸堤内。兵勇并力围攻，格杀抗拒悍匪三十余名，擒获匪首潘永怀(即潘锟)、刘定阳、胡耀亭、蔡九维、杨老六等，并匪党八十余名，讯明分别惩办。内有被胁良民，立予省释。查勘县署，被毁大半，仅存房屋数间；被杀更夫一名、平民四名；在监已入本年秋审绞犯罗树堂、张启沨被匪纵逃；所有县中仓库与儒学、典史衙署，均无损失；其余商民亦幸未遭扰害。"所有大概情形，业经前抚臣附奏在案。

臣接任后，复准督臣电商："以匪徒虽经扑灭，而情形过悍，伙党甚繁,匪首在逃,根株未绝,若任漏网稽诛,恐贻后患,派游击蒋声耀带勇百名、炮船四号,会同湖南兵勇、团绅查缉,只在专拿匪首,不在多杀,亦不准藉以扰民”,由臣加派统带选锋水师绥靖镇总兵陈海鹏亲率师船,并抽拨亲军中旗陆勇百名,统交管带,前往安乡县会合搜捕,务将首要匪犯弋获惩治。其被诱入会与胁同拘捕之人,准其缴飘首悔,勿稍株连,以安反侧。

查安乡地方本无城垣,该署县胡鑑莹到任甫及月余,先未准松滋县移知会缉,猝闻匪警,驰往捕拿,讵值风劲水逆,致被匪徒乘虚窜扑县治,旋即赶回,会营督团,立将匪党击溃,擒斩多名,办理尚非不力,惟衙署被毁,疏脱狱囚,与管狱官典史周维屏均难辞咎。据藩、臬两司暨该管道州揭参前来,相应请旨将署安乡县知县胡鑑莹、安乡县典史周维屏先行交部照例议处,仍勒缉逃犯、逸匪,限满有无弋获,再行开参。至副将赵荣辉,管带水师驻防县河,当胡鑑莹知会防范之初,并不及早开赴上游,悉力堵御,致令匪徒得以顺流抵县,事后复敢铺张功绩,争先禀报,希图掩饰,玩怯巧诈,已难姑容,且查其平日纪律不严,深滋民怨,尤宜从严惩处,相应一并请旨将补用副将赵荣辉即行革职,以肃戎行。

谨会同湖广总督臣张之洞恭摺具奏,伏乞皇太后、皇上圣鉴。谨奏。

硃批:“另有旨。”

〖附三〗光绪二十四年十月廿四日上谕*

谕:“俞廉三奏《汇拿纠众夺犯毁署盗匪,请将疏防文武各员分别惩处》一摺。湖南安乡县盗匪潘永怀等纠众劫夺伙犯王梦生,杀

* 据《光绪朝东华录》,第四册,总第4265页。

毙团丁、兵役多名，并纵火焚烧民房，延及县署。经署安乡县知县胡鑑莹会同营汛将潘永怀等拿获，分别惩办，尚非缉捕不力。惟衙署被毁，疏脱狱囚，该有狱、管狱各官均难辞咎①。署安乡县知县胡鑑莹、安乡县典史周恂〔维〕屏②，均著先行交部议处。补用副将赵荣辉，于胡鑑莹知会防范之初，并不悉力堵御，事后又复铺张功绩，希图掩饰，实属庸怯无能、难期振作，著先行革职，以肃戎行。仍著俞廉三督饬各营县勒缉逃犯、逸犯，务获究办，毋任漏网。馀著照所议办理。该部知道。"

汇解光绪廿三年盐斤加价等项银两备还汇丰借款片*

（光绪二十四年八月）

再，据湖南善后、厘金各总局并藩司等会详称："奉准户部电开：'本年八月二十八日应还汇丰银款，照案由湖南盐斤加价项下拨库平银四万两，汇解江海关道兑收，如加价不敷，即在三成养廉、六分减平项下如数凑足，无误还期'等因，遵查川粤盐斤二文加价一款，光绪二十一、二两年分共收湘平合三九库平银二万三千一百两，已于二十三年九月遵照部拨汇解江海关道衙门，备还汇丰银款，详经臣分别奏咨在案。兹奉电拨前因，自应遵照。伏查抽收川粤盐斤二文加价一款，光绪二十三年分仅存湘平三九合库平银一万二千六百七十六两四钱三分七厘，又预提二十四年分湘平三九

① 《光绪朝东华录》于此句中之"有"字标明有误，惟未作改正。按："有狱、管狱各官"亦通，似无误。

② "维"，据上录陈宝箴原片校改。

* 据《光绪朝硃批奏摺》，第82辑，第886～887页。

合库平银五千三百二十三两五钱六分三厘,共计盐斤加价项下筹提库平银一万八千两,又在藩库三成养廉款内开支库平银二万二千两,合共凑足库平银四万两,于本年八月十八日发交协同庆、蔚泰厚、乾盛亨各商号电汇江海关道衙门核收,备还汇丰借款。限于八月二十八日交兑,由局电知该关道查照,以期迅速,免误还期。又附汇费湘平银六百两,应并在二十四年所收盐斤加价项下开支。至减平一款,前次详经奏准留作凑还俄、法、英、德四国借款,势难再作他项支用,现在尚有奉拨每年协济福建船政衙门银十万两,应如何挪款移缓就急,筹措尚无端绪。总之,湘省财源实形枯竭,入款愈少,出款愈增,每奉拨款,司道局库无不悉索一空。本年应协滇、黔各省协饷分厘未解,瞬届九月限期,又应还俄法洋款及协济甘肃新饷共计银十万四千两急需筹解,乏术补苴。此次奉拨解还汇丰借款,实因期限綦迫,刻不容缓,不得不于万难设法之中竭力挪凑,免误要需"等情,详请奏咨前来。臣复核无异,除咨户部查照外,所有湖南盐斤加价及三成养廉两项内共拨凑库平银四万两,交商号汇解江海关道兑收,备还汇丰银款缘由,理合会同湖广总督臣张之洞附片具陈,伏乞圣鉴。谨奏。

硃批:"户部知道。"

光绪廿三年带征节年旧赋钱粮数目摺*

(光绪二十四年九月初七日)

头品顶戴湖南巡抚臣陈宝箴跪奏,为查明光绪二十三年分带征十四、十五、十六、十七、十八、十九、二十、二十一、二十二等年旧赋钱粮完欠数目,开列三年比较清单,恭摺仰祈圣鉴事:

---

* 据《光绪朝硃批奏摺》,第 68 辑,第 150 ~ 151 页。

窃查各省每年征收钱粮已、未完数目，应列三年比较，于奏销截数后开单奏报。湖南省尚〔向〕将带征节年旧欠开具原欠分数①，汇同征收新赋，分开比较清单，并案具奏。光绪九年十二月内接准部咨："行令于奏报九年分旧赋比较，务将带征节年欠赋全数开列，统以十分计算，其比较上三年已、未完分数，亦统将历年旧赋核计，不得仅以原欠分数计算"，又准部咨："嗣后奏报旧赋，毋庸将新赋重复开列，以归画一"各等因，先后行司遵办在案。兹据湖南布政使俞廉三详称："查自光绪六年起至十三年底止，民欠未完银两遵奉恩诏豁免。今将光绪二十三年分应行带征光绪十四、十五、十六、十七、十八、十九、二十、二十一、二十二等年民欠未完银二十二万六千一百六两六钱六分，内督催已完银二万六千七十六两三钱四厘，尚有未完银二十万零三十两三钱五分六厘，比较光绪二十年，计少完银三厘；比较光绪二十一年，计少完银一厘；比较光绪二十二年，银数相符。除于奏销案内分晰造册，另行详请题报外，呈请核奏"等情前来。臣逐加查核无异，理合遵照部颁程式，开具光绪二十三年带征十四、十五、十六、十七、十八、十九、二十、二十一、二十二等年旧赋钱粮三年比较清单，专案恭摺具奏，伏乞皇太后、皇上圣鉴。谨奏。

硃批："户部知道，单并发。"

光绪廿三年新赋钱粮数目摺*

（光绪二十四年九月初七日）

头品顶戴湖南巡抚臣陈宝箴跪奏，为恭报光绪二十三年新赋

---

① "向"，系编者据光绪二十一、二十二年带征节年旧赋钱粮数目各摺改正。

* 据《光绪朝硃批奏摺》，第68辑，第152～153页。

钱粮数目,仰祈圣鉴事:

窃照奏销钱粮,例应将征完数目专摺奏明,历经遵办在案。兹据藩司俞廉三、粮储道但湘良查明湖南省光绪二十三年分奏销应征地丁、漕项等银完欠数目,分别开单具详前来,臣逐加查核,湖南省光绪二十三年分额征民屯、地丁、起运、存留、驿站、芦课正耗等项钱粮,共银一百二十五万一千七百七十八两四钱六分八厘。内除酃县、益阳等厅州县并岳州卫被水案内蠲免银九千三百九十四两四钱六分一厘八毫,又除湘阴等厅州县并岳州卫被水案内缓征银三万三百七十六两一钱九分六厘二毫,实应征银一百二十一万二千七两八钱一分,内已完银一百一十四万九千四两五钱四分六厘,未完银六万三千三两二钱六分四厘。又漕粮项下额征米折、驴脚、随漕浅船、军安闲丁等项正耗,共银一十四万九千四百八两二钱六分三厘三毫七丝三忽六微八纤。内除湘阴等县厅并岳州等卫被水案内缓征银三千五百八十七两六钱八分九厘四毫,又坐支孤贫口粮厉祭并留供兵粮本色米折银一万一千二百九十七两九钱二分六厘一毫七丝三忽六微八纤,及未完随漕浅船、军安闲丁等银二千八百八十二两七钱六厘二毫,例应隔年奏销不计外,实应征银一十三万一千六百三十九两九钱四分一厘六毫,已完银一十二万八千五百九十一两八钱一分八毫,未完银三千四十八两一钱三分八毫。除饬藩司、粮道严饬所属将未完银两勒限催征,务期扫数全完,不准稍有蒂欠,并将各项奏销册及经征未完各官职名照例另疏题报外,理合恭摺具陈,伏乞皇太后、皇上圣鉴。

再,光绪二十二年奏销案内,原报未完起运南驴等银九万四千五百五十四两六钱六分二厘三毫四丝一忽六微八纤,已据各属于奏销后完解银四万九千七百八两二钱九分八毫,未完银四万四千八百四十六两三钱七分一厘五毫四丝一忽六微八纤。又原报光绪二十一年未完起运南驴等银四万八千一十七两六分七厘五毫，已据完解银一万六千七百五十六两七钱四分八厘八毫，未完银三万一千二百六十两三钱一分八厘七毫。又原报光绪二十年未完起运南驴等银四万二千三百三两六钱八分四毫，已据完解银一千八百五十八两八钱三分八厘八毫，未完银四万四百四十四两八钱四分一厘六毫。另行照例办理，合并陈明。谨奏。

硃批："户部知道。"

光绪廿四年八月粮价及雨水情形摺*

（光绪二十四年九月初七日）

头品顶戴湖南巡抚臣陈宝箴跪奏，为恭报八月分粮价及地方雨水情形，仰祈圣鉴事：

窃照湖南省本年七月分市粮价值并雨水情形，业经臣恭摺奏报在案。兹据布政使俞廉三查明通省八月分各项粮价，开单汇报前来。臣逐加查核，长沙等十八府州厅属米粮价值或较上月稍减，或与上月相同，豆、麦价值悉与上月相同。省城及各属地方晴雨得宜，中、晚二稻俱已刈获登场，杂粮、蔬菜一律繁茂。理合恭摺具奏，并缮粮价清单敬呈御览，伏乞皇太后、皇上圣鉴。谨奏。

硃批："知道了。"

郑炳调署华容县片**

（光绪二十四年九月初七日）

再，湖南华容县知县刘朝焜丁忧遗缺，应行委员接署。查有清

---

* 据《光绪朝硃批奏摺》，第96辑，第428页。

** 据《光绪朝硃批奏摺》，第13辑，第475页。

泉县知县郑炳,操履端谨,办事周详,堪以调署。据藩司俞廉三、署臬司夏献铭会详前来,除批饬遵照外,谨会同湖广总督臣张之洞附片具奏,伏乞圣鉴。谨奏。

硃批:"吏部知道。"

奉派认还俄法借款光绪廿四年九月解交四成银两片*

(光绪二十四年九月初七日)

再,准户部咨:"奏《每年应还俄法、英德两款本息,数巨期促,拟由部库及各省关分别认还》各折、片,于光绪二十二年五月初八日奏,本日均奉旨:'依议。钦此。'"刷印原奏清单、附片,飞咨来南。业饬司局遵将派拨认还俄法一款,自光绪二十二年九月限期起,至二十四年三月限期止,共计银二十万两,均经依限如数汇解江海关查收,先后分别奏咨在案。兹据湖南善后、厘金各局及藩司、粮、盐二道等会详称:"光绪二十四年分应解俄法一款九月限期已届,不得不竭力筹解,以免贻误。现拟请在于茶糖百货二成厘金及司库减平项下动支银四万两,又汇费银六百两,于光绪二十四年九月十五日发交乾盛亨、协同庆、蔚泰厚、百川通四商号各承领银一万两,均限于是月三十日汇解江海关道兑收,守候库收批照回销,以期迅速而济要需"等情,详请奏咨前来。臣复核无异,除咨户部外,所有湖南省奉派认还俄法一款,限本年九月内解交四成银两,汇解江海关查收缘由,理合会同湖广总督臣张之洞附片具陈,伏乞圣鉴。谨奏。

---

* 据《光绪朝硃批奏折》,第 82 辑,第 904~905 页。按:上奏时间系编者推断。

硃批:"户部知道。"

沥陈悚感下忱并交卸湘抚日期摺*

（光绪二十四年九月十七日）

革职永不叙用湖南巡抚臣陈宝箴跪奏,为沥陈微臣悚感下忱并交卸日期,恭摺叩谢天恩,仰祈圣鉴事:

窃臣恭阅邸钞,光绪二十四年八月二十一日奉上谕:"湖南巡抚陈宝箴,以封疆大吏滥保匪人,实属有负委任,著即行革职,永不叙用。伊子吏部主事陈三立,招引奸邪,著一并革职等因。钦此。"又于九月十六日准吏部咨:"光绪二十四年八月二十二日奉上谕:'湖南巡抚著俞廉三补授等因。钦此。'"跪诵之下,悚感交并。伏念臣以驽劣下材,渥蒙恩遇,洊擢疆圻,既报称之毫无,实愆咎之丛集,效忠有愿,救过无方。益以近年以来,两撄剧疾,事会所迫,神识逾衰。上负生成,下惭瘝瘝。乃蒙圣慈宽其严谴,仅加臣父子以薄惩,从此阖门仰被皇仁,永共戴恩施于殁齿,悚惶无地,感刻难名。谨于九月十七日将巡抚关防、王命旗牌、文卷等件,委长沙府知府颜钟骥、署抚标中军参将杨定得,赍送新任抚臣俞廉三祗领,臣即于是日交卸回籍。

所有沥陈微臣悚感下忱并交卸日期缘由,谨专摺叩谢天恩,伏乞皇太后、皇上圣鉴。谨奏。

光绪二十四年十月初七日奉硃批:"知道了。钦此。"

---

* 据《戊戌变法档案史料》,第483页。按:原题作《湖南巡抚陈宝箴摺》,题下注:"(军)光绪二十四年九月十七日。"

〖附一〗光绪二十四年八月廿一日上谕*

又谕:"湖南巡抚陈宝箴,以封疆大吏滥保匪人,实属有负委任,陈宝箴著即行革职,永不叙用。伊子吏部主事陈三立,招引奸邪,著一并革职。候补四品京堂江标、庶吉士熊希龄,护庇奸党,暗通消息,均著革职,永不叙用,并交地方官严加管束。"

〖附二〗俞廉三:奏报湘抚到任日期并吁请入觐摺**

(光绪二十四年九月十九日)

头品顶戴新授湖南巡抚臣俞廉三跪奏,为恭报微臣到任日期,叩谢天恩,仰祈圣鉴事:

窃臣于光绪二十四年九月十六日接准吏部咨:"八月二十二日内阁奉上谕:'湖南巡抚著俞廉三补授等因。钦此。'"闻命自天,惶悚无地。旋于十七日准前抚臣陈宝箴将关防、文卷、王命旗牌,委长沙府知府颜钟骥、署中军参将杨定得赍送前来,臣当即恭设香案,望阙叩头,祗领任事讫。

伏念臣洊陟两司,甫逾三载,驽庸莫策,报称毫无,值此时艰,弥惭忝窃。兹乃渥承恩命,擢授岩疆,在知遇之深、委寄之重,诚感激以涕零,而任过其材、位逾其量,倍抚躬而渊惕。查湖南地接边隅,事繁财绌,现当粤西剿匪,外防铤突而内消伏莽,在在须严,且

* 据《清实录·德宗景皇帝实录》,见《清实录》,卷四二八,第615页。按:此谕另见《光绪朝东华录》,第四册,总第4216页。

** 据《光绪朝硃批奏摺》,第13辑,第489~490页。

岳州开埠有期，事属创始，民情素多固执，中外之成见颇深。臣于兵事、商情未能自信，才疏望浅，尤惧弗胜，虽竭虑以图维，恐难宽夫陨越，惟当戒虚饰、求镇静，确核吏治，培元气以定民心，精察防营，除积习以实军伍。遇事咨商督臣，率先司道，认真求是，勉矢慎勤，不敢稍涉怠忽，以冀上答高厚鸿慈于万一。

再，臣今春到京，两蒙召见，叠荷训辞，载以驰驱，实获圭臬。兹者叨膺重任，例应泥首阙廷，惟有吁恳恩施，俯准入觐，俾得跪聆懿训、祗服圣谟，庶遵守有资，益沐生成之德，瞻依幸遂，藉抒倾向之诚。仰望恩光，莫名恋悃。如蒙俞允，一俟实任藩司到省，即行北上。

所有微臣感激下忱，暨到任日期，并吁请陛见缘由，理合恭摺叩谢天恩，伏乞皇太后、皇上圣鉴训示。谨奏。

硃批："著来见。"

〖附三〗俞廉三：遵旨筹解福州船厂经费摺*

（光绪二十四年十月初五日）

头品顶戴湖南巡抚臣俞廉三跪奏，为遵旨筹解福州船厂经费，恭摺仰祈圣鉴事：

窃查接管卷内，光绪二十四年七月初三日准军机大臣字寄："六月初十日奉上谕：'国家讲求武备，非添设海军、筹造兵轮，无以为自强之计。兹召见裕禄，询以福州船厂情形，据奏：'工匠、机器一切均足以资兴造，惟所需款项较巨，必须另筹的款，按年拨解，庶足备制造船、炮之用。'著各该将军、督抚遵照单开指拨数目，妥筹办理。倘指款实有不敷，除应解各项京饷及应还洋款不准擅动外，

* 据《光绪朝硃批奏摺》，第61辑，第504～505页。

其余无论何款,准其移缓就急,如数拨解,不准托词延宕等因。钦此。”钦遵寄信到湘,当经前抚臣陈宝箴札行司局筹解。维时臣在藩司任内,当即会同善后局司道详细稽查,悉心筹画。奈湖南库款素非宽裕,丁漕解支各有定额,所赖以补苴者,惟恃厘金为大宗,厘税之中,尤以茶厘为巨款,近来茶销疲滞,茶厘所入远不如前。其余百货厘金虽加二成征收,而连年水旱荐臻,民生困惫,贸易因以凋零。入款逐渐减少,而协拨各项以及添练新军购制器械,出款岁有所增,均系必不可少之项。司道各库罗掘已空,实属万分支绌。惟添造兵轮关系自强至计,不敢不尽力筹措,以期无误要需。再四酌商,拟于无可设法之中作勉强腾挪之举,请在三成养廉项下先行筹解银三万两;并以下余银七万两现实无款可筹,能否续解,殊无把握,容再详细熟商,另行详办。先后会同善后总局司道详请奏咨。陈宝箴未及核办,适值卸事,移交到臣。旋准福州将军臣增祺电咨屡催,兹于光绪二十四年九月十三日将前项船厂经费湘平银三万两、汇费银三百两,缮填咨批,发交蔚泰厚等商号承领,限于本年十月十三日汇解福州将军衙门兑收。至湘省财源枯竭情形,叠经前任各抚臣随时陈奏,自已久邀圣明洞鉴,嗣后如何筹画,届时另行奏明。

除分咨总理各国事务衙门、户部查照外,谨会同湖广总督臣张之洞恭摺具奏,伏乞皇太后、皇上圣鉴。谨奏。

朱批:“仍著如数拨解部库,不准藉词延宕。”

〖附四〗俞廉三：报解光绪廿四年末批京饷摺*

（光绪二十四年十月二十八日）

头品顶戴湖南巡抚臣俞廉三跪奏，为报解本年末批地丁、厘金、盐厘京饷及漕折、固本等银，恭摺仰祈圣鉴事：

窃照湖南省本年奉部原拨、续拨京饷，共地丁银二十五万两，厘金、盐厘银共十万两，业经委员解过头、二、三批地丁银一十九万两，盐厘、厘金银共八万两，又三次解过奉拨本年东北边防经费厘金银六万两，固本军饷银五万两，漕折、二米、漕费等银一十三万八千三百八十八两七分四厘一毫，均经前抚臣陈宝箴会核奏报在案。兹据署藩司但湘良详称："筹备地丁银六万两，本年冬季三个月固本军饷银一万五千两，又会同厘金总局署按察使夏献铭筹备盐厘银一万两、厘金银一万两、边防经费厘金银二万两，以上共银一十一万五千两，作为本年末批京饷。"又据署粮储道况桂馨详称："在于光绪二十四年新漕折价项下动支银二万两，一并派委候补知县胡醴源、胡元佐管解赴部交纳。"分案详请奏咨前来。臣复核无异，除分别缮具咨批、护牌，饬发该委员小心领解，另取起程日期咨报，一面分咨沿途各省饬属妥为拨护外，所有报解本年末批京饷缘由，谨会同湖广总督臣张之洞恭摺具奏，伏乞皇太后、皇上圣鉴。

再，本年应解地丁、厘金、盐厘京饷及边防经费、固本饷银，均已扫数解清，合并声明。谨奏。

硃批："户部知道。"

---

* 据《光绪朝硃批奏摺》，第88辑，第711～712页。

〖附五〗俞廉三:凑解昭信股票银两作为芦汉铁路用款片*

(光绪二十四年十月二十八日)

再,光绪二十四年八月二十三日准户部咨:“奏《续筹芦汉铁路用款,拟划拨各省昭信股票银两》一摺,计指拨湖南银三万两,赶紧照数汇解上海通商银行,转交芦汉铁路总公司兑收应用等因。于光绪二十四年七月二十九日具奏,本日奉旨:‘依议。钦此。’”钦遵咨行到湘,当经前抚臣陈宝箴行局筹拨。维时臣在藩司任内,随即会商赶解。兹据署布政使但湘良详称:“查湘省昭信股票一项,叠奉拨解湖北盐厘及江苏赈款,为数甚巨,现在集款无多,实属不敷拨解,而各处已认之款尚未缴齐。兹奉拨芦汉铁路经费,不得不先行设法,勉力挪凑三九库平银二万两,于光绪二十四年十月初四日发交协同庆商号承领,限于十月二十九日汇解上海督办铁路大臣盛宣怀弹收,以应要需。其尚应解银一万两,俟续缴有款,再行汇解”等情,详请具奏前来。臣复查无异,除缮给咨批发交该商号领投,并咨总理各国事务衙门及户部查照外,所有指拨湘省昭信股票银两作为芦汉铁路用款先行凑解二万两缘由,谨附片具奏,伏乞圣鉴。谨奏。

硃批:“该衙门知道。”

* 据《光绪朝硃批奏摺》,第88辑,第712~713页。按:此片系上摺之附片。

〖附六〗俞廉三:提解光绪廿四年夏季节省银两片*

(光绪二十四年十月二十八日)

再,据湖南善后局署布政使但湘良等详:"光绪十一年八月钦奉懿旨裁勇节饷,当经遵议裁撤湖南陆勇三营、水师一营,并将留存陆营长夫、水师船价、油烛均裁减五成支发,综计每年可节省银一十二万余两,声明自光绪十二年起专款存储,分批提解,赴部交纳,已解至二十四年春季止,历经详请奏报在案。所有光绪二十四年夏季分节省银两,自应如数提解,以济要需。现筹备湘平银三万两,折合部砝库平银二万八千八百九十六两一钱六分六厘四毫,交给二十四年末批京饷委员候补知县胡醴源、胡元佐搭解赴部",详请奏咨前来。臣复查无异,除咨户部外,理合附片具陈,伏乞圣鉴。谨奏。

硃批:"户部知道。"

〖附七〗俞廉三:湘省昭信股票银两拨补鄂省厘金如数解清片**

(光绪二十四年十二月十三日)

再,准户部咨:"奏《拨补各省厘金抵借洋款》一摺,于光绪二十四年五月初九日具奏,奉旨:'依议。钦此。'"钞录原奏清单,飞咨

---

* 据《光绪朝硃批奏摺》,第 88 辑,第 713 页。按:此片亦系上摺之附片。

** 据《光绪朝硃批奏摺》,第 88 辑,第 744 页。

来湘。计单开:“宜昌盐厘加价作抵银一百万两,今拨湖南裁兵节饷银八万两、丁漕折钱平馀银三万两、昭信股票银七万两,应令各该省分别解交”等因,当经前抚臣陈宝箴将“丁漕折钱平馀尚未收齐”及“裁兵节饷议准由湘留用”并“先行汇解昭信股票银五万两”各缘由,分别奏咨在案。兹据署湖南布政使但湘良会同善后等局详称:“奉拨昭信股票一款,尚欠解银二万两,自应遵照如数解交,惟认领股票各员绅叠经催解,一时难以缴齐,不得不设法先行凑解,以应急需。兹竭力筹措三九库平库色银二万两,于光绪二十四年十一月二十四日发交礼和商号承领库平库色银一万一千四百两,协同庆商号承领库平库色银八千六百两,共库平库色银二万两,限于十二月二十三日汇解湖北省藩库兑收,守候库收批照回湘备案”等情,详请奏咨前来。臣复核无异,除咨户部外,所有湘省昭信股票一款拨解湖北省银七万两如数解清缘由,谨附片陈明,伏乞圣鉴。谨奏。

朱批:“户部知道。”

图书在版编目(CIP)数据

陈宝箴集 . 上/汪叔子,张求会编 . – 北京:中华书局,2003
(国家清史编纂委员会 · 文献丛刊)
ISBN 7 – 101 – 04047 – 0

Ⅰ . 陈… Ⅱ . ①汪… ②张… Ⅲ . 陈宝箴(1831 ~ 1900) – 文集 Ⅳ . K827 = 52

中国版本图书馆 CIP 数据核字(2003)第 078431 号

责任编辑:冯宝志

国家清史编纂委员会 · 文献丛刊
陈 宝 箴 集(上)
汪叔子 张求会 编
*
中华书局出版发行
(北京市丰台区太平桥西里 38 号 100073)
北京市白帆印务有限公司印刷
*
880×1230 毫米 1/32 · $29\,^{3}/_{8}$ 印张 · 2 插页 · 631 千字
2003 年 12 月第 1 版 2003 年 12 月北京第 1 次印刷
印数:1 – 3000 册 定价:76.00 元

ISBN 7 – 101 – 04047 – 0/K · 1673